Z Brush & Photoshop & SOFTIMAGE

캐릭터 텍스처링

김 용 관 저

도서출판 상 학 당

머리말

온 세상을 꽁꽁 얼리던 추위도 이젠 어느덧 세월의 흐름 앞에 사라지고 어느덧 봄을 재촉하는 봄비가 내리고 있습니다. 이 교재를 처음 쓰기 시작한 것도 작년 여름이 지나고 가을 문턱이었으니까 그래도 한 해를 넘기게 되었군요. 책을 쓴다는 건 역사의 흔적을 남기는 것이라는 누군가의 말처럼 분명히 쉬운 작업이 아님을 알면서 독자 여러분과 저 자신과의 약속을 지키기 위해 또 다시 긴 어두운 터널로 들어서게 되더군요. 그리고 이제 그 긴 터널을 지나 다시 밝은 세상으로 나왔습니다. 제3권 《캐릭터 텍스쳐링》과 함께 말입니다.

이 교재는 저자가 교직에 있으면서 학생들이 가장 어려워하는 부분인 Texturing 작업을 총 망라한 교재입니다. 모델링을 아무리 잘해도 Texturing 작업의 한계점을 넘지 못하고 포기하는 학생 및 교육생 그리고 직장인들을 자주 지켜봤습니다. 게임회사 또는 애니메이션 제작사에 취업하거나 졸업을 위한 포트폴리오를 제작하는 이들에게는 Modeling과 Texturing 작업은 따로 뗄 수 없는 중요한 작업 공정이기 때문에 이러한 경험을 할 때마다 늘 많이 안타깝고 미안한 마음이 들었습니다. 그래서 더욱 쉽고, 더욱 빠르게 이해할 수 있는 Texturing 제작과정을 이러한 준비생들에게 제공하면 많은 도움이 되지 않을까 하는 마음으로 시작하였습니다. 그러다 보니 3D 기본 제작 툴은 물론이고 Photoshop과 Z Brush 그리고 Unfold 3D… 등의 기본적인 제작환경에 대한 설명뿐 아니라 Color의 기본적인 개념 또한 함께 다뤄야 하더군요. 그리고 단순히 Mapping 소스를 제작하는 과정에서 벗어나 UV 좌표를 펴고 Map 이미지를 적용하고 편집하는 과정을 모델링 작업하듯이 하나하나 일일이 Capture 받아서 정리하는 것이 매우 중요한 포인트라는 생각에서 접근하였습니다. 학생들 앞에서 직접 수업을 진행하는 마음으로 작업하였습니다.

이 교재를 보시면 아시겠지만 SOFTIMAGE Interface부터 시작하여 Texture 작업을 위한 기본 Fundamental을 다루었고, SOFTIMAGE와 UNfold 3D를 이용하여 Unwrap 작업을 하였으며, Photoshop의 Brush 기능으로 다양한 Map 작업의 예제를 자세하게 소개하고 있습니다. 그리고 캐릭터 모델링편에서 제작된 결과를 바탕으로 UV Coordinate(좌표편집) 작업과 함께 Texture Source를 직접 제작하여 적용하는 과정을 하나하나 소개하게 되어 있습니다. 특히 마지막 부분에서는 Z Brush 기능을 활용한 Texture 작업을 상세히 소개함으로써 누구나 Texture 작업을 효율적으로 할 수 있도록 다양한 루트의 제작 방식을 소개하였습니다.

SOFTIMAGE에서의 Normal map 추출과정과 함께 Z Brush에서의 Normal map 추출과정을 동시에 설명하여 작용함으로써 각각의 제작환경의 장단점을 이해하고 보다 효율적으로 활용할 수 있도록 하는 배려 또한 잊지 않았습니다.

이 시리즈를 기획한 지도 2여 년이 다 되어가는군요. SOFTIMAGE User로서 또한 SOFTIMAGE의 발전을 누구보다 염원하는 한 사람으로 생각이 아닌 실천을 통해 무언가 흔적을 남기고 싶은 염원으로 시작한 것이 오늘에까지 이르게 되었군요. 이제는 대한민국 CG업계에 종사하는 한 사람으로서 SOFTIMAGE라는 Tool에서 벗어나 우리나라 CG산업의 발전을 위해 보다 큰 흔적을 남겨야 한다는 각오를 새로이 하게 되는군요.

이제 시리즈의 마지막 분야인 Rendering과 Shading 분야를 남겨 놓고 있습니다. 어느 정도 자료가 정리되었고 본격적으로 작업한다면 2010년을 넘기지 않으리라 봅니다. Render Tree를 활용하여 보다 고급스러운 Shader 제작과 함께 Lighting과 Camera의 개념과 원리 그리고 활용법, Simulation(Hair, Cloth, Dynamic...)과 Particle을 활용한 다양한 환경 제작 그리고 Multi Pass Render와 효율적인 Rendering 기능 활용 방법 그리고 Rendering 옵션 활용 방법, FX Tree 합성(Composition) 기능을 활용한 결과 제작 방법 등의 다양한 내용으로 다시 찾아뵙겠습니다.

그리고 이번 작업을 마치기까지 많은 도움을 주신 분들이 계십니다. 먼저 늘 곁에서 물심양면 협조해 주신 유한대학 조순복 교수님께 감사를 드리며, 양상민 교수님과 송재학 교수님께도 감사를 드립니다. 또 멀리 중국에서 한국 CG의 우수성을 알리고 있는 정석이, 사랑하는 제자 상훈이와 명수, 종인이에게도 감사를 드리고, 새로운 비전으로 새롭게 출발하시는 코어이엔티 임직원 분들께도 감사를 드립니다. 그리고 이 교재 역시 세상에 빛을 보게 해 주신 상학당 임직원분들께도 감사를 드립니다.

끝으로 언제나 늘 그러하듯 제 곁에서 힘이 되어 주는 아내와 두 딸 정언, 도언이에게도 지면을 빌어 깊이 사랑한다는 말을 전하고 싶습니다.

텍스쳐링 작업에 대해 정의로 머리글을 마칩니다.

텍스쳐링 = 색(Color) + 빛(Light) + [?]

우리는 저 [?]에 대한 해답을 찾기 위해 오늘도 묵묵히 새벽을 맞이하고 있습니다.

2010년 4월

꺼지지 않는 열정으로

김 용 관 씀

차 례

제 1 장 SOFTIMAGE Mapping 기본 원리 이해

제 2 장 UV Unwrap

제 3 장 Mapping Source 제작하기

제 5 장 공룡 Texturing 작업

제 6 장 Military Man Mapping

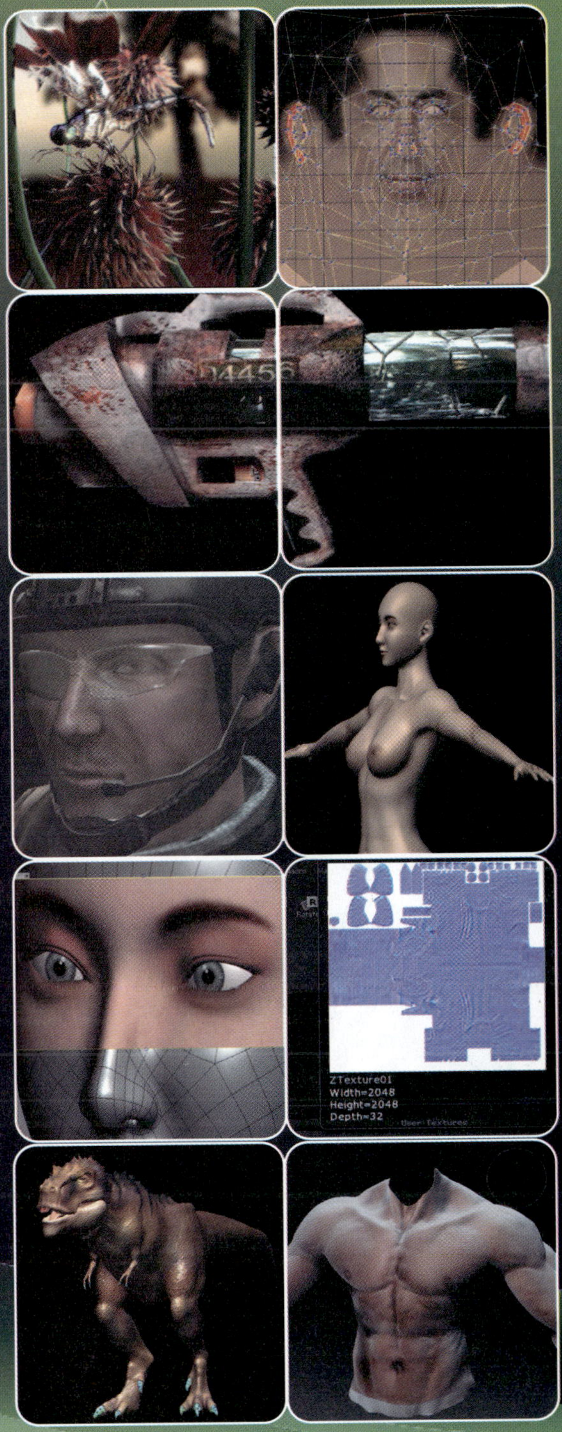

제 1 장
SOFTIMAGE Mapping 기본 원리 이해

1-1 Mapping Fundamental Basic

1-2 Mapping에 필요한 주요 Tool 기능의 이해 및 활용

Texture Mapping을 사전적 의미로 정의해 본다면 컴퓨터 그래픽스 분야에서 가상의 3차원 물체의 표면에 세부적인 질감의 묘사를 하거나 색상 정보를 적용하는 기법으로 일반적으로는 수식이나 2차원 이미지를 삼차원 물체의 표면에 여러 가지 방법을 활용하여 적용하고 이에 따라 컴퓨터 그래픽 화면을 만들어 나갈 때 마치 실제의 물체처럼 느껴지게 하는 세부 묘사의 한 방법으로 해석하고 있다. 즉, 아무리 모델링을 디테일하게 제작을 했다고 하더라도 매핑 기술이 적용되지 않았다면 3차원 데이터로 활용할 수 없는 데이터가 된다.

그림 1-1 3D Texture 적용 과정

컴퓨터 애니메이션의 제작공정은 크게 Pre Production과 Production 그리고 Post Production의 공정을 거친다. 그 중에서 작업한 결과에 대해 영향을 미치는 공정이 바로 Production부분이고 이러한 Production 공정 내에서도 Visual한 부분에 가장 영향을 미치는 부분이 바로 Mapping과 Shader, Material 부분이라고 해도 될 만큼 결과에 있어 Visual한 영향에 대해 가장 중요한 공정이다.

그림 1-2 Shader & Mapping

물론 이러한 결과에 대해 충분한 효과가 나오려면 Light Setting이나 Camera 구도와 같은 중요한 요소가 반드시 필요하다.

그림 1-3 Final Render Image

그림 1-4 Dynamic camera angle

이 교재에서는 2D Mapping 소스 제작 방법과 아울러 3D Material과 Mapping의 효율적인 적용 방법에 대해 기본적인 이론부터 실무제작 응용방법을 충분히 다루고 이러한 결과를 바탕으로 Lighting이나 Rendering Part에서 최종 결과에 대해 다루기로 한다. 그리고 최종 결과에 대해서는 Rendering 전에는 Camera 구도를 통한 효율적인 장면 연출도 함께 하도록 한다.

1-1 Mapping Fundamental Basic

SOFTIMAGE에서는 Material 및 Mapping과 Render에 관련해서는 Main Tool 중에서 단축키[3]인 Render 부분에 대부분 포함되어 있다.

Object나 Scene 전체에 새로운 환경을 적용할 경우에는 Get 〉 Material, Get 〉 Texture, Get 〉 Shader 명령어로 적용을 하고, 적용된 각 기능들을 전체나 일부 옵션을 수정 편집을 하거나 수정을 하거나 적용된 환경 자체를 바꾸고 싶을 경우에는 Modify 〉 Material, Texture, Shader에 들어 있는 명령어들을 사용하면 된다. 위의 각 기능별 개념과 적용 및 활용법에 대해서 알아보도록 한다. 먼저 전체적인 분위기 연출격인 Shader에 대해 알아보고, 그 다음 Object 자체에 적용하는 Material과 Texture 적용에 대해 알아보도록 한다.

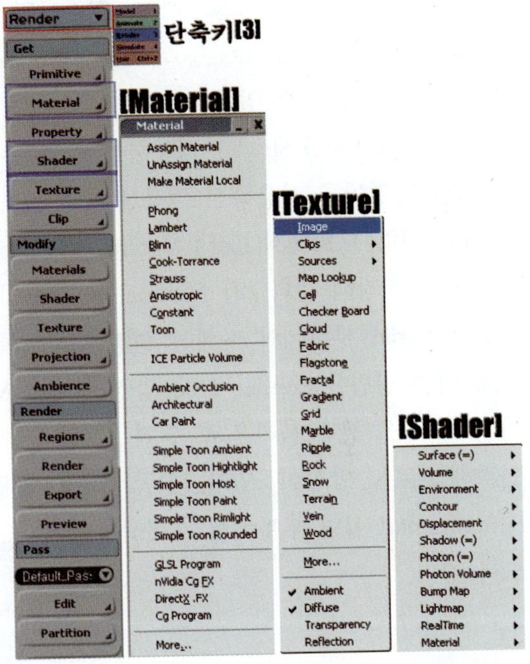

그림 1-5 SOFTIMAGE Interface of Mapping and Shader

1-1-1 Shader

모든 Object는 Scene내에 설정된 하나 또는 그 이상의 Shader에 영향을 받는다. Shader는 설정된 조명에 의해 Object의 표면이 어떻게 반응을 하는지 또는 Material과 Texture를 적용한 결과에 대해 어떠한 영향을 미치는지에 상당한 영향을 주기 때문에 최종 결과에 대한 아주 중요한 요소라 할 수 있다. Object의 Surface의 특성은 바로 이 Shader에 의해 결정된다. 즉, Color(색), Light(빛), Refraction(굴절), Reflection(반사), Shadow(그림자) 등이 표현되는 방식이 결정된다.

본 학습은 다양한 3D Shader의 종류에 대해 알고 각각의 Shader들이 가지는 특징과 활용방법들에 대해 알아보도록 한다. 이번 장에서는 3D상에서의 Shader의 다양한 종류와 개념에 대한 이해 간단히 이해하도록 한다. 그리고 본격적인 활용은 좀 더 기본적인 내용이 소개된 후반부에 다시 정리하도록 한다.

1. Surface Shader

Surface Shader는 가장 중요한 Shader의 종류 중 하나로 Object가 가지는 기본적인 성질(특징)을 나타내는 Shader이다. Surface Shader는 Material Shader라고도 하며 Object의 기본적인 재질(Phong, Lambert, Blean, Constants 등)과 Color 외에도 반사, 굴절, 투명도 등의 성질을 정의할 수 있다.

그림 1-6 다양한 Surface Shader

Surface(Material) Shader 적용하는 방법은 적용할 Object를 선택해서 직접 명령어를 사용해서 적용해 주는 방법을 사용한다.
Render 명령 모드에서 Get 〉 Material 〉 Phong, Lambert, Blean 등의 Shader를 지정해 준다. 각 Material Shader의 특징에 대해서는 다음 장인 Material 부분에서 자세히 설명을 하도록 한다.

그림 1-7 Material 적용 방법

또 다른 방법은 Render Tree 명령 창에서 Material Node에서 원하는 Material을 선택 불러온 후 연결 노드를 활용해서 원하는 Option에 연결해 주는 방식이 있다. Render Tree에 대한 설명은 1-2장 Fundamental 설명 부분에서 자세히 다루도록 한다.

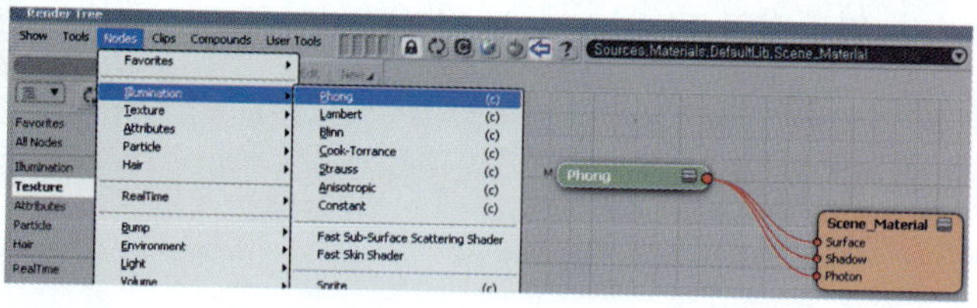

그림 1-8 Render Tree에서의 Texture 적용

2. Texture Shader

2D Texture Shader는 Object에 2차원(평면) Texture Image를 적용한 결과이다. 3D Texture Shader는 하나의 Object에 대해 3차원 Texture를 적용할 수 있는 도구이다. Object의 Texture를 지정하기 위해서는 Surface Shader를 먼저 지정해 주어야 한다.

Texture Shader 역시 Material와 마찬가지로 작업 명령 창 내에서 직접 연결해 주는 방식과 Render Tree에서 Texture를 연결해 주는 방식을 사용한다.

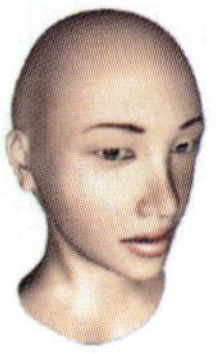

그림 1-9 Texture Shader

또 다른 방법은 Render Tree 명령 창의 Texture Node에서 원하는 Texture 이미지를 불러온 후 Material 연결 노드에 Option에 연결해주는 방식이 있다.

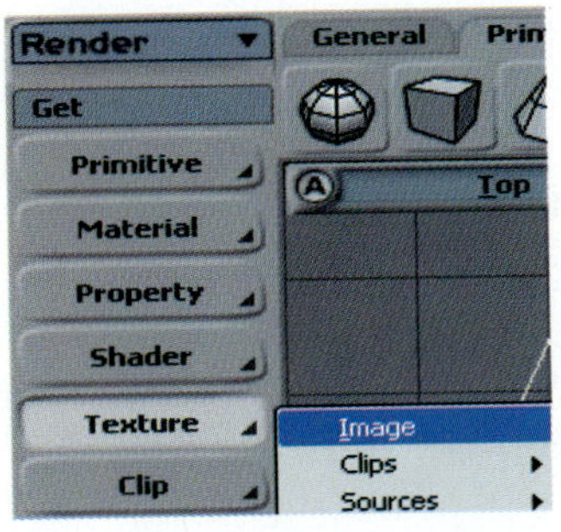

그림 1-10 Texture 적용 다양한 방법

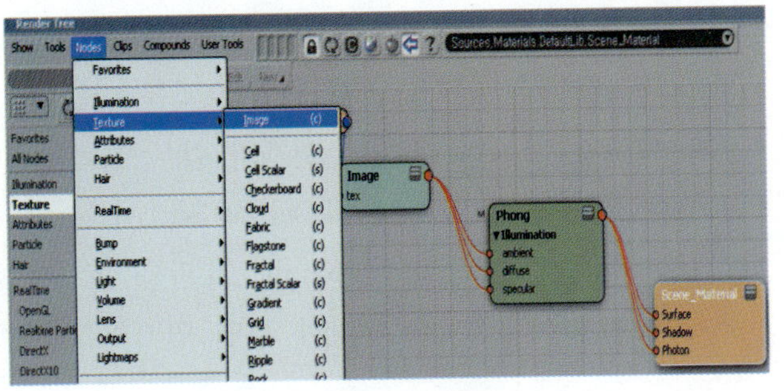

그림 1-11 Render Tree에서의 Image 적용

3. Volume Shader

Volume Shader는 빛이 Object(Local Volume Shader)나 Scene(Global Volume Shader) 전체를 통과해 지나감에 따라 이를 수정하기 위해 사용한다. Volume Shader는 구름, 연기, 불과 같은 효과를 Simulation할 수 있다. 그리고 Volume, Output, Environment Shader는 사실감, 드라마, 판타지 분위기에 추가되는 안개나 연기, 빛, Halo, 사실적 배경 및 기타 다양한 효과의 Scene을 제작할 때 사용한다.

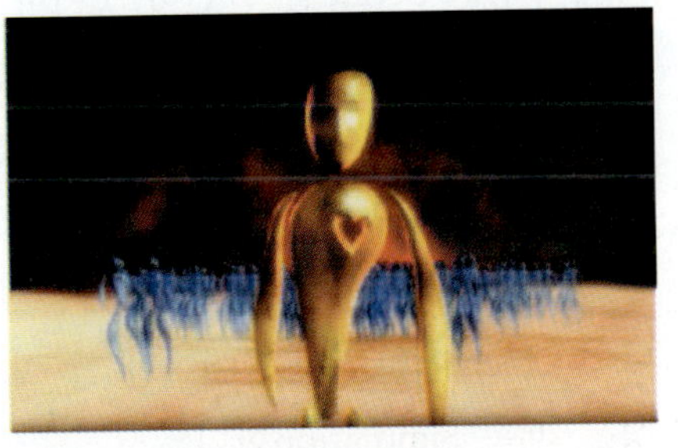

그림 1-12 Volume Shader

Volume Shader는 연기와 안개로부터 용암과 점액까지 모든 것을 만드는 데 사용된다. Volume 효과를 주는 방법은 크게 두 가지가 있는데 첫째는 Scene 전체에 주는 방법과 대상 Object에 주는 방법이 있다.

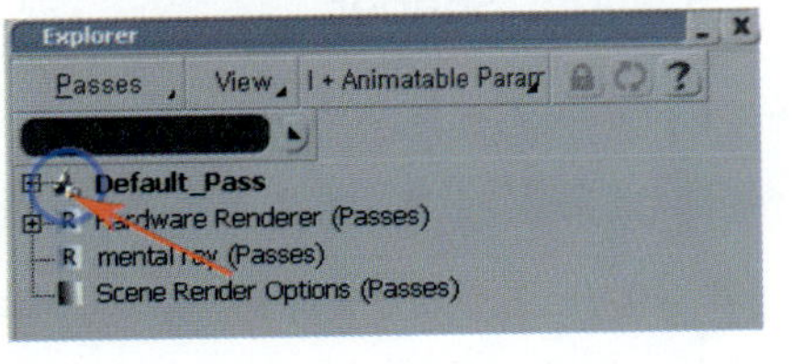

그림 1-13 Pass 모드

먼저 Scene 전체에 주는 방법은 Explorer 옵션 창(단축키 [8])에서 Pass mode(단축키[P])로 전환한 다음 설정된 Pass나 Default Pass(설정된 Pass가 없을 경우)의 아이콘을 클릭한다.

Pass 이이콘을 클릭하게 되면 현재 작업 Scene내에 적용할 다양한 Shader 옵션이 나타나는데 그 중에서 Volume 모드에서 Add Option를 선택해서 원하는 Volume Shader를 선택한다.

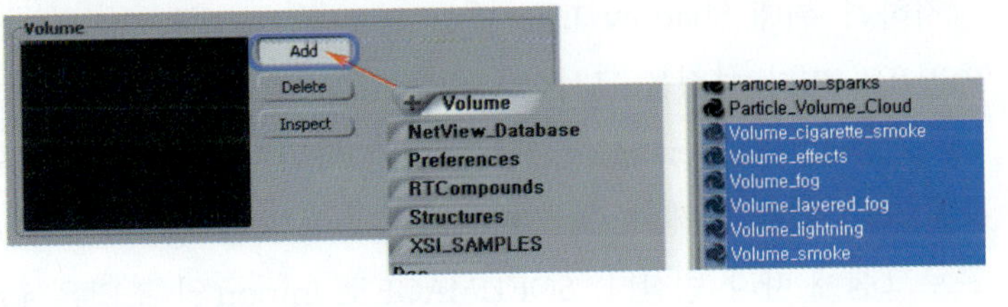

그림 1-14 Volume Shader 적용

여기서 Volume Shader의 종류에 대해 설명하도록 한다.

- Volume_cigarette_smoke : 담배 연기 같은 효과를 만든다.
- Volume_effects : 안개/먼지 등의 효과를 만들어 낸다.
- Volume_fog : Scene 전체에 안개와 같은 효과를 생성시킨다.
- Volume_layered_fog : Vertical start와 stop parameter에 의해 안개 효과를 만든다.
- Volume lighting : Light에 volumic 효과를 주고자 할 경우 사용한다.
- Volume smoke : Scene 전체에 뿌연 연기의 효과를 연출한다.

4. Environment Shader

Environment Shader는 가시광선(식별 가능한 빛)이 Object와 교차되지 않고 Scene을 완전히 벗어나거나 최대 광선의 깊이에 도달했을 때 Surface Shader 대신 사용한다. 예를 들어 Environment Shader 는 Scene 전체를 둘러싸고 있는 Sphere에 맵핑된 Texture를 구할 수 있다. 즉 Environment Shader는 주로 Scene을 완전히 둘러싸는 환경을 만들기 위해 사용되며 Environment Shader는 하나의 Object에만 적용되어야만 할 필요는 없지만 형상 Object의 특성을 계속 Simulation한다.

그림 1-15 Environment Shader

5. Light Shader

Light Shader는 광원의 특성을 좀 더 섬세하고 정밀하게 구현하는데 도움을 준다. 예를 들어 Spot light shader는 발산된 빛의 양을 약하게 하기 위해 Illumination direction(조명방향)을 사용한다. Light Shader는 Surface shader가 내장된 기능을 사용하여 Light를 평가할 때마다 사용된다. Shadow가 사용된다면 Light shader는 일반적으로 음영선들을 광원과 조명 지점 사이의 불분명한 Object를 감지하기 위해 Shadow Light를 드리운다. 조명은 조명의 Color, Falloff와 기타 설정을 묘사한 Light shader에 의해 정의될 수도 있다. 조명에 대한 Rendering 프로퍼티가 바뀌지 않으면 Light Shader는 떼어내고 똑같은 형태의 다른 Shader에 의해 대체될 수 있다. 조명에 붙여진 lighter Shader는 원래 Scene이 원래 Import된 3D 프로그램에 따라 변한다. SOFTIMAGE로 Import된 조명은 soft_light라 하는 Default 조명 Shader가 주어진다. 이 Shader는 조명 Object Node하에 Sub node로 나타난다. Soft_light Shader는 모든 Spot, Point와 무방한 조명 속성을 통합한다. SOFTIMAGE에서 만들어진 모든 Spot, Point 또는 Infinity 조명은 기본적으로 Soft_light Shader를 사용한다.

그림 1-16 Light Shader

6. Lens Shader

Lens Shader는 Light 광원으로부터 출발한 1차 광원이 카메라에 의해 발산(투사)될 때 그 효과를 사용하는 기능이다. 이것은 빛의 원점과 방향을 수정하여 표준형 핀홀 카메라 이외의 카메라를 이행하며 일차 광선의 결과를 수정하여 렌즈 플레어나 만화영화(Toon Shader)와 같은 효과를 만든다. 모든 Lens Shader는 옵션이다. 카메라는 렌더링 속성 창에 의해 정의될 수 있지만 심도(Depth of Field)와 같은 렌즈 효과는 하나 이상의 Lens Shader를 명시하여 만들어진다. 카메라에 많은 Lens Shader를 적용할 수 있다.

Lens Shader를 적용시키는 방법은 먼저 Explorer 창에서 Camera 아이콘을 클릭해서 Camera Lens Shader 창을 연다.

Camera Lens Shader 창에서 〉 Add 버튼을 선택하고 SOFTIMAGE에서 기본적으로 제공해주는 Camera Lens Shader Preset Option 중에서 원하는 Shader를 선택한다. 이 옵션들은 렌더링시 카메라로부터 얻을 수 있는 다양한 Shader 효과들이다.

그림 1-17 Lens Shader(Depth of Field 효과)

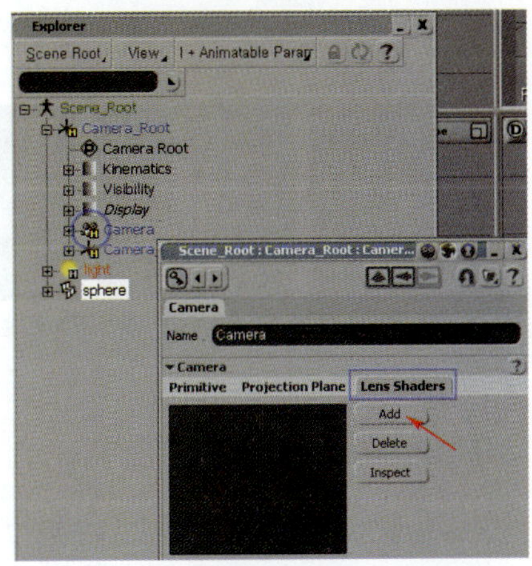

그림 1-18 Camera Lens Shader 〉 Add

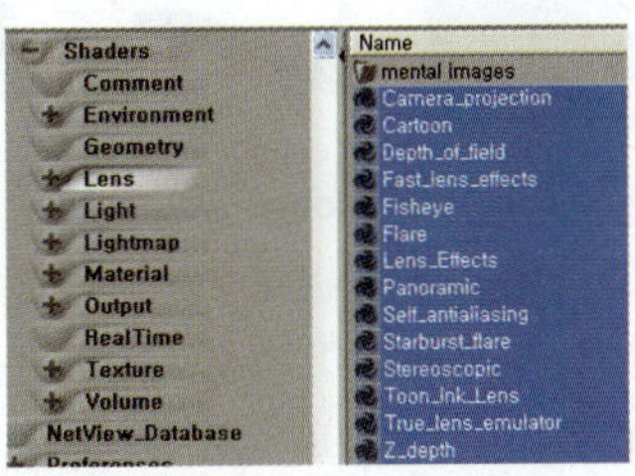

그림 1-19 다양한 Camera Lens Shader

7. Toon Shader

Toon Shader는 3D Object에 대해 2D 분위기의 비실사풍 또는 잉크라인이나 페인팅 라인만을 강조하는 Cartoon 스타일의 결과를 도출하고자 할 경우 사용하는 Shader이다. 최적의 결과를 위해서는 Lens Shader와 함께 Toon Material Shader를 함께 사용한다.

그림 1-20 3D 캐릭터의 Toon Shader

8. Output Shader

Output Shader는 최종 Image Out 작업시 사용되는 Shader로 다른 포맷의 파일과 함께 Filtering, Blurring, Compositing할 때 작동한다.

그림 1-21 Output Shader 중 Blurring 효과 적용 예

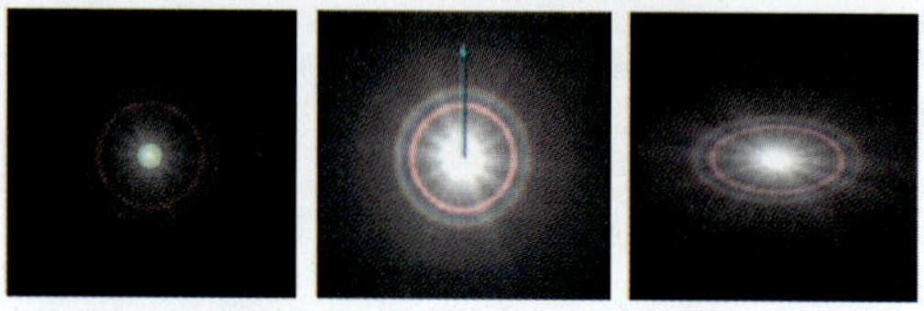

그림 1-22 Output Shader 중 Lens Flare 효과 적용 예

그림 1-23 Output Shader 중 Glow 효과 적용 예

9. Shadow Shader

Shadow Shader는 광원으로부터 오는 빛이 Object에 의해 방해받았을 때 어떻게 변할 것인지를 결정한다. 이것은 Object의 그림자가 생기는 방법, 즉 불투명도와 색을 결정하는 데 사용된다. Shadow Shader는 그림자 빛이 Object와 교차될 때 Surface Shader 대신 사용된다. Shadow Shader는 광원에 의해 드리워져 빛을 받는 Object의 가시성을 결정한다. Shadow Shader는 기본적으로 2차 광선이나 그림자 광선을 드리우지 않고 Object의 전송될 Color를 계산하는 가벼운 Surface Shader이다.

그림 1-24 Object의 Shadow

10. Photon Shader

Photon Shader는 Global Illumination과 Caustics 효과를 위해 사용된다. Photon Shader는 빛을 처리하여 빛이 Scene내에서 어느 정도의 Photon의 양을 가지고 얼마 동안 그 힘을 소진하여 실내를 처리하게 할 것인가에 대한 결정을 한다. 이때 Photon 광선은 카메라로부터가 아닌 광원으로부터 생긴다.

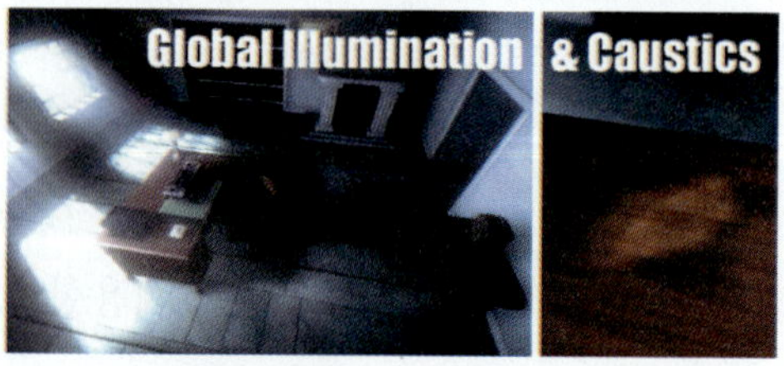

그림 1-25 Global Illumination과 Caustics 효과

11. Environment Shader

Environment Shader는 빛이 Object와 교차되지 않고 Scene을 떠날 때 또는 최대 빛의 깊이에 도달했을 때 Surface Shader 대신 사용한다. 예를 들면 Environment Shader는 Scene을 싸고 있는 무한대의 Sphere에 원하는 Shader가 Mapping된 Texture 형식을 취한다.

12. Displacement Shader

Displacement Shader는 Object의 Surface상의 Point들의 변형을 일으켜서 모양을 바꾼다. 미리 제작된 Bump 이미지는 돌출과 함몰의 확실한 포지션으로 보다 사실적인 결과를 제공한다.

그림 1-26 Displacement Shader

13. Geometry Shader

Geometry Shader는 Rendering이 시작되기 전에 확인된다. Geometry Shader는 Shader가 Scene에 Procedural Geometry를 소개한다. 예를 들면 Light Shader는 Volume 효과를 컨트롤할 수 있는 투명 원뿔을 Scene에 설치를 할 수 있다.

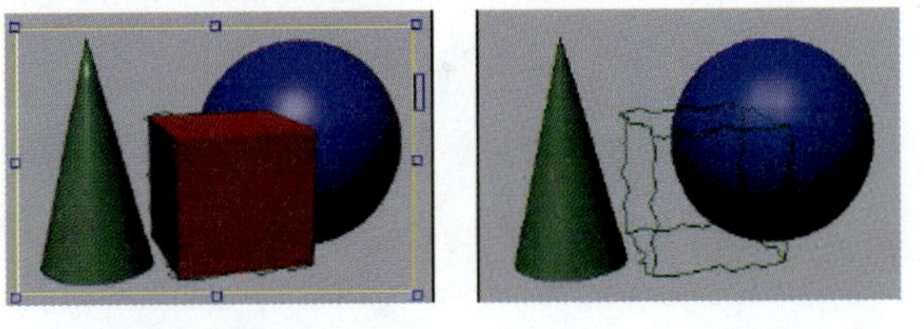

그림 1-27 Material Shader

14. Realtime Shader

Realtime Shader는 Multi pass Realtime Rendering의 기본 적용에 대해 생성 및 응용을 할 수 있는 Shader 구조로 Render tree 기능을 이용하여 적용할 수 있다. Open GL 기반과 Direct X 기반의 적용 및 활용영역이 있으며 반사 또는 굴절된 효과나 여러 이미지를 겹쳐 복잡하게 Texture된 Surface Shading으로부터 실시간 Rendering 효과를 확인할 수 있다.

그림 1-28 Realtime Shader 적용 예

15. Material Phenomena

SOFTIMAGE는 다양한 Shader의 조합을 통해 재질 표현이 가능하도록 되어 있다. 하나의 Shader node를 통해 복잡한 Rendering 효과를 적용할 수 있다. 하나의 Material Shader와 다른 하나의 Shader를 연결 및 활용을 통해 무수히 다양한 Shader 효과를 만들어 낼 수 있다.

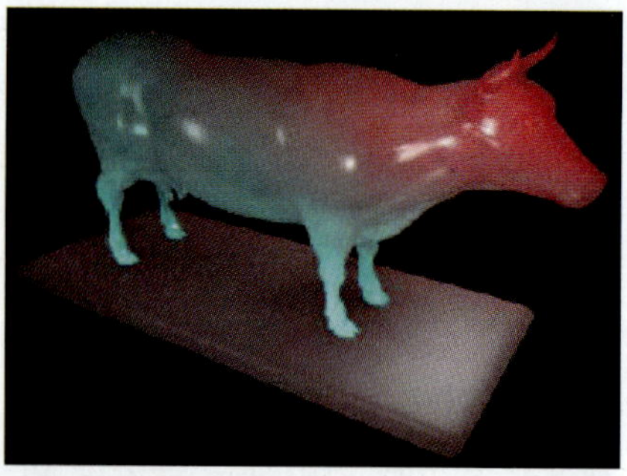

그림 1-29 Multi Shader

16. Tool Shader

Tool Shader는 백지 상태로부터 Shader를 만들거나 기존의 Shader를 확장하기 위한 기반이 되는 Shader이다. 일부는 자신이 자체로써 사용될 수 있지만 대부분은 다른 Shader와 함께 연결되어 작업되어야 뛰어난 효과를 발휘할 수 있다. 아래 각각의 Option들은 Tool Shader의 종류와 그 각각의 특징들에 대해 설명을 하고 있다.

- Bump : White & Black의 명암 차이를 이용하여 Rendering시 White는 돌출을 Black은 함몰된 모양으로 Rendering된다. 반전의 기능 적용시 경우 그 효과도 반전된다.
- Color Channels : Color의 RGB와 Alpha 요소를 처리한다.
- Conversion : 연결되기 전의 효과를 다른 설정으로 변경시켜 준다. 특히 Scalar 형태의 Node를 Color Node로 바꿔주는데 유용하다. 스컬러, 컬러, 벡터, Boolean, Integer 노드는 이러한 작업과 함께 되어야 기반이 된다.
- Illumination : 공동적인 것 이상의 일부 Shading 알고리즘이나 Shader를 만든다. 통상적으로 Phong, Lambert, Blinn Shading 외에 Photon Shading과 같은 더 특수화된 Tool을 볼 수 있다.
- Image Processing : Color와 Scalar 값을 정의, 처리, 수정한다.
- Math : 보관, 변화, 감쇠와 같은 수학 함수를 실행한다.
- Mixers : 하나 이상의 식을 사용하여 여러 Color(또는 Scalar 값)을 하나의 컬러 출력으로 믹스한다.
- Raytracing : 굴절, 투명도, 반사 등과 같이 Raytracing 효과를 만든다. 이 Tool shader들은 node내의 깊은 Raytracing값을 거의 대부분 받아들일 수 있도록 하므로 작지만 복잡한 값으로 조정하여 보다 많은 수정과 손질이 필요하다.
- Mixers : 하나 이상의 함수를 사용하여 여러 Color(또는 Scala color)를 하나의 컬러 출력으로 Mix할 수 있도록 한다.
- Share : 여러 개의 연결된 기능 중 어느 특정한 하나의 값을 공유하게 한다.
- Surface : Custom Effect를 사용하거나 Surface를 미세 조정한다.

- Switch : Object의 Color 위치, 보는 각도, 또는 다른 명시된 값들을 기준으로 바꾼다.
- Texture Generators : Shader 내의 Texture를 만들기 위한 기반이다.
- Texture Space Controllers : Texture Space를 수많은 다른 기능을 사용하거나, 교란, 회전, 스케일링하여 처리한다.
- Texture Space Generators : 특정한 Texture Space를 만들어 여러 가지 방법으로 Object 위에 맵핑되게 한다.

17. Shader Toolbar

SOFTIMAGE에 포함된 기본적인 Shader가 포함되어 있다. 기본적으로 Object에 대해 적용하는 방식은 Drag in Drop 방식으로 적용가능하다.

SOFTIMAGE에 포함된 기본적인 Shader는 View 〉 General 〉 Preset Manager 명령을 실행함으로써 Open이 가능하다.

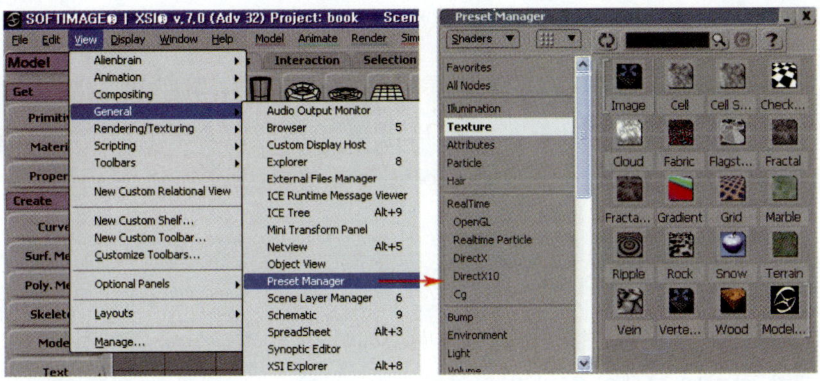

그림 1-30 SOFTIMAGE 내에 포함된 Shader Preset

지금까지 SOFTIMAGE에서 제공되는 Shader에 대해 알아보았다. Shader는 일반적으로 최종 Rendering시에 Setting이 필요하기 때문에 좀 더 자세한 Shader에 대한 내용은 다음 권인 Rendering Part 소개에서 다루도록 한다.

1-1-2 Shader 적용 및 편집

지금까지 기본적인 Shader의 종류에 대해 알아보았다. 지금부터는 어떻게 Shader를 적용(Apply)하고 편집(Edit)할 수 있는지에 대해 알아보도록 한다.

먼저 Object에 대해 MaterialMode를 적용하는 방식은 Tool 기능상에서 직접 적용하는 방식과 Render Tree상에서 먼저 Object에 대해 Material을 적용하는 방식은 Tool 기능상에서 직접 적용하는 방식과 Render Tree상에서 Node의 연결을 이용하는 간접 연결 방식이 있다. 이 두 가지 방법 모두 결론적으로 그 효과나 결과는 동일하다. 다만 접근하는 방식에서의 효율성에 따라 선택하게 된다.

1. Tool bar Commands

Object Material에 대해 Shader를 연결하고자할 경우는 Render Toolbar에서 직접 연결할 수 있다. 이 메뉴는 Object에 대해 직접 선택하여 원하는 Material을 적용해 주는 방식으로 매우 직관적이다.

SOFTIMAGE에서 제공하는 다양한 Shader에 대한 설명은 다음 장에서 자세하게 다루어질 예정이다.

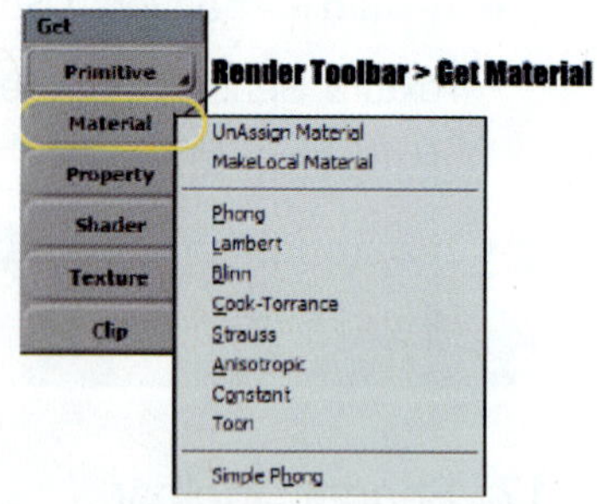

그림 1-31 Render Toolbar

2. Render Tree

Render Tree에서 노드 연결을 통해 Material을 제공하는 방식으로 Toolbar에서 직접 적용하는 것에 비해 다소 접근성(속도)은 떨어지나 다양성과 효과적인 측면에 뛰어난 기능들이 많다.

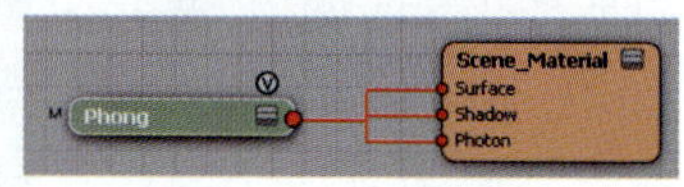

그림 1-32 Render Tree

1-1-3 Material & Surface Shader

Material은 보통 재질이라는 의미로 해석된다. 지구상에 존재하는 모든 대상물(Object)에는 그 자체가 가지는 고유의 물리적 화학적 성질이 있다. 이러한 고유한 물리 / 화학적 질감을 Material이라고 한다. 3D상에서도 이러한 원리를 적용해 줘야 하며 이때 3D상의 Object에게 적용되는 재질을 Material이라고 한다. 포토리얼리즘의 초석은 정확하고 실제와 같은 Texture 작업이다. Object의 재질, Surface Texture Property가 Object를 어떻게 보이는지 또는 빛에 어떻게 반응을 하는지를 정의한다. 굴절(Refrection) 값으로부터 투명도(Transparency)에 이르기까지 Bump Mapping으로부터 Texture Mapping까지 모든 것이 Texture Surface, Material Shader를 통해 주어진다.

1. Material

(1) Material 생성

Render Tree에서 나타나는 Object의 기본적인 Material Node에 대해 알아보도록 한다. 여기에 열거된 다양한 항목들이 3D Object의 Material에 연결될 수 있는 특징적인 항목들이다. Object에 Material을 적용하는 방법은 Render 〉 Get 〉 Material 〉 Phong shader를 적용하도록 한다.

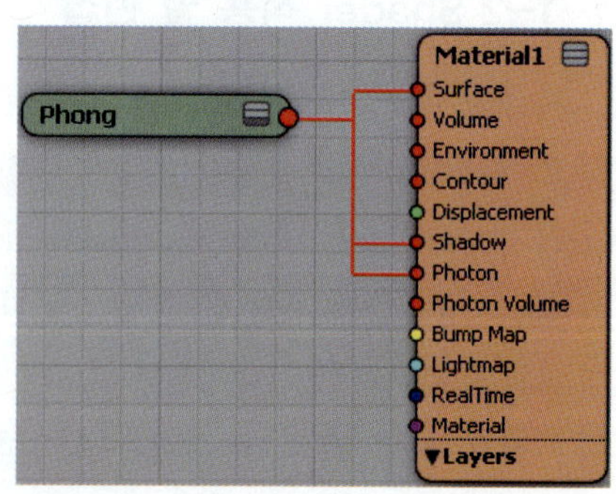

그림 1-33 Render Tree 창에서의 Material Node

(2) Material 확인 – Explorer 창

이때 Explore 창에서 나타나는 Material의 기본 정보를 확인하는 방법에 대해 알아보도록 한다.

Explorer 창(단축키[8])을 열고 Scene Root 아래 〉 Material 〉 항목의 자식구조를 열어보면 기본적으로 적용된 Material 정보를 확인할 수 있다. 이때 Explorer 창에서 Object에 적용된 Material 정보만을 보고자할 경우 Explorer창에 마우스를 올리고 단축키[M] 버튼을 누른다.

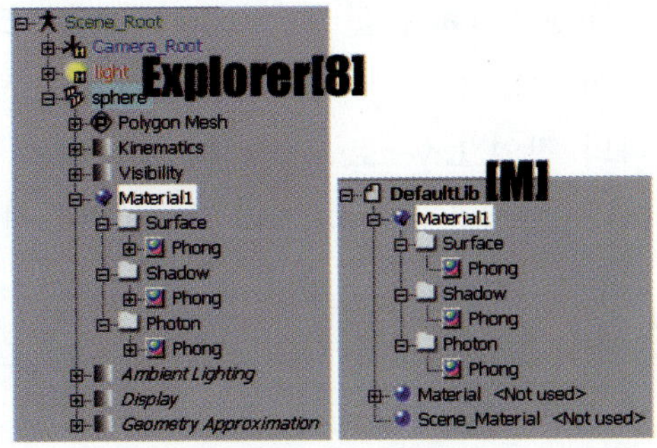

그림 1-34 Explorer 창

(3) Material 편집 1 – Material Manager 작업 창 : 단축키[Ctrl+7]

SOFTIMAGE에서 Object에 적용된 Material을 편집하거나 수정할 수 있는 기능 창이 여러 개 있는데 가장 대표적인 기능 창이 Texture Explorer이다. Scene Explorer 정보와 함께 Thumbnail view 정보를 통해 현재 전체 작업 Scene 내 또는 선택한 Object의 Material 정보를 한 눈에 확인할 수 있다. Texture Explorer 창을 여는 방법은 Menu Tool bar 〉 Views 〉 Material Manager 기능을 수행하면 된다. Material Manager 창 내에는 Scene정보를 한 눈에 확인할 수 있는 Explorer 정보와 Object에 적용한 Map 이미지 그리고 Map 이미지를 적용한 결과에 대한 Thumbnail과 Object와 Material & Texture 적용의 과정을 한 눈에 파악이 가능한 Render Tree 구조까지 하나의 정보 창에 포함되어 있기 때문에 Mapping 작업에 있어 상당한 효율성을 높여주는 중요한 기능을 수행한다.

Material Manager 창에 대한 자세한 기능 설명 및 응용에 대해서는 다음 장에서 좀 더 자세히 다루도록 한다.

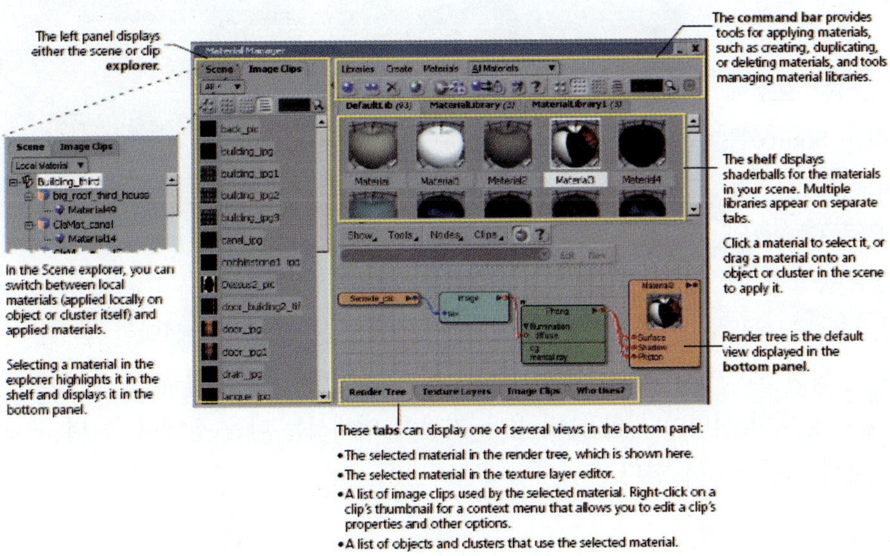

그림 1-35 Material Manager

(4) Material 편집 2–Texture Layer Editor

이 기능 창은 Object에 적용한 Map Image나 Material 효과를 하나의 작업 Layer로 구분하여 정리하는 기능이며 이렇게 정리된 Layer는 서로 Blend되거나 Mixer되어 새로운 결과를 도출해 내는 기능을 담당하기도 한다. Menu Tool bar 〉 Views 〉 Texture Layer Editor 옵션에서 이 기능 창을 열 수 있으며 이 기능에 대한 활용 및 응용 기능에 대해서는 다음 장에서 좀 더 구체적이고 자세한 내용에 대해 학습하도록 한다.

그림 1-36 Material Layer Editor

(5) Material 편집 3–Material Panel

Material Panel 기능은 Material의 현재 Object에 적용된 Material의 정보를 한 눈에 확인 가능할 뿐 아니라 새로운 Material 적용 및 수정에 대해 용이하도록 해주는 기능을 가지고 있다. 또한 Texture Layer Editor 기능 창을 쉽게 열 수 있도록 Layer 개념으로 적용된 Material이나 Texture 이미지 정보를 확인할 수 있다. Menu Tool bar 〉 Views 〉 Material Panel 옵션 또는 MCP 하단에 있는 기능 텝 중에서 MAT 버튼을 누르면 작업화면 오른쪽에 생성이 된다. 이 기능에 대한 활용 및 응용 기능에 대해서는 다음 장에서 좀 더 구체적이고 자세한 내용에 대해 학습하도록 한다.

그림 1-37 Material Panel

(6) Material 편집 3–Render Tree : 단축키[7]

Render Tree는 Object에 적용된 Material이나 Texture 이미지 또는 기타 적용된 모든 Visual한 요소에 대한 적용 경로와 적용 Source를 Tree 구조 형태로 확인 또는 적용이 가능한 기능 창으로 Object의 재질 표현에 있어 아주 중요한 기능 창 중에 하나이다. Menu Tool bar 〉 Views 〉 Render Tree 옵션 또는 Object를 선택한 후 [7] 버튼을 누르거나 View 화면 설정 모드에서 Render Tree 기능 버튼을 선택하면 이 창을 열 수 있다. 본 기능에 대한 자세한 명령에 대한 설명이나 활용 및 응용 기능에 대해서는 다음 장에서 좀 더 구체적이고 자세한 내용에 대해 학습하도록 한다.

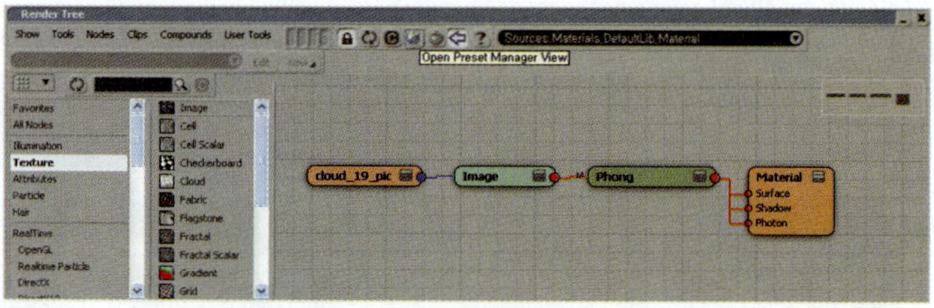

그림 1-38 Render Tree

(7) Material 변경

Object에 지정된 Material을 변경하고자 할 경우 다양한 방법을 활용할 수 있다. 가장 일반적인 방법은 Render > Get > Material 기능으로 처음부터 새로운 Material을 다시 지정해 주는 방법을 사용하거나 Render Tree 창에서 새로운 Material Node를 꺼내어 Tree 구조로 연결을 해줄 수 있다. 그리고 Material Panel 창에서 Material Option에서 새로운 Material을 적용할 수 있으며 Material Manager 기능 창에서 Create > Material을 새로 지정해 주거나 Material > Create New Material 기능을 활용할 수 있다.

(8) Material 전이

Object에 대해 Material 적용은 Render > Get > Material 기능으로 가능하며 Explorer 창에서 Material 전이도 가능하다. 즉 이미 지정된 Object의 Material을 다른 Object에 그대로 전이가 가능한데 이때 Explorer 창에서 해당 Material을 전이할 Object에 Drag in Drop을 한다. 또는 작업화면상의 Viewport상에서 해당 Object에 Drag in Drop을 해줄 수도 있다.

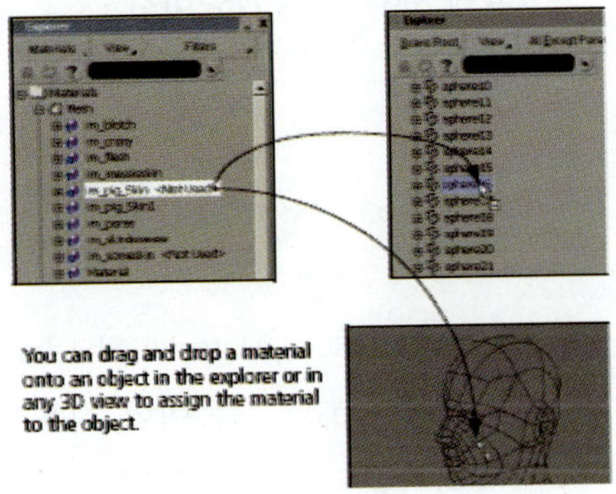

그림 1-39 Material 전이

(9) Assign Material 기능을 활용한 Material 변경(전이)

다른 Object에 적용된 Material 정보를 새로운 Object에 적용하고자 할 경우 사용하는 명령어로 새로 지정할 Object를 선택한 상태에서 Get > Assign Material 기능을 실행하도록 한다. 그 결과 다른 Object에 적용되었던 Material 정보가 새로 선택된 Object로 전이된다. 이 경우 하나 또는 그 이상의 Object에 적용이 가능하기 때문에 동일 질감의 여러 Object 제작시 아주 유용하게 적용될 수 있는 기능 중 하나이다. 또한 Object를 구성하고 있는 Component, 즉 Point, Edge, Polygon 등에 적용된 Material 효과를 전이하고자 할 경우에도 각 Component Cluster나 Subsurface에 지정된 Material 정보 또한 전이가 가능하다.

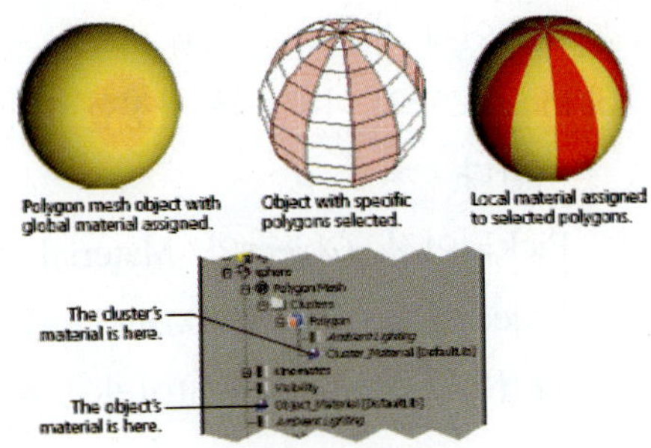

그림 1-40 Material 변경

만약 Assign되기 전의 상태로 되돌아가고자 할 경우 Get > Unassign Material 기능을 실행하면 된다.

1) Assign Material

Assign material이란 Object에 기본적으로 적용된 Material 속성에 대해 공유를 하거나 전이시키는 기능으로 각각의 공통된 성질에 대해 관계설정 방법을 통해 보다 효율적으로 제어할 수 있다. 지금부터 그 방법을 간단히 알아보도록 한다. 먼저 여러 개의 Object를 만든다. 여기서는 기본적으로 주어지는 Primitive 도형 중에서 Sphere를 사용한다.

- **Material 적용** : 세 개의 Sphere에 각각 Material shader와 함께 구별되는 Color 값을 지정해 준다. 여기서는 비록 Color 값에 대한 테스트를 설명하지만 Assign material은 Object에 적용된 모든 shader 값에 대해 적용가능하다.

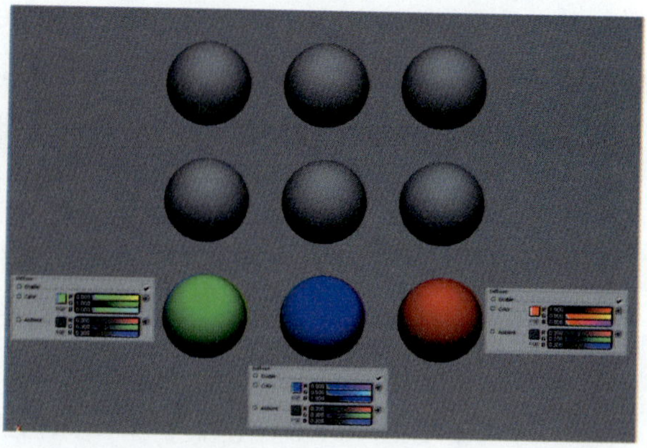

그림 1-41 Get Material

- **Assign Material**

[1] Select Object : Material Shader가 적용되지 않은 Object, 즉 이미 적용된 Material shader를 그대로 적용하고자하는 대상 Object를 선택한 후

[2] Material 〉 Assign Material 명령을 실행한다. 이때 마우스는 Pick 모드로 전환된다.

[3] Pick 모드의 마우스를 지정할 Object를 선택한다.

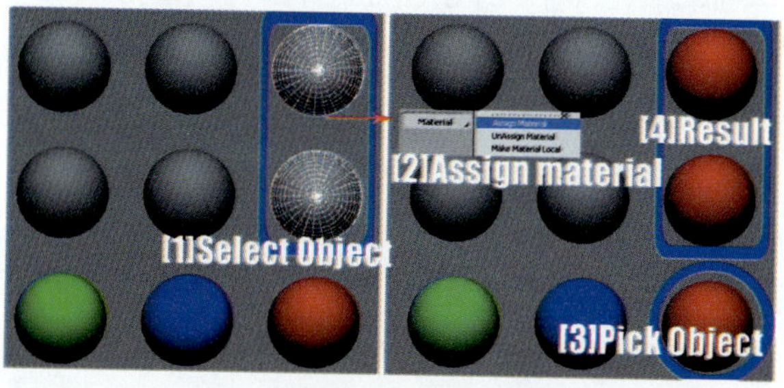

그림 1-42 Assign Material 지정

[4] Pick되어진 Object의 Material Shader가 미리 선택되었던 Object에 그대로 전이(Material 공유)되는 결과를 확인한다. 이 과정을 Assign Material이라고 한다.

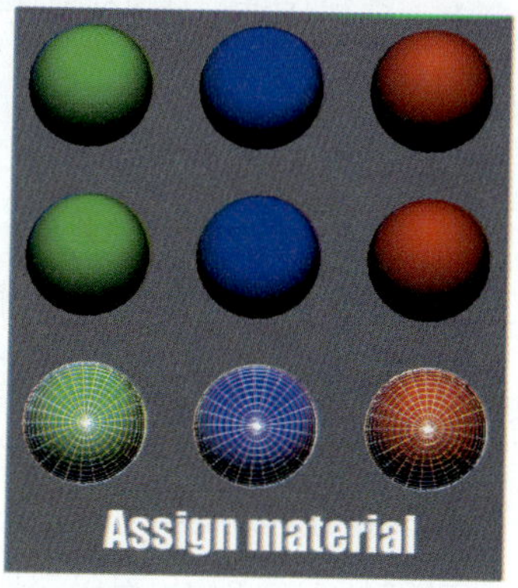

그림 1-43 Assign material 적용

- **Global material과 Local material** : Assign material이 적용된 Object에 적용된 Material을 선택할 경우 Local 모드로의 전환에 대한 설정을 지정하는 옵션 창이 나타난다.

[1] 예 : 선택된 Object는 공유되어진 Object들의 Material shader로부터 독립된 하나의 개별적인 Material 속성으로 전환된다.

[2] 아니오 : 연결된 Object들은 서로의 변화 값에 대해 지속적으로 공유를 한다. 즉 하나의 Object의 Material shader의 속성을 변경할 경우 material shader가 서로 공유된 Object의 Material이 자동 변경된다.

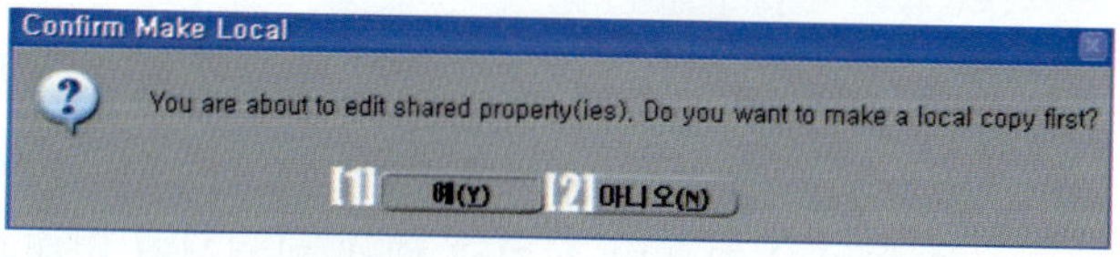

그림 1-44 Global material과 Local material

2) Polygon Mapping

3D Object에서 Material shader를 적용할 때 Object뿐만 아니라 Component의 한 요소인 Polygon 영역에 Texture를 적용하고 편집할 수 있다. 이 경우 적용된 Polygon 면은 자동으로 Cluster로 지정되며 해당 Polygon은 하나의 Cluster화된다.

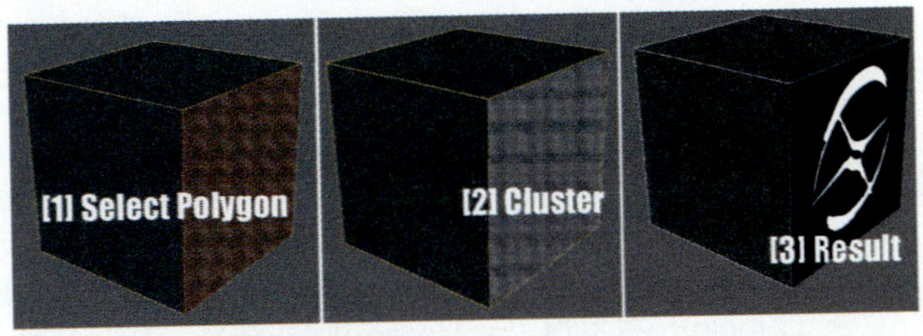

그림 1-45 Polygon Mapping

[1] Select polygon : Material shader나 Texture를 적용하기 위해 적용을 원하는 면을 선택한다.

[2] Cluster 생성 : Polygon 면이 선택된 상태에서 Get 〉 Material 〉 Phong shader를 적용한다. 그 결과 Material이 적용될 Polygon 영역은 하나의 Cluster화된다.

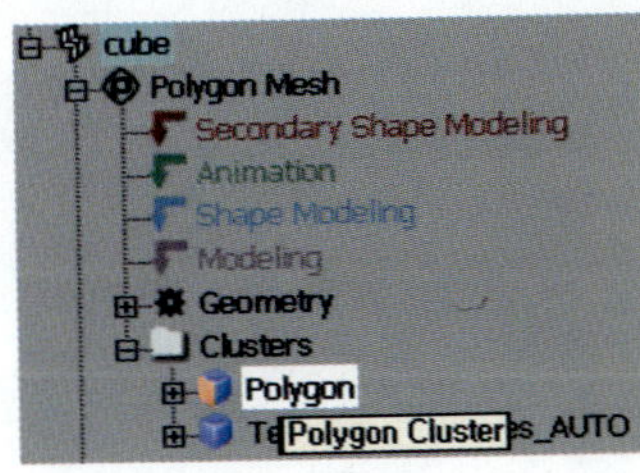

그림 1-46 Cluster

[3] Result : Image 적용은 Object의 이미지 적용방법과 동일하다. Material 〉 Texture 명령이나 Material shader에서 texture 이미지 연결 icon으로 연결할 수도 있다. 이미지를 연결한 다음 해당되는 Polygon면의 방향에 맞는 Texture projection을 지정해 주도록 한다.

(10) Material 중첩(Overlap)

Object에서 Cluster로 지정된 영역에 이미 적용된 Material 효과에 새로운 Cluster를 설정하여 Material을 적용할 경우 하나의 영역에 이중 Material이 적용되기 때문에 "Confirm Get Material" 이라는 메시지 창이 자동 생성되어 나타난다.

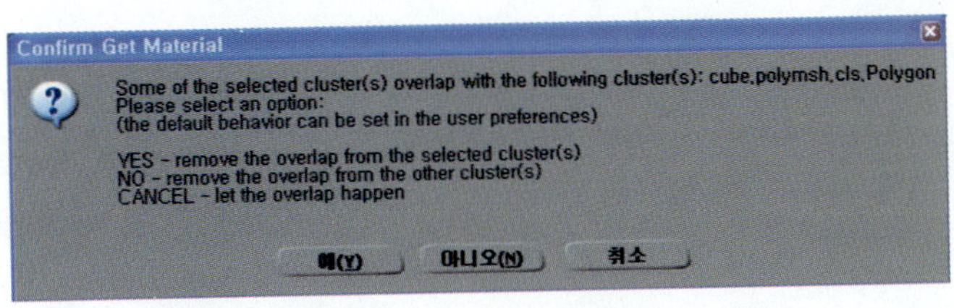

그림 1-47 Material Overlap

이때 Yes와 No 그리고 Cancel를 했을 경우 그 각각의 경우에 대한 효과를 알아보도록 한다.

- Yes : 새로 지정된 영역을 우선으로 하여 기존에 존재했던 영역 중 겹쳐진 부분의 영역에 대한 Material은 지워진다.

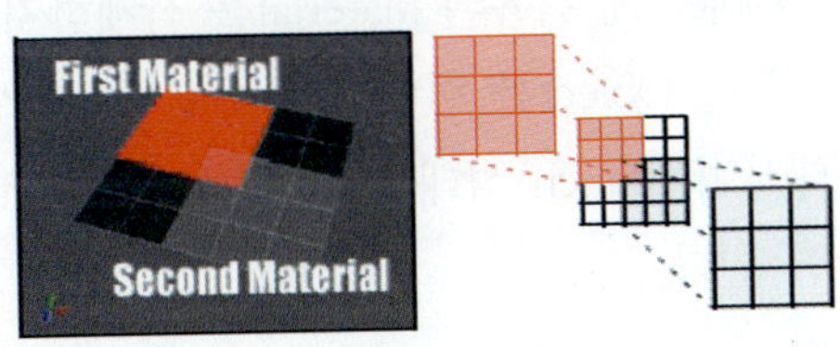

그림 1-48 Overlap "Yes"

- No : Material이 적용된 기존의 Cluster로부터 새로 이 중첩된 Cluster 영역이 삭제된다.

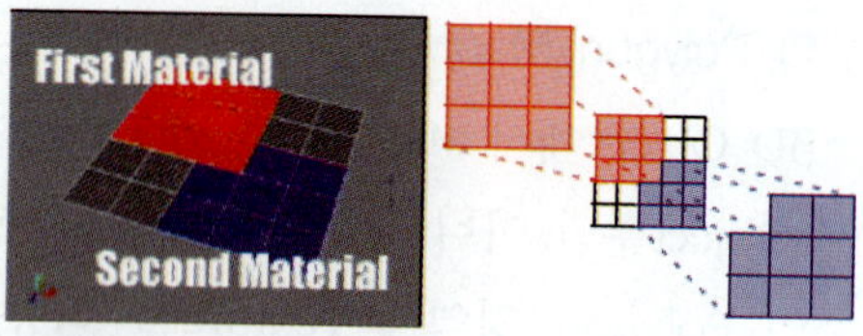

그림 1-49 Overlap "No"

- Cancle : 겹쳐진 두 Material 구간을 그대로 중첩되어진 효과를 나타내도록 한다.

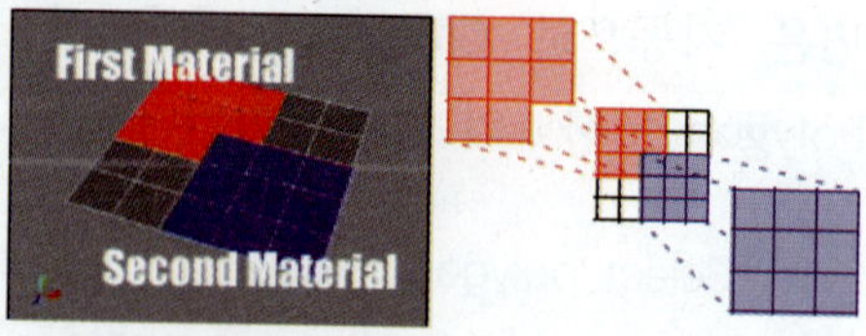

그림 1-50 Overlap "Cancle"

- Sort Order : 원래의 Material과 공통된(중첩된) Material의 효과를 모두 사용가능하다.

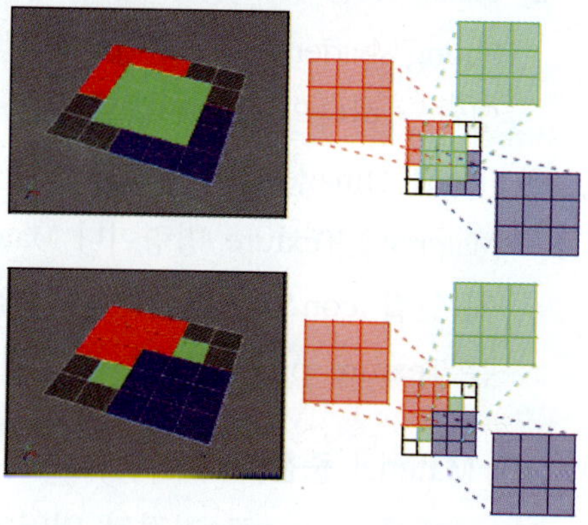
그림 1-51 Sort Order

(11) Material Copy & Paste

Object에 적용된 Material을 다른 Object에 복사 / 붙여넣기 할 경우 크게 두 가지 방법을 사용한다. 먼저 Explorer 창에서 복사할 Object의 Material을 선택하고 [Ctrl + C]한 후 복사할 Object를 선택한 후 [Ctrl + V]를 한다. 또는 Explorer 창에서 Copy할 Material 노드를 펼친 다음 Drag in Drop으로 대상 Object에 Copy하는 방법을 사용할 수도 있다.

(12) Material 이동

Object에 적용된 Material을 삭제하지 않음과 동시에 이동시킬 수 있는 방법은 적용된 Material을 이동할 Object를 선택한 후 Get 〉 material 〉 UnAssign Material 기능을 실행한다. 만약 Material 적용 대상이 Branch 상태일 경우 해당 Object들을 Branch 선택[마우스 Middle 버튼 클릭]을 한 후 적용하면 된다.

(13) Material Rename

Object에 지정된 Material의 이름을 변경하고자 할 경우 Explorer 창에서 해당 Material을 선택한 후 마우스 오른 클릭을 하여 새 이름으로 지정을 하거나 단축키[F2]를 선택하여 새 이름 지정 모드로 전환한 다음 원하는 이름으로 지정을 하도록 한다.

(14) Material 삭제

Object에 적용된 Material을 삭제하는 방법은 크게 두 가지가 있는데 첫 번째 방법은 Explorer 창에서 삭제를 원하는 Material에 대해 마우스 선택을 한 후 Delete 명령을 실행하거나, 해당 Material에 마우스 오른 클릭을 한 후 Delete 명령을 실행한다.

2. Material Libraries 관리하기

(1) Material Libraries 정보보기

SOFTIMAGE 제작환경에서는 Object에 적용된 Scene 구성 요소들에 의해 모든 속성 창을 가지게 되는데 Material 정보는 Material Libraries 내에 저장된다. Material Libraries는 Scene 내에 있는 모든 Material 정보를 포함하고 있다. Library가 포함되어 있는 속성들은 적용된 개체에만 적용된다. Material Libraries는 Explorer 창에서 Material이 적용된 Object에서 찾을 수 있다.

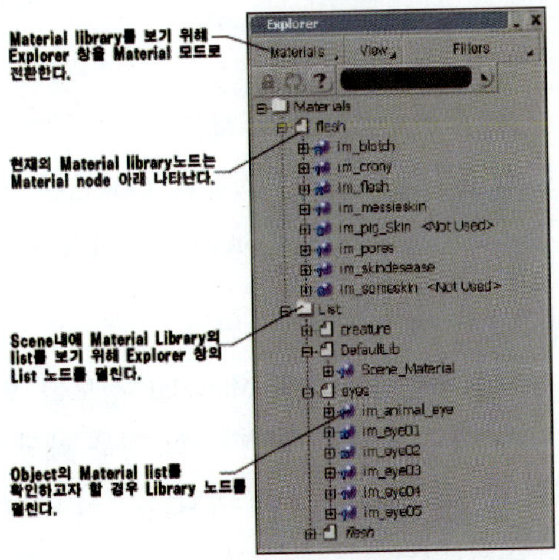

그림 1-52 Explorer 창에서의 Material 정보

(2) Material Libraries 생성 및 삭제

Material이 적용된 Object 또는 Scene 전체에 대해 Explorer 창을 열고 Material 모드로 전환한다. 그리고 Material 노드를 마우스 오른 클릭을 한 다음 메뉴 List에서 Creative New Material Libraries를 클릭한다. 삭제할 경우 동일한 경로를 통해 메뉴 list를 열고 Delete 명령을 실행한다.

(3) Material Libraries 새 이름 지정하기

Material이 적용된 Object 또는 Scene 전체에 대해 Explorer 창을 열고 Material 모드로 전환한다. 그리고 Material 노드를 마우스 오른 클릭을 한 다음 메뉴 List에서 Rename 명령을 실행하거나 단축키[F2]를 눌러 새로운 이름으로 지정해 준다.

(4) Material Libraries 저장

기본적으로 Material Library는 저장 및 불러오기가 가능하다. 이 경우 저장 형식은 dotXSI 저장기능에서 binary나 text 파일 형식으로 저장 또는 불러올 수 있다. 먼저 Material이 적용된 Object 또는

Scene 전체에 대해 Explorer 창을 열고 Material 모드로 전환한다. 그리고 Material 노드를 마우스 오른 클릭을 한 다음 메뉴 List에서 External Library 명령을 실행한다.

3. Surface Shader

Surface Shader는 Object의 질감을 설정하는 가장 기본적인 Shader로 흔히 재질표현이라고 한다. 제작하고자 하는 Object가 어떠한 성질의 물질이냐에 따라 다양한 Surface Shader를 적용할 수 있다. Surface Shader는 가장 중요한 Shader의 종류 중 하나로 Object가 가지는 기본적인 성질(특징)을 나타내는 Shader이다. Surface Shader는 Material Shader라고도 하며 Object의 기본적인 재질(Phong, Lambert, Blean, Constants 등)과 Color외에도 반사, 굴절, 투명도 등의 성질을 정의할 수 있다. 기본적으로 SOFTIMAGE 툴 환경에서 적용 가능한 Surface Shader의 종류와 각각의 특징들에 대해 살펴보도록 한다.

(1) Surface Shader 적용

Surface Shader를 적용할 Object를 선택한 후 Render 명령 모드에서 Get 〉 Material 〉 Phong, Lambert, Blean 등의 Shader를 지정해 준다.

(2) Surface Shader 변경

지정해준 Object의 Material 정보를 변경하고자 할 경우는 대상 Object를 선택한 후 Modify 〉 Material 명령을 실행한다. 이 경우 해당 Object의 Material Manager가 나타나며 Material Manager 창 중에서 Render Tree 작업 창에서 Illumination 노드에서 새로운 Material을 꺼내서 새롭게 연결해 주도록 한다.

(3) Surface Shader 정보 확인

이미 Material 정보가 적용된 Object의 Material 정보를 확인하고자 할 경우는 대상 Object를 선택한 후 Modify 〉 Material 명령을 실행한다. 이 경우 해당 Object의 Material Manager가 나타나며 Material Manager 창에서 현재 적용되어 있는 Material 정보를 확인할 수 있다.

(4) Surface Shader 삭제

Material이 적용된 Object에 대해 Material 지정을 취소하거나 삭제하고자 할 경우 여러 가지 방법이 있는데 그 중에서 Explorer 창에서 해당 Material 노드 전체를 선택하고 Delete하는 경우와 Render Tree 창에서 해당 Material node의 연결을 해제시킨다.

4. Surface Shader 종류

Surface Shader의 종류는 물질의 표면 특징을 나타낼 수 있는 환경적 요소에 따라 다양한 형태들이 있다. 지금부터 Object에 적용되는 Material에 대해 알아보고 그 사용범위와 효율성에 대해 알아보도록 한다.

(1) Surface Shader Property Editor

지금부터 Surface Shader를 적용할 경우 생성되는 Surface Shader Property Editor 창에 포함된 속성들에 대해 살펴보도록 한다. 먼저 Object를 선택한 후 Surface Shader를 적용하게 되면 Surface Shader Property Editor 창이 나타난다.

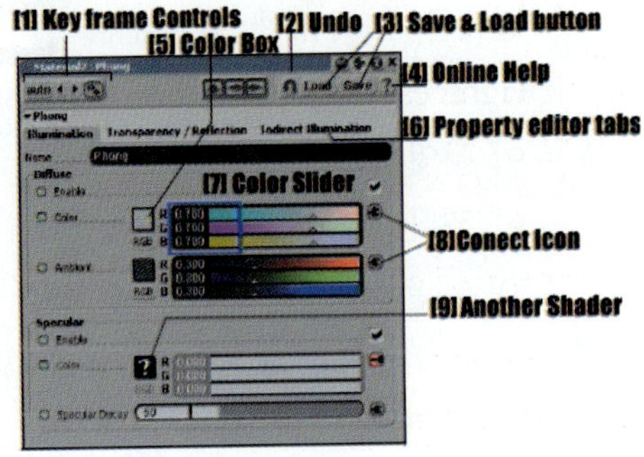

그림 1-53 Material Shader 속성 창

[1] Key frame Controls : Object에 적용된 Surface shader의 변화에 대한 애니메이션 작업을 할 경우 사용하는 애니메이션 제작 버튼이다.

[2] Surface Shader Property Editor 창에 변화 값을 지정한 후 다시 변경 전 상태로 돌아가고자 할 경우 사용하는 명령 버튼이다.

[3] Save and Load button : 현재 지정된 Surface Shader Property 수치를 저장하여 다음에 동일하게 적용하거나 다른 Object에 적용하고자 할 경우 현재의 지정된 값을 저장 또는 저장된 Surface Shader Property를 불러와서 적용할 수 있도록 하는 기능이다. 이 경우 동일 Object일 경우도 있고 전혀 다른 새로운 Object에 적용도 가능하다.

[4] Online Help : Online상에서 지원해주는 도움말 작업이다. 모르는 명령이나 좀 더 정확하게 기능이나 의미를 알기 위해 사용하는 기능이다.

[5] Color Box : Object의 표면색을 지정할 수 있는 기능 창이다. Color의 RGB 값의 변경을 통해 원하는 Color를 지정하거나 Color box를 더블클릭하여 나타나는 Color range에서 명도나 채도의 변형이 가능하며 RGB 모드뿐 아니라 HSV, HLS, HSV 등의 Color 표시법 등의 다양한 옵션을 사용할 수 있다.

- RGB : RGB 컬러 모드의 그림물감을 믹스하여서라기 보다는 빛을 믹싱하여 컬러를 정의한다. 모든 컬러가 나오는 일차 색상은 Red, Green, Blue이다. 이 세 가지 색상이 함께 믹스되어 가장 높은 값인 "1"은 흰색, 색상이 없으면(가장 낮은 값인 "0") 검은 색이 된다. 원하는 컬러를 만들 때 Red, Green, Blue 각 요소의 수치를 조합하여 정의한다.
- HLS : HLS 모드는 Hue는 채도로 스펙트럼에서 컬러의 위치를 나타낸다. Lightness는 컬러에 믹스된 흰색의 양으로 조도를 나타내며 Saturation은 컬러의 순도로 명도 값을 나타낸다.

- HSV : HSV 모드는 Hue와 Saturation 그리고 Value로 정의한다. Value는 HLS의 Lightness와 비슷하지만 1의 값은 Saturation이 1일 때 순수 컬러를 나타내며 반면에 Lightness 1은 Saturation이 무엇이든지 간에 흰색이 된다. 두 시스템 모드 "0" 값은 검은 색이다.

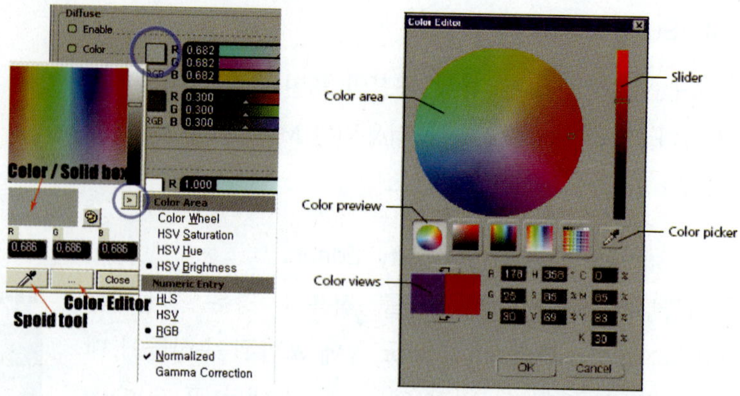

그림 1-54 Color Collection

[6] Property Editor tabs : Object에 대해 기본적인 Color 값뿐 아니라 투명도나 반사, 굴절 값의 변화를 통해 보다 섬세한 물질의 표면 질감을 표현할 수 있다. 그리고 기타 Illumination 효과에 대한 자세한 옵션을 지정해 줄 수 있다.

[7] Color Slider : Color Slider를 사용하여 컬러를 정의한다. RGB 각 Slider바를 드래그하여 수치 변화를 주거나 직접 Text란에 원하는 수치를 입력하여 사용한다. 세 개의 Slider를 동시에 컨트롤하기 위해서는 [Ctrl 키]를 누른 상태에서 Slider 바를 이동한다. 또한 하나의 값을 정밀하게 조절하기 위해서는 [Shift 키]를 누른 상태에서 Slider를 컨트롤한다.

[8] Connect Icon : 설정된 표면의 Color에 다양한 표면 효과를 적용할 경우 사용하는 버튼이다. Default Preset 효과를 사용 가능할 뿐 아니라 저장된 파일로부터 이미지나 효과를 연결할 수 있는 연결장치이다.

[9] Another Shader : 기존의 설정 값에 대해 어떠한 효과가 미리 연결되어 있기 때문에 현재 상태에서는 어떠한 효과가 적용되었는지는 알 수 없기 때문에 "?" 표시가 나타나 있다. "?" 버튼을 누르게 되면 어떠한 효과가 적용되었는지 알아볼 수 있다.

(2) Surface Illumination

[1] Specular(Color) : 물체가 빛을 받았을 경우 가장 밝게 빛나는 영역이다. 이 영역은 물체의 특성상 나타나는 경우와 그렇지 않은 경우가 있으며 그 각각의 경우에 따라 Surface Shader를 선택해서 사용해야 한다. 즉 Phong, Blinn … 등의 Surface shader에서는 나타나지만 Lambert shader에서는 나타나지 않는다.

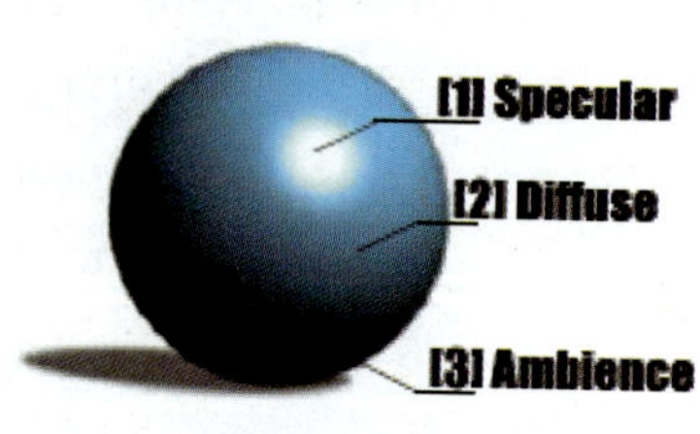

그림 1-55 Surface Illumination

[2] Diffuse(Color) : 가장 밝은 영역과 가장 어두운 영역의 사이에 존재하는 영역이다. 빛이 모든

방향으로 동일하게 확산되어 물체가 모든 각도에서 동일한 밝기를 갖도록 하는 Color이다. 일반적으로 Object의 전체적인 모습에서 가장 많이 나타나며 Surface의 기본 컬러라고도 한다.

[3] Ambience(Color) : 물체가 빛을 받았을 때 가장 어두운 영역으로 나타나는 부분이다.

(3) Shading Models

1) Phong shader

그림 1-56 Phang Shader

Phong shader는 Ambient, Diffuse, Specular color 모두를 사용한다. 물체 표면의 Normal 방향에 대해 서로 보간해 나가면서 부드럽고 반질거리는 느낌의 shading 처리 효과다. 또한 노말, 라이트, 카메라 뷰 포트 간의 관계를 처리하여 Specular 하이라이트를 만든다. 결과는 Object Surface 위에 Illumination의 Diffuse와 Ambient 영역과 Specular 하이라이트를 가지는 매끄럽게 shading 된 Object이므로 당구공이나 반사 값이 큰 플라스틱 또는 금속 재질과 같은 물체 표현에 적합하며 반사, 투명, 굴절 등의 성질이 강한 Object에 대해서 사용한다.

2) Lambert shader

그림 1-57 Lambert Shader

Lambert shading은 Ambient와 Diffuse color만을 사용한다. 즉 Specular 하이라이트가 없는 표면이다. 이것은 인접한 surface 삼각형 노말 관계를 보관하므로 Shading이 점진적으로 바뀌어 matte surface를 만든다. 계란 껍질 등과 같이 표면에 빛의 반사 값이 전혀 없는 Object 표면의 질감에 사용되는 surface이다.

3) Blinn shader

그림 1-58 Blinn Shader

Blinn shader는 Diffuse, Ambient, Specular color뿐만 아니라 Specular 하이라이트를 계산하기 위해 굴절률을 사용한다. Blinn shader는 Phong shading 효과와 비슷한 결과를 만들지만 다른 점은 Specular 하이라이트의 형상이 카메라와 조명 사이에 높은 투사각이 있을 때 더 정확하게 실제 조명을 반영한다는 것이다. Blinn shader는 러프에지나 샤프에지에 대해 사용이 유용하며 메탈 표면의 질감을 표현하는데 아주 유용하다. Specular 하이라이트도 더 밝게 나타난다. 투명성, 반사, 굴절, Texture는 Blinn shader로 Shading된 Object에 주어질 수 있다.

4) Cook-Torrance

Cook-Torrance shader는 Diffuse, Ambient, Specular color 뿐만 아니라 Specular 하이라이트를 계산하기 위해 굴절률을 사용한다. Surface normal 방향을 읽고 그것들 사이를 보관하여 매끄러운 Shading 질감을 만든다. 또한 노말, 라이트, 카메라 뷰 포트 간의 관계를 처리하여 Specular 하이라이트를 만든다. Cook-Torrance shader는 Blinn과 Lambert Shader 중간의 결과를 만들어 주기 때문에 가죽 표면과 같이 매끄럽고 반사성이 있는 Object를 표현하는데 유용하다. 반사, 투명, 굴절이 강한 Texture는 Cook-Torrance로 Shading된 Object에 주어질 수 있다.

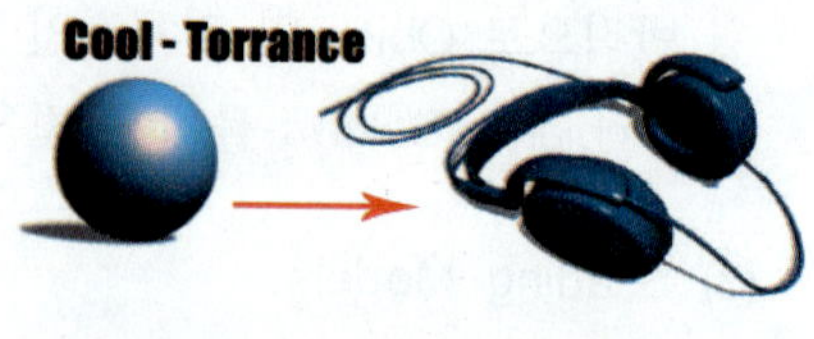

그림 1-59 Cook-Torrance Shader

5) Strauss

Strauss shader는 단순히 Diffuse color를 사용하여 금속 표면 재질을 표현한다. Surface Specular는 Diffuse를 컨트롤하는 Parameter의 smoothness와 metalness에 의해 정의된다. 반사, 투명, 굴절 그리고 Texture는 Strauss shader로 shading된 Object에 주어질 수 있다.

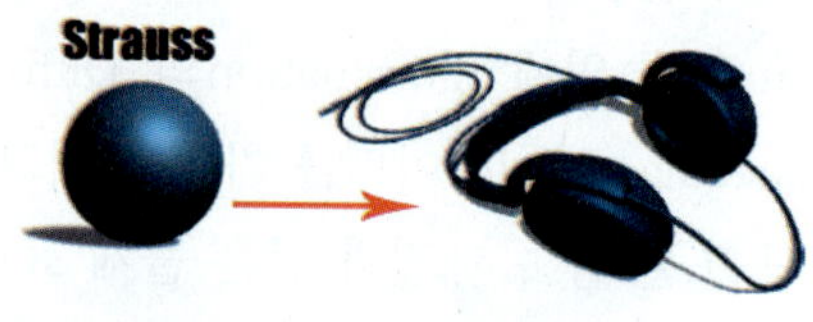

그림 1-60 Strauss Shader

6) Anisotropic

Anisotropic shader는 Ambient, Diffuse와 반짝이는 color를 이용하여 표면이 반짝이는 물체를 표현하는데 활용한다. 표면이 잘 닦여진 Brushed 효과를 만들기 위해서(Brush로 닦은 알루미늄 표면 효과) 표면의 Specular color의 위치를 정의하는 것이 가능하다. Specular는 UV 좌표를 사용하여 계산된다.

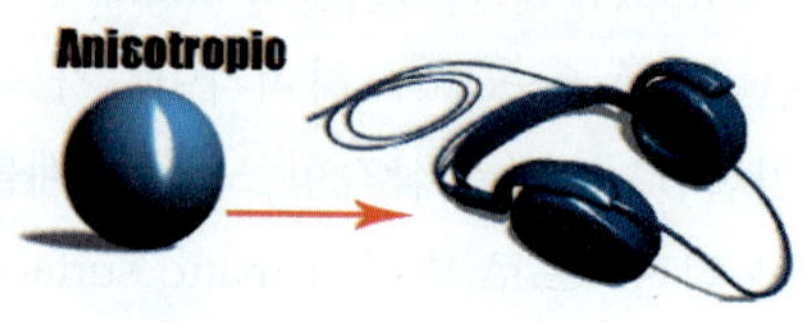

그림 1-61 Anisotropic Shader

7) Constant

Constant shader는 Diffuse color만을 사용한다. 이것은 Object의 표면의 normal 방향을 무시한다. Object의 모든 Surface의 삼각형 또는 사각형은 똑같은 방위를 갖고 있고 조명으로부터 동일한 거리에 있다고 가정된다. Constant shader는 surface에 전혀 아무 Shading도 없이 나타나는 종이조각 같은 Object를 만든다. 이것은 Object에 Static blur 효과를 추가하고자 할 때 Specular나 Ambient 조명이 없기 때문에 유용하게 사용될 수 있다. Constant shader는 Texture 정의를 방해할 속성이 전혀 없기 때문에 Texture를 잘 지원한다.

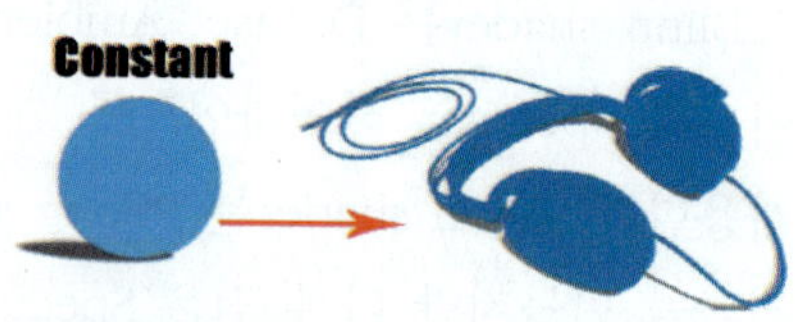

그림 1-62 Constant Shader

8) Toon

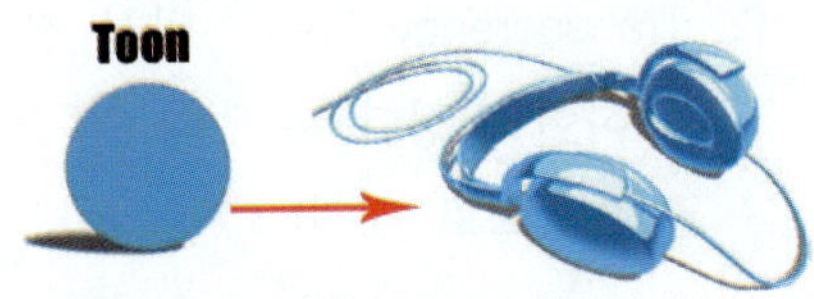

그림 1-63 Toon Shader

(4) 반사(Reflectivity)

반사란 빛이나 전파 또는 파동 따위가 어떤 물체의 표면에 부딪혀 되돌아오는 현상으로 정의되는데 Material shader의 Transparence / reflection 기능에서는 어떤 대상체가 주위의 다른 물체들을 얼마나 반사할 수 있는가에 대한 정도를 조절할 수 있다. 보통 반사의 성질은 0~1 사이의 범위를 갖는데 "0"은 무반사, "1"은 완전반사로 정의된다.

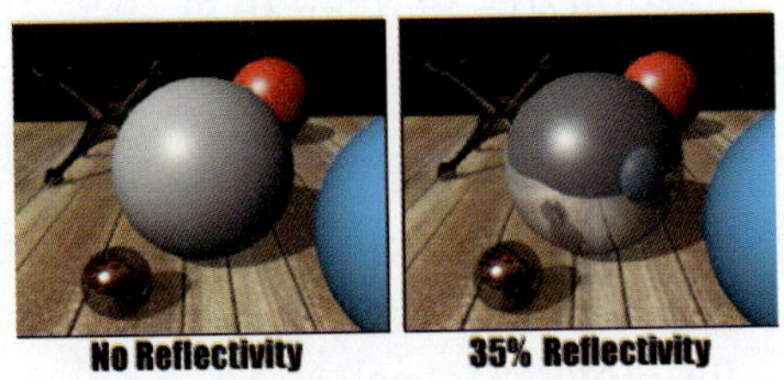

그림 1-64 Reflectivity

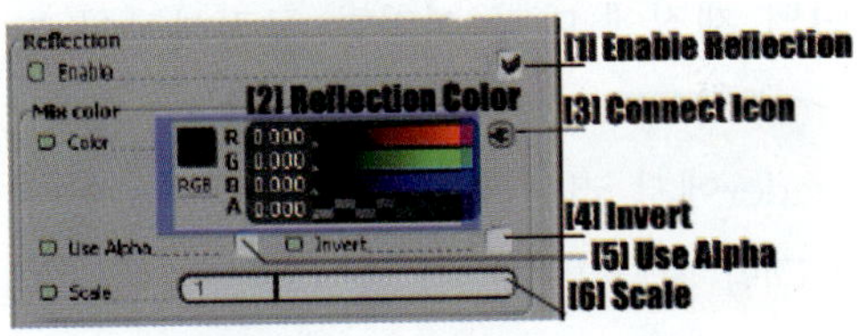

그림 1-65 Reflection Option

[1] Enable Reflection : Reflection 효과를 적용 또는 미적용 여부를 체크하는 명령 아이콘이다.

[2] Color : 반사 정도를 색상 값을 이용하여 지정할 수 있다.("0"은 무반사, "1"은 완전반사로 정의)

[3] Connect Icon : Object의 반사 효과 내에 Texture 이미지를 연결하고자 할 경우 사용한다.

[4] Invert : Color 또는 Alpha 영역의 반전이 필요한 경우에 사용한다.

[5] Use Alpha : 단지 Alpha channel에 의해서 Reflection을 컨트롤하고자 할 경우 사용한다.

[6] Scale : 반사 정도의 강도를 조절할 수 있는 기능을 한다.

(5) 투명(Transparency)

투명은 빛이 잘 통과하여 속까지 훤히 비춰 보이게 하는 성질로 Object의 표면 질감에서 표현해줄 수 있다. 이때 Object를 통과하는 빛의 양을 조절하여 전부를 보이게 할지 일부를 보이게 할지를 결정짓는다. Surface shader의 투명성은 반사와 마찬가지로 Property editor에서 투명도에 대한 옵션을 설정하여 적용할 수 있다. 투명도 값의 영역은 보통 0~1의 범위에서 설정되는데 "0"은 완전 불투명의 성질을 '1"은 완전 투명의 성질로 정의할 수 있다.

그림 1-66 Transparence 효과

[1] Enable Transparency : Transparency 효과를 적용 / 미적용 여부를 체크하는 명령 아이콘이다.

[2] Transparency Color : 반사 정도를 색상 값을 이용하여 지정할 수 있다.("0"은 불투명, "1"은 완전투명으로 정의)

[3] Connect Icon : Object의 투명 효과 내에 Texture 이미지를 연결하고자 할 경우 사용한다.

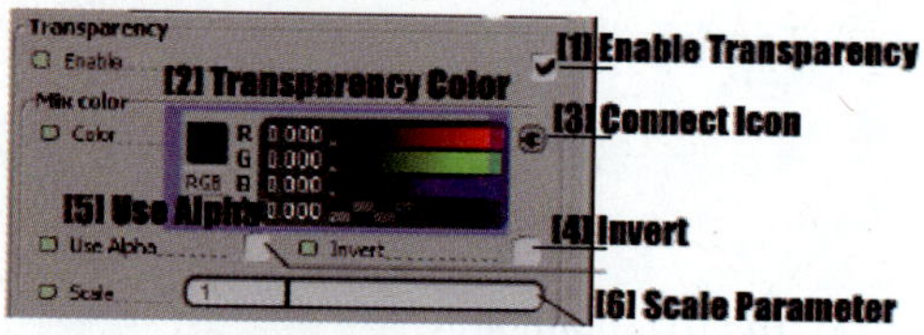

그림 1-67 Transparence Option

[4] Invert : Color 또는 Alpha 영역의 반전이 필요한 경우에 사용한다.

[5] Use Alpha : 단지 Alpha channel에 의해서 Transparency를 컨트롤하고자 할 경우 사용한다.

[6] Scale : 투명도의 강도를 조절할 수 있는 기능을 한다.

(6) 굴절(Refraction)

굴절은 하나의 매질로부터 다른 매질로 진행하는 파동이 경계면에서 그 진행방향을 바꾸는 현상으로 표면의 재질에 따라 이러한 굴절현상이 다르게 나타난다. SOFTIMAGE에서는 이러한 굴절현상을 Surface shader에서 컨트롤 할 수 있도록 하였다.

그림 1-68 Refraction 효과

그럼 지금부터는 각 물질의 표면에서 일어나는 굴절 현상에 대해 Refractive 수치를 정형화해 놓은 자료를 참고하여 제작하는 Object의 굴절 값을 적용해 보도록 한다.

〈표 1-1〉 물질에 따른 굴절률

Material	Refractive Value
Air	1.00
Ice	1.31
Water	1.33
Acetone	1.36
Alcohol	1.39
Glass	1.50~1.89
Polystyrene	1.55
Emerald	1.57
Topaz	1.61
Ruby / Sapphire	1.77
Crystal	2.00
Diamond	2.42

(7) Indirect Illumination

현실세계에 존재하는 조명 Setting에 관련된 Option이다.

이는 Light와 밀접한 관계를 가지고 있으며 Light의 속성을 Photon화하여 실제 Light의 생성과 소멸효과를 활용할 경우 사용한다. 향후 Global Illumination이나 Final gathering, Caustics 효과를 제작할 때 사용한다.

5. Soft Material Shader 관리

Soft material이란 SOFTIMAGE|3D로부터 SOFTIMAGE|XSI로 import된 shader는 Import되기 전에 주어진 이름을 유지한다. 목적상 그것을 Soft material이라고 부른다. Soft material로는 Render tree 구조를 만들 수 없다. 즉 Material이나 Texture 적용에 있어 효과를 증대시키기 위해 추가로 Texture 노드나 Tool 노드를 추가할 수 없다. 만약 수정을 원할 경우 불러들여온 Soft material을 새로운 SOFTIMAGE|XSI 재질 shader로 바꿔야 한다. 적용하는 방법이나 수정방법은 앞에서 설명한 절차를 그대로 따르면 된다.

1-1-4 Texturing

Object에 Texture를 입히기 전에 먼저 Object의 표면 성질에 대한 설정을 위한 Material에 대해 기본적인 사항을 살펴보았다. 이제 그러한 Object의 기본 Surface shader가 설정이 되고 나면 Texturing 작업에 들어간다. Texturing 작업이란 3D Object에 대해 2D Texture source를 적용하여 2D source 이미지가 3D Object상에 나타나도록 하는 일련의 작업공정이다. 그럼 어떠한 원리에 의해 Texture source와 Surface shader가 함께 표출되는가에 대해 알아보도록 한다.

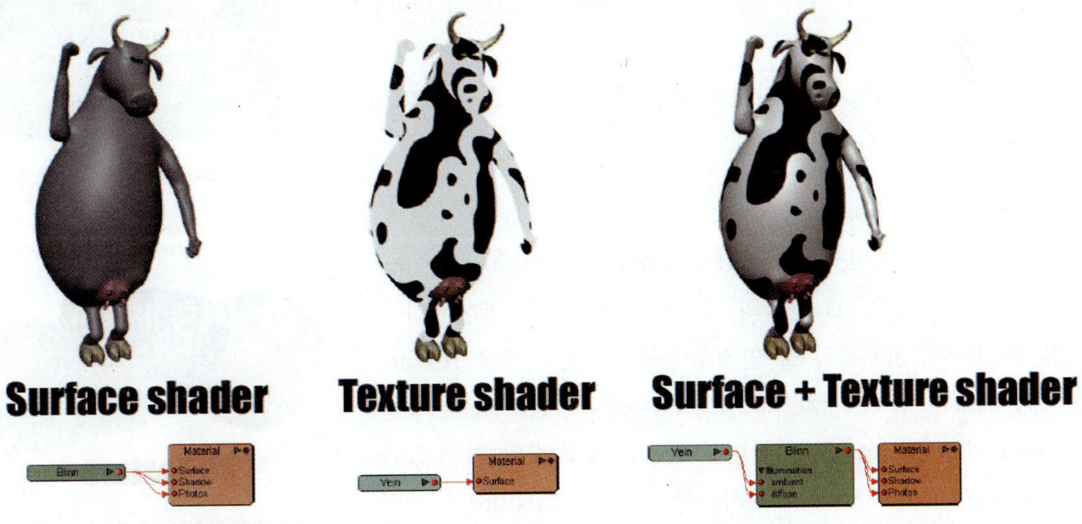

그림 1-69 Shader 적용에 따른 결과 변화

먼저 Surface shader가 Object에 적용된 후 Texture shader는 적용된 Surface shader에 추가 연결되는 원리이다. 이러한 원리는 Render Tree 구조(1-2장 Fundamental에서 구체적으로 설명)에서 확인이 가능하다. 그 결과를 보면 Surface shader는 Object 표면의 기본성질로 나타나고, Texture shader는 그러한 Surface shader 위에 이미지 정보로 나타나게 된다.

1. Texture 유형

(1) Image Texture

2D Texture는 Object의 Surface에 사용될 수 있는 2D 이미지(pic, gif, tiff, psd 등)를 의미하며

2D Texture는 Object의 Surface 주위를 감쌀 수 있는 이미지로 물건을 포장하는 종이조각을 연상하면 이해하기 쉽다. 실제로 2D 제작환경에서 그려진 이미지일 수도 있고, Scan되어진 사진 이미지일 수도 있고, 방금 촬용을 마친 실사 이미지일 수도 있다. 이러한 2D Texture에 사용되는 Picture 파일은 이미지의 모든 Pixel을 RGB 또는 RGBA data로 묘사되어진 데이터를 가지고 있는 파일이다.

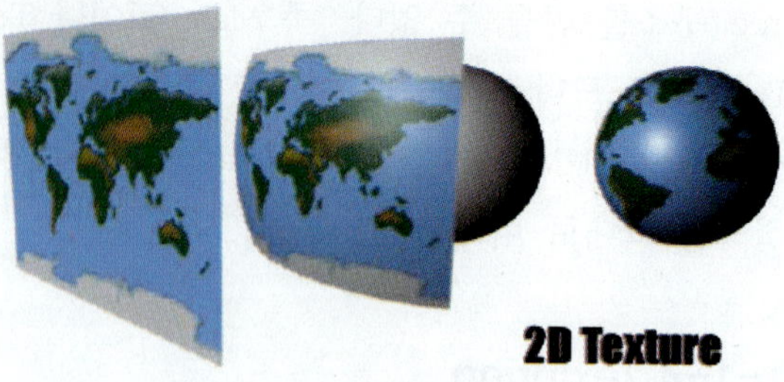

그림 1-70 일반적인 Texture 적용 원리

Texture로 사용하기 위해 이미지를 선택할 때마다 SOFTIMAGE는 소스 파일을 만들고 이미지 Clip 복제 데이터를 만든다. 그러므로 원 소스 파일로부터 여러 개의 이미지 Clip를 만들 수 있다. 다시 말해 하나의 이미지를 사용하여 Surface 소스와 Bump 소스로 동시에 사용할 경우 원 소스 이미지에 영향을 주지 않고 Texture에 사용된 Clip 이미지에 변형을 줄 경우 원 소스 이미지는 변형이 일어나지 않는다.

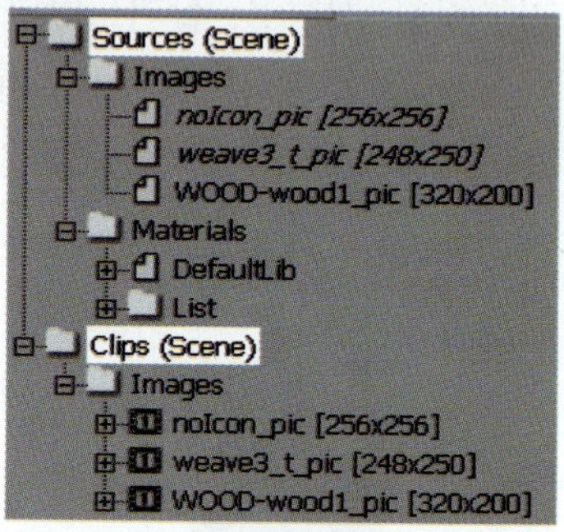

그림 1-71 Explorer 창에서의 Texture 정보 확인

(2) Procedural Texture

3D Texture는 Solid형 Procedural Texture이다. Procedural의 의미는 그것들은 3D 공간의 점에서 수학적으로 계산된다는 것을 의미한다. 3D 제작 툴 환경상에서는 기본적으로 Texture를 제공해주는 경우가 많은데 이를 Procedure Texture라고 한다. Procedure Texture란 컴퓨터상에서 이미 입력된 변수 값을 근거로 하여 Color Shader를 적용할 수 있는 Texture로 벡터 방식의 일반 2D 이미지의 적용 환경과는 다르다. 이러한 Procedure Texture에는 2D Texture와 3D Texture가 있으며 Get 〉 Texture 〉 Image 명령 창의 Pop up 메뉴 안에 다수가 포함되어 있으며 2D Texture처럼 2D Surface를 둘러 감싸는 개념이 아니다. 즉 Object의 Surface에 적용되기 보다는 Object 속으로 projection된다. Fractal에 의해 정의되듯 3D Texture는 Object 안쪽뿐만 아니라 바깥쪽에도 적용이 된다. 3D Texture의 공통사용은 나무의 나이테나 바위, 구름 또는 대리석 등이다.

그림 1-72 특수한 3D Texture

2. Texture 적용 및 활용방법

(1) 명령 툴에서 직접 지정해 주는 방법

Object에 Texture를 적용하는 방법은 다양하다. 그 중에서 가장 일반적이고 빠른 방법은 Texture

를 적용할 대상 Object를 선택한 상태에서 Render Tool bar에서 Get 〉 Texture 〉 Image 명령을 실행하는 것이다. 이때 해당 Object에 Surface shader가 미리 지정해 있어야 한다.

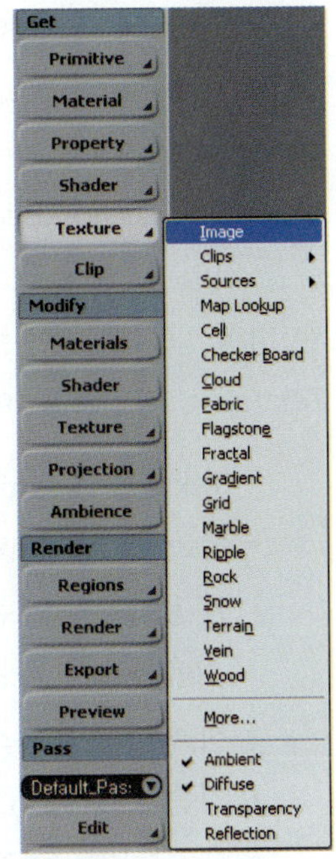

그림 1-73 Get 〉 Texture 〉 Image

- Image : 외부 파일 또는 Project 내의 Pictures 폴더 내에 저장된 이미지를 불러온다.
- Clips : Clip으로 저장된 파일을 불러온다.
- Sources : Source로 저장된 파일을 불러온다.
- Map Look up
- Cell
- Checkerboard
- Cloud
- Fabric
- Flagstone
- Fractal
- Gradient
- Grid
- Marble
- Ripple
- Rock
- Snow
- Terrain
- Vein
- Wood

그림 1-74 기본 Texture Preset 적용 이미지 1

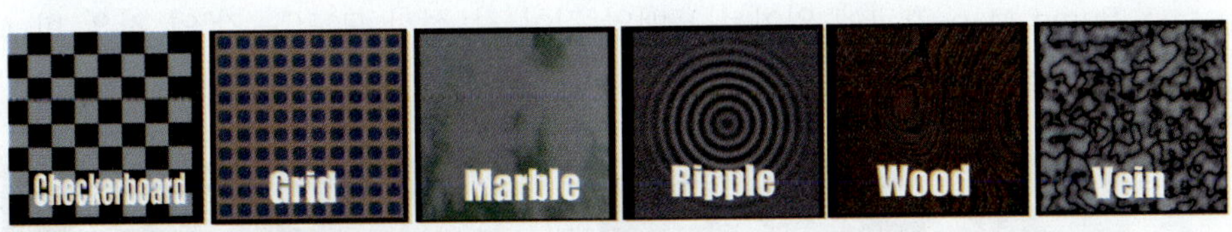

그림 1-75 기본 Texture Preset 적용 이미지 2

- More... : More...기능을 선택하면 Sample 폴더 내에 저장된 보다 많은 종류의 Procedure Texture를 사용할 수 있다.
- Ambient, Diffuse 옵션은 기본적으로 Material을 제정할 때 자동으로 Setting되도록 되어 있으며 Transparency(투명도)나 Reflection(반사도) 효과는 필요에 의해 User가 선택 적용하도록 되어 있다.

(2) Material : Image 속성 창에서 Texture 모드

Get 〉 Texture 〉 Image 명령을 실행하면 Material : Image 속성 창이 나타난다. 이 속성 창에서 사용할 이미지를 불러오거나, 불러온 이미지를 어떤 Projection으로 연결할 것인지에 대한 선택, Alpha 이미지를 사용할 것인지, Bump 효과를 나타내도록 할 것인지, 하나의 이미지를 어떤 방향으로 몇 번을 반복할 것인지에 대한 옵션을 통해 보다 효율적인 Texturing 작업을 들어갈 수 있다.

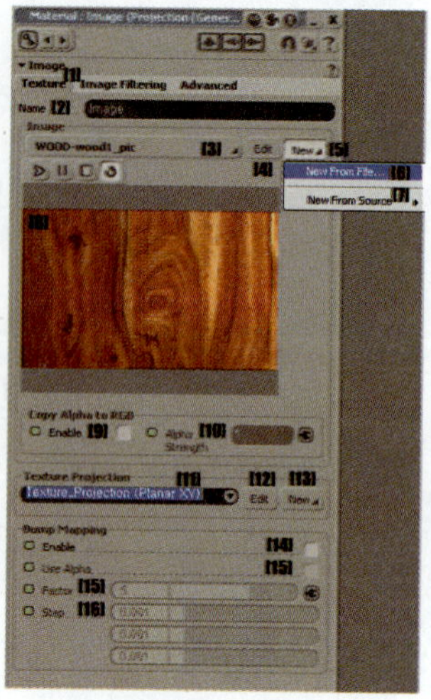

그림 1-76 Material 창에서 Load New Image

- Texture : Texture 작업 모드로 전환
- Name : 현재 Texture 작업 이름
- 사용하고자 하는 2D 이미지의 이름
- 사용하고자 하는 2D 이미지를 편집할 수 있는 기능
- 사용한 이미지 소스를 저장한 폴더에서 불러 오기 위한 선택 기능
- 기존에 사용했던 이미지 소스를 저장 폴더를 찾지 않아도 바로 찾을 수 있도록 하는 기능
- Texture 소스로 사용하기 위해 불러온 이미지 View 창
- Texture 소스에 사용된 Alpha 이미지를 사용할지에 대한 옵션
- Alpha 효과에 대한 강약을 조절하는 기능
- Alpha 효과에 새로운 기능을 연결하기 위한 Connect 기능
- 설정된 Texture Projection 선택 모드
- Texture Projection 편집 모드
- Texture Projection 지정 또는 변경 모드
- Bump Map 효과 On / Off
- Bump Map 효과에 있어서 흑백의 깊이 값 설정 모드("－값"일 경우 흰 색 함몰효과 / "＋값"일 경우 흰색 영역 돌출 효과)

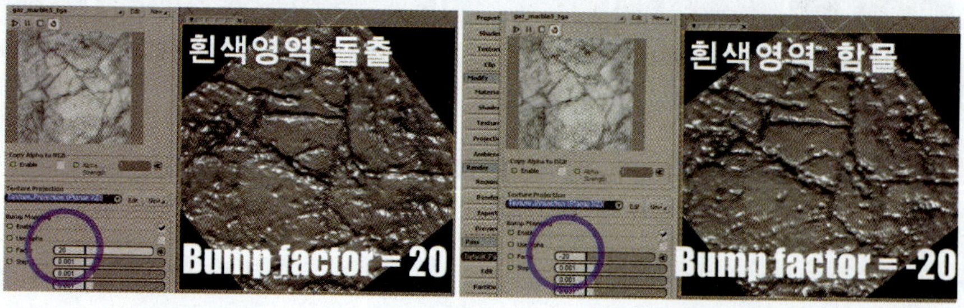

그림 1-77 Bump 효과

- Bump Map 이미지 X.Y.Z 축 방향으로 Step 수 설정 모드

(3) Material : Image 속성 창에서 Image Filtering 모드

고해상도 Mapping 작업에 사용하며 Texture 이미지의 anti-aliasing 효과를 증대시키기 위해 사용한다.

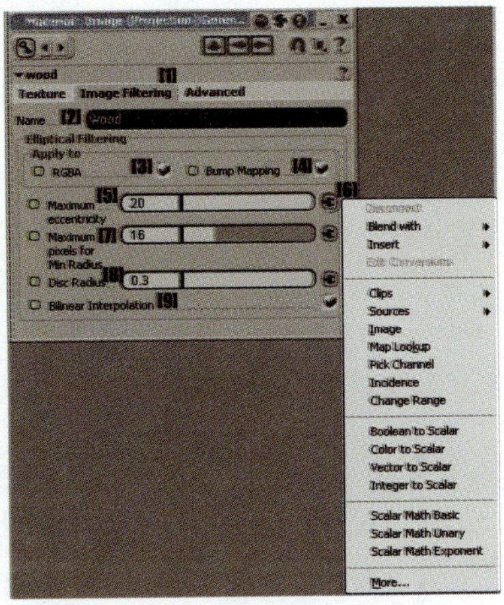
그림 1-78 Material > Image Filtering 속성 창

- Image Filtering : 사용할 Texture 이미지 편집 작업 기능 Tap
- Name : 사용할 Texture 이미지 이름 지정
- Elliptical Filtering Apply to RGBA : RGBA 효과에 Elliptical Filtering 기능 적용시 사용
- Elliptical Filtering Apply to Bump Mapping : Elliptical Filtering 효과 적용시 사용
- Maximum eccentricity : Elliptical Filtering 효과의 강도를 지정하며 수치를 높일수록 영향력 증가
- Connect Icon : Maximum eccentricity 효과에 적용한 기능을 연결하기 위한 Connector
- Maximum pixels for Min Radius : Elliptical 적용 범위는 최소화하고 효과는 극대화 하는 기능
- Disc Radius : Elliptical 적용 범위 반경
- Bilinear Interpolation : Elliptical 적용 범위에 대한 영향의 적용 방식

(4) Material : Image 속성 창에서 Advanced 모드

- Advanced : U / V의 Pattern을 설정한다.
- Name : 사용한 이미지의 이름 정보를 알 수 있다.

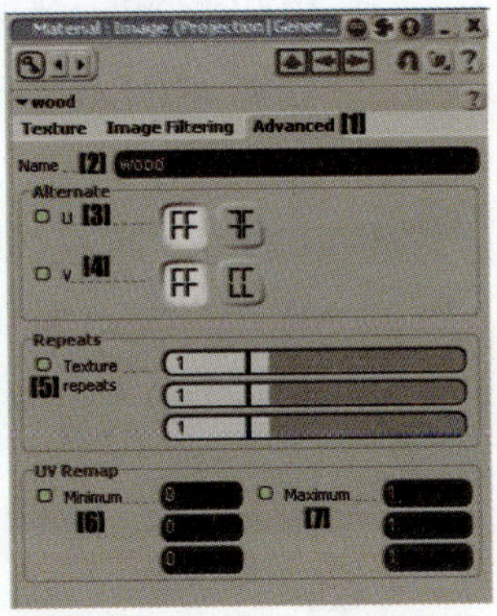
그림 1-79 Advanced 모드

- U : 좌/우 방향

그림 1-80 U 방향 반복 패턴

- V : 위/아래 방향
- Repeat : 반복
- UV Remap Minimum : 최소
- UV Remap Maximum : 최대

그림 1-81 V 방향 반복 패턴

(5) Render Tree[7] 모드에서 적용하는 방법

다음은 그림 1-82에 대한 것이다.

[1] Actual Image Clip : 사용한 이미지 정보

[2] Image Shader : 이미지와 Object에 대한 Projection 연결 방식

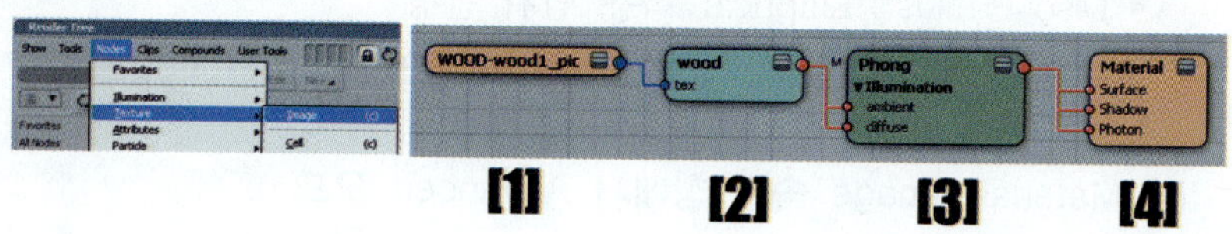

그림 1-82 Render Tree 연결 구조

[3] Surface shader : Object의 표면 질감

[4] Material node and Final result : Object전체에 적용된 Shader전체

(6) Material 속성 창에서 연결 지정해 주는 방법

- Edit
- Disconnect : 연결 끊기
- Blend with : 사용할 이미지의 Blending 효과
- Insert : 삽입
- Edit Conversion : 편집

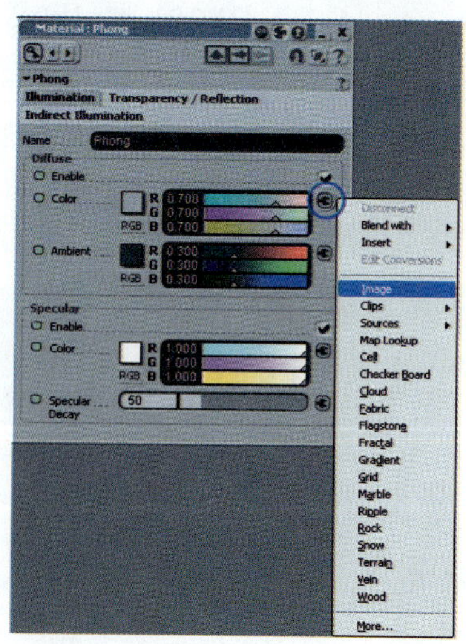

그림 1-83 Material 속성 창에서 Image 연결

- Various Shaders : 다양한 Shader 적용
- Clips : 저장된 Clip 소스 적용
- Sources : 다양한 Source 사용
- More... : SOFTIMAGE내에 저장된 다양한 Source 활용

[1] 현재 Parameter에 대해 Shader가 적용이 되어 있으면 빨간색의 연결 Icon으로 나타난다.

[2] 현재 Parameter에 하나 또는 그 이상의 Conversion Shader가 연결되어 있는 상태일 경우에 소문자 "C"의 형태가 Connect Icon에 나타난다.

[3] 현재 Parameter에 하나 또는 그 이상의 Texture Layer가 연결된 상태에서는 "L"로 표시된다.

[4] 현재 Parameter에 어떠한 Shader도 연결되지 않은 상태에서는 Gray색을 나타낸다.

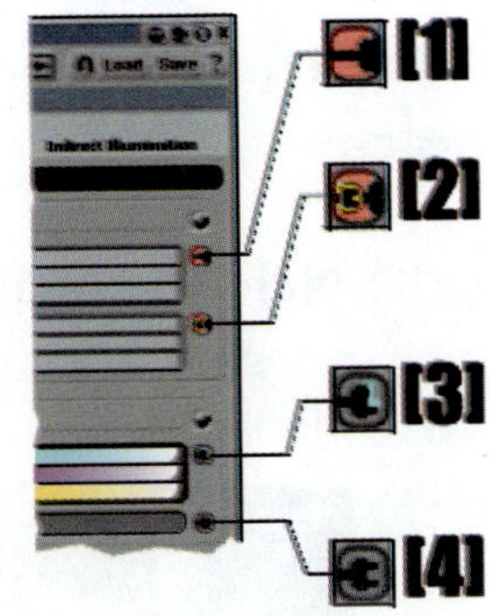

그림 1-84 다양한 형태의 Connector Icon

(7) 여러 개의 Object에 한번에 단일 Texture를 적용하고자 할 경우

여러 개의 Object를 Multi 선택을 한 후 Get 〉 Texture 〉 Type of texture shader 명령을 실행한다. 그 결과 선택한 Texture shader는 선택되어진 모든 Object에 적용이 된다.

(8) Polygon cluster에 Texture 적용하기

Object에서 Texture shader를 적용할 Polygon 영역을 선택한다. 선택한 Polygon 영역에 대해 Tool 바에서 Get 〉 Material을 적용한다. 그리고 Get 〉 Texture를 통해 적용할 이미지를 불러와서 적용한다. 이 경우 Explorer 창에서 해당 영역의 정보를 확인하고자 할 경우 Polygon Mesh 〉 Clusters 〉 Polygon을 클릭하면 해당 영역에 대해 Texture editor나 Texture layer 또는 Render tree를 통해 정보를 확인할 수 있다.

그림 1-85 Polygon Texture

(9) Texture shader가 적용된 Object에 Texture 추가 적용하기

이미 하나 또는 그 이상의 Texture shader가 적용된 Object에 대해 다른 Texture를 추가 적용할 경우 해당 Object를 선택한 후 Modify 〉 Texture 〉 Add 명령을 실행한다. 이때 나타나는 추가 선택 항목에 대해 알아보도록 한다.

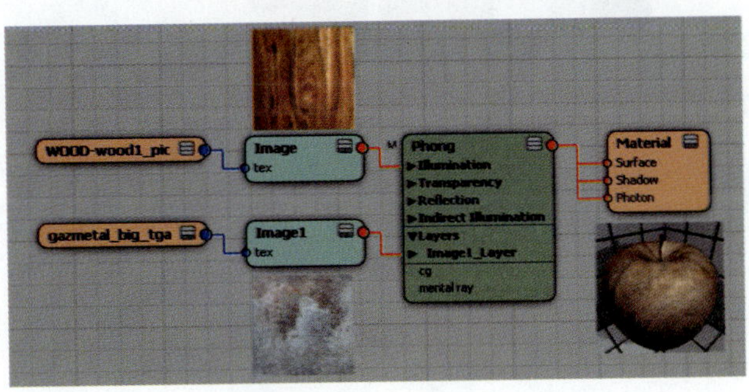

그림 1-86 Texture 추가(Add)

(10) Texture shader 저장 및 불러오기

적용된 Material shader나 Texture shader는 속성 창 메뉴에서 save 또는 Paste가 가능하다.

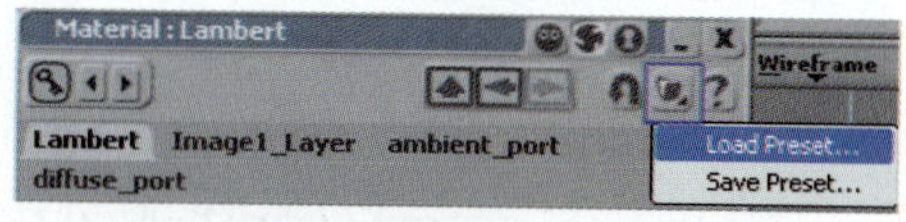

그림 1-87 Texture Shader Save & Load

(11) Texture shader 삭제

Object에 적용된 Shader는 선택 후 Delete 명령으로 삭제가 가능하다.

(12) 여러 가지 Texture shader 믹서

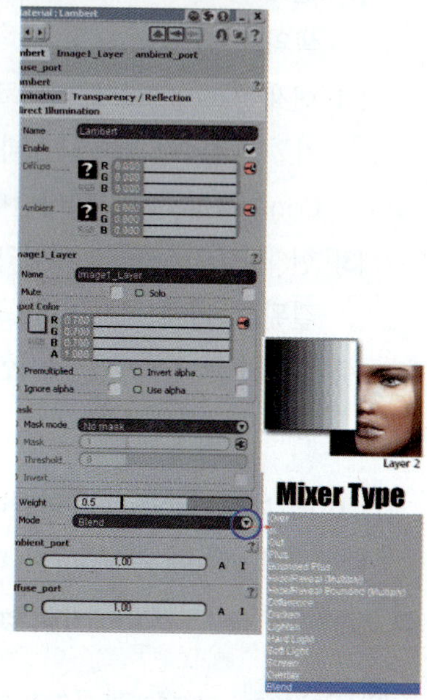

그림 1-88 Texture Mixing

- Mix

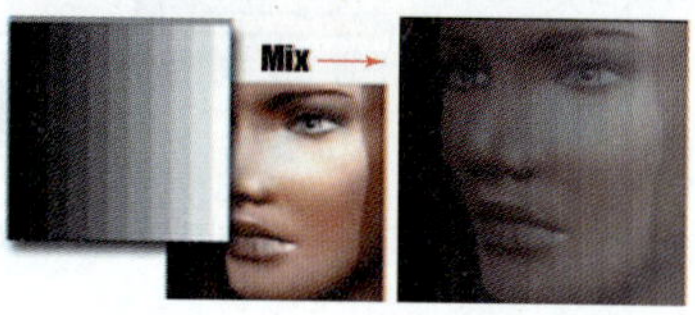

그림 1-89 Mix Type

- Blend

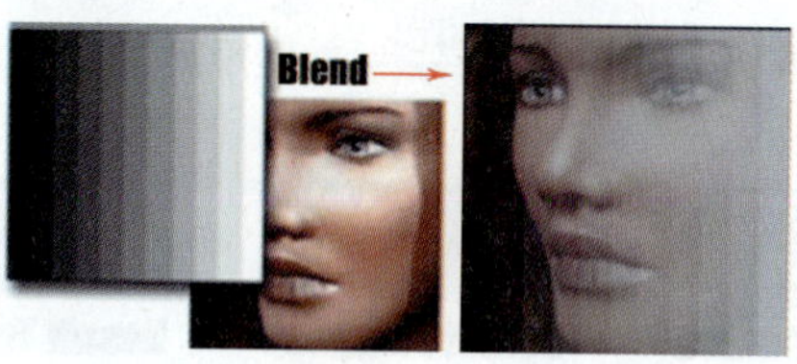

그림 1-90 Blend Type

- Add

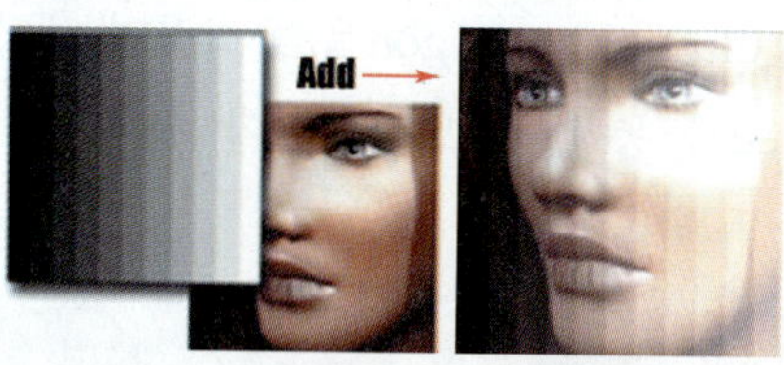

그림 1-91 Add Type

- Bounded Plus

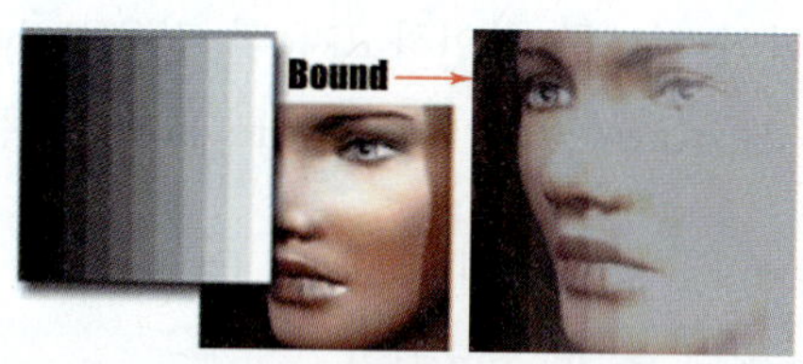

그림 1-92 Bounded Plus Type

- Hide / Reveal (Multiply)

그림 1-93 Hide & Reveal Type

- RGB Intensity

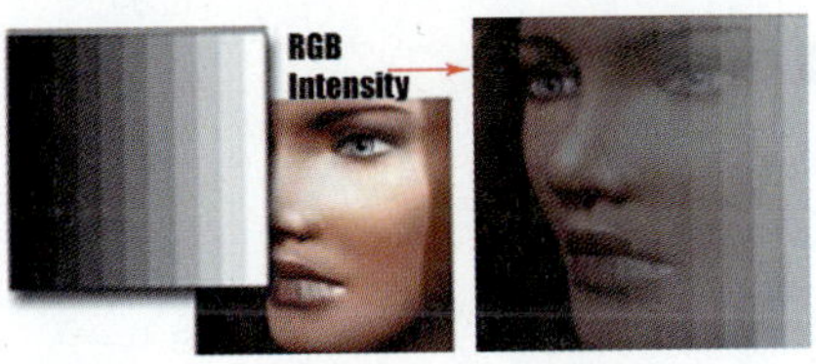

그림 1-95 [RGB Intensity Type

- Lighter

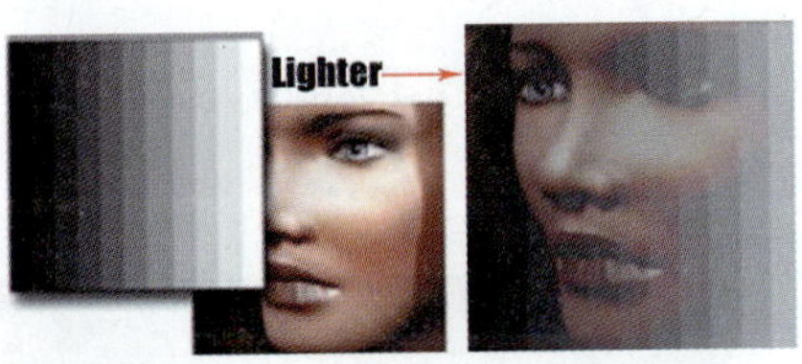

그림 1-97 Lighter Type

- Hard Light

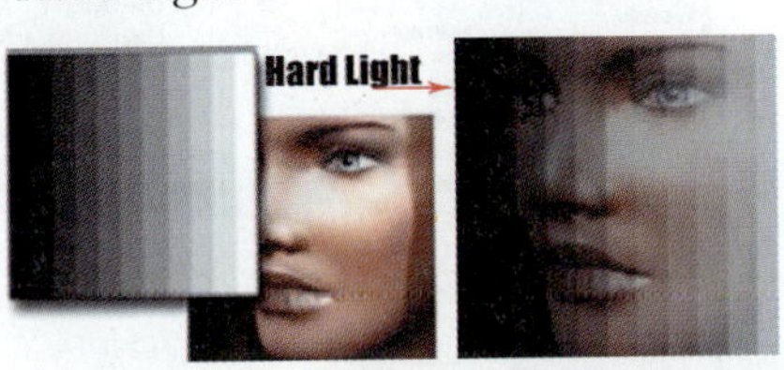

그림 1-99 Hard Light Type

- Screen

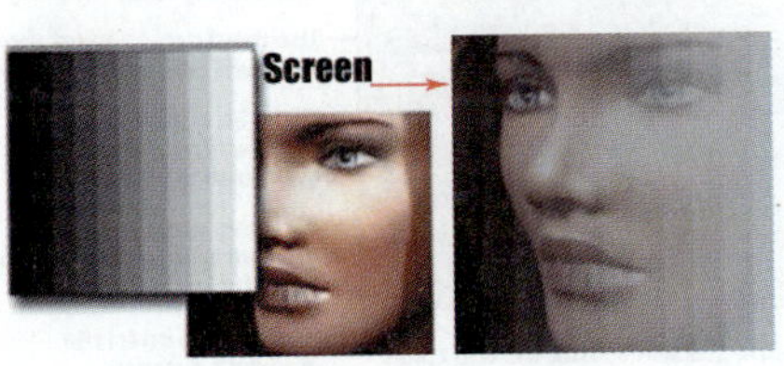

그림 1-101 Screen Type

- Hide / Reveal Bound (Multiply)

그림 1-94 Hide / Reveal Bound Type

- Darker

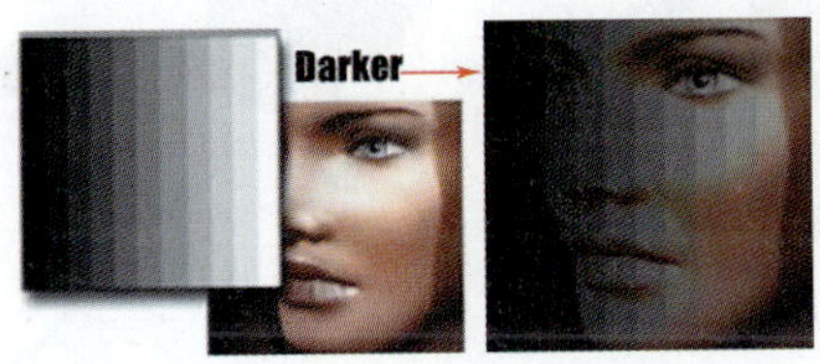

그림 1-96 Darker Type

- Difference

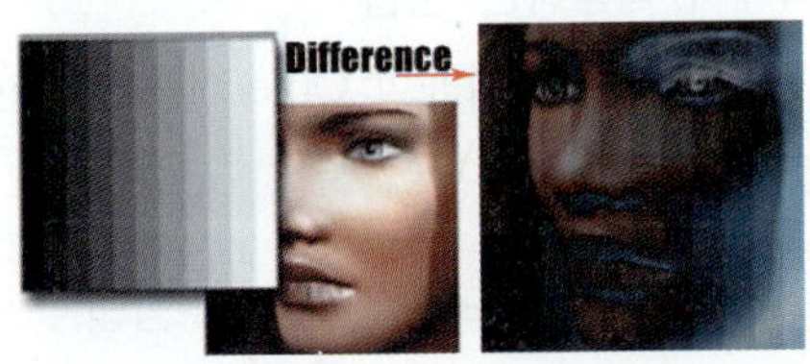

그림 1-98 Difference Type

- Hue Offset

그림 1-100 Hue Offset Type

- Soft Light

그림 1-102 Soft Light Type

3. Gradient map

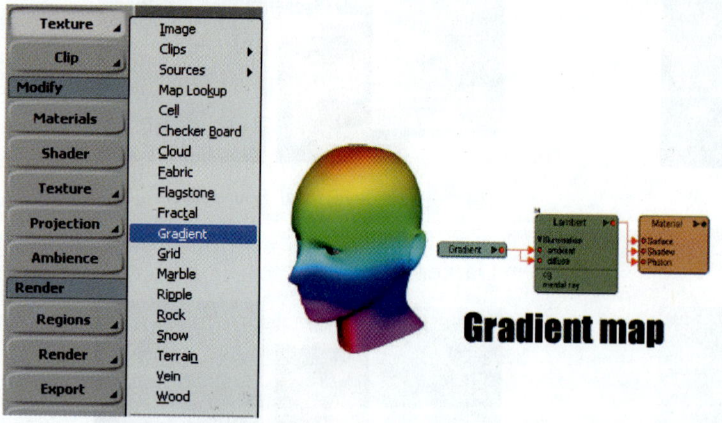

그림 1-103 Gradient Map

(1) 적 용

1) Tool 바에서 적용하는 방법

먼저 Gradient map을 적용할 Object를 선택한 상태에서 Tool 바에서 Get 〉 Texture 〉 Gradient 명령을 실행한다.

2) Render Tree에서 노드로 연결하는 방법

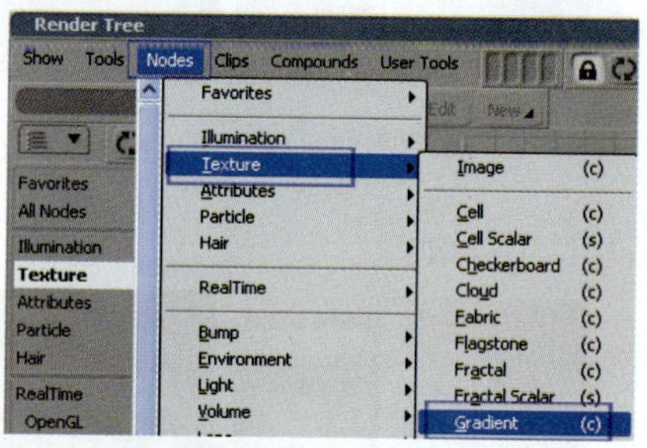

그림 1-104 Node Open

(2) 편 집

1) Gradient material 속성 창

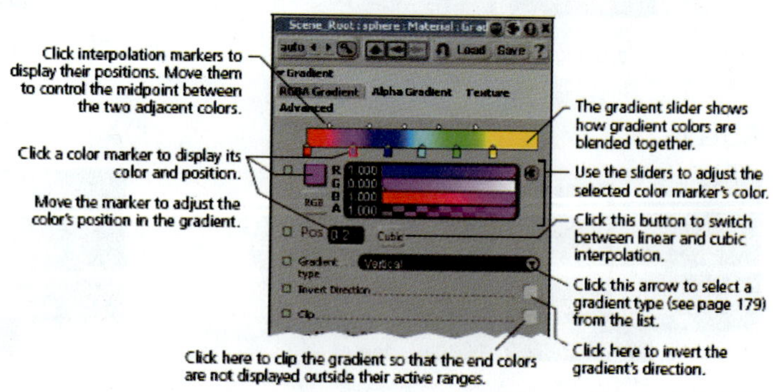

그림 1-105 Gradient Shader 속성 창

2) Gradient Type

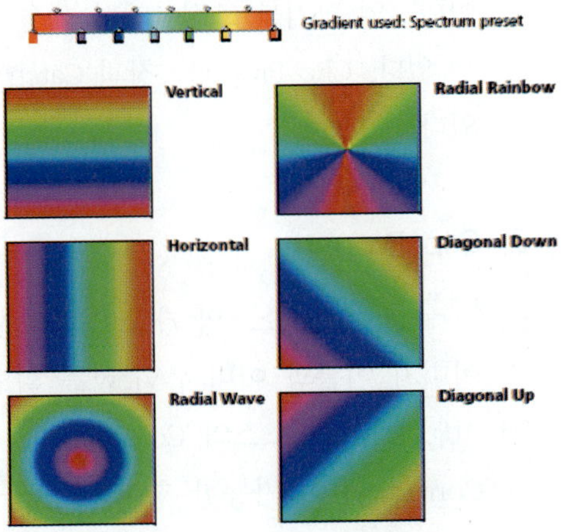

그림 1-106 Gradient Type

1-1-5 Clip & Source

Texture 작업에 있어서 Texture source는 없어서는 안 될 가장 중요한 요소 중 하나다. 그러므로 이러한 Texture source를 얼마나 잘 다루고 컨트롤할 수 있는 능력 또한 Mapping 작업에서는 중요한 테크닉 중 하나이다. 지금부터 Texture로 사용되는 이미지를 효율적으로 다루는 방법에 대해 알아보도록 한다.

1. Image Clip View(단축키 [Alt + 6])

그림 1-107 Image Clip View

먼저 SOFTIMAGE는 Texture로 사용할 이미지에 대해 미리 확인을 하거나 편집이 가능한 작업 창이 있는데 바로 Image Clip View이다.

[1] File : 사용할 이미지를 Import 또는 Export할 수 있다. 또한 Clip Property 창과 Catch Property 속성 창을 열 수 있다.

[2] View : 사용할 이미지를 Crop(필요한 부분을 사용하기위해 잘라내기) 또는 Un crop하는 기능과 동시에 Clear(제거)하는 기능을 수행한다.

[3] Clip : 사용된 모든 Clip 이미지 리스트를 보여준다.

[4] 소스가 이미지가 아니라 동영상 소스일 경우 Play, Pause, Stop 등의 기능을 수행한다.

[5] Import된 이미지를 보여주는 이미지 창이다. 이미지 창에서 마우스 오른 클릭을 하면 나타나는 이미지 편집 옵션 창이다. 보여주는

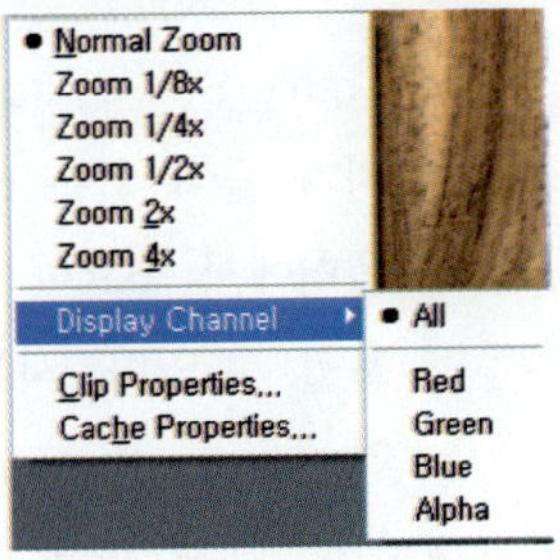

그림 1-108 Display Mode

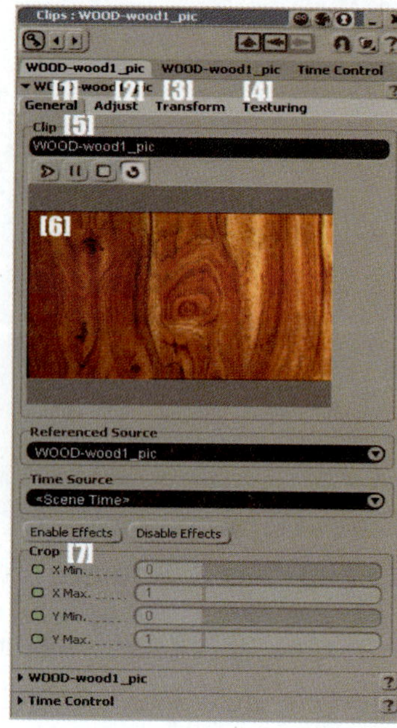

그림 1-109 Image Clip Property

이미지의 크기를 조절하거나 색상 정보를 선택적으로 사용할 수 있다. Clip Property 창과 Catch Property 속성 창을 열 수 있다.

2. Clip Property

[1] General : Clip 소스의 가장 일반적인 정보를 확인하는 창으로 이미지 이름과 이미지 View를 확인할 수 있다.

[2] Adjust : Clip 소스의 Color정보에 대한 확인 및 변경(Color Correction)이 가능한 창이다.

[3] Transform : Clip 소스의 이미지 이동에 관한 여러 가지 기능들이 포함되어 있다. Crop(자르기), Re scale(크기 조절), Flip(이미지 반전) 등의 기능이 추가되어 있다.

[4] Texturing : 선택된 소스를 Texture로 사용할 경우 필요한 다양한 옵션들에 대한 정보나 체크 정보들이 들어 있다.

[5] Clip : 선택된 Clip의 이름 정보이다.

[6] Image View : 선택된 Clip의 View정보이다.

[7] Crop tool : 선택된 이미지에서 불필요한 부분을 선택적으로 잘라낼 수 있는 기능이다.

3. Catch Property

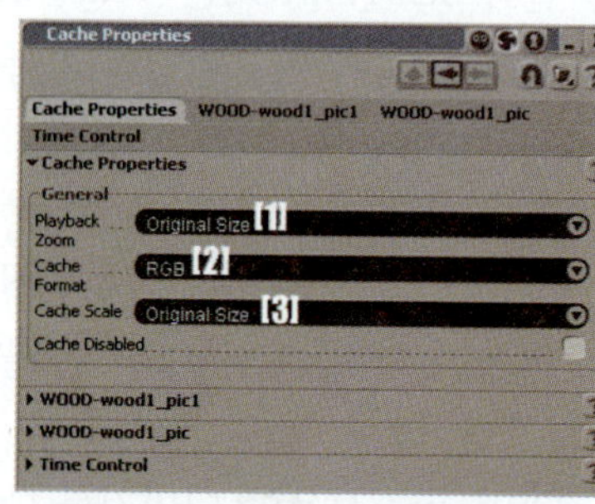

그림 1-110 Catch Property

[1] Playback Zoom : Play되는 크기를 선택한다.

[2] Catch Format : 선택된 이미지의 확장자를 선택한다.

[3] Catch Scale : Catch 사이즈를 설정한다.

4. Clip and Source

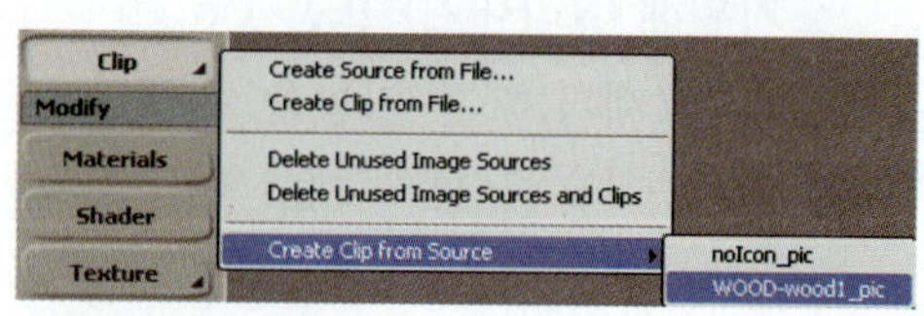

그림 1-111 Clip and Source

- Create Source from File... : Source로 사용할 이미지가 들어 있는 Browser 창으로 이동한다. 열린 폴더에서 필요한 이미지를 선택하여 Source로 사용할 수 있다. 사용할 소스 이미지를 선택하는 순간 Source Property 창이 열린다.
- Create Clip from File... : Clip으로 사용할 이미지가 들어 있는 Browser 창으로 이동한다. 열린 폴더에서 필요한 이미지를 선택하여 Clip으로 사용할 수 있다. 사용할 소스 이미지를 선택하는

순간 Clip Property 창이 열린다.

- Delete Unused Image Source : 사용되지 않는 이미지 Source를 지우는 기능이다.
- Delete Unused Image Source and Clip : 사용되지 않는 이미지 Source & Clip을 지우는 기능이다.
- Create Clip from Source : 지정된 Source 이미지로부터 Clip를 지정하는 명령어이다.

5. Explorer 창에서의 Source와 Clip 정보

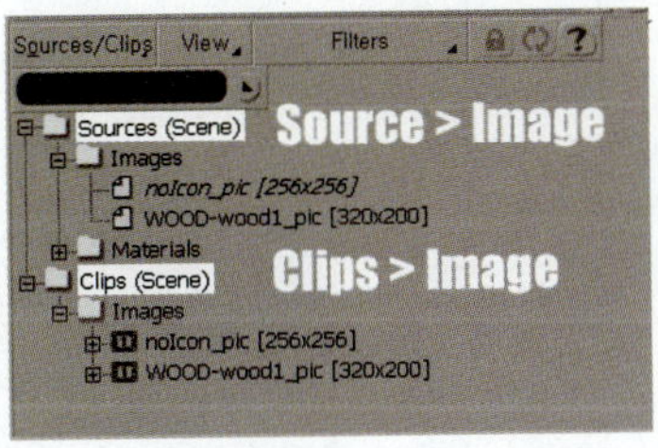

그림 1-112 Explorer 창에서의 Source와 Clip 정보

1-1-6 Texture Projection & Support

Object에 Texture가 적용되는 원리를 이해하려면 먼저 Support와 Projection이라는 개념부터 이해를 해야 한다. 적용할 이미지는 이 Support와 Projection을 통해 Object에 적용되고 또한 이 Support와 Projection를 통해 적용된 2D 이미지를 조절할 수 있기 때문이다.

- Texture Support : Object 표면에 Project된 Texture source가 어떻게 나타내는가를 보여준다. Support는 3D Object위에 적용된 2D 이미지와 Projection의 형태를 결정한다. 결론적으로 Object의 Texture Support는 Animate되는 성질을 가지고 있는 하나의 독립된 Object로 활용된다.
- Texture Projection : 이에 대해 Texture Projection은 Texture Support 내에 존재한다. Object의 표면을 구성하는 Point와 Texture소스를 구성하는 Pixel 사이에서 일치를 지정한다. 즉 2D Texture를 Object의 어디에 위치시킬지를 결정짓는다.

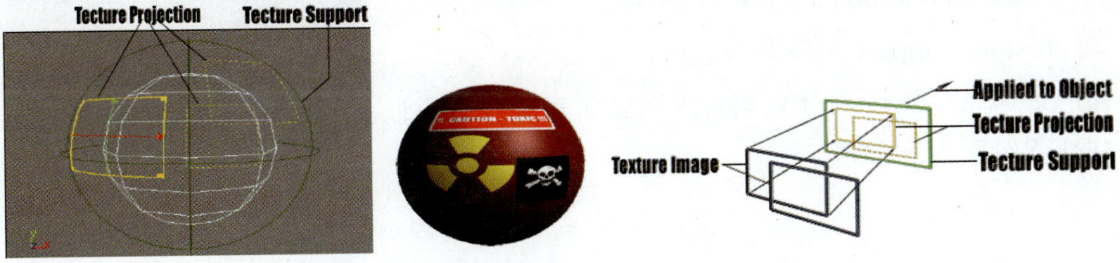

그림 1-113 Texture Support와 Texture Projection

1. Texture Projection

Texture Projection의 지정(선택)은 여러 가지 방법으로 할 수 있는 데 메인 명령 툴에서 미리지정을 하거나 Texture shader를 지정하는 과정에서 지정해 주기도 한다.

(1) Texture Projection 적용

먼저 메인 Tool 바에서 생성하는 방법에 대해 알아보도록 한다.

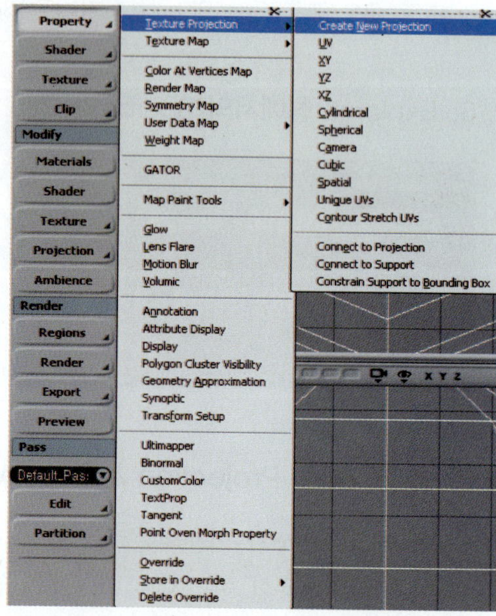

그림 1-114 Property 〉 Texture Projection

1 Object를 선택한 상태에서 Get 〉 Property 〉 Texture Projection 〉 Create New Projection 또는 지정해 주고 싶은 Projection을 선택한다.

2 Create New Projection 명령을 실행하면 Texture Projection과 Support에 대한 지정 옵션 속성 창이 나타난다. 여기서 필요한 옵션에 대해 수정을 하도록 한다.

3 Texture Projection Type을 설정한다.

4 Texture Projection 이름을 지정한다.

5 Texture Support 이름을 지정한다.

6 Coordinate System : UV 좌표를 어떻게 펼칠 것인지에 대한 옵션을 설정한다.

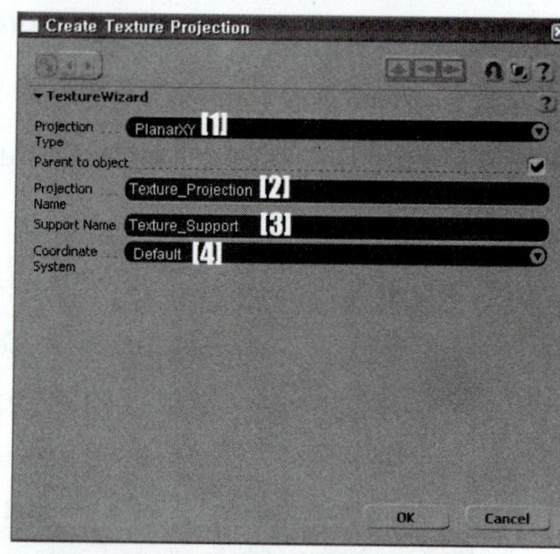

그림 1-115 Create Texture Projection

(2) Texture shader를 적용해 주는 단계에서 Texture Projection을 설정방법

그림 1-116 Texture Projection

2. Texture Projection Type

메인 Tool bar나 Texture shader 속성 창에서나 선택한 Object의 표면에 Texture를 입히기 위해서는 반드시 어떠한 형태로 입힐 것인지에 대한 선택을 반드시 해야 한다. Object의 형태일 수도 있고, 목석에 따라서는 Object를 구성하는 구성요소 특히 Polygon 면의 형태나 방향일 수도 있고, 이와는 전혀 무관한 방향이나 형태가 될 수도 있다. 하지만 이러한 목적과 모양에 맞도록 반드시 Projection Type을 지정해 줘야 한다. 지금부터 이러한 Projection에는 어떠한 유형의 형태들이 있는지 알아보고 각각의 특징 및 목적에 대해 알아보도록 한다.

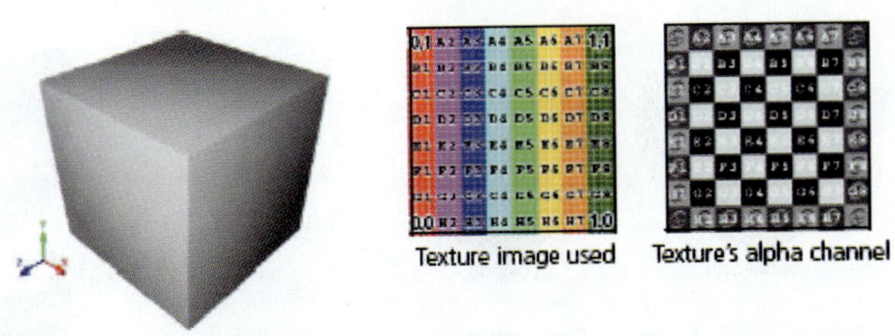

그림 1-117 Texture Projection Type

다음과 같은 형태(Cube)의 Object에 대해 좌표 이미지를 적용할 경우를 예를 들어보도록 한다.

(1) Planer Projection

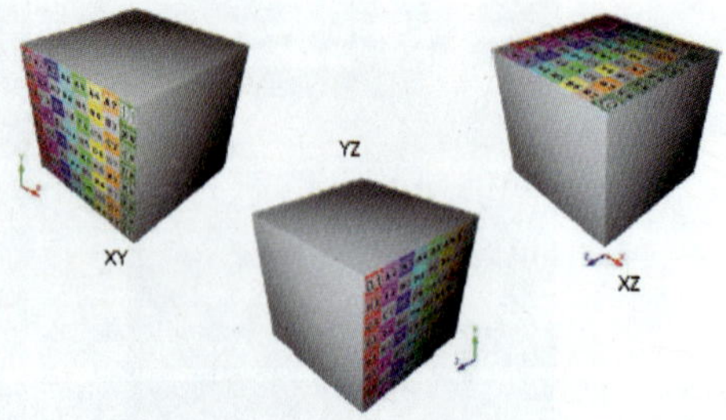

그림 1-118 Planer Projection

(2) Cylindrical Projection

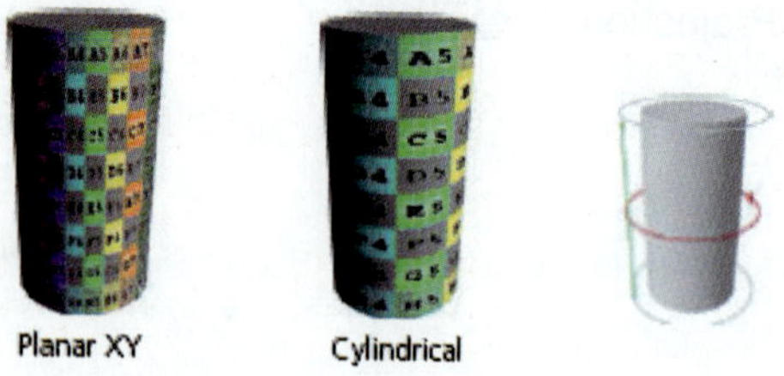

그림 1-119 Cylindrical Projection

(3) Spherical Projection

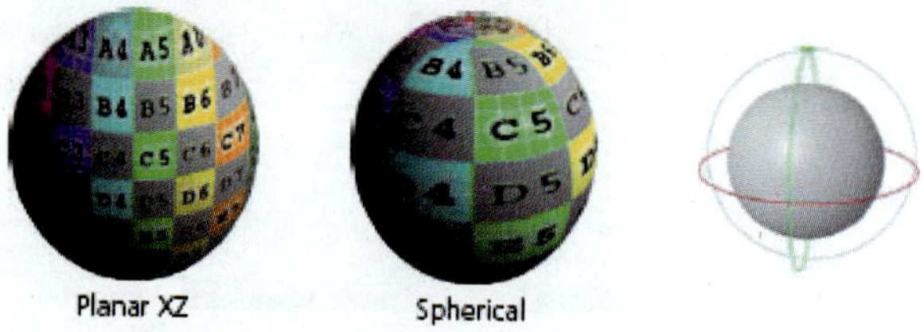

그림 1-120 Spherical Projection

(4) Lollipop Projection

그림 1-121 Lollipop Projection

(5) UV Projection

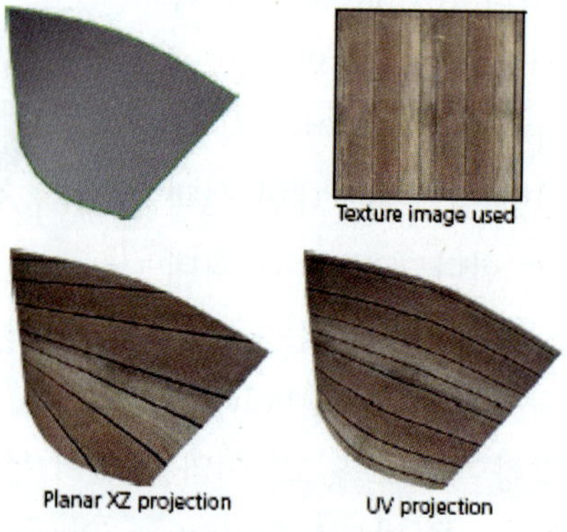

그림 1-122 UV Projection

(6) Cubic Projection

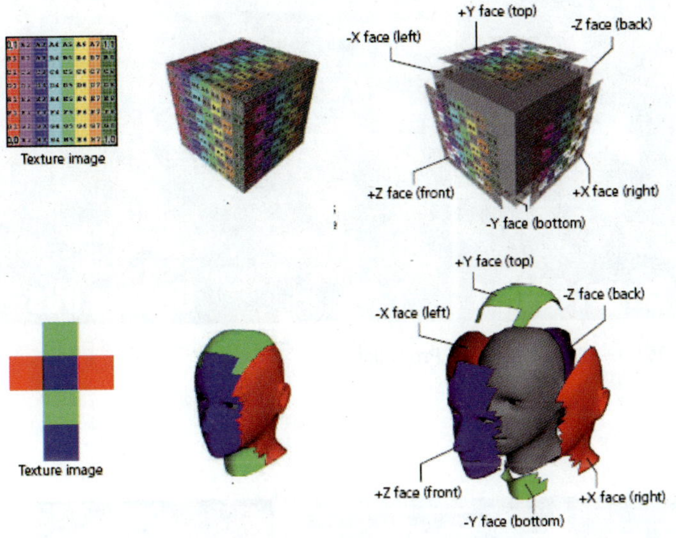

그림 1-123 Cubic Projection

(7) Camera Projection

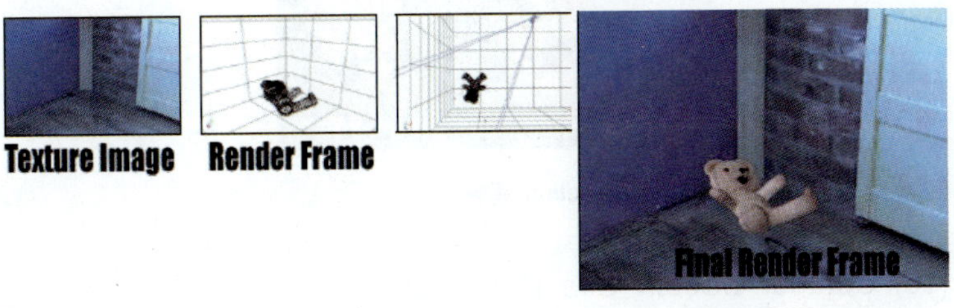

그림 1-124 Camera Projection

(8) Spatial Projection

Spatial Projection은 Texture 대상 Object의 Volume 중심 Center에 Texture Support가 나타난다. 그리고 이 Cube 형태의 Spatial Projection에 의해 Object의 각 면에 Texture를 입혀주도록 한다. 이때 Spatial Projection에 의해 이미지를 컨트롤할 수 있다.

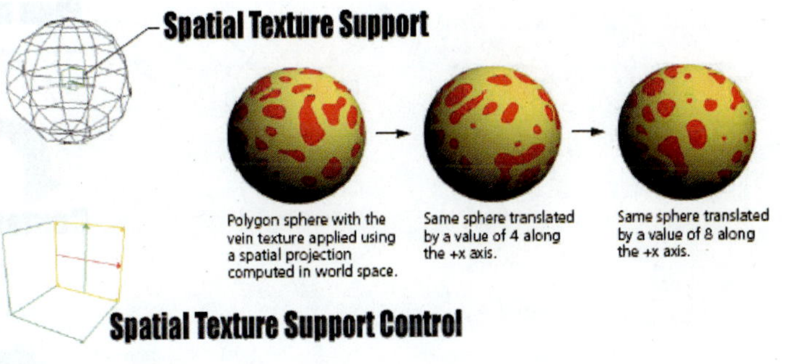

그림 1-125 Spatial Projection

(9) Unique UV Projection

Unique UVs Projection은 말 그대로 Object의 모든 면을 하나씩 일일이 쪼개서 펼쳐주는 기능을 한다. 이때 일일이 조개서 펼쳐주는 패턴은 크게 두 가지인데 일일이 하나씩 완전히 쪼개 주는 방법(Individual Polygon Packing)이 있고 일정 지정 각도를 기준으로 그 각도 내에 연결되는 면들을 Group해서 쪼개 주는 방식(Angle Group)이 있다.

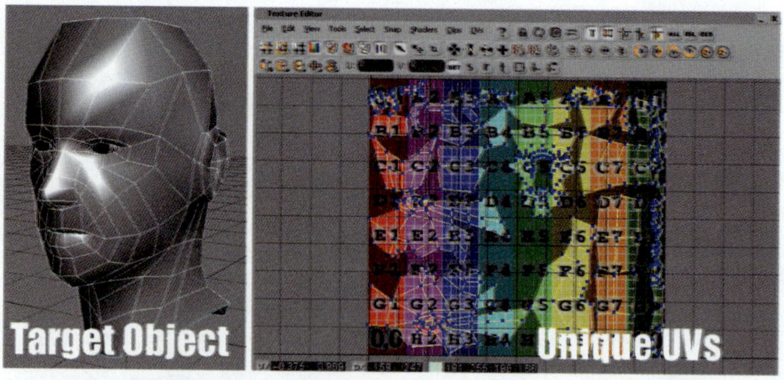

그림 1-126 Unique UV Projection

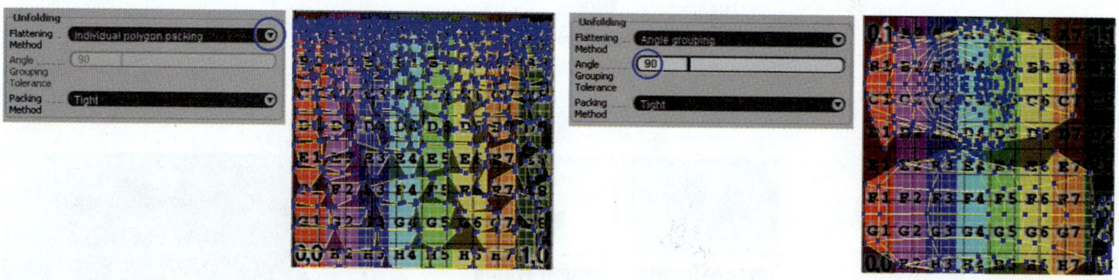

그림 1-127 Unique UVs Projection 종류

(10) Contour Stretch UVs Projection

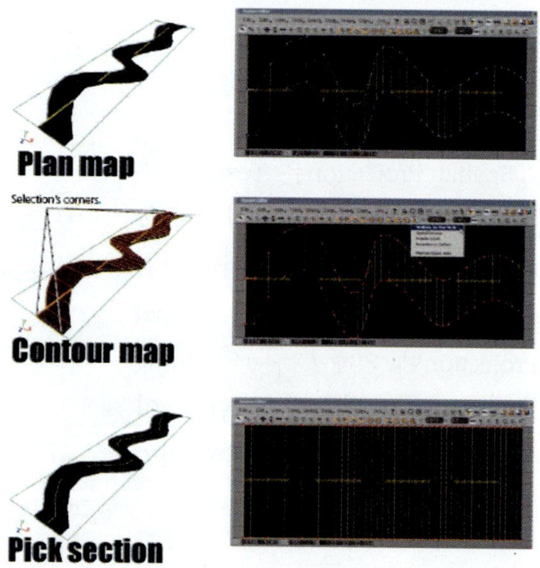

그림 1-128 Contour Stretch UVs Projection

3. Texture Projection 편집－Cubic Projection

1 먼저 Cube object에 대해 Cubic Projection을 설정한다.

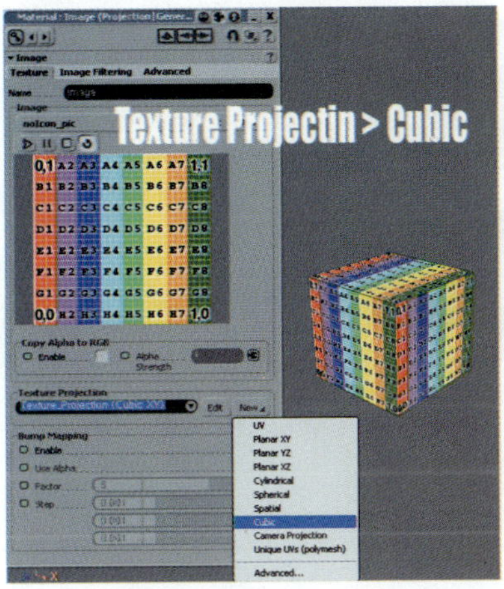

그림 1-129 Cubic Projection

2 Texture Projection 설정 Tap 옆에 있는 Edit 버튼을 클릭한다.

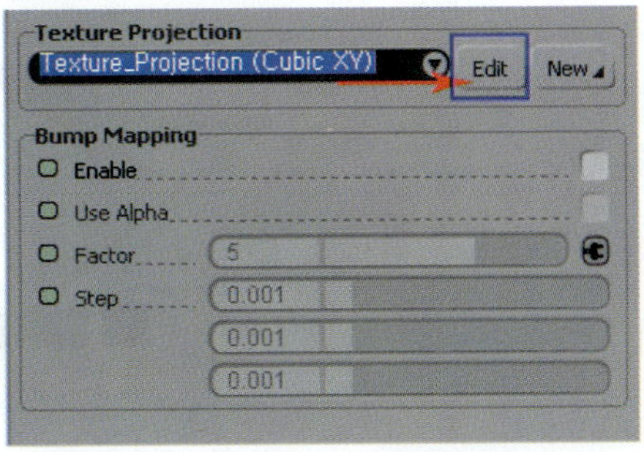

그림 1-130 Texture Projection Edit

3 Texture Projection 속성 창 이해

[1] Texture Projection : Object에 대해 Fit 버튼과 함께 새로운 이름을 지정해 줄 수 있다.

[2] Texture Projection Def : 변형에 대한 옵션들이 포함되어 있다.

[3] UVW Transformation : UVW에 대해 스케일, 이동, 회전 값에 대한 지정을 해 준다.

[4] Wrapping : UVW선택된 방향을 기준으로 Wrapping한다.

[5] Implicity Texturing : UV생성에 대해 분명히 생성하거나 생성하지 않거나를 선택할 수 있다.

[6] Projection : 형태라든지 Plane의 방향 등 현재 Projection에 대한 정보를 제공한다.

[7] Layout : Projection의 Layout에 대한 설정으로 Normal 방향과 Position 방향을 기준으로 한다.

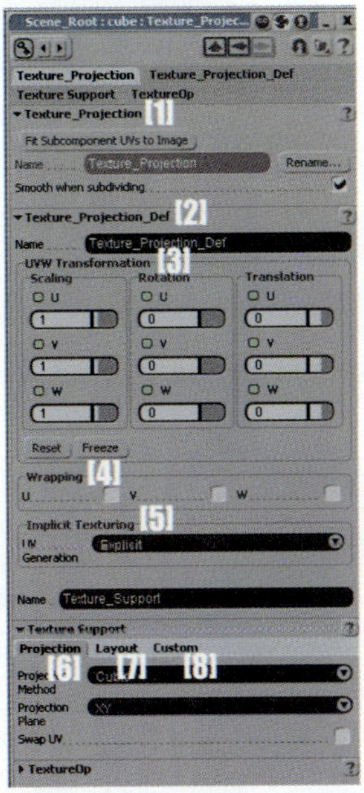

그림 1-131 Texture Projection 속성 창

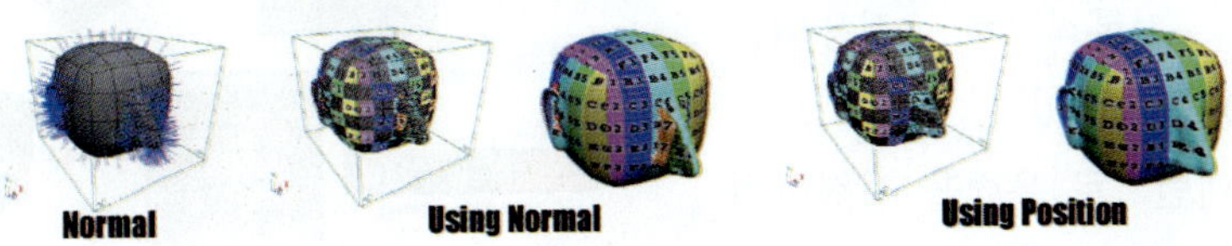

그림 1-132 Normal 방향과 Position 방향에 다른 Layout

[8] Custom tab : Texture Projection을 이동/회전/스케일 조절할 경우 사용하는 기능이다. 이 경우 각각의 구성 면을 기준으로 "X", "−X", "Y", "−Y", "Z", "−Z"에 대해 따로 선택이 가능하다.

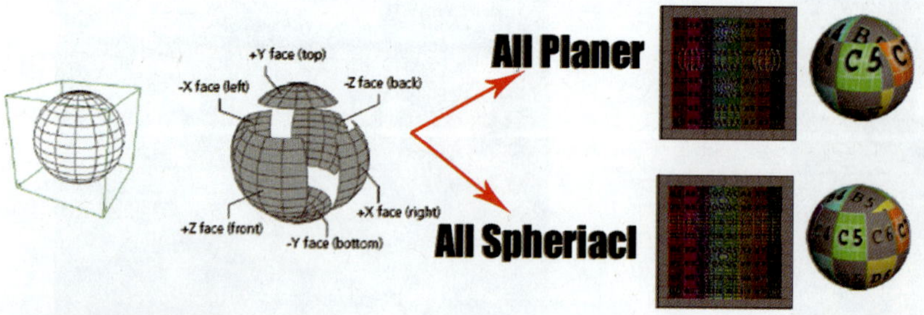

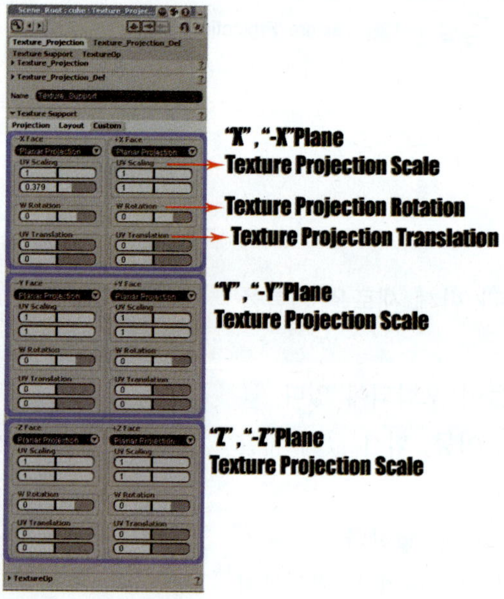

그림 1-133 Custom tab

[9] Cubic Texture Projection Presets : Texture Projection 속성 창의 Edit 모드에서 〉 Layout 모드에서는 저장된 Preset를 불러오거나 만들어진 Preset 데이터를 저장할 수 있는 기능이 있다. Cubic Projection에서 기본적으로 적용되는 Pattern을 다양하게 적용할 수 있다. Cubic 모드에서 제작자가 원하는 패턴으로 유형을 지정하여 저장하거나 불러와서 다시 사용이 가능하다.

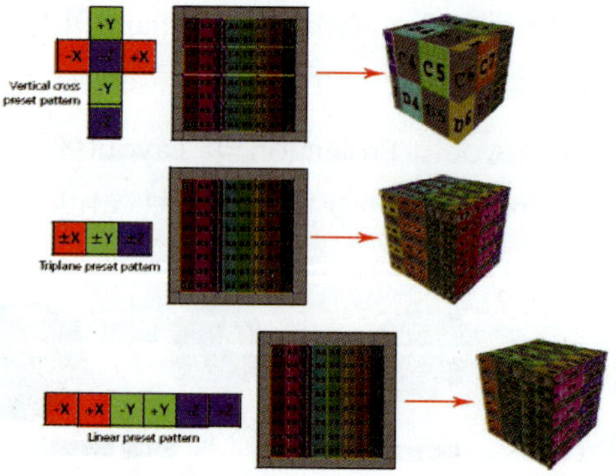

그림 1-134 Cubic Texture Projection Presets

4. Texture Projection 편집–Unique UVs Projection

Unique UVs Projection은 Unfold 작업과 밀접한 관련이 있는 Projection 중 하나이다. Unfold란 3D Object의 좌표를 U(가로), V(세로) 좌표로 나눠서 이를 2D 평면 좌표 이미지화시킨다. 이렇게 이미지화된 데이터를 바탕으로 2D Map을 적용한다. 다시 말해 3D Object의 전개도를 만드는 과정으로 이해하면 쉽다. Sphere나 Cube같은 정형적인 형태의 Object는 Plan이나 Spherical 또는 Cubic 같은 정형적인 형태의 Projection을 사용하지만 비정형적인 또는 불규칙인 형태를 가진 Object에 대해서는 그 전개도를 만들 때 많은 애로사항이나 문제점들이 발견된다. 이때 보다 효율적으로 사용하는 Projection이 UVs Projection이다.

(1) Object에 대해 좌표를 나눌 영역을 Select Edge로 선택

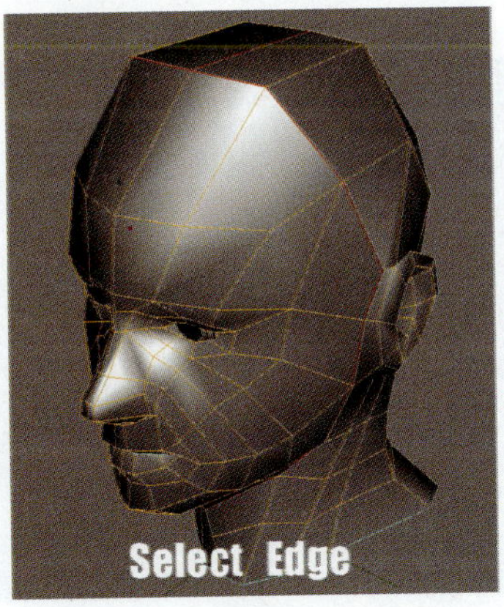

그림 1-135 Select Edge

(2) 선택된 Edge를 Cluster화하여 영역을 구분

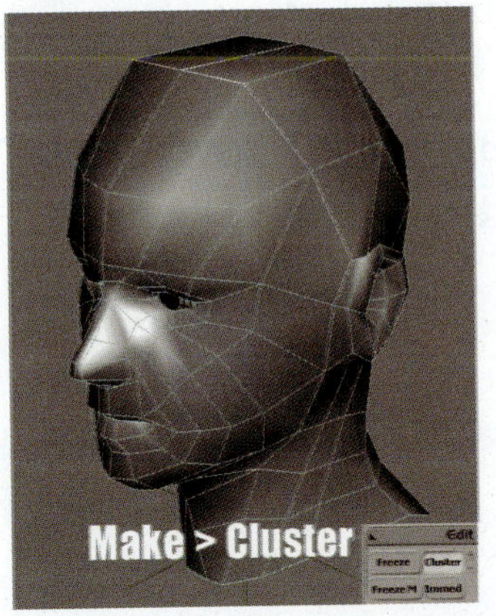

그림 1-136 Cluster

(3) 지정된 Cluster를 Disconnect

Model 〉 Modify 〉 Poly.mesh 〉 Disconnect component 명령을 실행하여 선택된 Cluster 영역의 연결을 Disconnect시킨다.

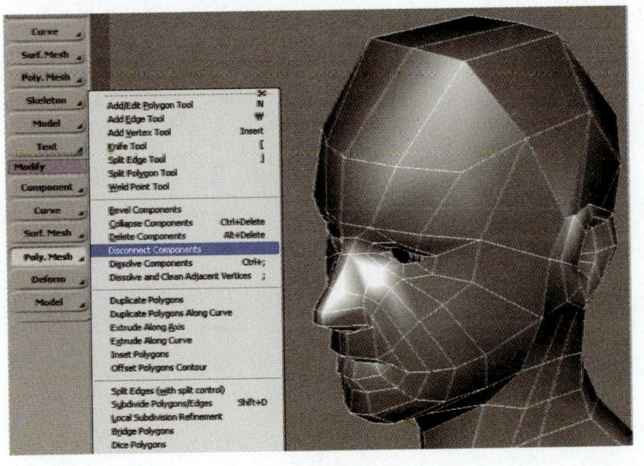

그림 1-137 Disconnect Component

(4) Unique UVs Projection을 적용한다.

Get 〉 Property 〉 Texture Projection 〉 Unique UVs 명령을 실행한다.

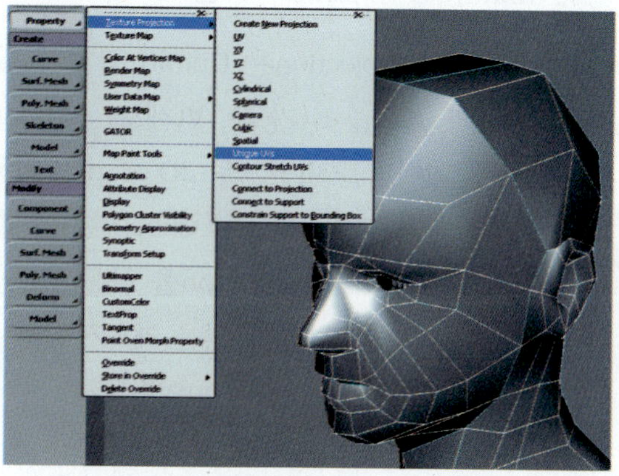

그림 1-138 Unique UVs Projection

(5) Image를 연결

Get 〉 Texture 〉 Image 명령을 실행한다. 이때 적용할 Map 이미지는 SOFTIMAGE가 제공하는 기본 좌표 이미지를 사용한다.

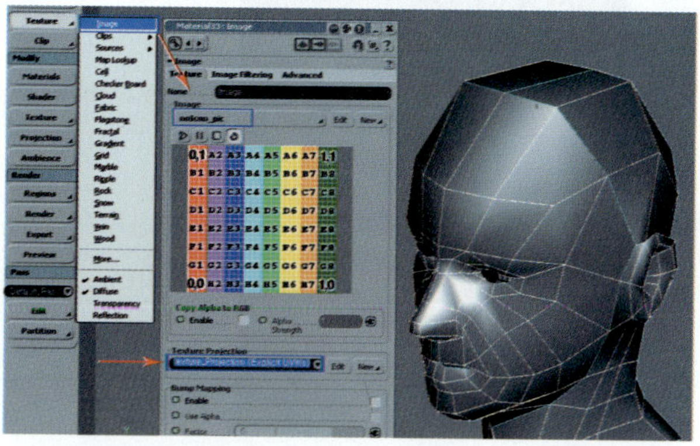

그림 1-139 Get 〉 Texture 〉 Image

(6) Texture Editor 창을 열어서 적용된 UV 좌표 결과를 확인

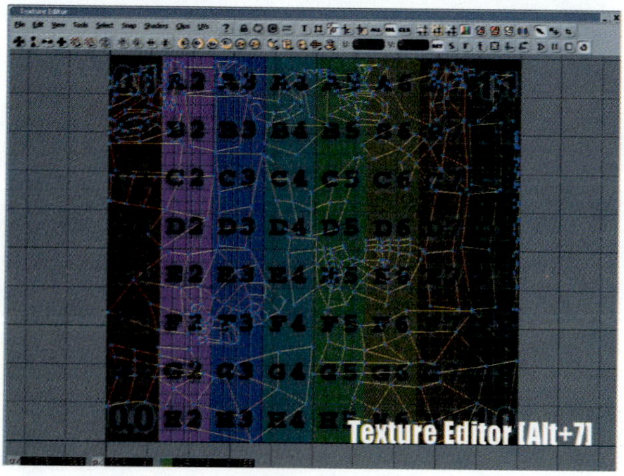

그림 1-140 UV 좌표 결과를 확인

(7) Texture Projection 옵션 값 조절

1) Unfold 〉 Angle Grouping

Unique UVs의 Texture Projection 속성 창에서 다양한 옵션 값들의 조절을 통해 최적의 UV 좌표 값을 찾아낸다. Texture Projection 〉 Edit 모드 창을 활성화시킨다. Angle Group의 값이 클수록 서로 포함되는 Component의 양과 수가 증가한다. 즉 Angle Group은 Object를 구성하는 Component와 Component 사이의 이루어진 각도를 포함함을 의미하며 지정된 각도 이상의 구성요소는 분리된다.

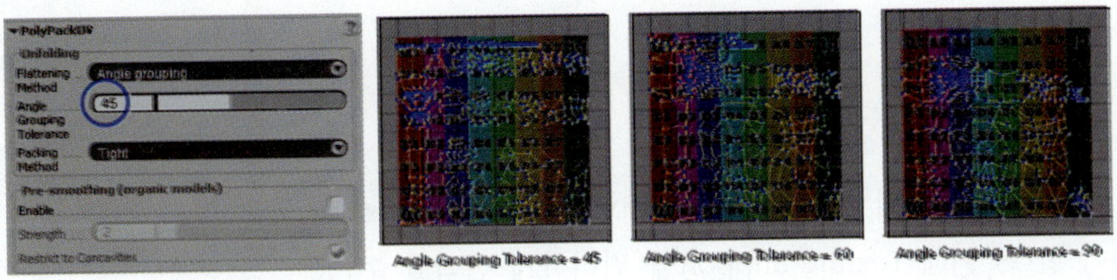

그림 1-141 Unfold 〉 Angle Grouping

2) Pre-Smoothing(Organic models)

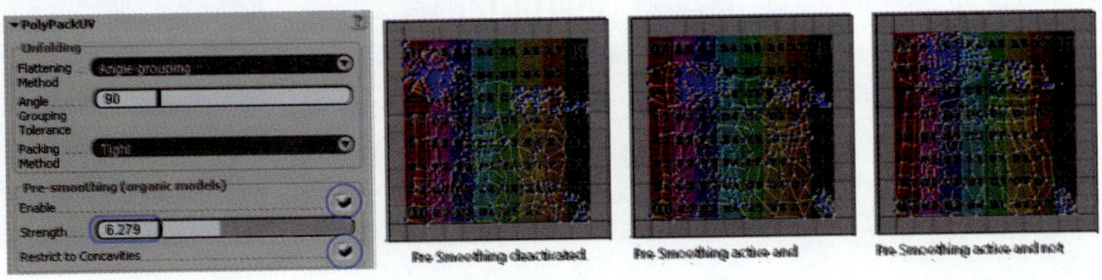

그림 1-142 Pre-Smoothing(Organic models)

Pre - smoothing 〉 Enable은 현재 펼쳐진 UV 좌표의 형태를 Original 모델링 데이터의 형태와 가장 비슷한 형테를 유지시켜 준다. 일반적인 UV 좌표의 형태는 Pelting 형태의 원리를 이용하기 때문에 펴진 형태가 된다. 이 경우 원래 Object의 형태와는 많이 달라진다. 좌표의 형태가 Object의 모양과 큰 상관관계는 없지만 정면이나 Plane map의 적용시에는 다소 고려가 될만한 사항이다.

Strength 값을 이용해서 보다 Smooth의 형태를 찾아갈 수 있다.

Restrict to Concavities-Smooth 효과를 일부 제한하는 기능으로 오목한 부분에 대해서 그 기능을 발휘한다. 귀와 같이 오목 한 부분에 대해서는 smooth 효과를 반감시키는 역할을 한다.

3) Healing the UV Islands

이렇게 잘 나눠진 UV 좌표에 대해 Texture Editor 창에서 Healing 작업을 해야 한다. 이 장에서는 Unique UVs Texture Projection에 대한 설명과 이해를 목적으로 하고 있기 때문에 이 부분에선 다음 장인 Texture Editor 창에서 좀 더 자세하게 다루고자 한다.

4) Reconnect Object

Texture Editor 창에서 Heal 작업을 마쳤으면 이젠 Object의 Disconnect 되어진 부분에 대해 연결 작업을 해야 한다. 연결하고자 하는 양쪽 Edge를 Multi 선택을 한 후 Modify 〉 Poly.mesh 〉 Weld Boundary Points / Edges 기능을 실행한다.

5. Texture Projection 변형

(1) Texture Support 선택하기 – Select mode

Texture Projection을 컨트롤하기 위해서는 먼저 Object에 적용된 Texture Support를 선택해야 한다. 이때 Texture Support를 편리하게 선택할 수 있는 방법은 Select 모드에서 Texture Control Object 모드로 전환을 하게 되면 작업 창에서 Texture Support만을 선택할 수 있다.

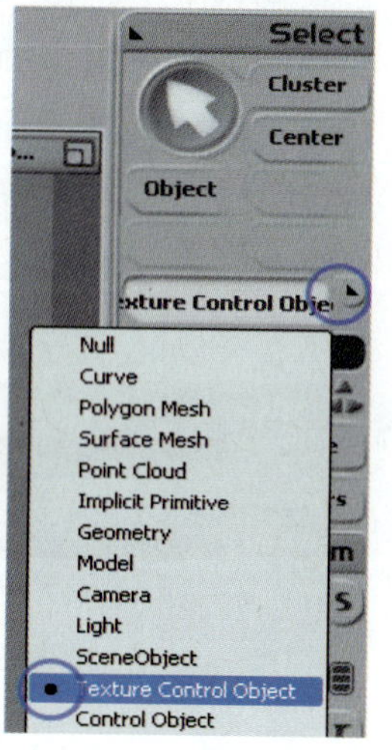

그림 1-143 Texture Control Object 모드

(2) Texture Support 선택 – Explorer 창

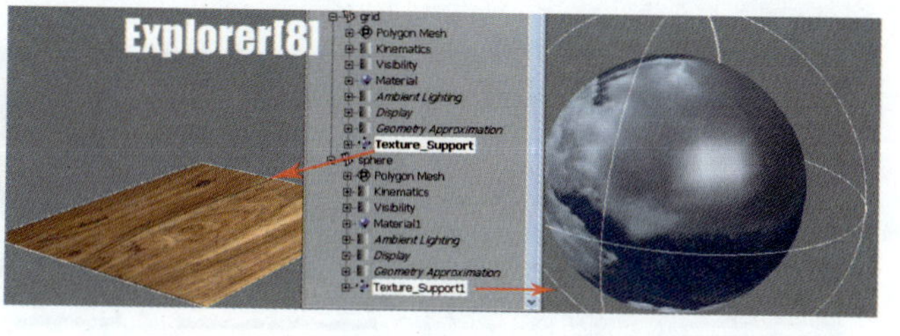

그림 1-144 Explorer 속성 창

(3) Texture Projection 선택 및 변형

Texture Support를 선택한 상태에서 Modify 〉 Projection 〉 Edit Projection Tool을 선택한다. 단축키[J]이다.

그림 1-145 Edit Projection Tool[J]

(4) Texture Projection 크기, 회전, 이동 위치 수정하기

X축과 Y축을 이루는 Center point는 Texture Projection을 임의의 방향으로 이동이 가능하도록 하며 각 모서리에 있는 Control cube는 Scale을 조절하기 위한 Controller이다. 변형 후 초기 상태로 돌아오고자 할 경우 [Ctrl + 마우스 세 번째 버튼] 클릭이다.

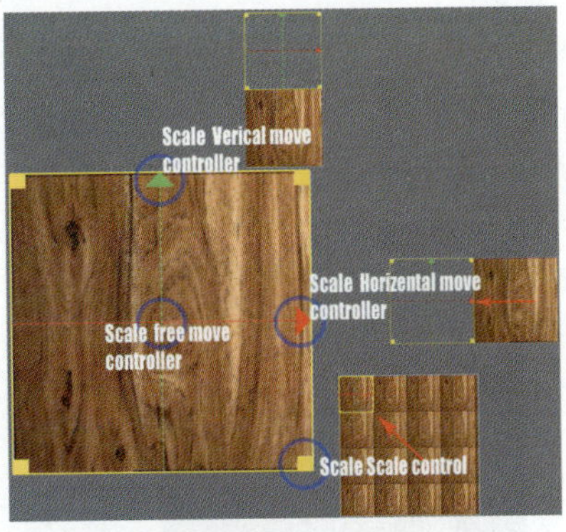

그림 1-146 Texture Projection Control

(5) Texture Projection 속성 창에서의 크기, 회전, 이동 위치 수정하기

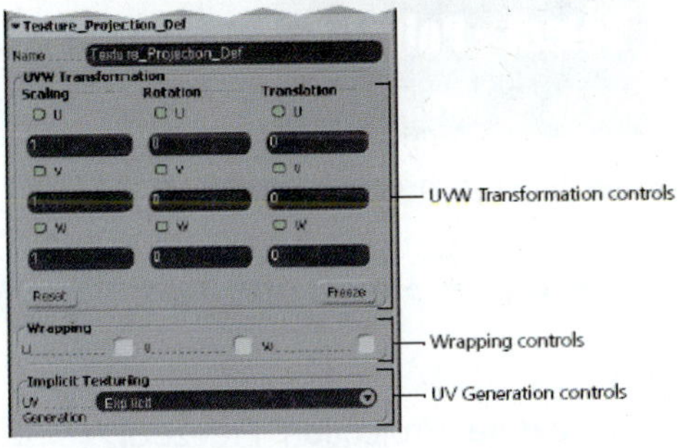

그림 1-147 Texture Projection 속성 창

(6) Texture Projection Refitting하기

1 Object에 Texture 적용하기 : Cylinder에 Texture Image를 적용한다.

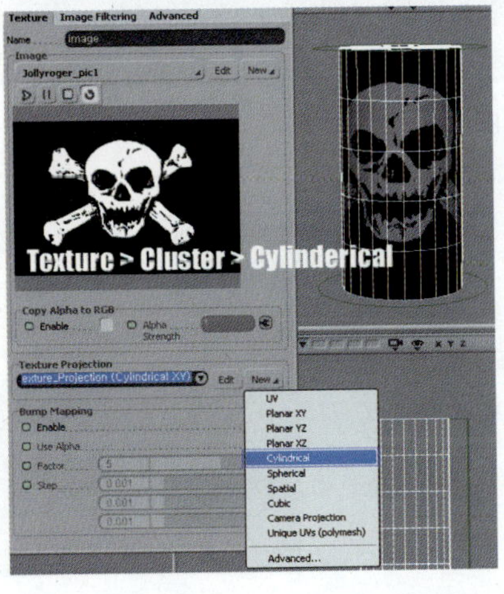

그림 1-148 Texture Projection Refitting

2 Texture Projection 속성 창에서 Fit Subcomponent UVs to Image 명령을 실행한다.

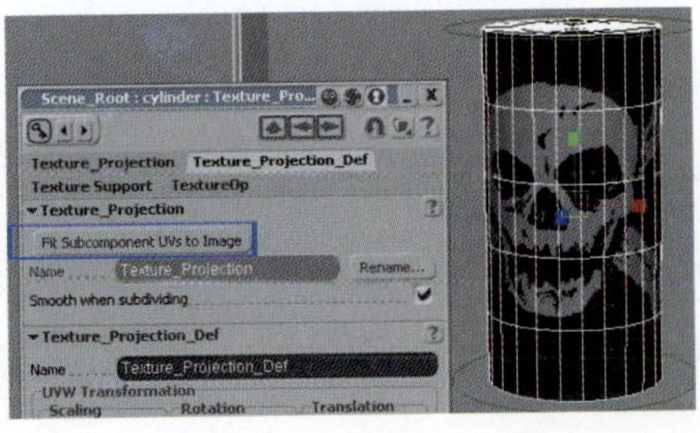

그림 1-149 Fit Subcomponent UVs to Image

3 Sub component 선택 : Pick 모드로 전환이 된 상태에서 Object 중에서 재지정하고 싶은 Texture 영역을 선택한다.

그림 1-150 Sub component 선택

4 결과 확인 : 선택된 Polygon 영역에 이미 Fit된 Texture Image가 Refit되어진 결과를 확인한다.

그림 1-151 결과 확인

이와 같은 방식으로 이미 Fit시킨 Texture라 하더라도 원하는 영역에 Refit할 수 있다.

(7) Texture Projection Freeze하기

더 이상의 Texture Project의 편집이 필요가 없는 완성된 Texture 결과에 대해서는 Texture Projection을 Freeze하여 해당 Object에 대해 완전히 최적화하도록 한다.

Object를 선택한 후 Edit 〉 Freeze 명령을 실행한다.

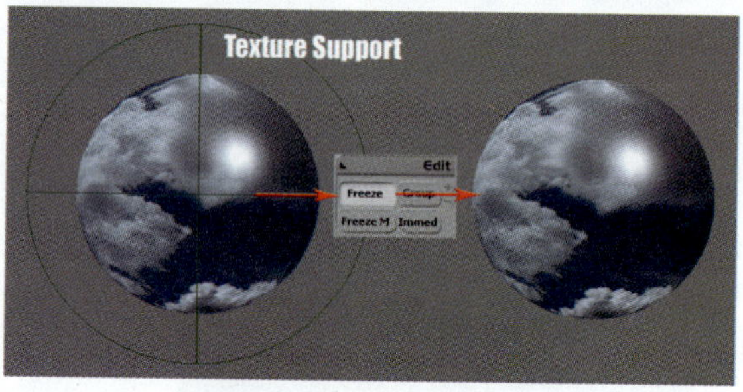

그림 1-152 Freeze

(8) Texture Projection Rename하기

Texture Projection 〉 Edit 모드에서 해당 Texture Projection의 이름을 수정할 수 있다.

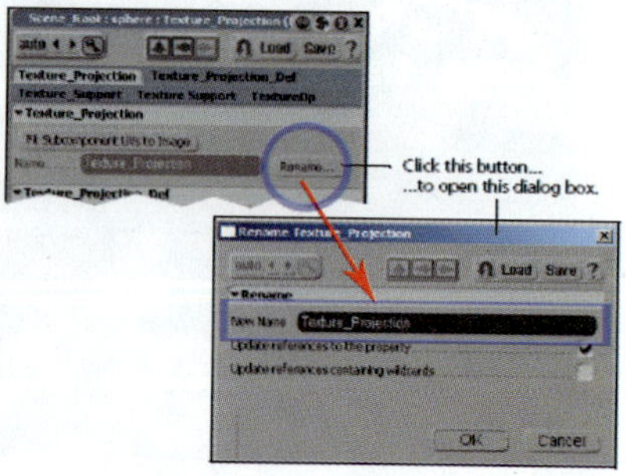

그림 1-153 Rename

1-1-7 Texture Support

1. Texture Support 정의

Texture Support는 Texture Projection을 담는 그릇과 같은 역할을 한다. 즉 Texture Support에는 여러 개의 Texture Projection을 담을 수 있다. 어떠한 방향성을 가지고 있느냐 또는 어떠한 형태의 유형인가를 파악할 수 있는 Object다.

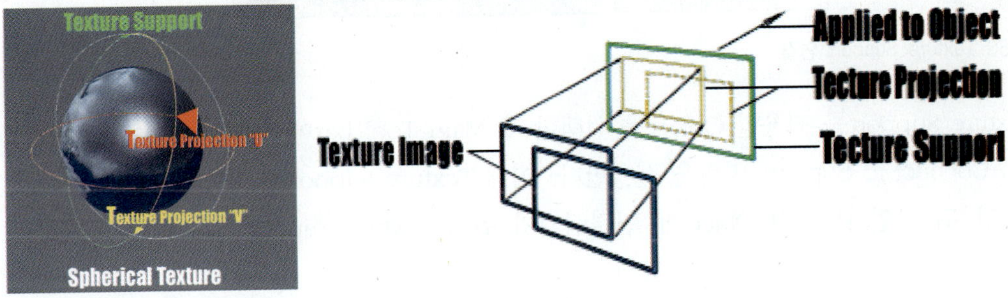

그림 1-154 Texture Support

SOFTIMAGE 작업화면 내에서 Texture Support가 보이게 하거나 사라지게 하고자 할 경우에는 작업화면 상단에 있는 Eye 아이콘을 클릭한 후 나타나는 Pop up 메뉴 중에서 Show 〉 Texture Controls가 체크되어 있는지 확인한다. 체크가 해제되어 있으면 작업화면상에 Texture Support가 나타나지 않는다. 반면 체크가 활성화되어 있는 경우는 작업화면에 Texture Support가 나타난다.

2. Texture Support의 크기, 회전 값, 이동 값 변화주기

Texture Support는 일종의 Object와 동일한 개념으로 접근할 수 있는데 선택 후 Scale(크기), Rotation(회전), Translation(이동)에 대해 자유자재로 변화를 줄 수 있다. 즉 SOFTIMAGE의 Transform 모드에서 S, R, T들의 변동성에 따라 Texture Support가 변형을 한다.

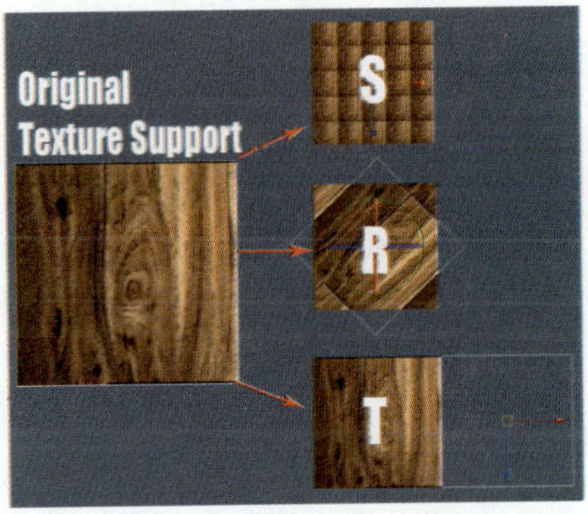

그림 1-155 Texture Support Control

3. Texture Support 연결

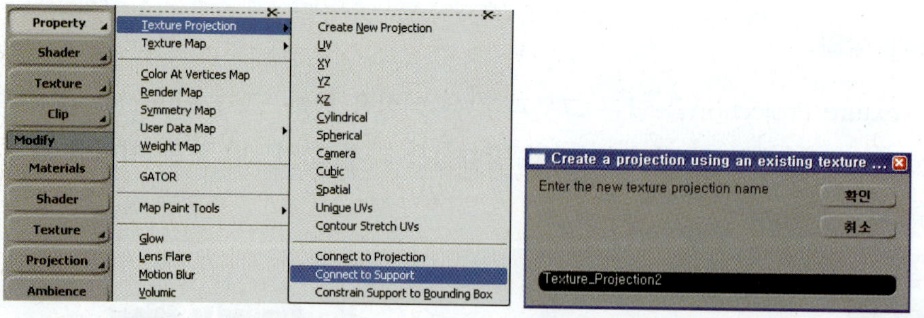

그림 1-156 Texture Support 연결

먼저 Texture Support를 적용할 Object를 선택한 후 Main Tool bar에서 Get 〉 Property 〉 Texture Projection 〉 Connect to Support 명령을 실행한다. 이때 Texture Support에 대한 새로운 이름을 지정해 주고 난 뒤 작업화면에서 Object에 연결시키기 위해 Texture Support Object를 선택한다.

4. Swapping U and V 방향

Object에 적용된 Texture Support의 U(가로)방향과 V(세로)를 서로 바꿔 줘야 할 경우 Swap UV 기능을 사용한다. 지금부터 Swapping 과정에 대해 알아보도록 한다.

먼저 Texture Support를 선택하고 Select panel에서 Selection 버튼을 클릭한다. 이 경우 Explorer 창이 나타나는데 여기서 Texture Support 속성 창을 연다.(P Symbol) 또는 Texture projection에서 속성 창을 열기 위해 Alt + Enter를 클릭한다. 그 결과 Texture Support 속성 창이 나타나는데 여기서 Swap UV를 선택한다.

5. Remove Texture Support

삭제를 원하는 Texture Support를 선택한 후 Delete를 선택한다.

1-1-8 Texture Support 생성하기

Object에 대해 적용할 Texture의 Type를 지정해 주면 지정된 Type의 형태에 맞게 Texture Support가 생성이 된다.

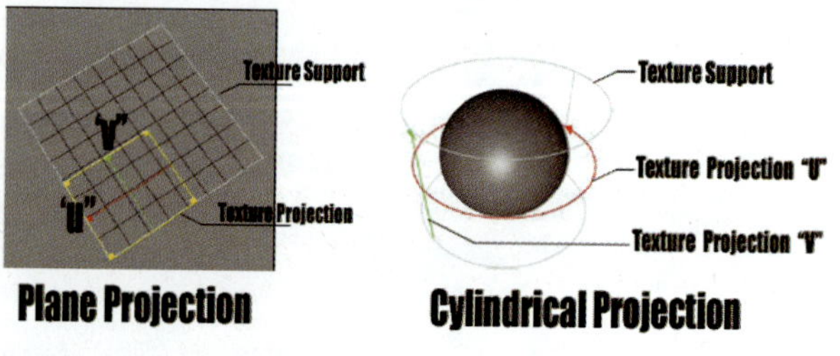

그림 1-157 Texture Support 생성

1. Texture Support 생성

Get 〉 Texture 〉 New 〉 Texture Projection Type를 설정한다. 이때 Texture Projection과 Texture Support는 동시에 생성이 된다.

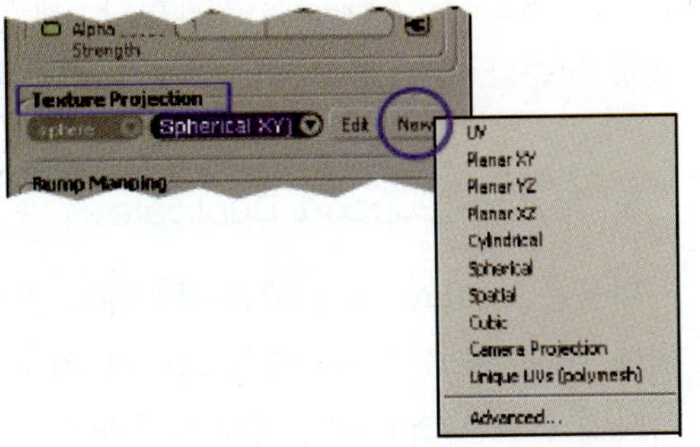

그림 1-158 New Projection

2. Texture Support 미리 적용해 보기

Texture를 적용할 Object를 선택한 후 Get 〉 Property 〉 Texture Projection 〉 Create New Projection 명령을 실행한다. 이 명령을 실행하면 Texture Projection Create 속성 창이 생성이 되는데 여기서 Projection Type과 Texture Projection, Texture Support의 이름을 각각 지정해 준다.

그림 1-159 Texture Support 적용

그리고 Texture를 지정해 줄 때 설정된 Texture Projection을 선택해서 연결해 준다.

3. Group 또는 Branch 구조에 대한 Mapping

단일 Object가 아닌 여러 개의 Object에 대해 Texture Support를 적용하기 위해서는 적용 대상의 모든 Object를 Multi 선택을 한다. 그리고 Texture를 적용 방식은 단일 Object 적용 방식과 동일하게 적용을 한다. 그리고 Parents 구조에 대해 단일 Texture Support를 적용하고자 할 경우에도 대상 Object를 Branch 선택(Middle-Button-Click)을 한 후 적용을 한다.

4. Adding a Texture Projection

이미 적용된 Texture Support에 또 다른 Texture Projection을 적용해야 할 경우가 있다. 이 경우에는 먼저 적용된 Texture Support를 선택한 후 [J]를 누른 다음 선택된 Texture Projection을 회전/스케일/이동을 하여 임의로 변형을 준다. 그 다음 해당 Object를 선택한 다음 Get 〉 Property 〉 Texture Projection 〉 Connect to Support 명령을

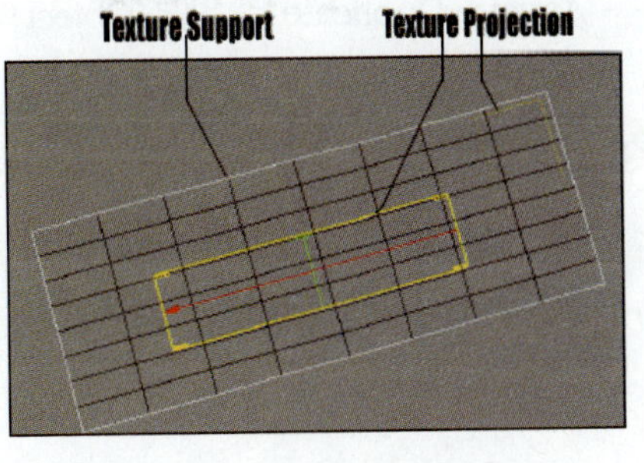

그림 1-160 Add Texture Projection

실행한다. 생성된 Dialog 박스에 새로운 이름을 지정해주고 OK한다. Pick 선택 모드가 나타나면 Texture Support Object를 선택한다. 새로 생성된 Texture Projection을 [J]를 눌러 활성화한 다음 변형을 준다. 하나의 Texture Support에 여러 개의 Texture Projection이 적용된 결과를 확인한다.

5. Texture Support Duplicate

다음은 Texture Support를 복사해서 적용하는 방법에 대해 알아보도록 한다. 그러기 위해서는 먼저 복사에 관련한 Option에 대해 살펴봐야 하는데 먼저 Edit > Duplicate / Instantiate > Duplicate / Instantiate Options 명령 창에서 Texture Supports 옵션 창에 나타나는 4가지 유형에 대해 지금부터 각각 살펴보도록 한다.

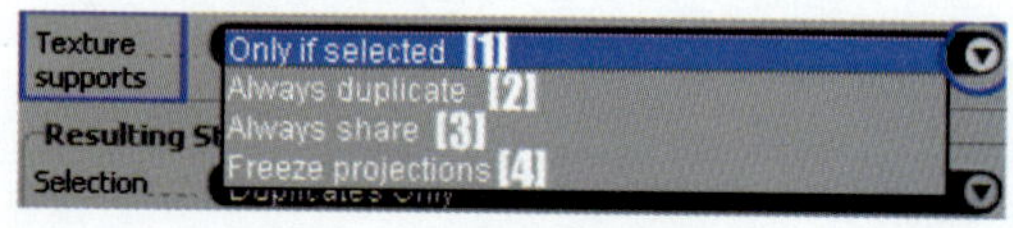

그림 1-161 Texture Support Duplicate

(1) Only if selected

Only if selected는 원본 Object와 함께 선택이 되었을 경우에 Texture Support가 복사된다. 만약 Texture Support가 선택이 되지 않았다면 복사된 Object는 원본 Object의 Texture Support를 공유한다. 만약 원본 Object와 Branch선택이 되었다면 복사된 Object에 대해 각각 독립적인 Texture Support가 생성되겠지만 그렇지 않은 경우는 원본 Object의 Texture Support를 그대로 사용한다.

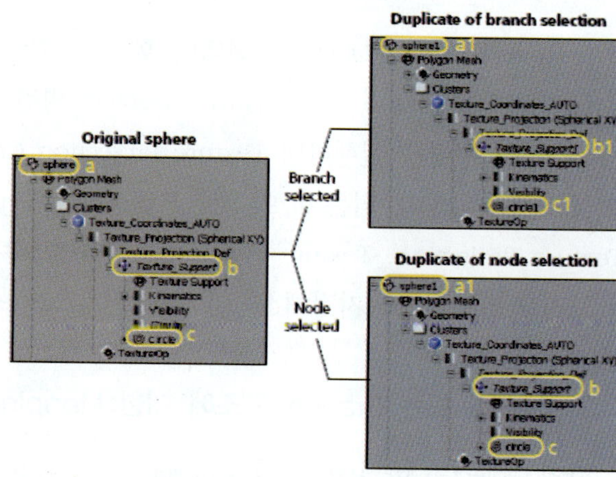

그림 1-162 Texture Support가 복사

(2) Always Duplicate

Always Duplicate는 원본 Object의 선택 유/무와 상관없이 무조건 새로운 Texture Support가 생성된다. 복사된 Texture Support는 위치나 자식구조 등에 있어 원본 Object의 위치와 동일하게 나타난다.

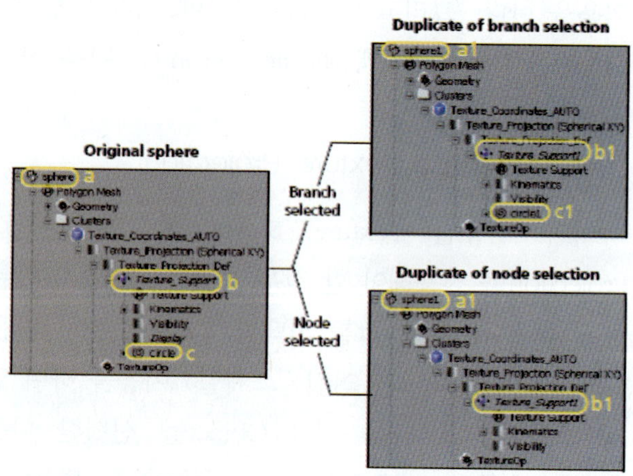

그림 1-163 Always Duplicate

(3) Always Share

Always Share 옵션은 원본 Object의 Texture Support가 복사되지 않는다. 대신에 복사된 Object는 원본 Object의 Texture Support를 공유한다.

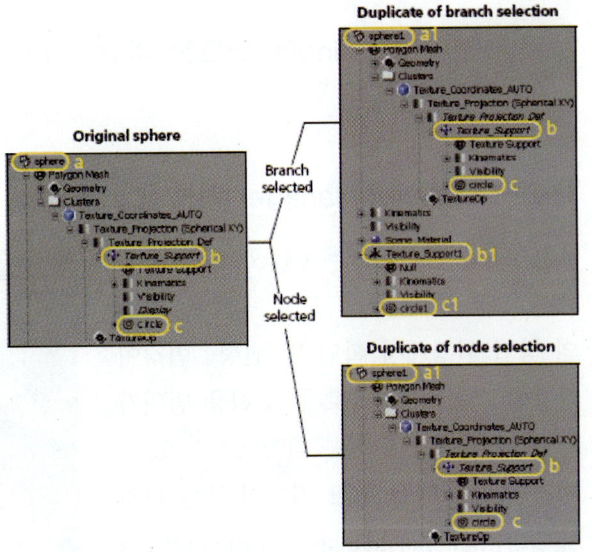

그림 1-164 Always Share

(4) Freeze Projections

Freeze Projections 기능은 원본 Object를 복사할 경우 Texture Support는 복사되면서 자동으로 Freeze된다. 결과적으로 Texture Support는 복사되지 않고 그 결과만 공유하게 된다.

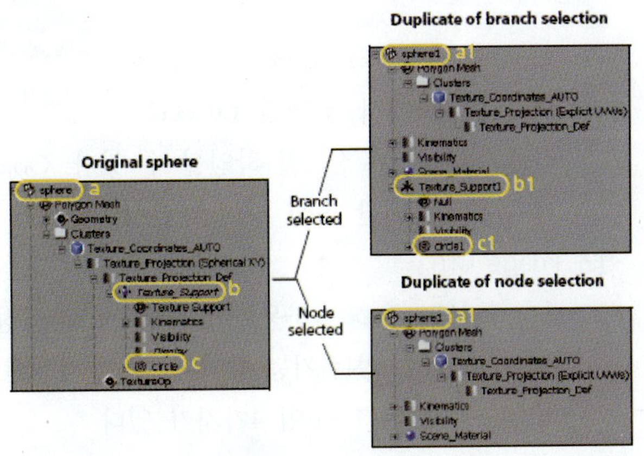

그림 1-165 Freeze Projections

1-2 Mapping에 필요한 주요 Tool 기능의 이해 및 활용

1-2-1 Material Manager 기능 [Ctrl+7]

Material Manager는 Object에 적용된 Material과 Texture의 모든 정보를 하나의 작업 환경에서 확인 및 변형/변경이 가능한 복합 기능 툴로서 그 사용 범위가 넓고 그 활용도 또한 크다고 할 수 있다. 먼저 Material Manager 기능의 구성 환경을 보면 Material Manager Command bar와 Material Manager Shelf로 구성되어 있다.

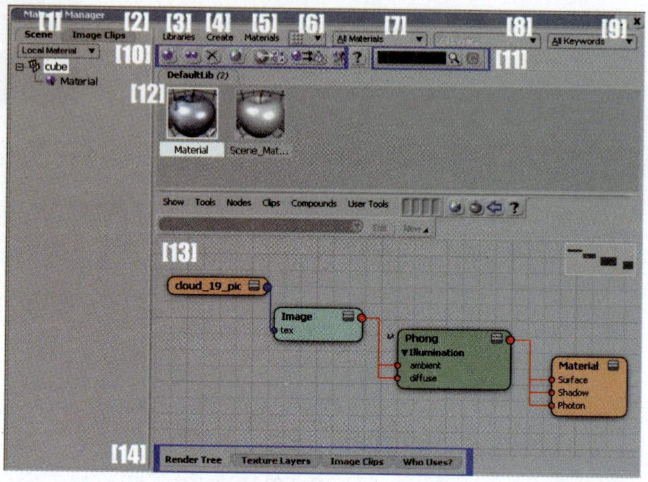

그림 1-166 Material Manager

[1] Scene : Scene Explorer 정보 옵션으로 Scene에서 선택된 Object와 적용된 Material 정보를 확인할 수 있다. Object나 Material을 선택한 후 Enter를 누르면 해당 선택사항에 대한 속성 창이 나온다. 필요한 옵션을 조절할 수 있다.

[2] Image Clip

- Image View Type : 사용한 Texture image 정보에 대해 정리할 수 있는 기능 창이다. 우선 사용된 Texture Image를 보는 Type이 4가지가 있다.
- All 모드 : 선택된 이미지만 보이게 할 것인지, 사용된 모든 이미지를 보이게 할 것인지를 선택할 수 있다.
- All Layers : 모든 Material Layer를 볼 수 있다.
- Key words를 활용하여 필요한 Image를 쉽고 빠르게 찾을 수 있다.
- Clear : 모든 정보를 Clear시킨다.
- Image View : 적용되어진 이미지를 View 형식으로 확인가능하다.

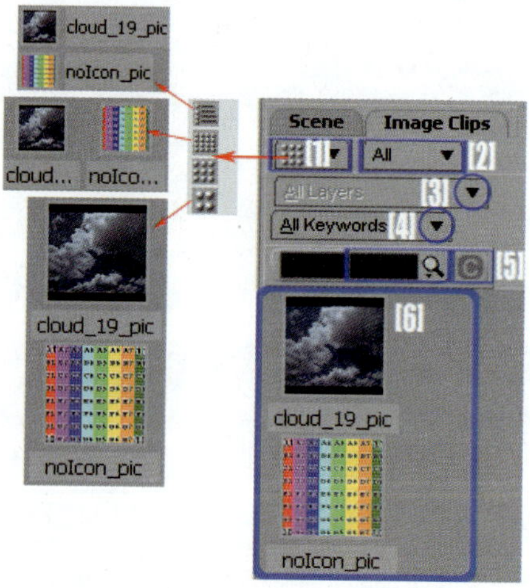

그림 1-167 Image Clip

[3] Libraries : Material Library를 컨트롤할 수 있는 명령어들이 포함되어 있다. 새로운 Material Library를 생성하거나, 제거하거나, 이름을 새로 변경할 수 있으며 특히 현재 제작된 Material Library를 Import, Export할 수 있다.

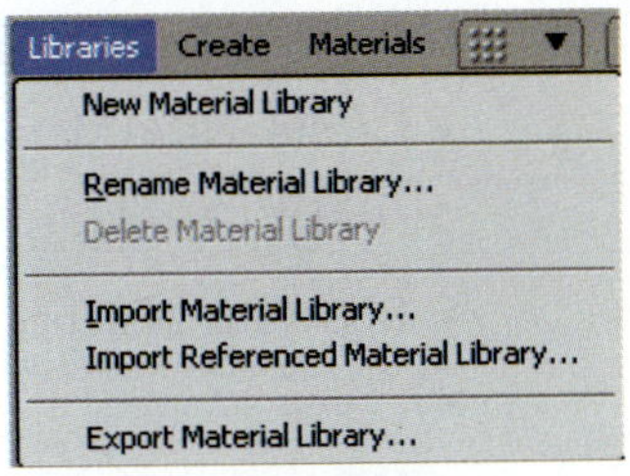

그림 1-168 Libraries

[4] Create : SOFTIMAGE에서 제공되는 다양한 Material 기능들을 불러와서 새로운 Material로 적용할 수 있다.

[5] Materials

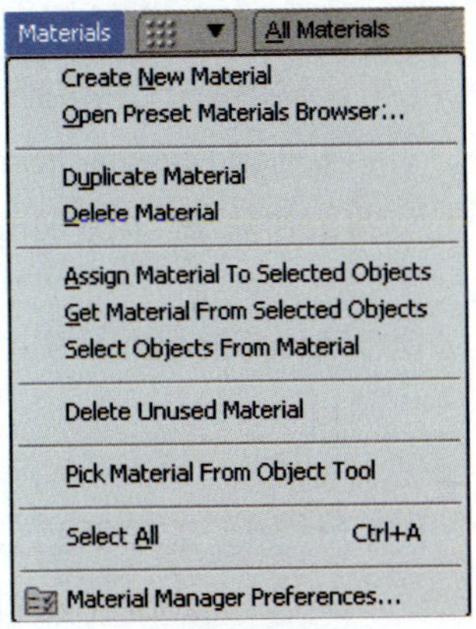

그림 1-169 Materials

[6] 적용 결과 View Type : Material와 Texture가 적용된 최종 결과를 확인할 수 있는 기능 창으로 총 4가지 형태의 View 모드가 있다. 이는 앞서 설명한 사용한 Image 확인 View Type와 동일하다.

[7] All Material : 적용된 모든 Material 리스트 정보를 한번에 확인 가능하도록 하는 기능이다.

[8] All Layer : 사용된 모든 Layer 리스트 정보를 한번에 확인 가능하도록 하는 기능이다.

[9] All Key words : 찾고자 하는 소스나 정보를 Key worlds Text 형식으로 쉽고 빠르게 찾을 수 있도록 도와주는 기능이다.

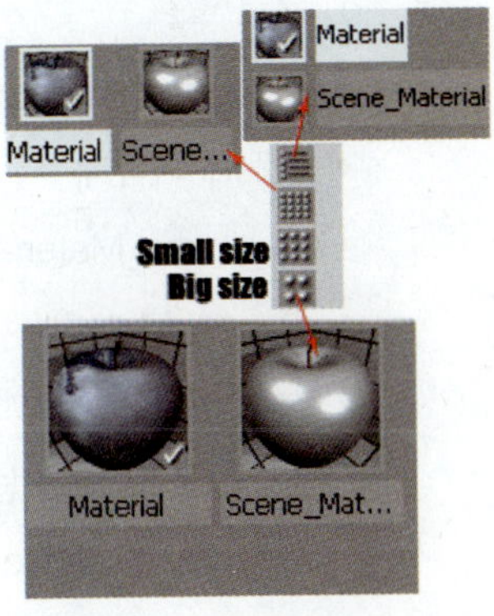

그림 1-170 View Type

[10] Material 편집 기능 툴

그림 1-171 Material 다양한 편집 기능

- Create New Material : 새로운 Material을 추가하는 기능이다.
- Duplicate Material : 생성된 Material을 복사하는 기능이다.
- Delete Material : 선택한 Material을 삭제하는 기능이다.
- Get New Material Presets from Browser : 새로운 Material을 SOFTIMAGE에 저장된 Presets에서 불러오도록 하는 기능이다.
- Highlight Material from Selected Objected 선택된 Object에게 적용된 Material 정보를 쉽게 확인할 수 있도록 Highlight되도록 한다.
- Assign Material to Selected Object or Cluster : 선택된 Object나 Cluster에게 Material을 지정해 주는 기능이다.
- Pick Material from Object Tool : 선택한 Object로부터 적용된 Material을 선택할 수 있도록 하는 툴 기능이다.

[11] Name Search : 찾고자 하는 Material의 이름을 직접 입력해서 찾을 수 있도록 하는 기능 툴이다.

[12] Material 결과 및 편집 기능 창 : 적용된 Material과 Texture의 결과를 Shader Ball의 이미지 형태로 보여줄 뿐 아니라 해당 Material의 마우스 오른 클릭을 통해 생성되는 Pop up 창 기능을 이용하서 다양한 명령을 적용해 줄 수 있다.

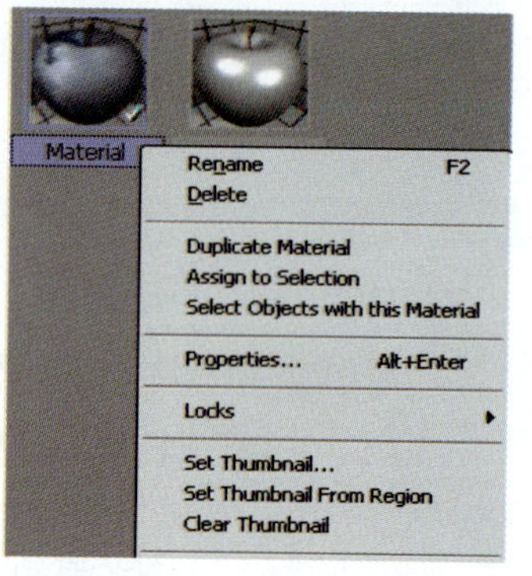

그림 1-172 Material 편집 기능

- Rename : Material의 새로운 이름으로 변경해 줄 수 있다.
- Delete : 삭제
- Duplicate Material : 복사
- Assign Material : 재지정
- Select Objects with this Material : 현재 선택된 Material의 적용된 Object을 선택할 수 있다.
- Properties : Material 속성 창
- Locks : 선택한 항복에 대해 Lock 기능
- Set Thumbnail : Thumbnail : 적용된 결과 View를 Thumbnail view 형식으로 저장할 경우 사용한다.
- Set Thumbnail from Region : Region render된 영역에 한해서 Thumbnail View로 저장하도록 하는 기능이다.

- Clear Thumbnail : Thumbnail 삭제

[13] 다양한 Work area : Material 작업의 효율성을 높이기 위해 필요한 작업 모드를 지정하여 동시 작업이 가능하도록 하였다. Render Tree나 Material Layer, Image Clip 등 다양한 작업 환경과 연계하여 작업할 수 있도록 하였기 때문에 작업의 능률 및 효율성이 증대된다.

[14] 다양한 Work mode 선택 툴

- Render Tree
- Texture Layer
- Image Clip

그림 1-173 다양한 Work mode 선택 툴

1-2-2 Material Editor Panel 기능

Material Editor 기능 툴은 MCP(Mail Command Area) 기능 옆에 위치해 있는 MAT(Material)라는 Tap을 선택을 하면 나타나는 기능 툴이다. Object에 Material과 Texture가 적용되어야만 활성화된다. 새로운 Material 편집 툴을 Open하지 않아도 메인 작업 화면에서 다양한 Material 편집이 가능하기 때문에 편리하게 사용할 수 있다. 지금부터 그 각각의 기능들에 대해 알아보기로 하자.

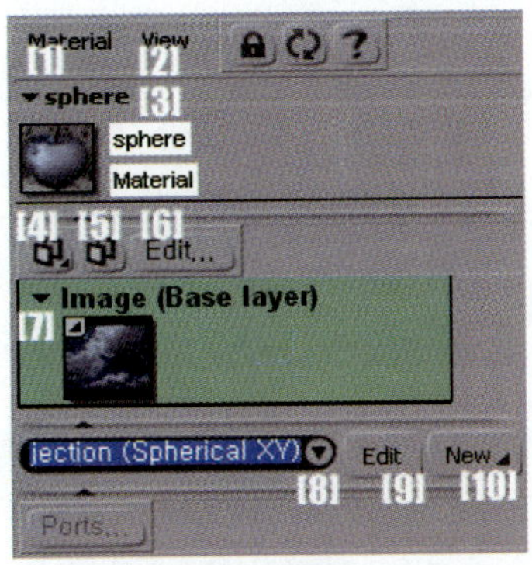

그림 1-174 Material Editor Panel

[1] Material 선택 모드

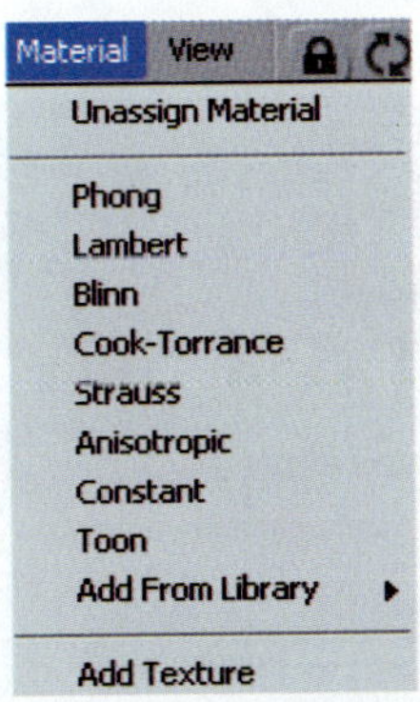

그림 1-175 Material 선택

[2] View

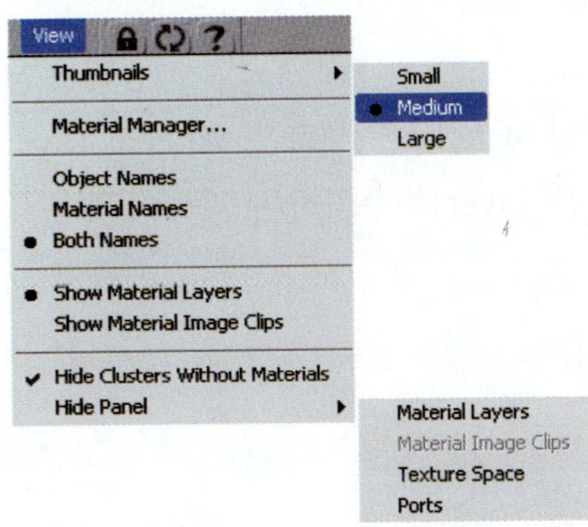

그림 1-176 View

[3] Object View

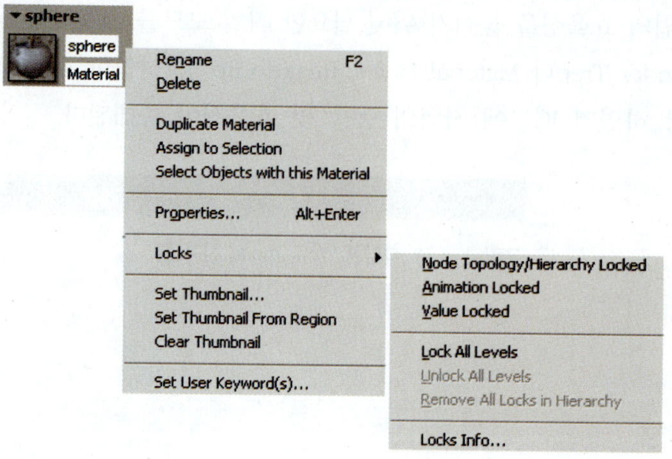

그림 1-177 Object View

[4] Add Layer with Preset : 여기서부터는 Texture Layer 모드이다. Texture Layer에 대해서는 다음 chapter(3. Texture Layer Editor)에서 자세하게 다루고 있기 때문에 기본 개념에 대해서 언급을 하도록 한다. 이 명령어는 SOFTIMAGE에서 기본적으로 제공하고 있는 Material shader를 불러와서 연결해 줄 수 있도록 하는 옵션이다. Icon을 클릭하면 Pop up 창이 나타나는데 이는 Preset으로 제공되는 Material shader들이다. 필요한 Material을 선택하면 아래 Layer 창에 선택한 Material이 나타난다.

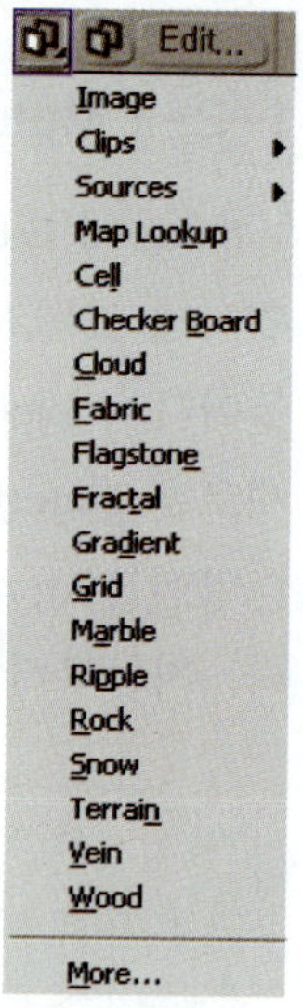

그림 1-178 Preset

[5] Add blank Layer : Preset으로 제공되는 Material이 아니라 폴더에 저장된 Material을 새로운 Material Layer에 불러오고자 할 경우 새로운 Layer를 추가하는 기능이다.

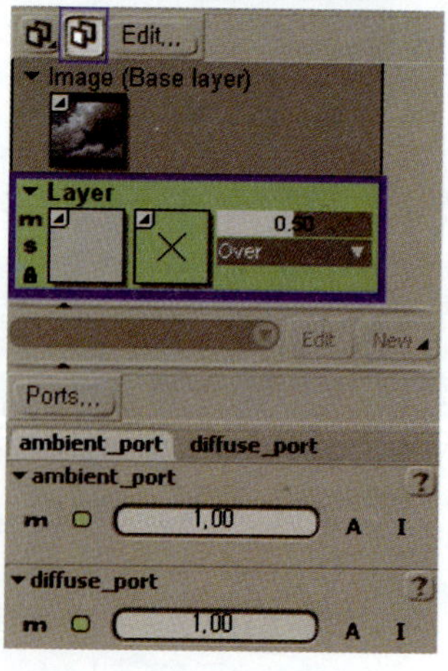

그림 1-179 Add Layer

[6] Edit : Open the Texture layer Editor 창을 열 수 있다.

[7] Image View(Base Layer) : Base Texture Layer 창으로 초기 Object에 적용된 Material Layer이다. Layer 창에 마우스 오른 클릭을 하면 Material Preset이 나타난다. 필요한 Material을 추가하고자 할 경우 필요한 Material을 클릭하면 새로운 Layer와 함께 이미지가 나타난다.

[8] Texture Projection 설정을 지정 또는 확인할 수 있는 옵션 창이다.

[9] Editor : Texture Projection Editor 창을 열어서 필요한 옵션을 조정할 수 있다.

[10] New : 연결된 Texture Projection에 대해 새로운 Texture Projection을 연결하고자 할 경우 새로운 Texture Projection을 연결해 줄 수 있다.

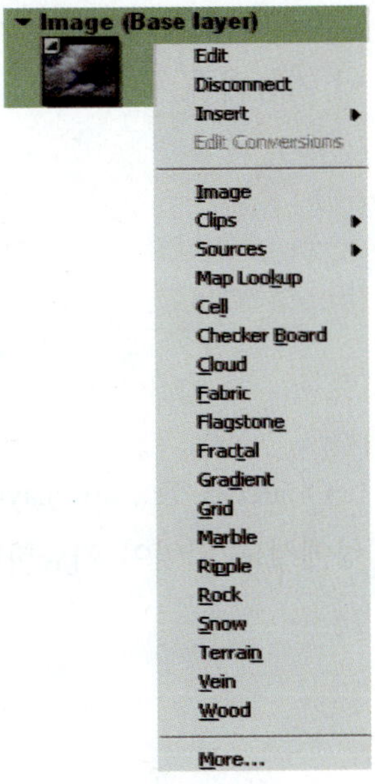

그림 1-180 Image View

1-2-3 Texture Layer Editor 기능 [Shift + 7]

Texture Layer Editor는 Texture를 적용함에 있어 단일 Texture의 적용에서 벗어나 여러 가지의 Layer 이미지를 적용하여 보다 효과적인 Texturing 작업을 할 수 있도록 하는 기능 창이다. 기본 Base Layer에 여러 다른 Texture Layer를 중첩 적용함으로써 Mixer 또는 Blend되는 개념을 활용하게 된다.

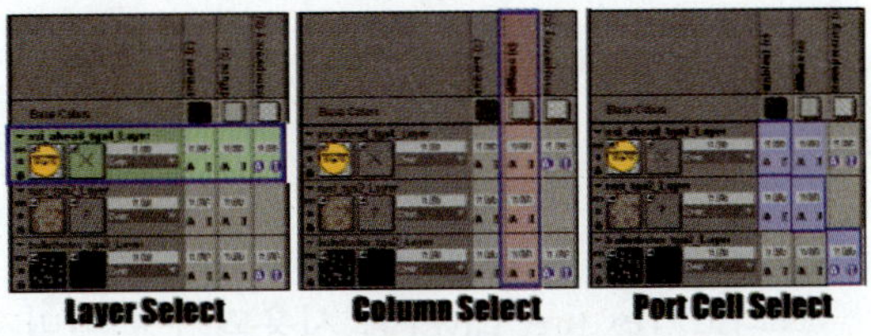

그림 1-181 Texture Layer

Texture Layer의 기본 구성요소를 살펴보면 Layer와 Column(Port)로 구분되고 그 각각의 구성요소를 Port cell이라고 한다. Layer는 Texture 각 하나씩에 해당되는 가로줄 라인의 개체이고, Column은 각 Texture layer가 가지는 속성 중에서 세로로 표시되어지는 부분에 대한 성질이다. 그리고 이들이 포함하고 있는 기본적인 속성들은 Port cell이라는 항목으로 표시된다. 이 들 각각의 구성요소는 선택되어질 때 나타나는 색깔의 차이가 분명하다.

Texture Layer를 사용했을 경우 작업 창에서 확인할 수 있는 방법에 대해 살펴보면 먼저 Explorer창에서 확인하는 방법이다.

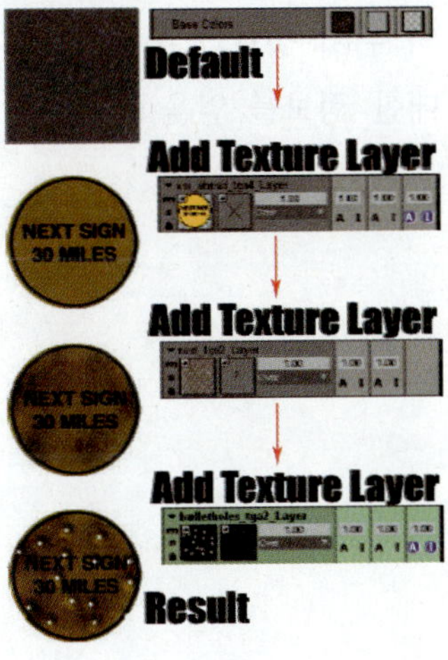

그림 1-182 Texture Layer Editor

Object에 Texture Layer가 적용이 된 경우 Explorer 창에서 확인이 가능하다.

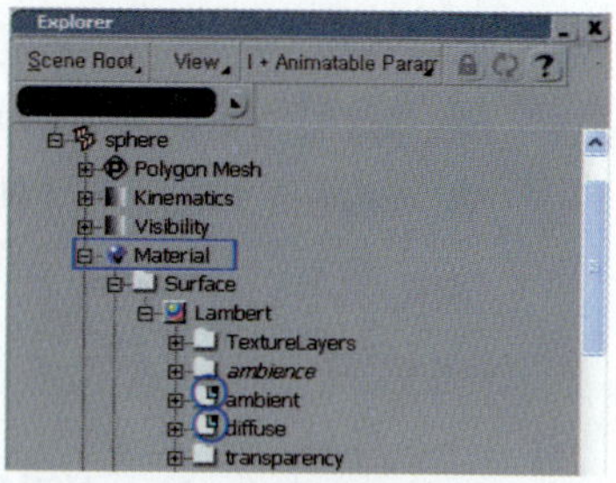

그림 1-183 Explorer 창

Object에 Texture Layer가 적용이 된 경우 Material Property 창에서도 확인이 가능하다.

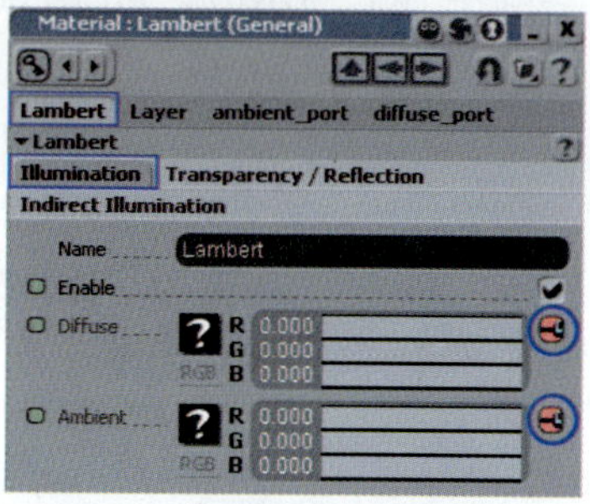

그림 1-184 Material Property 창

끝으로 Object에 Texture Layer가 적용이 된 경우 Render Tree 창에서도 확인이 가능하다.

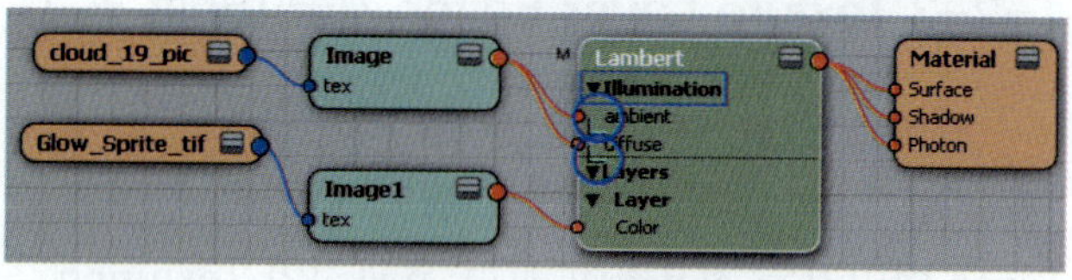

그림 1-185 Render Tree 창

그리고 Texture Layer에 사용되어진 이미지 정보는 마우스를 사용한 이미지 위에 올려놓으면 자동으로 이미지의 위치 정보와 이름 그리고 가지고 있는 이미지 속성에 대한 정보를 얻을 수 있다.

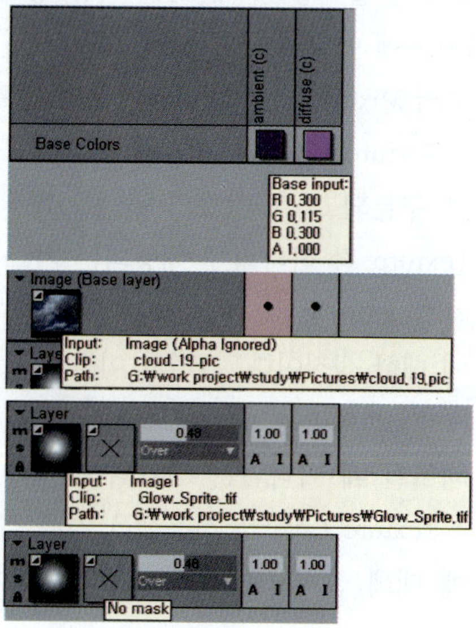

그림 1-186 Texture Layer

지금부터 Texture Layer Editor 기능 창에 대해 자세히 알아보도록 한다.

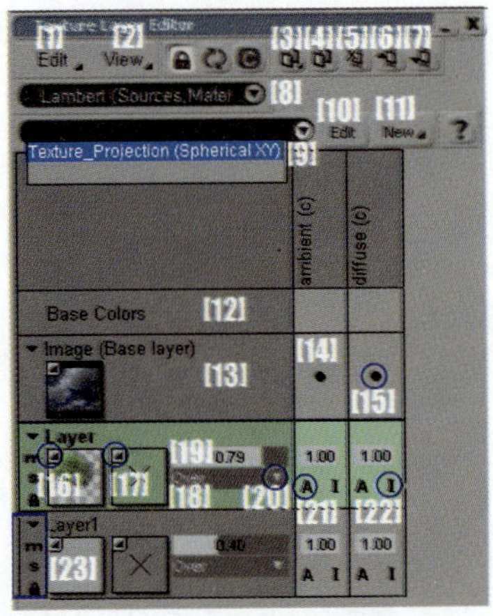

그림 1-187 Texture Layer Editor

[1] Edit

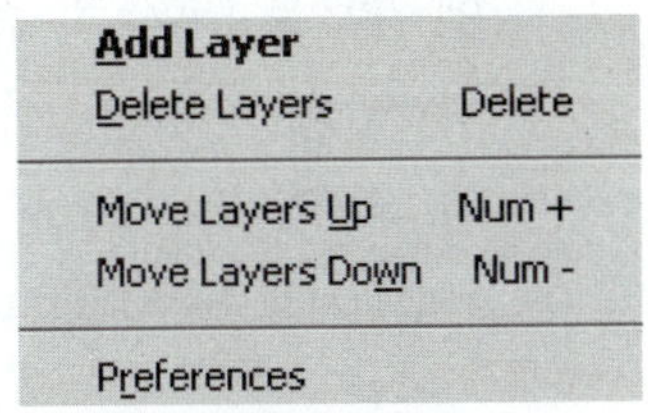

그림 1-188 Edit Option

- Add Layer : 새로운 Layer를 추가한다.
- Delete Layer[Delete] : 생성된 Layer를 삭제한다.
- Move Layer Up[Num +] : Layer 상향 이동
- Move Layer Down[Num −] : Layer 하향 이동
- Preference : Texture Layer Editor 기본 속성 창을 열고 필요한 옵션의 변화를 통해 보다 효율적인 Texture Layer 작업을 한다. 몇 가지 참고할 만한 옵션에 대해 살펴보기로 한다.
- Default In Locked State : Texture Layer Editor 창을 처음 열 때 기본적으로 Rock 모드가 활성화되도록 한다.
- Show Last Layer First : 만약 이 옵션을 항상 체크를 하게 되면 새로 생성되는 Texture Layer는 기본 Default Layer의 위쪽에 생성된다. (기본 Default는 Base Layer의 아래 방향으로 생성되도록 되어 있다) 이때 Basic Layer가 위에 존재할 경우를 List View라 하고 Basic Layer가 Layer의 제일 아래에 존재할 경우를 Stack Layer라고 한다.
- Default Collapsed : 활성화되어 있다면 Texture Layer Editor 창을 열었을 때 Layer의 형태가 모든 옵션이 사라진 상태(Image, Mute, Solo, Lock Input Image 등)로 작아지게 된다.

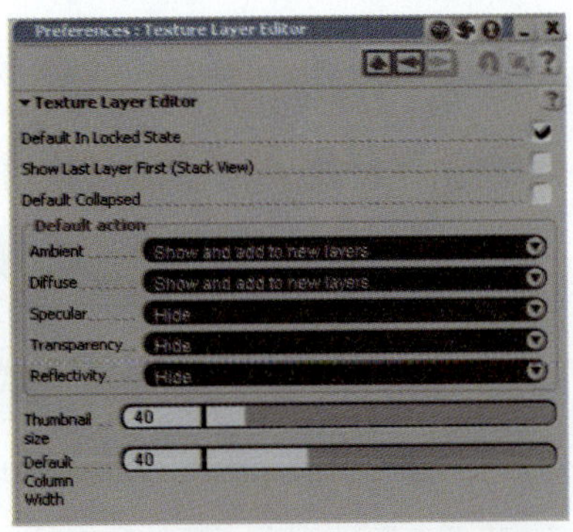

그림 1-189 Texture Layer Editor 속성 창

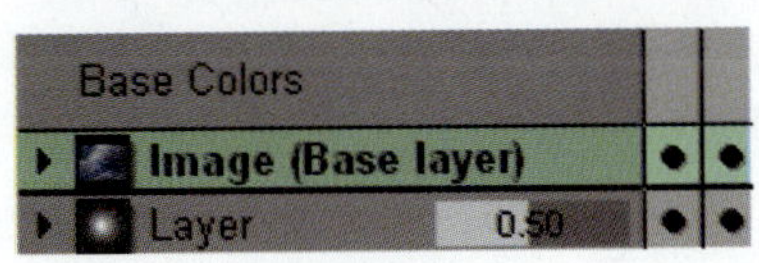

그림 1-190 Stack Layer

- Default action : Ambient, Diffuse, Specular, Transparency, Reflectivity 등의 옵션 사항에 대한 선택 모드이다. Show, Hide, Show and add, Show if Presents 등의 옵션 중에서 효율적인 작업에 필요한 옵션을 선택한다.

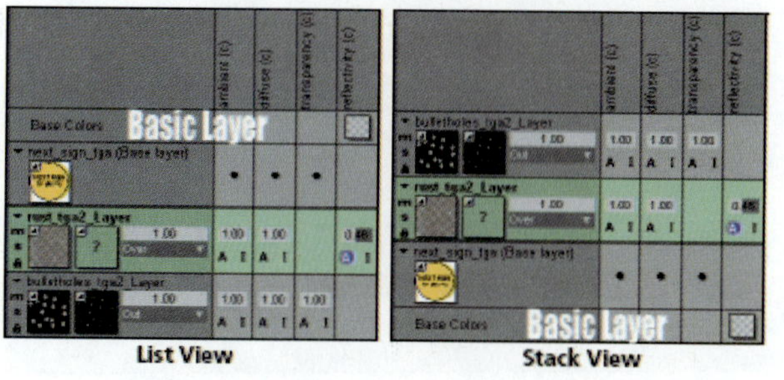

그림 1-191 Default Collapsed

- Show : Default 상에서 보여주기
- Hide : Default 상에서 숨기기
- Show and add New Layer : 보여줌과 동시에 새로운 Layer로 추가되기
- Show if Presents : 존재하는 항목에 대해서만 보여주기

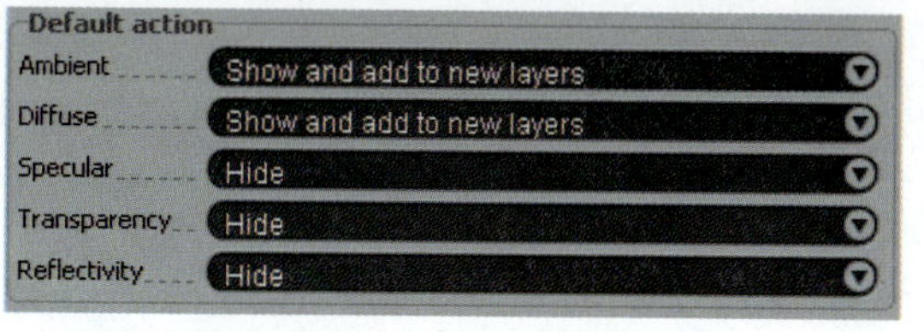

그림 1-192 Default action

- Thumbnail Size : Thumbnail Image View Size의 크기를 조절한다.

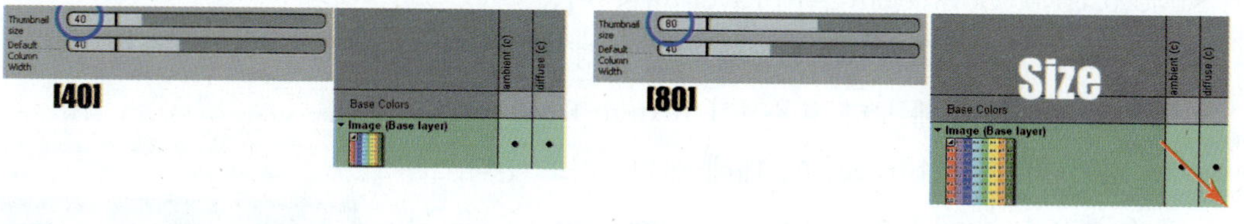

그림 1-193 Thumbnail Size

- Default column Width : Column(Port)의 Size를 조절할 수 있다.

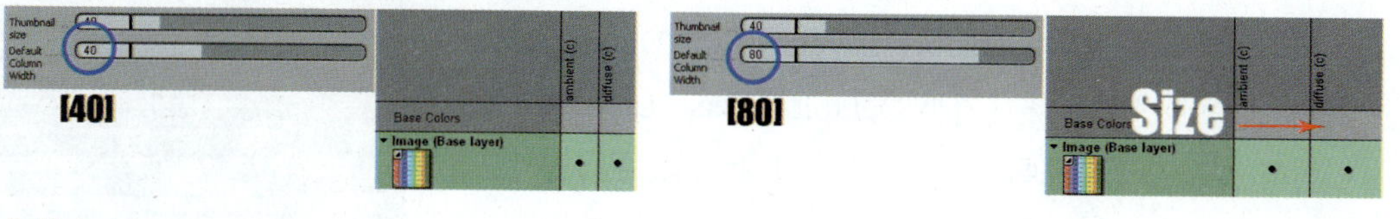

그림 1-194 Default Column Width

- 기타 Column의 사이즈를 조절하고 싶을 경우에는 각 Port의 경계 Line을 Click하여 Drag를 하면 원하는 정도의 크기를 임의로 조절할 수 있다.

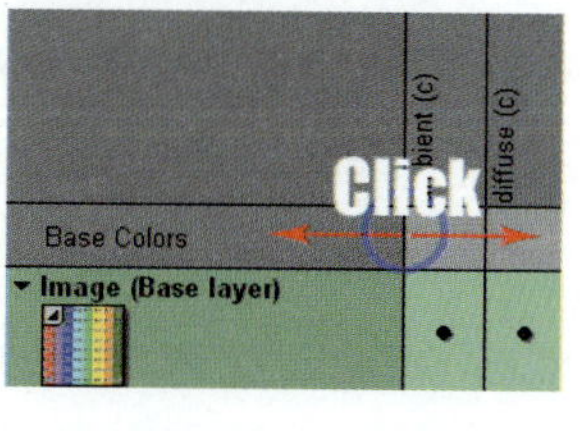

그림 1-195 Column의 사이즈를 조절

[2] View

- Hide Selection[H] : Layer 항목 중에서 선택한 항목에 대해서만 Hide하기
- Hide Unused Ports : 사용하지 않는 항목은 자동으로 Hide

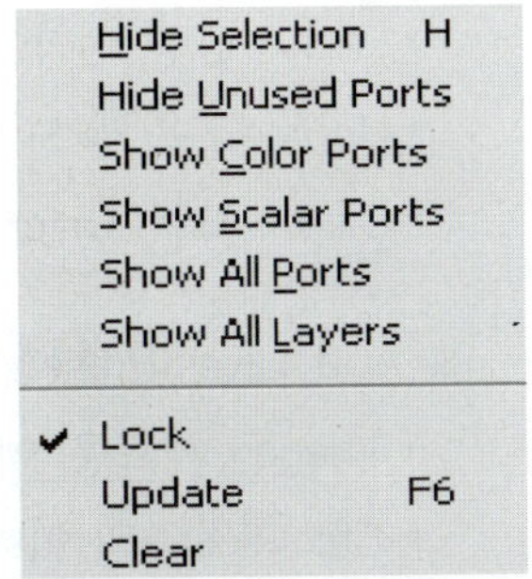

그림 1-196 View Option

- Show Color Ports : 기존 Default Port(ambient, diffuse)에서 추가 생성 Port(transparency, reflectivity, Incandescence, Radiance)가 나타난다.

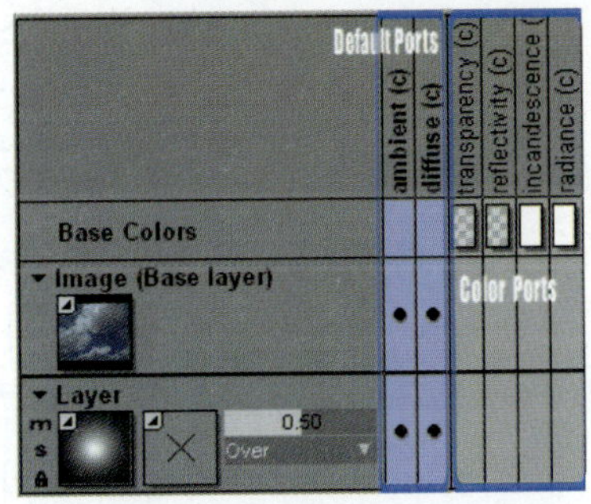

그림 1-197 Show Color Ports

- Show Scalar Ports

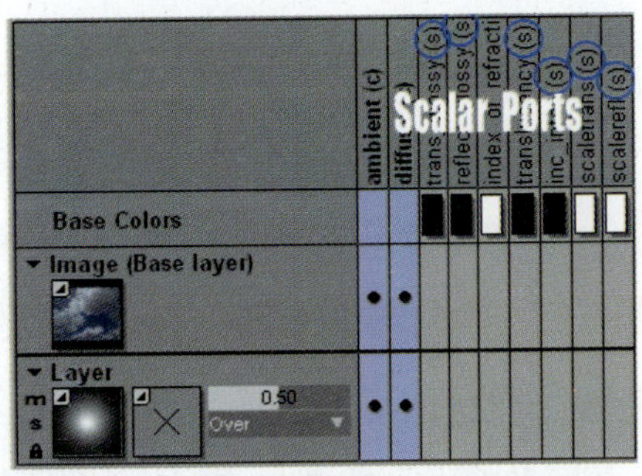

그림 1-198 Show Scalar Ports

- Show All Ports : 나타낼 수 있는 모든 Port에 대해 Open하도록 한다.

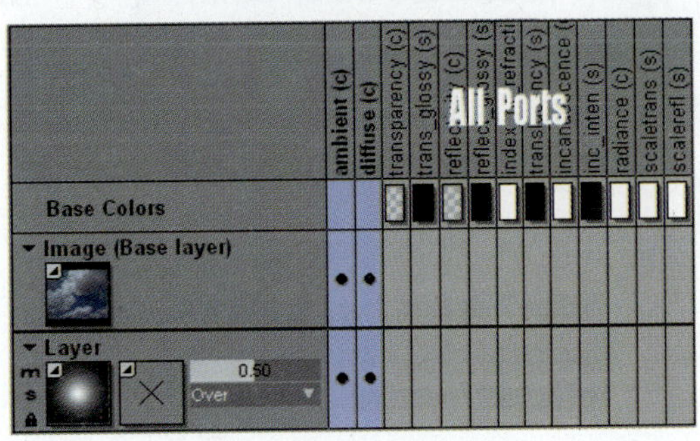

그림 1-199 Show All Ports

- Show all Layers : 사용중인 모든 Layer를 속성 창에 보여주도록 한다.
- Lock : 명령 변화에 따른 속성 창의 변화를 미연에 방지하기 위해 Lock을 걸어 놓는다.
- Update : 옵션의 변화에 따른 결과를 Update시킨다.
- Clear : 모든 Layer를 삭제한다.

[3] Add Layer Presets

- Image : 새로운 이미지를 연결하고자 할 경우 사용한다.
- Clip : Scene의 이미지 clip list를 열고 Sub menu Pop up 창을 열고 그 List 중에서 연결하고자 하는 Clip을 연결할 수 있다.
- Source : Scene의 이미지 Source list를 열고 Sub menu Pop up 창을 열고 그 List 중에서 연결하고자 하는 Source를 연결할 수 있다.
- Various Shader : 기타 SOFTIMAGE에서 제공하는 기본 Shader를 연결하고자할 경우 필요한 shader source를 선택하여 적용할 수 있다.
- More... : Pop up 화면상에 나타나는 기본 Shader에서 찾을 수 없을 경우 Browser 창을 열고 폴더 내에 저장된 Source shader나 Material shader 등을 찾아 연결시켜 주도록 한다.

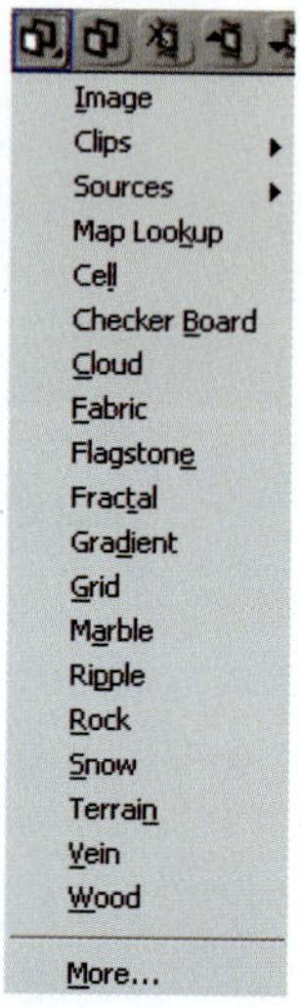

그림 1-200 Add Layer Presets

[4] Add Blank Layer : Preset으로 제공되는 Material이 아니라 폴더에 저장된 Material을 새로운 Material Layer에 불러오고자 할 경우 새로운 Layer를 추가하는 기능이다.

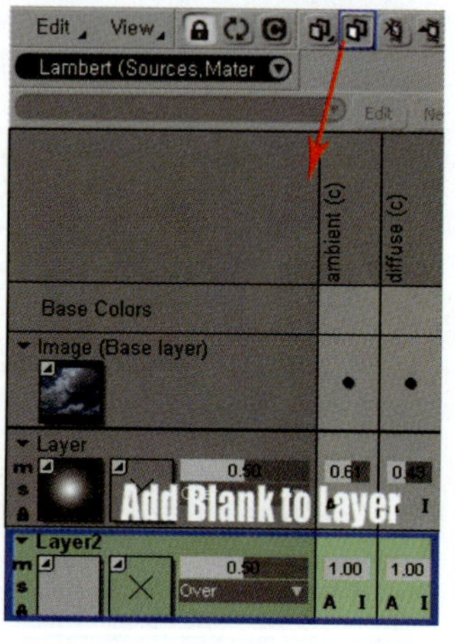

그림 1-201 Add Blank Layer

[5] Delete Selected Layer : 선택한 Layer 삭제
[6] Move Selected Layer Up : 선택한 Layer 위로 이동
[7] Move Selected Layer Down : 선택한 Layer 아래로 이동
[8] Material 선택 모드
[9] Texture Support 지정 모드
[10] Texture Support 편집 모드
[11] Texture Projection 지정 모드

그림 1-202 Texture Projection

[12] Basic Color : Basic Color에는 초기 기본 Surface Shader가 나타난다.

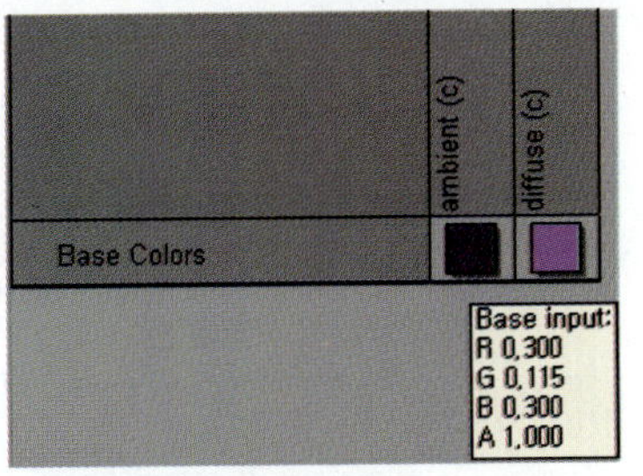

그림 1-203 Basic Color

[13] Layer 및 Image 정보 : Layer 창의 이미지 정보 창 위에 마우스를 올려놓으면 자동으로 사용한 Image에 대한 정보를 알려주는 Pop up 창이 나타난다. 사용된 이미지의 속성과 위치 경로 · 이름 등이 나타난다. 또한 Layer에 대한 변화에 대한 결과를 확인하고 싶을 경우 Update 버튼을 눌러 확인한다. 여기서 Layer 정보에 대해 Clear하고자 할 경우 Clear 아이콘을 누른다. 그리고 선택한 Layer에 대해 Hide or Un hide를 하고자 할 경우 하나 또는 그 이상의 Layer를 선택한 후 Layer 창 위에 마우스를 올려놓고 마우스 오른 클릭을 한다. 나타나는 Pop up 창의 명령어 중에서 Connect 또는 Disconnect 명령을 실행한다.

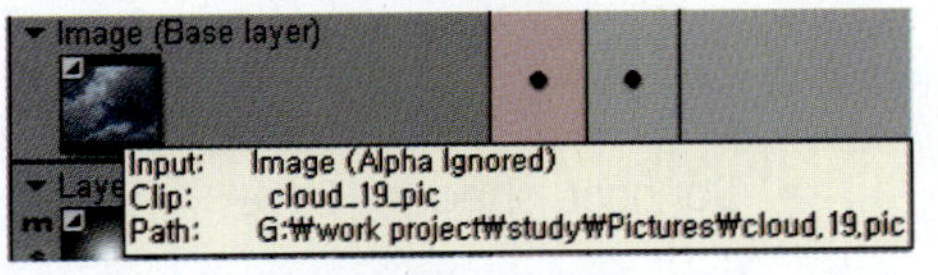

그림 1-204 Layer 정보

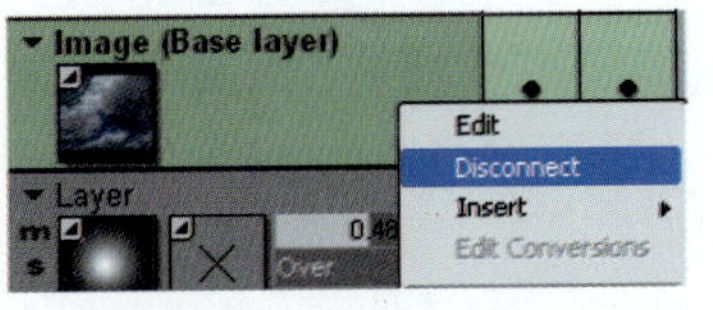

그림 1-205 Disconnect 명령

[14] Column(Ports) : Port는 Object에 적용된 개개의 Material 정보로 Hide / Un hide가 가능하다. 먼저 하나 또는 그 이상의 Port를 선택한다. 역시 마우스 오른 클릭을 통해 Pop up 창을 열고 Connect or Disconnect 명령을 실행한다. 그리고 Column(Ports)에 대한 속성 창을 바꾸고자 할 경우 Pop up 창 속성 중에서 Edit 명령을 선택한다.

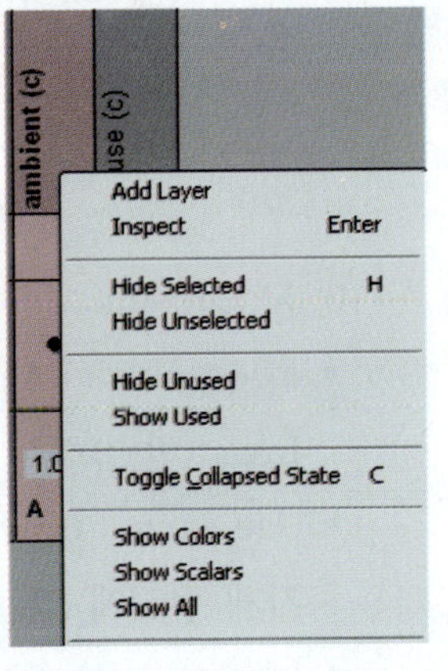

그림 1-206 Column(Ports)

- Add Layer : Layer 추가
- Inspect : 선택한 Layer나 Port에 대한 속성 창 열기
- Hide Selected : 선택한 Port 숨기기
- Hide Unselected : 선택하지 않는 Port 숨기기
- Hide Unused : 사용하지 않는 Port 숨기기
- Show Used : 사용되는 모든 Port 보여주기

- Toggle Collapsed State : 꼭 필요한 기본 정보만을 남기고 축소되어지거나 원래대로 다시 확장시키는 기능으로 한번 적용은 Collapse되고 다시 한번 선택으로 Expand된다.
- Show Color : Color 보여주기
- Show Scalar : Scalar 옵션 창 보여주기
- Show all : 모든 Option 보여주기

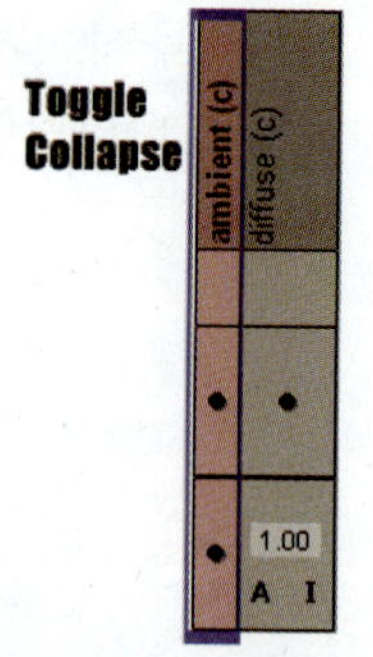

그림 1-207 Toggle Collapsed State

- Connect shader : Layer와 Shader가 서로 연결되도록 한다.
- Disconnect shader : Layer와 Shader가 서로 연결이 끊어지도록 한다.
- Edit : Material shader 편집 속성 창을 연다.
- Insert : 연결된 Material Layer에 특정 기능을 삽입하는 기능으로 삽입되는 기능은 Material 효과를 효율적으로 증대시킬 수 있는 기능들이 포함되어있다.

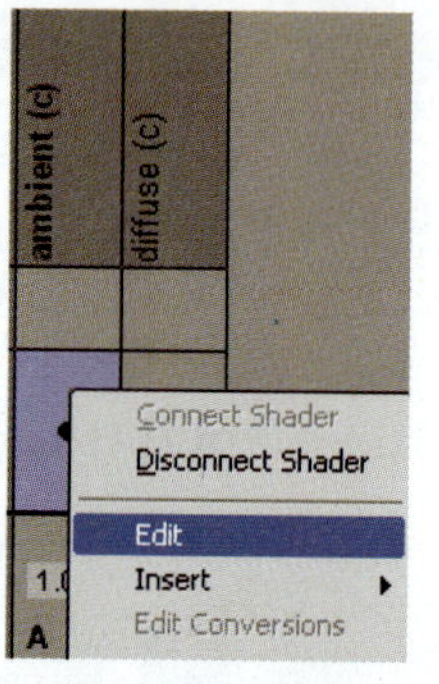

그림 1-208 Option

[15] Connect Shader : Connect Shader 상태일 경우 해당 Cell이 Point(점)의 형태로 나타나며 만약 Un connect Shader 상태일 경우 Base Color layer에 Box 형태로 나타난다.

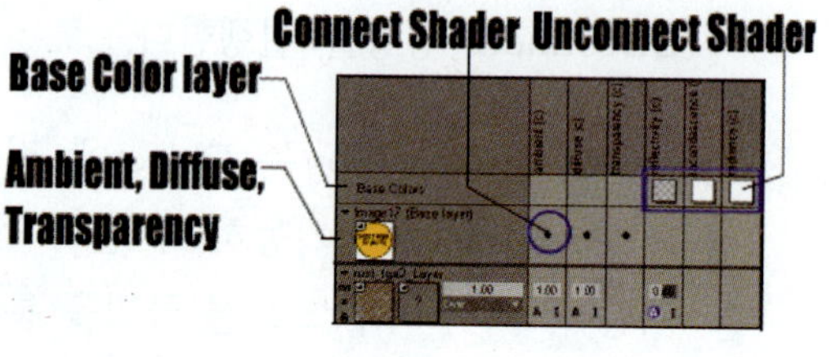

그림 1-209 Connect Shader

[16] Modify Input

- Invert Alpha : Alpha Channel의 영역을 Invert(반전)해서 적용한다.
- Use Alpha : Gray scale texture로 변환하거나 자체 컬러에 있는 Alpha를 그대로 적용한다.
- Ignore Alpha : Alpha channel을 무시하고 Color 값만을 적용한다.
- Pre multiplied : Alpha 값의 유사성에 의해 Color Pixel을 값을 증가시킨다.

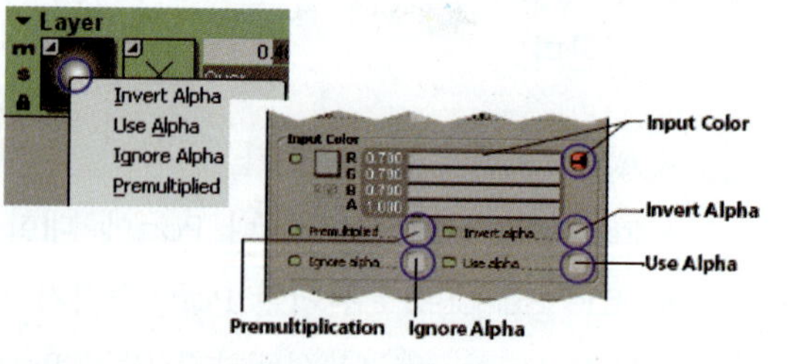

그림 1-210 Modify Input

[17] Modify Mask : 적용할 이미지에 Mask Layer가 있을 경우 적용하는 방식에 대해 알아보도록 한다. 먼저 기본 Color Layer를 적용한 후 그 이후에 Mask Layer를 적용한다. 이미지를 저장할 때 Color 이미지와 Mask 이미지를 함께 저장한다. 불러올 때 한 Layer상에서 각각 따로 불러와야 한다.

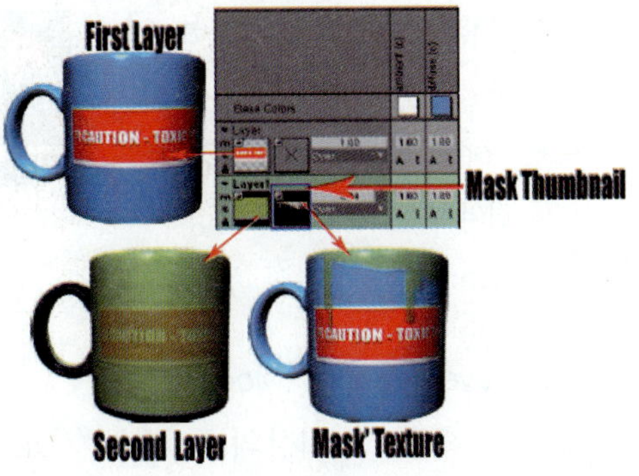

그림 1-211 Modify Mask

두 번째 Layer의 Color tap과 Mask tap으로 나눠져 있기 때문에 저장한 Color 이미지와 Mask 이미지를 각각 불러온다. 마스크가 적용된 Layer를 Double Clik하여 Texture Layer 속성 창을 연다. 여기서 Mask 옵션 부분과 Texture Layer상에서의 명령어와의 상호관계에 대해 설명을 하도록 한다.

Texture Layer 속성 창에서 Mask 부분을 열고 동시에 마스크 이미지 위에서 마우스 오른 클릭을 통해 Pop up 옵션을 연다.

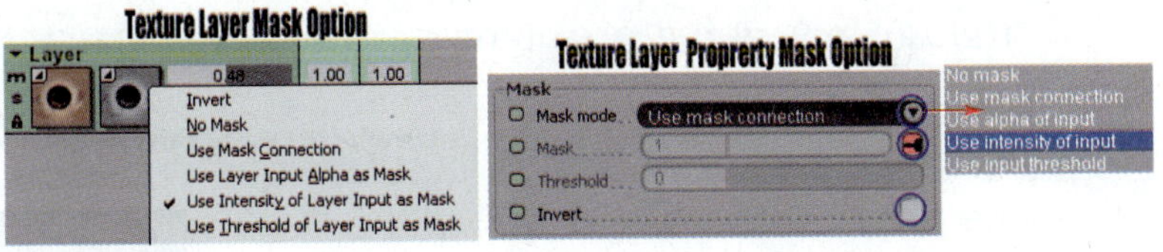

그림 1-212 Texture Layer Mask Option

- Invert : Mask 효과 반전
- No Mask : Mask 효과 적용 안함
- Use Mask Connection : 현재 연결된 Mask 효과 적용
- Use Layer Input Alpha as Mask : Mask에 Alpha 효과 삽입
- Use Intensity of Layer Input as Mask : 강도
- Use Threshold of Layer Input as Mask : 혼합 정도

Texture Layer Property Mask Option

- Mask mode : Mask Type 설정
  - No mask : Mask 효과 적용 안함
  - Use Mask connection : 현재 연결된 Mask 효과 적용
  - Use alpha of Input : Mask에 Alpha 효과 삽입
  - Use Intensity of Input : 강도
  - Use Input Threshold : 혼합 정도

- Mask : Mask 기능사용 여부 설정
- Threshold : Mask 영역의 경계부분의 처리 설정
- Invert : 반전

그림 1-213 Texture Layer Property Mask Option

[18] Layer Weight Mode : 두 개 혹은 그 이상의 Layer는 서로 Mix되어 그 결과를 만들어 내는데 이때 Layer가 Mix되는 % 수치를 조절하여 보다 효과적인 결과를 만들어 낼 수 있다. 이때 사용하는 기능이 Layer Weight slider의 수치 값을 이용하는 것이다. Texture Layer의 Layer Weight 수치의 변형을 활용할 수 있고, Texture layer Property 창의 옵션 중에서 Mask 모드 바로 아래에서 Weight 옵션의 slider를 이용할 수 있다. Mixing weight 수치는 기본적으로 절대수치 "0"과 "1"의 사이 값을 가지고 있으며 "0"은 미적용, "0.5"는 반적용, "1"은 완전 적용의 개념으로 사용하도록 한다.

- Layer Weight Slider : Weight 수치 변경에 다른 Layer Mixing 효과 적용
- Layer Port Scaling : Port 크기
- Mixing Mode List : Mixing 모드(Type) 설정
- Layer port scaling slider : Weight 수치 적용 Slider Bar

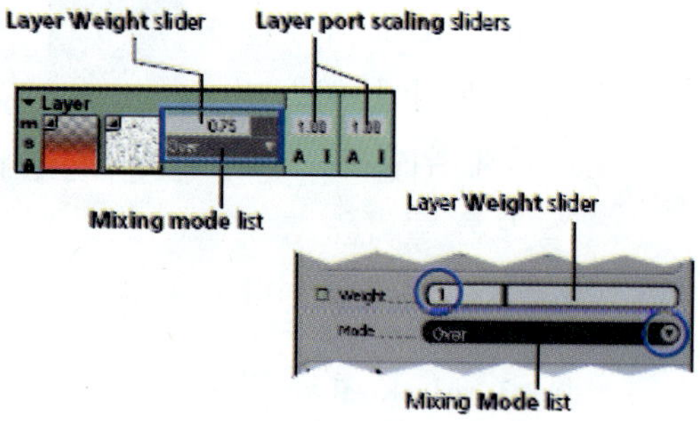

그림 1-214 Layer Weight Mode

[19] Mixing Mode : Mixing 모드는 두 개 혹은 그 이상의 Texture layer를 어떤 방식으로 Mixing을 할 것인지에 대한 결정을 하는 기능이다. 즉 Base Layer와 새로 추가되는 New Layer를 어떤 방식으로 Mixing을 하여 원하는 결과를 도출해 낼 것인지에 대해 판단해야 한다. 이 경우 15가지 방식이 Mixing 방식이 있는데 각각의 특징들을 잘 파악한 후 유효적절하게 사용해야 한다.

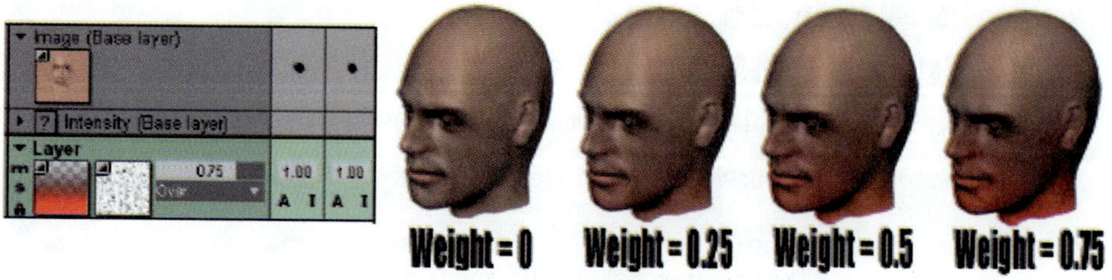

그림 1-215 Layer Mixing의 Weight 수치 변화에 따른 결과

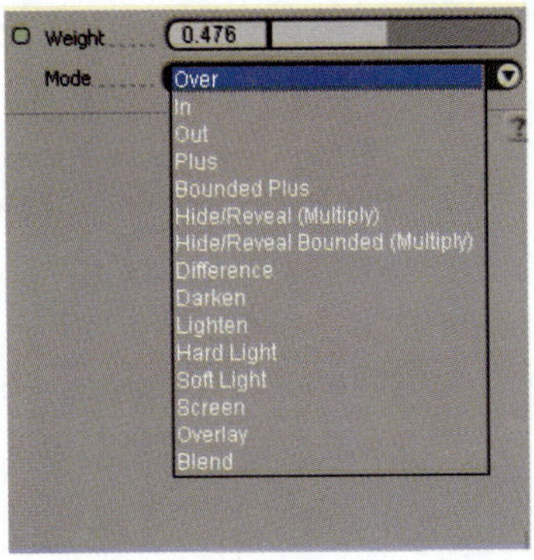

그림 1-216 Mixing

- Over : Previous Layer에 New Layer를 삽입하는 방식으로 New layer color 값이 0인 경우 Previous Layer만 적용되고 New layer color 값이 1인 경우 New layer만 적용된다.
- In : New Layer의 Alpha channel 속으로 Previous Layer를 잘라내는 형식이다.
- Out : "In"의 형식과 반대되는 개념으로 Previous Layer의 Alpha channel 속으로 New Layer를 잘나내는 형식이다.
- Plus : New Layer의 Pixel 수치에 Previous Layer의 Pixel의 수치를 더하는 개념이다. Plus는 "1"(100%)을 넘어설 수 없다.
- Bounced Plus : Plus mixing 방식과 유사하나, Bounced Plus는 "1"(100%)을 넘어설 수 있다.
- Hue / Reveal(Multiply) : New Layer의 color에 의해 Previous layer의 color 값이 배가 된다.
- Hue / Reveal Bounded(Multiply) : Hue / Reveal(Multiply) 방식과 유사하나 모든 값이 "1"(100%)은 제외한다.
- Difference : New Layer color로부터 Previous layer color 값을 빼거나 각각의 Color channel을 확인할 수 있다.
- Darken : New Layer color와 Previous layer color 값에서 가장 어두운 부분을 추출한다.
- Lighten : New Layer color와 Previous layer color 값에서 가장 밝은 부분을 추출한다.
- Hard Light : New Layer의 가장 밝은 Pixel에 대해 Previous Layer의 가장 밝은 Pixel의 원인이 되도록 한다.
- Soft light : New layer의 가장 밝은 Pixel을 결과 color로 한다.
- Screen : Previous layer의 color와 New Layer color의 반전을 가지고 각각의 Channel의 수치를 혼합한다.
- Overlay : 밝은 부분과 어두운 부분에 대해 Foreground layer가 Background layer에 영향을 받는다.
- Blend : Previous Layer의 어두운 부분으로부터 점차 밝은 영역으로 만든다.

[20] Layer Port Scaling

[21] Use Alpha as Color : Color에 Alpha 효과가 적용된 경우 사용한다.

- Layer Port Scaling : Layer 창에 있는 Port의 크기

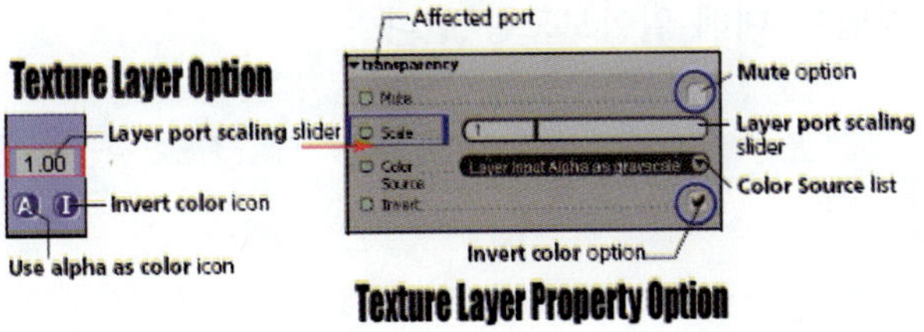

그림 1-217 Layer Port Scaling

- Invert Color Icon : Color Icon의 변경
- Use Alpha as color Icon : Color에 Alpha 효과를 사용할 경우

[22] Invert Layer Color : Layer의 Color의 반전

[23] Mute, Solo, Rock 모드

- Mute : 선택한 Layer, Ports, Cell에 대해 잠시 Mute(정지)시킬 때 사용한다.
- Solo : Mute와 반대 개념으로 선택한 Layer, Ports, Cell에 대해서만 활성화시키고 나머지 layer는 비활성화된다.
- Rock : 현재 layer 잠그기

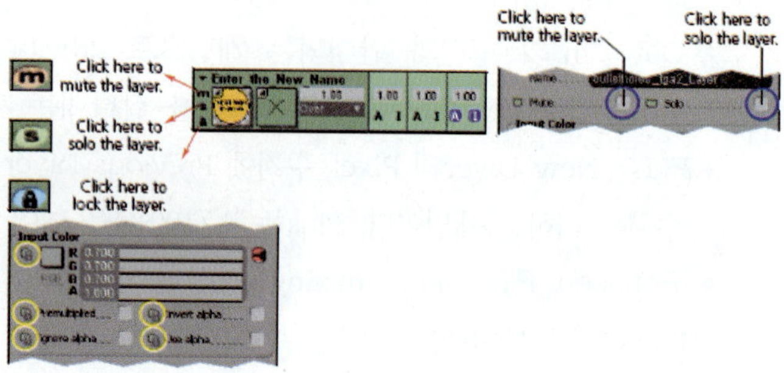

그림 1-218 Mute, Solo, Rock

[24] Texture Layer Editor와 Render Tree와의 상관관계 : Texture Layer Editor와 Render Tree는 항상 동시에 동일한 변화를 보이며 그 관계 또한 상당히 밀접해 있다. 즉 Texture Layer Editor에서 어떠한 작업상의 변화를 주면 반드시 Render Tree 내에서 그 변화를 동시에 확인할 수 있다.

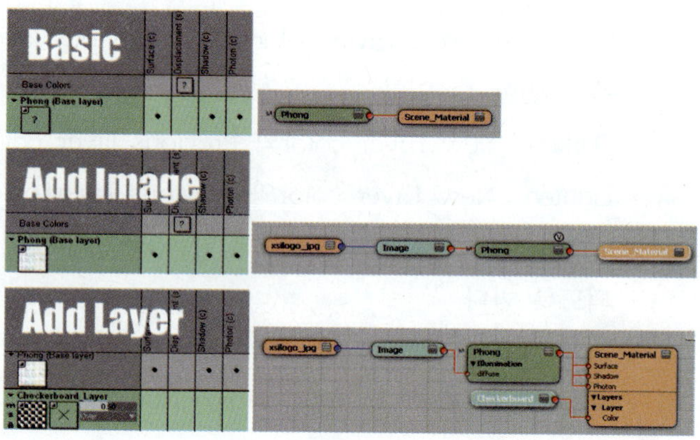

그림 1-219 Texture Layer Editor와 Render Tree와의 관계

1. Texture Layer Editor 기능을 활용하여 문에 글자 이미지 새기기

Object에 적용된 하나의 Support에 두 개 이상의 Projection을 적용하는 방법에 대해 알아보도록 한다.

그림 1-220 결과

1 Object 제작 : Cube 또는 Grid를 꺼내서 다음과 같은 크기로 제작한다.

그림 1-221 Grid

2 Object 재질주기 : Object를 선택한 상태에서 Get 〉 Material 〉 Lambert surface shader를 준다.

3 Object에 Texture Projection 설정

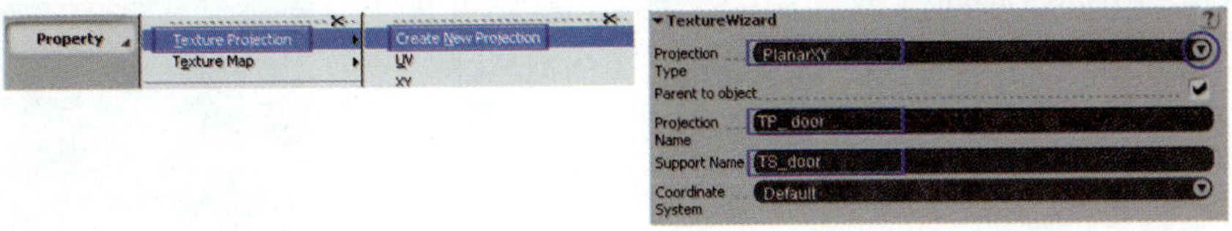

그림 1-222 Texture Projection

4 Texture Image 적용 : Photoshop에서 간단하게 Text를 적고 그 Text 영역을 Alpha 채널로 만든 후 *.Tiff 파일로 저장한다. Object 선택 Get 〉 Texture 〉 Image 〉 New From File 〉 text.tiff Projection은 이미 설정해준 XY Projection을 연결시켜 준다.

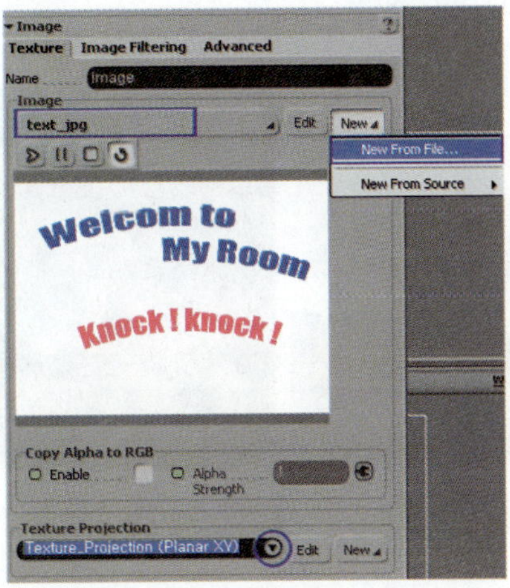

그림 1-223 Texture Image

5 TS(Texture Support) 선택모드 : 사용할 Text의 크기가 너무 커서 Texture의 크기를 조절하기 위해 TS 크기 먼저 조절해보도록 한다. 여기서 TS의 크기를 조절하기 전에 먼저 TS를 선택하는 방법에 대해 정리를 하면 Explorer 창에서 직업 선택을 하거나 또는 Selection 모드에서 Texture Control Object 모드를 활성화하게 되면 작업 창에서 오로지 TS만이 선택이 된다.

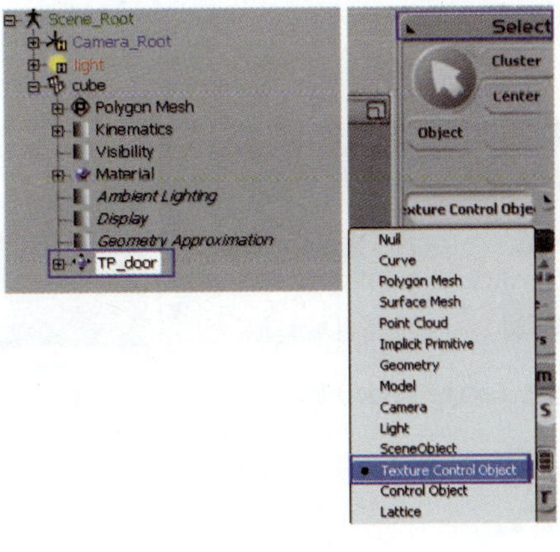

그림 1-224 Texture Support

6 TS 크기조절 : 선택한 TS는 Scale 모드로 전환하여 적당한 크기로 줄이고 이동시켜 확인한다.

여기서 몇 가지 문제점이 나타나는데, 첫 번째 Open GL상에서 나타나는 이미지의 반복이다. 실제 렌더링 되어진 결과에는 나타나지 않지만 실시간 작업화면에는 Texture가 반복 패턴으로 나타난다.

이 문제를 해결하려면 먼저 Explorer 창에서 해당 Object의 Material을 찾고 그 속성 창을 연다. Open GL DisplayTap에서 Wrap u/v 옵션을 Repeat에서 Clamp로 전환해 준다. 그 결과를 확인해본다.

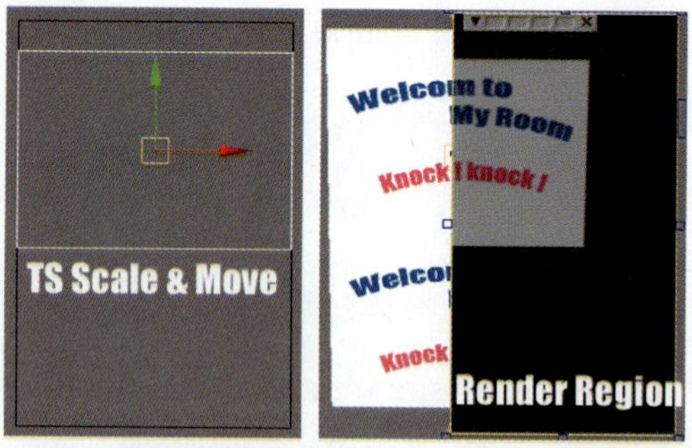

그림 1-225 Texture Support Size

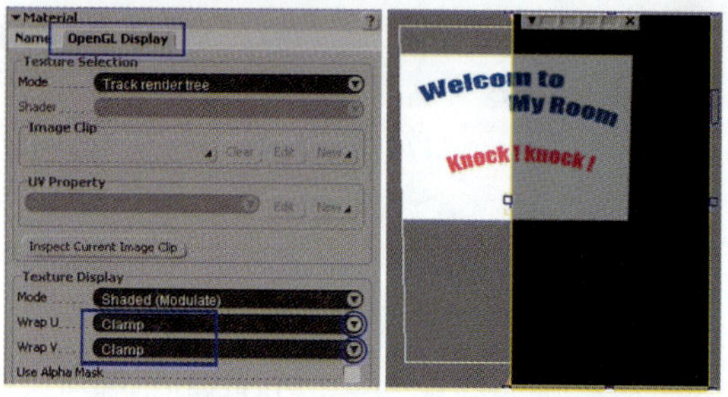

그림 1-226 Open GL DisplayTap

7 Texture를 Add 모드로 적용 : 그런데 두 번째 문제는 Object에서 TS를 제외한 부분의 Color 값이 검은색으로 나타난다. 이는 이미 지정된 TS의 영역이기 때문이다. 이러한 문제를 해결하기 위해서는 TS를 메인이 아닌 수정/편집이 가능한 Sub TS로 적용한다.

즉 Get 〉 Material이 아닌 Modify 〉 Add 〉 Texture 모드로 접근을 한다. Object를 Lambert, 즉 초기 Material Shader 상태에서 Modify 〉 Add 〉 Texture 기능을 적용해 준다.

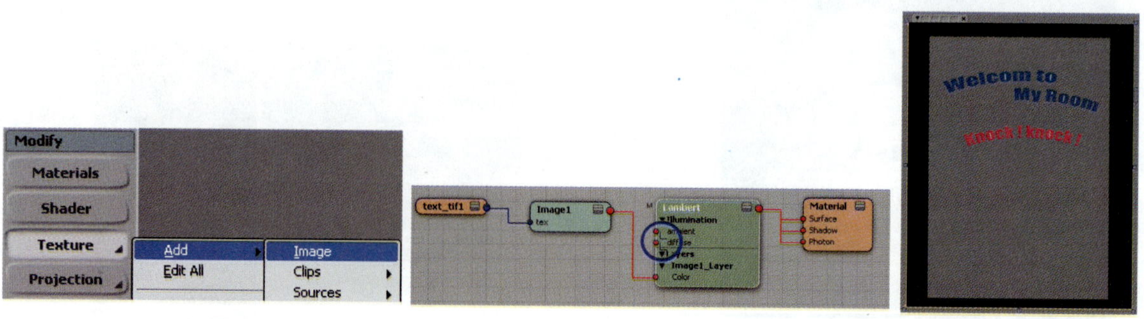

그림 1-227 Texture 〉 Add 〉 Image

8 Object의 바탕 Color 변경 : 일단 Add 모드로 Texture가 적용이 되면 메인 Ambient나 Diffuse color 값의 변형이 가능한 상태에서 추가 적용이 된다. 이것을 Texture Layer의 개념으로 설명할 수 있는데 기존의 메인 Material에 Texture layer를 생성한 것이다. 이때 메인 Material 속성 창에서 Color의 영역을 변화를 주게 되면 text 이미지와 별개로 Color 변화가 적용이 된다.

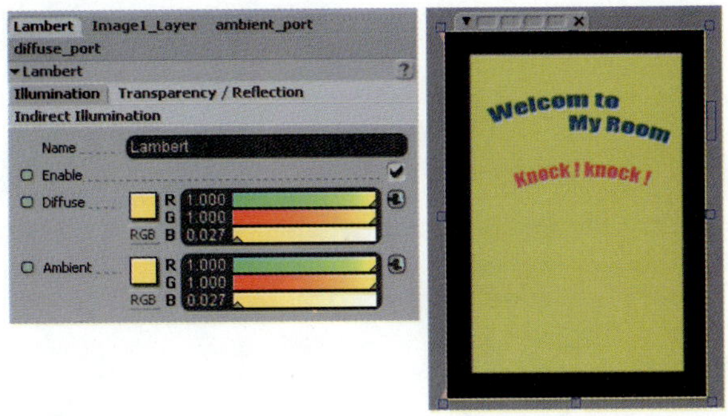

그림 1-228 Illumination

9 Texture Layer Editor 창에서 새로운 Layer 추가하기 : Object를 선택한 후 Texture Layer Editor 창[Shift + 7]을 연다. 열린 Texture Layer Editor 창에서 추가 Layer 이미지 기능을 선택하여 새로운 layer 창을 추가한다.

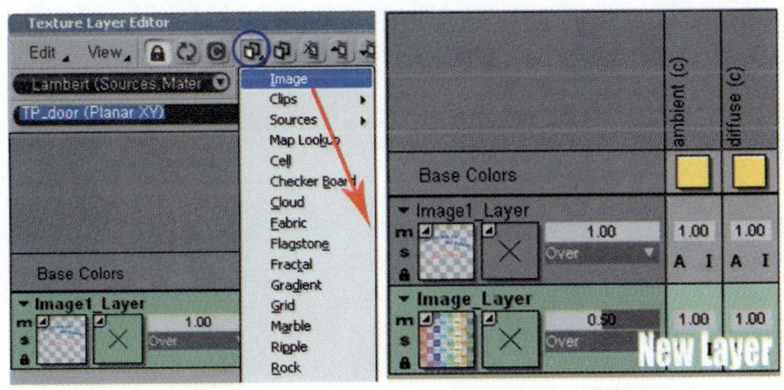

그림 1-229 Texture Layer Editor

10 새로운 TS을 생성 : Get 〉 Property 〉 Texture Projection 〉 Creation New Projection 명령을 실행하고 TS와 TP에 각각 새로운 이름을 지정한다. TS_wood, TP_wood로 지정한다.

11 New Layer에 New Texture 이미지 적용 : 새로 생성된 Layer Input image에 마우스를 올려놓고 마우스 세 번째 버튼 Click을 한 후 Image 모드에서 추가하고자 할 새로운 이미지를 불러온다. SOFTIMAGE Samples 〉 Wood.jpeg를 불러온다.

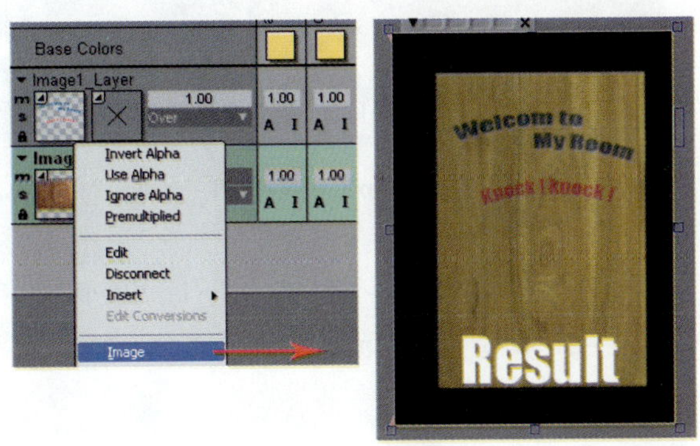

그림 1-230 New Texture 이미지 적용

12 Layer weight parameter 조절을 통해 결과 이미지 제어하기

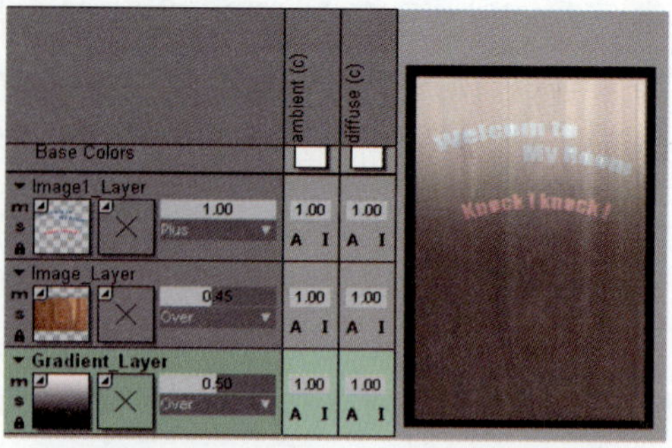

그림 1-231 Layer weight

2. Texture Layer를 활용한 다중 Texturing

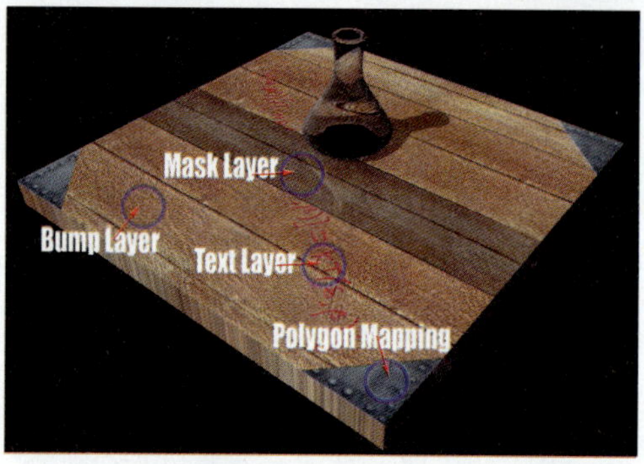

그림 1-232 최종 결과 이미지

1 Table Object에 Wood 이미지를 Texturing

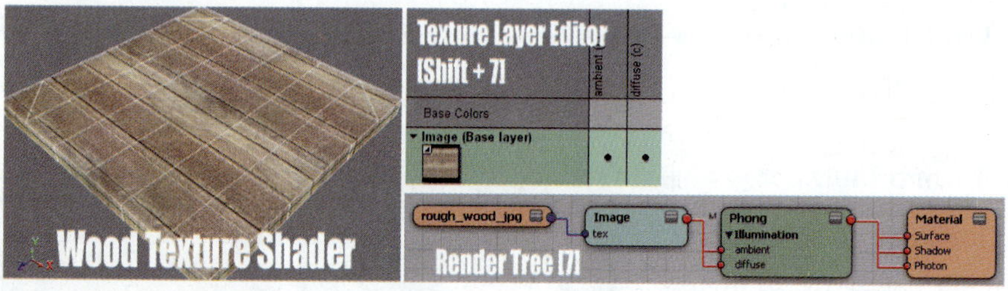

그림 1-233 Material과 Texture 적용하기

2 Material shader에 Layer 추가하기 : Phong shader에 마우스 오른 클릭하여 〉 Add layer 기능을 실행한다. 그 결과 Phong shader의 Node에 새로운 Layer가 추가된다.

3 **새로 추가된 Layer에 이미지 적용하기** : 새로 추가된 Layer를 Double Click하여 속성 창을 열고 Layer 모드에서 Layer Image의 Connect Icon을 Click한다.

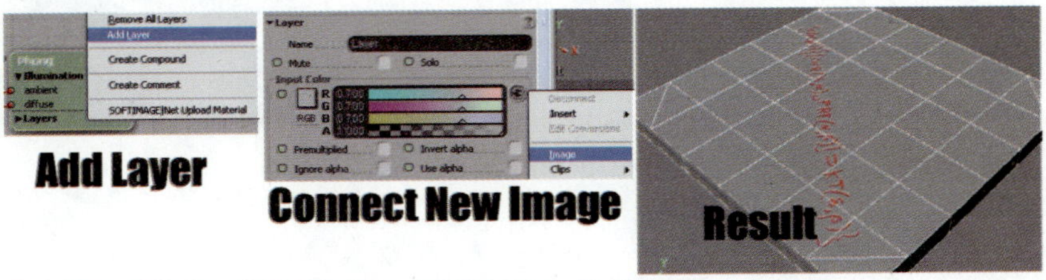

그림 1-234 New Layer 추가하기

4 **New Layer 적용하기** : 현재까지 작업한 결과를 Rendering한 결과 새로 적용한 Layer의 효과를 확인할 수 없다. 왜냐면 아직 새롭게 만들어진 Layer가 Object에 적용되고 있지 않기 때문이다. 이 경우 Layer Editor 창을 열고 새로 추가된 Layer의 ambient와 diffuse 영역에 마우스를 올리고 오른 클릭을 한 후 Add layer 명령을 실행한다. 그 결과 새로 추가된 Layer는 이제 Object에 대해 Layer로서 그 역할을 수행하게 된다. Render tree에서도 그 결과를 확인할 수 있다.

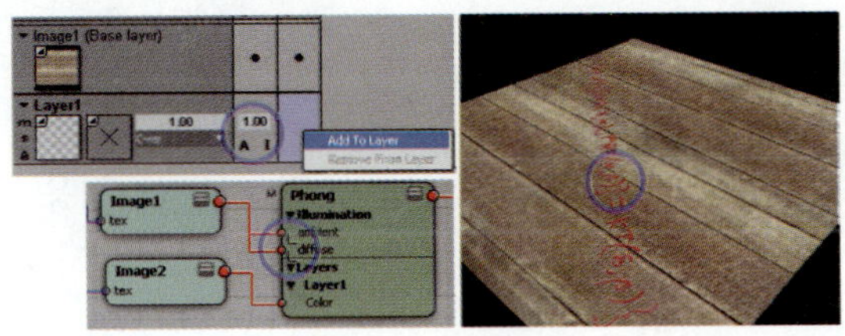

그림 1-235 New Layer 효과 적용하기

5 **Layer Editor에서 새로운 Layer 추가하기** : 이번에는 Texture layer editor 창에서 새로운 Layer를 추가해 보도록 한다. 먼저 Table Object를 선택한 상태에서 [Shift + 7] 단축키를 실행하고 Add layer 버튼을 클릭한 후 Cell layer를 추가한다.

그림 1-236 New Cell Layer 추가

6 **추기된 Cell layer Projection 설정** : 추가된 Cell Layer에 Projection 설정 모드에서 TP_Table Projection(Planar XZ)을 연결시켜 준다.

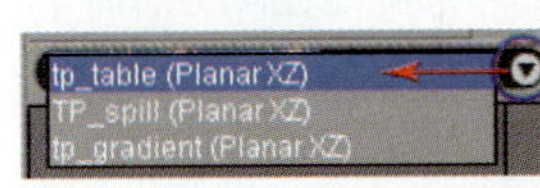

그림 1-237 Cell layer에 Texture Projection 설정하기

7 **Cell layer 추가 결과 확인** : Render region을 통해 결과 확인을 한다.

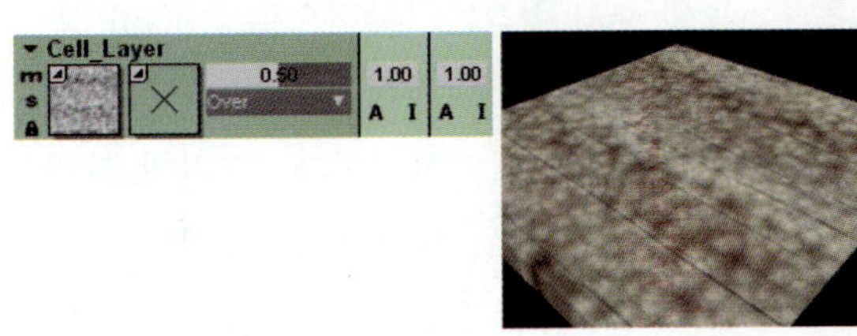

그림 1-238 결과 확인(Render region)

8 Cell layer 효과만 확인하기 : Cell layer 창에서 Solo 옵션을 활성화한다. 그 결과 모든 Layer의 효과는 사라지고 오로지 Cell 효과만 나타난다. 여기에서 Intensity 수치를 1로 올리게 되면 Cell shader 효과만이 나타난다. 이런 방법을 통해 새로 추가된 Layer의 적용 효과에 대한 결과를 확인할 수 있다.

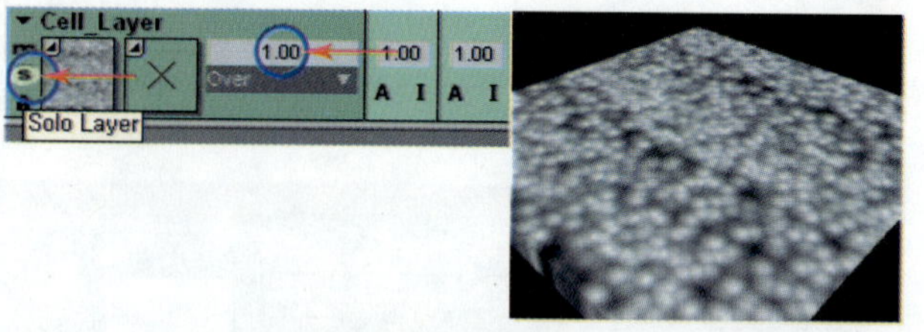

그림 1-239 Layer 효과만 적용하기(solo)

9 Cell layer 효과 Mute시키기 : Cell layer 효과 적용을 Mute하기 위해서는 Solo 아이콘 아래에 있는 Mute 버튼을 선택한다. 그 결과 Table에는 Cell layer의 효과는 전혀 적용되지 않는다. 이렇게 어떠한 Layer의 효과의 적용을 일시 중지하고자 할 경우 사용하는 기능이다.

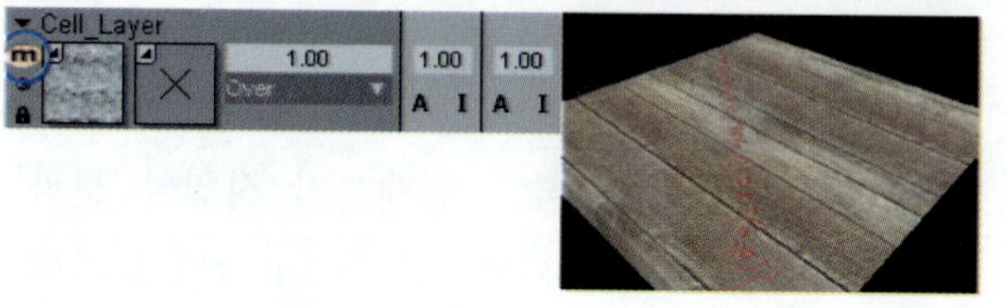

그림 1-240 Cell Layer mute

10 Cell layer의 속성 창을 열고 (Double click) Diffuse와 Ambient 아이콘을 클릭한 후 Spoid 툴 기능을 이용하여 원하는 Color를 정확히 지정한다. 이때 지정할 컬러는 렌더링된 결과 이미지에서의 Table color이다.

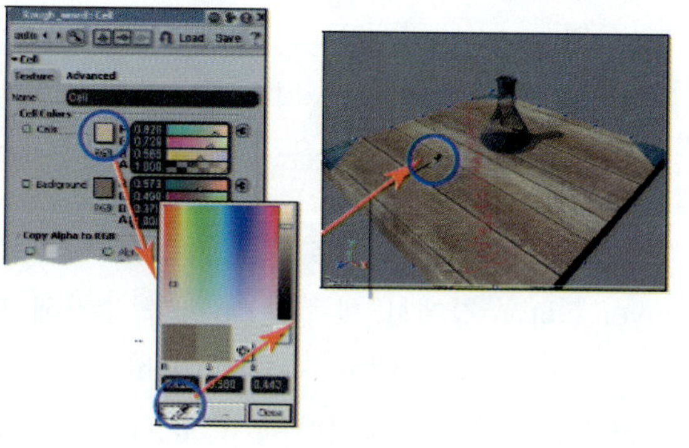
그림 1-241 Cell Layer Color 지정

11 Cell layer Mixing type를 Overlay로 변경

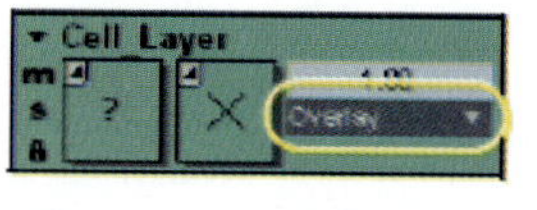

그림 1-242 Layer mixing type

12 Layer의 순서 변경 : 기본적으로 Default상에서의 Layer는 최근 적용한 또는 마지막으로 생성된 Layer가 아래 방향으로 생성이 된다. 즉 가장 처음 적용된 Layer가 위에 위치하고 그 다음 적용된 Layer 아래에 생성되는 형식이다. 그런데 작업상 최근 적용한 Layer를 위로 올려서 작업을 하면 화면을 이동하는 번거로움도 없어지고 바로바로 최근의 Layer를 편집할 수 있기 때문에 Layer 작업시 마지막 Layer를 위로 올리는 경우가 있다. 이와 같이 마지막 Layer가 위에 생성되도록 하고자 할

경우 Edit 〉 Preferences 〉 Show last layer first 옵션을 체크한다.

13 Layer 이동시키기 : Cell layer를 선택한 상태에서 Move Selected Layer(s) Down 버튼을 선택하여 Cell layer를 아래로 이동시킨다.

14 Masking Layer 적용을 위한 활성화 작업 : Equation Layer에서 Mask 적용 영역에서 작은 화살표를 클릭한다. 그리고 Use Mask Connection From the menu 명령을 선택한다. 그러면 현재 Layer에 Mask 효과를 적용할 수 있는 모드로 전환된다.

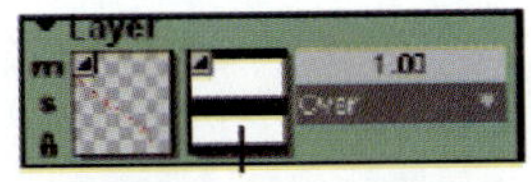

그림 1-243 Mask Layer 적용 활성화

15 Mask Layer에 이미지 적용 : Equation Layer에서 Mask 적용 영역에서 작은 화살표를 다시 클릭한다. 그리고 준비한 Mask 이미지를 Clip 〉 Mask 이미지 .jpeg를 적용한다.

16 Mask Layer에 투명도 효과 적용하기 : Texture layer에서 마우스 오른 클릭 후 메뉴로부터 Reflectivity를 선택한다. 그 결과 Texture Layer Editor에서 Phong shader의 투명도(reflectivity) port가 생성이 된다. Mask Layer에서 투명도 효과를 적용하기 위해서 Add 〉 Layer로 새로운 Layer를 적용한다.

새로 생성된 Layer의 Color 적용 영역에 반사효과가 적용된 Mask layer를 drag in drop으로 이동시킨다.

첫 번째 Layer의 Color 영역에서 작은 화살표 아이콘을 선택한 다음 Insert 〉 Invert from the menu를 선택한다. 첫 번째 Layer의 Mixing Weight 수치를 0.35로 조절한다.

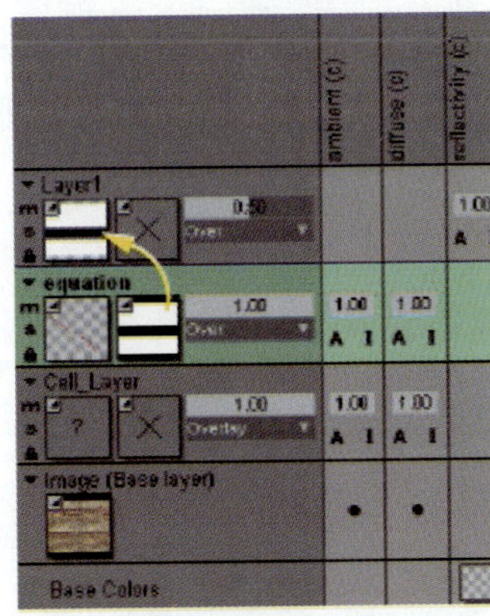

그림 1-244 Drag in Drop

17 Bump Mapping 적용 : Texture layer editor에서 wood 이미지가 적용된 layer를 더블클릭 후 image 속성 창에서 Texture tab으로부터 Bump효과를 적용할 수 있도록 Bump Mapping 〉 Enable 옵션 창을 연다.

18 Bump mapping 적용

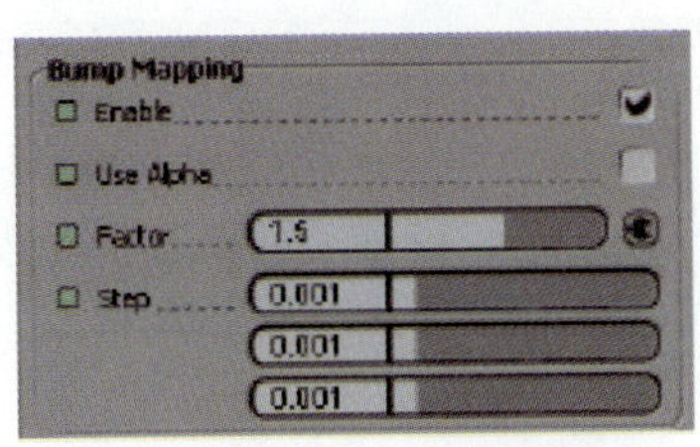

그림 1-245 Bump mapping 적용

19 저장된 Preset Loading

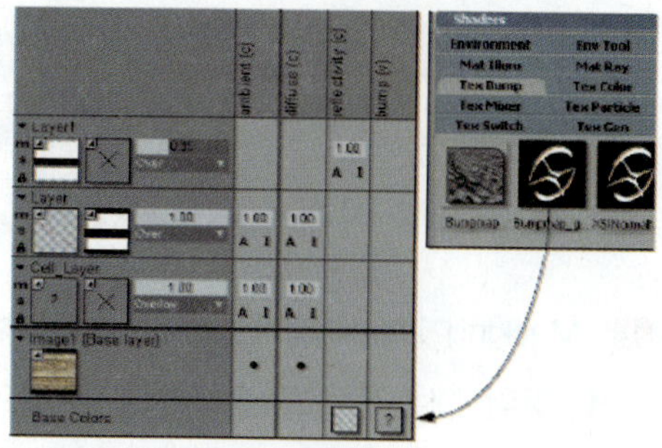

그림 1-246 Preset Loading

20 Bump map Generator shader의 속성 창을 열기 위해 Bump map generator layer의 영역을 더블클릭한다. 그리고 다음과 같은 변화를 적용한다.

① Image Clip drop-down 리스트로부터 Table map jpg clip를 선택한다.

② Texture Projection으로부터 TP_table projection을 선택한다.

③ Bump mapping 옵션에 대해 Bump factor 수치를 2로 낮추도록 한 후 속성 창을 닫는다.

21 최종 결과 확인

그림 1-247 결과 확인

3. Texture Layer Editor 기능 활용 예제 1-Option 활용

Texture Layer Editor 기능을 활용하게 되면 그동안 Multi mapping 기술이나 여러 가지 이미지의 자연스러운 Material 적용, Blending 효과에 대한 가능성 데이터 제작 등 다양한 Mapping 효과를 기대할 수 있는 유용한 Mapping 전용 그래픽 기능이다.

그림 1-248 최종 결과 렌더링 이미지

1 모델링 데이터 제작 : Middle Polygon 형태의 간단한 모델링 데이터를 제작한다.

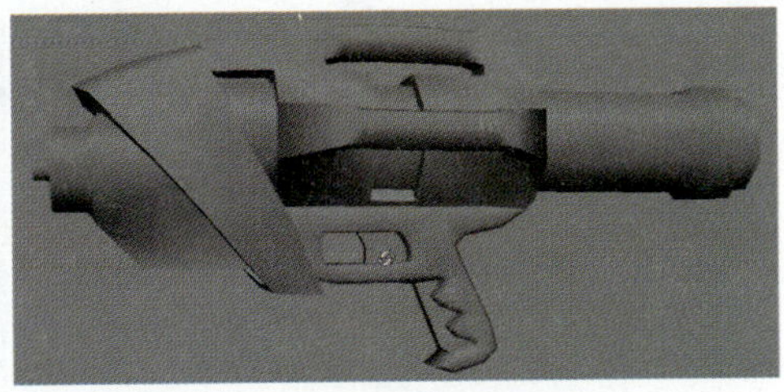

그림 1-249 모델링 데이터 제작

2 map 적용 : Create 〉 New Layer 기능을 이용해서 새로운 Layer를 추가한다.

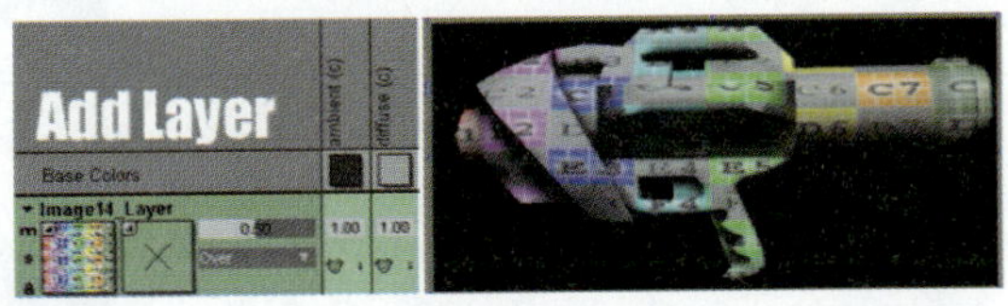

그림 1-250 map 적용

3 Texture Image 적용 : 새로 추가된 Layer 더블클릭 후 Texture 이미지를 적용한다.

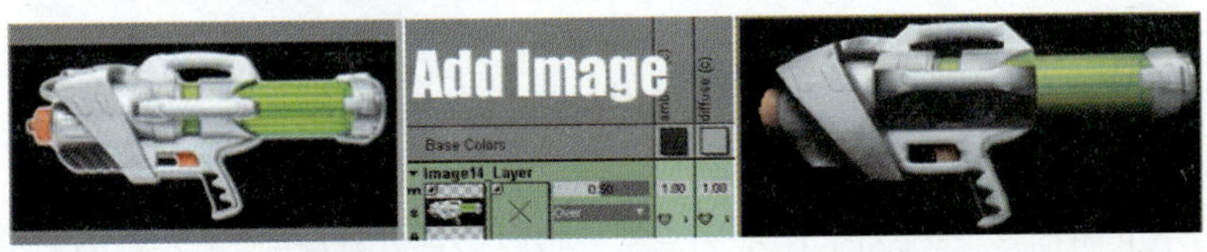

그림 1-251 Texture Image

4 Bump 효과 적용

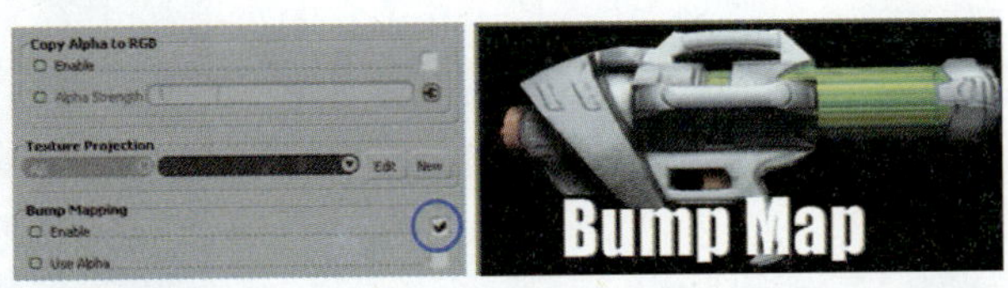

그림 1-252 Bump 효과

5 Texture Layer 옵션 조정 : Over contribution의 수치 조절과 ambient와 diffuse color의 수치 조절을 통해 그 변화를 체크한다.

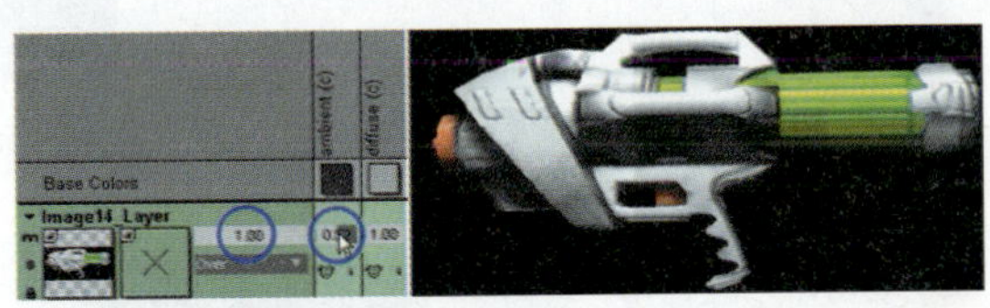

그림 1-253 Texture Layer

6 Ambient와 Diffuse color를 포함한 다양한 Color 옵션 확인 : Diffuse color tab에 마우스 오른 클릭한 후 생성되는 Pop up 창에서 show color 명령을 실행한다.

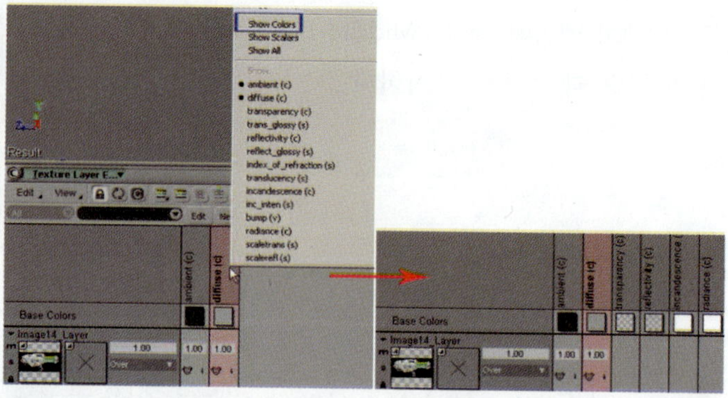

그림 1-254 Show Color

7 생성된 다양한 옵션 tab에 대해 수치제어 기능을 추가하기 위해서는 해당 tab를 마우스 오른 클릭하여 나타나는 Add click을 선택하면 수치제어 tab에 나타난다. 이 수치를 조절하여 원하는 기본 Color의 효과를 확인한다. 이와 반대로 주어진 tab의 기능을 삭제하기 위해서는 마우스 오른 클릭 후 Remove From Layer 명령을 실행하고 tab을 삭제할 경우에는 마우스 오른 클릭 후 Hide Unused 기능을 실행한다.

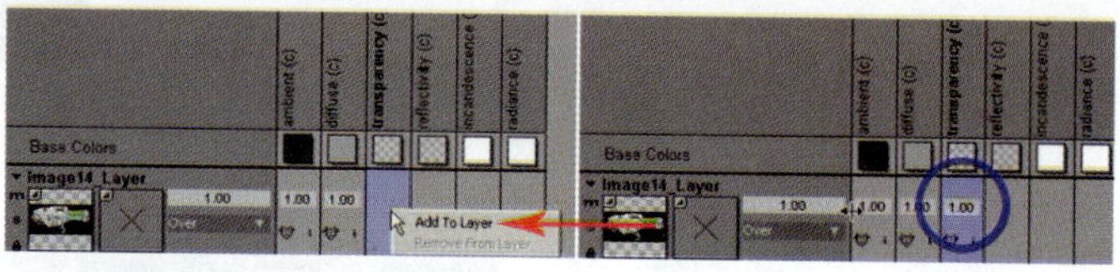

그림 1-255 Add Click

8 새로운 Image Layer 적용(새로운 Layer) : Create New Layer 명령을 실행하여 Rust Metal 이미지를 적용한다. 이미지 적용 옵션에서 적용할 새로운 이미지를 불러온다.

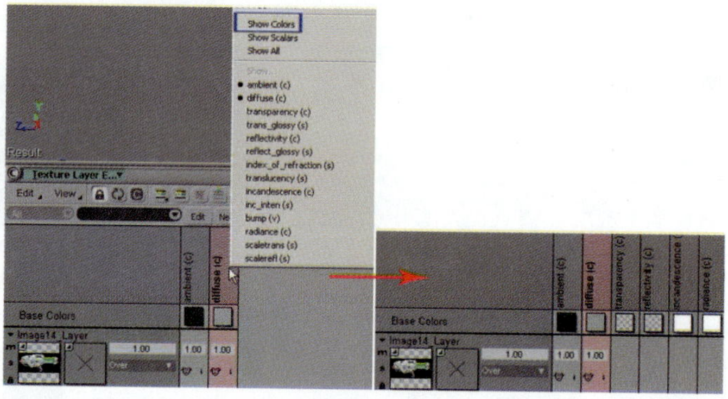

그림 1-256 Show Color

9 Bump 효과를 동시에 적용

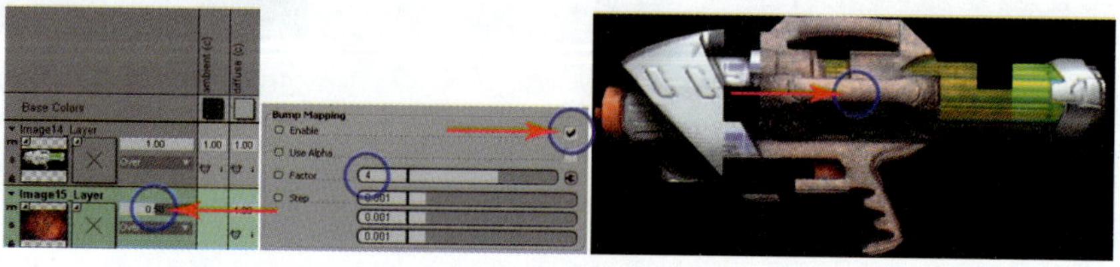

그림 1-257 Bump 효과

10 New Layer의 Blending 수치 조절에 따른 결과를 확인한다.

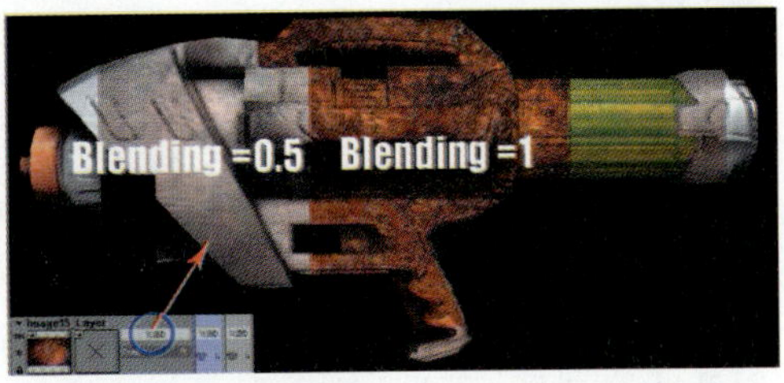

그림 1-258 Blending

11 Blend 옵션에 따른 결과 확인

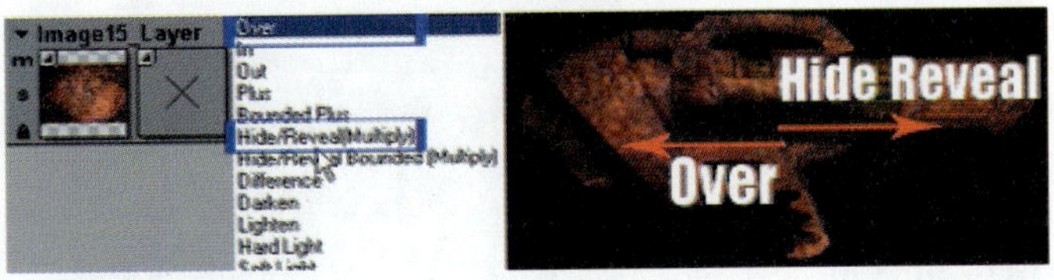

그림 1-259 Blend

12 Mask 지정 영역에서 새로운 Snow shader 적용 : Mask 지정 영역에서 클릭 후 more shadow 명령을 실행한다. Browser창에서 Softimage가 기본적으로 제공하는 Shader 중에서 Snow를 선택한다.

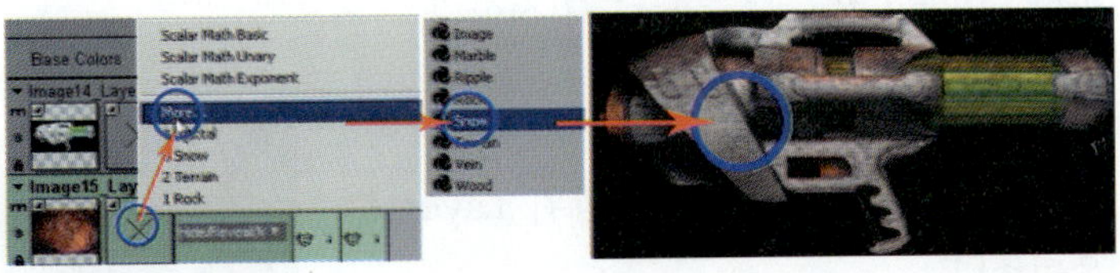

그림 1-260 Snow Shader 적용

13 Image factor 조절에 따른 결과 확인

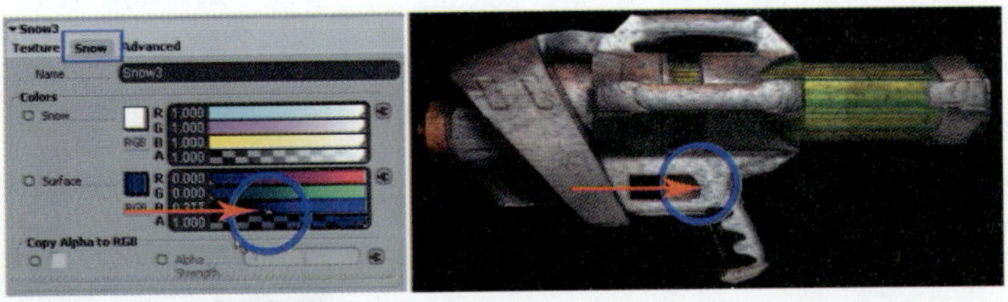

그림 1-261 Image factor

14 Layer 추가 : 새로운 Layer를 추가하고 Texture 이미지를 적용한다. 이때 사용하는 이미지는 Rust metal을 다시 한번 적용한다.

그림 1-262 Layer

15 Mask Terrain2 shader 적용 : 세 번째 Layer의 Mask 적용 영역에 마우스 클릭 후 3Terrain shader를 적용한다. 적용 후 Grass color 값을 조절하여 효과를 극대화시킨다.

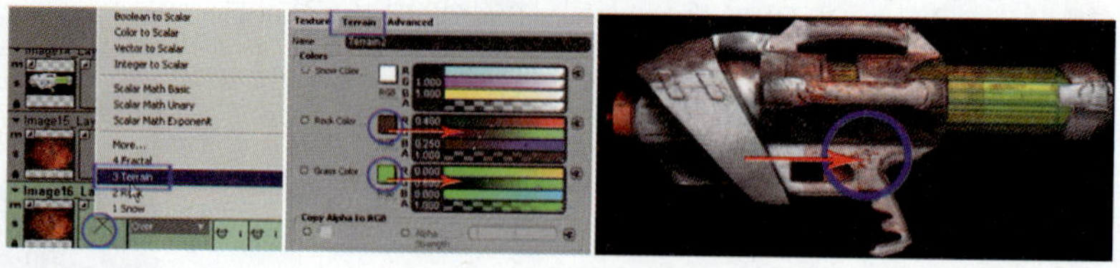

그림 1-263 Mask Terrain 2 shader

16 이미지 추가 Text 이미지 : 새로운 Layer를 추가하고 이 Layer에는 Alpha 채널을 가진 Text가 제작된 이미지를 지정한다. Blend Level을 "1"로 지정한다.

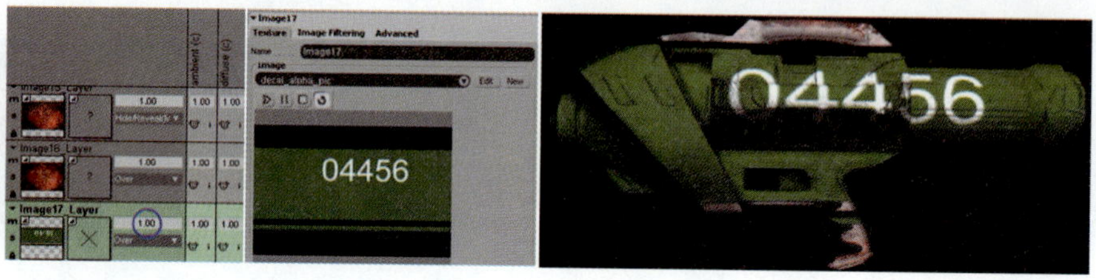

그림 1-264 Text 이미지

17 Layer의 위치 이동 : Text Level을 마지막 Rust metal Layer의 상위 Layer로 올려준다.

그림 1-265 Layer 이동 1

18 Layer의 위치 다시 이동 : Text Level을 또 다른 Rust metal Layer의 상위 Layer로 올려준다.

그림 1-266 Layer 이동 2

19 이미지 추가 Text 이미지 : 새로운 Layer를 추가하고 이때 사용하는 이미지는 Rust metal을 다시 한번 적용한다. 추가할 경우 기능 창에서 New Layer를 실행하지 말고 동일한 Texture 이미지를 적용한 Layer를 다시 한 번 적용하고 싶을 경우에는 해당 Layer를 선택해서 Texture Layer Editor 창에 Drag in Drop를 하게 되면 자동으로 그 상위 위치에 동일한 Texture

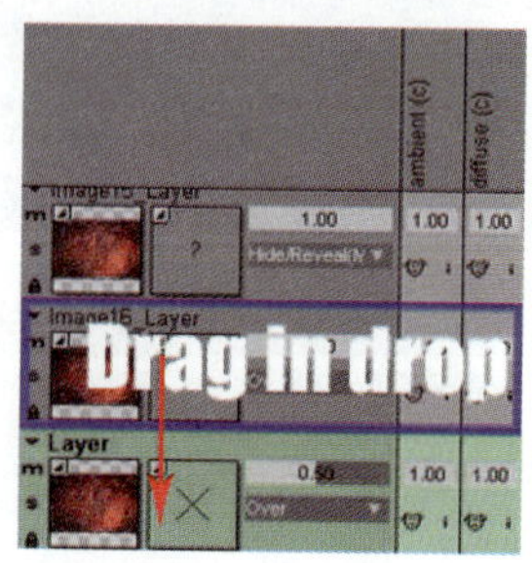

그림 1-267 Text 이미지

이미지를 가진 새로운 Layer가 만들어진다.

20 Render Tree 확인 : 처음에 Texture Layer Editor와 Render Tree와의 작업 공정상의 관계에 대해 언급을 했는데 지금까지의 결과를 Render Tree 창에서 확인을 하면 다음과 같다.

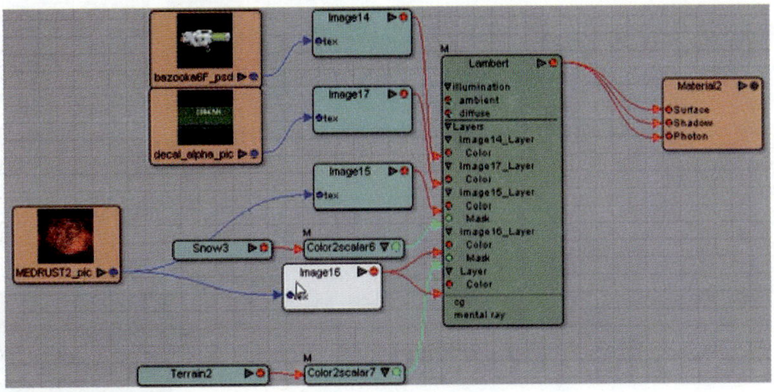

그림 1-268 Render Tree

4. Texture Layer Editor 기능 활용 예제 2–Mask 기능 활용

Mask 기능을 이용하여 모델링 영역 중에 필요한 부분에 대해서만 좀 더 섬세하고 깊이 있는 Texturing 작업이 가능하다. 이는 한 Layer에 어떤 효과를 적용했을 때 Layer에 포함된 모든 Object에 대해 동일한 효과가 적용되는데 반해 국부적이고 소규모적인 영역에 대해 Mask 영역으로 지정해 놓고 그 영역에 대해서만 Mapping 작업을 할 수 있기 때문에 그림자 부분이나 특히 더 마모된 부분 등의 세부적인 Mapping 작업이 가능하다.

1 Property 〉 Weight map 옵션을 적용한다.

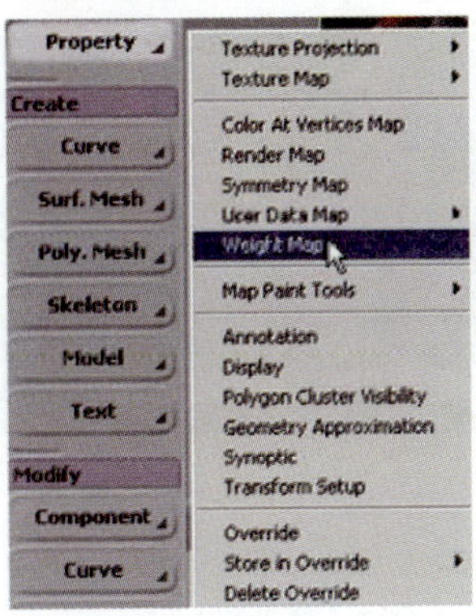

그림 1-269 Weight map

2 Weight Map 속성 창에서 Weight의 기본 Base Weight 값을 "0"으로 변환한다.

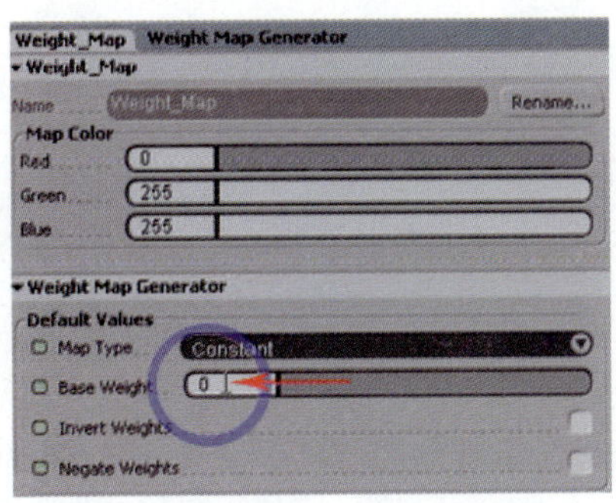

그림 1-270 Weight Map 속성 창

3 Rust metal Layer를 새로 추가 : Rust metal Layer를 새로 추가 생성한 다음 Mask 영역에 마우스 오른 클릭 후 Map Look up 기능을 적용한다. 그리고 Map Look up 속성 창에서 Weight Map의 기능을 적용시켜 준다.

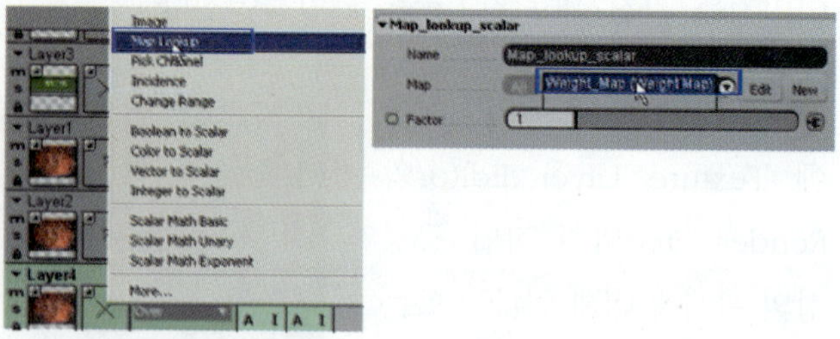

그림 1-271 Rust metal Layer

4 Mask Weight Brush를 사용하여 Mask 효과를 주고자 하는 부분에 Painting한다.

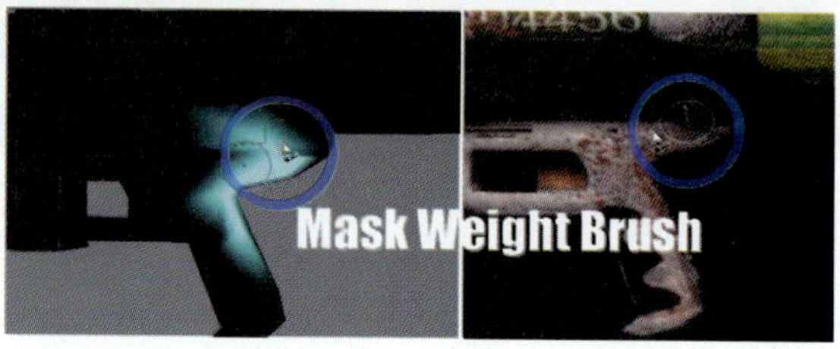

그림 1-272 Mask 효과

5 Weight Painting

그림 1-273 Weight Painting

6 결과 확인

그림 1-274 결과 확인

5. Texture Layer Editor 기능 활용 예제 3-투명 / 반사 / 굴절 효과

총구의 영역을 유리재질을 적용해서 보다 투명도가 높은 물질로 만들고자 한다. 미리 다른 효과를 적용할 부분에 Cluster를 지정해 두면 향 후 다양한 작업을 하기 편리하기 때문에 모델링 작업 후 동일한 영역 부분에 대해서는 Cluster를 지정해 두도록 한다.

1 Glass 효과를 적용할 부분의 Cluster 선택 및 Material 적용 후 투명과 반사 그리고 굴절 효과를 적용한다.

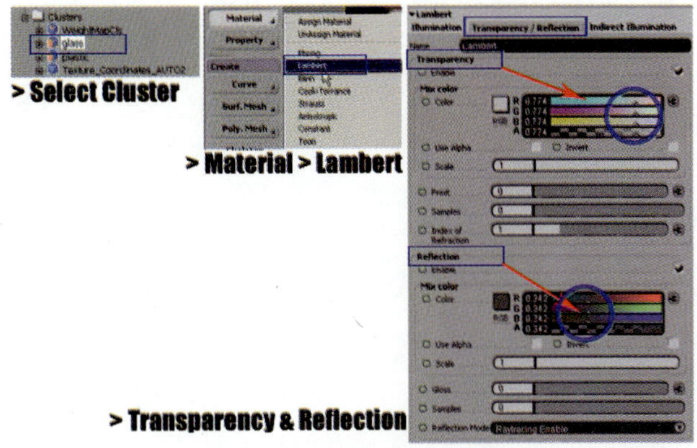

그림 1-275 투명 / 반사 / 굴절 효과

2 Material Layer에 Environment shader 적용하기 : Material Layer의 Surface 영역에 마우스 오른 클릭 후 Environment 옵션을 선택 지정해 준다.

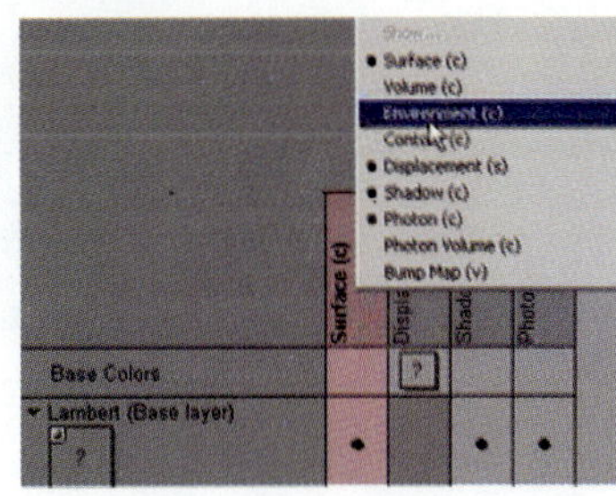

그림 1-276 Environment

3 새로운 Layer를 생성하고 새로운 Shader를 지정해 준다. New layer를 생성하고 Shader 영역에서 마우스 오른 클릭 후 More.. 옵션을 선택한다.

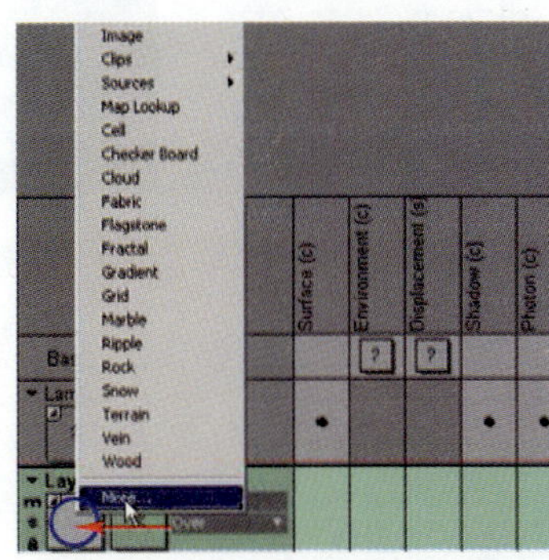

그림 1-277 새로운 Shader를 지정

4 Environment shader 적용 : Material Preset 〉 Shader 〉 Environment 〉 Environment shader 적용

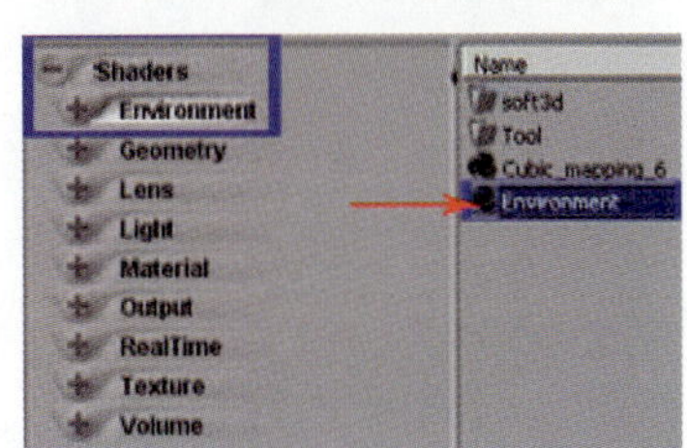

그림 1-278 Environment shader

5 Environment map source 적용

6 Environment tab에서 HDRI map source 적용

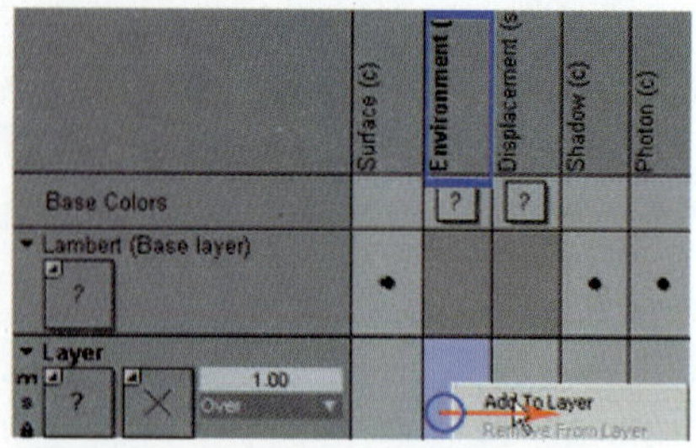

그림 1-279 Add to Layer

7 Environment 〉 HDRI map 적용 결과 확인

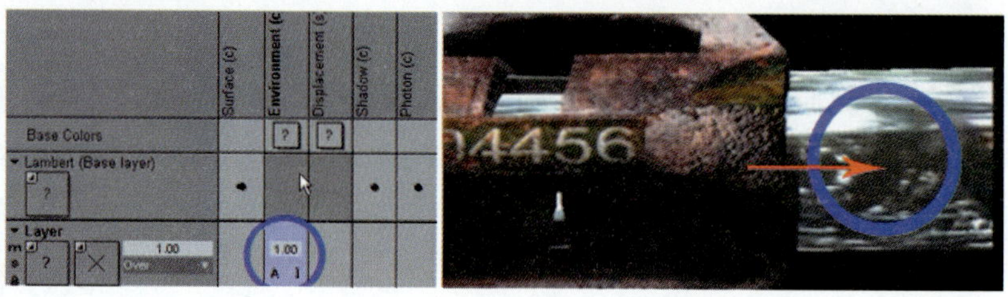

그림 1-280 Environment 〉 HDRI map

8 Basic layer에 Gradient layer 적용 : Create New Layer 〉 Gradient layer 생성 및 적용

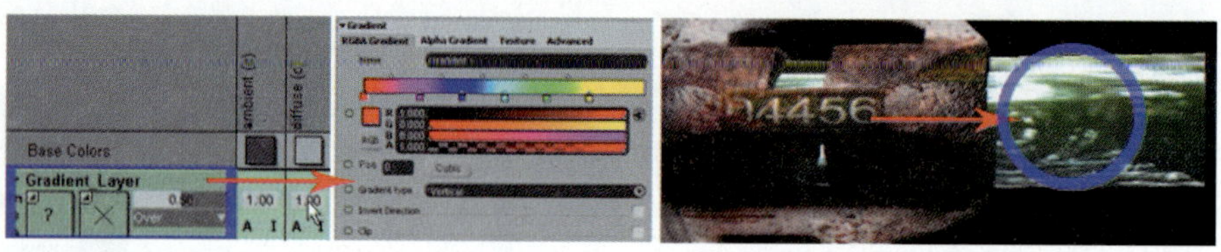

그림 1-281 Create New Layer 〉 Gradient Layer

9 Fractal Layer 추가 적용

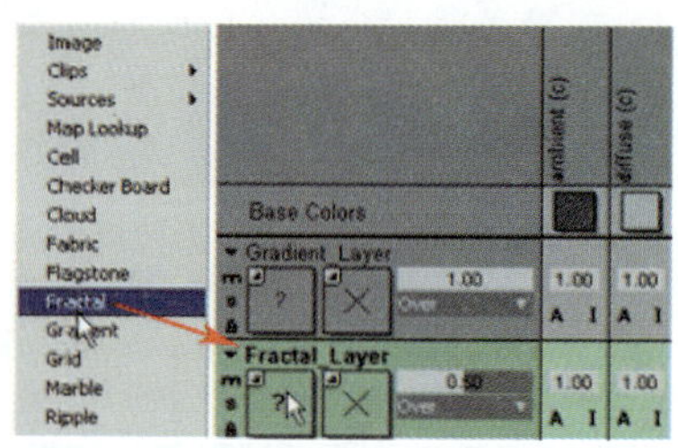

그림 1-282 Fractal Layer

10 Fractal 효과 적용

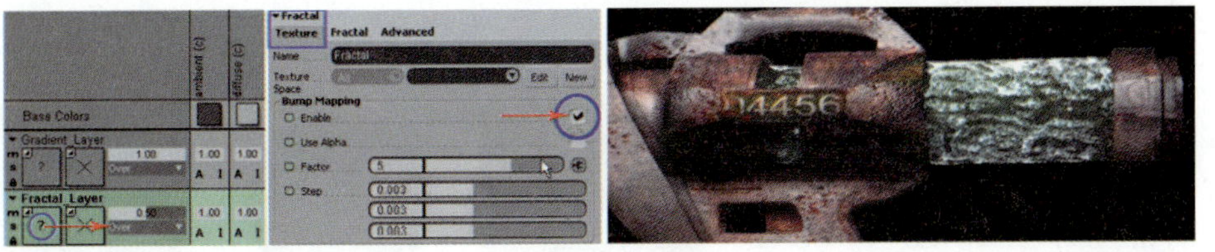

그림 1-283 Fractal 효과

11 Flagstone 효과 적용

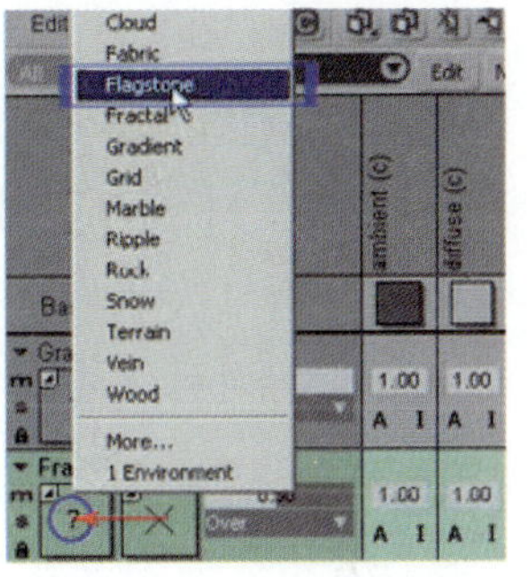

그림 1-284 Flagstone 효과

12 Flagstone 〉 Bump mapping 효과

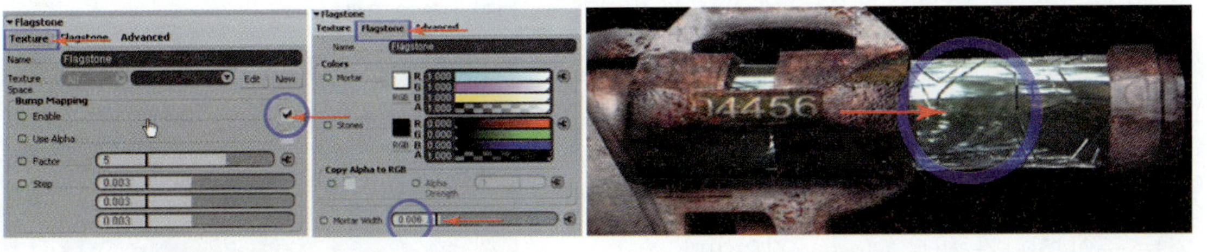

그림 1-285 Flagstone 〉 Bump mapping

13 최종 결과

그림 1-286 최종 결과

1-2-4 Texture Editor 기능 [Alt + 7]

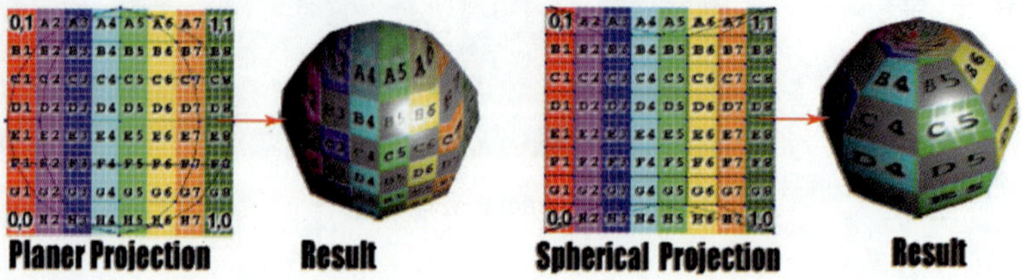

그림 1-287 Projection의 형태

2D Texture 이미지를 3D Object에 어떻게 적용할 것인지에 대한 편집 기능이 가능한 기능 툴로서 Texture Editor 작업 창은 3D Object의 데이터를 2D UV 좌표로 나눠 UV 좌표 값을 편집한 후 그 좌표 위치에 2D Texture 이미지(Pixel 정보)를 Matching하여 Texturing을 하도록 하는 Mapping 편집 기능 툴이다. 즉 UV 좌표 값을 이동/회전/스케일 작업을 통해 가장 효과적인 작업 영역으로 편집을 한 다음 Texture editor는 3차원 Object를 2차원 평면 View로 보여줌으로써 제작된 2차원 평면위에 아티스트들이 직접 Texturing을 그릴 수 있도록 해줄 수 있다. Texture Editor를 열기 전에 먼저 Material을 적용하고 Projection을 설정해 주어야 한다. Projection의 형태에 따라 기본 UV 좌표가 설정되기 때문이다.

그림 1-288 Pelt

그리고 적용된 3D Object가 복잡하게 얽힌 구조일 경우 Texture Editor 작업 창에서 일일이 모두 펴는 작업(Pelting)을 해야 한다. Component가 서로 겹쳐있거나 꼬여 있는 경우 완벽한 Texture 결과를 얻을 수 없기 때문이다.

그림 1-289 Create Cluster

Texture Editor 작업 전에 미리 작업해 두면 편한 기능 중의 하나가 바로 Cluster 작업이다.

Cluster는 Object 또는 Component들의 Group으로 일정 영역을 미리 지정해 두고 작업을 하면 나중에 영역을 선택할 경우 굉장히 효율적인 작업 결과를 얻을 수 있다. 한번의 Cluster를 선택으로 많은 Component들을 정확하고 빠르게 선택할 수 있기 때문이다. Cluster는 Component들을 선택한 상태에서 Texture Editor 메인 명령어에서 Edit > Create Cluster 명령으로 지정해 줄 수 있다.

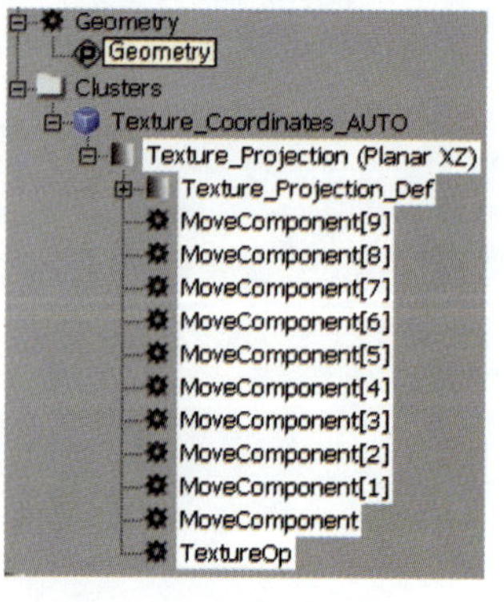

그림 1-290 Explorer

지정한 Texture operator는 여러 가지 작업환경에서 쉽게 그 정보를 찾을 수 있는데, 가장 일반적인 방법이 Explorer 창에서의 정보 확인 방법이다.

Texture Editor와 관련된 기본적인 환경들에 대해 살펴보았고 본격적으로 Texture Editor 창의 명령어와 활용법에 대해 알아보도록 하자.

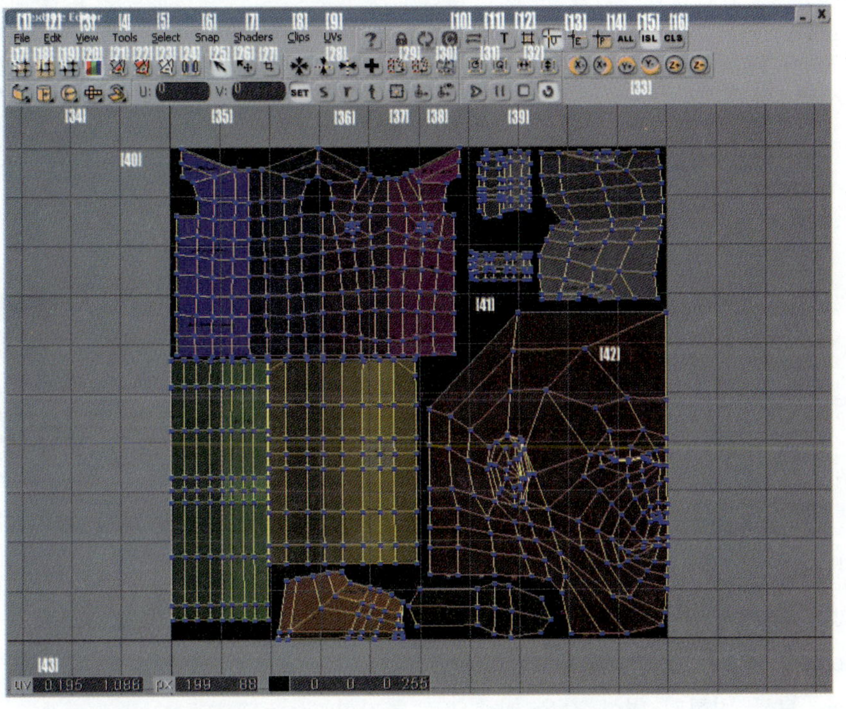

그림 1-291 Texture Editor

[1] File : Texture Editor 편집 및 수정에 대한 최종 결과를 저장하거나 불러오고자 할 경우 사용하기도 하며 각 기능별 속성 창을 열고자 할 경우에도 사용한다.

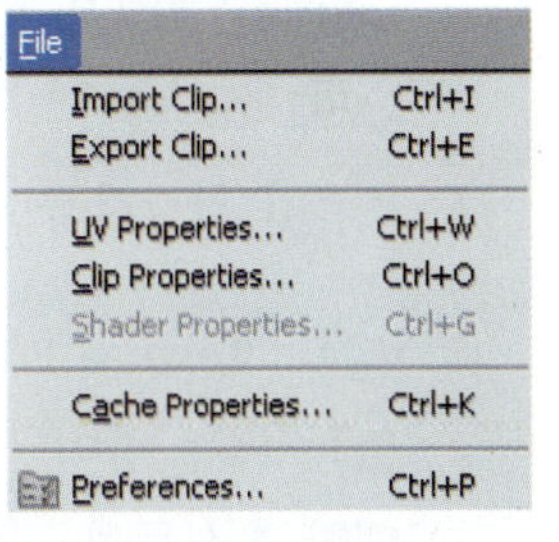

그림 1-292 File Option

- Import Clip...[Ctrl + I] : Texture Editor 편집 작업 전 이전에 작업한 데이터를 불러오고자 할 경우 File 〉 Import Clip 명령을 실행한다.
- Export Clip...[Ctrl + E] : Texture Editor 편집 작업을 마치고 난 뒤 현재의 작업 데이터를 보관하고자 할 경우 File 〉 Export Clip 명령을 실행한다.
- UV Properties[Ctrl + W] : 새로운 이름을 지정해 주거나 Subdivision 시에 Smooth 효과를 주고자 할 경우 옵션을 체크한다.
- Clip Properties[Ctrl + O] : 사용한 Image의 속성을 편집할 수 있는 속성 창이다.
- Shader Properties[Ctrl + G] : 기본적으로 사용된 Shader들의 기본 정보를 볼 수 있는 기능이다.

- Catch Properties [Ctrl + K] : Texture Editor의 작업 공간의 크기와 Texture 이미지의 크기를 조절할 수 있다.

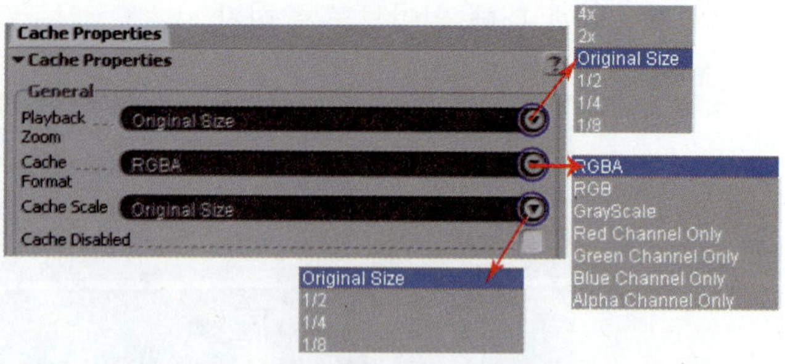

그림 1-293 Texture 이미지 크기 조절

[2] Edit : Texture UV Coordinate의 변화에 대해 복사 및 붙여넣기 또는 새로운 Cluster를 생성하거나 복사하는 기능 또는 모든 변화를 초기화하는 Freeze 기능들이 들어 있다.

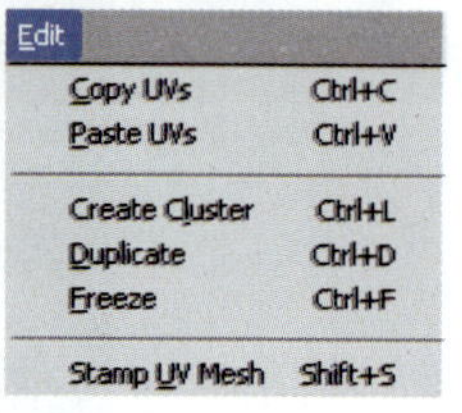

그림 1-294 Edit

- Copy UVs : 선택한 UV 좌표 값에 대해 복사를 한다.
- Paste UVs : 복사한 UV 좌표에 대해 다른 영역의 UV 좌표에 붙여넣기를 한다.
- Create Cluster : 선택한 UV 좌표 값을 하나의 Cluster화시킨다
- Duplicate : 선택한 UV 값을 복사한다.
- Freeze : 모든 변형된 변화 값을 기준으로 초기화(Freeze)한다.
- Stamp UV Mesh[Shift + S] : 변형 및 편집이 끝난 UV 좌표의 Wire 형태를 그대로 2D 이미지화하여 저장한다. 향후 이 이미지를 기준으로 2D 제작환경에서 Texture를 정확하게 그려 낸다. 일반적으로 *.psd 확장자를 사용하면 Photoshop에 가서 편집하기 원활하다.

[3] View : Texture Editor상에서 보여주는 것에 대한 기능 툴들이 모여 있는 메뉴 창이다. 그리고 작업화면을 어떻게 보이게 할 것인가에 대한 옵션들이 포함되어 있다. View 메뉴에 포함된 여러 다양한 항목들에 대해 단축키와 함께 그 기능들을 잘 익혀둬야 효율적으로 작업 화면을 컨트롤할 수 있다. 화면 이동 기능으로 [S], [Z]키를 활용한다.

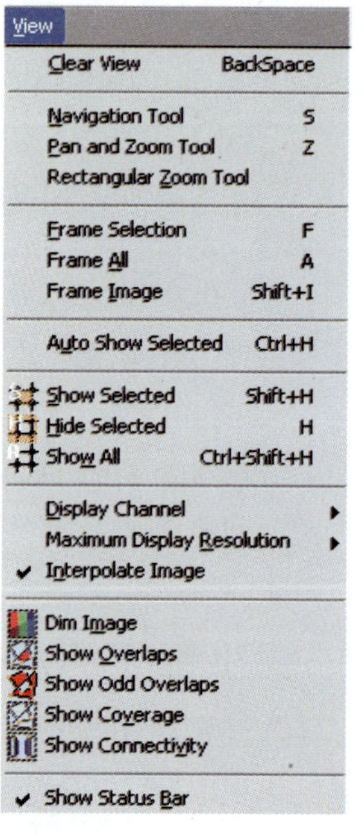

그림 1-295 View

- Clear view : Texture Editor 화면에 있는 모든 작업 데이터를 Clear 한다.
- Navigation Tool : 화면을 상하좌우로 마음대로 이동하면서 작업할

수 있다.

- Pan and Zoom Tool : 화면을 Panning,하거나 Zoom in-out하는 기능이다.
- Rectangular Zoom Tool : 사각 영역 선택 툴을 이용하여 Zoom in을 할 수 있다. 이 툴은 필요한 영역에 대해서만 확대할 경우 사용하는 편리한 기능이다.
- Frame Selection : 선택한 영역에 대한 화면 정렬 기능이다.
- Frame All : 모든 영역에 대해 화면 정렬을 하는 기능이다.
- Frame Image : 사용한 이미지에 대한 화면 정렬 기능이다.
- Auto Show Selected : 선택된 영역에 대한 자동 정렬기능이다.
- Show Selected : 선택된 UV 좌표만 보여주게 된다.
- Hide Selected : 선택된 항목은 Hide된다.
- Show All : 모든 항목을 다 보여주도록 하는 기능이다.
- Display Channel : R, G, B, A(Alpha)에 대한 각각의 색상 정보를 보는 방법과 All 모드로 전체의 색상을 보는 방법이 있다.
- Maximum Display Resolution : 화면의 비율과 크기를 조절하는 기능이다.
- Interpolate Image : 이 기능 모드가 활성화되면 이미지가 작아서 Pixel의 형태로 보이게 되면 작업에 어려움이 생기기 때문에 Anti- aliases 처리가 되어 이미지의 Pixel 가장자리를 부드럽게 처리하여 작업화면에 보여준다.
- Dim image : Texture Editor 작업 창에서 UV 좌표 위치가 겹쳐 있을 경우 겹쳐진 영역에 대해 보다 밝고 선명하게 보일 수 있도록 사용한 Image source를 어둡게 만드는 기능이다.
- Show overlaps : UV 좌표의 위치가 겹쳐진 영역에 대해 표시를 해주는 기능이다. UV 좌표를 정리하는데 아주 유용하게 사용된다.
- Show Odd overlaps : Symmetric Texture mapping 작업시 서로 Matching이 되지 않는 영역에 대한 표시 기능이다. 겹쳐지지 않은 UV 좌표 값도 highlight되기 때문에 그다지 정교한 작업에 사용하기는 무리가 따른다.
- Show Coverage : 가끔 어두워서 이미지와 UV 좌표와의 Match 작업이 어려운 경우가 있는데 이 경우 Highlight Overlaps 기능을 활성화시킨다.
- Show Connectivity : UV 좌표를 Cutting한 후 Cutting하기 전에 연결되어 있던 영역의 표시 기능이다. 즉 향후 다시 연결 작업을 해야 할 경우 이 기능을 활성화시키고 연결작업을 한다.
- Show Status barz

[4] Tools : Texture Editor 창에 기본적으로 나타나는 모든 Tool 기능들이 들어 있는 메뉴 창이다. 여기에 포함된 Tool 기능들은 Texture Editor의 작업 창에 기본적으로 포함되어 있는 Icon 명령어들이다. Icon의 형태와 의미를 함께 살펴보도록 한다.

[5] Select

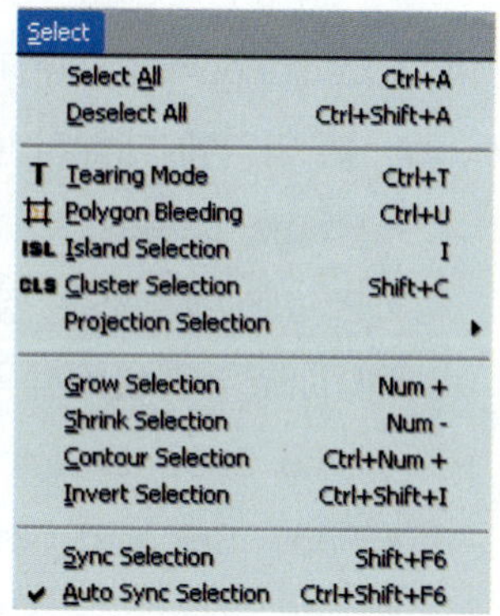

그림 1-296 Select

- Select All : 전체 선택 기능
- Deselect All : 전체 선택 해제 기능
- Tearing Mode : Tearing 활성 모드에서는 선택 영역이 Cutting된다. 그러나 비활성상태에서는 선택 영역의 움직임이 선택 영역과 연결된 다른 Component들에게도 영향을 미치게 된다.
- Polygon Bleeding : "Grow Selection" 개념으로 Polygon 모드에서 하나의 Polygon을 선택했을 경우 연결된 모든 영역의 Polygon도 함께 선택된다.
- Island Selection : 독립된 UV 좌표 개체를 전체 선택할 수 있는 기능으로 하나의 Component의 선택만으로 그 구성요소가 포함된 독립된 개체를 전체 선택할 수 있다.
- Cluster selection : Cluster로 지정된 영역을 선택할 경우에 사용한다.
- Projection Selection : Projection의 방향별 선택 모드에 의해서 원하는 방향으로 선택할 수 있다.
- Grow Selection : 처음 선택한 Component를 기준으로 동심원(동일 거리 값)상으로 자동 선택되는 기능이다.
- Shrank Selection : Grow Selection과 반대 개념의 선택 모드로 선택 영역을 축소시키는 기능을 한다.
- Contour Selection : 전체 선택 영역에 있어 외곽 가장자리 Point만을 선택 모드로 남기고 나머지 영역은 선택 해제되는 기능이다.
- Invert Selection : 초기 선택한 영역을 제외한 모든 영역의 선택으로 선택 반전되는 기능이다.

[6] Snap : 선택 또는 선택될 대상에 대해 Snap시키는 기능들이 포함되어 있다.

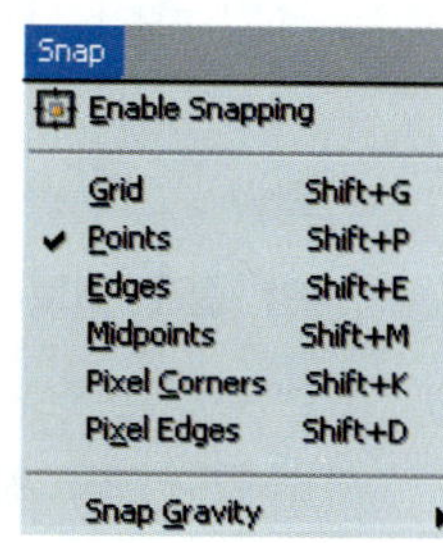

그림 1-297 Snap

- Enable Snapping : Snapping 기능을 활성화시킨다.
- Grid : Grid에 Snap시키는 기능이다.
- Point : Point에 Snap시키는 기능이다.
- Edge : Edge에 Snap시키는 기능이다.
- Midpoints : Point들의 중간 지점에 Snap되는 기능이다.
- Pixel Corners : Pixel의 Corner 위치에 Snap시키는 기능이다.
- Pixel Edges : Pixel의 Edge에 Snap시키는 기능이다.
- Snap Gravity : 최소 10~최대 150까지 Snap되는 힘의 세기를 지정한다. Default는 50이다.

[7] Shaders : Image : Texture Editor 작업 창 내에 사용한 Image를 나타내도록 한다.

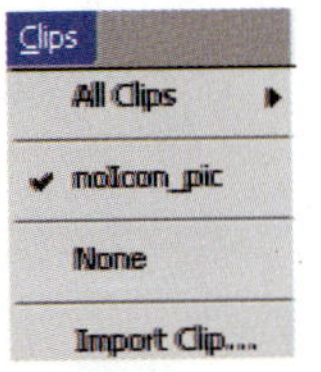

그림 1-298 Clips

[8] Clips사용한 Texture image들에 대 List와 None(없애기), Import Clip..(새로 연결하기) 등의 기능을 수행할 수 있다.

- All Clips : 사용된 모든 이미지 Clip 정보를 볼 수 있는 기능이다.
- noIcon pic : 현재 사용중인 이미지 Clip이다.
- None : 아무런 Image clip을 사용하지 않도록 하는 기능이다.
- Import Clip... : 다른 이미지 Clip을 불러올 수 있도록 하는 기능이다.

[9] UVs

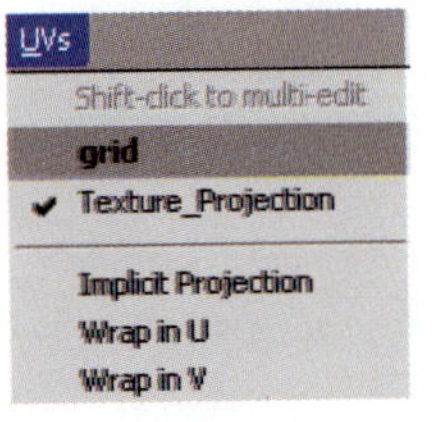

그림 1-299 UVs

- Grid : 현재 작업중인 Object의 이름을 표시해 주고 있다.
- Texture Projection : Texture Projection을 기본적으로 사용하고 있다는 사실을 증명해주고 있다.
- Implicit Projection : 임시 Projection을 사용한다.
- Wrap in U : 좌우 방향으로 사용한 Texture Image를 반복하여 사용한다.
- Wrap in V : 상하 사용한 Texture Image를 반복하여 사용한다.

[10] Update 3D Component selection

그림 1-300 Update

- Lock : 현재 작업중인 작업 창을 Lock(잠근다)한다.
- Up date : 변형된 작업 결과나 새로운 작업 환경 조성에 대한 최신 버전으로 Update할 때 사용한다.
- Clear : 사용한 Texture Image를 Clear(제거)한다.
- Update 3D Component selection : 선택한 3D Component들은 선택하는 능력을 향상시킨다.

[11] Tearing 모드 : Tearing 활성 모드에서는 선택 영역이 Cutting된다. 그러나 비활성 상태에서는 신댁 영역의 움직임이 선택 영역과 연결된 다른 Component들에게도 영향을 미치게 된다.

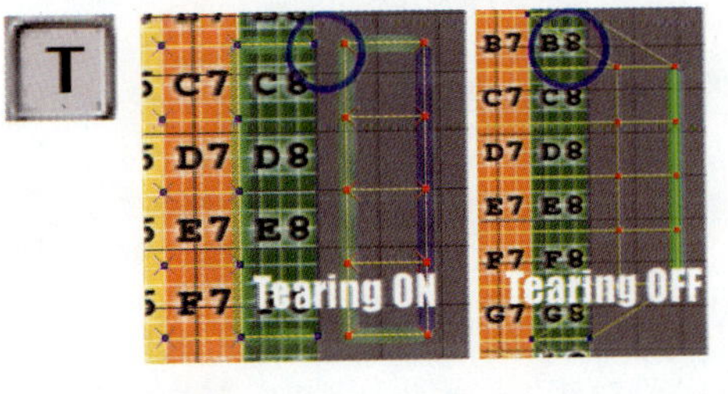

그림 1-301 Tearing

[12] Polygon Bleeding : "Grow Selection" 개념으로 Polygon 모드에서 하나의 Polygon을 선택했을 경우 연결된 모든 영역의 Polygon도 함께 선택된다.

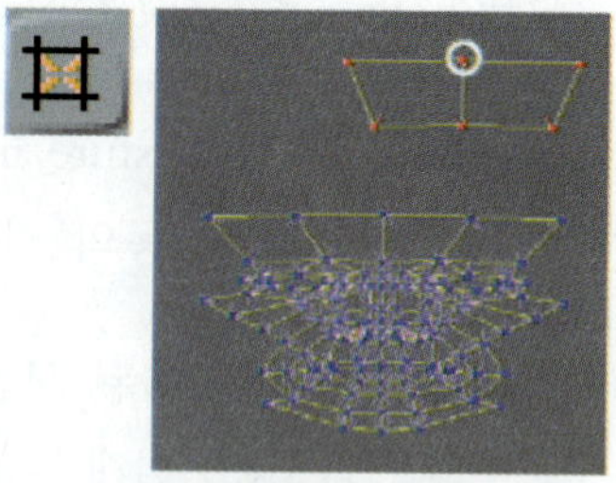

그림 1-302 Polygon Bleeding

[13] Vertex, Edge, Polygon 선택 모드

- UV Vertex 선택 모드 : UV Point(Vertex) 선택 기능이다.

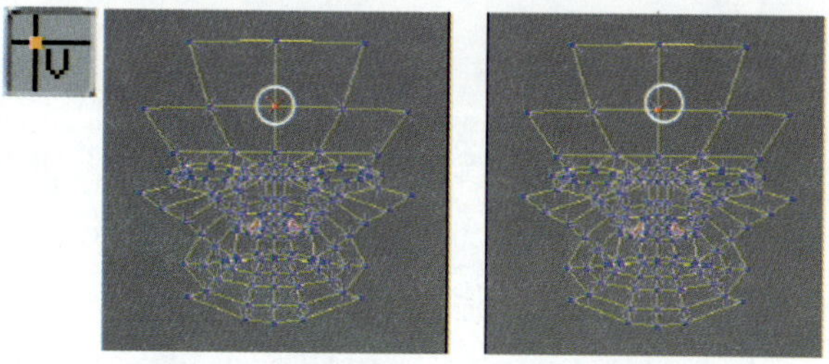

그림 1-303 UV Vertex 선택

- UV Edge 선택 모드 : UV Edge 선택 기능이다.

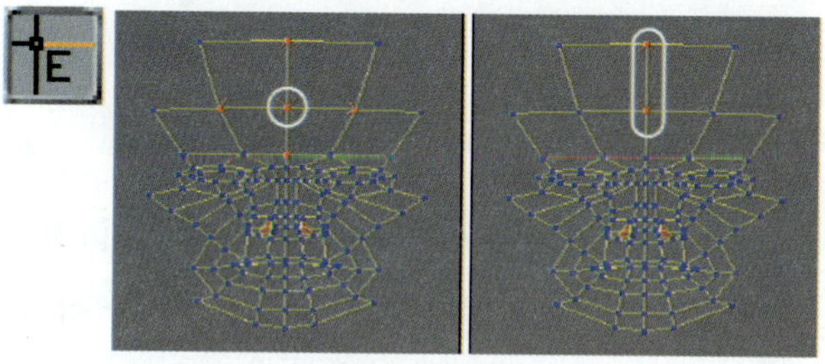

그림 1-304 UV Edge 선택 모드

- UV Polygon 선택 모드 : UV Polygon 선택 기능이다.

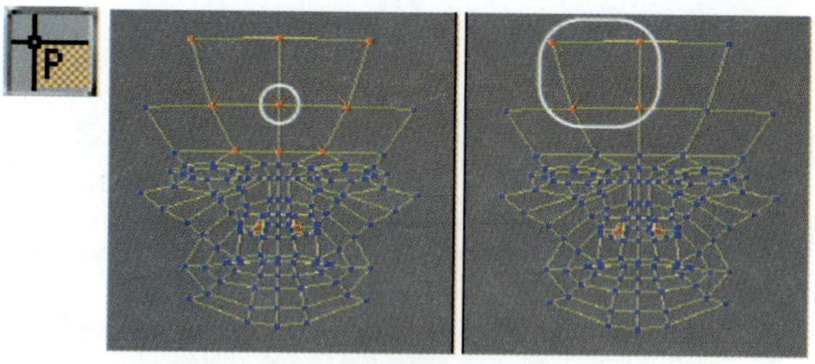

그림 1-305 UV Polygon 선택 모드

[14] All Selection Filter : Vertex, Edge, Polygon 동시 선택 가능한 선택 기능이다.

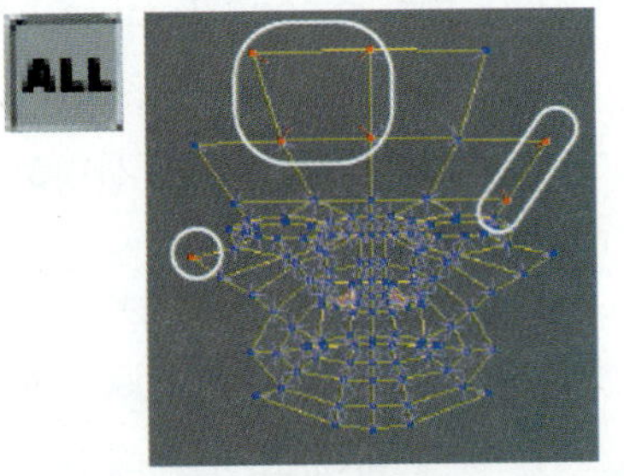

그림 1-306 All Selection

[15] Island Selection : 독립된 UV 좌표 개체를 전체 선택할 수 있는 기능으로 하나의 Component의 선택만으로 그 구성 요소가 포함된 독립된 개체를 전체 선택할 수 있다.

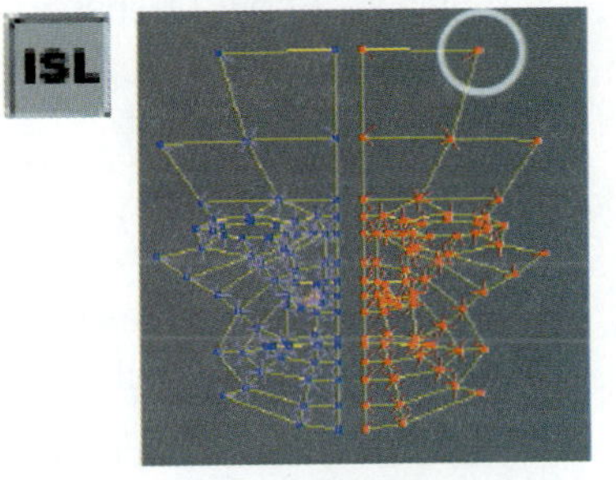

그림 1-307 Island Selection

[16] Cluster Selection : 미지 지정된 Cluster로 영역을 선택할 경우에 사용한다.

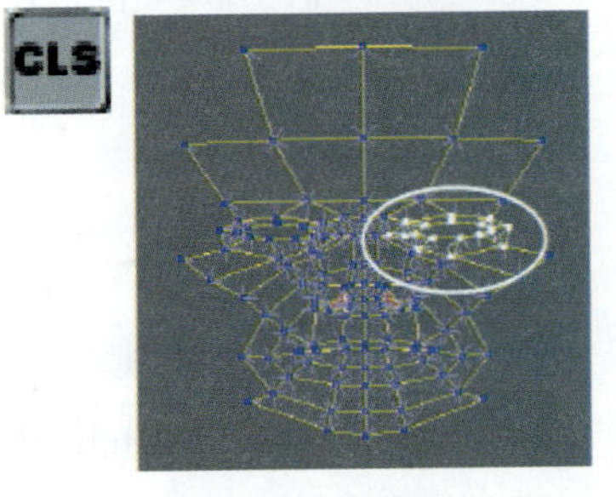

그림 1-308 Cluster Selection

[17] Show Selected : 선택된 Component만 작업화면에 보이도록 하는 기능이다.

[18] Hide Selected : 선택된 Component만 작업화면에 숨기도록 하는 기능이다.

[19] Show All : 선택과 상관없이 모든 Component가 보이도록 하는 기능이다.

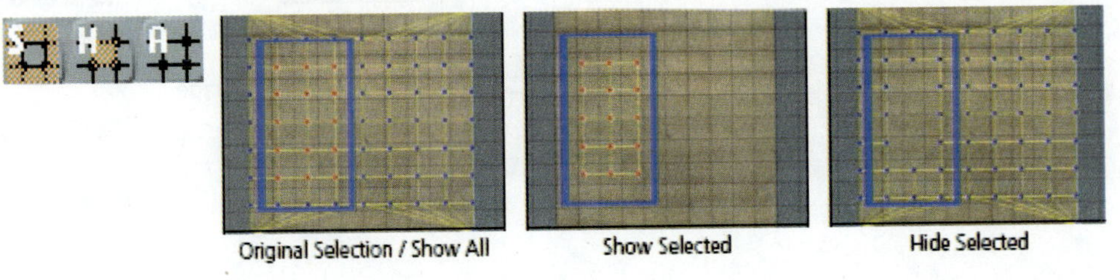

그림 1-309 Show / Hide and All

[20] Dim Image : Texture Editor 작업 창에서 사용한 2D 이미지가 너무 밝을 경우 채도를 낮추는 기능을 하며 이 경우는 UV 좌표 위치가 겹쳐 있을 경우 겹쳐진 영역에 대해 보다 밝고 선명하게 보일 수 있도록 반대로 사용한 Image source를 어둡게 만들어서 활용하기 편하도록 도움을 주는 기능이다. View 〉 Dim Coverage

[21] Highlight Overlaps : UV 좌표의 위치가 겹쳐진 영역에 대해 표시를 해주는 기능이다. UV 좌표를 정리하는데 아주 유용하게 사용된다.

View 〉 Show Overlap

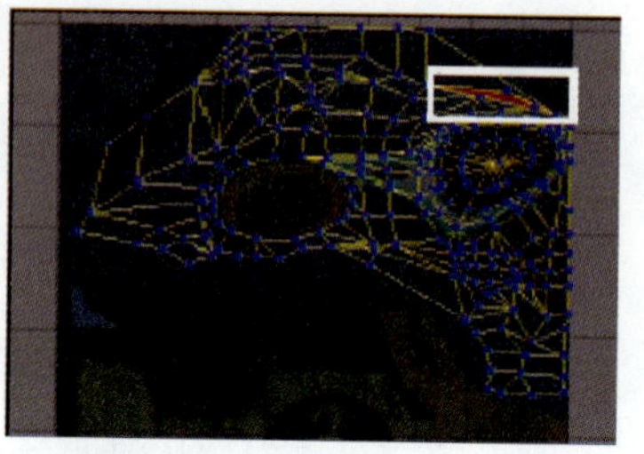

그림 1-310 Highlight Overlaps

[22] Highlight Odd Overlaps : Symmetric Texture Mapping 작업시 서로 Matching이 되지 않는 영역에 대한 표시 기능이다. 겹쳐지지 않은 UV 좌표 값도 highlight 되기 때문에 그다지 정교한 작업에 사용하기는 무리가 따른다. View 〉 Show Odd Overlap

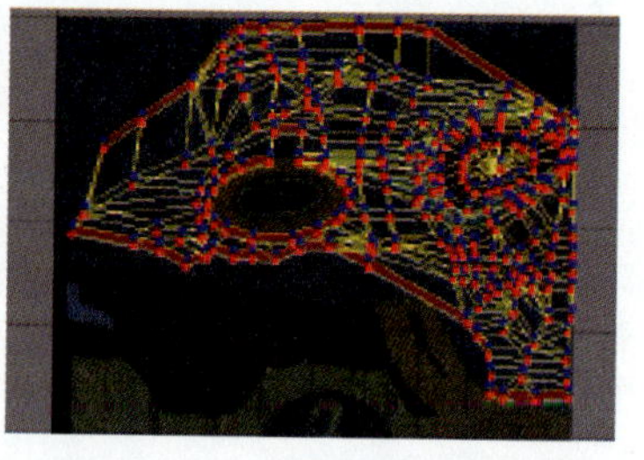

그림 1-311 Highlight Odd Overlaps

[23] Highlight Coverage : 가끔 어두워서 이미지와 UV 좌표와의 Match 작업이 어려운 경우가 있는데 이 경우 Highlight Overlaps 기능을 활성화 시킨다. View 〉 Show Coverage

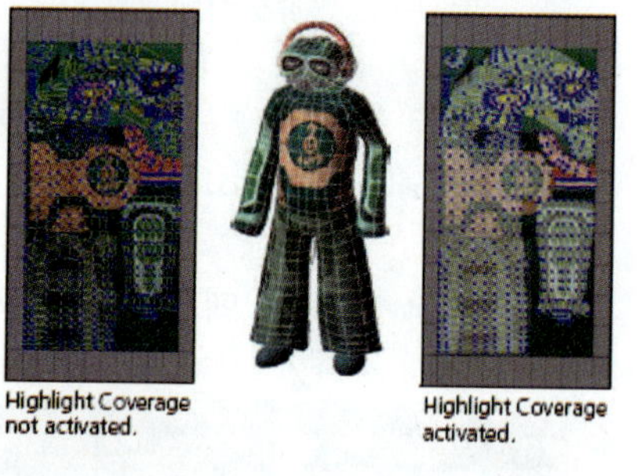

그림 1-312 Highlight Coverage

[24] Show Connectivity : UV 좌표를 Cutting한 후 Cutting하기 전에 연결되어 있던 영역의 표시 기능이다. 즉 향후 다시 연결 작업을 해야 할 경우 이 기능을 활성화 시키고 연결작업을 한다. View 〉 Show Connectivity

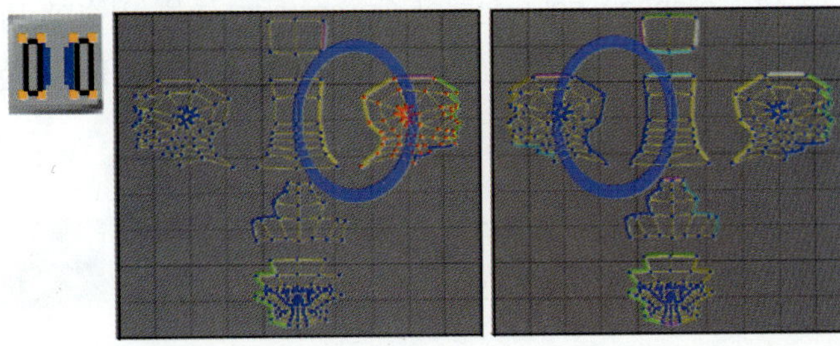

그림 1-313 Show Connectivity

[25] Rectangle Select Tool 단축키[Space bar] : UV 좌표 작업시 사용하는 기본 선택 툴로서 마우스 왼쪽 버튼은 기본 선택 기능이고, 마우스 가운데 버튼은 Cluster 선택 기능이다. 마우스 오른 버튼은 Context 메뉴 창으로 UV Coordinate 작업에 자주 사용되는 필수 기능들이 포함되어 있다.

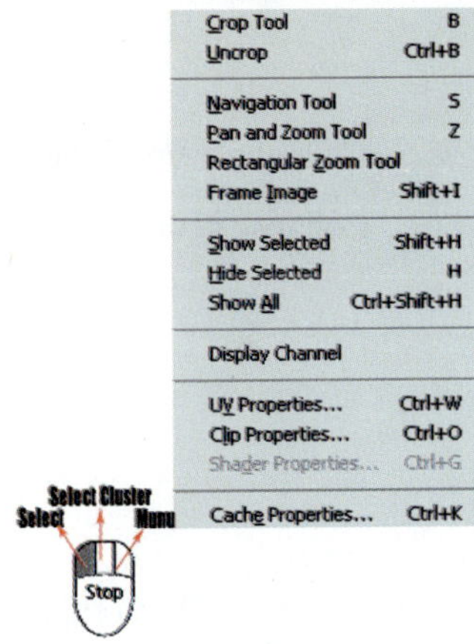

그림 1-314 Rectangle Select Tool

[26] Move Component Tool : 모델링 작업시 활용하는 "m"키와 동일한 기능으로 선택하는 Component를 자유자재로 이동할 수 있는 기능 툴이다. UV Coordinate 작업에 있어 선택과 동시에 이동이 가능하기 때문에 시간을 절약해 주는 효과적인 기능 툴이다.

[27] Crop Tool : 단축키[B]의 기능으로 이미지 Cutting을 통해 필요한 영역의 Texture 이미지만을 취할 수 있는 기능이다.

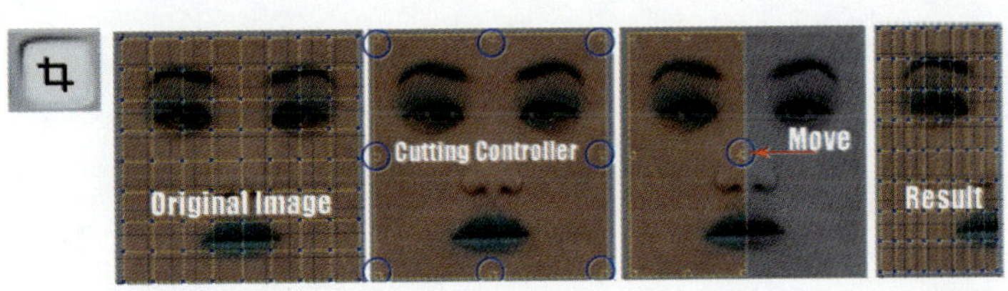

그림 1-315 Crop Tool

[28] Collapse Tool : 선택한 Component들을 일정한 방향으로 Collapse(합치)하는 기능으로 한점 Collapse와 U,V Collapse이 방법이 있다. 불규칙한 Point들을 규칙적인 한줄 라인으로 정렬 시키는데 유용하다.

- One Point Collapse : 선택한 모든 Point들을 한 점으로 모으는 기능을 한다.

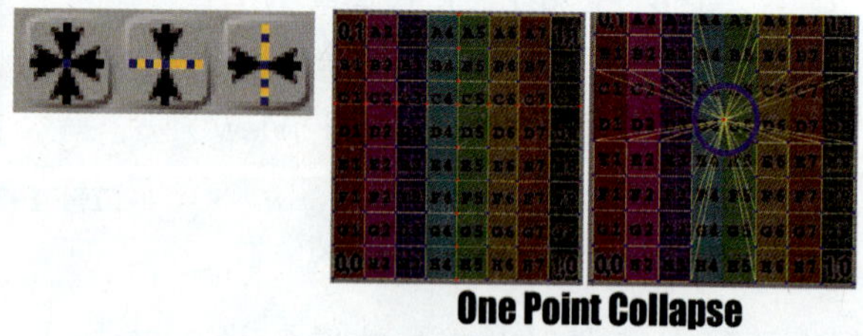

그림 1-316 One Point Collapse

- Collapse Vertically : 선택한 모든 Point들을 수평방향으로 Collapse한다.

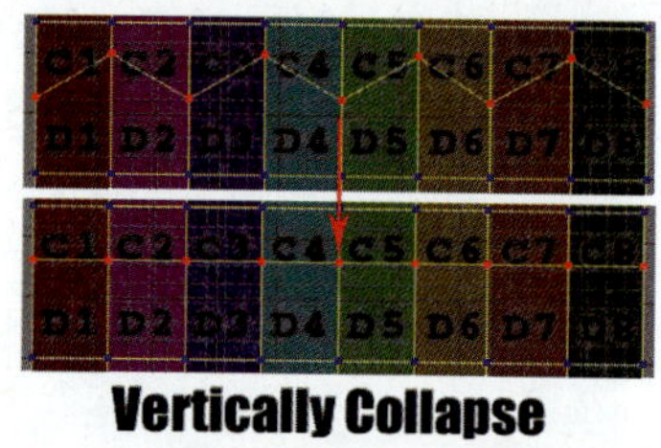

그림 1-317 Collapse Vertically

- Collapse Horizontally : 선택한 모든 Point들을 수직방향으로 Collapse한다.

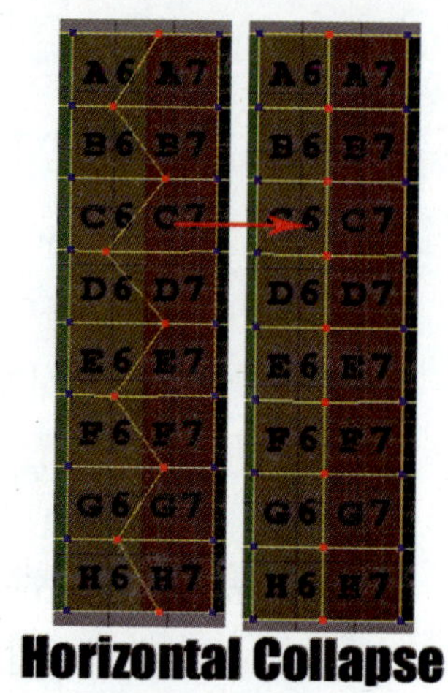

그림 1-318 Collapse Horizontally

[29] Island Heal : 모델링 데이터상에서는 서로 연결되어 있는 영역이 UV 좌표상 떨어져 있을 경우 이 떨어진 두 영역을 서로 하나의 연결 라인으로 연결시켜주고자 할 경우에 사용하는 기능이다.

- Heal : 분리된 두 영역을 Multi 선택을 한 후 Heal 명령을 실행하면 연결하고자 선택되었던 두 영역이 서로 Merge된다. 선택 영역에 따라 Heal 되는 부분의 영역 또한 결정된다.
- Island Heal to Picked : 선택되어진 Point를 이동하여 반대편 분리된 영역에 Heal시키는 기능이다.
- Island Heal Picked : 선택되어진 Point를 기준으로 반대편 분리된 영역이 이동하여 Heal 되는 기능이다. 즉 어느 선택 Point를 기준으로 설정하느냐에 따라 Island Heal to Picked와 Island Heal Picked의 기능을 구분하여 사용해야 한다.

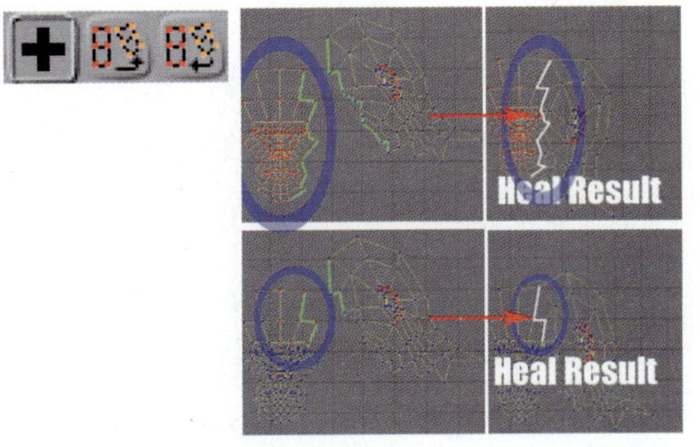

그림 1-319 Island Heal

[30] Match : 선택되어진 Vertex들을 어느 일정 영역에 대해 위치 값을 일치시키고자 할 경우에 사용한다. 즉 대칭구조의 모델링일 경우 반쪽 영역에 대해 다른 상대편 영역에 Match하여 Texture 소스 제작을 하면 그 효율성이 증대되도록 할 수 있다. 이 경우 서로 일치시켜줄 영역을 완벽하게 Match시켜주고자 할 경우에 사용한다.

Match의 옵션 창에서 Tolerance 수치를 이용해 거리 값(허용오차)을 지정해 줄 수 있다. Grid 한 칸을 SOFTIMAGE Unit 1로 기준으로 삼고 붙여줄 Point들의 거리를 계산해서 Tolerance 수치를 조절하면 쉽게 Match할 수 있다.

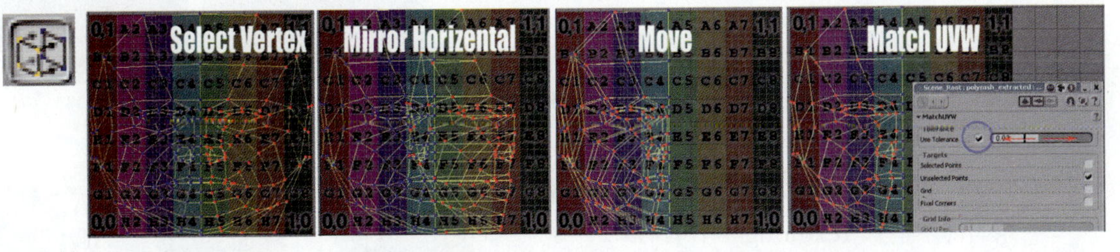

그림 1-320 Match

Match 작업시 속성 창에 나타나는 옵션 중에 Match Type(유형)에 대해 살펴보면 크게 4가지 형식이 있다.

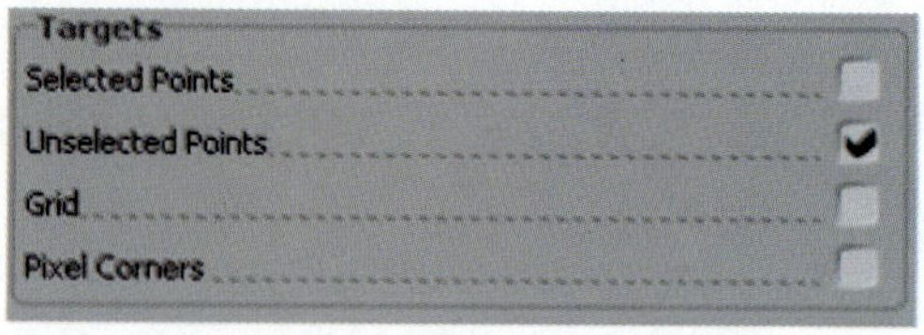

그림 1-321 Match Type

- Selected Points : 양쪽 모두 선택된 Point들에 대해서만 Match 기능이 적용된다.

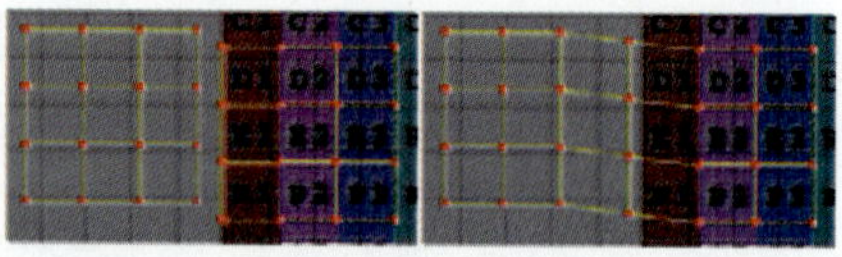

그림 1-322 Selected Points

- Unselected Points : Match를 할 한쪽 영역만을 선택해서 이동해서 Match한다. 즉 양쪽 모드가 선택되지 않아도 된다.

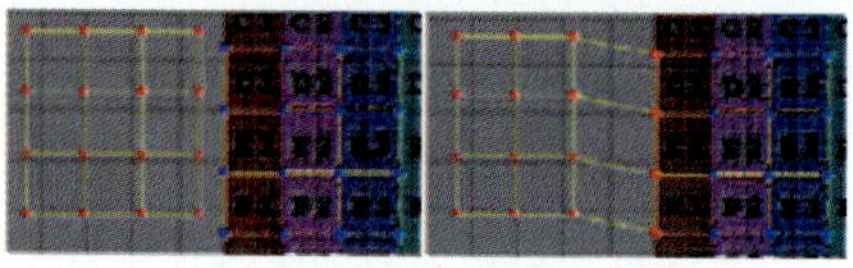

그림 1-323 Unselected Points

- c : Texture Editor의 Grid에 Match할 경우에 사용한다.

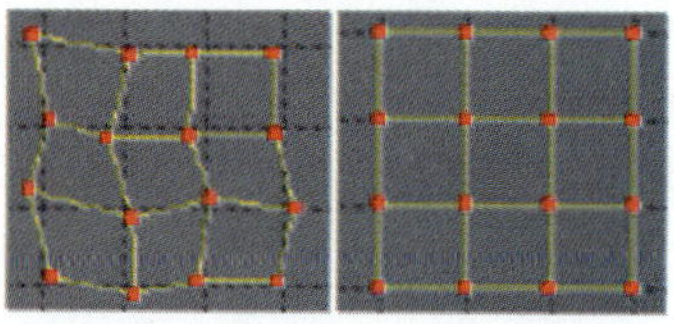

그림 1-324 Grid

- Pixel Corner : Texture Image의 Pixel의 Corner에 정확하게 Match를 하고자 할 경우에 사용한다.

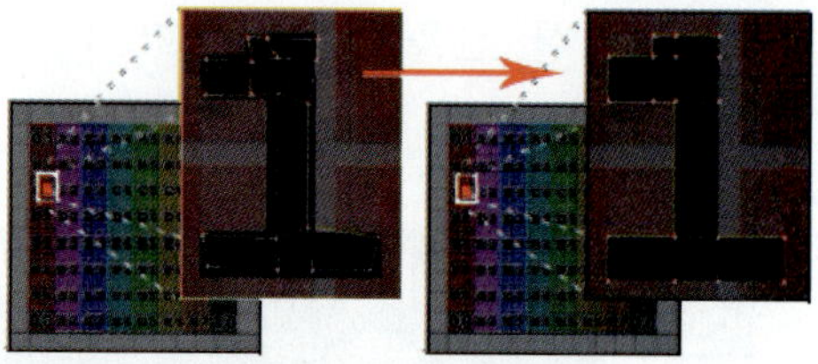

그림 1-325 Pixel Corne

[31] Polygon Cycle : 선택한 Polygon 영역에 대해 Texturing 이미지 소스의 방향을 시계방향 또는 시계반대방향으로 바꿀 수 있다. 90도 기준으로 방향성에 맞게 회전(Cycle)한다.

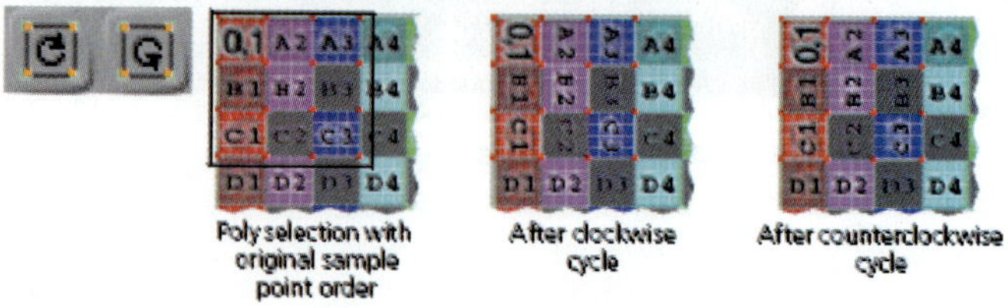

그림 1-326 Polygon Cycle

[32] Polygon Flip : Polygon의 UV 좌표를 서로 바꾸고자 할 경우 사용하는 기능이다. 180도 기준으로 반전되는 결과를 얻을 수 있다.

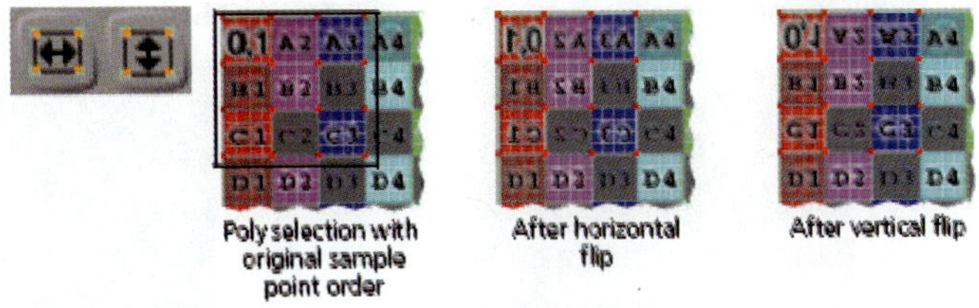

그림 1-327 Polygon Flip

[33] Projection Select

- X−(Left) : 왼쪽으로 가장 가까운 Point를 선택한다.
- X+(Right) : 오른쪽으로 가장 가까운 Point를 선택한다.
- Y−(Left) : 왼쪽으로 가장 가까운 Point를 선택한다.
- Y+(Right) : 오른쪽으로 가장 가까운 Point를 선택한다.
- Z−(Left) : 왼쪽으로 가장 가까운 Point를 선택한다.
- Z+(Right) : 오른쪽으로 가장 가까운 Point를 선택한다.

[34] Sub projection : 기본적으로 적용된 Projection 내에서 원하는 영역에 대해서는 형태(유형) 또다른 Projection을 적용할 수 있다. 이를 Sub projection이라고 한다. Explorer 창에서 확인을 해보면 새로운 Support에 새로운 Projection이 자동으로 생성이 되는 것을 확인할 수 있다.

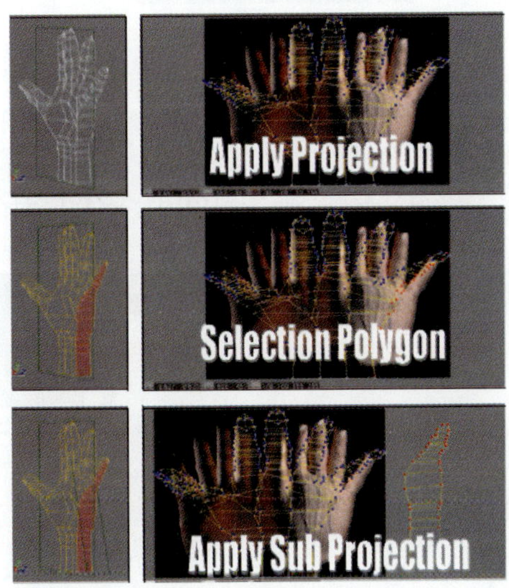

그림 1-328 Sub Projection

지금부터 그 각각의 형태에 대해 알아보도록 한다.

- Planar형 Sub Projection

그림 1-329 Planar형

- Cylinder형 Sub Projection

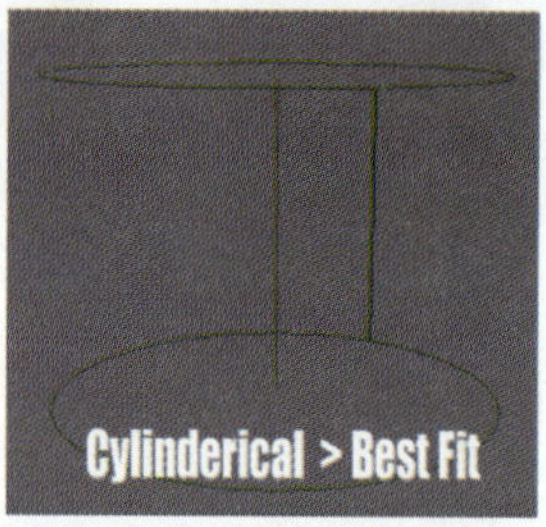

그림 1-330 Cylinder형

- Spherical형 Sub Projection

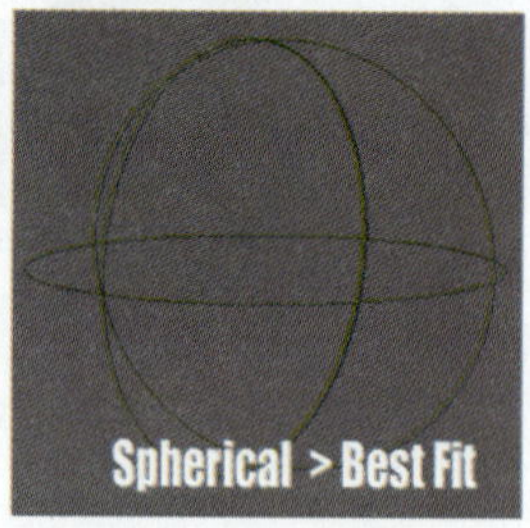

그림 1-331 Spherical형

- Cubic형 Sub Projection

그림 1-332 Cubic형

- Roll형 Sub Projection : Contour Stretch sub projection

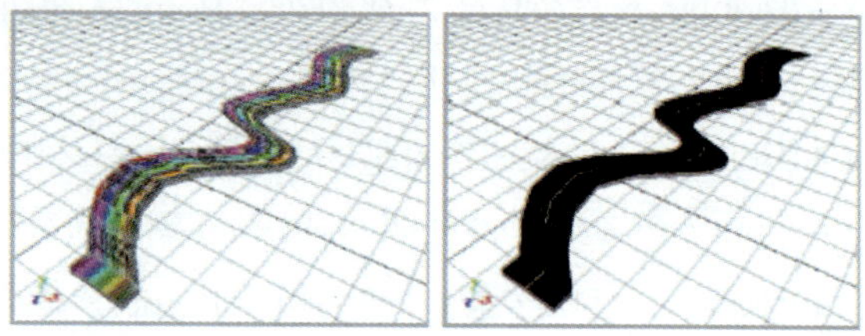

그림 1-333 Contour Stretch형

[35] UV Position : 선택한 영역에 대해 COG(Center of Geometry)를 기준으로 원하는 UV 좌표 값을 직접 입력하여 정확한 위치 이동을 가능하게 한다.

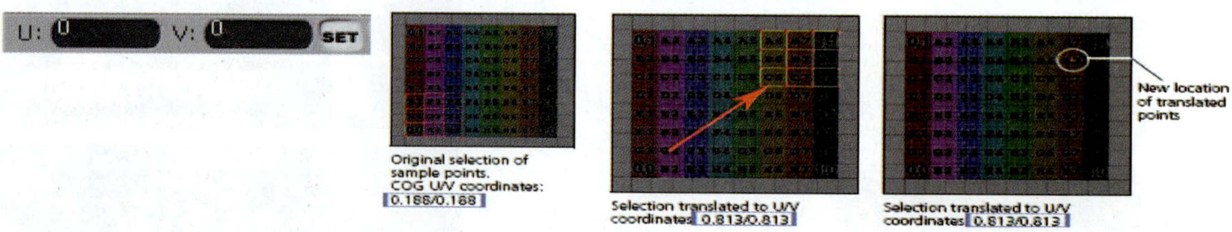

그림 1-334 UV Position

[36] Transform

- s(Scale) : 선택 영역 또는 전체 영역의 크기를 조절하는 기능을 한다. 마우스 왼쪽 버튼은 UV 방향에 상관없이 동일하게 스케일 조절이 가능하며 마우스 가운데 버튼은 상하 방향(V)으로 마우스 오른 버튼은 좌우 방향(U)으로 스케일 조절된다.

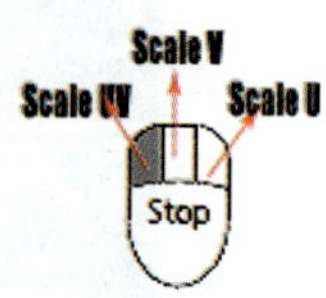

그림 1-335 Transform

- r(Rotation) : 선택 영역 또는 전체 영역의 회전 정도를 조절하는 기능을 한다. 마우스 왼쪽 버튼은 회전시 속도가 제일 느리며(Slow), 마우스 가운데 버튼은 중간속도(Medium), 마우스 오른 버튼은 가장 빠른 속도(Fast)로 회전할 수 있다.

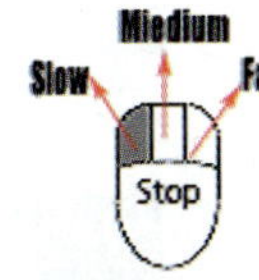

그림 1-336 Rotation

- t(Transition) : 선택 영역 또는 전체 영역의 위치이동을 하는 기능을 한다. 마우스 작동 기능은 Scale 기능과 동일하다.

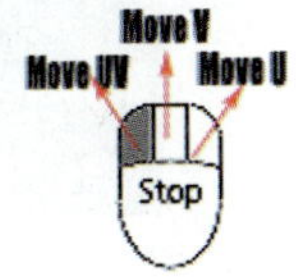

그림 1-337 Transition

Texture Editor 창에서 Point를 비롯해서 Component 이동시 모델링 작업에서 유용하게 사용되는 기능들을 활용할 수 있다. 그 중에서 Proportional 기능을 활용할 경우 Component 이동시 일일이 하나하나씩 이동하는 것이 아니라 영역을 묶어서 이동이 가능하고 전체적인 모양을 수정하기에도 상당히 유용하게 사용할 수 있다.

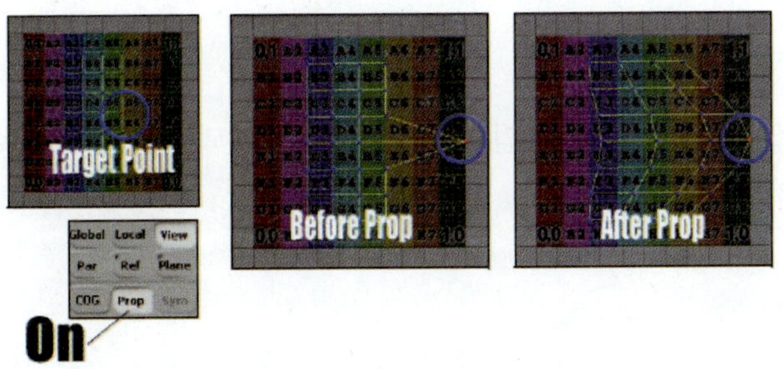

그림 1-338 Proportional 기능

[37] Toggle Snapping : 선택되어진 하나 또는 그 이상의 Component를 특정 대상 Component로 이동할 경우 Snapping 기능을 활용하여 정확한 위치로 이동할 수 있도록 하는 기능이다.

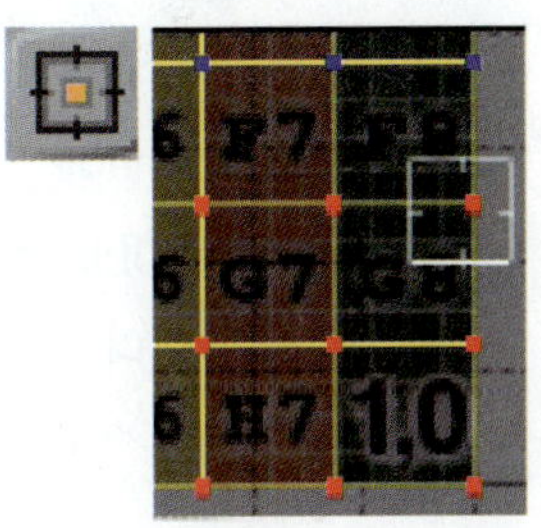

그림 1-339 Toggle Snapping

[38] Pivot

- Set Pivot : Pivot 기능을 활성화한다.

- Deactivate Pivot : Pivot 기능을 정지한다.

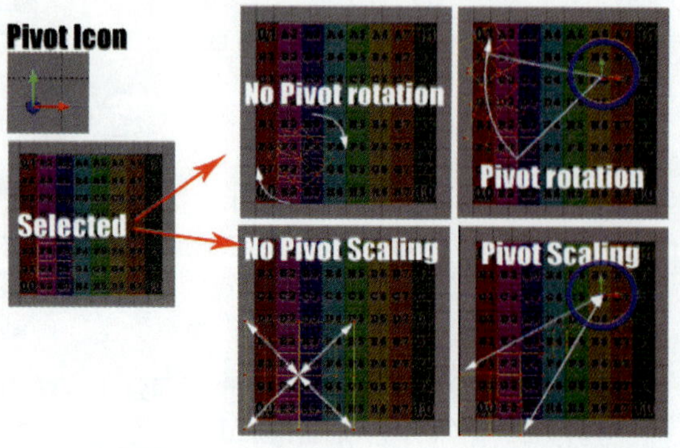

그림 1-340 Pivot

[39] Play and Stop

- Play : 사용한 Texture 이미지가 동영상일 경우 시간 타임의 변화에 따른 결과를 확인하기 위해 Play 버튼을 클릭한다.
- Pause : 동영상 재생을 일시 멈춘다.
- Stop : 동영상 재생을 멈춘다.
- Recycle : 반복 재생 기능이다.

[40] Texture Edit Work Area : 실제 Texture Editor 작업 영역이다.
[41] Texture Image : 사용된 Texture Source 이미지이다.
[42] Selected Object's UV coordinates : 대상 Object에 적용된 Texture Mapping UV 좌표 데이터를 나타낸다.
[43] Status Bar : UV 정보, Pixel 정보, Color 정보를 실시간으로 알려준다.

1-2-5 Render Tree 기능 [7]

SOFTIMAGE는 Mental Ray 렌더링 방식을 지원한다. 또한 이러한 Mental Ray 효과를 최대한 구현할 수 있는 Preset 형식의 Shader들을 가지고 있다. 이러한 Preset shader 소스들을 일반 유저들이 쉽게 Open하고 Connect하여 원하는 결과에 도출할 수 있도록 도와주는 기능이 바로 Render Tree 기능의 주요 기능 중 하나이다. 일반 유저들이 컴퓨터 활용언어인 C나 C++, VB Script 등의 언어를 굳이 사용하지 않아도 노드 연결 방식을 통한 원하는 효과 이상의 효과를 얻을 수 있도록 도와준다.

Render Tree는 Node구조의 연결 방식을 통한 결과 도출의 개념으로 상위 구조의 연결 노드에 따라 하위구조의 연결 노드가 달라지고 최종 결과에도 영향을 미친다. 각 단계별 노드 연결 소스들에 대한 충분한 연습과 이해를 가지고 접근을 해야 원하는 효과를 얻을 수 있다. 동일 노드상이라 할지라도 어떤 항목을 연결하느냐에 따라 결과는 180도 달라질 수 있기 때문에 노드의 성질과 연결 항목의 결과도 미리 예측할 수 있어야 한다. 그렇기 때문에 많은 연습과 학습이 필요한 부분이 바로 Render Tree 부분이다. Render Tree를 학습하다 보면 의외로 좋은 효과의 결과를 간단한 노드로 해결하는 경우도 있다. 현업에서 며칠 밤낮을 지새우며 작업한 결과에 대해 단 몇 시간 내에 그 결과를 도출시켜 주는 경우도 있다. Render Tree의 결과는 누구도 예측할 수 없으며 그 Performance는 무한에 가깝다.

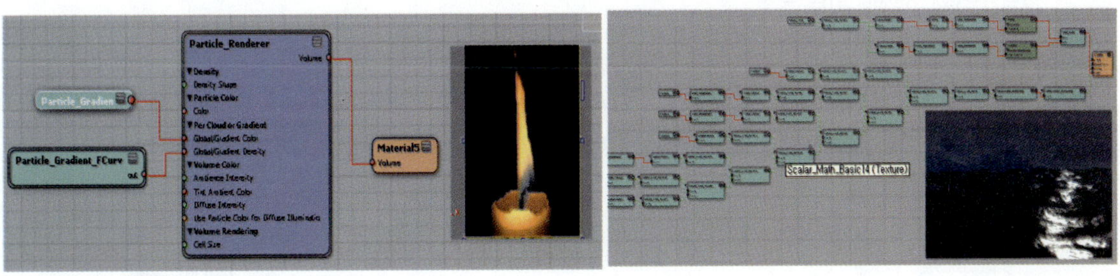

그림 1-341 Render Tree 패턴에 따른 결과 이미지

다음은 Render Tree가 가지는 기본적인 형태의 구조와 명칭들이다. Render Tree는 기본적으로 역순으로 해석을 하면 편하다. 즉 어떠한 결과가 도출되었을 때 그 결과를 위해 적용된 과정들의 연결 상태를 역 추적을 하면 보다 노드에 대한 이해가 쉽다. 각각 연결된 노드 창을 더블클릭을 하면 해당되는 노드의 속성 창이 반드시 나타난다. 이 속성 창에서 원하는 옵션들의 변화를 통해 원하는 효과를 창출한다.

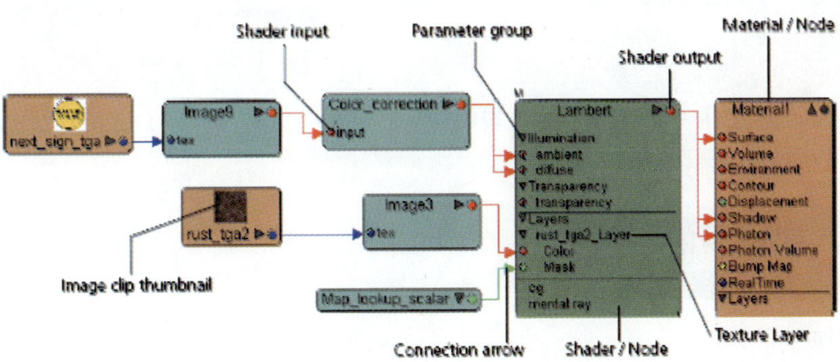

그림 1-342 Render Tree Node 연결 패턴

자 이제부터 Render Tree의 세계로 빠져 들어가 보도록 한다.

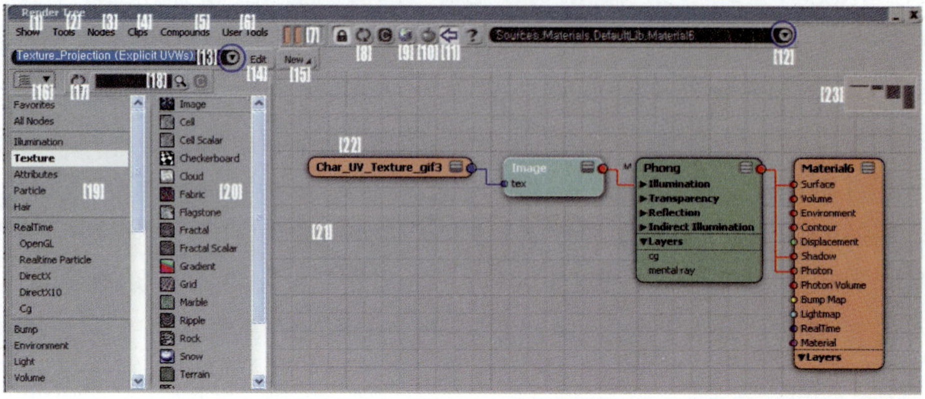

그림 1-343 Render Tree 구조

[1] Show : Render Tree 작업 창에서 보여줄 수 있는 항목들에 대해 무엇을 어떻게 보여줄 것인가에 대한 옵션을 설정하는 기능 창이다.

- Expand All : 사용할 모든 노드에 포함된 개별적인 기능 항목들을 Port라고 하는데 Expand All은 사용된 모든 노드의 Port를 열어 보여주도록 한다.

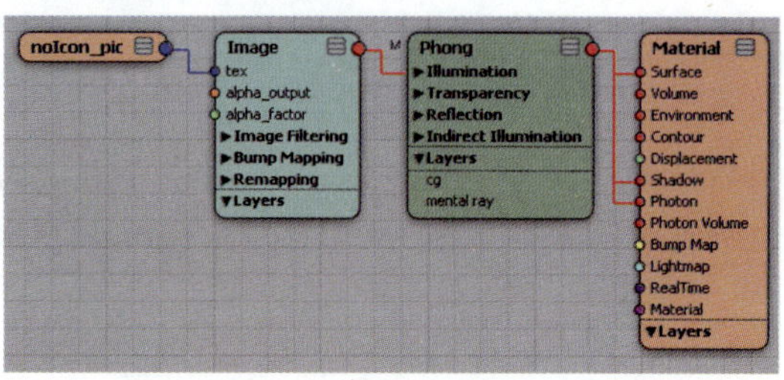

그림 1-345 Expand All

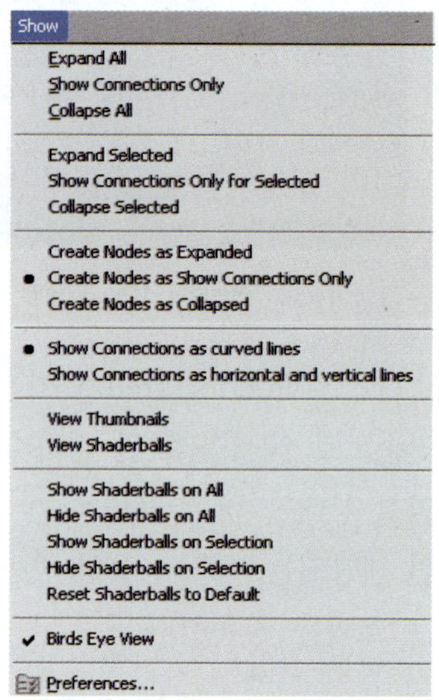

그림 1-344 Show

- Show Connections Only : 노드가 연결된 항목만 작업 창에 보여주도록 한다. Default 상태의 View 모드이다.

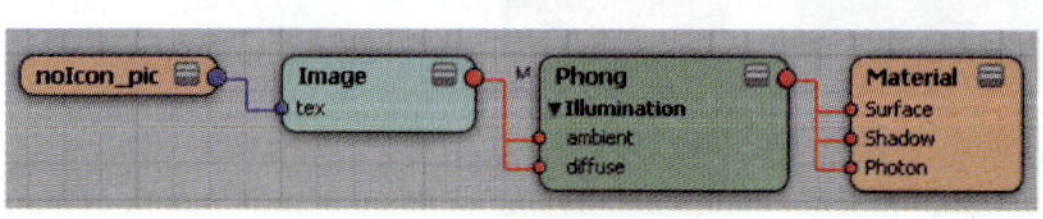

그림 1-346 Show Connections Only

- Collapse All : 가장 대표적인 노드의 이름만의 연결 상태를 보여준다. 가장 심플한 노드의 연결 상태이다.

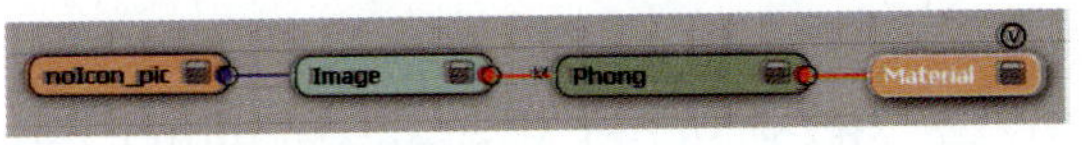

그림 1-347 Collapse All

- Expand Selected : 여러 연결 노드 중에서 선택된 노드의 Port만을 확장하여 보여준다.
- Show Connections Only for Selected : 선택된 노드에서 연결된 Port 항목만을 보여준다.
- Collapsed Selection : 선택한 노드의 Port를 안보이게 하고 최소한의 Node 연결 장치만을 남겨 놓도록 한다.
- Create Nodes as Expanded : 새로운 노드를 꺼낼 때 Port가 확장된 상태에서 Open된다.
- Create Node as Show Connections Only : 새로운 노드를 꺼낼 경우 연결될 항목의 Port만을 Open한 상태에서 열린다.
- Create Node as Collapsed : 새로운 노드를 꺼낼 때 Port가 전혀 열리지 않는 최소화된 Node의 형태로 생성된다.
- Show Connections as Curved Lines : 노드와 노드의 연결 라인인 Curve line의 형태이다.
- Show Connection as horizontal and Vertical lines : 노드와 노드의 연결 라인이 직선형의 형태를 가진 Line 형태이다.
- View thumbnails : 노드 연결과정에 있어 그 과정에 대한 결과물이나 최종 결과물을 thumbnail 형식의 이미지 View를 볼 수 있도록 한다.
- View Shader balls : 노드 연결과정에 있어 그 과정에 대한 결과물이나 최종 결과물을 Shader balls 형식의 이미지 View를 볼 수 있도록 한다.

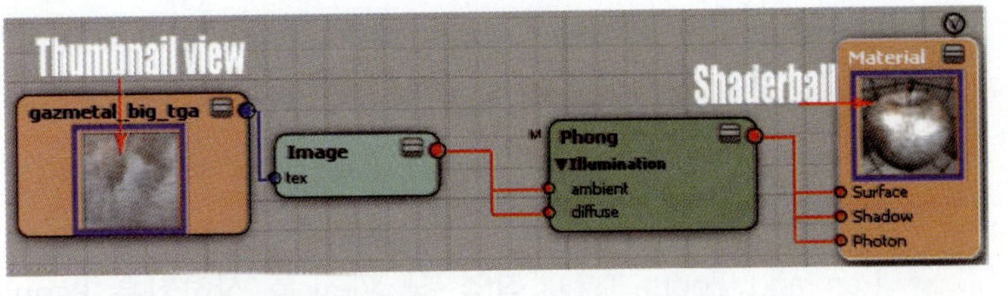

그림 1-348 View Shader balls

- Show Shader balls on All : 모든 노드에 Shader ball Image View를 보여줄 수 있도록 하는 명령어이다.
- Hide Shader balls on All : 모든 노드에 Shader ball Image View를 숨길 수 있도록 하는 명령어이다.
- Show Shader ball on Selection : 선택한 노드에 대해서 그 결과에 대한 이미지를 Shader ball의 형태로 볼 수 있도록 하는 기능을 제공한다.
- Hide Shader ball on Selection : 선택한 노드에 대해서 그 결과에 대한 이미지를 Shader ball의

형태로 숨길 수 있도록 하는 기능을 제공한다.

- Reset Shader balls to Default : 기본 Default 상태의 Shader ball을 Reset을 하여 변화된 정도를 수시로 확인한다.
- Birth Eye View : Render Tree 적업 창의 오른쪽 상단에 위치한 Navigator를 열었다 닫았다 할 수 있는 기능이다.
- Preference : Render Tree의 기본 속성을 확인하거나 변형을 줄 수 있는 기능 창이다.

그림 1-349 Preference

  - Node Creation Mode : 노드를 Open할 때 어떤 형식으로 Open 할 것인지를 결정하는 옵션 기능이다.
  - Draw Connectors as Curved Lines : 노드와 노드의 연결 라인의 형태를 Curve Line을 기본형으로 Setting하고자 할 경우 활성 체크한다.
  - View Thumbnails : 활성 체크시 모든 Node에서 Thumbnail view를 확인할 수 있다.
  - View Shader balls : 활성 체크시 모든 Node에서 Shader ball을 확인할 수 있다.
  - Birds Eye View : 비활성시 Render Tree 적업 창의 오른쪽 상단에 위치한 Navigator가 Default로 나타나지 않게 된다.

[2] Tool : Tool 안에 포함된 기능들은 Render Tree 작업 창에서 펼쳐진 노드들을 어떻게 컨트롤할 것인가, 즉 Zoom In - Out, Pan, Frame all, Move 등의 컨트롤 기능들이 들어 있다. 화면 제어 방법으로 가장 기본적인 항목이므로 잘 숙달시키도록 한다.

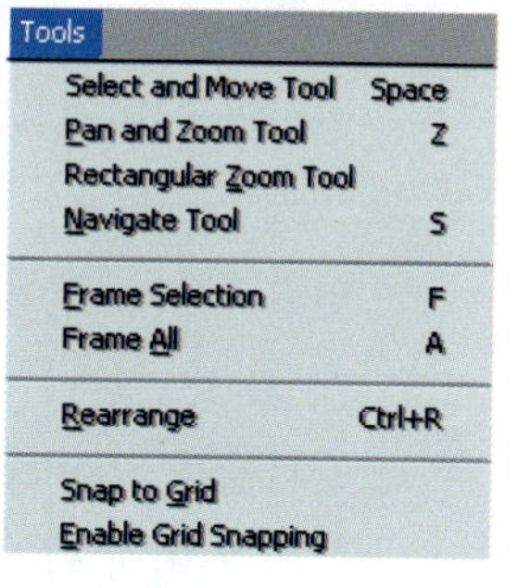

그림 1-350 Tool

- Select and Move Tool [Space] : 노드를 선택하고 이동시키는 기능툴이다.
- Pan and Zoom Tool : 작업 창 View를 상하좌우 Panning하거나 Zoom in 또는 Zoom out 기능을 한다.

그림 1-351 Pan and Zoom Tool

- Rectangular Zoom Tool[Z] : 돋보기 기능으로 확대를 원하는 노드나 영역에 대해 사각 영역을 설정을 한다. 사각 영역 설정된 노드나 영역만 확대된다.
- Navigate Tool[S] : 화면 제어 기능으로 원하는 노드나 화면을 보고자 할 경우 사용하며 Pan과 Zoom 기능을 동시에 활용할 수 있다.
- Frame Selection [F] : 선택된 Node에 대해서 작업 창에 Frame되도록 한다.
- Frame All [A] : 연결된 모든 노드 구조를 작업화면에 Frame되도록 한다.
- Rearrange [Ctrl + R] : 작업화면의 정렬 초기화 기능이다.
- Snap to Grid : 현재 Node를 가장 가까운 Grid에 Snap시키는 기능이다.
- Enable Grid Snapping : 노드를 이동할 경우 작업 창 바닥 Grid에 자동 Snap되는 기능이다.

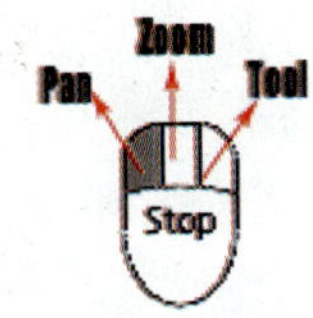

그림 1-352 Navigat] Tool

[3] Nodes : Render Tree에서 가장 핵심적인 기능들이 들어 있는 기능 창으로 SOFTIMAGE에서 사용할 수 있는 모든 노드들이 들어 있는 기능 창이다. 각각의 카테고리 영역을 기준으로 기능들이 분화되어 있으며 이러한 각각의 노드를 Open시킬 수 있다. 각 노드의 역할과 기능적인 부분을 살펴보기 전에 노드의 기본적인 형태와 개념에 대해 살펴보도록 한다. 노드는 Color별로 그 기능이 각각 정해져 있다. 노드의 기본 구조는 Expand icon과 Connect icon으로 구성되어 있다.

그림 1-353 Nodes

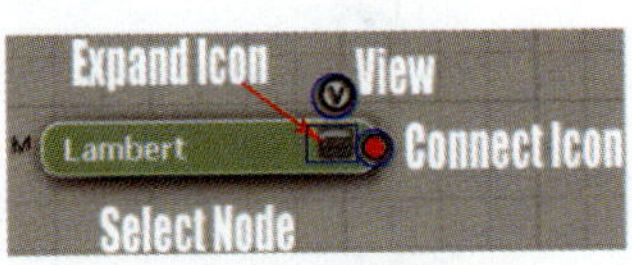

그림 1-354 노드의 기본 구조

Connect Icon의 입출력 형태의 컬러별 기능 및 특징에 대해 알아보도록 한다.

〈표 1-2〉 Connect Icon

입력과 출력 형태 및 Connector color		결 과
● (빨강)	RGB Color	노드는 Color(RGB) 값을 돌려주거나 출력한다. 이러한 입/출력은 Object의 Surface나 조명 또는 Camera를 정의할 때 가장 자주 사용된다.
● (초록)	Scalar	스컬러 입출력은 0과 1사이이다.
● (노랑)	Vector	Surface의 특정한 위치에 Texture를 Mapping하는 것 등에 사용된다.
● (주황)	Boolean	0 또는 1 값에 해당되며 On과 Off의 의미로 이용된다.
● (진초록)	Integer	
● (남색)	Texture / Image Clip	Image clip만을 받아들인다.
● (검정)	Real Time	Open GL 또는 Direct X 형태로 실시간 데이터를 전송한다.

그림 1-355에 있는 각 노드 간의 연결 방법은 다음과 같다.

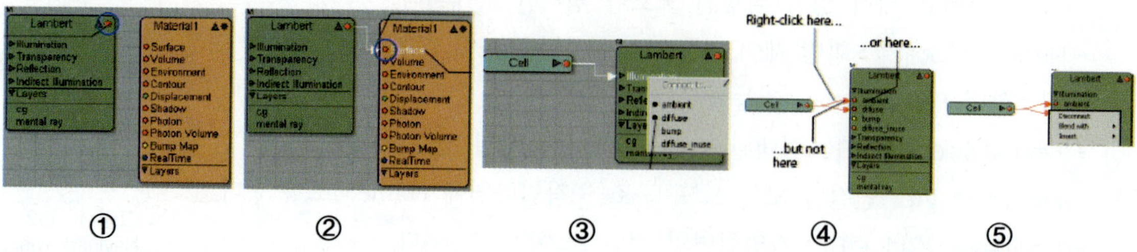

그림 1-355 **노드간의 연결 방법**

①은 연결하고자 할 노드를 Open한 다음 Connection Icon을 Click한다.

②는 선택한 Connection Icon 마우스를 떼지 않은 상태에서 Drag하여 다음 연결 노드의 Connection Icon으로 이동시킨다.

③은 연결 가능한 Item들이 활성화되는데 어떤 Item과 연결할지를 선택한다. Multi일 경우 Ctrl 또는 Shift 키를 이용하면 편리하다.

④는 연결할 Item 선택이 끝났으면 마우스를 뗀다. 이때 잘못 연결했을 경우 연결 노드를 마우스 Click하여 떼면 연결이 끊어진다. 다시 다른 Item에 연결을 시도한다.

⑤는 연결을 완성한 후 결과 확인을 한다.

- 노드 Copy and Paste : 작업에 사용된 노드 중에서 다른 연결 노드에 필요한 경우 다시 노드 경로를 찾아가서 불러올 수 있지만 번거로운 일이다. 기존에 사용한 노드를 복사하여 사용할 수 있다. 복사하는 방법은 대상 노드를 선택한 후 [Ctrl + C]를 하여 복사한 후 작업 창에서 마우스 오른 클릭으로 Paste [Ctrl + V] 명령을 실행한다.
- 노드 이름 변경하기 : 필요한 경우 노드의 이름을 변경해 주고자 하는 경우가 필요하다. 이 경우 [F2]를 눌러 Rename 모드로 전환한 다음 원하는 이름을 적어 넣도록 한다.
- 노드 저장하고 불러오기 : 저장하고자 하는 노드를 Double click하여 노드 Property editor 창을 연다. Save Icon을 Click한 후 저장경로에 맞게 저장한다. 저장된 Node를 불러오고자 할 경우 임의의 노드의 속성 창을 열고 Load Icon을 선택한 후 저장된 노드를 불러온다.

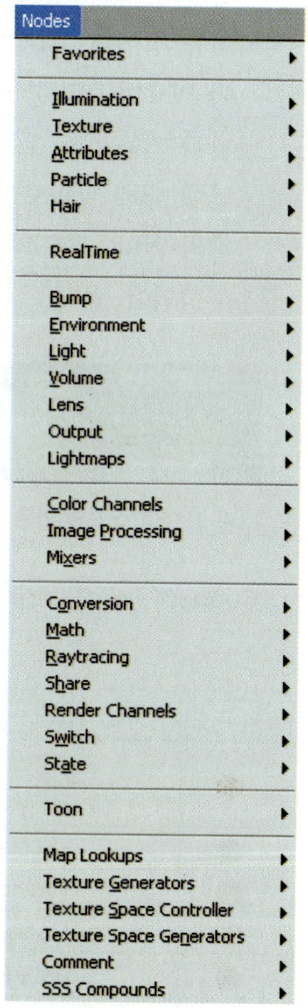

그림 1-356 **Render Tree에서의 노드**

[4] Clips : 사용된 Image Clip의 리스트를 확인할 수 있는 기능 창으로 사용한 모든 Source Image들이 History화되어 있다.

그림 1-357 Clips

[5] Compounds

그림 1-358 Compounds

[6] User Tools

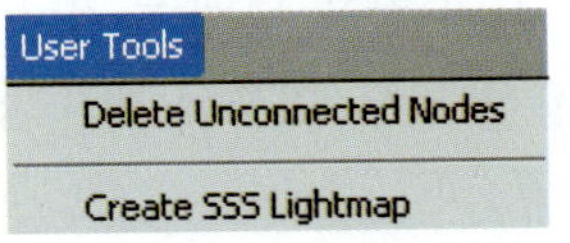

그림 1-359 User Tools

- Delete Unconnected Nodes : 사용 중 연결되지 않은 노드를 자동 삭제시켜는 기능이다. 즉 작업화면에서 연결된 노드를 제외한 모든 노드는 삭제된다.
- SSS Lightmap Clip를 작업화면 내에 Open하도록 하는 기능이다.

[7] Memorize : 원하는 작업화면 View를 저장하여 필요에 의해 바로바로 열어 볼 수 있도록 한 기능이다. 총 4개의 작업 View를 저장할 수 있으며 마우스 왼쪽 버튼은 저장된 화면 View 불러오기, 가운데 버튼은 현재의 작업 View 저장 기능이고, 마우스 오른쪽 버튼은 저장된 View 삭제 기능이다.

그림 1-360 Memorize

[8] Lock, Update and Clear

- Lock : 현재 선택한 Object에 대한 노드에 대해서만 작업이 가능하며 만약 Lock 모드를 해제할 경우 선택하는 Object에 따라 Render Tree 작업 모드가 자동으로 Update된다.
- Update : 새로 적용된 모든 작업 결과에 대해 Update하는 기능이다.
- Clear : 작업화면 내에 모든 항목들을 제거한다.

[9] Open Preset Manager View

 SOFTIMAGE에서 제공되는 기본적은 Preset 기능 창으로 자동 Loading된다.

[10] View Shader ball

Shader ball 형태로 결과를 확인할 수 있다.

[11] Hide / Show Preset Manager View

Render Tree 작업 창을 넓게 하거나 Default 사이즈로 만들거나 할 경우에 사용할 수 있다. 넓게 사용할 경우 왼쪽에 있는 SOFTIMAGE Material Preset 기능 창이 Hidden된다.

[12] Material Info : 작업에 상용된 Material 정보의 Text 모드이다.

[13] Texture Projection : Object에 적용된 Projection Type에 대한 정보 창이다.

[14] Texture Projection Edit : 현재 적용된 Texture Projection의 편집 기능이다.

[15] New Texture Projection : Object에 적용된 Texture Projection Type을 변경해 주고자 할 경우에 사용된다.

그림 1-361 New Texture Projection

[16] Preset View type : SOFTIMAGE에서 제공하는 Material Preset들을 배열하는 Type을 설정하는 기능 창이다. 가로쓰기형, 바둑판형, Small Icon형, Big Icon형의 4가지 Type이다.

[17] Update : 재정렬 기능 창이다.

[18] Text selection : Text로 찾고자 하는 Material 또는 효과를 찾을 수 있는 Search 기능 창이다. 카테고리는 크게 개인적으로 즐겨쓰는 Favorite 창과 All Node 창 그리고 Real time 창으로 나눠진다.

[19] Node selection : 필요한 Material 노드를 선택할 수 있는 창이다.

[20] Node Item selection :선택한 Node 속에 포함된 Item들을 선택할 수 있다.

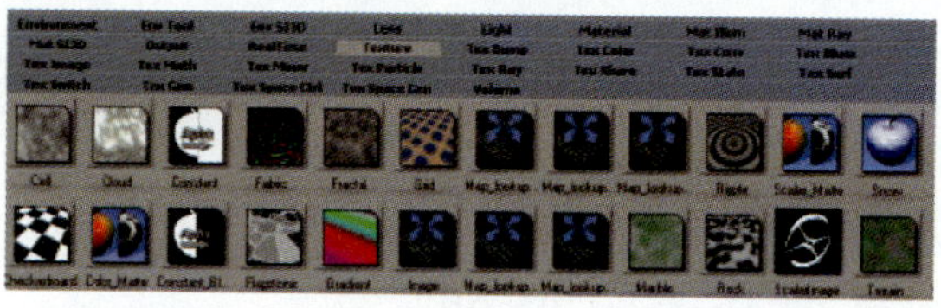

그림 1-362 Node Item selection

[21] Render Tree Work Area : Render Tree 작업 창이다.

[22] Tree Structure : Render Tree가 가지는 기본 Tree 구조이다.

[23] Navigator : 필요한 영역을 찾거나 위치이동을 자유롭게 하기 위해 사용할 수 있는 기능 창이다. 마우스 클릭 후 원하는 방향과 위치로 마우스를 드래그한다.

1. 투명 유리잔 만들기

투명 유리잔의 가장 특징은 투명(Transparence)의 표현이다. 투명의 효과를 어떻게 표현하느냐에 따라 유리의 질감이 달라지고 유리잔의 느낌이 달라진다. 보여주는 Render image는 SOFTIMAGE Sample data의 렌더링 결과 이미지이다.

그림 1-363 결과 이미지

(1) 바닥 Grid 대리석 질감 주기

1 바닥 Grid와 간단 유리잔 모델링 하나를 각자 원하는 배치를 한 다음 먼저 바닥 Grid에 기본적인 재질을 먼저 준다. 먼저 바닥 Grid 면을 선택하고 Get 〉 Material 〉 Phong 명령을 실행하여 surface shader를 적용한다.

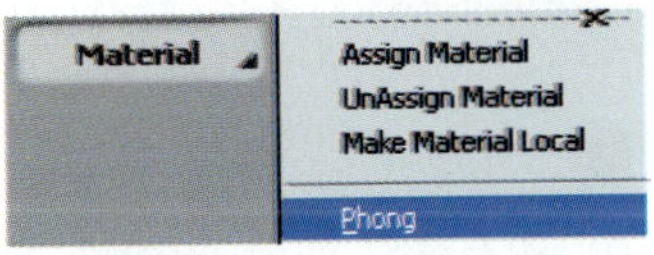

그림 1-364 Phong shader

2 기본 Default 재질 옵션을 적용하고 난 다음 이번에는 Texture shader를 적용한다. 여기서 사용할 Texture source는 SOFTIMAGE에서 제공하는 Sample Texture를 사용한다. 바닥 Grid면을 선택하고 Get 〉 Texture 〉 Image 명령을 실행하고 Texture source를 SOFTIMAGE 〉 Sample 폴더의 〉 Pictures 폴더 내에 있는 benediti.pic 이미지 파일을 불러온다.

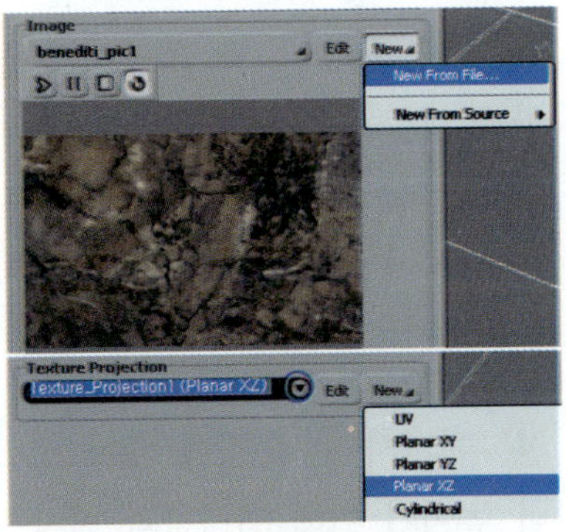

그림 1-365 Texture shader

3 결과를 확인한다.

그림 1-366 결과 확인

(2) 유리잔 투명 재질 주기

1 유리잔을 선택하고 대리석 바닥 재질과 동일한 Phong surface shader를 적용한다.

2 Material shader 속성 창에서 두 번째 Tap인 Transparence / Reflection 모드에서 투명도(Transparence) 0.9와 굴절(Refraction) 1.6, 그리고 반사 값(Reflection) 0.3을 각각 지정해 준다.

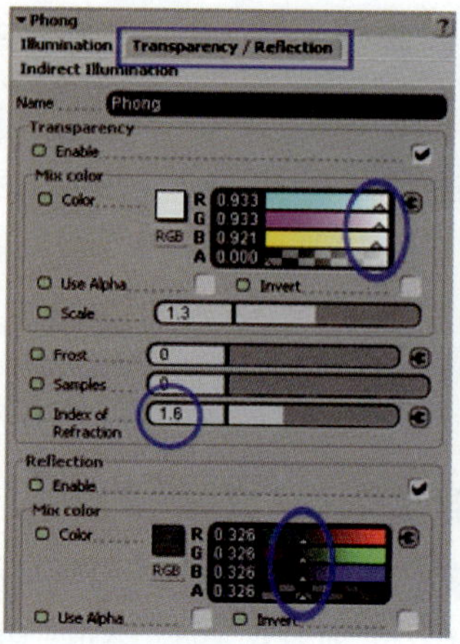

그림 1-367 **투명 재질**

3 여기서 한 가지 물질에 대한 기본적인 굴절률에 대한 정의를 SOFTIMAGE에서 소개를 하고 있는데 Help[F1]을 누르고 Text tap에서 Refraction을 치면 다음과 같이 물리적으로 정해진 물질들에 대한 굴절률을 소개하고 있다. 이미 검증된 이러한 물리적 화학적 수치를 잘 활용하는 것도 좋은 작품의 질적 향상에 필요한 부분이라고 하겠다.

〈표 1-3〉 **물체의 성질에 따른 굴절도**

Material	Refractive Value
Air	1.00
Ice	1.31
Water	1.33
Acetone	1.36
Alcohol	1.39
Glass	1.50~1.89
Polystyrene	1.55
Emerald	1.57
Topaz	1.61
Ruby/Sapphire	1.77
Crystal	2.00
Diamond	2.42

4 여기서 반사 값에 대한 정밀함을 좀 더 높이기 위해 입사각과 반사각의 효과를 좀 더 세밀하게 조절해 줄 필요가 있다. 즉 빛이 들어오는 방향이 일정하더라도 Object의 형태에 따라 그 반사각이 달라지는데 그 결과 형태에 따른 입사각의 효과를 좀 더 적용해 주면 더 유효한 효과를 얻을 수 있다.

(3) Render Tree에서 입사각 효과 주기

유리잔 Object를 선택하고 [7]번 키를 눌러 Render tree 창을 연다. 기본적인 Option에 대해서는 이미 설명을 마쳤기 때문에 필요한 기능에 대해서만 설명을 한다.

1 먼저 Node에서 Illumination 〉 Incidence 옵션을 Open한다.

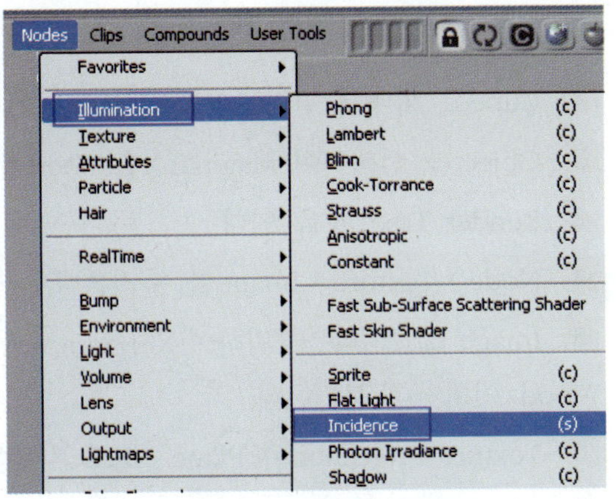

그림 1-368 Incidence

2 Open된 Incidence 옵션의 Connect Icon을 Phong 노드의 Incidence 항목에 연결한다.

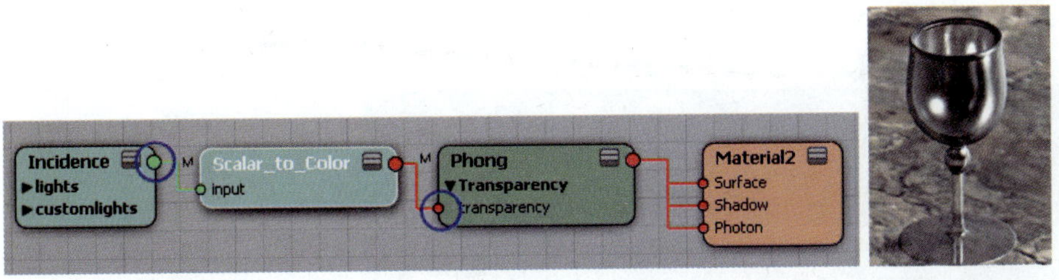

그림 1-369 Incidence

3 Render Tree 창 내에 있는 Incidence 노드를 double click 하여 옵션 창을 열고 기본 Option에서 Bias와 Gain 값의 수치를 조절한다.

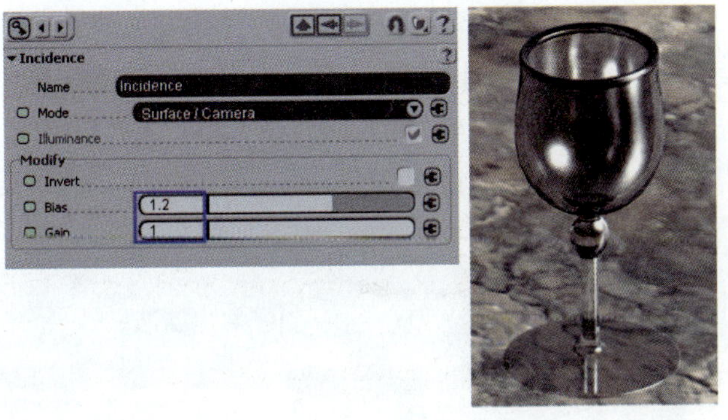

그림 1-370 Bias와 Gain

2. Render Tree에서 2개 또는 그 이상의 다중 Color Texture 적용하기

그림 1-371 최종 결과

1 Cube를 꺼내서 판자모양을 만든다.

2 Object를 선택하여 Material 〉 Lambert를 적용한다.

3 Render Tree 창을 연다.

4 Node 〉 Texture 〉 Image를 불러온다.

5 Image tap을 더블클릭하여 XSI Sample에서 제공하는 Wood 이미지를 불러온다.

6 Texture Projection은 Plane XZ로 지정해 준다.

7 또 다른 이미지 노드를 Node 〉 Texture 〉 Image1을 불러온다.

8 Image tap을 더블클릭하여 XSI Sample에서 제공하는 XSI logo 이미지를 불러온다.

9 Texture Projection은 이미 지정된 Plane XZ로 설정해 준다.

10 이번에는 Node 〉 Mixers 〉 Mix 2 Color 옵션을 불러온다.

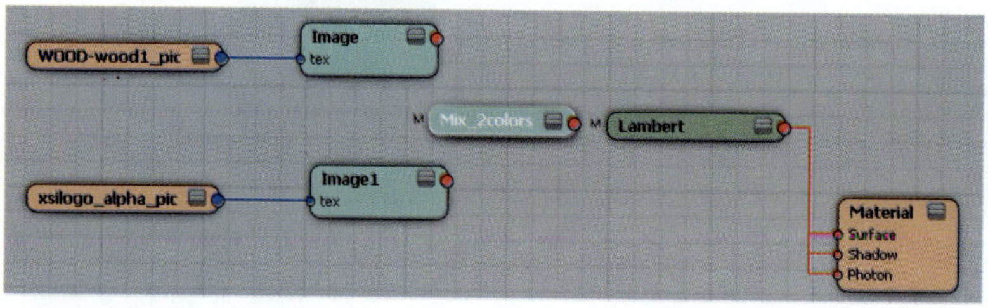

그림 1-372 Mix 2 Color

11 먼저 Wood 이미지 tap의 connect icon을 Click + drag하여 Mix 2 Color tap의 Base color에 연결한다. 그리고 두 번째 이미지인 XSI logo 이미지는 Mix 2 Color의 Color 2에 연결한다. 그리고 Mix 2 Color에서 나오는 connect icon을 Lambert shader의 ambient와 diffuse에 각각 연결한다.

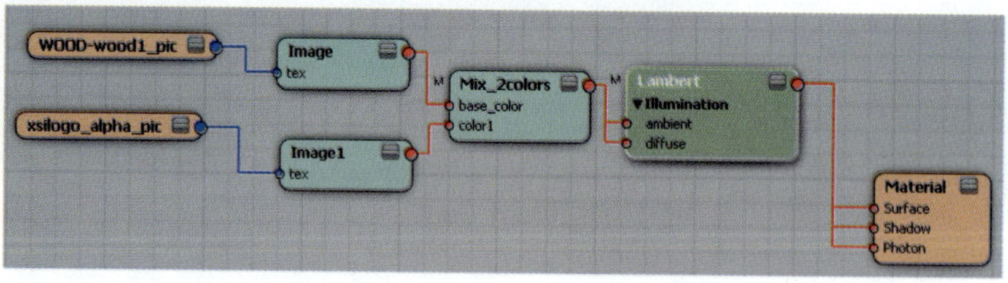

그림 1-373 Noe 연결

12 결과를 확인한다.

그림 1-374 Render 결과 확인

13 Bump 효과 주기 : Render tree 창에서 Wood 이미지 tap을 더블클릭하여 Texture shader의 속성 창을 연다. 여기서 Bump mapping tap으로 내려가면 Enable 옵션이 있는데 이를 체크하여 활성화시키고 Factor 옵션의 수치를 10으로 올려준다. Bump의 효과가 더욱 증대된다.

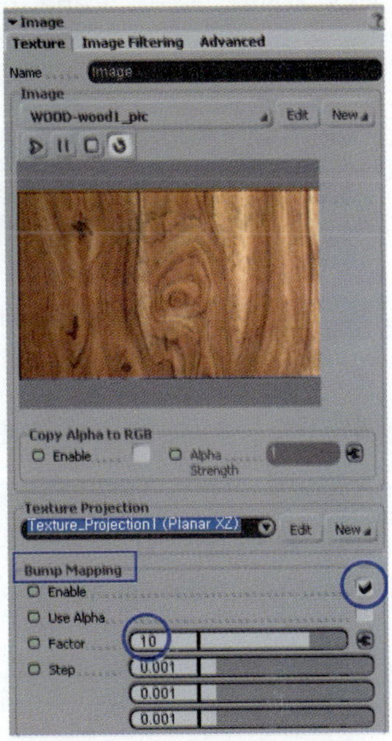

그림 1-375 Bump

14 최종 결과 확인 : Bump 효과가 적용된 결과를 확인할 수 있다.

그림 1-376 결과 확인

3. Color balance 노드를 활용한 Object에 적용된 Color 값 컨트롤하기

1 먼저 R(빨간색), G(녹색), B(파란색)의 color 값을 가진 2D Map source를 제작한다.

2 제작된 Color image source를 3D Grid를 꺼내서 적용한다.

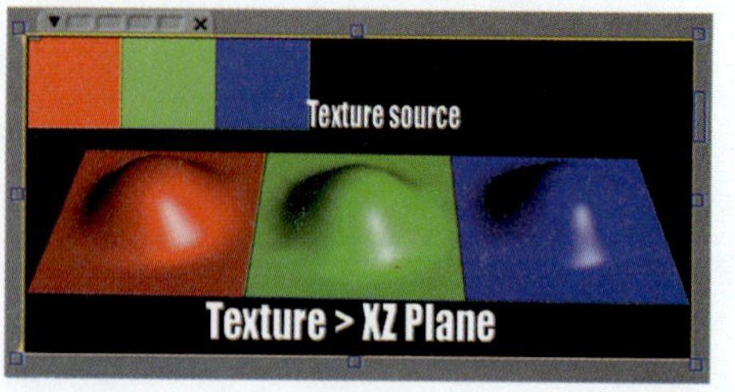

그림 1-377 Color 컨트롤

3 Render tree 노드에서 Image processing에서 Color Balance와 HLS_Adjust 노드를 오픈한다. 이 중에서 먼저 HLS_Adjust 노드를 Scene material에서 Surface와 Shadow에 연결한다.

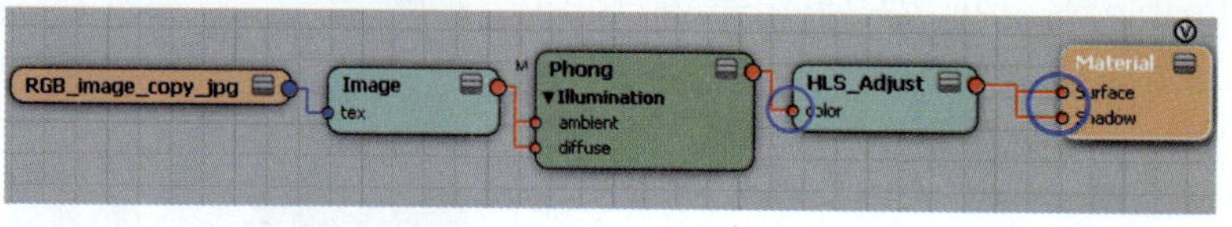

그림 1-378 Color Balance와 HLS_Adjust 노드 연결

4 HLS_Adjust 옵션 변경 결과 보기 :
Object에 적용된 Texture의 Color 값에 대한 편집 및 변경이 각각의 모든 옵션들의 조합으로 이루어지기 때문에 그 경우의 수는 헤아릴 수 없다. 따라서 자신의 꼭 원하는 색상의 Color 패턴을 미리 연구한 후에 이러한 기능을 활용해야만 좋은 결과를 얻을 수 있다. 다 같이 옵션을 변경해 가면서 어떠한 현상이 생성되는지 확인한다.

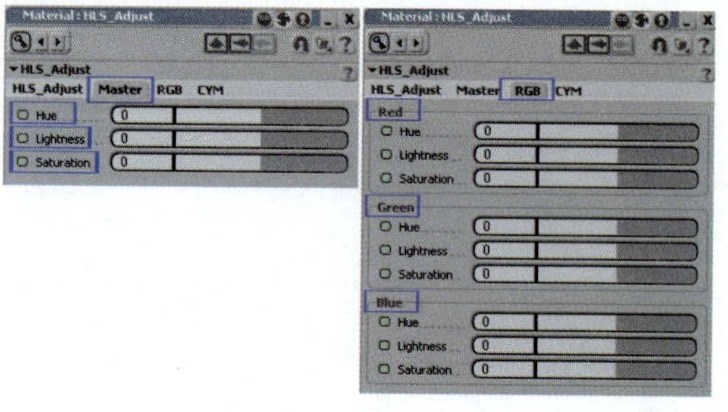

그림 1-379 HLS_Adjust 옵션 변경

- Master : Object에 적용된 전체의 Color 값에 대한 Hue(채도), Lightness(밝기), Saturation(명도)에 대한 Color tone의 변경을 확인할 수 있다.

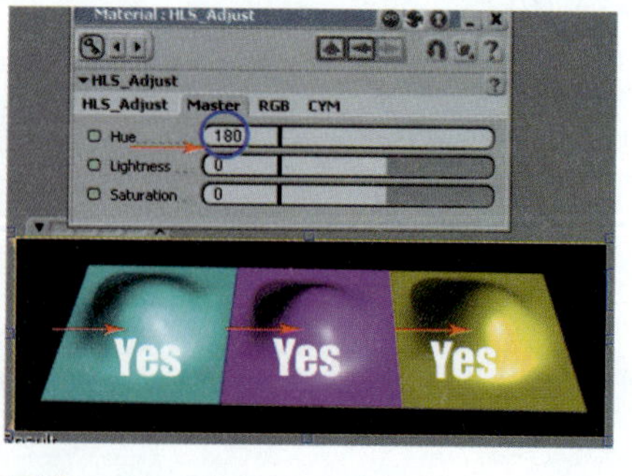

그림 1-380 Master

- RGB : RGB 모드는 각각 R(빨간색), G(녹색), B(파란색)의 color 값에 대해서 따로 따로 Hue(채도), Lightness(밝기), Saturation(명도)에 대한 Color tone의 변경이 가능하다. 좀 더 섬세하게 색상 컨트롤이 가능하다.

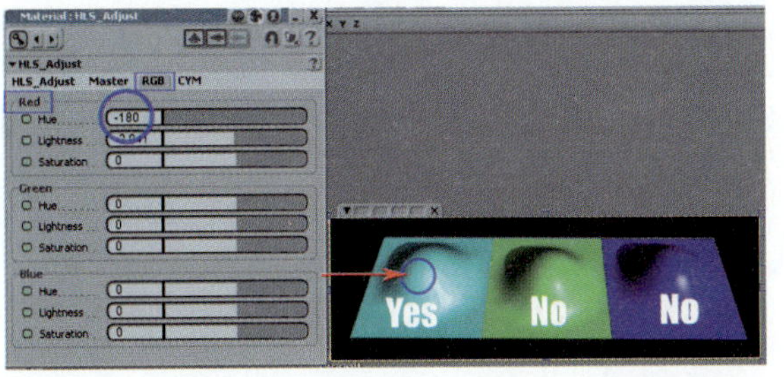

그림 1-381 RGB

5 이번에는 HLS_Adjust 노드 대신 Color Balance 노드를 연결한다. 연결된 상태에서 Color Balance 노드의 속성 창을 열고 각각의 옵션들에 대해 체크해 보도록 한다.

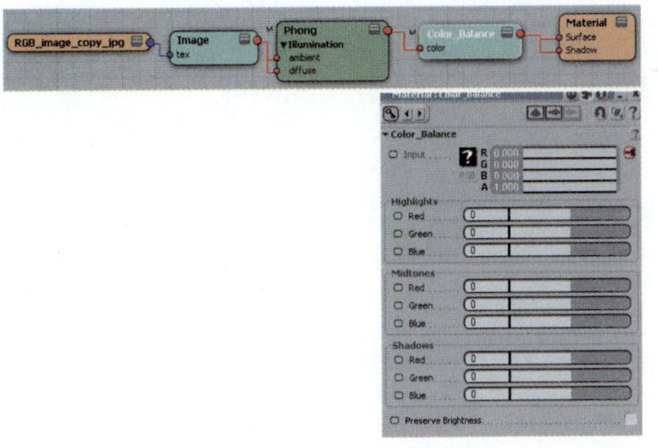

그림 1-382 Color Balance 노드를 연결

- High Lights : 각각의 Color 영역에 대한 밝기에 영향을 준다. Red 값에 대한 수치를 변경할 경우 Object 내에 연결된 Texture shader 중에서 발간색 계열에만 변화를 일으킬 수 있다. G(녹색), B(파란색)의 color 값에 대해서 동일한 효과를 나타낸다.
- Midtones : 중간 값에 대한 Color를 지정하는 기능으로 아주 밝음과 아주 어두움을 잘 견제하면서 고급스러운 Color의 표현이 가시화되는 옵션이다.
- Shadows : Light에 의해 생성된 그림자중에서 각 Color 값의 영역에 해당되는 부분의 그림자에 대한 처리 기능이다. 해당 Color의 수치가 낮아지면 그림자는 짙어지고 수치가 높아지면 점점 그림자의 Color는 해당되는 Object의 Color와 유사해진다.

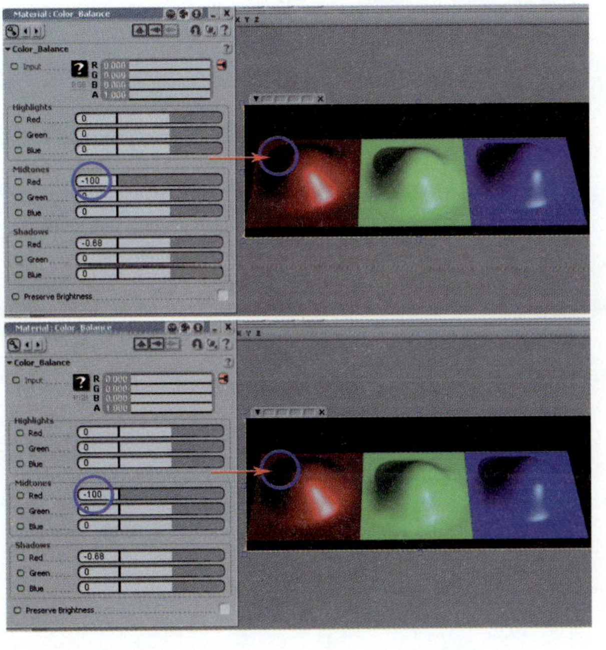

그림 1-383 Shadows

4. 유리병 질감 표현과 Label 붙이기

Material 효과를 활용한 유리병의 효과와 함께 이미지를 활용한 Label 제작 방식에 대해 알아보도록 한다.

그림 1-384 결과

1 간단한 모양의 유리병을 만든다. 만들어진 유리병에 Material Phong shader 질감을 적용한다.

그림 1-385 모델링 & Surface shader

2 유리병에 투명도와 굴절 값 적용하기 : Phong shader 속성 창을 열고 Transparency tab에서 투명도의 RGB 값을 0.5~0.6 사이에서 지정하도록 한다.

3 Incidence 노드 불러오기 : Illumination 〉 Incidence는 빛의 방향과 Object의 형태와의 상관관계에 의해 빛의 반사정도를 조절하는 기능을 한다.

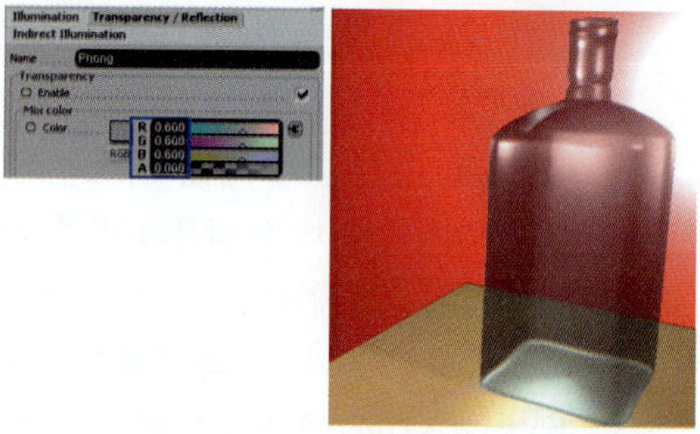

그림 1-386 Transparency 효과

4 Intensity 노드 연결하기 : Incidence 노드를 연결하기 전에 Incidence 효과에 대해 강도를 조절할 수 있는 기능 노드인 Image Processing 〉 Intensity 노드를 불러와서 Phong shader의 Transparency 영역에 연결한다.

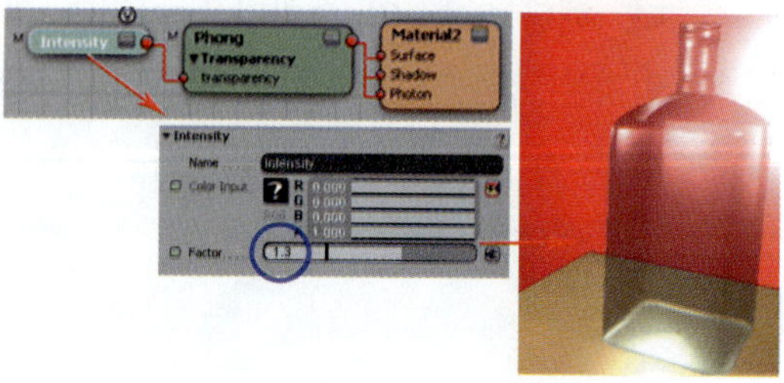

그림 1-387 Render Tree 〉 Incidence 효과

5 Incidence 노드를 Intensity 노드의 Input 영역에 연결한다.

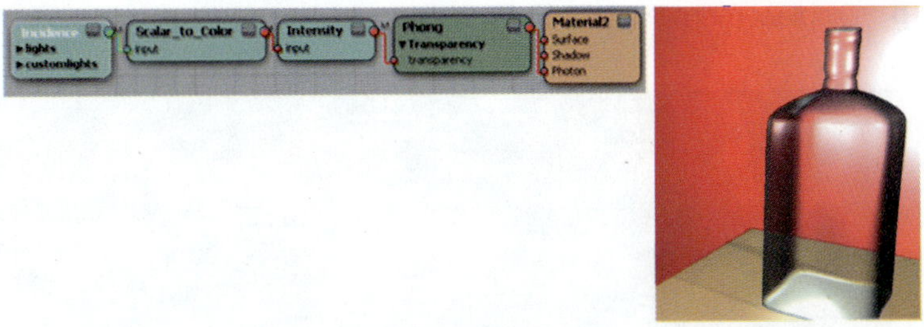

그림 1-388 Incidence 연결

6 Label 붙이기 : 우선 Label로 사용할 이미지를 준비한다. 준비된 이미지를 유리병의 Surface에 연결하고 나머지 투명도나 Material의 느낌은 Shadow와 Photon에 각각 연결한다.

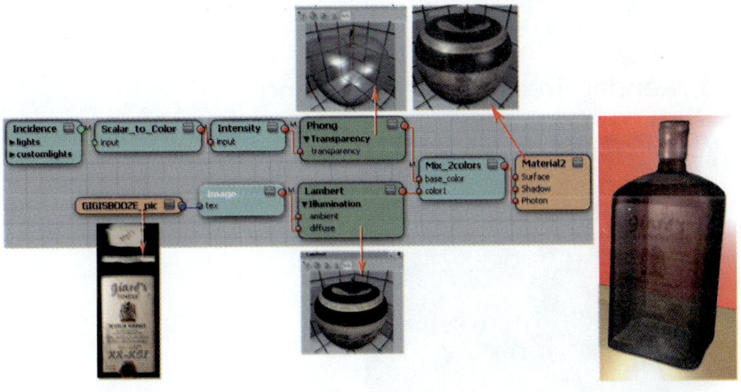

그림 1-389 Label

7 Label의 적용효과가 마음에 들지 않는다. 사용한 Label 이미지의 불필요한 부분, 즉 검은색 테두리 부분은 이번 Mapping 작업에 서는 의미가 없다. 그러므로 Alpha channel을 이용하여 불필요한 검은색 테두리는 적용범위에서 없애 보내도록 한다.

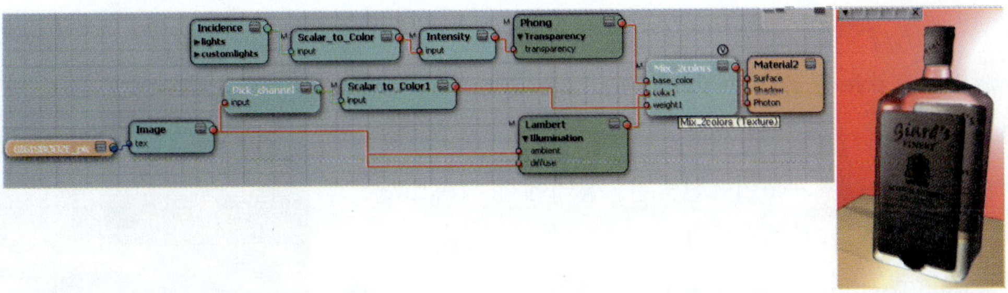

그림 1-390 Alpha channel

8 Displacement Map 적용하기

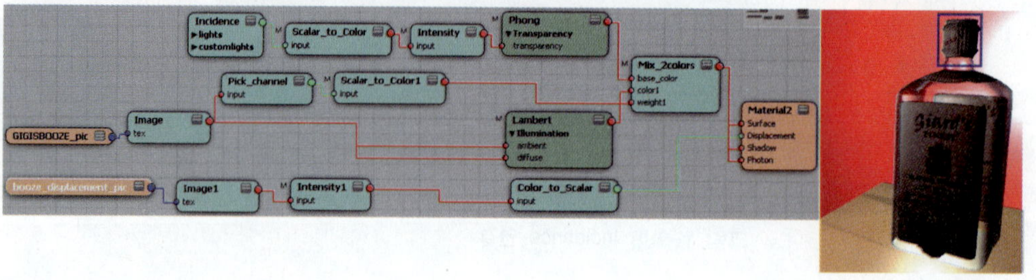

그림 1-391 Displacement Map

5. Render Tree를 활용한 Texturing

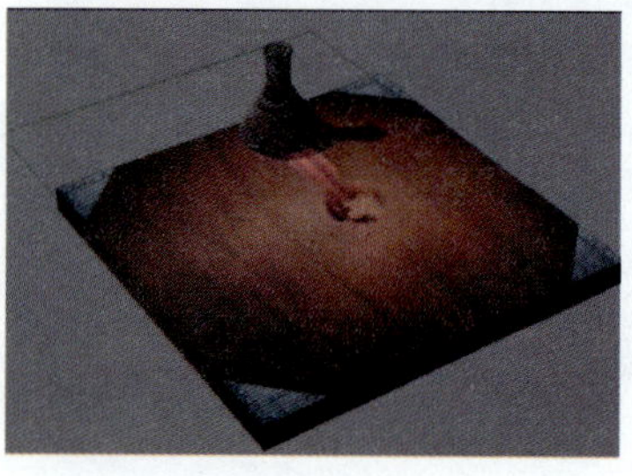

그림 1-392 결과

1 Scene setting : Cube로 바닥 테이블을 만들고 간단한 유리병의 단면 curve를 이용하여 유리병의 형태로 모델링 데이터를 제작하여 바닥 테이블 위에 올려놓는다.

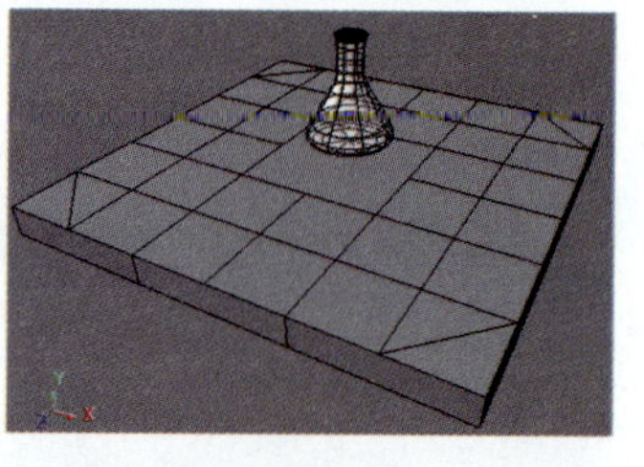

그림 1-393 모델링

2 Material shader : Table을 선택하고 Material 〉 Phong shader를 준다.

3 Texture shader 적용 : Table이 선택된 상태에서 Texture 〉 Image 〉 Wood 이미지를 불러 적용한다.

4 Projection 설정 : Texture Projection 〉 New 〉 Plane XZ 적용한다.

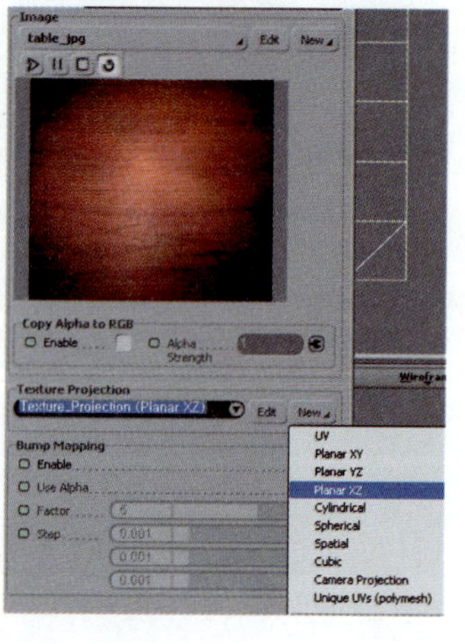

그림 1-394 Texture 이미지 적용

5 그리고 적용된 Texture Support와 Texture Projection을 Texture Property 속성 창에서 각각 TS_Table, TP_Table로 각각 변경 / 저장한다.

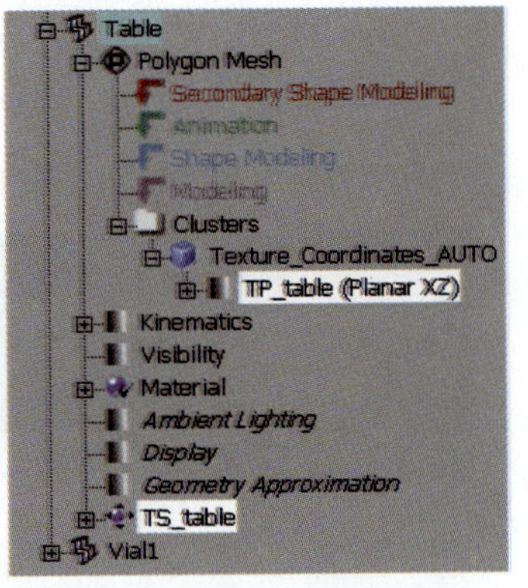

그림 1-395 Explorer 창에서의 TS와 TP

6 자 이제 두 번째 Texture Projection을 적용해 보도록 한다. SOFTIMAGE는 하나의 Texture Support에 대해 여러 개의 Projection을 적용해 줄 수 있으며, 하나의 Support에 하나의 Projection을 먹어야 한다.

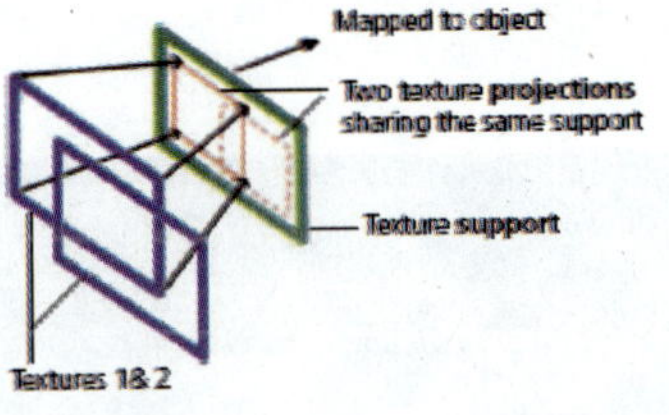

그림 1-396 TS와 TP와 상관관계도

먼저 첫 번째 적용된 TS_Table를 선택한 다음 이때 Texture Support를 쉽게 선택하기 위해서는 Select 모드를 Texture Control object 모드로 일시 변경하도록 한다. 그렇게 되면 작업화면에서 Object에 적용된 Texture Support만 선택된다.

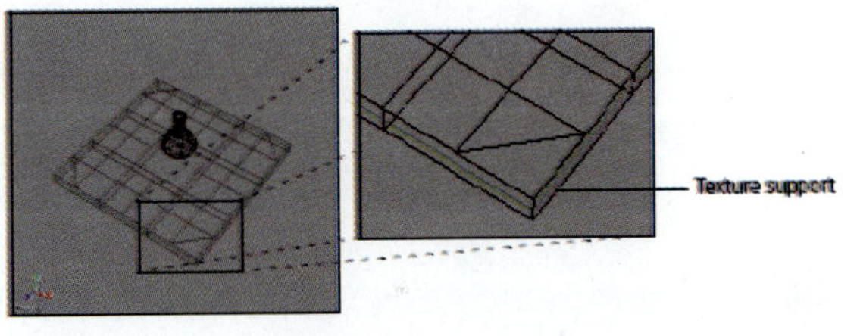

그림 1-397 Texture Support 선택

7 TS_Table를 선택한 상태에서 Get 〉 Property 〉 Texture Projection 〉 Connect to Support 명령을 실행한다. 명령 실행 후 나타나는 새로운 Texture Projection name 창에서 TP_Spilt로 변경한다. "확인" 버튼을 누른 후 "pICK" 모드로 전환되면 Explorer 창에서 TS_Support를 Click한다.

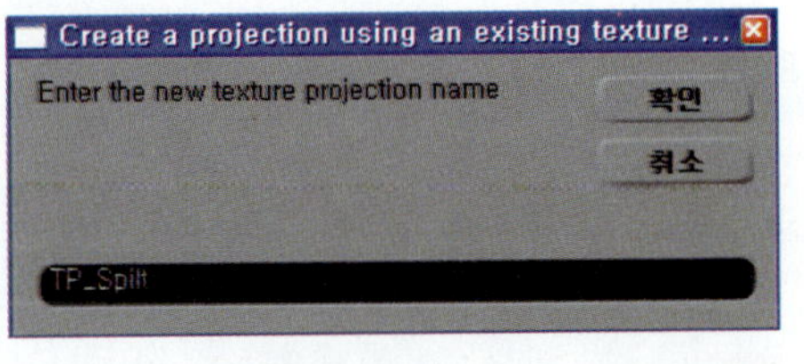

그림 1-398 새로운 Texture Projection 적용

8 Table Object가 선택된 상태에서 Modify 〉 Texture 〉 Add 〉 Image 경로를 통해 사용할 이미지를 연결한다. 이때 Photoshop에서 미리 Alpha 기능을 사용하여 엎질러진 물의 형태의 이미지를 Alpha 영역으로 지정해 준 이미지 데이터를 만들어 사용한다.

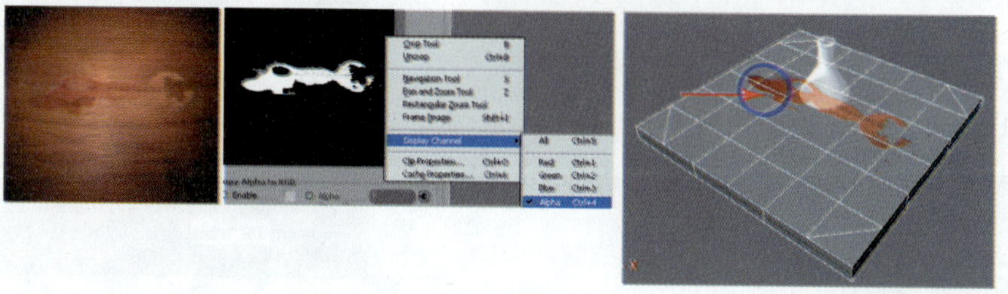

그림 1-399 Alpha 이미지 적용

9 Texture Projection을 설정하고 결과를 확인한다. 이때 적용할 Texture Projection은 TP_Spilt로 이미 만들어진 Texture Projection이다.

그림 1-400 TP 적용 및 결과

10 Texture Projection 크기 및 위치 이동하기 : Explorer 창에서 적용해 준 두 번째 Texture Projection을 선택하고 단축키[J]를 눌러 Edit Projection Tool이 나타나도록 한다.

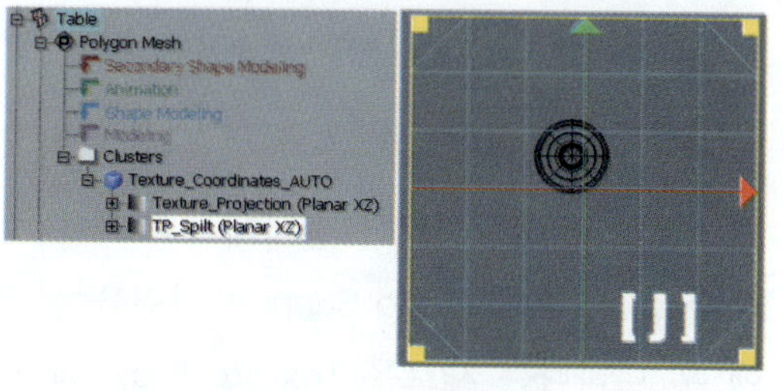

그림 1-401 TP 선택과 Edit Projection Tool[J]

11 Texture Projection의 크기와 위치 조절하기

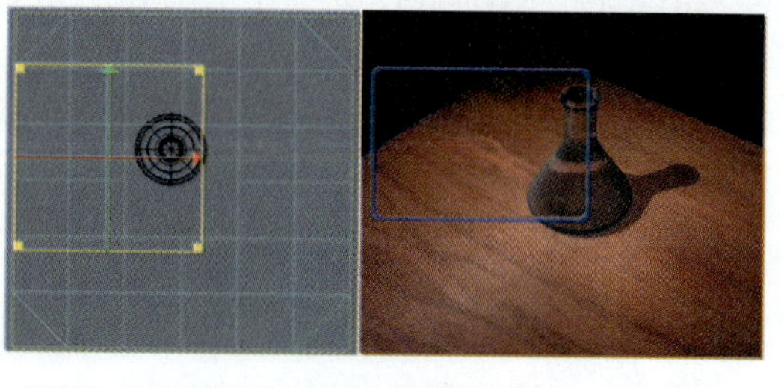

그림 1-402 Edit Projection과 결과 확인

12 Texture Projection의 크기와 위치를 이동시킴으로써 작업상에서 이미지의 반복 현상이 나타날 수 있다. 이 경우는 Texture의 적용 방법이 기본적으로 반복 적용으로 되어 있기 때문이다. Explorer 창에서 material 아이콘을 Click하여 나타나는 속성 창에서 Texture Display 모드에서 Repeat(반복하기)와 Clamp(잘라내기)를 선택할 수 있다.

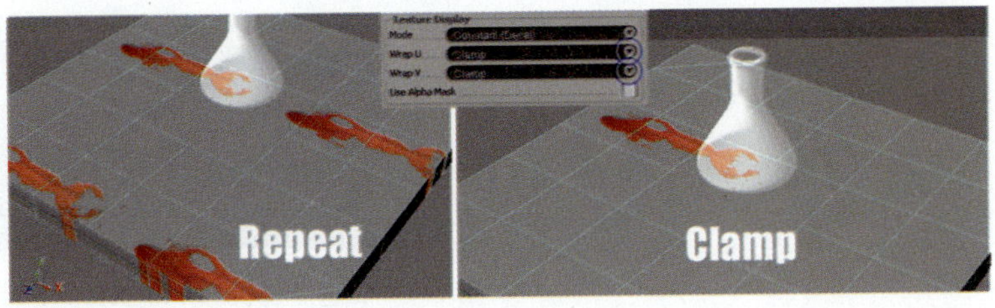

그림 1-403 Texture의 Repeat와 Clamp

13 동일한 Object에 새로운 Texture Support 적용하기 : 이번에는 Texture Support에 새로운 Projection을 적용해보도록 한다. 먼저 Table Object를 선택한 후 Property 〉 Texture Projection 〉 Create New Projection 명령을 실행한다. 생성된 새로운 Texture Support 속성 창에서 각각 TS_gradient, Texture Projection 속성 창에서 각각 TP_gradient라고 이름을 붙여준다.

14 Table Object를 선택하고 Render Tree[7] 창을 연다.

15 Tender Tree Node에서 Nodes 〉 Texture 〉 gradient 노드를 불러온다.

16 Open된 gradient shader를 Material의 surface에 직접 연결한다.

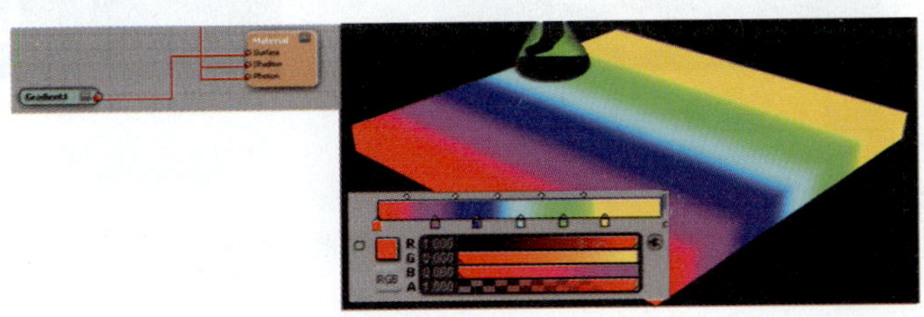
그림 1-404 Gradient shader 적용

17 Gradient node 속성 창에서 Color range를 흑과 백색 영역으로만 지정해 주도록 한다.

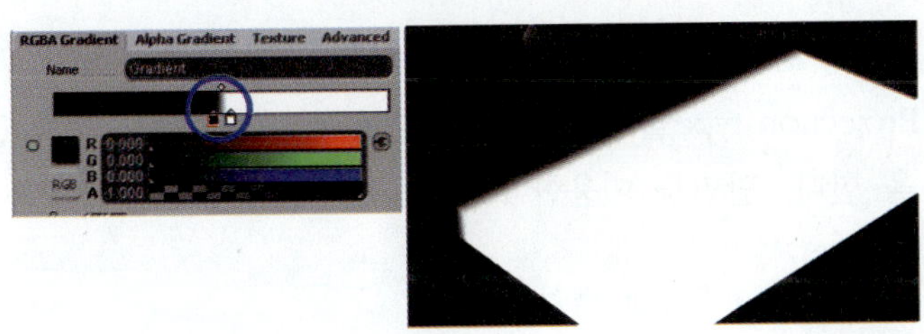

그림 1-405 Gradient shader 편집

18 Gradient shader를 Phong shader의 Mask 연결 Tip에 연결한다.

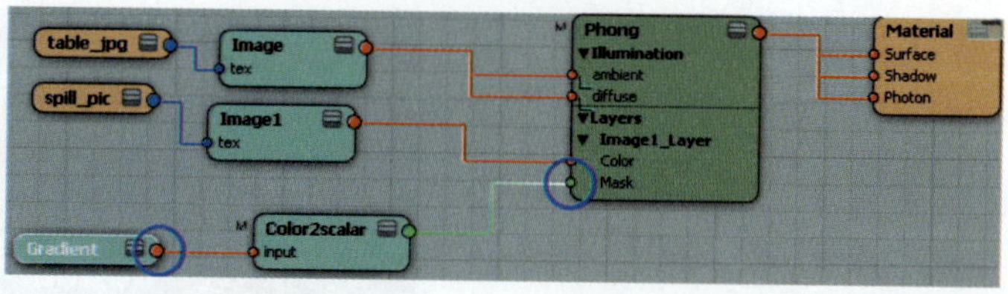

그림 1-406 Mask connect

19 Gradient Texture Support 이동 : Gradient Support 이동하여 Mask 적용 효과 증대하기

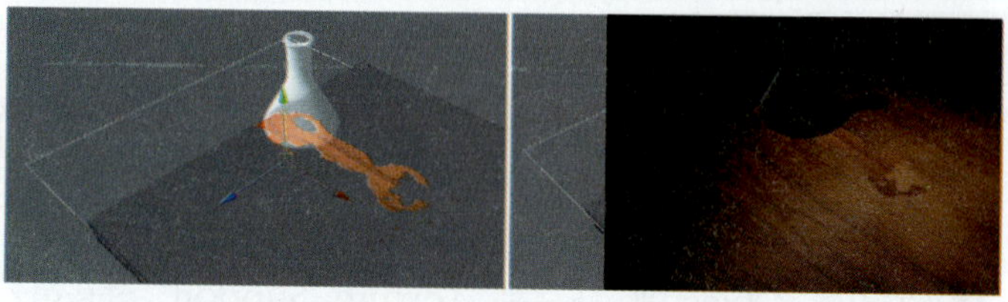

그림 1-407 Gradient Support 이동하여 효과 증대하기

6. Material Library와 Render Tree를 활용한 효율적인 Material 적용 방법

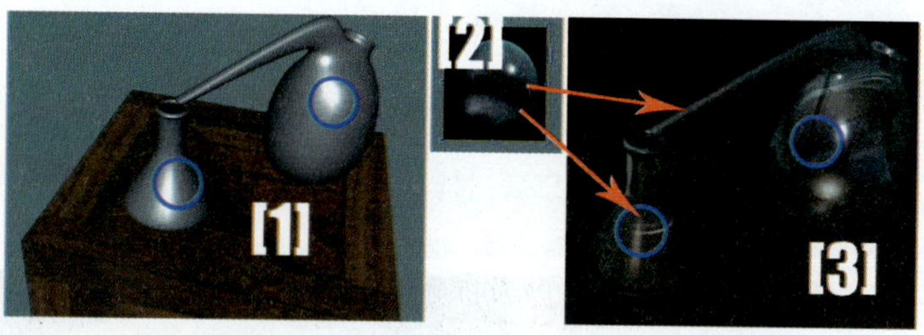

그림 1-408 제작과정

[1] 모델링 data 제작

[2] Material Library source 제작

[3] Material Library source를 다른 Object에게 그대로 전이

1 모델링 제작하기 : 이 제작과정의 효과를 적용하기 위해서 간단한 Cube 하나를 꺼내서 Cubic Projection type을 설정한 후 실험용 실린더 Object와 동일한 유리 질감의 실험 장비를 하나 모델링을 한다. 단면을 이용한 Revolution 명령을 활용한다면 좋은 모델링 결과를 얻을 수 있다.

2 Material Editor 열기

3 Material Library Setting

4 Glass material 제작하기 : Sphere object에 대해 Material 〉 Phong shader 적용 후 Illumination tab에서 Diffuse Color 값을 약간 푸른 색 계열에 맞추도록 한다. 그리고 Specular decay 값을 200으로 올려서 Decay 영역을 줄이도록 한다.

다음 Tab인 Transparency / Reflection 옵션에서 투명도의 RGB 수치를 0.6 정도로 맞추고 Index of Refraction 수치를 1.5 정도로 맞추도록 한다. 마지막으로 Reflection RGB 수치를 0.2로 조절한다.

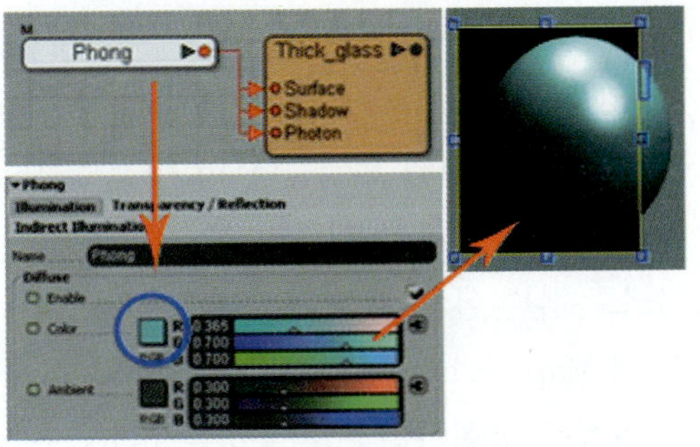

그림 1-409 Object에 대해 Material 적용하기

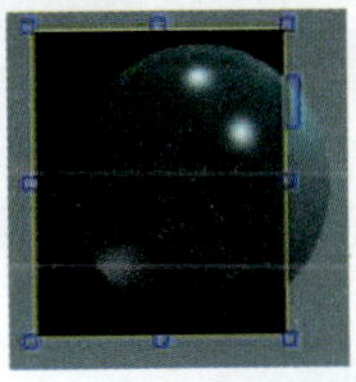
그림 1-410 투명도와 반사/굴절 효과 적용

5 Render Tree에서 다양한 옵션 연결 기능으로 유리질감 효과 증대시키기 : Render Tree에서 Incidence shader 효과를 주기 위해 Node 〉 Illumination 〉 Incidence 옵션을 Render tree 창에 불러온다. 불러온 Incidence node를 Material에서 Transparency 옵션에 연결시켜 준다.

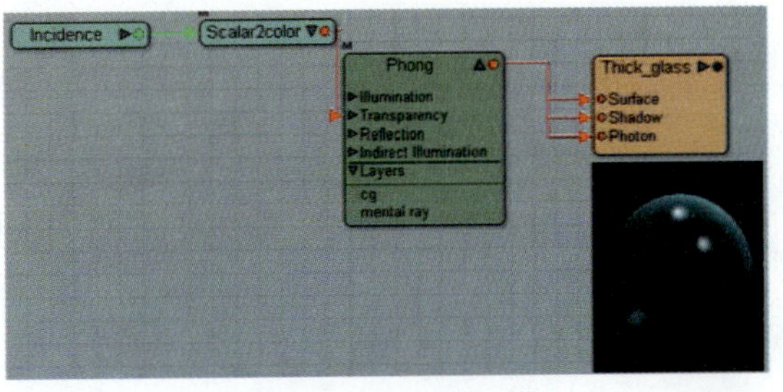

그림 1-411 Incidence(굴곡 효과) 적용

6 Environment map 적용 : Render Tree 창에서 Nodes 〉 Environment 〉 Environment 옵션을 불러온다. 그리고 동일한 명령을 반복하여 하나의 Environment shader를 하나 더 오픈한다.

7 Node Mixer 하기 : Node 〉 Mixers 〉 Mixer 2 Colors 명령을 실행한다. Render Tree 창에 나타난 Mixer 2 Color에서 Environment의 노드를 Mix2 colors의 Base color와 Color1로 각각 연결한다.

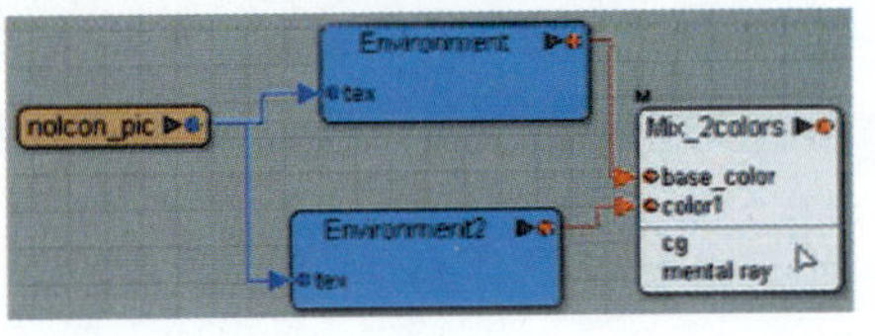

그림 1-412 Mix 2 Color

8 Environment shader에 이미지 적용하기 : Environment shader를 적용할 경우 대상 Object가 처해 있는 현재의 환경을 Map 소스로 사용하는 것이 좋다. 현재 실험실 재료인 유리병에 대한 환경 map 소스는 실험실의 환경을 그대로 사용한다. 그리고 두 번째 Map 소스는 유리질감의 굴절과 반사에 대한 불규칙성을 표현하려고 사용하는 map 소스이다.

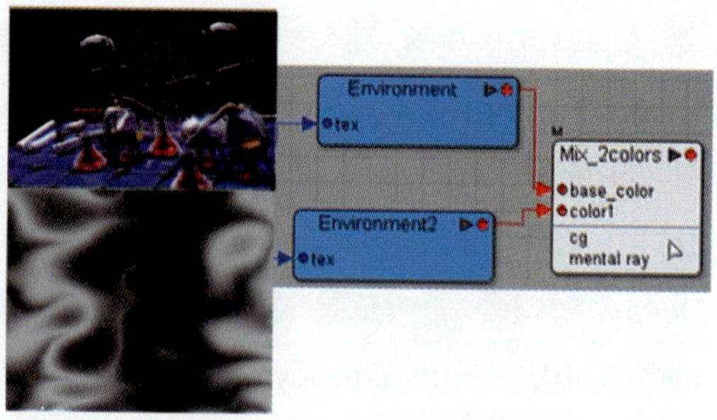

그림 1-413 Environment shader에 Map 소스 적용

9 Environment shader 연결하기 : Map 소스를 적용한 Environment shader를 Material의 Environment 옵션에 연결하여 적용한다. 그리고 Render update하여 결과를 확인한다.

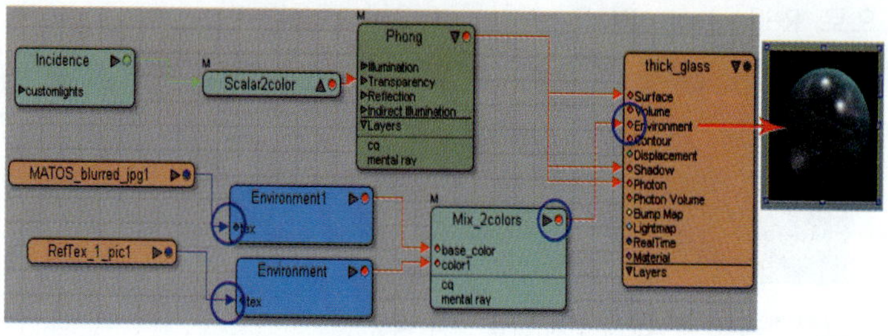

그림 1-414 Environment shader 연결

10 Mix layer 수치 조절 : Render Tree 창에 있는 Mix 2 Color 노드의 속성 창을 열고(더블클릭) Mix layer의 Weight 수치를 조절해서 가장 원하는 느낌의 결과가 나올 때까지 조절을 한다.

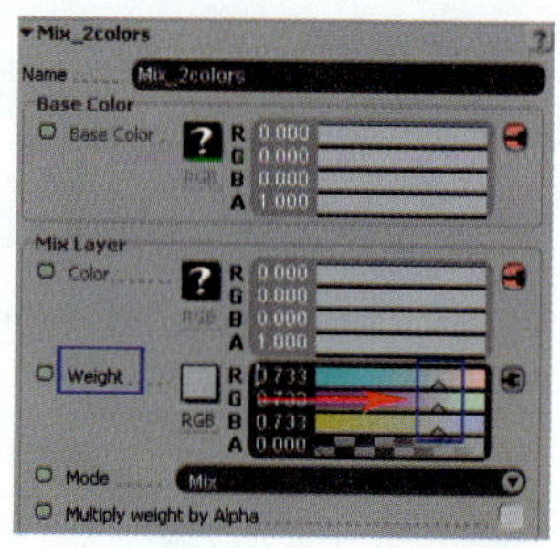

그림 1-415 Mix Weight 조절

11 Environment Map 소스 환경 설정 : 적용된 각각의 Environment map 소스 속성 창을 열고(더블클릭) 각 옵션에 대한 수치에 대해 변화를 주면서 최적의 결과를 찾아나가도록 한다.

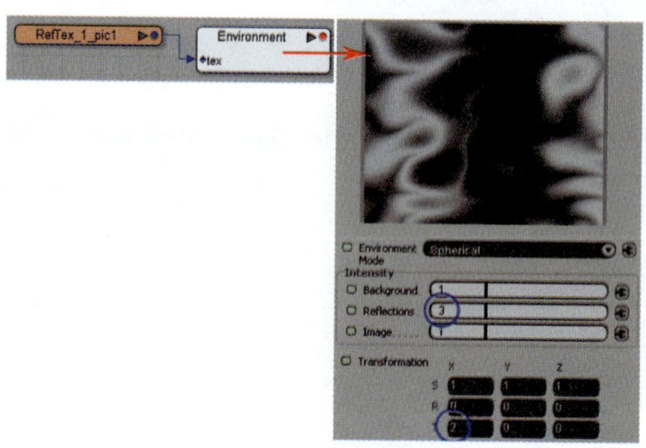

그림 1-416 Environment Map 소스

12 Material Assign : 제작된 Material 결과에 대해 적용할 Object에 적용한다. 제작된 Material을 선택한 후 Get 〉 Material 〉 Assign material 명령을 실행하고 Pick icon 모드에서 원하는 Object를 선택한다.

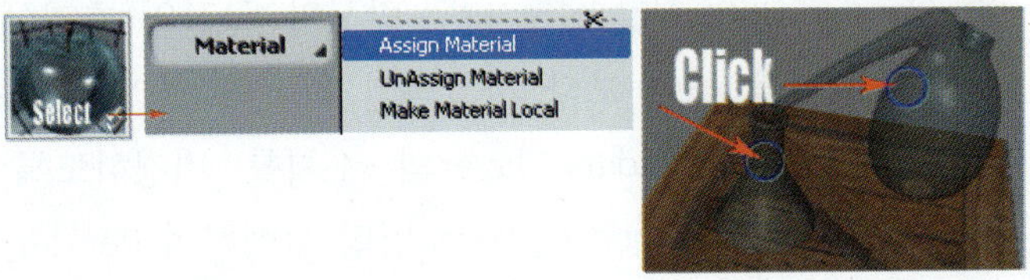

그림 1-417 Assign Material

13 결과 확인

그림 1-418 Render 결과 확인

7. Render Tree와 Texture Editor 기능을 활용한 플라스크 Label 붙이기

그림 1-419 결과 이미지

1 간단한 모델링으로 Scene 구성하기 : 실험실 플라스크와 같은 간단한 형태의 모델링을 제작한다.

2 Material Shader 및 표면 질감 적용하기 : 제작된 실험용 플라스크에 대해 다음과 같은 재질을 적용한다.

- Material 〉 Phong shader 재질감 적용하기
- Transparency Color 값을 0.5~0.6 적용하기
- Refraction 수치를 1.1로 적용하기
- Reflection Color 값을 0.2로 적용하기

그림 1-420 모델링

3 Render Option 값 설정하기 : 반사와 굴절의 효과에 대해 Secondary layer의 효과를 높여 보다 사실적인 최적의 결과를 얻기 위해서 Render Option 값의 Secondary layer의 수치를 변경하도록 한다. Render 〉 Region 〉 Active Viewport Options 명령 수행하여 Render Property 창 열고 Optimization tab을 Click한 후 Maximum Ray Depth 값과 Refraction Depth 값을 3으로 조절한다.

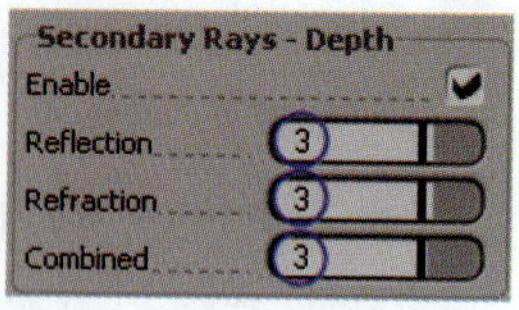

그림 1-421 수치조절

4 실험용 플라스크의 표면 재질 효과를 극대화하기 위해 Render Tree 기능 창에서 Incidence 효과를 적용해 준다. Render Tree창에 불러온 Incidence 노드를 일단 Phong shader의 Transparency기능에 연결한다. Object에 적용된 결과를 확인하면서 Incidence 노드에서 Bias와 Gain 값에 대한 변형 값 조절하면서 그 결과를 최적화시킨다.

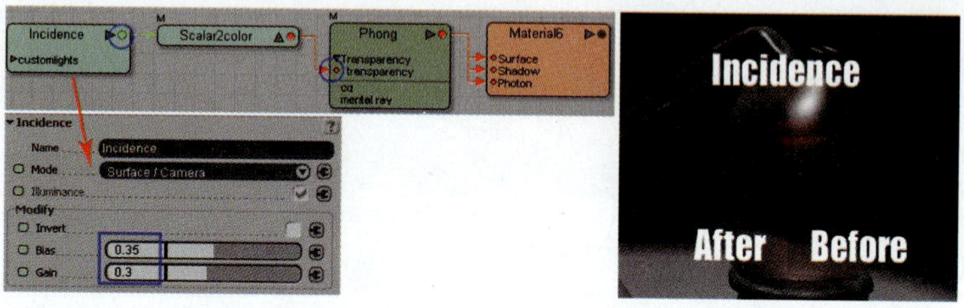

그림 1-422 Incidence 효과 적용

5 Object의 Color값에 대한 변경 : 우선 플라스크의 표면에 빛의 산란효과가 너무 광범위하게 나타나고 있기 때문에 Highlight 부분의 영역을 주려줄 필요가 있다. 이 경우 Material 속성 창에서 Specular decay 수치를 default50에서 200으로 올려준다. Specular decay 수치가 높을수록 Highlight 부분 작아진다. 그리고 Object의 Color를 약간 푸른색 계열로 변경한다. 맑은 투명일수록 푸른 계열의 Color 색을 띤다.

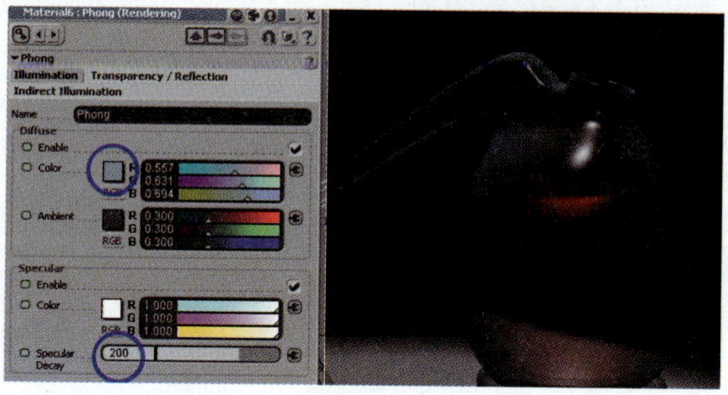

그림 1-423 Object의 Color 변경

6 플라스크에 라벨 붙이기

① Render Tree 작업 창에서 Nodes 〉 Illumination 〉 Lambert shader를 꺼낸다.
② Nodes 〉 Texture 〉 Image 노드를 꺼낸다.
③ 그리고 마지막으로 Nodes 〉 Mixers 〉 Mix 2 Color 노드를 꺼낸다.
④ 라벨 이미지 노드의 Out put을 Lambert shader의 Surface와 diffuse에 각각 연결한다.
⑤ 먼저 플라스크에 적용된 Phong shader의 Output를 Mixer 2Color의 base_color에 연결한다.

⑥ 라벨의 표면 재질인 Lambert shader는 Mixer 2Color의 color1에 연결한다.

⑦ Mix 2color의 Out put을 Material의 Surface에 연결한다.

⑧ 마지막으로 라벨로 쓸 이미지를 이미지 노드에서 불러온다.

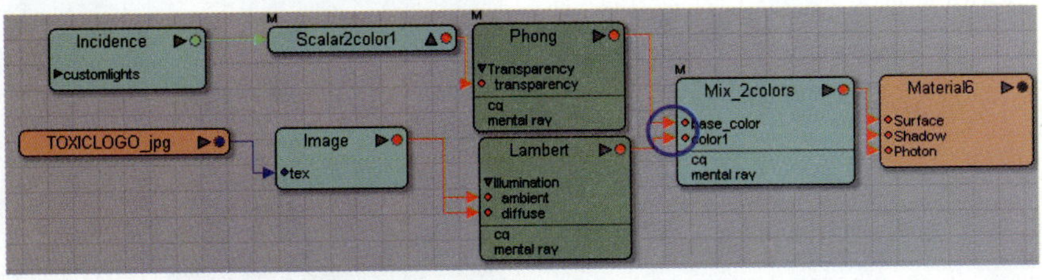

그림 1-424 Render Tree 노드

7 라벨 이미지의 Texture Projection을 설정해 주도록 한다.

① 먼저 플라스크의 영역 중에서 라벨을 붙일 부분의 Polygon을 선택한다.

② 그리고 Texture Projection을 설정하기 위해 Get 〉 Property 〉 Texture projection 〉 Create New projection 명령을 실행한 후

③ Projection type을 XY로 바꾸고 Projection과 Support의 이름을 각각 지어준다.

④ OK를 누르고 선택한 Polygon에 대한 TS의 생성 여부를 확인한다.

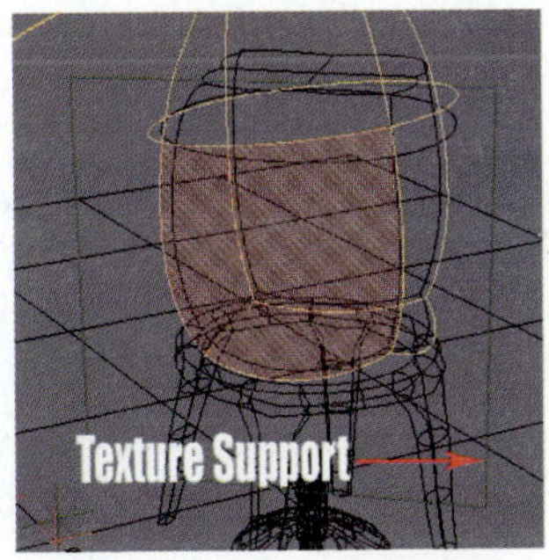

그림 1-425 TS 생성

8 Texture Editor 창에서 라벨의 정확한 위치 작업하기

① 먼저 라벨이미지가 적용된 Polygon 면이 선택된 상태에서 단축키[7]을 누른다.

② 그리고 선택 영역을 반전(단축키[Ctrl + Shift + I])를 눌러 현재 선택된 영역을 반전시킨다.

③ 그리고 Tearing 모드(잘라내기)를 활성화한 후 이동 기능을 이용해 선택 반전된 영역을 밖으로 이동시킨다.

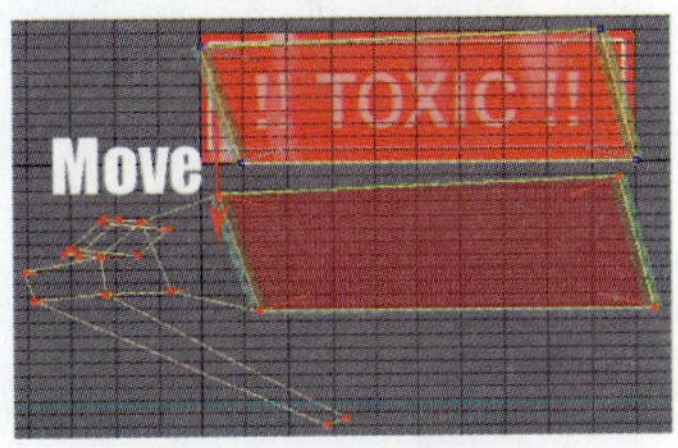

그림 1-426 Texture Editor

9 Texture Editor에서의 라벨과 선택 영역의 Match 작업

① 먼저 이동시킨 불필요한 영역의 Point를 모두 선택한 후

그림 1-427 UV 좌표 수정

② Collapse시킨다. (즉 한 점으로 모두 모은다)

③ Collapse된 한 점의 Point는 라벨 이미지 외곽으로 보낸다. 그리고 남은 사각형 모양의 Point들을 이용하여 보다 정밀하고 정확하게 이미지에 맞도록 편집한다.

10 이미지 반전시키기 : Render Tree 창에서 반전시킬 영역이 선택된 상태에서 Tools 〉 Rotate by 90 CW(단축키 [R])명령을 실행하여 이미지의 방향을 90도 회전시킨다.

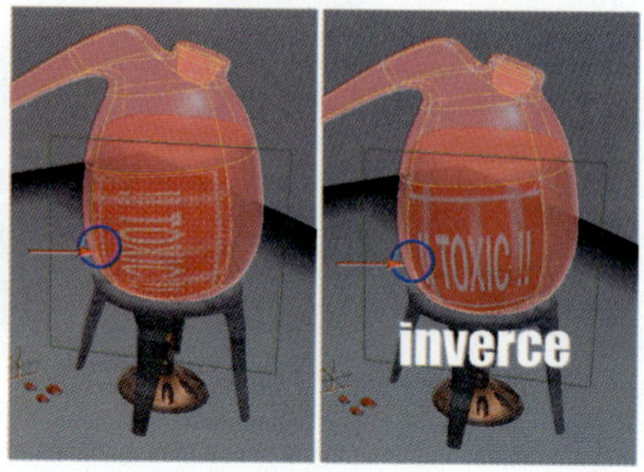

그림 1-428 Image 반전

11 Color Matt를 이용한 라벨 재질 shader 따로 적용하기 : 지금까지 렌더링 결과를 보면 라벨은 플라스크의 Surface shader에 묻혀서 Lambert 보다는 Phong shader의 재질감이 표현되고 있다. 보다 사실적인 느낌의 표현을 위해서는 라벨은 Lambert shader를 적용을 해야 한다. 즉 Polygon 영역인 라벨의 질감을 Lambert로 효과를 내야 하는데 이때 Color matt기능을 이용하여 완벽하게 제작할 수 있다.

① Nodes 〉 Color Channels 〉 Color Matte 노드를 꺼내서 라벨 이미지의 Output을 Color matte의 Input에 연결한다.

② Color matte의 Output을 Mix 2Color의 Weight1의 Input에 연결한다.

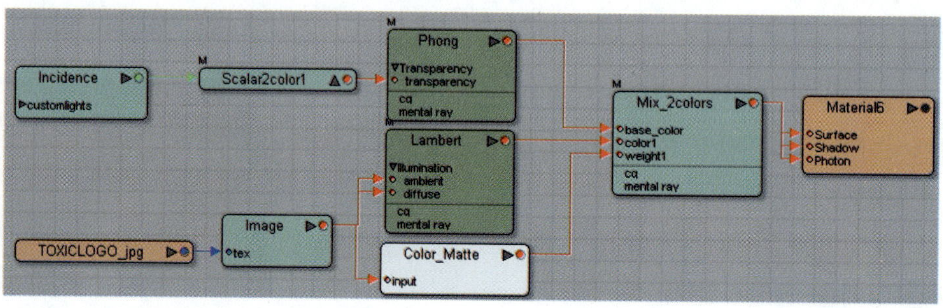

그림 1-429 Render Tree

12 Texture Support 사이즈 조절하기 : 플라스크에 적용된 라벨 영역의 Texture Support의 Scale 값을 조절하여 플라스크의 크기에 잘 어울리도록 크기를 조절한다. 이때 Open시 상에서 라벨 Texture가 반복되는 현상이 나타나기 때문에 Material 속성창에서 Texture Display 모드에서 Wrap U / V의

그림 1-430 TS Scale 조절

명령어를 Clamp로 변경하도록 한다. 이 경우 Texture Support를 줄여도 Open GL상에서 이미지의 반복 현상을 막을 수 있다.

13 Front _ Back 기능을 활용한 Color Change : 라벨의 이미지 컬러 값을 앞면과 뒷면을 달리해주는 기능을 이용하여 좀 더 사실적인 효과를 얻을 수 있다. Render Tree 노드에서 Switch 노드에서 〉 Front-Back 노드를 불러낸다. 반대쪽에서 Object를 봤을 경우 라벨의 이미지가 보이지 않도록 하기 위해 Front는 라벨 이미지를 적용시키고 뒷면은 라벨이미지가 아닌 일반적인 Color 모드로 색을 지정해 준다. 먼저 Front - Back 노드를 Open한 후 라벨이미지의 Output을 Front-Back 노드의 Input에 연결하고 Front-Back 노드의 Output은 Lambert의 Ambient와 Diffuse를 연결하도록 한다.

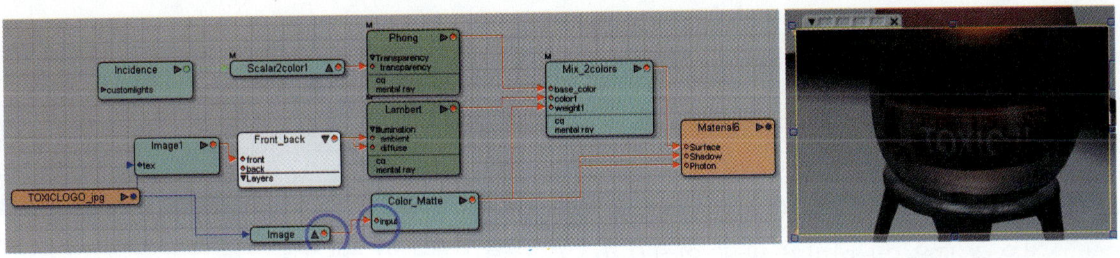

그림 1-431 Front - Back 노드

14 Texture 전이 : 하나의 플라스크에 제작한 최종 Material 결과를 도일한 표면 질감을 내는 다른 플라스크에 그대로 전이시킬 수 있는 방법에 대해 알아보도록 한다. 이때 주의할 점은 Material 전이 대상의 Object가 기본 Material에 대해 TS와 TP를 가지고 있어야 한다는 점이다.

그림 1-432 전이시킬 영역 선택

① 먼저 기존에 제작된 결과에 대해 쉽게 알 수 있도록 이름을 바꿔준다. Render Tree 창에서 최종 결과 Material을 “Big glass material”로 이름을 변경한 후

② 전이될 플라스크에서 Label을 붙일 영역의 Polygon 면을 선택한다.

③ Get 〉 Property 〉 Texture Projection 〉 Create New Projection 명령을 실행한다.

④ 새로운 TP의 이름과 TS의 이름을 정해 준다.

⑤ Explorer 창을 열고 Material 모드(단축키[M])로 전환한다.

⑥ Explorer 창의 Material 모드에서 Big_glass_Material을 선택하고 drag & drop으로 새로 적용한 플라스크에 전이한다.

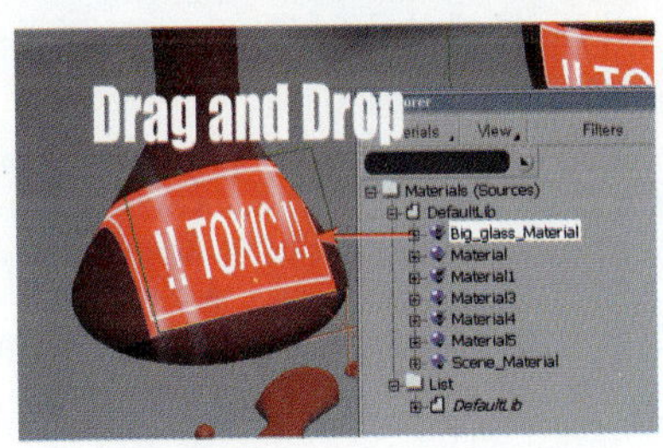

그림 1-433 Texture 전이

15 전이된 라벨 영역의 편집

① 전이된 플라스크의 Polygon이 선택된 상태에서 Render Tree 창을 열고 새로 적용된 이미지의 Projection이 잘 적용되었는지를 확인한다.

② Projection 적용이 확인되었으면 전이된 플라스크의 Polygon이 선택된 상태에서 Texture Editor 창을 연다.

③ 선택된 Polygon 면을 제외한 나머지 영역을 선택하기 위해 Ctrl + Shift + I를 선택한다. 선택된 나머지 Point 영역을 이동하여 라벨이미지 외곽으로 이동시킨다. 이때 반드시 Tearing 모드에서 작업을 해야 선택과 비 선택 영역이 분리된다.

그림 1-434 Texture Editor

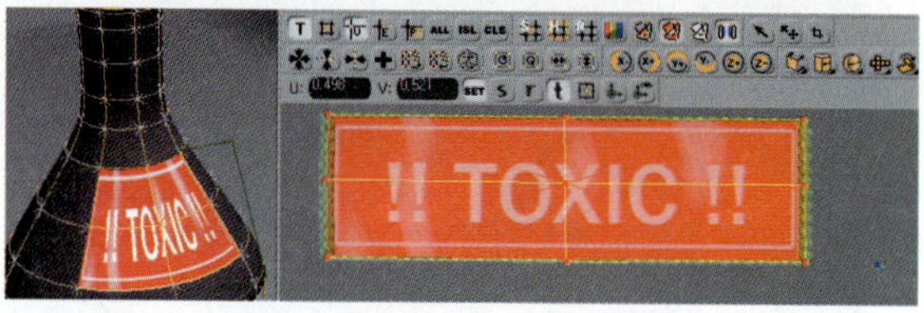

그림 1-435 UV 좌표 수정

④ 이동된 나머지 영역을 Collapse시킨 후 한 점으로 모은 뒤 이미지 밖에 위치시킨다.

⑤ 라벨 영역에 대해 Point 이동을 통해 영역과 라벨 이미지를 잘 맞추도록 한다.

⑥ Texture Support의 크기를 조절하여 이미지를 모델링의 형태에 맞추도록 한다.

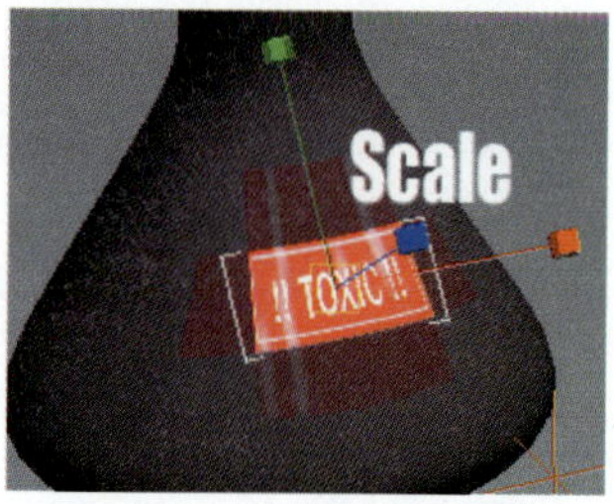

그림 1-436 Texture Support의 크기 조절

16 최종 결과 : Render Region을 통해 최종 결과를 확인한다.

그림 1-437 최종 결과

8. Render Tree를 활용한 Sunglass 효과 제작하기

Render Tree를 활용한 Sunglass 효과를 적용한 결과물은 그림 4-438과 같다. 그 제작과정을 다음과 같이 설명한다.

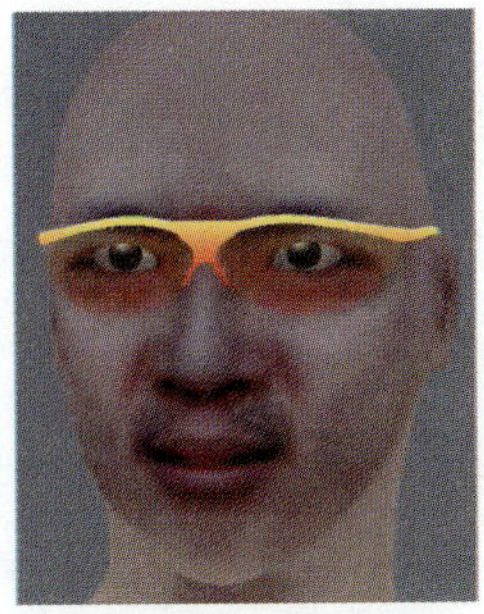

그림 1-438 결과

1 Man face를 사용해서 간단한 얼굴형태를 만들고 그 위에 간단한 모양의 Sunglass를 모델링한다.

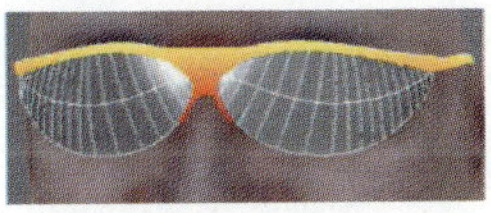

그림 1-439 모델링

2 Sunglass Object에 대해 기본 질감인 Phong shader를 적용하고 Transparency tab에서 수치 조절을 통해 반투명 질감을 만든다.

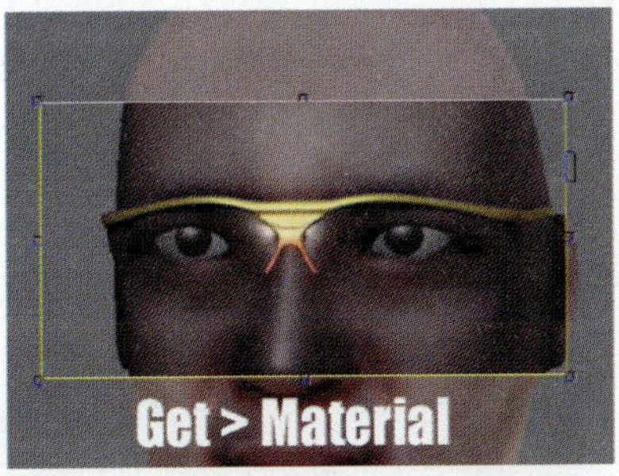

그림 1-440 Transparency 효과

3 Transparency Texture 적용 : Material이 적용된 상태에서 Transparency tab 〉 Connect icon을 통해 제작된 Gradient texture 이미지를 적용한다. Phong shader의 Transparency 노드에 연결되어 있는지 Render Tree에서 결과를 확인한다.

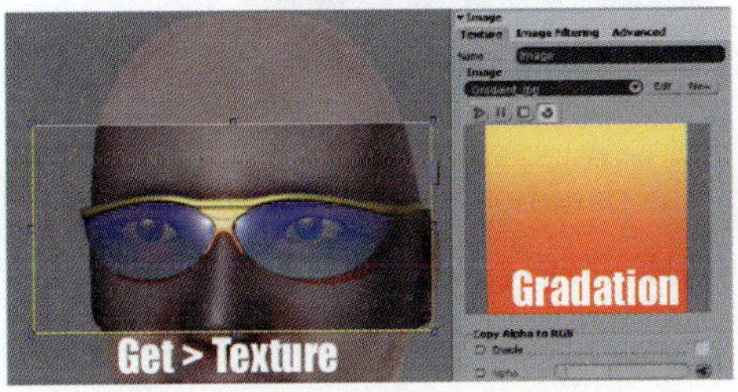

그림 1-441 Gradient texture

4 Mix color Invert하기

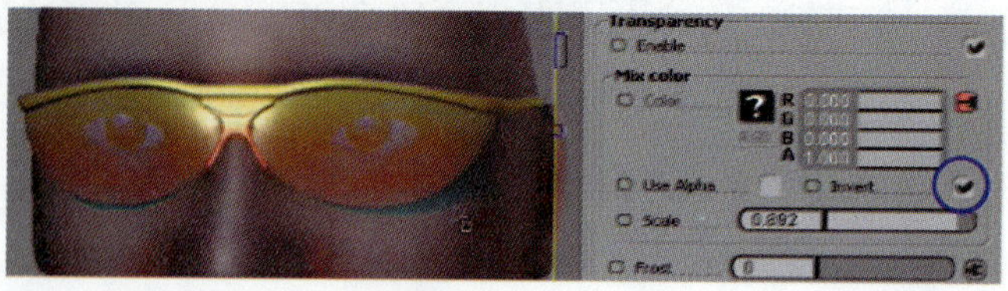

그림 1-442 Mix color Invert

5 Reflection 효과 적용 : Sunglass의 재질적 특징 중 하나는 반투명에 이은 정확한 반사 기능에 있다. Surface shader에서 Index of Reflection 모드에서 수치를 조절함으로써 반사 값에 대한 결과를 확인할 수 있다.

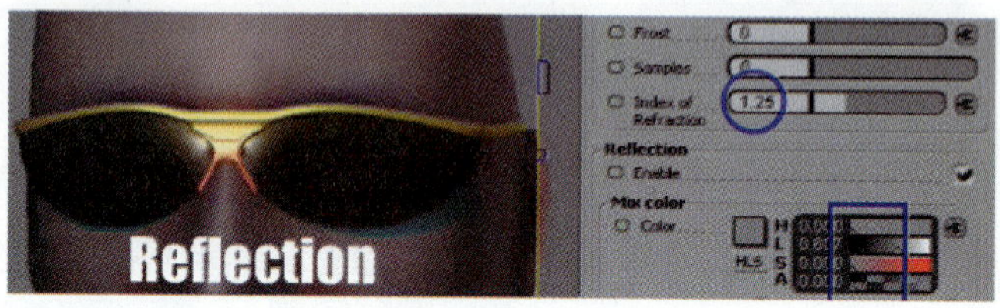

그림 1-443 Reflection 효과 적용

6 Reflection Texture 이미지 추가하기 : Get 〉 Texture 모드에서 이미지 연결 노드를 Diffuse나 Ambient에서 Reflection 모드로 전환한다. 그 결과 연결되는 이미지는 Material의 Reflection 효과를 극대화할 수 있는 역할을 수행한다. Get 〉 Texture 〉 Image 명령을 실행한다. 전에 사용한 Gradient 이미지를 연결하고 옵션 창에서 Use Alpha 기능을 체크 해제하고 Invert 기능만 활성화한다. Render Tree 구조를 확인한다.

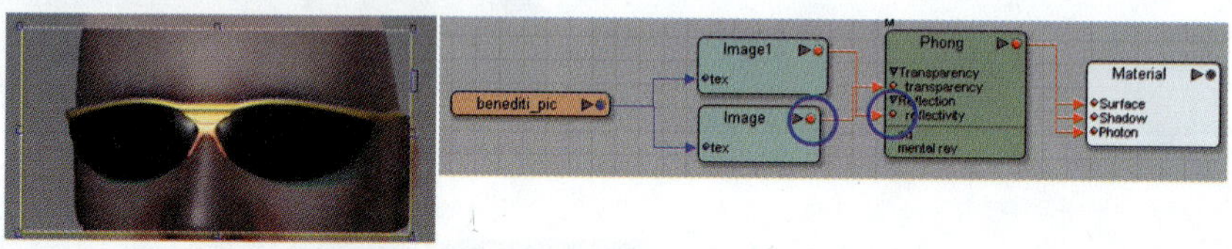

그림 1-444 Gradient 이미지를 연결

Scale parameter를 이용하여 Reflection의 효과를 변화를 확인한다.

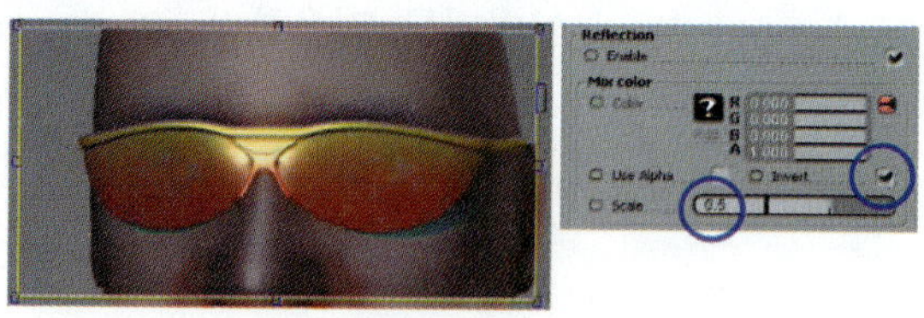

그림 1-445 Scale parameter

7 최적의 결과를 얻기 위해 다양한 옵션들의 수치를 많이 변형시켜보도록 한다.

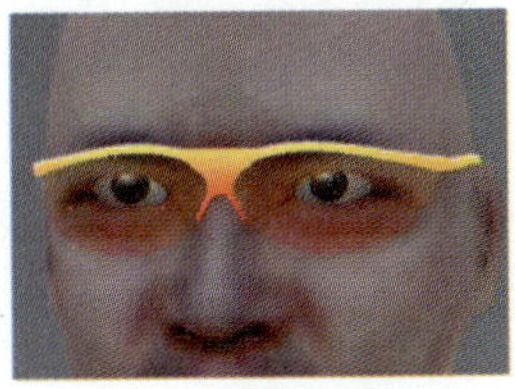
그림 1-446 결과 확인

1-2-6 Shader Ball 기능

그림 1-447 결과

Material이나 Texture를 적용한 후 그 결과를 확인하는 방법은 매우 다양하다. Scene이 완성되지 않은 중간 작업과정이라면 굳이 최종 Rendering을 걸 필요는 없을 것이다. 그래서 Render region[Q + Drag]을 통해 작업 중간 중간 Viewport에서 확인을 하면서 작업을 한다. 또 다른 방법 중의 하나가 바로 Shader ball을 활용하는 것이다. 그림 1-443은 Shader Ball을 활용한 결과물이다.

실제 Object에 적용된 UV 좌표의 값이나 위치를 파악할 수 없지만 재질이나 Texture 적용의 결과에 대해서는 보다 빠르고 정확하게 확인 가능하기 때문에 재질이나 Mapping 작업에 있어 매우 높은 효율성을 제공한다.

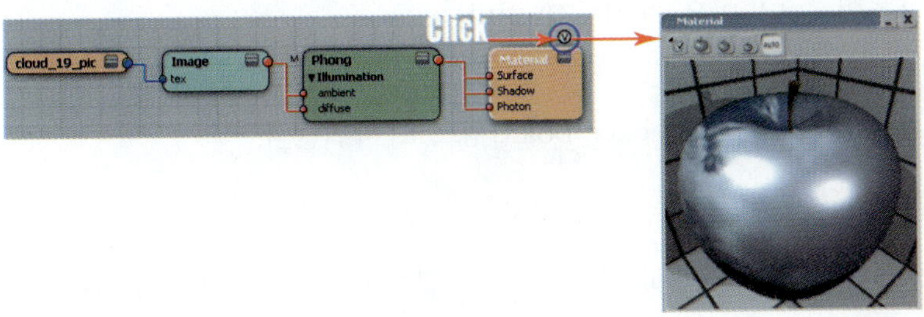

그림 1-448 Shader ball View

1. Shader ball의 기본 기능과 옵션

먼저 Shader ball의 기본 기능과 옵션들에 대해 살펴보도록 한다.

2. 메 뉴

그림 1-449 Option

Shader ball의 기본적인 메뉴들에 대한 옵션 창이다.

[1] New Viewer : 새로운 Shader ball을 하나 더 추가로 생산한다.

[2] Model : Shader ball을 보는 방식에 대한 옵션으로 Shader ball의 형태와 Background의 형태를 결정하는 옵션들이다.

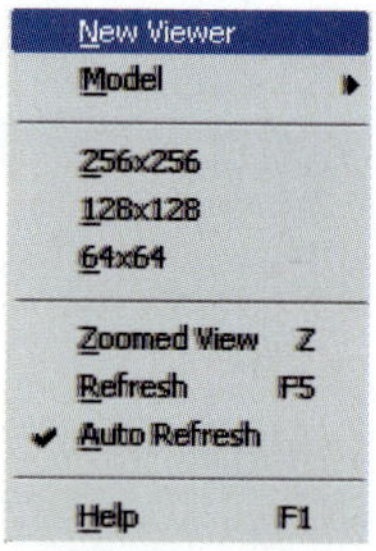

그림 1-450 메뉴

- Default Model : Shader ball Default 형태로 Apple의 형태이다.
- Apple : Default 형태이다.
- Cloud : 원형의 Shader ball의 형태이다.
- Grid : 평면형의 Shader ball의 형태이다.

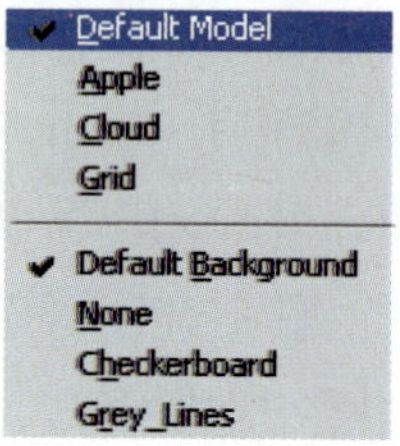

그림 1-451 Shader ball 형태

그림 1-452 View Type

- Default Background : 3축의 Grid 면을 배경으로 한다.
- None : Background 배경을 없앤다.
- Checkerboard : Background 배경을 Checker board형으로 바꿔준다.
- Gray Line : Default Line이다.

[3] 256×256, 128×128, 64×64 : Shader ball의 사이즈를 결정하는 가로 세로 수치다.

[4] Zoom View [Z] : [Z]를 누르면 Zoom in을 하고 다시 누르면 Default 사이즈가 된다.

[5] Refresh [F5] : 속성변화에 따른 결과 Update를 확인한다.

[6] Auto Refresh : Default로 활성화되어 있으며 옵션변화에 다른 결과 변화를 자동으로 Update한다.

1-2-7 Render Map 기능

현장에서 작업을 하다보면 High quality 작업을 위해서 많은 Texture source와 Material shader 그리고 Light 효과를 사용해야 한다. 이 경우 Rendering 시간을 따로 마련해야 할 만큼 후반작업에 많은 시간이 든다. 따라서 최소의 시간으로 최대의 효과를 내도록 항상 준비를 해야 하는데 그 때 유익하게 활용할 수 있는 기능이 바로 Render Map이다. 즉 최고의 Source 데이터와 Effect 효과를 적용하여 제작한 결과에 대해 Render된 이미지를 새로운 Source화하여 그 결과를 다시 Original Object에 적용하는 기법이다. 이 경우 High quality라는 동일한 결과에 대해 그 제작과정 특히 Rendering 타임을 획기적으로 줄일 수 있는 장점이 있다.

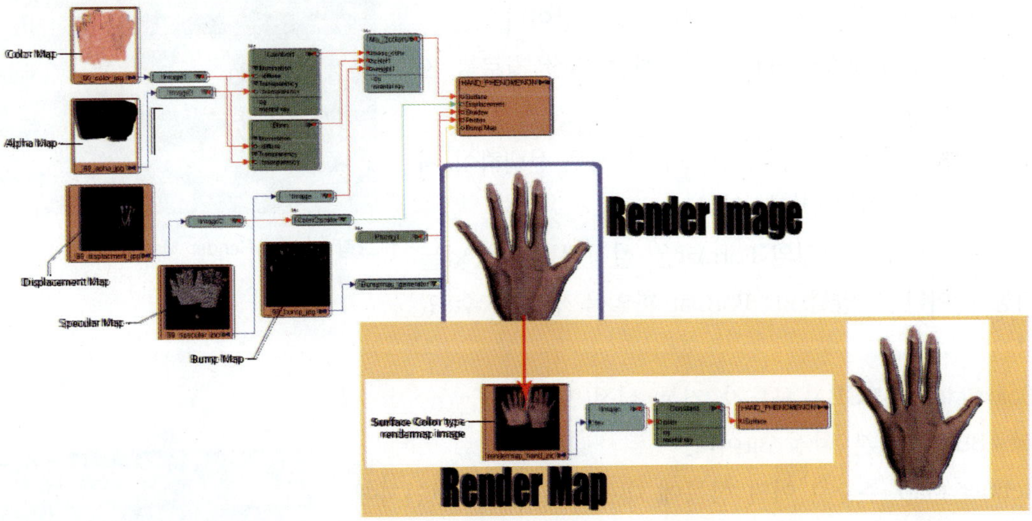

그림 1-453 Render Map

Render Map 기능은 Get 〉 Property 〉 Render Map 기능을 활용한다.

지금부터 Render map 속성 창에서 중요한 몇 가지 옵션들에 대해 살펴보도록 한다.

먼저 충분한 High quality 작업을 마친 후 대상 Object를 선택한다. Render Map 기능은 Get 〉 Property 〉 Render Map 기능을 적용한다.

[1] Regenerate Maps... : Render Image를 제작하는 명령 기능 툴이다. 모든 옵션에 대한 변화를 설정한 후 경로를 지정하고 실행 버튼을 누른다.

[2] Render Map 추출 방식 : Render Map 추출 방식을 설정하는 옵션으로 Entire Surface(Render map) 방식과 Vertices only(Render Vertices) 방식이 있다. Vertices 방식은 Vertices map이 적용된 경우에 사용할 수 있으므로 기본 map 추출 방식인 Entire Surface(Render map) 방식을 지정해 준다.

[3] Format : 추출할 Render Map 사이즈를 조절하는 기능으로 기본 256 * 256으로 설정되어 있다.

[4] 만약에 임의로 크기를 조절하고자 할 경우는 Square 체크 버튼을 해제하고 필요한 수치를 직접 작성한다.

[5] UV : 현재 Object에 적용된 Texture Projection에 관련된 정보를 확인할 수 있는 정보 창이다.

[6] Edit : 현재 Object에 적용된 Texture Projection을 편집할 수 있는 기능 창이다.

[7] New : 현재 Object에 적용된 Texture Projection을 다른 Projection으로 편집을 할 수 있는 기능 창이다.

[8] Path : 추출할 Render Map을 저장하는 저장 경로를 지정해 주는 곳이다.

[9] 새로운 저장 경로를 지정해 주고자 할 경우 선택하여 저장위치를 새로 선택할 수 있다.

[10] Format : 저장할 파일의 Format을 설정해 줄 수 있는 기능 창이다. 다양한 2D Format 파일을 선택할 수 있다.

[11] Color Mode : RGBA 모드가 기본 설정 모드이다.

[12] Bit : 8Bit가 기본 설정 Bit이다.

[13] Render Map 추출시 어떤 항목에 대한 추출을 할 것인지에 대한 항목 설정이다. 기본적으로 Object의 Surface color와 Illumination의 모든 항목을 추출하는 것을 기본 설정으로 하고 있다.

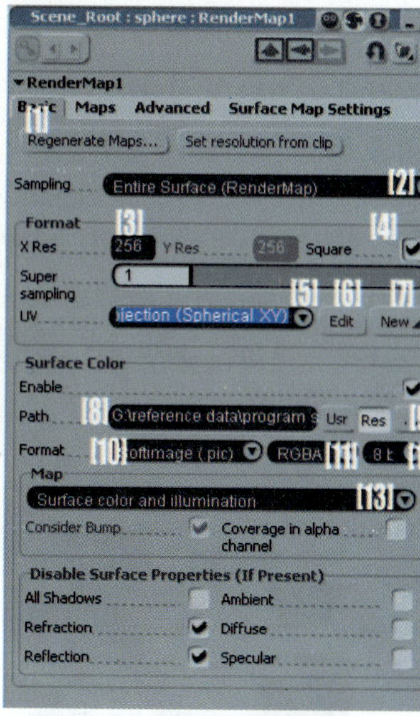

그림 1-454 Render Map 속성 창

세 번째 Tap인 Advanced 옵션 창에 대해서 살펴보도록 한다. Advanced 옵션 창에서는 Distanced from Surface 항목이 가장 중요한데 이것은 Render Map 추출시 어느 영역까지를 포함할 것인가를 설정하는 중요한 요소 중 하나로 그 기준 시작점은 Camera Lens의 위치다. Camera Lens의 위치로부터 어느 정도까지 떨어진 Object를 Render Map으로 추출할 것인가에 대한 거리 값을 지정해 주는 기능이다.

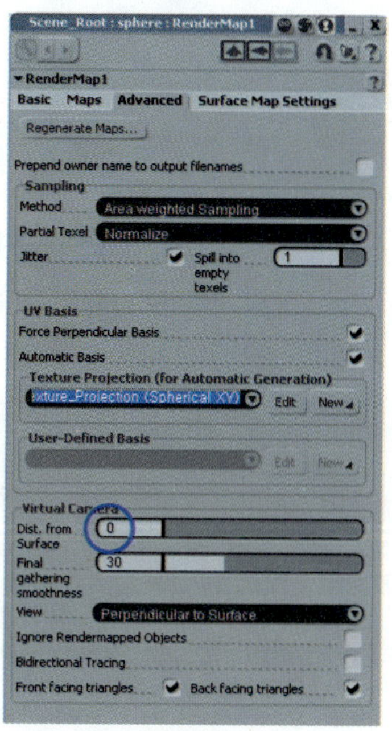

그림 1-455 Advanced tab

1. Render Map 기능을 활용한 효율적인 Texturing 작업(Color map & Illumination)

정상적으로 한 Frame의 이미지를 렌더링 하는데 소요되는 시간이 1분이라고 했을 때 만약 동일한 Scene에서 동일한 Quality가 유지된다는 가정하에 렌더링 속도가 10초도 안 걸린다면 우리는 어떠한 방법을 선택했을까? 아니 어떤 방법을 선택해야만 할까? 실제로 이 질문에 대한 정답은 어렵게 생각하면 안 된다. 우리는 실제 Production 작업을 함에 있어 가장 중요한 요소 중 하나는 바로 주어진 시간이다. 주어진 시간 내에 스케줄을 맞춰 작업을 끝내야 하고 주어진 시간 내에서 최고의 품질을 보장해야 한다. 그렇다면 우리는 당연히 동일한 Quality가 유지된다는 가정하에서는 렌더링 속도가 1 / 10도 안 걸린다는 방법을 선택할 수밖에 없다. 이것은 실무 작업 현장에서의 효율성의 문제이기도 한다. 실제 모든 Production에서는 이러한 방법을 찾고자 고심하고 있는 현실이기도 하다.

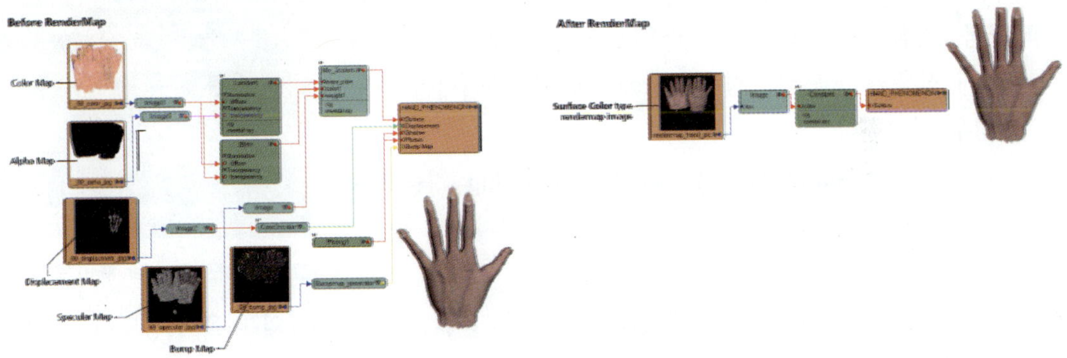

그림 1-456 Render Map 적용 노드 및 결과

SOFTIMAGE는 초기 Version부터 이러한 기능이 탑재되어 있는데 그 기능이 바로 Render Map 기능이다. 하지만 이 기능의 단점이라면 고화질의 렌더링 이미지를 Map으로 사용하는 개념이기 때문에 카메라의 근접 촬영시나 카메라의 회전으로 인한 면의 대각선 이상의 각도에서 촬영을 했을 때는 사용을 자제해야 한다. 일종의 효율성을 높인 작업 방법으로 적은 모델링 데이터에 높은 품질의 Texture를 제공함으로써 그 효율성을 증대시킬 수 있는 작업 방법이라 정의할 수 있다.

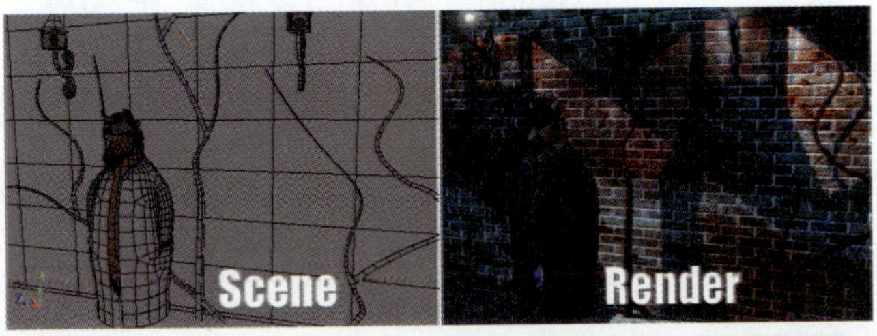

그림 1-457 Render map 적용 진 Scene(Render time : 60초)

그림 1-458 Render map 적용 후 Scene(Render time : 5초)

Render Map이란 Object에 적용된 Light 효과를 비롯한 다양한 Shader와 Texture들을 하나의 Map source로 추출해서 기존 Object에 적용해 줌으로써 단일 Object에 단일 Map을 적용함으로써 효과는 유지하면서 렌더링 시간을 단축할 수 있게 해주는 기능 및 Processing을 말한다.

(1) Render map 이미지 적용하기

먼저 담장에 나타나는 벽돌과 나무를 Render map으로 제작한다. 벽돌 Texture가 적용된 담장 Grid를 선택하고 난 후 Get 〉 Property 〉 Render Map 기능을 적용한다. 적용 후 Render Map 속성 창이 나타나는데 여기서 몇 가지 옵션에 대해 살펴보도록 한다.

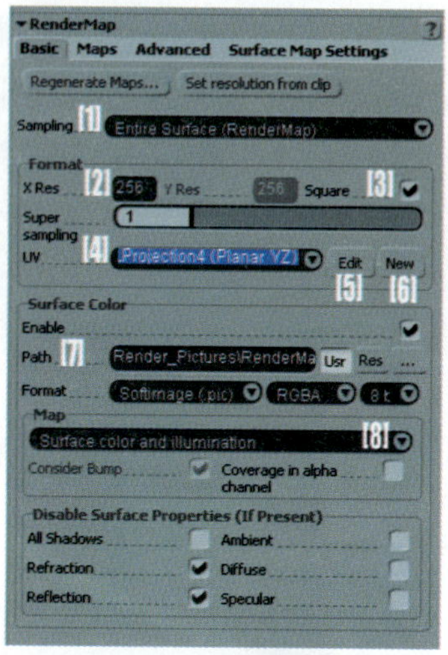

그림 1-459 Render Map 속성 창

[1] Sample : Entire Surface는 선택한 Object 전체의 표면에 해당되도록 설정한다. Vertices only(Render Vertex)는 Vertex color가 적용된 Object일 경우 Vertex color의 데이터를 추출할 경우 사용한다.

[2] Format : X Resolution 또는 Y Resolution setting 기능으로 Render Map으로 추출된 결과이미지의 크기를 지정해 줄 수 있는 옵션이다.

[3] Square : Render Map으로 추출된 결과이미지의 크기가 가로*세로의 비율이 동일하도록 하는 기능이다.

[4] UV : Render Map 이미지의 UV Projection을 지정해 주는 기능을 한다.

[5] Edit : UV Projection의 편집 기능을 할 수 있다.

[6] New : UV Projection을 새로 지정할 수 있는 기능을 한다.

[7] Path : Render Map 이미지를 저장할 수 있는 경로를 지정해 주는 기능을 한다.

[8] Map 추출 방식으로 대상 Object에 적용된 Color와 Illumination 효과를 모두 추출한다.

(2) 벽 Grid render map 추출하기

그림 1-460 벽 Render Map 이미지

(3) 벽 + 넝쿨나무 Render map 동시 추출하기

그림 1-461 벽 + 넝쿨나무 Render Map 이미지

(4) 추출된 벽 Render map 이미지 벽 Grid에 적용하기

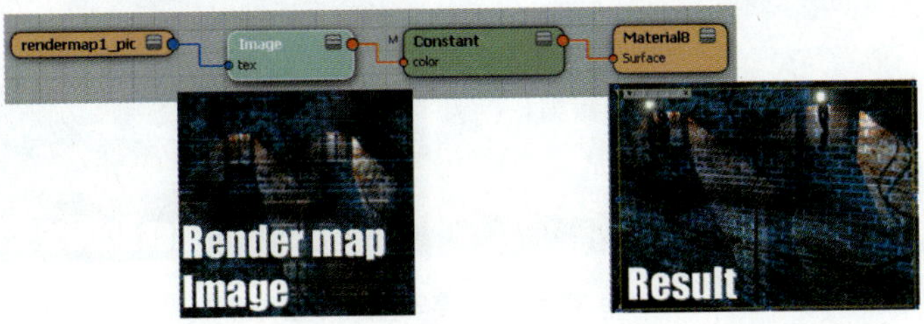

그림 1-462 Render map 데이터를 활용한 Texturing

(5) 캐릭터를 Render map 추출하기

1 Grid를 하나 꺼내서 캐릭터 뒤에 위치시킨다.

2 생성된 Grid와 캐릭터를 포함할 영역의 거리 값을 측정한다.

3 Render map Property 창에서 advanced tab의 Dis. from surface에서 측정한 거리 값을 입력한다.

4 Regenerate map 기능을 실행한다.

5 결과 확인

그림 1-463 캐릭터 Render map 이미지

(6) 추출된 캐릭터 Render map 이미지 Grid에 적용하기

1 Grid의 기본 Surface shader를 Constant 모드를 적용한다.

2 제작된 캐릭터의 Render map 이미지를 불러온다.

3 불러온 Image 노드를 Constance shader 노드의 Color와 Transparency tab에 연결한다.

4 결과 확인

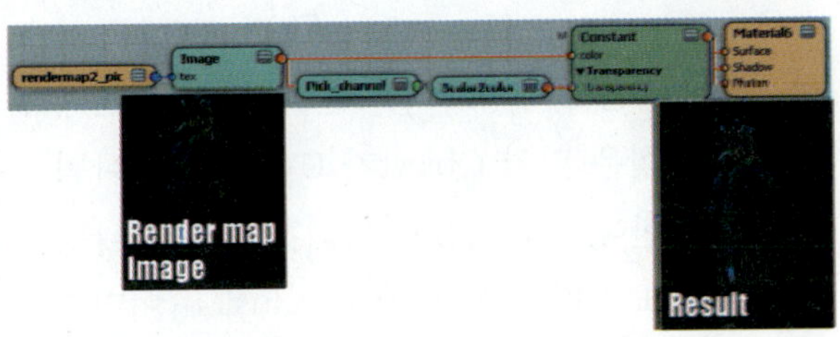

그림 1-464 캐릭터 Render map 소스 추출

(7) 전체 Scene Render 이미지 확인하기

그림 1-465 Render map 적용 전과 후의 완벽한 결과비교

2. Render Map 기능을 활용한 효율적인 Texture source 제작(Ambient Occlusion)

(1) Ambient Occlusion 개념

3D Object에 적용되는 Shader의 한 방법으로 흔히 알고 있는 Global Illumination은 아니지만 이와 근사하게 Object의 사실감을 표현할 수 있는 유용한 Shading의 한 방법이다. 기본 Light가 Object로부터 반사되어 그 반사된 반사광이 다른 Object에 얼마만큼의 영향을 주느냐에 따라 그 효과가 결정된다. SOFTIMAGE는 이러한 효과의 Ambient Occlusion 효과를 Render map 기능에서 제작할 수 있다. 제작된 C는 map source 제작시 중요한 음영의 기본 Setting 값으로 활용된다.

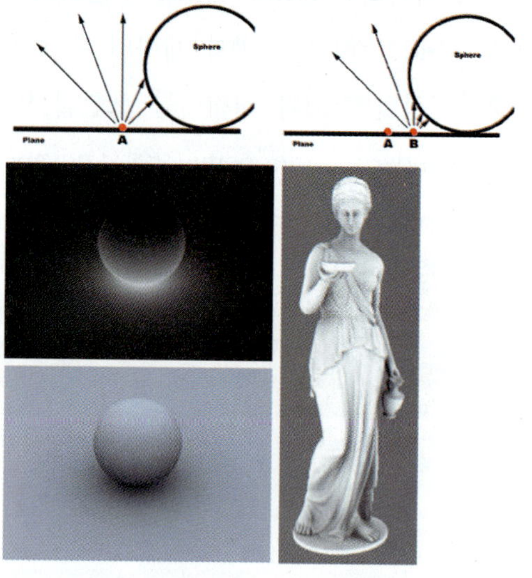

그림 1-466 A.O 원리

(2) Ambient Occlusion 적용

Get > Primitive > Character > Elephant data를 불러온다. (먼저 대상 Object를 선택한다. 이때 주의할 사항은 만약 Object가 UV 좌표가 나눠져 있어야한다. UV 좌표가 나눠져 있다면 나눠진 UV 좌표에 따라 Ambient Occlusion 이미지가 추출된다.)

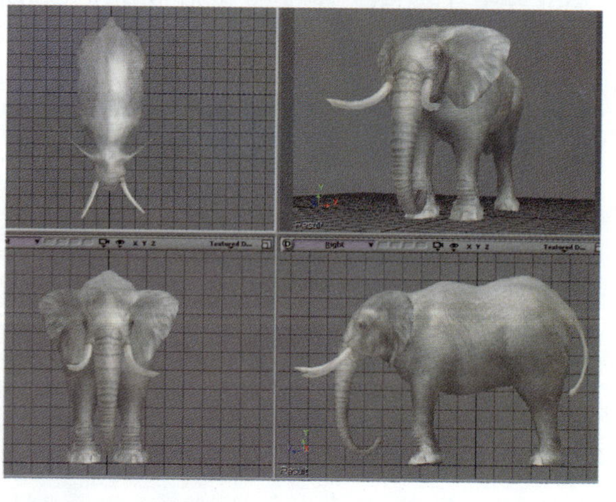

그림 1-467 3D 모델링

Get 〉 Property 〉 Render map 기능을 실행한다.

[1] format 옵션에서 제작할 Map의 크기를 설정한다.
[2] UV 모드에서는 적용할 UV Coordinate를 설정한다.
[3] Path에서는 생성된 Ambient Occlusion 이미지를 저장할 장소를 지정해 준다.
[4] Format 모드에서는 저장할 이미지의 확장자를 결정해 준다.
[5] Map 모드에서 Color가 아닌 Ambient Occlusion 옵션을 선택한다.
[6] 마지막으로 상단의 Regenerate Maps 기능을 실행한다.

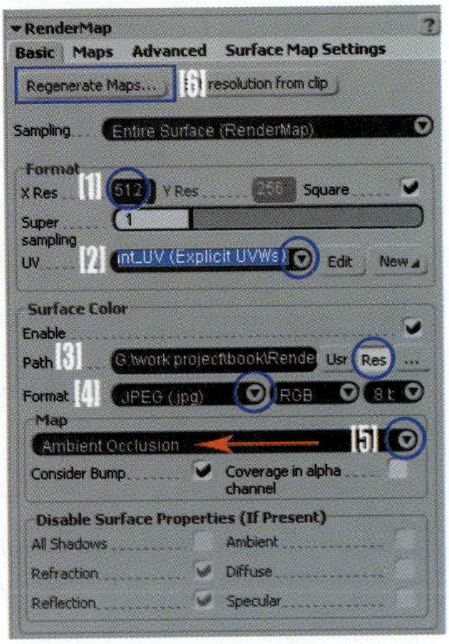

그림 1-468 Render Map 속성 창

(3) 결과 이미지 확인

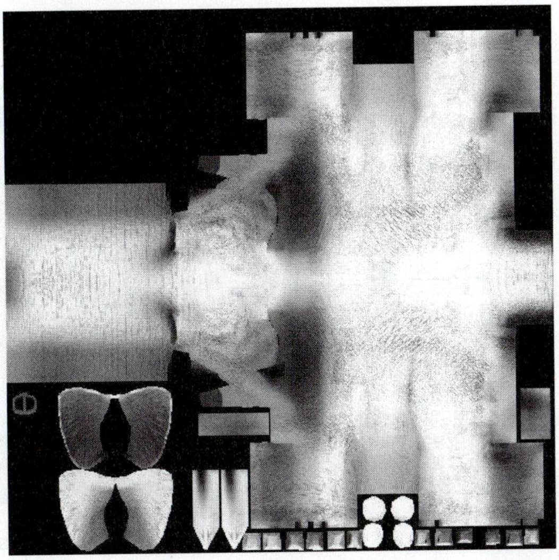
그림 1-469 Render map (Ambient Occlusion) 결과 이미지

1-2-8 Vertex Color

1. Vertex Color 환경 설정 및 기능 이해

Vertex Color는 3차원 제작환경에서 Object에 직접 Color shader를 적용해주는 Mapping 제작과정으로 기존의 2D Map 적용과는 다른 일반 User 입자에서 상당히 유연하게 접근 가능하게 하는 개념의 Map 적용 방식이다.

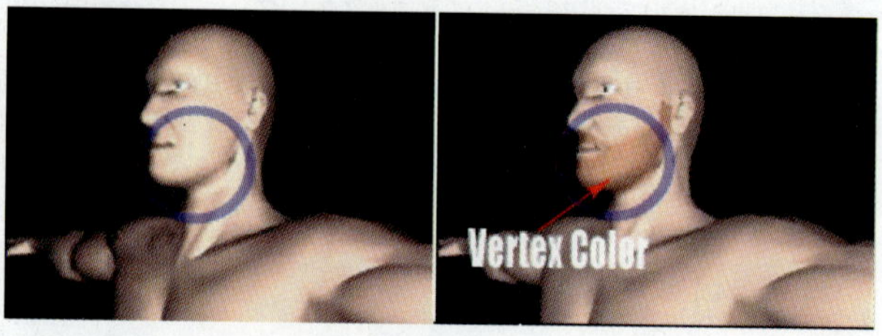

그림 1-470 Vertex Color 적용 결과

3D Object의 구성 요소인 Vertex(Point)에 대해 Color를 지정해 줌으로써 Object에 대해 부분 Color 지정이 가능하다. Material의 Diffuse color의 경우 Object 전체 Color 값을 지정해 주는 것이기 때문에 Vertex color와는 접근 방법부터 다르다.

지금부터 Vertex color를 주는 방법에 대해 알아보도록 한다.

2. Vertex 모드로 전환하기

Vertex color는 [Shift + w]를 눌러서 활성화한다. Vertex color로 전환되면 마우스 영역이 원형의 Brush 영역으로 변환된다. 이때 생성되는 Vertex color Weight brush는 [Ctrl + w]를 눌러서 속성 창을 열수 있다. Vertex color Weight brush의 크기 조절은 [R]키를 눌러서 마우스 첫 번째 버튼을 드래그하면서 크기 조절을 할 수 있다.

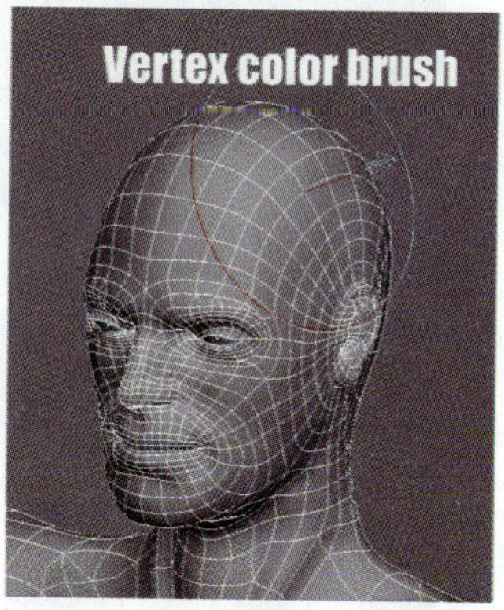

그림 1-471 Vertex color brush

3. Vertex color Map 적용 [Shift + W] 및 Property 창 편집

Vertex color Map 적용할 Object를 선택한 후 Render Too bar 〉 Get 〉 Property 〉 Color at Vertices Map 명령을 실행한다. Object에 Vertex color Map이 잘 적용되었는지를 확인하기 위해 Explore 창을 열고 다음과 같은 경로를 찾아간다. Vertex Color property editor를 열고 필요한 속성을 변경할 수 있다.

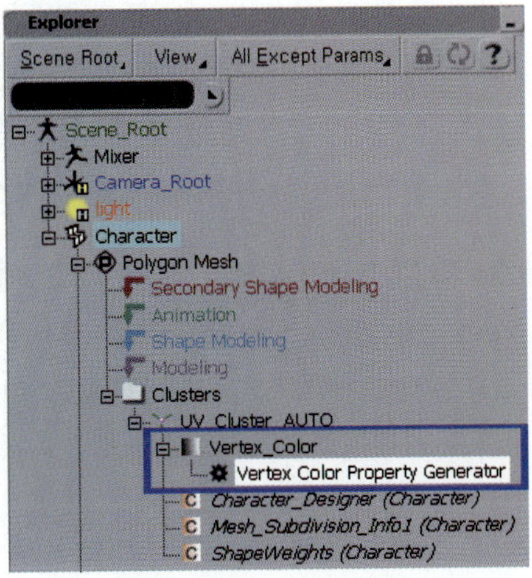

그림 1-472 Explorer의 Vertex color Map

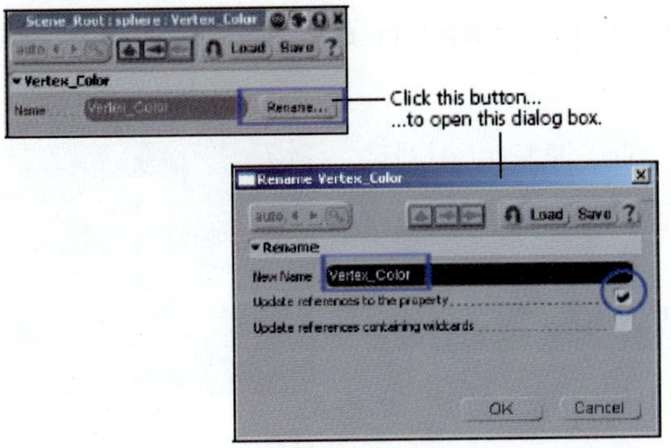

그림 1-473 Vertex Color property editor 속성 창

1 Update reference to the Property : 이전에 사용된 모든 이름의 shader, render map. Vertex color material을 모두 찾아서 제작한다. 만약 새로운 이름으로 사용되고 있다면 스스로 Update한다.

2 Update references containing wild cards : 이전에 사용된 이름에 대해 해결하기 위해 wild cards를 포함하는 속성을 찾는다.

4. Vertex color Weight brush

1 먼저 Object에 대해 Vertex color 효과를 적용[Shift + W]한 후 Get 〉 Property 〉 Map Paint Tools 〉 Brush Properties [Ctrl + W]를 눌러 Vertex color Weight brush 속성 창을 연다.

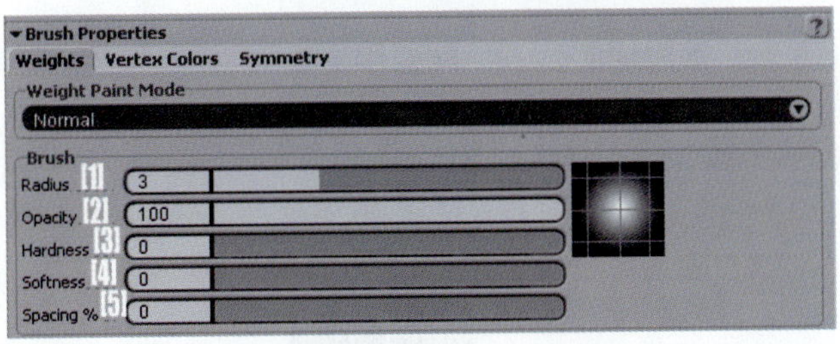

그림 1-474 Vertex color Weight brush 속성 창

[1] Radius : Vertex color Weight brush

의 반경의 크기를 조절할 수 있다.

[2] Opacity : Vertex color Weight brush의 강도를 조절한다.

[3] Hardness : Vertex color Weight brush의 딱딱함의 정도를 조절한다.

[4] Softness : Vertex color Weight brush의 부드러움의 정도를 조절한다.

[5] Spacing(%) : Brush 내에 존재하는 각 Brush stamp의 거리를 조절할 수 있다.

2 다음 Tap인 Vertex Color 모드에서는 Vertex에 적용되는 Color의 적용원리에 따른 두 가지 분류로 Brush 방식과 Raycast 방식으로 나눠진다.

그림 1-475 Color의 적용원리에 따른 두 가지 분류

[1] Color Paint Method > Brush : Brush Vertex color 모드는 실제로 Vertex에 Color 페인트를 강도와 크기를 조절하면서 칠하는 형태로 사용된다. 즉 하나의 Vertex에 Brush를 적용하면 그 Vertex를 구성하는 다른 Polygon 면에도 Color가 적용이 되어 광범위하게 Brush 효과를 적용받을 수 있는 특징이 있다.

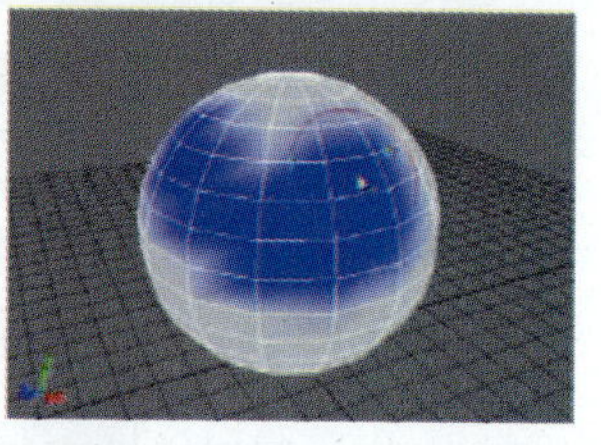

그림 1-476 Brush

[2] Color Paint Method > Raycast : 사각 Polygon 형태에 있어 각 Vertex를 기준으로 삼각형의 형태로 Vertex color가 적용된다. 즉 하나의 Vertex에 Brush 효과를 주면 Polygon을 각 모서리로 4등분한 삼각형 영역에만 Brush 효과가 적용이 되고 하나의 Polygon을 모드 Brush 효과를 주기 위해서는 네 번의 Brush 적용을 해야 한다. Color Paint Method에 따른 유형별 특징에 대해 정리를 하면 다음 이미지와 같다.

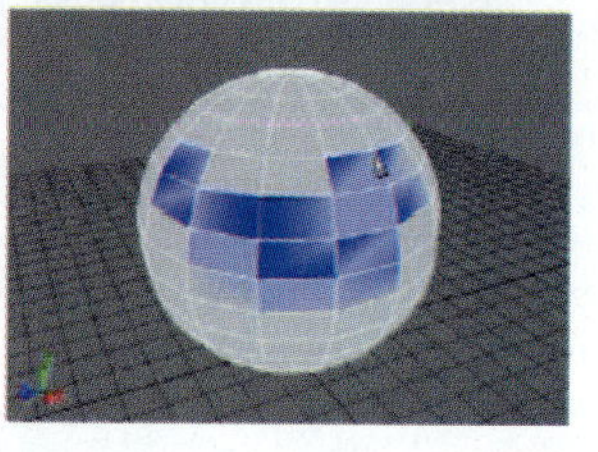

그림 1-477 Raycast

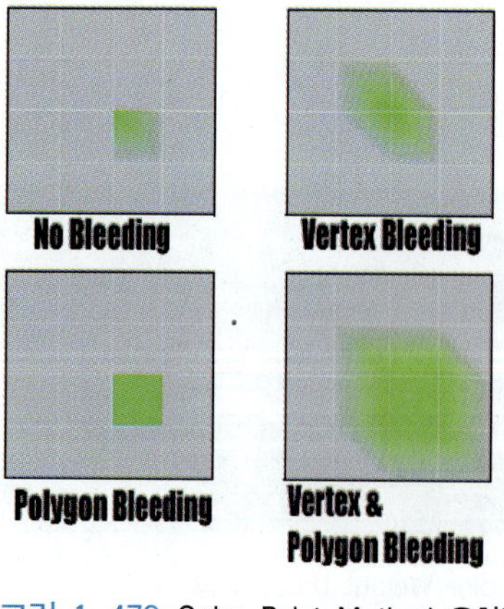

그림 1-478 Color Paint Method 유형별 특징

3 다음은 Object 내에서 일정영역의 범위를 정한 후 그 범위 내에 Vertex color를 적용할 경우에 적용할 수 있는 몇 가지 유형에 대해 알아보도록 한다.

먼저 Object에서 일정 부분의 Polygon을 선택한다. Polygon이 선택된 상태에서 [Shift + w]로 Vertex color 모드를 적용한 후 [Ctrl + w]로 Brush 속성 창을 연다. 두 번째 Tap인 Vertex Color 모드에서 Selection 옵션을 확인한다.

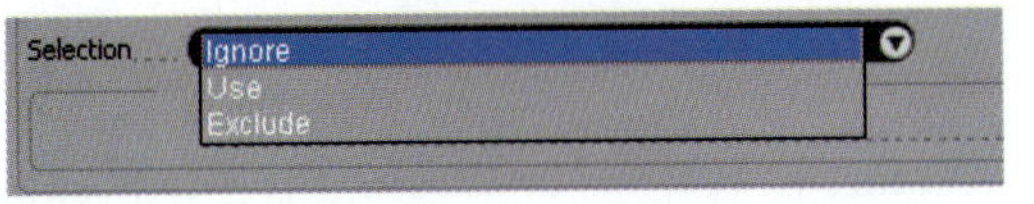

그림 1-479 Selection Type

[1] Ignore : 선택한 Polygon 영역을 무시한 상태로 Object 전체에 Vertex Color 효과가 적용이 된다.

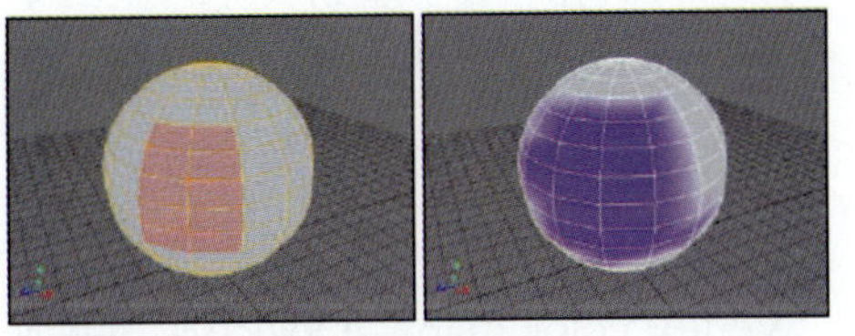

그림 1-480 Ignore

[2] Use : 선택한 영역만을 적용 영역으로 인식하고 선택된 Polygon 영역에만 Vertex color 효과가 적용이 된다.

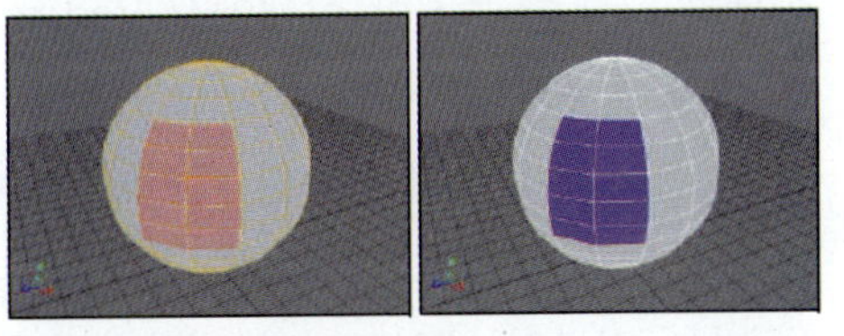

그림 1-481 Use

[3] Extrude : 선택한 Polygon 영역을 제외한 나머지 영역에 대해 Vertex color 효과가 적용이 된다.

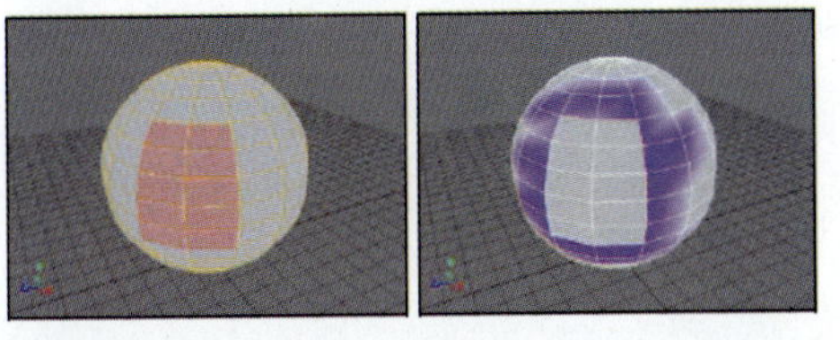

그림 1-482 Extrude

4 Color Paint Mode : Vertex color Tap에 있는 선택 기능 중에 Color Paint Mode가 있는데 Color Type을 목적과 상황에 맞게 직접 선택하여 적용할 수 있다.

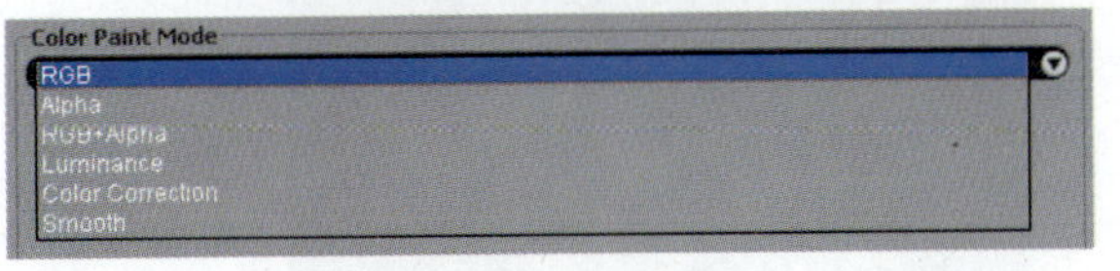

그림 1-483 Color Paint Mode

[1] RGB : Object에 RGB channel 효과만 적용된다.

[2] Alpha : Object에 Alpha channel 효과만 적용된다.

[3] RGB + Alpha : Object에 RGB + Alpha channel 효과가 추가되어 적용된다.

[4] Luminance : Object에 Luminance 효과가 적용된다.

[5] Color Correction : Object에 Color Correction setting된 결과가 적용이 된다.
[6] Smooth : 인접한 Vertex 사이의 Color의 전환을 보다 부드럽게 처리해 준다.

5 Rendering Color at Vertex(CAV) : 먼저 CAV가 적용된 Object를 선택한 후 추가된 Texture shader의 목록을 확인하기 위하여 Render toolbar에서 Get 〉 Texture 〉 More 또는 Get 〉 Texture 〉 Map Lookup 명령을 실행한다. Shader 속성 창으로부터 Map list로부터 선택된 CAV map을 선택하고 작업 화면에서 Render Region[Q + Drag]를 한다.

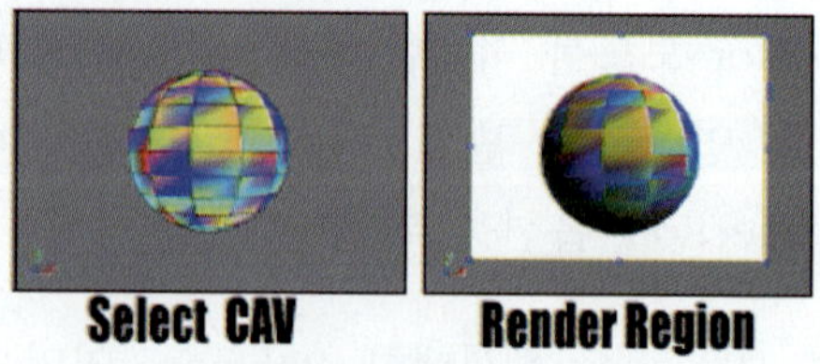

그림 1-484 CAV

5. Vertex Color 실전 예제

Vertex color map은 Object에 적용된 UV정보나 Color 정보, Material source, Alpha source, 또는 Illumination 정보를 그대로 유지한 상태에서 Vertex color map 정보가 추가 적용되는 원리로 Game 캐릭터 작업이나 저용량의 빠른 Map 작업이 필요한 데이터에 적용할 수 있는 아주 유용한 Map 적용 기능 툴이다. 데이터의 용량에 제한을 받는 장르인 게임그래픽 제작과정이나 배경 또는 조연 캐릭터 등 간단한 그래픽 제작작업시 그 활용도가 아주 높은 기능 중 하나이다.

그림 1-485 결과

1 Object 제작 : 간단한 형태의 Polygon 모델링을 제작한다.

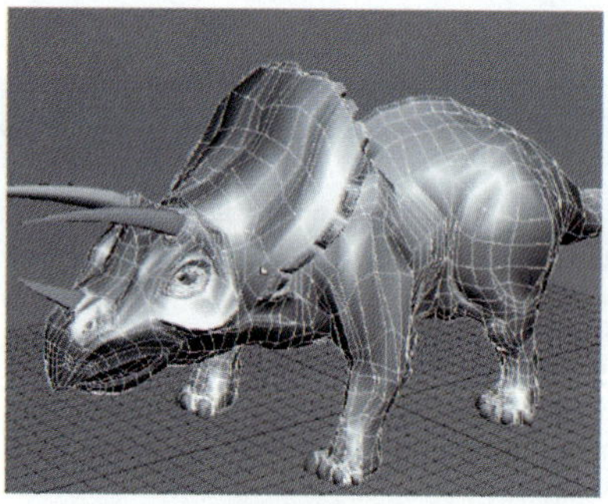

그림 1-486 3D 모델링

2 적용방법은 먼저 Vertex color map을 적용할 Object를 선택한 후 Get 〉 Property 〉 Color At Vertex Map 기능을 수행한다. Color at Vertex map 정보는 Explore 창의 Object의 Cluster 정보 내에 포함되어져 있다.

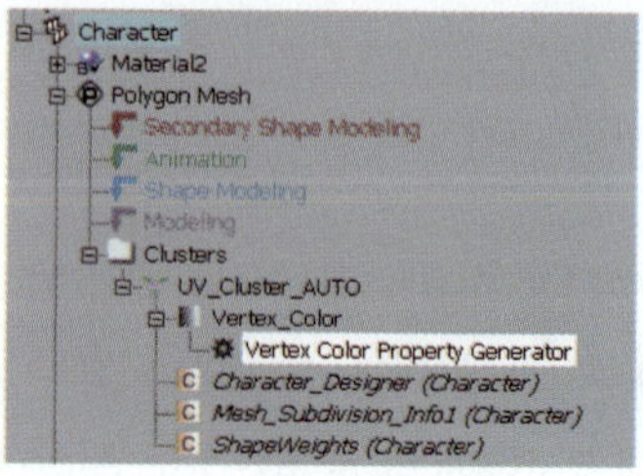

그림 1-487 Explore의 Color at Vertex map 정보

3 Brush 속성 창 열기 : [Ctrl + W] 단축키를 누르면 Vertex color map 속성 창이 나타난다. 그리고 [Shift + W]는 Paint 모드로의 전환이 가능하다.

4 Color Setting : Vertex color map 속성 창에서 Color 모드와 색을 지정하도록 한다.

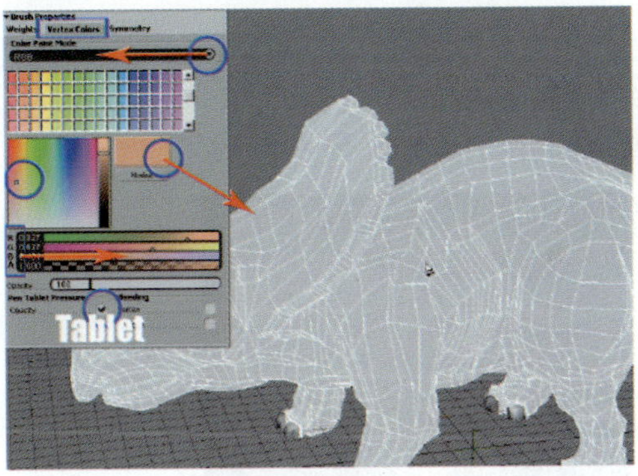

그림 1-488 Color Setting

5 Painting

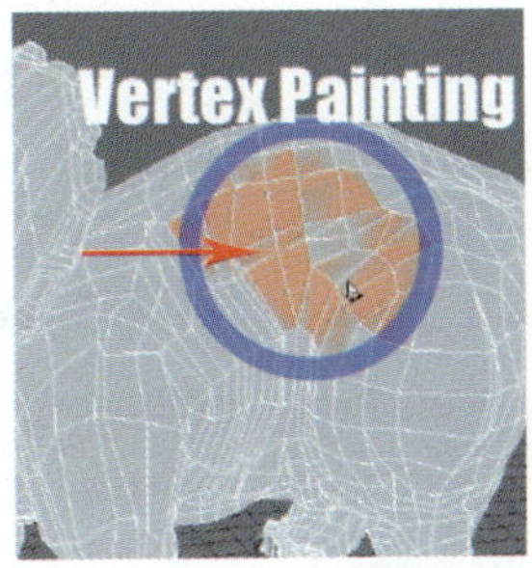

그림 1-489 Painting

6 Base color Painting 작업 완료

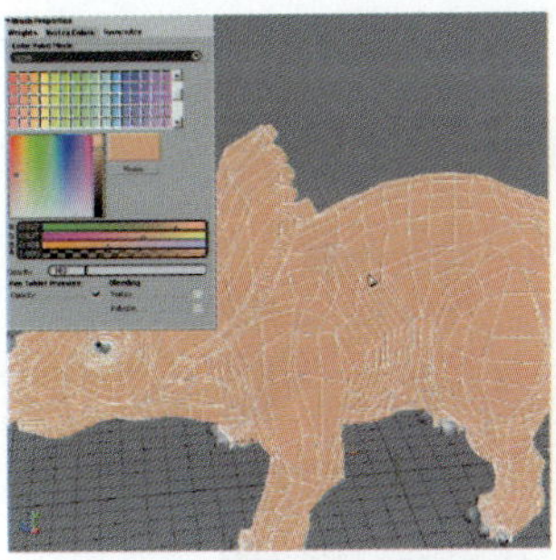

그림 1-490 Base color Painting

7 2차 Color Painting 작업

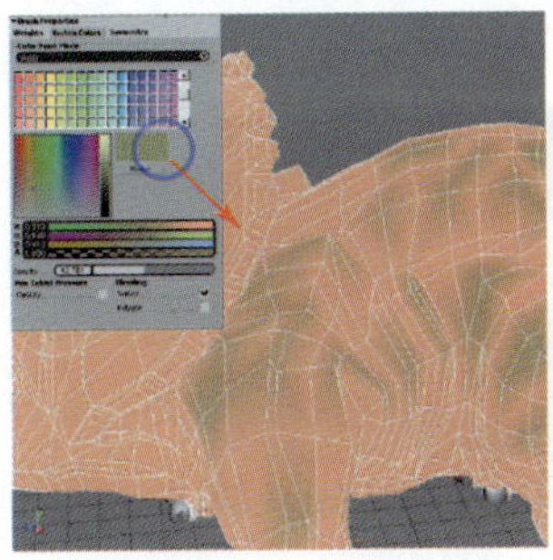

그림 1-491 Color Painting

8 3차 Color Painting 작업

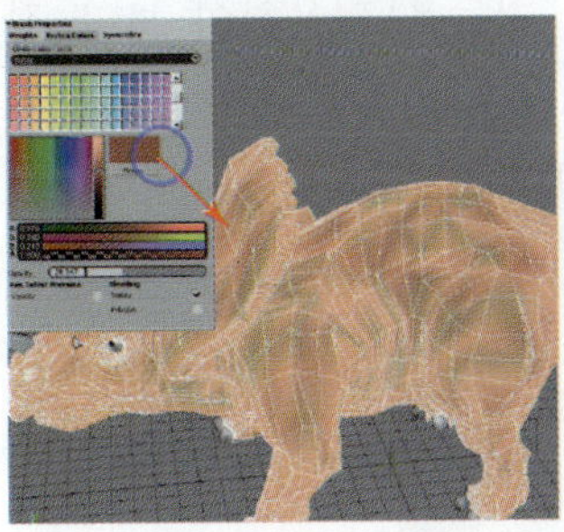

그림 1-492 Color Painting

9 중간 점검

그림 1-493 중간 확인

10 현재작업 결과는 Render시 나타나지 않는다. Open 히그래서 Render Tree에서 몇 가지 기능을 이용해서 Rendering시에도 Vertex Color가 나오도록 할 수 있다. Object의 Material은 Lambert 모드로 적용하고 Render Tree > Nodes > Texture > Vertex RGBA 기능 노드를 불러온다. 불러온 노드 Vertex RGBA는 Lambert의 Diffuse에 연결한다.

그림 1-494 Vertex RGBA

11 Vertex Color 노드를 더블클릭해서 Vertex RGBA 속성 창에서 Vertex Property의 속성을 지정해 준다.

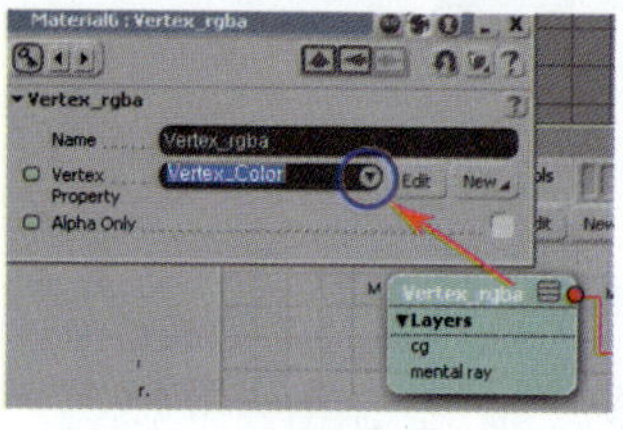

그림 1-495 Vertex Property 속성

12 Rendering 결과 확인

그림 1-496 결과 확인

13 Object Subdivision

그림 1-497 Object Subdivision

14 Toon shader 적용

그림 1-498 Toon shader

15 Render map과 다양한 map source를 이용하여 효과를 증대시킨다.

그림 1-499 효과 증대

16 Ulti mapper 기능을 활용하여 보다 정교하고 섬세한 Mapping 기술을 적용할 수 있다.

그림 1-500 최종 결과 확인

1-2-9 Toon Shader

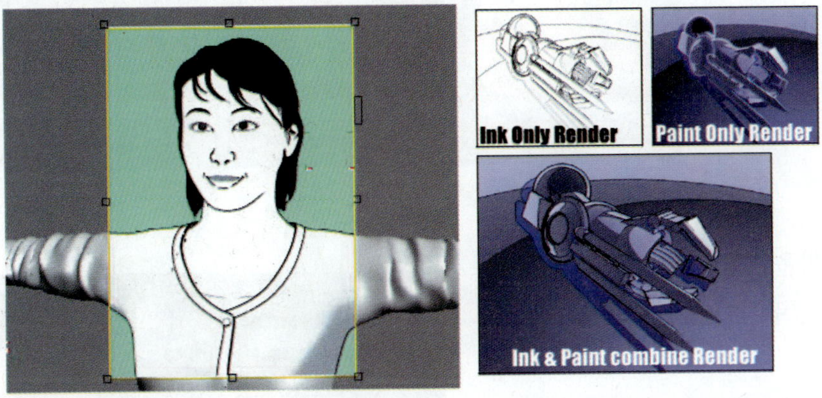

그림 1-501 Toon shader 적용 모습

1. Toon shader의 기본 개념

먼저 Work area에 바닥 Grid를 깔고 Sphere 2개를 불러온다. 불러온 Sphere 중에서 하나를 선택한 후 Get 〉 Material 〉 Toons 명령을 실행한다. Toon 속성 창에서 Base color 값을 다소 변경하도록 한다. 두 번째 Sphere를 선택한 후 첫 번째 shader와 동일한 방법으로 Toon shader를 적용한다.

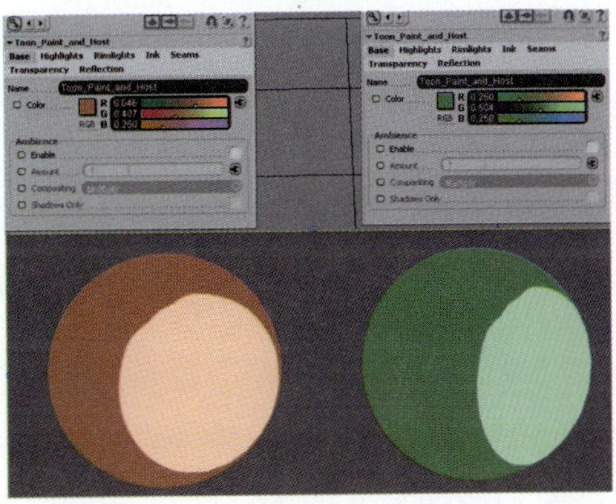

그림 1-502 Toon shader

1 Ambient / Diffuse / Shadow : Toon 속성 창에서의 옵션 값 설정 : Toon shader에서 어두운 영역을 나타낼 때 Ambient를 활성화한다. 그리고 그림자 부분에 대해서는 Shadow 옵션을 활성화하도록 한다.

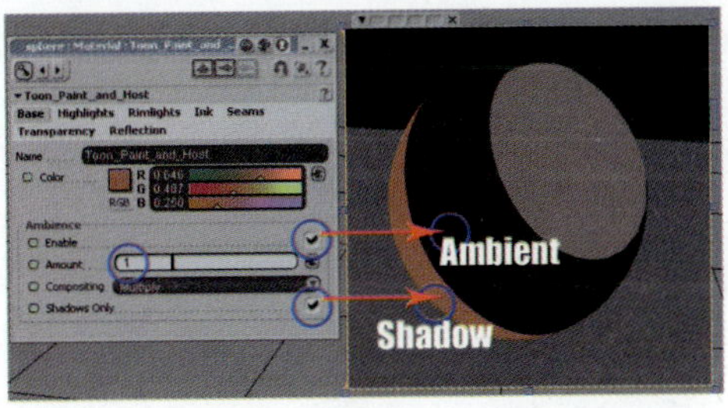

그림 1-503 Ambient 활성화

2 Ambient : 이때 Ambient Amount 값은 어두운 부분의 농도를 조절하는 기능 값으로 "0"일 경우 흐리게 나타나고 "1"일 경우 진하게 나타난다.

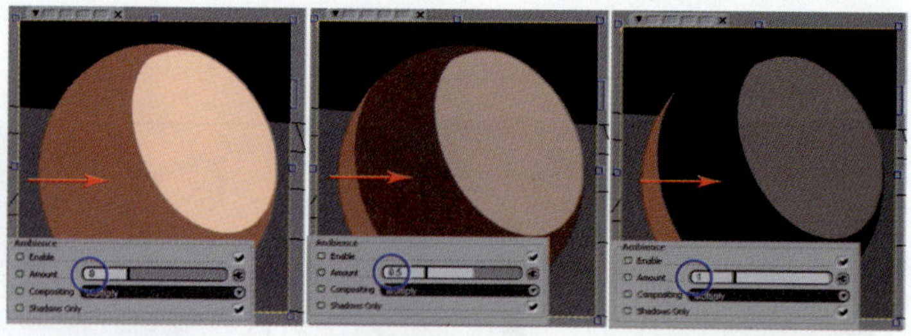

그림 1-504 Ambient

3 Highlights : Object가 빛을 받았을 경우 가장 밝게 빛나는 영역에 대한 설정 명령어이다.

그림 1-505 Highlights

4 Coverage / Softness : Coverage는 Highlight 영역의 범위(크기)에 대한 설정을 조절하며 Softness는 Highlight 영역의 가장 자리의 부드러움의 정도를 나타내는 수치이다. Coverage의 수치를 올릴수록 영역이 커지고 Softness의 수치를 올릴수록 가장자리가 부드러워진다.

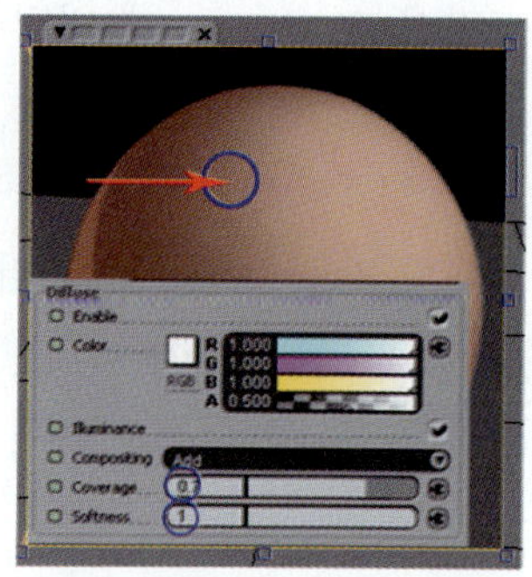

그림 1-506 Coverage / Softness

5 Glossy : Glossy는 Light와 수직을 이루어서 생기는 가장 밝은 부분을 생성시킬 경우 활성화한다.

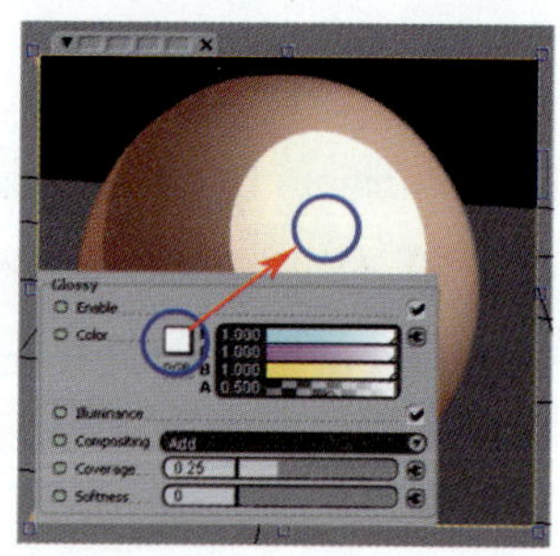

그림 1-507 Glossy

6 Rimlights : Object의 외곽가장 자리의 밝음을 나타내는 효과이다. Rimlight의 Coverage는 그 영역을 나타내는 범위 수치이며, Softness 수치는 진하고 어둡기에 대한 옵션 수치이다.

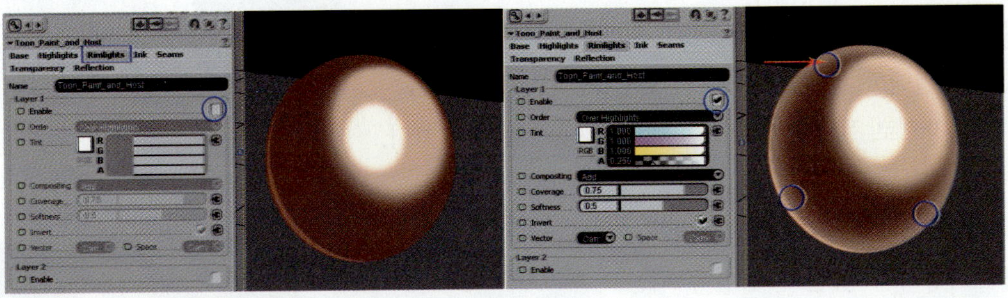

그림 1-508 Rimlights

7 Rimlight의 Level 영역 : Rimlight는 두 개의 Level 영역으로 적용가능하며 각각의 영역에 대해 독립적으로 컨트롤할 수 있다.

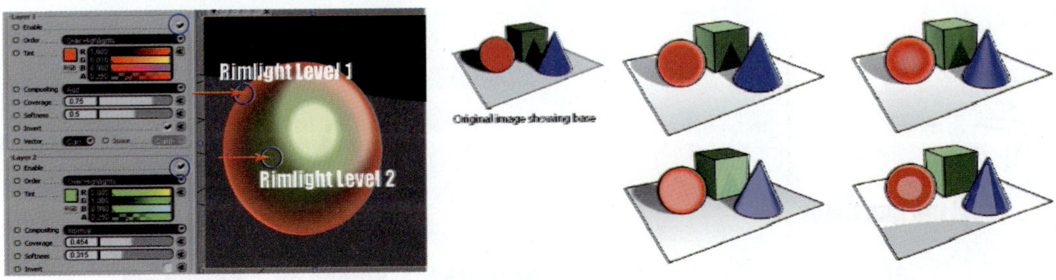

그림 1-509 Rimlight Level

8 Ink는 Camera의 Lens shader와 서로 연동되어 구현되기 때문에 Toon의 Ink 효과를 테스트하기 위해서는 먼저 Camera Lens shader를 석용해 주도록 한다. Explore 창에서 메인 Camera를 선택하고 그 속성 창을 연다. Camera 속성 창에서 세 번째 tab인 Lens shader 옵션 창을 열고〉Add 버튼을 클릭한다.

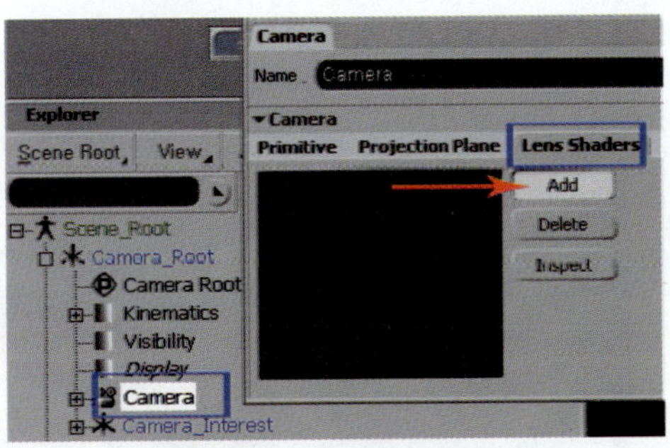

그림 1-510 Camera Ink

9 클릭과 동시에 Browser 창이 나타나면서 SOFTIMAGE에서 기본적으로 제공해주는 Camera Toon Lens Shader가 있는 위치를 알려준다.
C:\Softimage\XSI_7.5\Data\DSPresets\Shaders\Lens\Toon_Ink_Lens를 선택한다. 그 결과 Toon_Ink_Lens shader는 Camera 옵션 창으로 들어오게 되고 〉 Inspect 명령을 실행한다.

그림 1-511 Inspect

10 순간 Object의 외곽 및 영역에 변화가 생긴다. 즉 가장자리 라인이 생성이 되는 것이다.

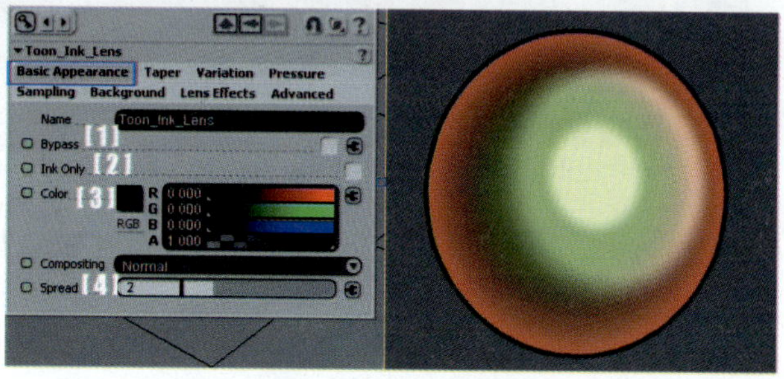

[1] Bypass : Ink line을 렌더링에서 제외한다.

[2] Ink only : Object의 Ink line만을 렌더링한다.

[3] Color : Ink line의 색을 지정한다.

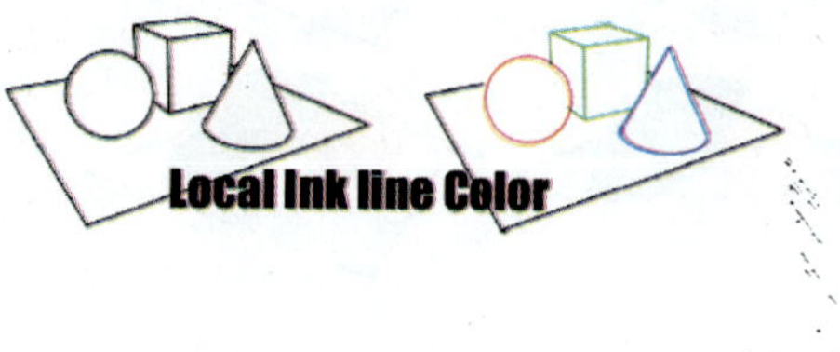

[4] Spread : Ink line의 부드러움 정도를 조절한다.

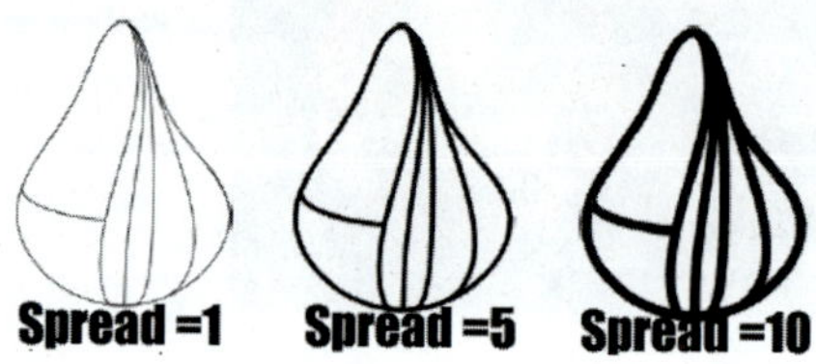

그림 1-512 Spread

11 Tapper 〉 Amount 는 Ink line의 불규칙성을 나타내는데 사용하여 Line의 굵기가 일정부분 굵어졌다가 얇아지는 효과를 볼 수 있다. 〉 Angle 값의 변화를 통해 Amount의 위치를 임의로 조절할 수 있다.

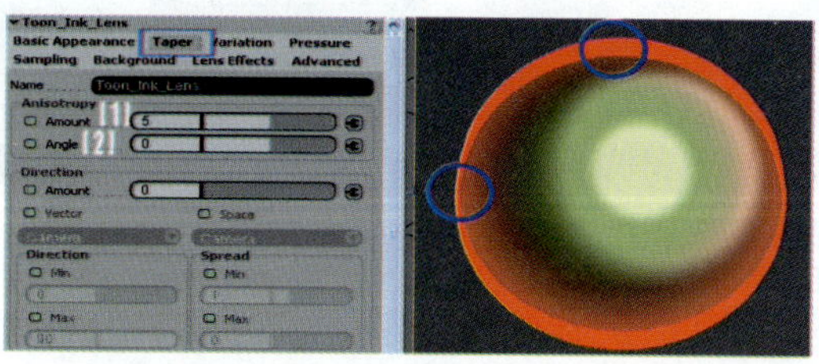
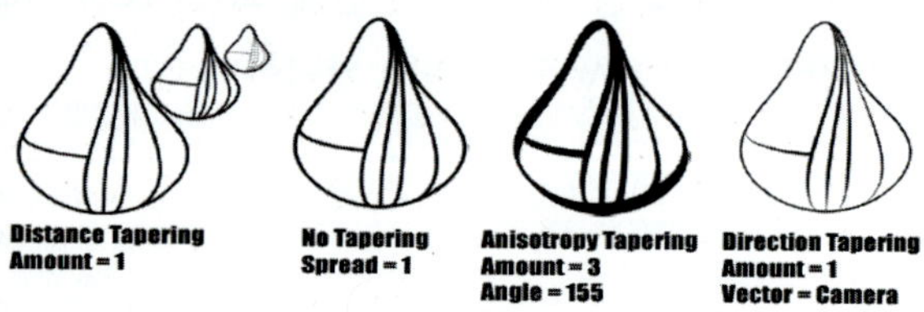

그림 1-513 Tapper 〉 Amount

12 Pressure

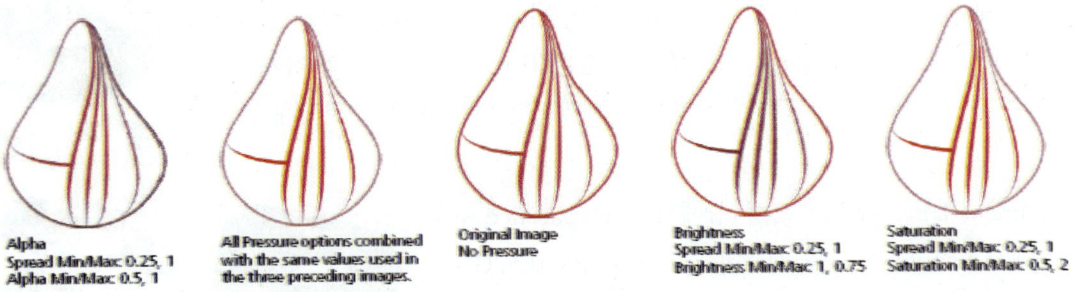

2. Toon shader 적용

1 Scene 제작 : Get 〉 Primitive 〉 Poly mesh 〉 Torus 하나와 Sphere 하나를 각각 불러와서 다음과 같은 구도로 위치시킨다. 그리고 각각의 Object에 Toon shader를 적용한다.

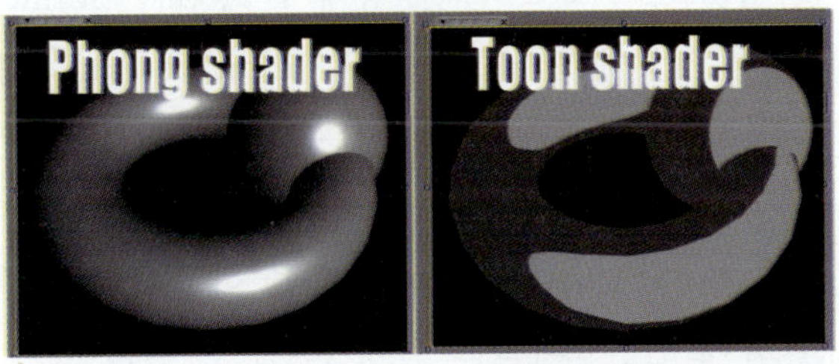

그림 1-514 Toon shader

2 Toon shader 속성 창에서 기본 Base color 값을 R=0.25, G=0.75, B=0.25로 맞추고 Highlights tab에서 Glossy 옵션을 활성화한다. Highlights의 Composting type을 Multiple로 지정하고 Coverage와 Softness 값을 각각 0.6 / 0.3을 주고 Glossy 효과의 Coverage와 Softness 값을 각각 0.25 / 0.3을 적용해 준다.

그림 1-515 Toon shader 옵션 조절

3 Camera에 Lens shader를 적용해 주도록 한다. Camera Lens shader 속성 창에서 Background tab에서 Enable 옵션을 활성화시키고 배경색은 기본색인 흰색으로 변한다.

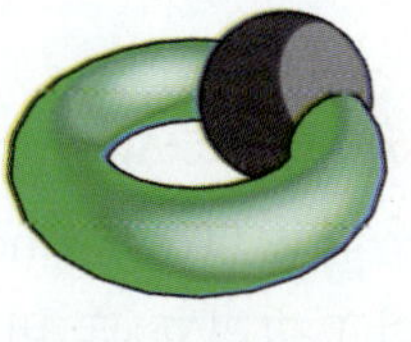

그림 1-516 Toon Line

4 Camera Lens shader 속성 창에서 Basic appearance 옵션에서 기본 color 값을 조절하고 두께 조절을 위해 Spread 값을 3.5 정도 적용한다.

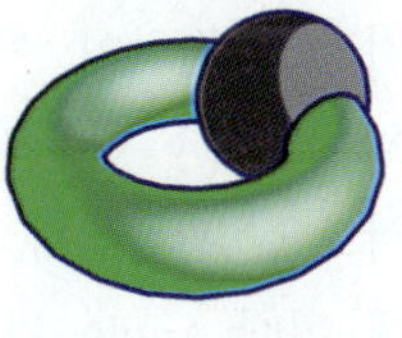

그림 1-517 Color 값을 조절

5 Sphere object를 선택하고 Modify 〉 Shader 명령을 실행하면 선택된 Object에게 적용됐던 Shader의 속성 창이 열린다. 여기서 Rimlight를 활성화하여 Sphere에 적용하고 Rimlight의 Color 값은 Torus의 color 값과 유사하게 만들어준다. 그리고 Layer 2를 활성화시키고 채도가 다른 색으로 지정해 준다.

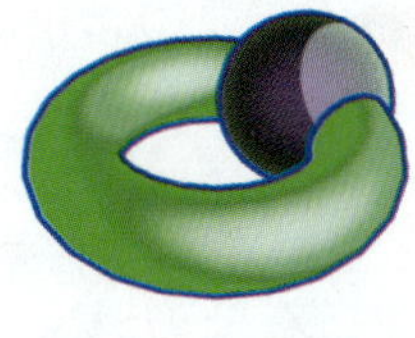
그림 1-518 Rimlight

6 Camera Lens shader 속성 창에서 Transparence 옵션 창에서 Enable 옵션을 체크하고 투명도 R=0.5, G=0.5, B=0.5씩 적용한다. Index of Refraction 값을 1.2로 올리고 굴절효과를 확인한다.

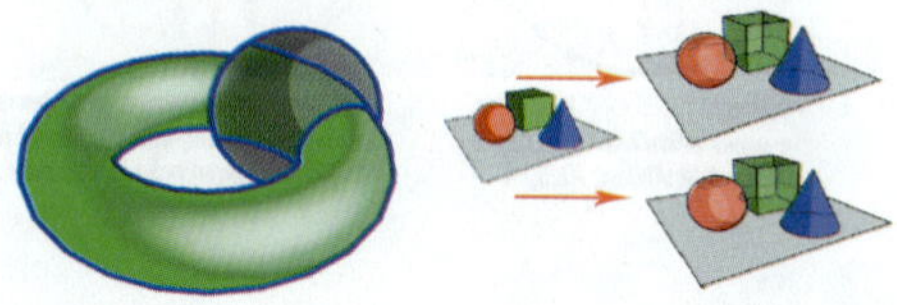
그림 1-519 Toon Transparence & Refraction

7 Transparence 옵션 창에서 Modify surface Ink 옵션을 체크하고, Modify Refracted Ink 옵션도 동시에 체크하여 겹쳐진 부분의 가장자리 라인의 형태를 변형시킨다. 그리고 마지막 Tab에서 Reflection(반사도)에 대해 활성을 하고 수치 조절을 통해 반사효과를 조절해 본다.

그림 1-520 Toon Reflection

3. Toon shader 활용

1 Cube를 열고 기본적인 Toon setting을 한다. Material 〉 Toon을 적용하고 Camera 옵션에서 Lens shader에서 Toon Lens Ink preset을 add & Inspect 적용한다. Toon Lens Ink preset을 적용한 후 Background tab에서 Enable 활성화한다.

그림 1-521 Toon lens shader

2 Basic Appearance tab에서 Spread 값을 "9"로 올리고 (Toon Line의 굵기가 값을 올릴수록 굵어진다.) 그리고 두 번째 Tab인 Tapper tab에서 다양한 옵션 값들을 조절한다. 먼저 Anisotropy 옵션에서 수치를 조절하여 어떤 결과를 나타내는지 확인한다. Anisotropy 현상과 Angle 값과의 상호 관계에 대해서도 잘 관찰한다. Anisotropy는 기존 Line으로부터 일정 거리 값을 두고 Toon Line이 생성이 되는데 이때 Angle 값으로 위치 조절을 다시 할 수 있다.

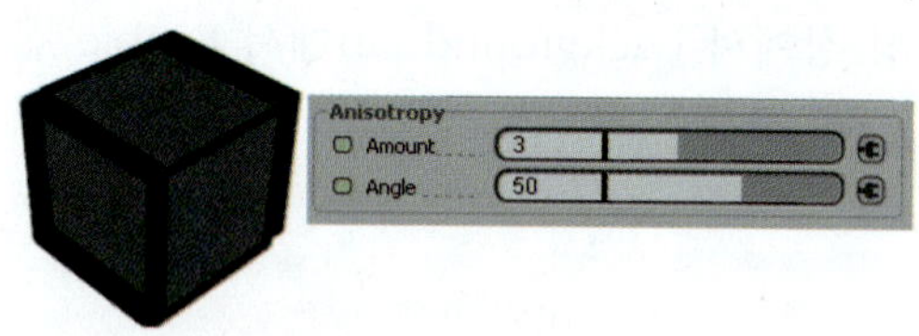

그림 1-522 Tapper 〉 Anisotropy

3 Tapper에 있는 기능을 이용해서 Toon line의 굵기를 조절함으로써 원근감 표현을 해보도록 한다.

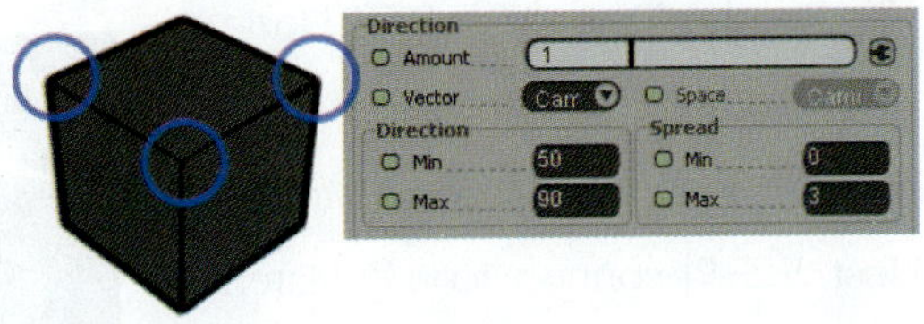

그림 1-523 Tapper 〉 Direction

4 Cube의 한 쪽 면을 이동시켜서 직사각형의 모양으로 만들어 준다. 이때 Tapper tab의 Distance 옵션을 활용하여 효율적인 Toon 효과를 제작한다.

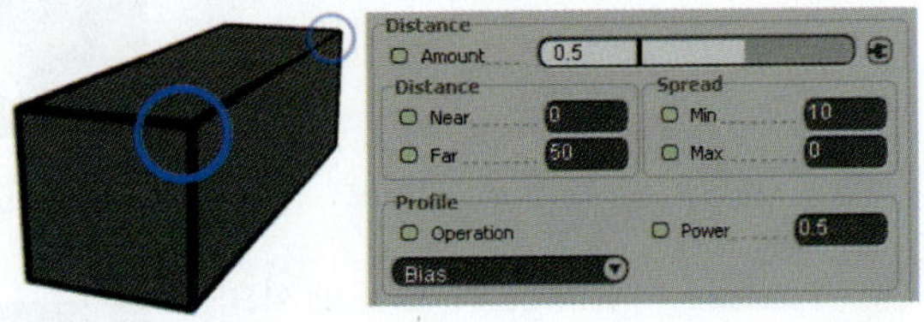

그림 1-524 원근감 표현

5 Variation 기능을 이용하여 Toon Line의 불규칙성을 증가시킨다.

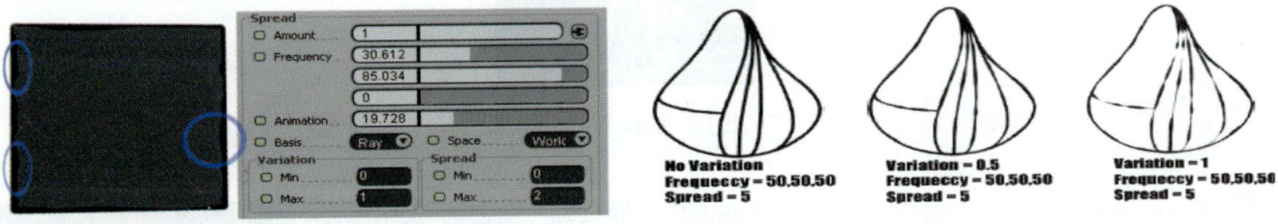

그림 1-525 Variation 효과

4. Render Tree에서의 Toon shader 제작

1 지금까지 학습한 Toon 효과에 대한 기본 개념을 바탕으로 캐릭터 Settingf에 적용을 해보도록 한다. 그리고 이미 UV Unwrap이 되어진 데이터에 Map 이미지까지 적용된 데이터를 이렇게 Toon shader와 연계하여 작업을 할 수 있는지에 대해 좀 더 자세하게 알아보도록 한다.

2 SOFTIMAGE 〉 Netview 〉 Model data 〉 Jaiqua 모델링 파일을 Import 한다.

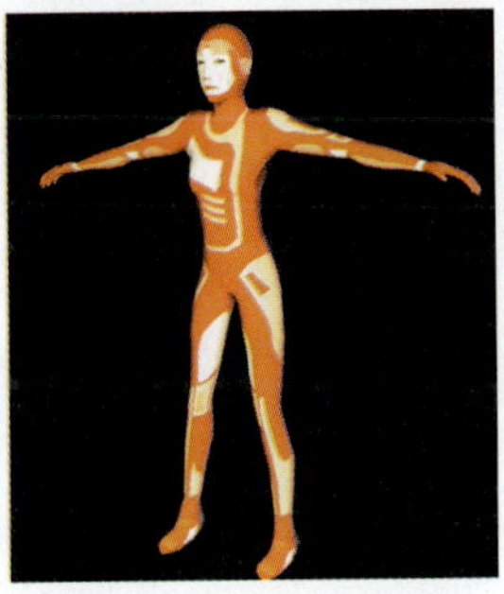

그림 1-526 3D 모델링

3 Render Tree 창을 열고 Node 〉 Toon 〉 Toon Paint and Host 노드를 open한다. Open된 Toon Paint and Host 노드의 connect icon을 Material의 Surface와 Shadow에 연결한다.

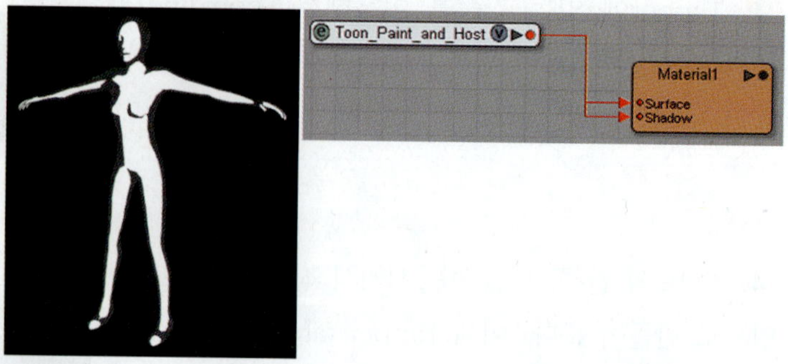

그림 1-527 Toon Paint and Host 노드

4 Texture Image 노드에서의 Connect icon을 Toon Paint and Host의 Surface와 Diffuse color에 각각 연결한다.

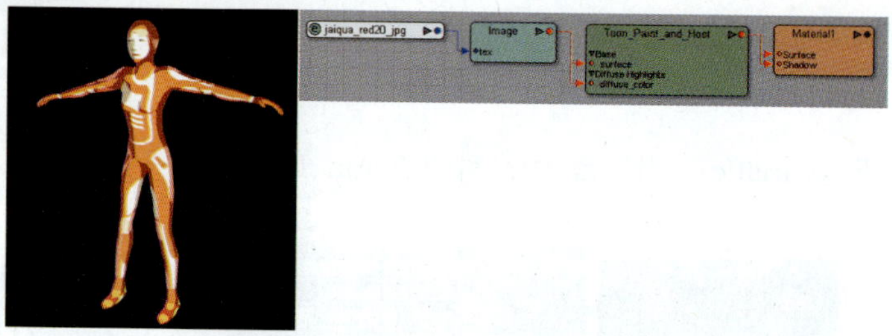

그림 1-528] Toon Paint and Host의 Surface와 Diffuse color에 연결

5 Toon Paint and Host 노드를 Double click한 후 위에서 학습한 내용을 토대로 Toon 효과에 대한 데이터 변형 작업을 한다. Headlight tab에서 Diffuse composition 형태를 Normal type로 변경한다.

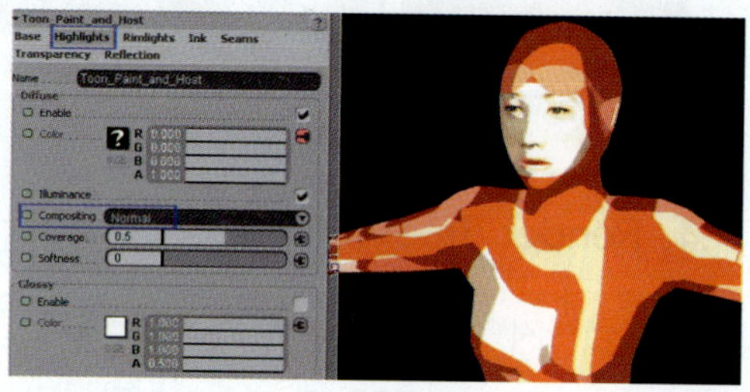

그림 1-529 Normal type

6 Camera 옵션에서 Lens shader에서 Toon Lens Ink preset을 add & Inspect 적용한다. Toon Lens Ink preset을 적용한 후 Background tab에서 Enable 활성화한다. 배경색을 Default 값인 White로 지정한다. Basic Appearance tab에서 Spread 값을 "1"로 내리고 (Toon Line의 굵기가 값을 내릴수록 얇고 진하게 나타난다.) 그리고 다섯 번째 Tab인 Sampling 〉 Samples 수치를 "1"로 낮춰서 가장자리의 Edge line가 얇고 진하게 나타나도록 한다.

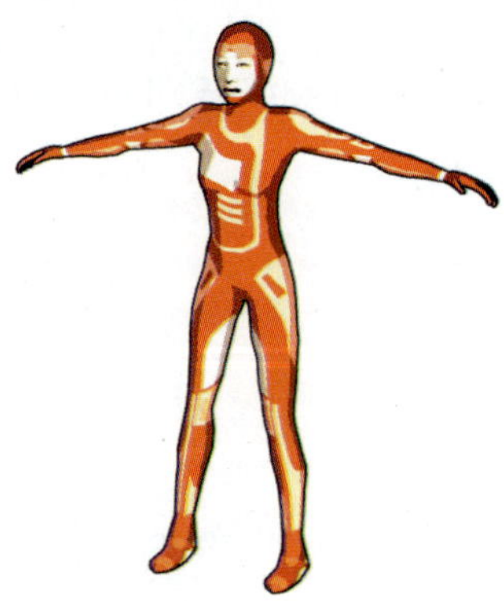

그림 1-530 Sampling 〉 Samples 수치 "1"

7 캐릭터 간단한 Posing 취하기 : Net view에 있는 애니메이션 데이터를 적용하여 Posing의 단조로움을 피하고 다양함속에서의 변화에 민감하다.

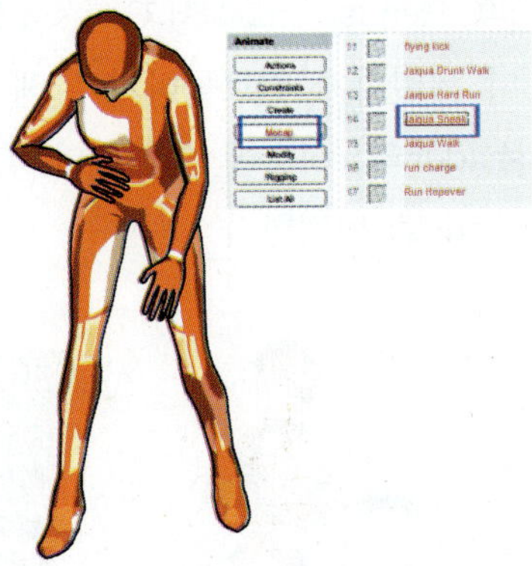

그림 1-531 Animation 적용

8 Render Tree에서 Camera Lens shader의 노드 편집하기 1 : Camera를 선택하고 Render Tree 창을 연다. 노드에서 Texture 〉 Image 노드를 열고 연결 라인을 Camera의 Toon Ink Lens shader의 color에 연결한다.

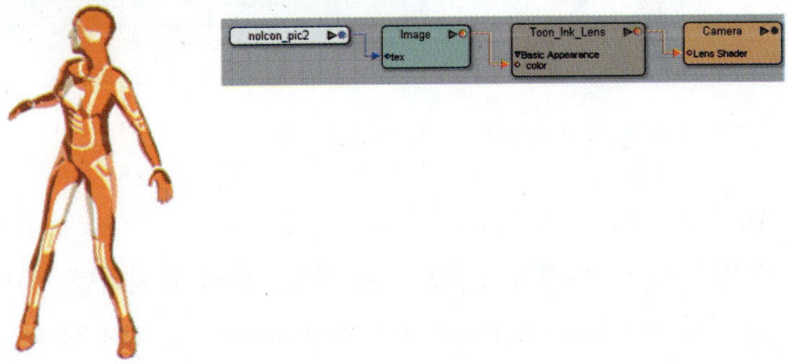

그림 1-532 Camera Lens shader의 노드 편집

9 Render Tree에서 Camera Lens shader의 노드 편집하기 2 : 연결된 이미지 효과가 Lens line에 그다지 효과를 나타내지 못하고 있기 때문에 이번에는 Node 〉 Nap look ups 〉 Image look up 노드를 불러와서 Camera의 Toon Ink Lens shader의 color에 연결한다. 그리고 Texture space Generators 〉 Generator 노드를 불러와서 Image look up 노드의 coord에 연결한다. Generator 속성 창을 열고 Spacc Transformation의 유형을 Screen으로 변경한다.

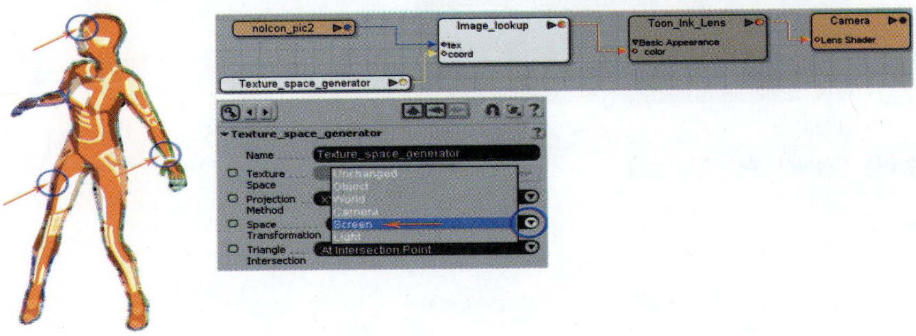

그림 1-533 Image look up 노드의 coord 연결

10 Render Tree에서 Camera Lens shader의 노드 편집하기 3 : 이번에는 캐릭터의 Toon Line을 좀 더 세밀하게 컨트롤하기 위해 Node 〉 Mixer 〉 Gradient 노드를 열어서 Camera의 Toon Ink Lens shader의 color에 연결한다. Gradient 노드 속성 창을 열고 Input tab에서 Input type을 Vector Input로 변경한다.

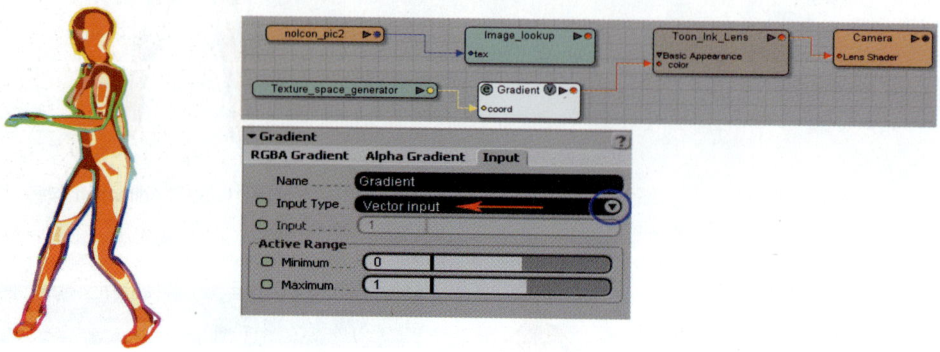

그림 1-534 Input type을 Vector Input로 변경

11 Render Tree에서 Camera Lens shader의 노드 편집하기 4 : 이번에는 Cell를 연결하여 새로운 분위기의 Toon 느낌을 찾아보도록 하자. 먼저 캐릭터를 선택하고 Render tree 창에서 연결 노드를 열고 캐릭터의 Toon Paint and Host shader의 속성 창을 열고 Ink tab에서 Override 모드를 활성화시켜 외곽 Toon line만을 남기고 Modify의 Spreed 수치를 "5"만큼 올려서 라인의 경계를 흩트려 놓는다. 그리고 Cell 옵션에서 Repeat 수치를 조절하여 분산 효과를 극대화시킬 수 있다.

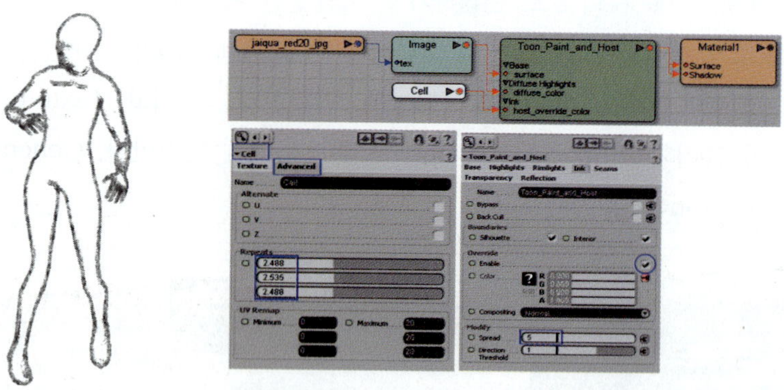

그림 1-535 Repeat 수치를 조절하여 분산 효과 증대

1-2-10 Ultimapper 원리

Ultimapper는 해상도 차이를 가지는 서로 다른 두 개 이상의 모델링 데이터를 활용하여 다양한 소스를 추출할 수 있을 뿐 아니라 이러한 효과를 이용하여 Low Polygon 데이터를 High Quality 데이터로 변화를 시킬 수 있는 기능이다. 즉 High Polygon의 표면 데이터를 추출하여 Low Polygon 데이터에 전이할 수 있는 기능이다. 아래 그림을 비교했을 때 Texture 결과는 비슷하지만 왼쪽 모델링은 High Polygon이고 오른쪽에 있는 모델링은 Low Polygon 모델링 데이터이다. 이 경우 High Polygon 모델링 데이터의 표면 값을 추출하여 Low Polygon 데이터에 적용한 결과이다.

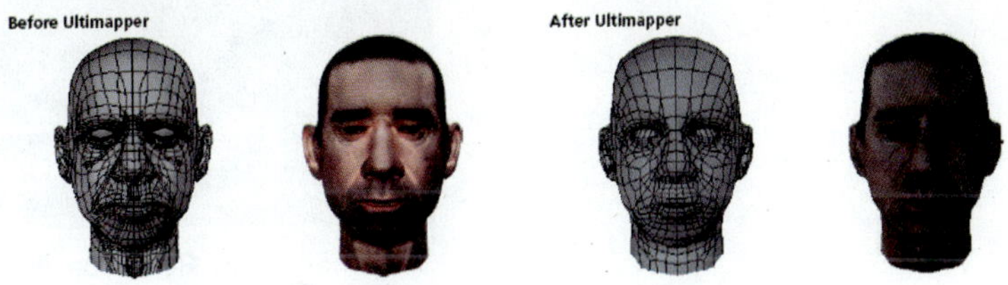

그림 1-536

다음은 Ultimapper를 통해 추출한 Texture 관련 이미지 소스들이다.

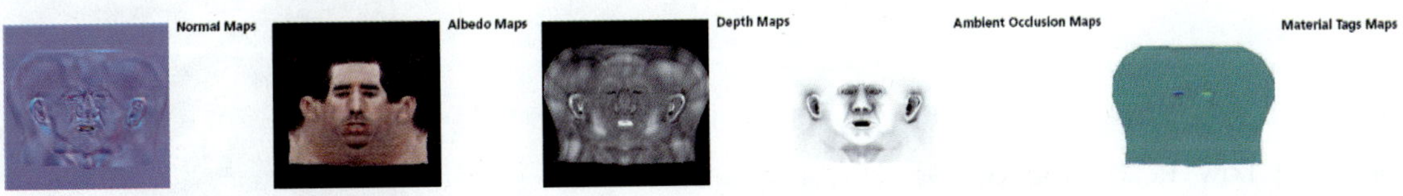

그림 1-537 Ultimapper로 추출된 Image 소스들

1. Ultimapper를 활용한 고급 매핑 - 도구제작

그림 1-538 Ultimapper 적용 Processing

1 먼저 제작된 High Resolution data를 불러온다. 총 28만개의 Polygon 수를 가진 High Resolution 모델링 data를 불러온다.

그림 1-539 High Resolution data

2 Low Resolution data를 불러온다. 총 1,514개의 Polygon 수를 가진 Low Resolution 모델링 data이다.

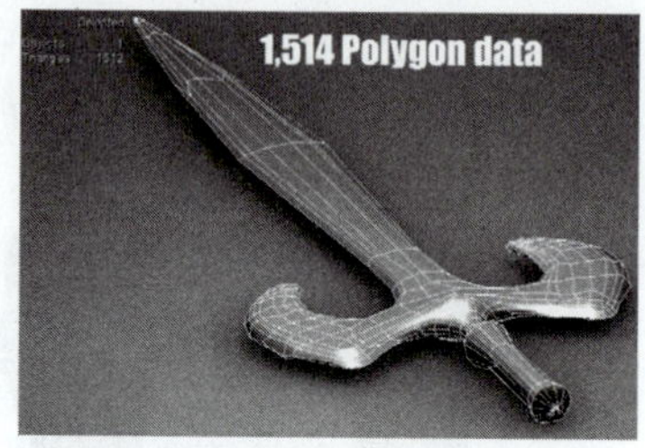

그림 1-540 Low Resolution data

3 먼저 Low Resolution data와 High Resolution data의 위치값을 최대한 일치시키도록 한다.

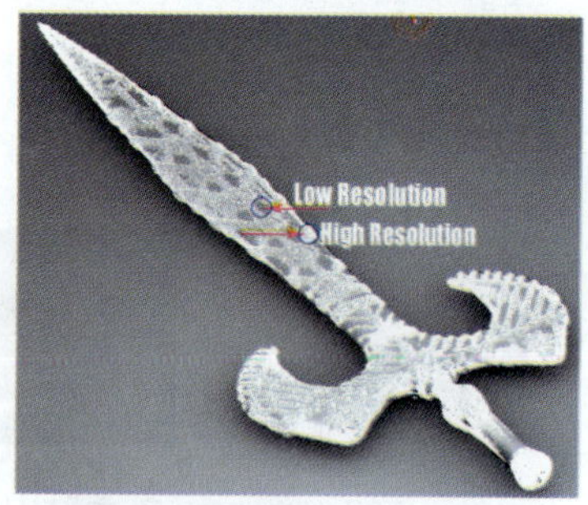

그림 1-541 Match

4 먼저 Low Resolution data를 선택한 후

5 Get 〉 Property 〉 Ultimapper 기능을 실행한다.

6 생성된 Ultimapper 속성 창에서 다음 몇 가지를 체크한다.

[1] Pick : 해상도가 높은 Target Object를 선택한다.
[2] 생성된 Ulti-mapper를 저장될 장소를 찾는다.
[3] 필요에 따라 체크 항목은 선택한다.
[4] 제작될 작품의 형식은 동영상 플레이어이다.
[5] Map 모드에서 Color가 아닌 Ambient Occlusion 옵션을 선택한다.
[6] 마지막으로 상단의 Generate Maps 기능을 실행한다.

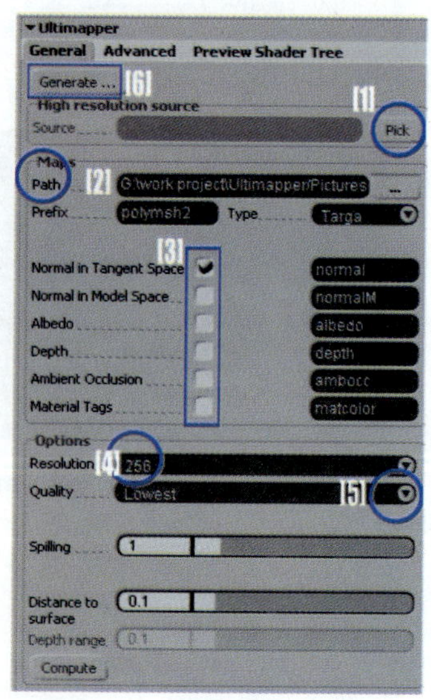

그림 1-542 Ultimapper 속성 창

7 결과 확인 : 제작된 다양한 형태의 이미지 소스를 확인한다.

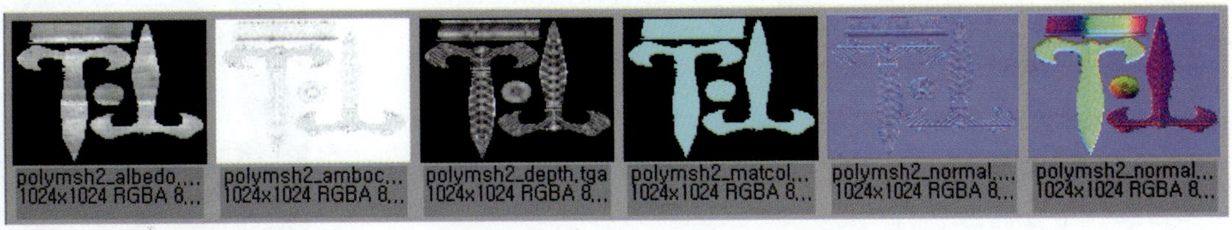

그림 1-543 Ultimapper에 의해 제작된 다양한 Texturing 소스들

8 화면 제어 옵션에 대해 설정을 확인한다.

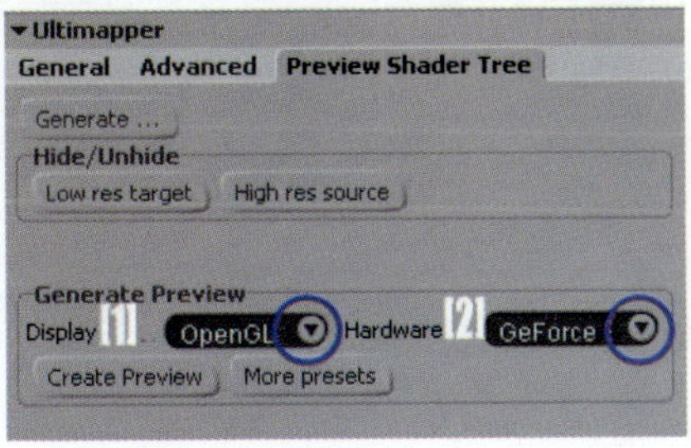

그림 1-544 화면 제어 옵션

9 화면 View 모드를 Real Time shader 방식인 Open GL로 변경한다. 그리고 화면에 나타난 Low Resolution data의 결과를 확인한다.

그림 1-545 Real Time shader

2. Ultimapper를 활용한 고급 매핑–캐릭터 제작

Ultimapper 기능을 활용하여 도구 모델링뿐만 아니라 캐릭터에도 적용이 가능하다.

1 Low Ploygon 모델링 데이터 제작 : 기본 3D 제작 툴

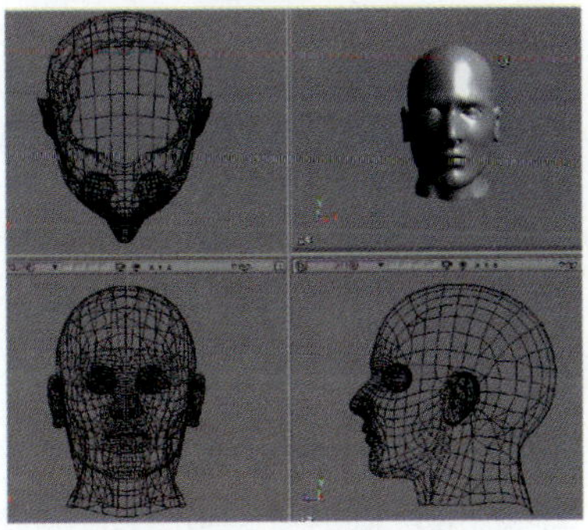

그림 1-546 캐릭터 모델링 제작

2 High Polygon 모델링 데이터 제작 : Z Brush, Mudbox 등 High polygon 모델링 제작 툴을 활용하여 High Polygon 모드에서 Sculpting 작업을 마친다.

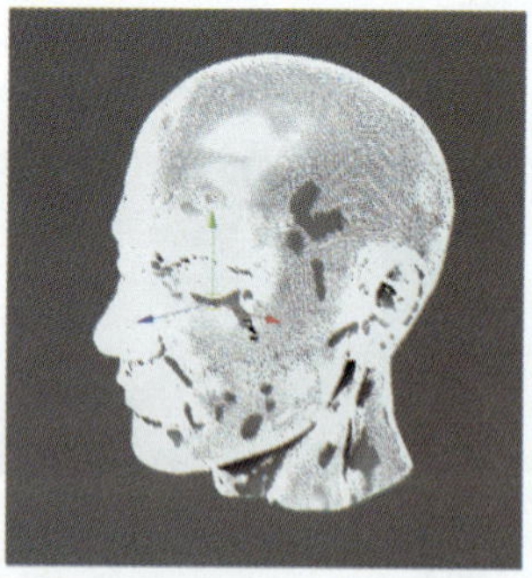

그림 1-547 High Polygon 모델링 데이터 제작

3 Ultimapper 적용 : High Polygon 모델링 데이터를 불러와서 Low Polygon 데이터와 매치시킨다. 그리고 위에서 적용한 방법과 동일한 옵션으로 Ultimapper 기능을 실행한다.

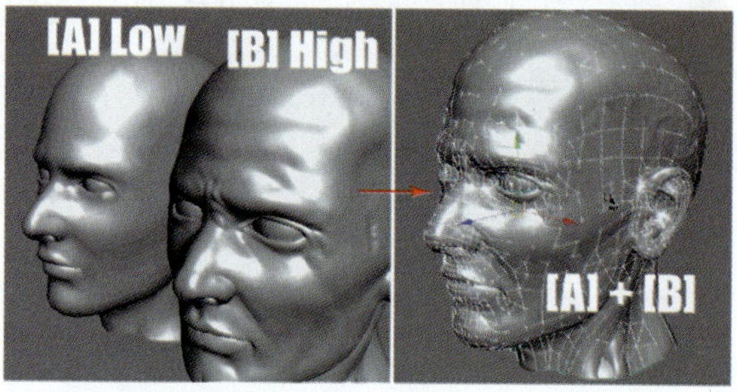

그림 1-548 Ultimapper 기능을 실행

4 결과 확인 : View 모드를 Open GL이나 Direct X 모드로 전환하여 결과를 확인한다.

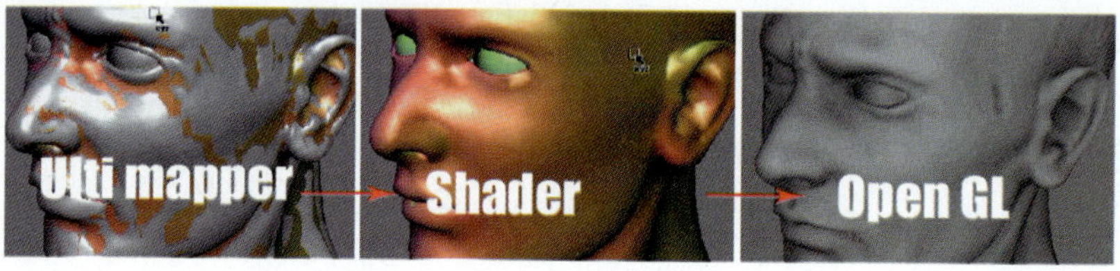

그림 1-549 결과 확인

1-2-11 Bump Mapping과 Displacement Mapping의 개념 및 적용

Bump Map은 Texture의 Black / White의 명암차이를 이용하여 돌출과 함몰의 불규칙성을 가상으로 정의한다면 Displacement Map은 저장된 Source Map의 높이 data를 활용하여 실제로 Object의 외부의 형태 변화가 일어나도록 하는 방법이다.

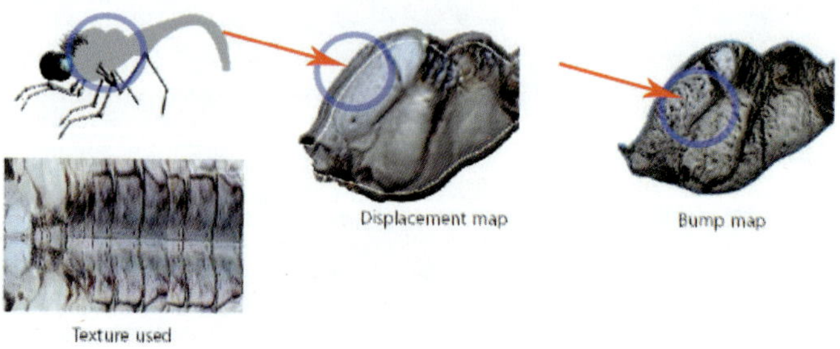

그림 1-550 Bump Map과 Displacement Map의 비교

1. Bump Map 적용 및 활용

(1) 속성 창에서의 옵션 값을 이용한 Bump Map 적용

1 Bump Mapping 적용 전의 Texture Setting

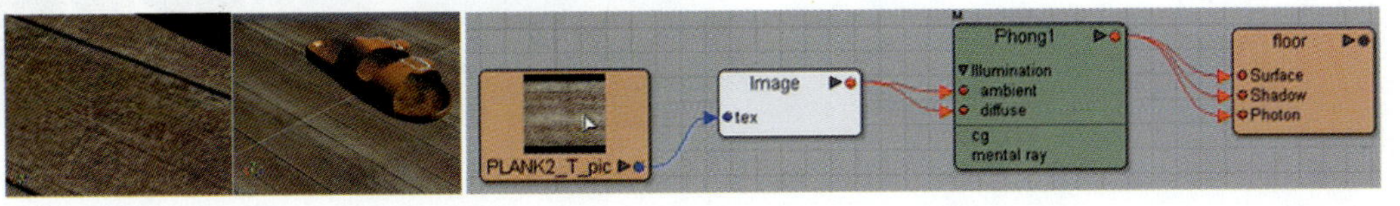

그림 1-551 Bump map 적용 전 Shader와 Render Tree 구조

2 Texture 적용 : 먼저 Grid에 Wood 이미지를 적용한다.

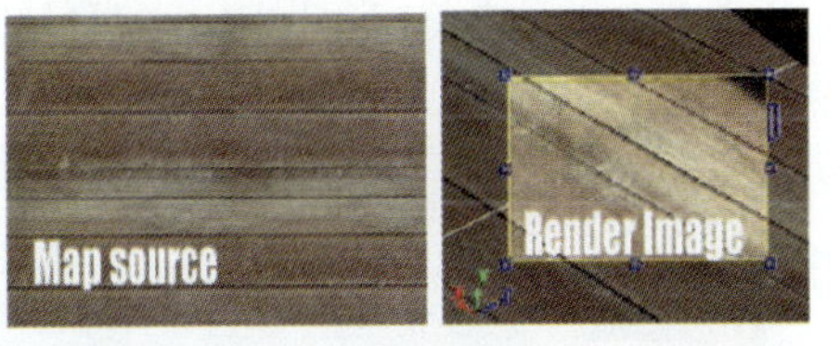

그림 1-552 Texture 적용

3 Texture Projection Option에서 Bump Map 옵션 체크를 한다. Factor 값을 조절하여 Bump 효과의 변화를 확인한다.

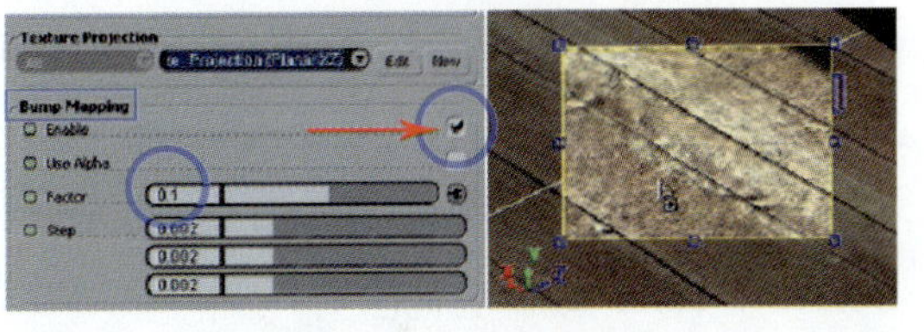

그림 1-553 Bump Map 옵션 체크

4 만약에 사용한 Map 소스에 Alpha 이미지가 적용되어 있어서 보다 흑백의 효과를 극대화하고자 한다면 Use Alpha 옵션을 체크하도록 한다.

그림 1-554 Alpha 사용

(2) Render Tree를 활용한 Global과 Local Bump Mapping

1) Local Bump Mapping

1 Render Tree 창을 열고 Node 〉 Texture 〉 Checker board 옵션을 Render Tree 창으로 불러온다.(Drag in Drop)

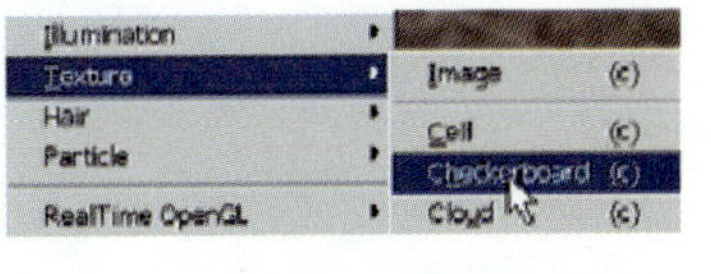

그림 1-555 Checker Board Open

2 노드 연결 및 옵션 설정 : 불러온 Checker Board 이미지와 바닥 Object의 Shader를 연결한다. 그리고 Texture 속성 창에서 Advanced Tab에서 Repeat 수치를 [100]으로 조절하여 Checker Board의 반복횟수를 늘린다.

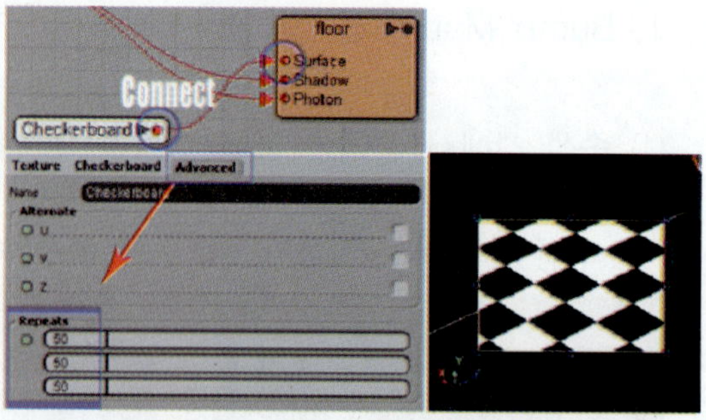

그림 1-556 Checker Board 연결 및 Repeat 수 증가

3 Phong shader의 Connect를 선택하여 Checker Board 노드의 Color 1에 연결하여 Wood 이미지와 Checker Board 이미지가 섞이도록 한다.

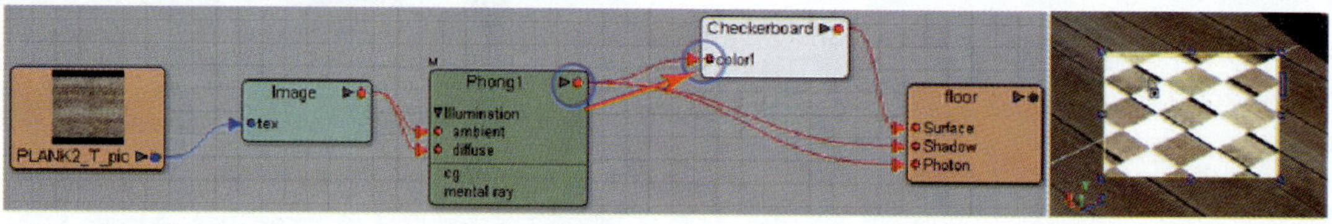

그림 1-557 Phong shader와 Checker Board 노드 Mix

4 Lambert shader 연결하기 : Illumination Node에서 Lambert shader 노드를 꺼내서 Checker Board의 Color 2에 연결한다.

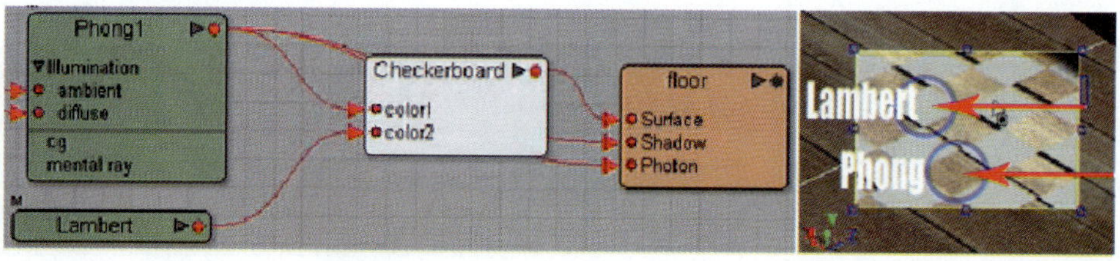

그림 1-558 Lambert shader 연결

5 Cell 노드 연결하기 Node 〉 Illuminate 〉 Cell 노드를 꺼내서 Lambert의 Color 2에 연결시킨다.

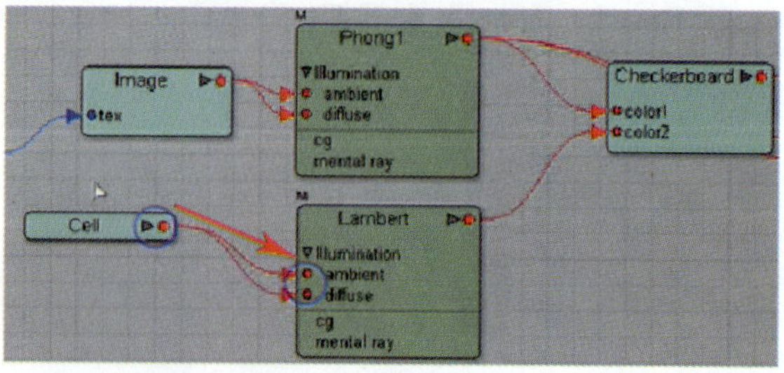

그림 1-559 Cell 노드 연결하기

6 Cell 노드 속성 창에서 Bump 효과 적용하기 : Cell 노드를 더블클릭하여 Cell 노드 속성 창을 열고 Bump 옵션을 체크한 뒤 Facter와 Step의 수치를 조절하여 Bump 효과의 적용 및 변화를 확인한다.

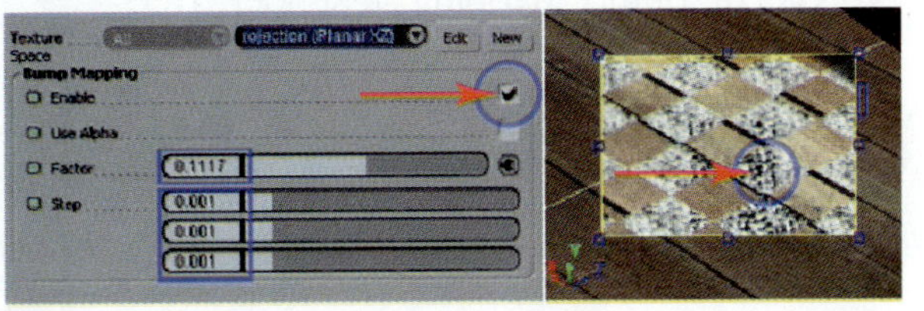

그림 1-560 Bump 효과 적용 및 속성 변경

(3) Global Bump Map

Global Bump Map 효과는 Object에 적용된 일부 Texture나 Material shader에만 Bump 효과가 적용되는 것이 아니고 Object 전체에 Bump 효과가 적용되는 것이다.

1 먼저 Render Tree 노드에서 Bump 〉 Bumpmap generator 노드를 꺼낸다.

그림 1-561 Bumpmap generator

2 오픈된 Bumpmap generator 노드의 Connector를 Floor material 노드의 Bump Map tab에 연결한다.

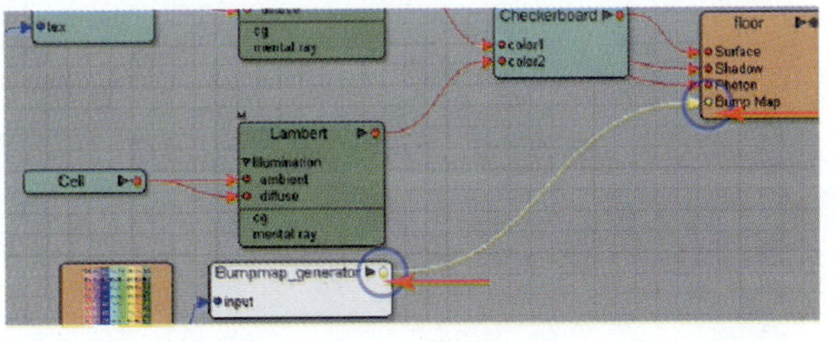

그림 1-562 Bumpmap generator 노드 연결

3 새로운 Bump 이미지 적용 및 옵션 수치 변경 후 결과 확인 : Bumpmap generator 노드를 더블클릭하여 속성 창을 열고 New 〉 New from Fill로 새로운 이미지를 불러와서 적용한다. 적용된 이미지에 대해 Advanced 창에서 Repeat의 속성을 변경하여 Bump 효과의 변화를 확인한다.

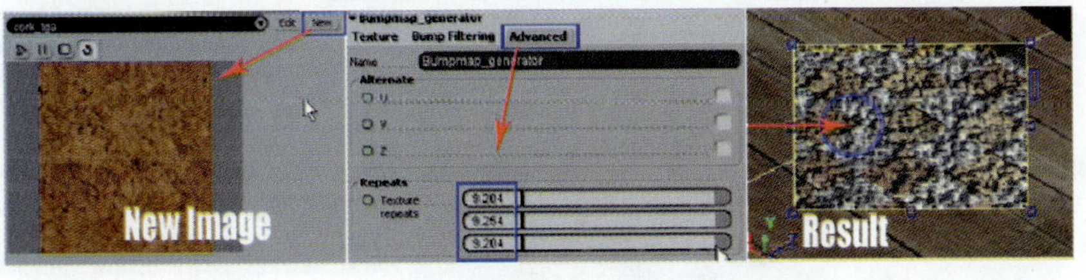

그림 1-563 Bumpmap generator 노드에 새로운 이미지 적용

4 Global Bump Mapping의 Render Tree 구조

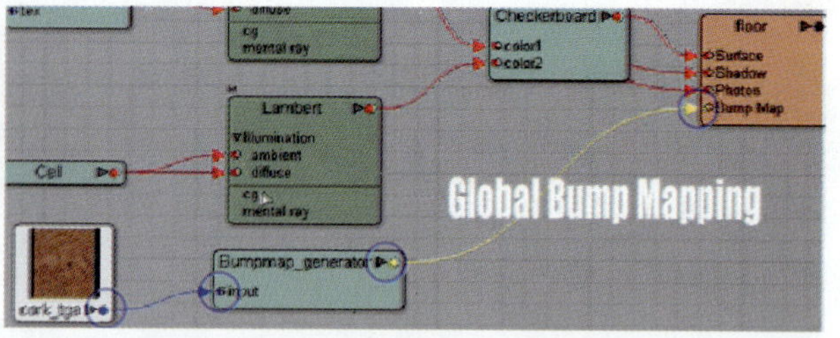

그림 1-564 Global Bump Mapping의 Render Tree 구조

5 Bump 노드 활용하여 Local Bump mapping 적용하기 : Node 〉 Bump Node에서 Bump map 노드를 오픈한 다음 Image 노드의 Phong shader와 Checker board 사이에 위치한 후 Input과 Color1의 tab에 각각 연결한다. 이 경우 color 이미지 노드만 Bumpmap이 적용되는 Local bump map 효과를 만들 수 있다.

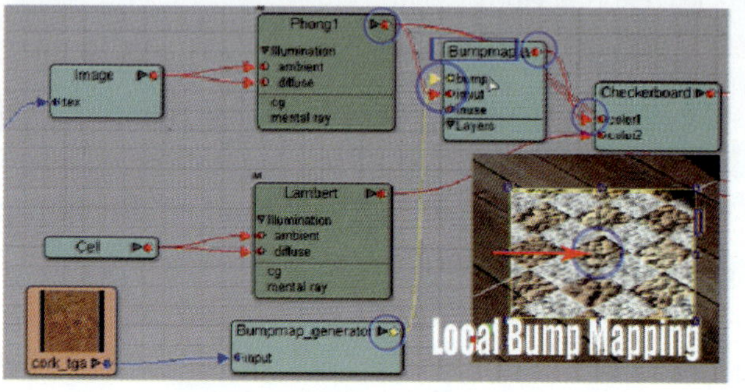

그림 1-565 Local Bump Map 효과

(4) Bump mapping 결과에 대한 원근감 효과 적용하기

1 Scaler State 노드 연결하기 : Node에서 State 노드의 〉 Scalar State 노드를 꺼낸다.

그림 1-566 Scaler State 노드 열기

2 Mixer 〉 Gradient 노드를 꺼내서 Scalar State 노드와 Input tab에 연결한다.

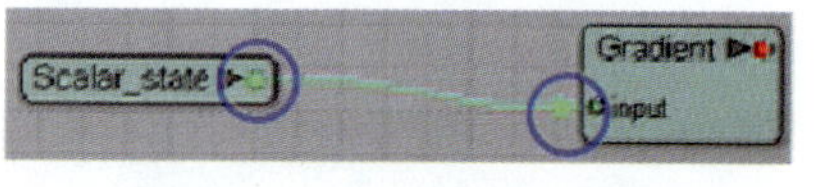

그림 1-567 Scalar State 노드와 연결

3 Gradient 노드의 속성 창에서 Preset tab에서 〉 White / Black 옵션을 지정하고 Input tab에서 Minimum과 Maximum 수치를 조절하여 Gradient 효과의 영역을 변경한다.

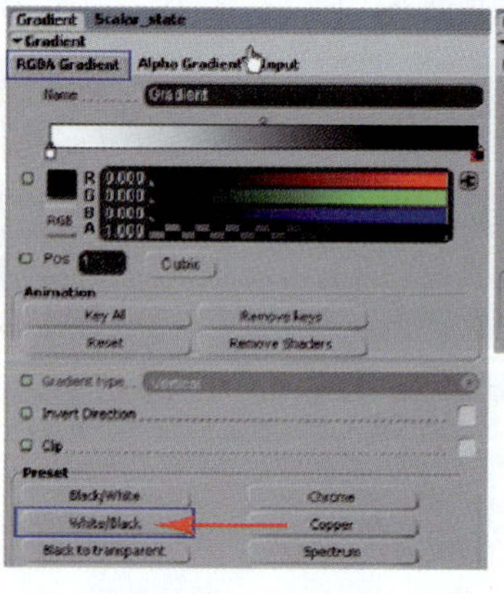

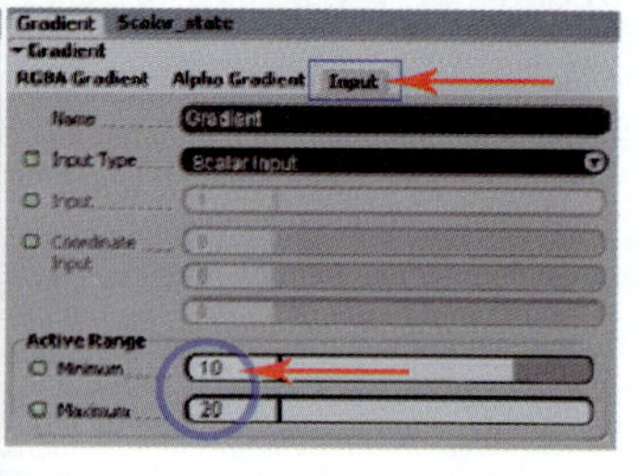

그림 1-568 Preset tab에서 〉 White / Black 옵션 조정

4 노드 연결 : Scalar state노드를 Gradient Input tab에 연결하고 Gradient 노드를 Image 노드의 factor 영역에 연결한다.

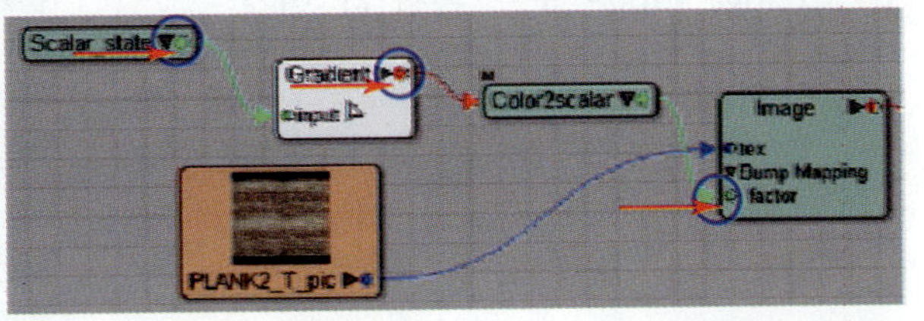

그림 1-569 노드 연결

5 결과 확인

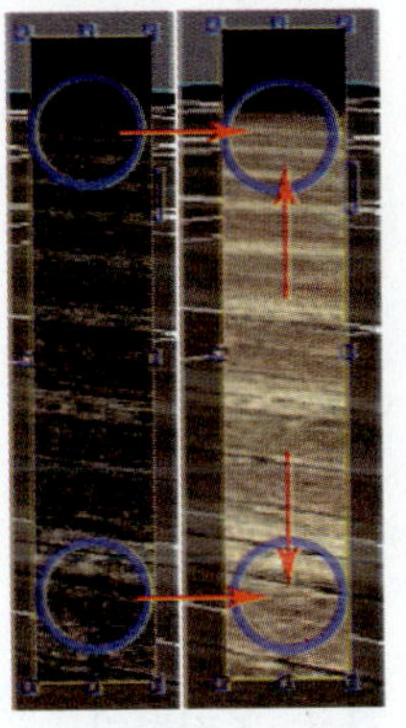

그림 1-570 결과 확인

6 Gradient tab의 HLSA에서 L의 수치를 변경하여 결과확인을 한다.

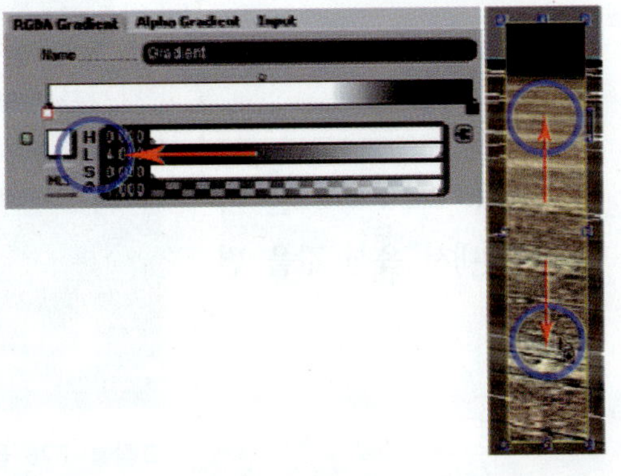

그림 1-571 HLSA에서 L의 수치를 변경

7 Gradient의 color 범위와 Input tab에서 Minimum과 Maximum 수치를 조절하면서 다양한 Bump의 효과를 확인한다.

8 Math 〉 Change_range 노드를 꺼내서 다른 효과를 적용한다. Scalar state 노드를 Change range 노드의 input tab에 연결한다. 그리고 Change range 노드를 다시 Image 노드의 Factor에 연결한다.

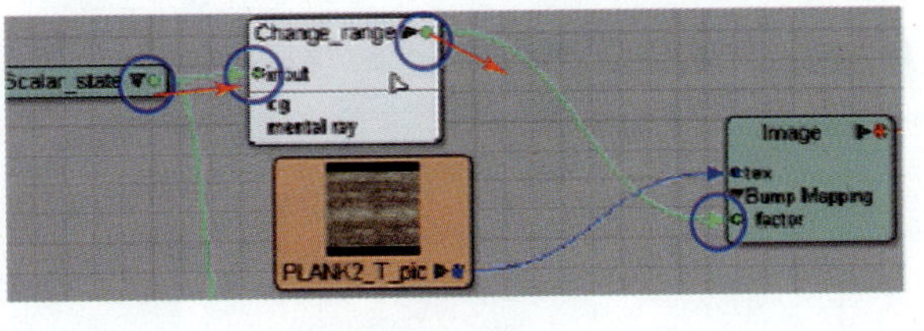

그림 1-572 Scalar state 노드 연결

9 Change range 노드 옵션 값 변경

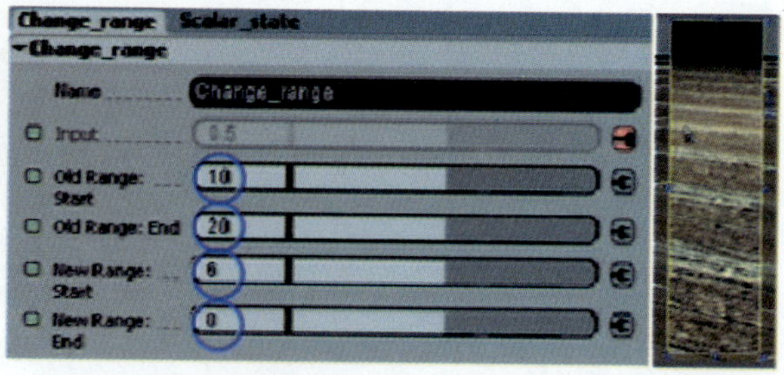

그림 1-573 옵션 값 변경

10 Math 〉 Scalar Basic 노드를 꺼내서 Change range 노드를 Scalar Basic 노드의 Input tab에 연결한다.

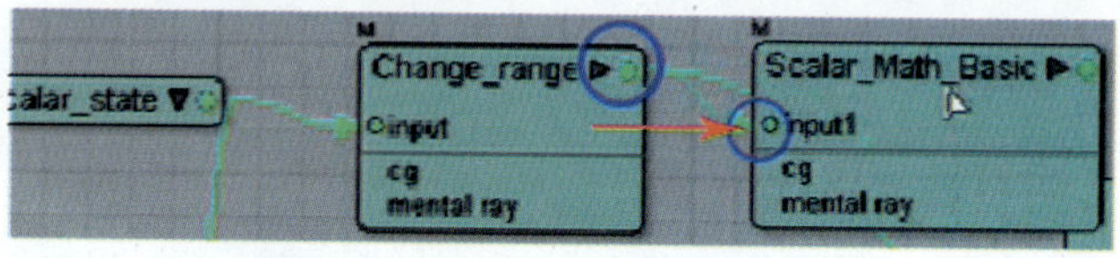

그림 1-574 Change range 노드 연결

11 Scalar Basic 노드의 옵션 값을 조절한다.

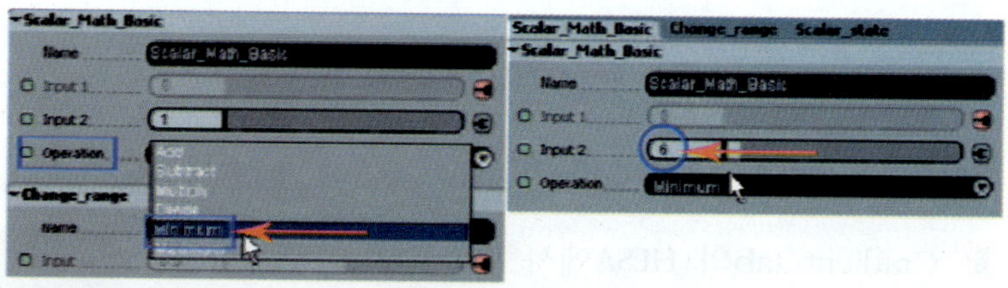

그림 1-575 Scalar Basic 노드의 옵션 변경

12 Scalar Basic 노드를 하나 더 꺼내서 옵션 값을 변경한다.

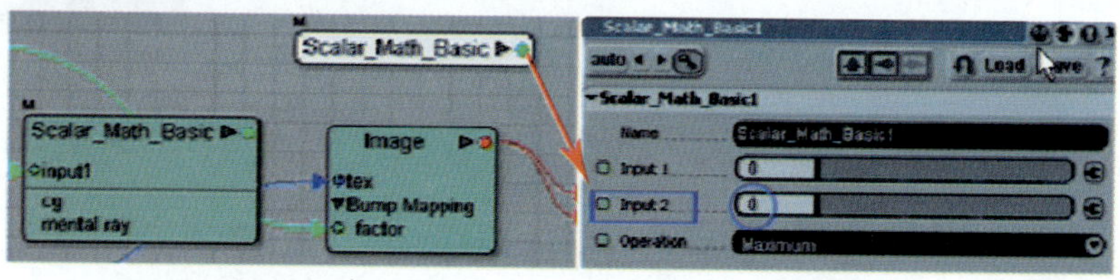

그림 1-576 옵션 값을 변경

13 새로 생성한 Scalar Basic 노드는 기존의 Scalar Basic 노드와 연결한 후 Image 노드의 factor tab에 연결한다.

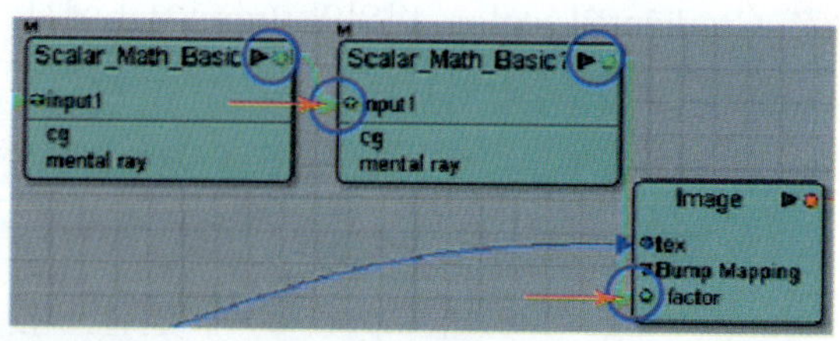

그림 1-577 Scalar Basic 노드 연결

14 결과 확인 : 거리에 따른 Bump 효과의 차별화된 결과를 얻을 수 있다.

그림 1-578 최종 결과 확인

2. Displacement map

(1) Setting

1) Displacement map 개념

Displacement map이란 실제 삼각형을 여러 개의 삼각형 단위로 쪼개고 나서 그 작은 삼각형들의 높이 값을 Displacement map으로 추출하여 Object의 높낮이를 설정해 주는 Mapping 방식이다. Bump mapping이나 Normal mapping의 경우는 빛의 반사각을 바꿔서 물체의 입체감을 나타내도록 착각 현상(실제 Object의 변화가 없는 가상의 결과)을 제공하는 반면에 Displacement map는 실제로 Object의 Geometry를 수정한다. 그러므로 실제 Object의 변형을 통한 형상을 인식하는 방식이기 때문에 많은 렌더링 타임을 요구하게 된다. 흔히 Displacement map을 적용할 경우에는 Displacement map 소스를 제작해야 한다. 3D 제작환경 툴 자체적으로 Displacement map 소스를 제작하는 S방법도 있지만 Z Brush 등의 sub tool을 활용하기도 한다. 이번 장에서는 SOFTIMAGE에서 Render map 기능을 활용하여 High Polygon 데이터에서 추출한 Displacement map을 Low Polygon 데이터에 적용하여 그 결과를 비교함으로써 Displacement map 소스 효과의 효율성을 제시하고자 한다.

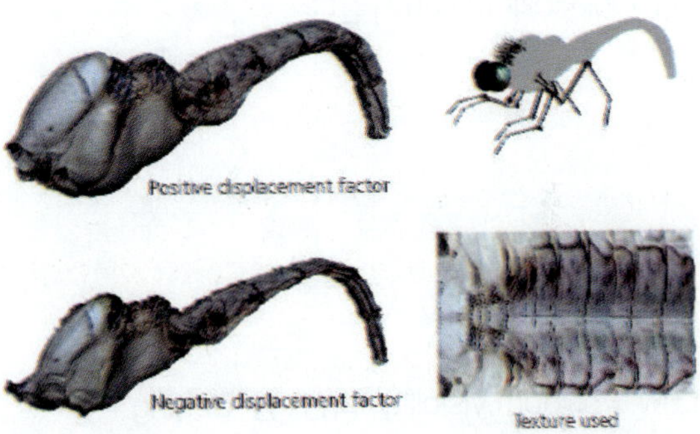

그림 1-579 Displacement map이 적용된 결과

2) High Polygon Object 제작

Sphere를 변형하여 다음과 같은 High Polygon Object를 제작한다.

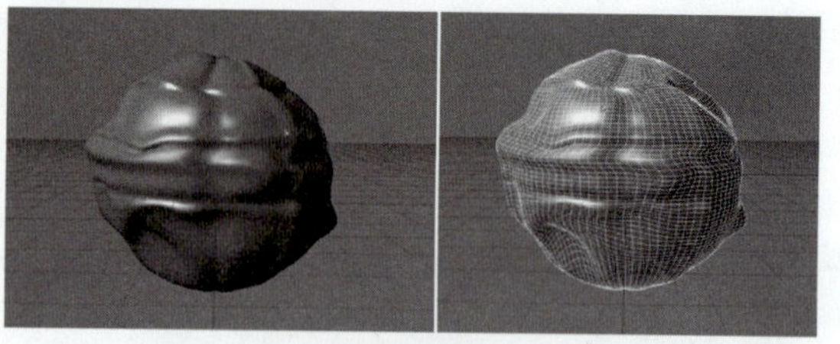

그림 1-580 High Polygon Model

3) Low Polygon Object 제작

Poly.mesh 〉 Sphere를 꺼낸다. U/V Subdivision을 조절하여 다음과 같은 Object 형태를 만든다.

그림 1-581 Low Polygon Model

4) High Polygon Object와 Low Polygon Object Match

생성된 Low Polygon Sphere를 제작된 High Polygon Object와 Match시킨다.

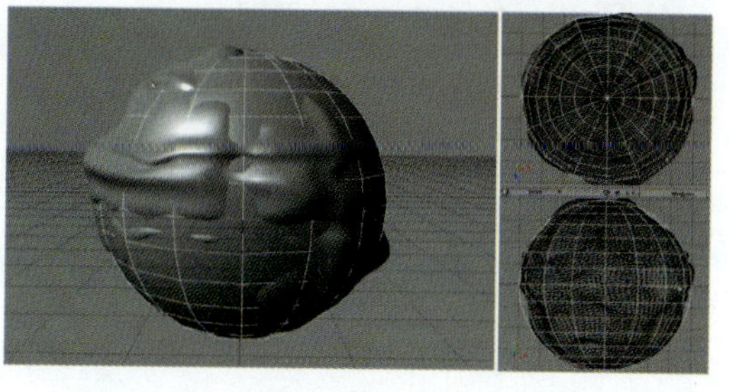

그림 1-582 Object와 Match

5) Low Polygon Visibility 속성 창 Setting

Rendering 옵션에서 Primary Rays와 Secondary Rays 옵션을 해제한다.

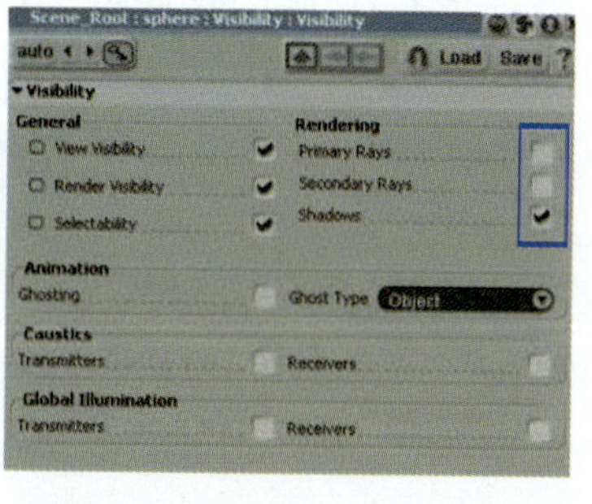

그림 1-583 Visibility 속성 창

(2) Render Map 기능을 활용한 기본 Displacement map Source 추출

1 Render map 적용 : Low polygon 선택 후 Property 〉 Render Map 기능을 실행한다.

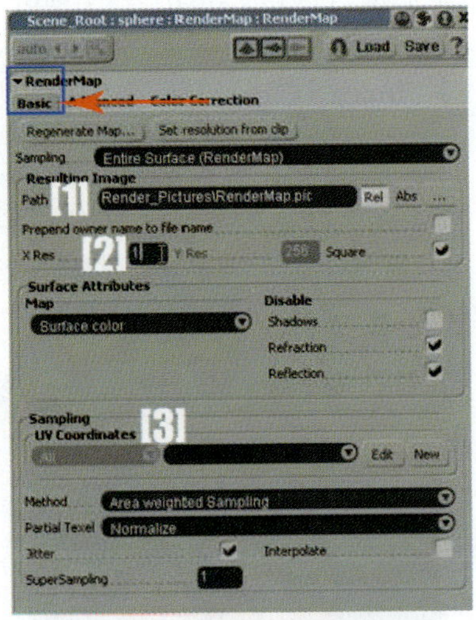

그림 1-584 Basic Tab 옵션 값

[1] Path : Render Map 결과를 저장할 경로를 지정해 준다.

[2] X Res : 제작할 소스 이미지의 크기(해상도)를 설정한다. Square 옵션이 활성화되어 있을 경우 X Res의 크기만 입력하면 Y Res도 동일한 크기가 적용된다.

[3] UV Coordinate : Map Projection 방향을 설정해주는 옵션 창이다.

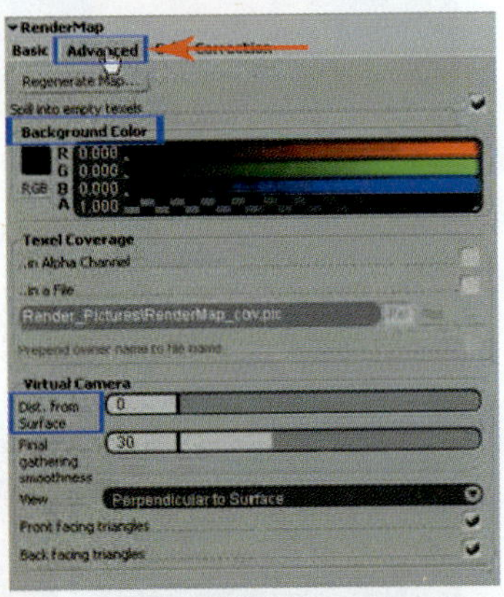

그림 1-585 Advanced tab 옵션 값

- Background Color : RGB 수치를 각각 0.5의 Gray color로 지정하고 A는 1.0으로 지정한다. 0.5의 Gray color로 지정함으로써 돌출된 부분은 흰색으로 함몰된 부분은 검은색으로 나타나게 된다. 그 중간 Ton의 Color를 지금 지정해 주는 것이다.
- Distanced from Camera : 카메라의 거리 값으로 인해 추출된 Map의 결과가 달라지는데 이는 카메라가 Object로부터 떨어져 있도록 유지해야만 표면에 대한 정확한 정보를 얻을 수 있다.

2 High Polygon Object 선택 후 Render Tree 창을 열기 : Nodes 〉 Switch 〉 Front Back 노드를 불러온다. 불러온 Front Back 노드를 Material의 Surface tab에 연결한다. 이는 추출될 결과가 정확히 표면의 데이터를 취하는지 테스트하기 위한 과정이다.

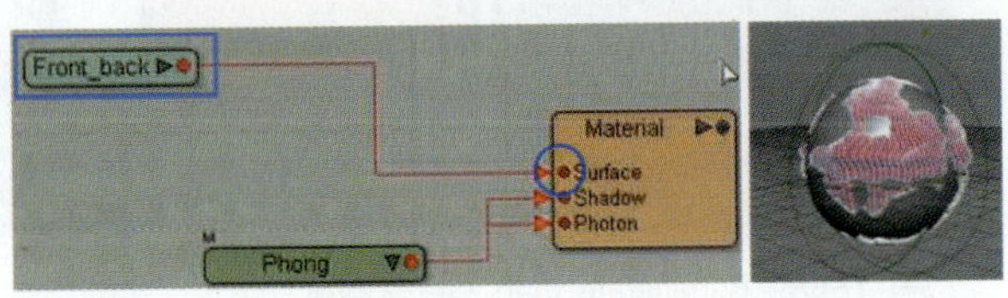

그림 1-586 노드 연결

3 Distanced from Camera의 수치를 변경한 후 Render map 창에서 Regenerate map을 실행하기

4 Image Clip View [Alt+6] 창을 열어서 방금 저장한 Render Map 이미지 파일을 불러온다. 체크된 부분(푸른색)은 카메라의 거리가 정확하게 Object의 표면을 캡처하지 않고 표면의 뒷부분(파란색) 영역까지 침범했다는 결과를 알 수 있도록 한다. 즉 정확한 표면 값을 얻지 못했다는 결과이다. 카메라의 거리 값을 조절하여 다시 한번 Render Map 기능을 실행한다.

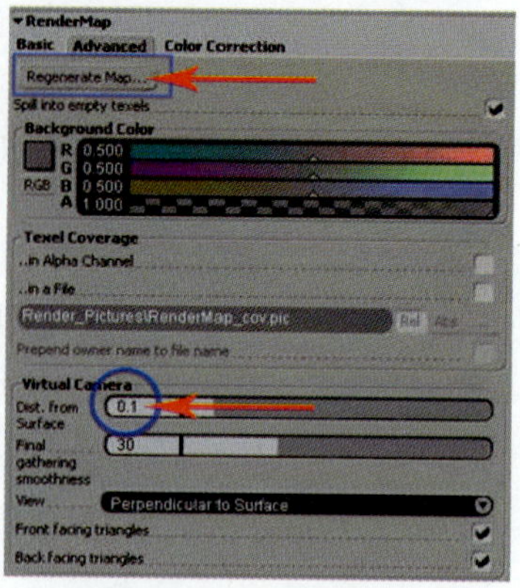

그림 1-587 Render Map

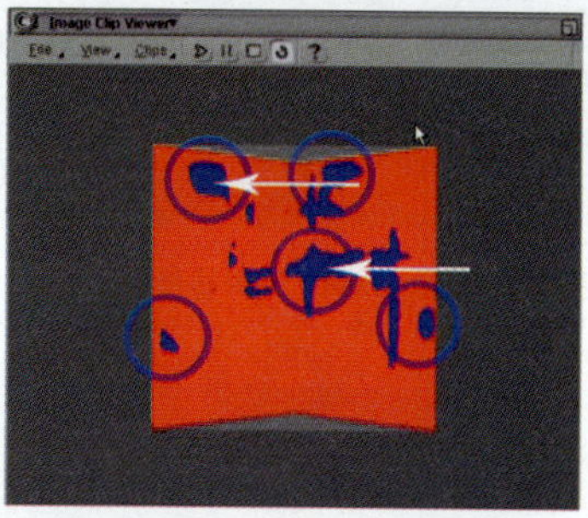
그림 1-588 결과 확인

5 Render Map 속성 창에서 Distanced from Camera의 수치를 변경한 후 다시 한번 Regenerate map 명령을 실행한다. 결과를 확인한다.

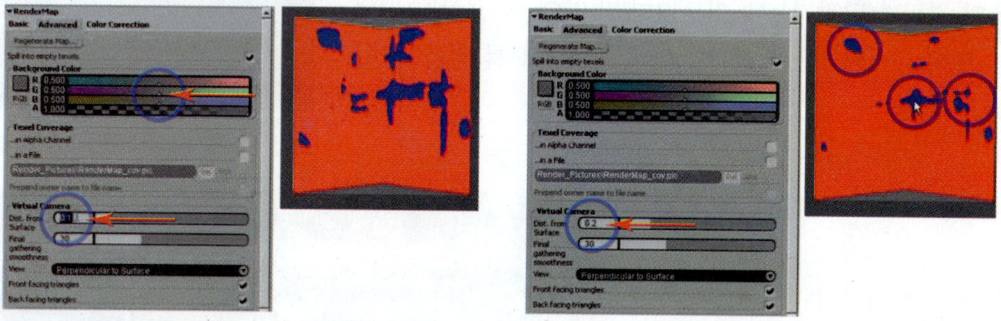
그림 1-589 Regenerate map 명령을 실행

6 Red color 값이 나타날 때까지 수치조절을 계속 진행한다. 결과가 완벽하게 나타났을 경우 Front Back 노드의 연결을 제거하도록 한다.

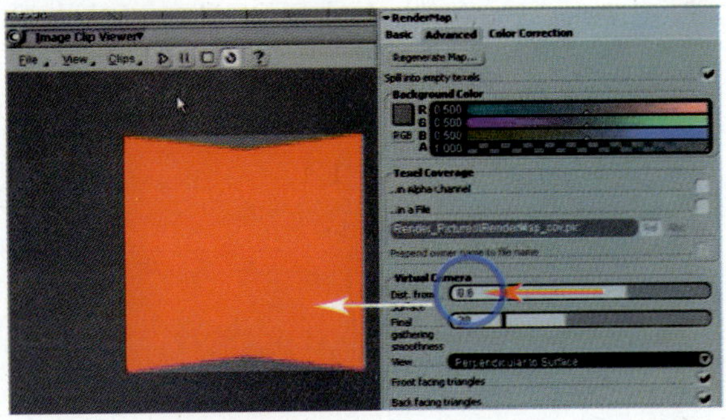

그림 1-590 Option 조절

(3) 사용할 Displacement map source 제작

1 High Resolution Object를 선택하고 Render Tree 창을 연다. Front / Back 노드의 연결을 끊고 Update 한다.

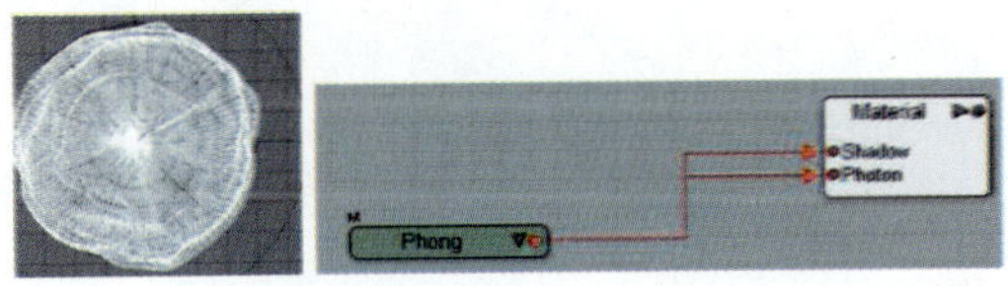

그림 1-591 Render Tree

2 Render Tree 〉 State 〉 Scalar State 노드를 불러온다.

그림 1-592 노드 불러오기

3 Scalar State 노드의 속성 창에서 State Parameter를 Ray Length로 변경한다.

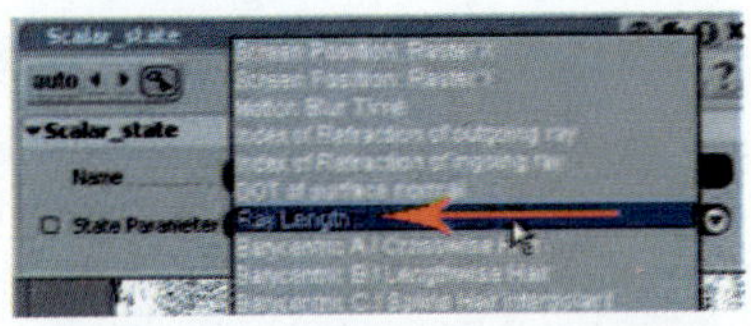

그림 1-593 Scalar State 노드의 속성

4 Render Tree 노드에서 Math 〉 Change Range 노드를 불러온다.

5 Scalar State를 Change Range의 Input tab에 연결한다.

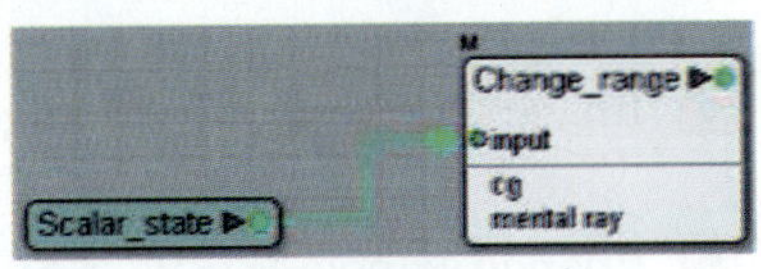

그림 1-594 노드 연결

6 Change Range의 속성 창을 열고 다양한 옵션 값을 변형하도록 한다.

- Old Range Start=−1.4
- Old Range End=1.4
- New Range Start=0
- New Range End=1

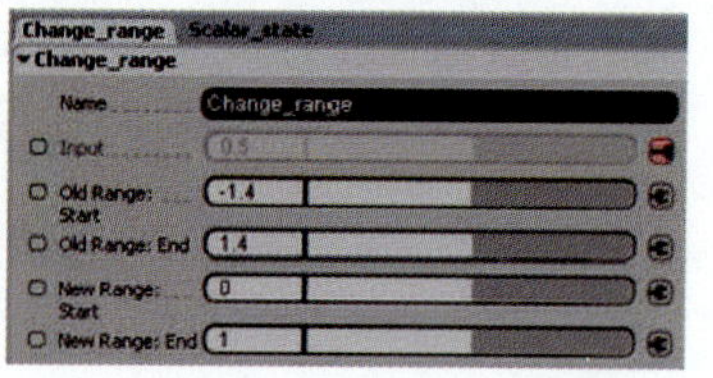
그림 1-595 Change Range의 속성

7 Change range를 Material shader의 Surface에 연결한다.

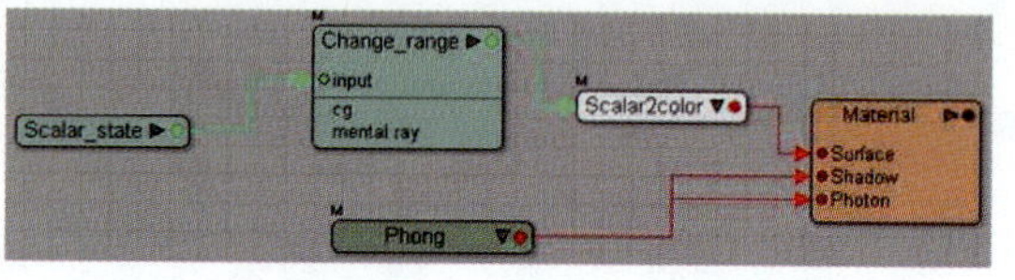
그림 1-596 Change range 노드 연결

8 High Polygon Object를 선택한 후 다시 Render Map 기능 창을 열고 Regenerate map을 실행한다.

9 추출된 결과를 확인한다.

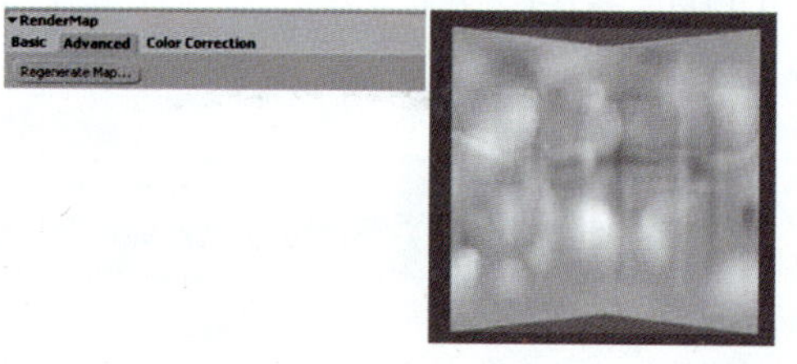
그림 1-597 추출된 이미지

(4) Displacement map source 적용

1 High resolution object는 화면에서 잠시 Hide시킨다.

2 Low resolution object를 선택한 후 Render Tree 창을 연다.

3 Texture 〉 Image 노드를 열고 제작한 Displacement map source를 불러온다.

4 Render Tree 노드에서 Math 〉 Change Range 노드를 불러온다.

5 Image 노드를 불러온 Change Range 노드에 연결한다.

6 Change Range 노드의 속성 창을 열고 옵션 값의 변화를 준다.

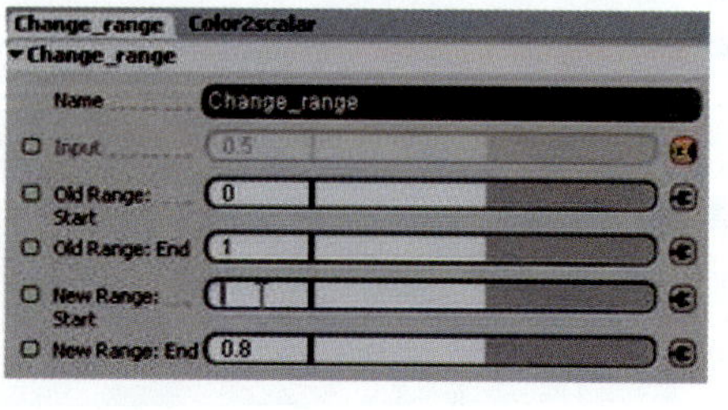
그림 1-598 Change Range 노드의 속성

7 Change Range 노드를 Material 〉 Displacement tab에 연결한다.

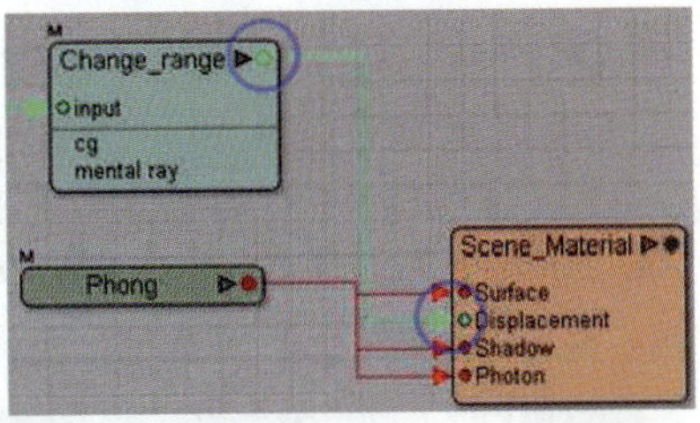

그림 1-599 노드 연결

8 Low resolution object의 속성 창에서 옵션을 체크하고 렌더링 이미지를 확인한다.

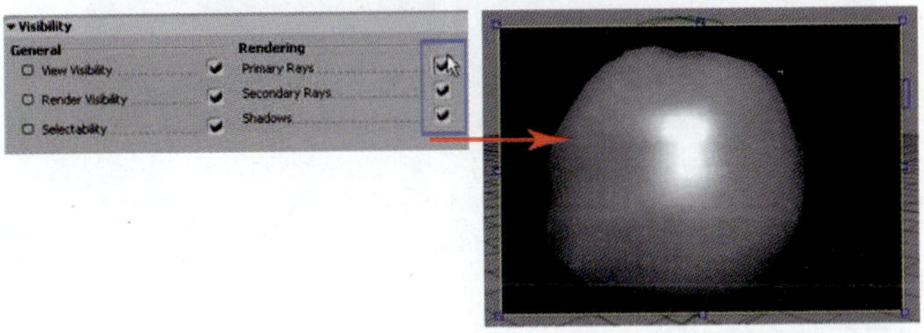

그림 1-600 렌더링 결과

9 Select 명령에서 Geometry Approximation을 선택한다. 이때 나타나는 명령 창에서 OK를 확인한다. 나타는 Geometry Approximation 속성 창에서 Displacement tab의 옵션을 조절한다.

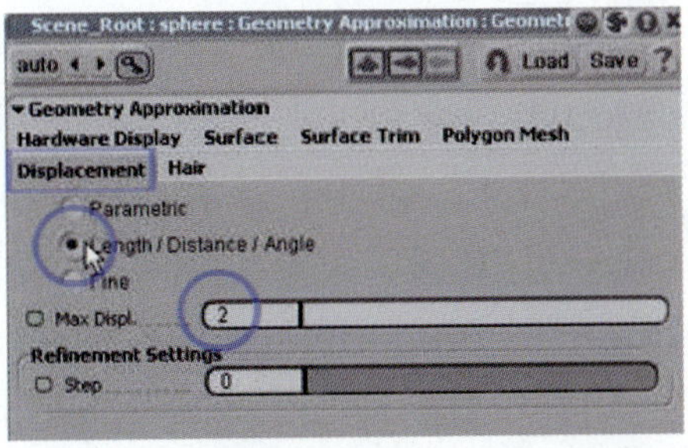

그림 1-601 Geometry Approximation 속성

10 Rendering 결과를 확인한다.

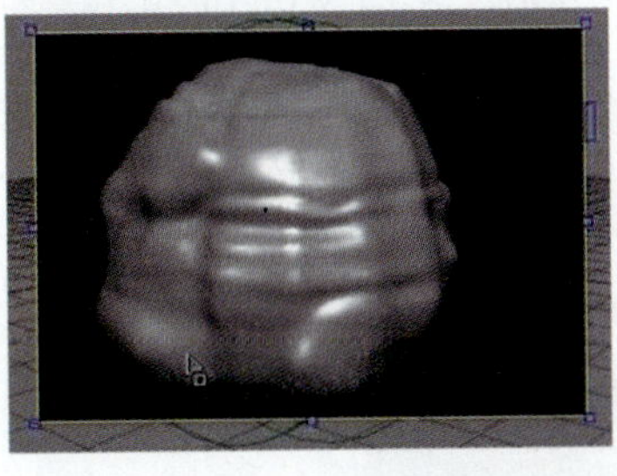

그림 1-602 Rendering 결과

11 Render Tree 창의 Node 〉 Image Processing 〉 Invert 노드를 불러온다.

12 Image 노드를 Invert 노드에 연결하고 연결된 Invert 노드를 Change range 노드에 연결한다. 결과를 확인한다.

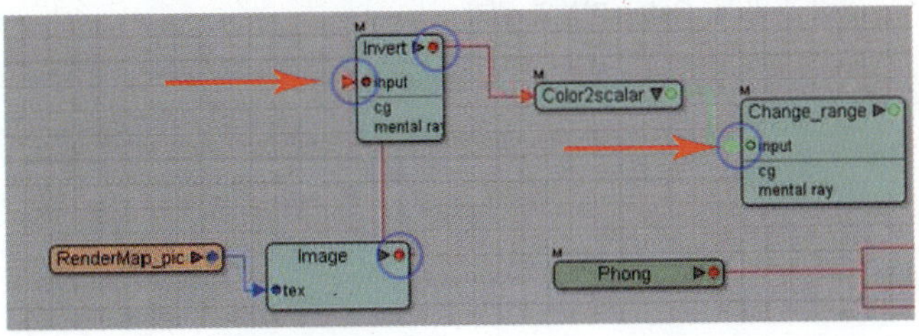

그림 1-603 Render Tree 구조

13 Explorer 창에서 Texture Projection 창을 열고 Project의 방향을 Flip v를 활용하여 바꿔준다. 결과 확인한다.

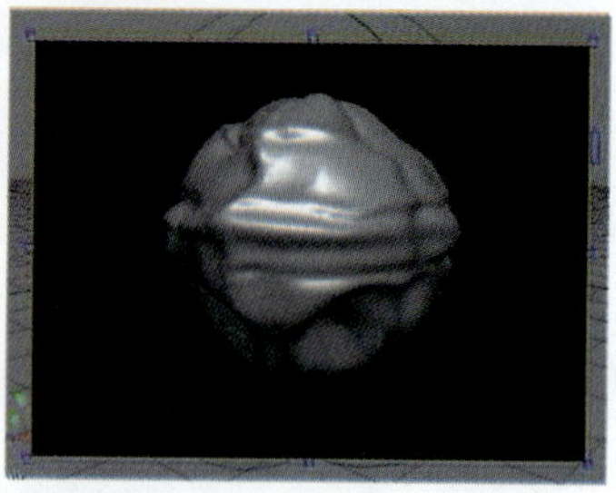

그림 1-604 렌더링 결과

14 High Resolution Object와 Displacement Map이 적용된 Low Resolution Object의 결과를 비교한다.

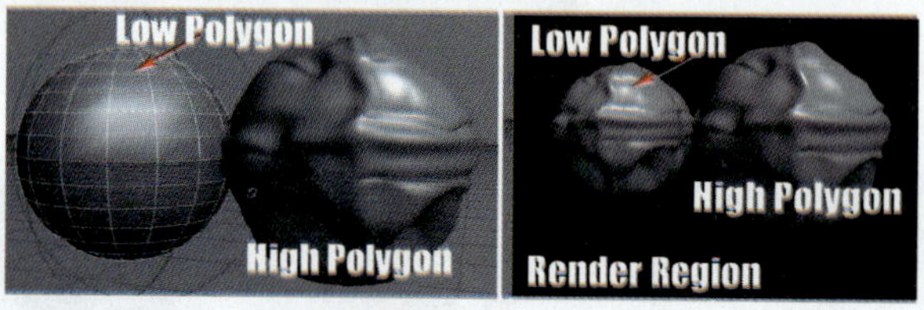

그림 1-605 최종 결과 비교

1-2-12 Gator

1. Gator 기능을 활용한 Texture 제작

Gator 기능은 두 개 혹은 그 이상의 Object에 있어서 재질과 Texture가 이미 적용된 임의의 Object에 대해 이러한 결과를 쉽게 전이시킬 수 있는 기능으로 Map 데이터뿐 아니라 애니메이션 데이터까지도 전이가 가능한 기능이다. 즉 "A"라는 Object가 가지고 있는 모든 성질을 새로운 Object인 "B"에 그대로 전이시키는 기능이다. GATOR는 Input object의 Cluster와 속성들을 대상 Object에 그대로 전이시켜주는 기능을 한다. 동일 캐릭터 모델이 별개의 고해상도 버전과 낮은 해상도 버전이 있을 때 상호 연관 관계가 아니어도 Texture 정보나 Envelope 정보, Weight 값, 그 밖에 다양한 소스들을 전이시킬 수 있다.

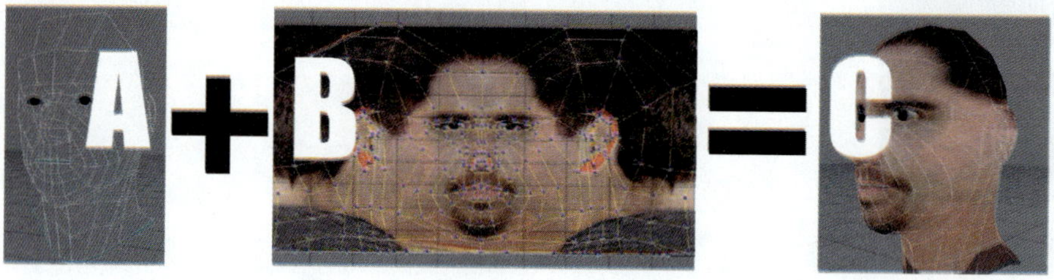

그림 1-606 Gator 기능의 원리

1 먼저 Object를 제작한다.

Model 〉 Get 〉 Primitive 〉 Face man 데이터를 사용한다.

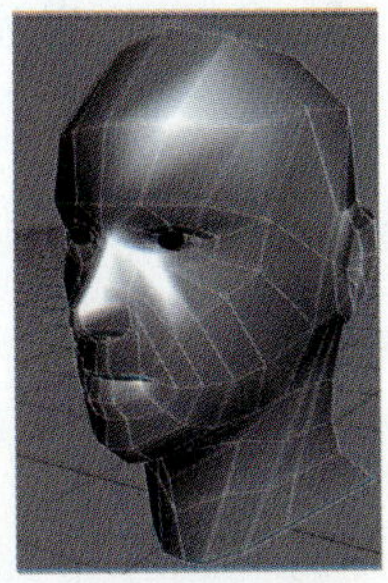

그림 1-607 모델링

2 Map source data 만들기 : Map source가 되어줄 Grid를 꺼내서 얼굴에 수직이 되도록 위치시킨다. U Length : 6, V Length : 3, U Subdivision : 16, V Subdivision : 8로 맞추고 X축으로 90도 회전시켜서 얼굴에 수직인 형태로 위치시킨다.

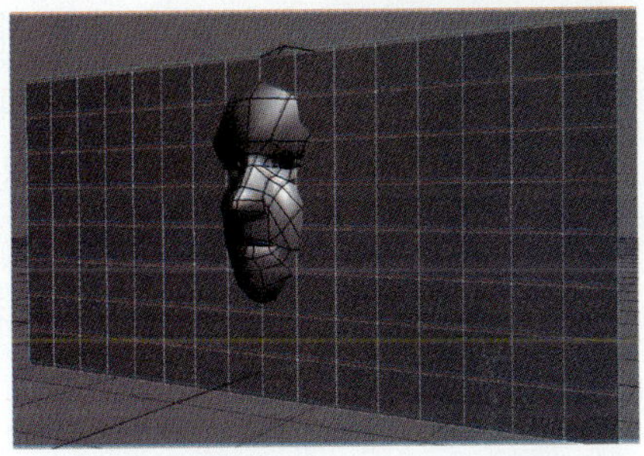

그림 1-608 Grid

3 Texture 적용하기 : Map source가 되어줄 Grid에 Material과 Texture 이미지를 적용한다. 이때 Material은 Lambert로 정하고 Texture Projection은 Plan XY면으로 지정해 준다.

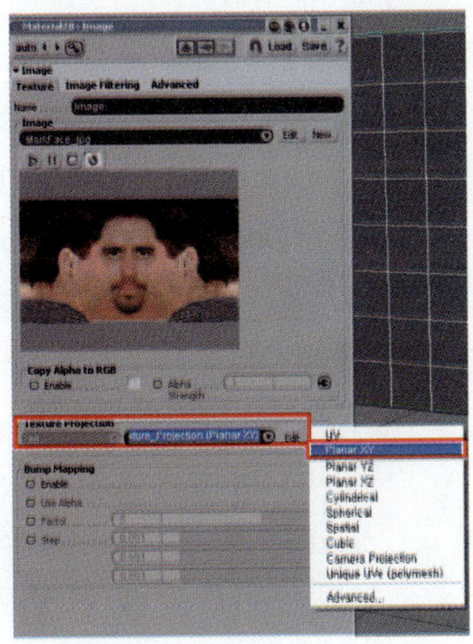

그림 1-609 Texture Projection Plan XY

4 Scene 및 Object 설정 : Viewport 디스플레이 형식은 Texture Decal 모드로 전환하고 Grid object에 Texture가 적용된 것을 확인하고 Grid의 위치와 크기를 조절하여 3D 캐릭터의 눈과 코, 입의 위치에 맞추도록 한다.

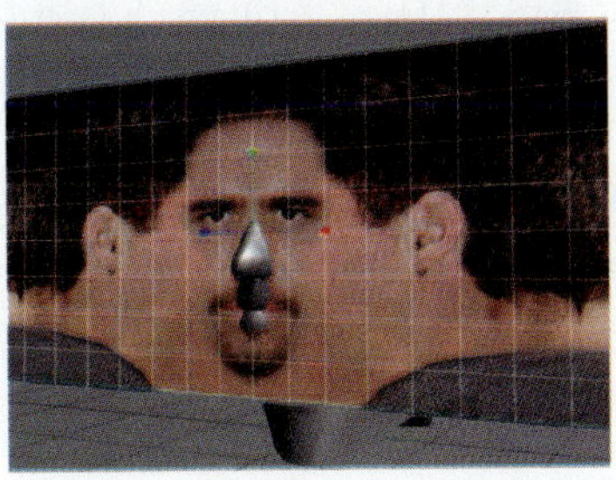

그림 1-610 Fitting

5 GATOR 명령 실행 : 캐릭터 Face를 선택한 후 Get 〉 Property 〉 GATOR 명령을 실행한다.

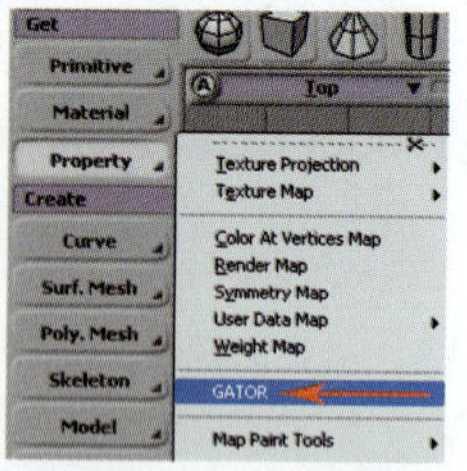

그림 1-611 GATOR

6 GATOR 기능 : GATOR 기능을 이용한 Texture UV 정보를 3D 캐릭터 Object에 전이시킨다. 먼저 캐릭터 Face를 선택한 후 Get 〉 Property 〉 GATOR 명령을 실행한 후 Pick 모드에서 Grid object를 선택하고 마우스 오른 클릭으로 명령 적용 모드를 해제한다. GATOR 속성 창에서 Transfer properties 메뉴 창에서 Material, UVs, Vertex Colors...의 Transfer 버튼을 클릭한다.

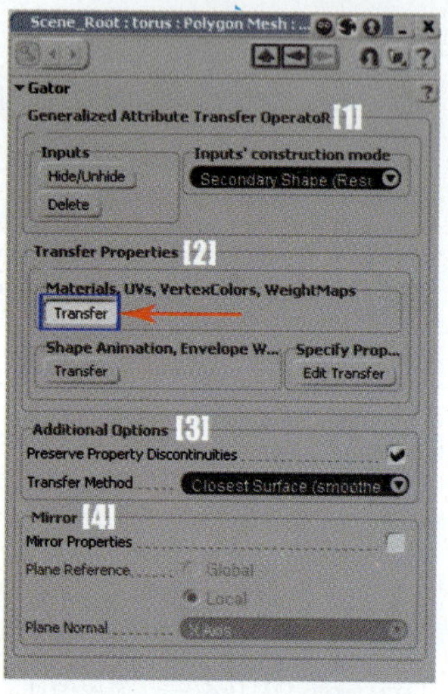

그림 1-612 GATOR 속성 창

[1] Input : 소스 Object의 Construction 모드를 지정해 줄 수 있으며 소스 데이터를 임시로 Hide / Un hide 또는 영구히 Delete 할 수 있다.

[2] Transfer Properties

- Material, UVs, Vertex Color, Weight Maps option : 소스 Object의 Cluster와 Cluster가 가지고 있는 데이터 정보를 전이 시킬 대상 Object로 전이시켜 준다.
- Shape Animation, Envelope Weights : Shape 애니메이션 데이터와 Envelope 가중치(Weights) 데이터도 전이시켜 줄 수 있다. 이 경우 Envelope map은 하나로 합쳐지지만 Shape 소스는 합쳐지지 않는다. Shape clip들과 가중치는 복제된다.
- Editor Transfer : Transfer / Merge Attributes Editor를 열어 제작자가 Cluster들과 Cluster 속성들을 직접 선택 전이 작업을 행할 수 있도록 해 준다. 예를 들면 원본 소스의 UV Map만을 이전하려고 할 때 이 버튼을 눌러 선택적으로 속성 이전을 가능하게 해줄 수 있다.

[3] Additional Options

- Preserve Property Discontinuities : UV 또는 Vertex Color 속성이 단절되어 있는 것을 보존해 준다.
- Transfer Method : Target object의 속성 값을 계산하는 방식을 결정해 주면 다음과 같은 세 가지 방식에 따른다.

  첫째, Closest Vertex(or Knot)의 보관은 계산되지 않으며 소스 Object의 가장 가까운 Vertex나 Note의 값을 사용한다. 이 방식은 기하학적으로 비슷한 Object 사이의 속성 이전에 유용하다.

둘째, Closest Surface 소스 object의 표면의 가장 가까운 지점을 찾아내어 주위의 Vertex나 note를 참조해 값을 보관한다. 마지막으로 Closest Surface(smoothed)는 위 방식의 변형한 것으로 뾰족한 코너 같은 곳에서 각이 늘어나는 것을 방지해 준다.

[4] Mirror : 특정 평면을 축으로 한 쪽의 속성 값을 반대편에 복제해주는데 기하학적인 차이가 있는 Object의 한 쪽 면의 Shape을 다른 형태를 가진 반대편에 복사해 줄 때 유용하게 사용될 수 있다.

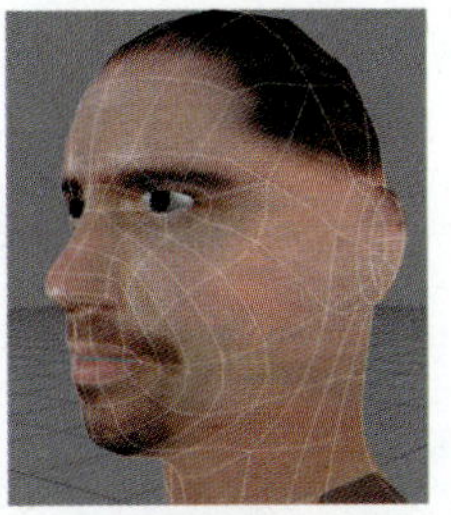
그림 1-613 결과 확인

7 GATOR 적용 결과 확인 : 소스 Grid를 Hide시킨 후 캐릭터에 전이된 Texture 정보를 확인한다.

8 Texture 정보 수정 : 적용된 결과에서 확인할 수 있듯이 캐릭터의 옆 부분이 심하게 밀리거나 위치가 정확하게 맞지 않음을 확인할 수 있다. 현재까지 GATOR 기능을 이용한 결과에 대해 Grid와 캐릭터 Face간 데이터가 공유되어 있기 때문에 소스 object인 Grid의 Deform 및 Tweak을 통해 UV를 수정/편집할 수 있다. 먼저 Grid를 Un hide하고 Point 선택 모드[T] 전환 후 얼굴이 측면 영역을 선택한다.

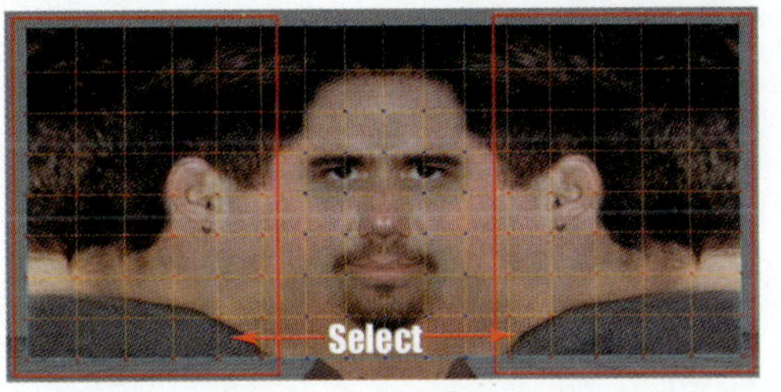

그림 1-614 Fitting

9 Deform 〉 Fold : Point들이 선택된 상태에서 Modify 〉 Deform 〉 Fold 메뉴를 선택하여 Fold Deform 속성창에서 Direction의 Normal을 Z Axis로 변환하고 Amplitude의 Angle 값을 −360으로 바꿔주면 Grid가 Face Object 주위로 말려진 것을 확인할 수 있다.

그림 1-615 Deform 〉 Fold

10 Scale : Grid object의 맨 위쪽 Point들을 Multi 선택한 후 X Scal 수치를 "0"으로 지정해 준다.

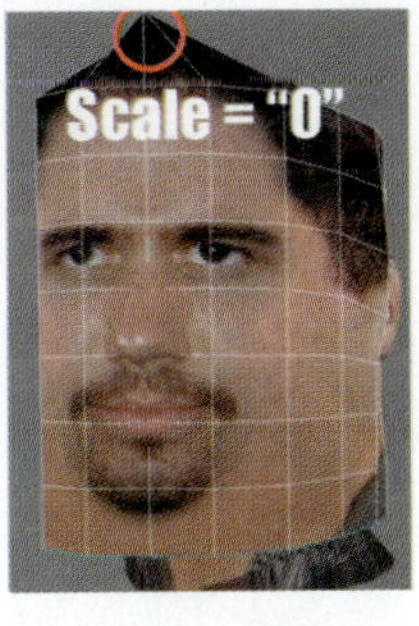

그림 1-616 Scale

11 Tweak Tool : 귀의 위치를 보다 정확하게 하기 위해 Tweak Tool을 활성화[M]하여 귀 부분의 Point들의 위치를 Face Object의 귀의 위치와 맞추어 준다.

그림 1-617 Tweak Tool

12 Freeze : Texture 및 UV Map 만족할 만하게 전이되었다고 판단이 들면 〉Alt + 기능을 실행하여 Freeze한다.

13 결과 마무리 : 최종적으로 Face object를 선택한 후 Texture Editor 열어[Alt + 7] 미세한 조정을 한 후 마무리한다.

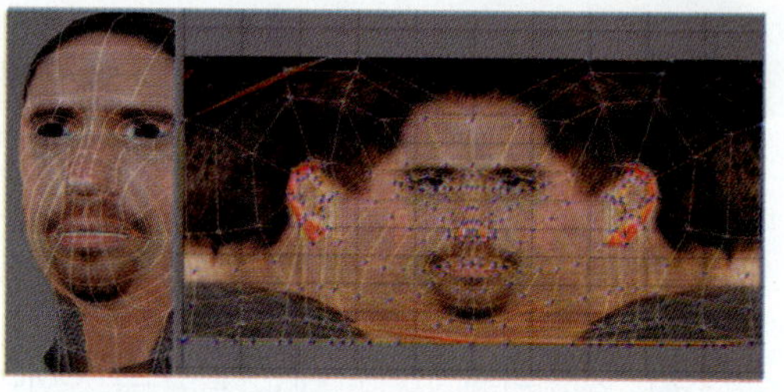

그림 1-618 Texture Editor와 결과 확인

2. Gator 기능을 활용한 Texture Edit

1 캐릭터 Face + Texture가 적용된 Grid 위치 Setting

그림 1-619 캐릭터와 Grid Fitting

2 GATOR 적용

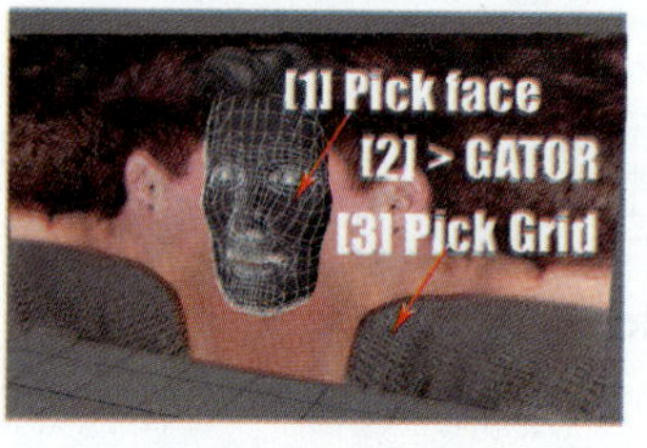

그림 1-620 GATOR 적용

3 Edit Transfer : Edit Transfer 〉UV Space 옵션 체크

4 Transfer 적용

5 결과 확인

그림 1-621 결과 확인

6 양쪽 옆 부분 영역 선택

그림 1-622 편집

7 Deform 〉 Fold 기능 적용

그림 1-623 Deform 〉 Fold 기능

8 Fold 〉 Amplitude 〉 Angle 360도

그림 1-624 Amplitude Angle

9 1차 결과 확인 : GATOR가 적용된 Mesh 〉 GATOR line을 Hide시킨다.

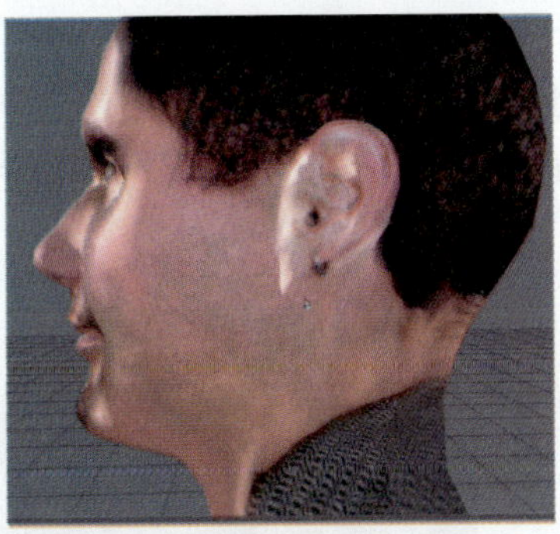

그림 1-625 결과 확인

10 GATOR line 편집

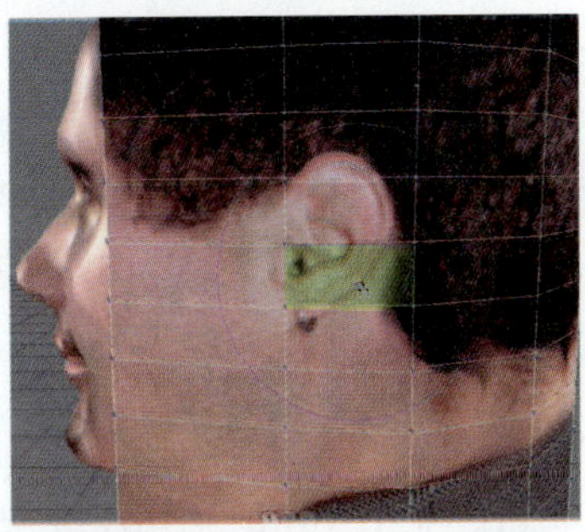

그림 1-626 편집

11 Visibility option에서 Select 모드를 Wire frame 모드로 전환한다. GATOR control line 작업시 내부 Object의 위치와 형태를 파악하면서 작업하기 용이하게 하기 위해서다.
Camera display 〉 Display Option 〉 Shaded Mode Wire frame Highlight와 Show Wire frame on Unselected Object 옵션을 체크한다.

12 귀 위치 맞추기

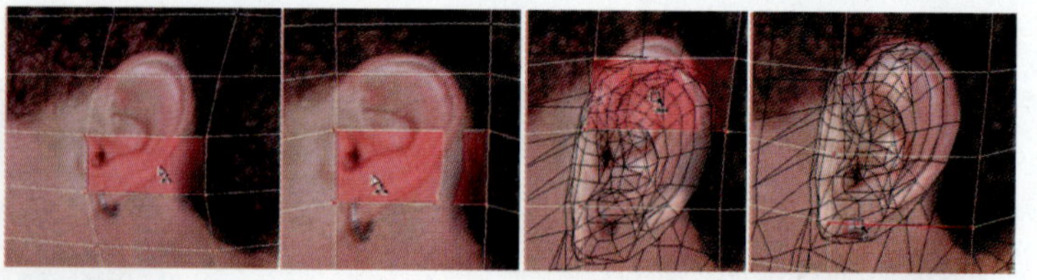

그림 1-627 Fitting

13 결과 확인

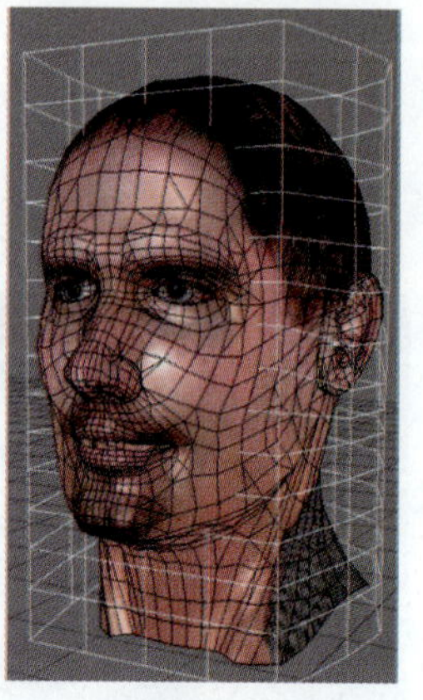

그림 1-628 결과 확인

1-2-13 Texture Swimming

일반적으로 Object에 Texture를 적용하게 되면 적용된 Texture Image는 Object의 UV 좌표와 연계되어 나타난다. 즉 Texture가 적용된 Object의 Component(Point, Edge, Polygon)를 이동하게 되면 적용된 Texture 역시 동일하게 이동이 되는 것이 일반적이다. 그러나 필요에 따라서는 이미 Texture가 적용된 Object라 하더라도 모델링의 수정작업이 필요한 경우가 종종 있다. 이럴 경우 Component를 추가하거나 이동할 경우 이미 적용된 Texture 이미지에 전혀 영향을 먹지 않도록 하는 기능 툴이 Swim이다.

1 먼저 간단한 Cube에 Texture 이미지를 적용한다.

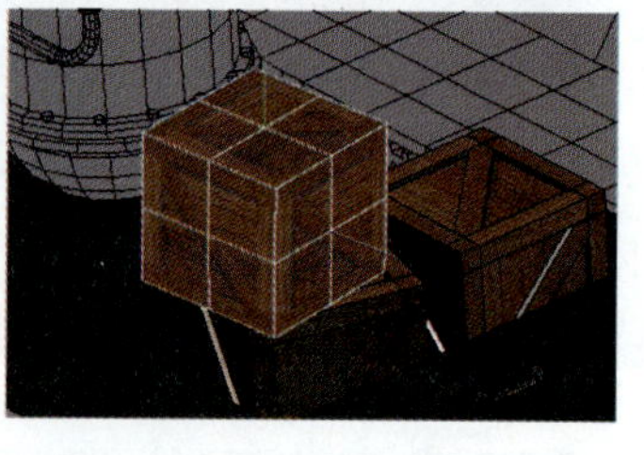

그림 1-629 Cube Mapping

2 적용한 Cube의 임의의 Point를 선택한 후 이동을 해 보면 Point의 이동에 따라 Texture가 같이 이동되는 것을 확인할 수 있다. 이렇게 되면 Cube Object의 변형이 불가능하거나 변형 후 다시 Texture 작업을 해야 하는 번거로움이 생긴다.

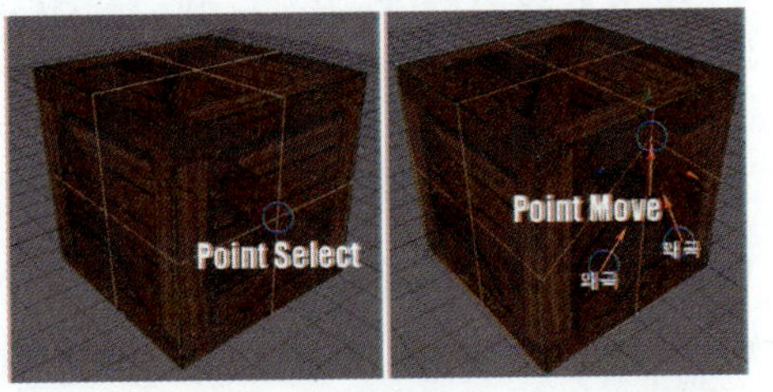

그림 1-630 Point 이동으로 인한 Texture 왜곡

3 Swim 적용 : Swim기능을 적용할 Object를 선택한 상태에서 Modify 〉 Projection 〉 Swim 기능을 수행한다.

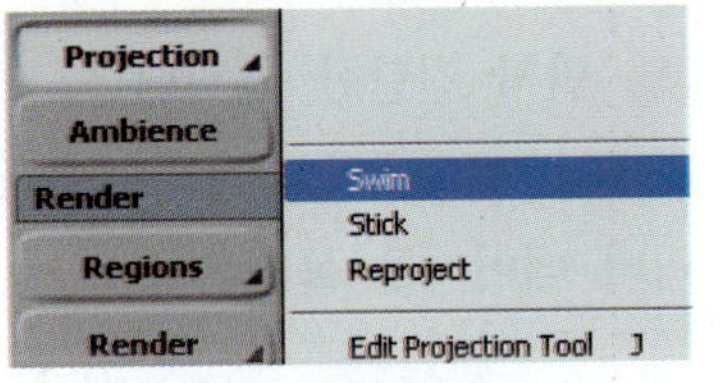

그림 1-631 Projection 〉 Swim

4 Point 이동시키기 : 선택된 상자의 Point를 이동을 시키면 적용된 Texture에는 아무런 왜곡 현상이 나타나지 않음을 확인할 수 있다.

그림 1-632 Swim 기능 적용 확인

5 Component 추가 및 모델링 변형 작업하기 : 필요한 Edge를 추가하고 Polygon 면을 Extrusion하여 원래의 Cube 상태로부터 변형 작업을 한다.

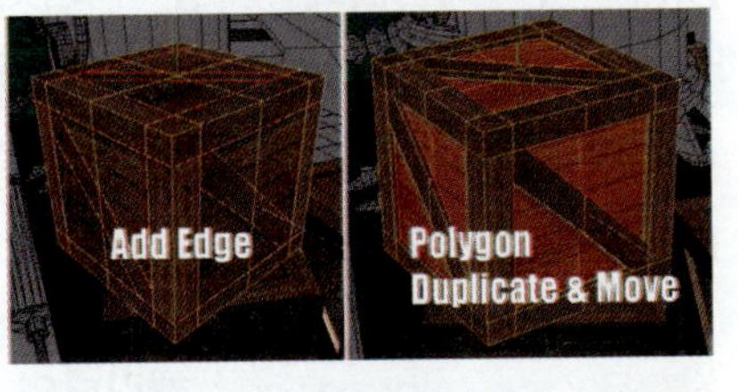

그림 1-633 Remodeling

6 Reproject : 변형된 Object의 결과를 마지막 Setting하기 위해서 Modify 〉 Projection 〉 Re project 명령을 실행한다. 결과를 확인한다.

그림 1-634 결과 확인

1-2-14 캐릭터 Texture 애니메이션

이 교재는 기본적으로 SOFTIMAGE 7.5 버전을 기준으로 작성이 되었으나 이 장에서는 버전 6.5 또는 그 이하에서 제공되는 Net view 기능을 활용하였다. 버전 7.0에서부터 작업 창 내에서는 Net view를 확인할 수 없으며, 기존에 Net view에서 사용하던 데이터들을 따로 다운받거나 번들 개념으로 저장된 데이터를 따로 사용하여야 한다. 여기에서 소개되는 캐릭터 애니메이션 Texture는 렌더링된 동영상 소스를 하나의 Map 소스로 제작하여 기존의 2D Map 적용과 동일한 방법으로 적용하고 그 결과를 확인하는 과정을 다루고 있다.

1 먼저 간단한 캐릭터를 모델링하거나 Net view에서 제공되는 Freeware 캐릭터 데이터를 불러온다.

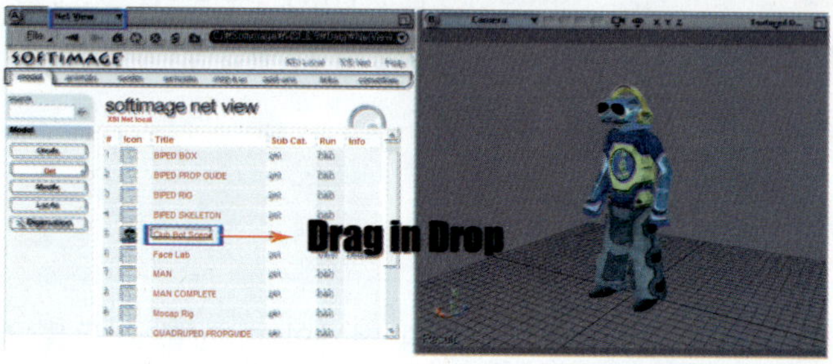

그림 1-635 캐릭터 생성

2 Animation 데이터 제작 또는 적용 : Net view의 Animate tab에서 Mocap 모드에서 Club Bot Sneak 동작을 선택하여 Drag in Drop으로 캐릭터에 직업 연결시켜 준다. Time line을 이동하여 캐릭터에 애니메이션 데이터가 적용되었는지 확인한다. 그리고 Ending time line을 300frame으로 변경한다.

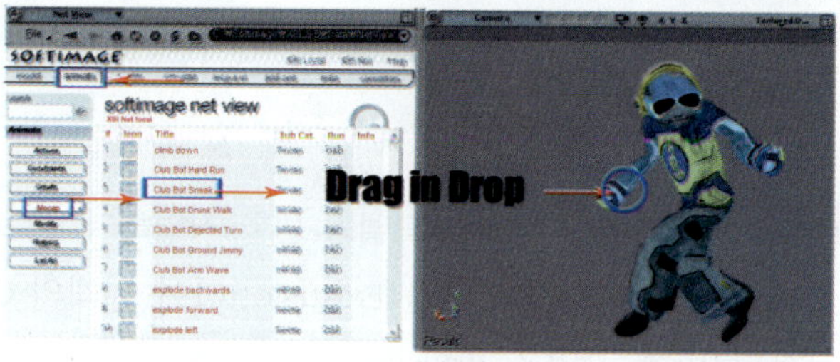

그림 1-636 Animation 적용

3 Background setting : 캐릭터의 mapping 데이터나 배경 color 값이 필요하지 않고 오직 캐릭터의 동작이 잘 나오는 동영상 데이터만 필요하기 때문에 굳이 시간을 많이 소모하면서까지 캐릭터의 맵핑 데이터를 Capture하지 않도록 한다. 그래서 Camera view port의 배경색을 Black으로 하고(Workarea의 Camera pop up 창에서 Set background Black으로 변경하고 작업 모드에서 캐릭터를 Constants shader로 변경한다.

그림 1-637 Background setting

4 Start Capture : 1~300frame짜리 캐릭터 동작을 렌더링을 거는데 일반적인 렌더링은 시간이 많이 소요되기 때문에 간단한 Start capture 기능을 활용하는 것이 훨씬 간편하고 효율적이다.

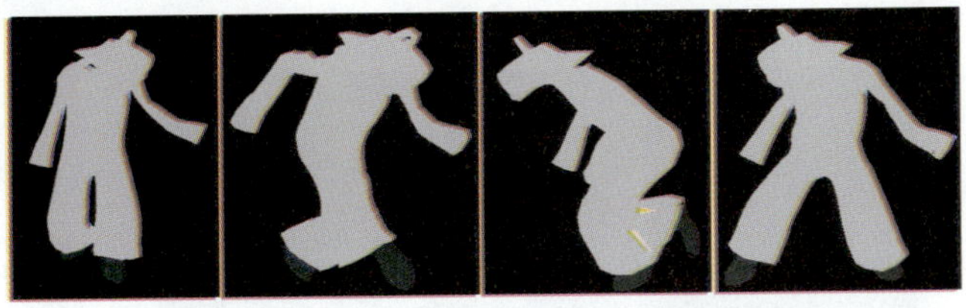

그림 1-638 Start Capture

5 Grid Object 불러오기 : 동영상 Map을 적용할 대상 Object를 불러온다. 크기는 그대로 두고 Subdivision 수치는 U/V 각각 100 : 100으로 나눴다.

그림 1-639 Grid

6 Map 적용 : Property 〉 Texture 〉 Texture Map 기능을 이용하여 Map 소스를 연결한다.

7 Deform 〉 Push : Grid object를 선택한 상태에서 Modify 〉 Deform 〉 Push 기능을 적용한다.

그림 1-640 Texturing

8 Connect map : 생성된 Push 속성 창에서 Amplitude의 Connect Icon을 Click하여 Texture Map를 연결한다.

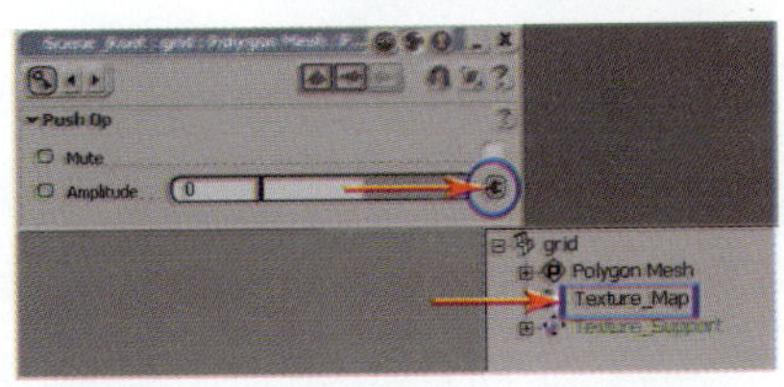

그림 1-641 Push

9 Amplitude 수치 조절 : Map Push 기능이 적용된 환경에서 Push tab의 Amplitude 값을 0.6 정도 지정해 주면 캐릭터가 Grid 표면으로부터 돌출한다. 그리고 애니메이션을 Play하면 Grid에서 캐릭터가 Push된 상태로 애니메이션 결과를 보여준다. 흥미로운 결과이고 활용 가치가 높은 재미있는 기능이다.

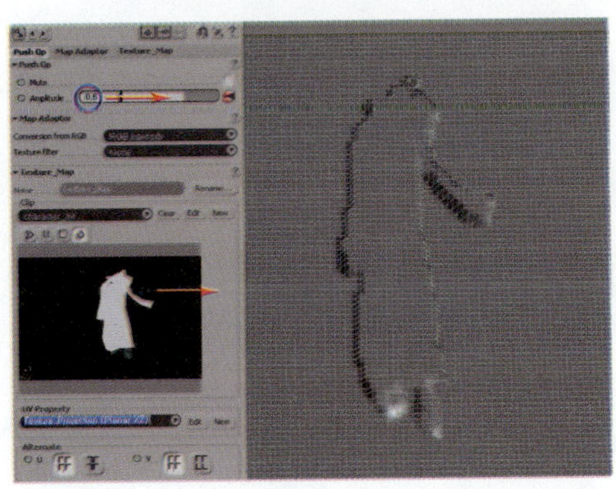

그림 1-642 Amplitude

10 결과 확인

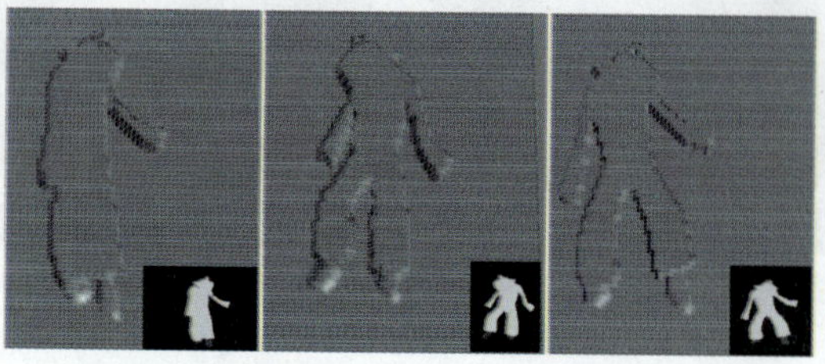

그림 1-643 결과 확인

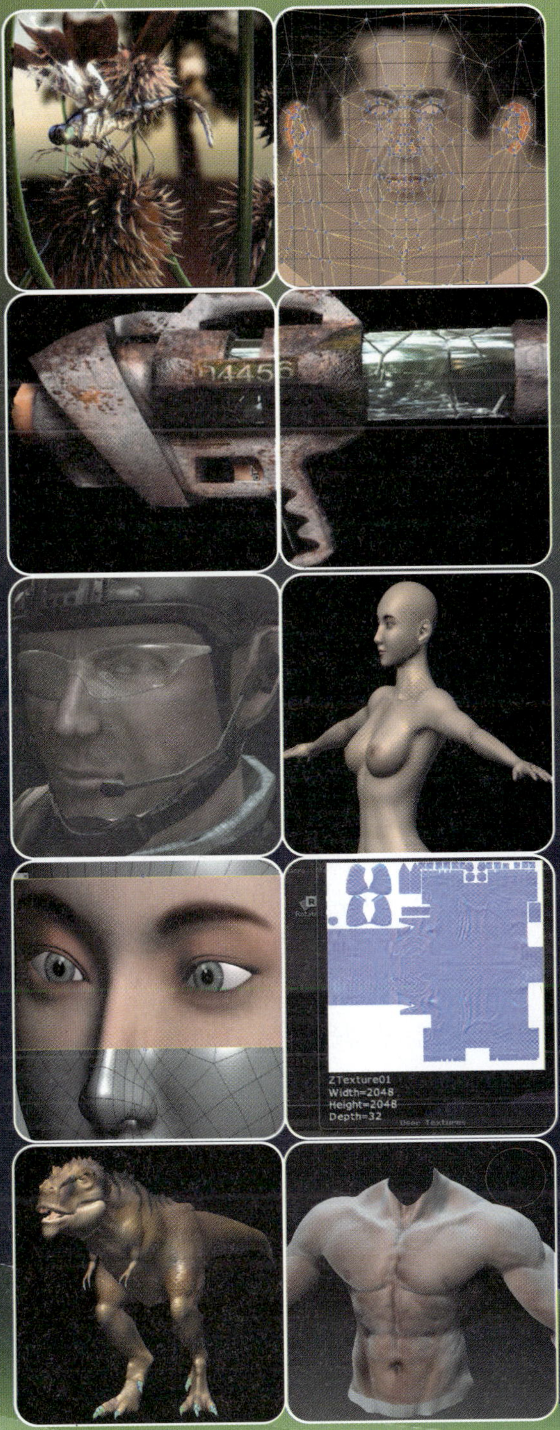

제2장
UV Unwrap

2-1 SOFTIMAGE에서의 Unwrap

2-1-1 Texture Editor와 함께 하는 UV 좌표 이해하기

3D에서의 Texture 작업은 하나의 새로운 작업 영역이다. Modeling, Animation 작업과 더불어 3대 핵심 제작 공정 작업으로 관객 또는 유저 그리고 고객에게 직접적으로 결과에 대한 품질을 평가 받을 수 있는 중요한 요소이기 때문에 그 기능이나 역할이 점차 증대되고 있다. 아무리 Modeling 데이터가 훌륭하더라도 Mapping 과정에서 소홀히 다뤄질 경우 훌륭한 결과를 예측할 수 없다. 그리고 Animation 데이터가 훌륭하더라도 보여주는 이미지의 품질이 떨어질 경우에도 마찬가지이다. 그러므로 애니메이션 제작 공정에 있어 Visual 부분에 있어 가장 중요한 부분으로 고려되는 이유이기도 하다.

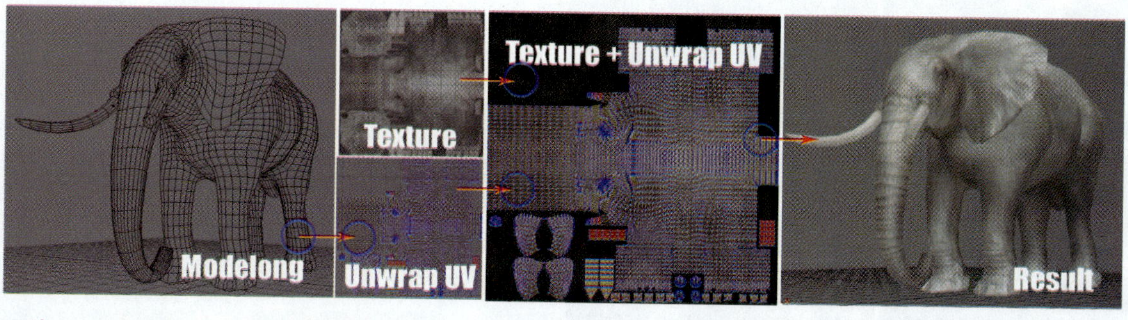

그림 2-1 모델링부터 Texture 적용 제작순서

이러한 Mapping 공정에서도 여러 작업 부분으로 나눠진다. Mapping에 사용할 Texture를 직접 제작/편집하는 공정과 3D 데이터를 2차원 평면 UV 데이터화하는 작업도 중요하면서도 까다로운 작업 중 하나이다. 그중에서 Mapping에 사용할 Texture를 직접 제작/편집하는 공정은 다음 Chapter에서 다루어질 예정이다. 여기에서는 3D 데이터를 2차원 평면 UV 데이터화하는 작업에 대해 집중적으로 다루어질 예정이다. SOFTIMAGE에서는 이러한 작업 공정을 주로 Texture Editor에서 진행을 한다. Texture Editor는 3D Object에 대해 2D Texture 이미지 정보를 적용함에 있어 정확한 위치와 정확한 영역에 대한 지정을 위해 필요한 기능이다. 즉 Object 좌표에 이미지 좌표를 정확하게 적용하게 위해 정보를 확인할 수 있는 기능 툴이다.

먼저 간단한 이미지를 적용한 후 편집과정을 통해 Texture Editor 기능에 대해 정리를 하도록 한다. Texture 기본 기능에 대해서는 제1장 Texture Fundamental－Texture Editor편－에서 이미 자세하게 설명을 하고 있기 때문에 먼저 각 기능에 대해 미리 학습을 해 두는 것이 앞으로의 작업에 많은 도움이 될 것이다.

1 먼저 간단한 이미지를 Photoshop에서 제작 후 준비한다.

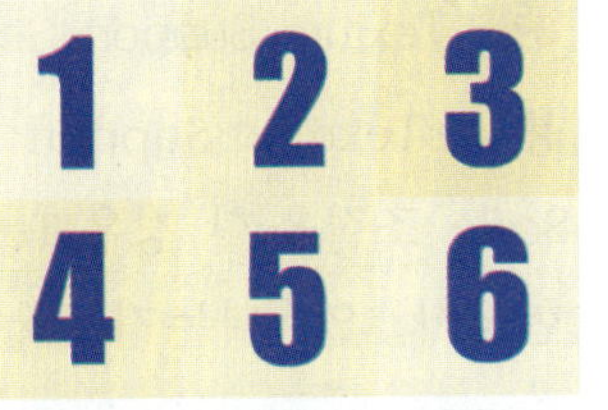

그림 2-2 이미지

2 Cube를 꺼내서 제작한 이미지를 적용한다. 이때 Projection은 XY방향으로 지정해 준다.

그림 2-3 1Texture Projection

3 Texture Editor 창을 연다. Cube를 선택한 상태에서 단축키[Alt + 7]을 실행한다.

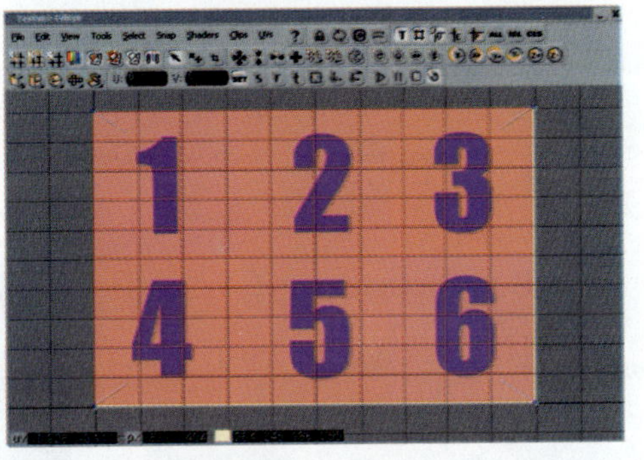

그림 2-4 Texture Editor

4 Texture Support Move : Object에 적용된 Texture Support Control Line을 선택하고 상하좌우 앞/뒤 방향에는 이동을 할 경우 Texture Editor 창에는 어떠한 현상이 일어나는지 확인하도록 한다. 이 경우 Texture Support와 Texture Editor 창과의 상관관계에 대해 동시에 살펴보도록 한다.

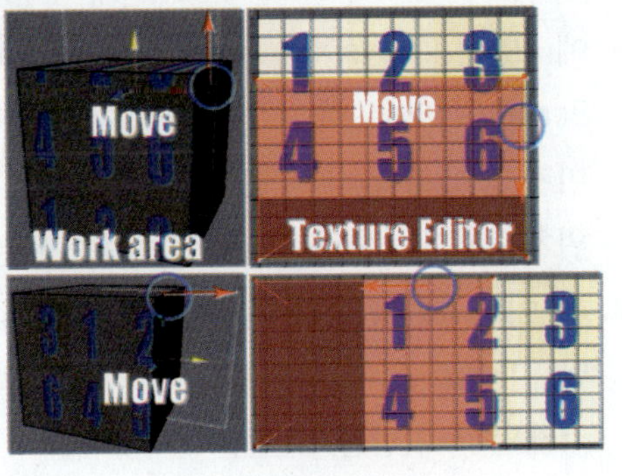

그림 2-5 Texture Support 이동

5 Texture Support Scale : 이번에는 Object에 적용된 Texture Support Control Line을 선택하고 Scale 조절을 할 경우 Texture Editor 창에는 어떠한 현상이 일어나는지 확인하도록 한다. 이 경우 Texture Support와 Texture Editor 창과의 상관관계에 대해 동시에 살펴보도록 한다.

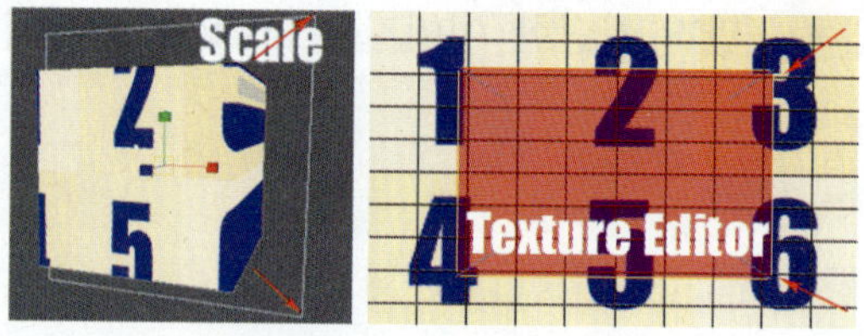

그림 2-6 Texture Support Scale

6 Texture Editor 창에서 Sub Projection 만들기 : Cube라는 Object 전체에 한 장의 이미지 소스를 적용했다. 이제 Cube의 각 단면에 각각 원하는 이미지의 영역을 새로이 적용해 주고자 한다. 이 경우 전체 Texture Support에 대해 각 단면별로 새로운 UV 좌표를 지정해 주어야 하는데 이 각각의 Projection을 Sub projection이라고 한다. 자 그럼 제일 먼저 적용해 줄 단면(Polygon) 면을 선택한다. 선택된 면에 대해 Texture Editor 창에서 Plane 〉 Best Fit 명령을 실행한다.

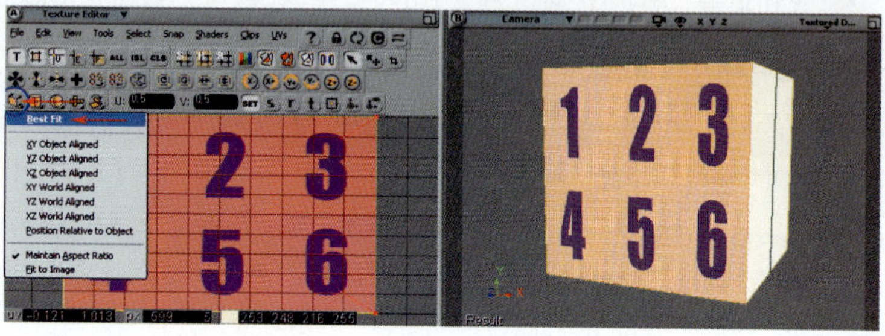

그림 2-7 Plan 〉 Best Fit

7 Sub Projection 편집 : 그 결과 선택된 Polygon 면이 따로 독립되어 Texture Editor 창에 나타나는데 이때 나타난 Sub projection을 Texture Editor 내에 있는 Move[X], Rotation[C], Scale[V]를 이용하여 Texture 이미지 중에서 원하는 숫자 영역에 위치시킨다. Move시 마우스 왼쪽 버튼은 전체 이동, 가운데 버튼은 좌우 이동, 세 번째 버튼은 상하 이동만을 한다는 사실을 잘 알면 작업에 효율성을 높일 수 있다. Scale 이동시에도 마찬가지이다. 마우스 왼쪽 버튼은 전체 크기조절만, 가운데 버튼은 좌우 스케일 크기만, 세 번째 버튼은 상하 스케일 크기만을 조절할 수 있다.

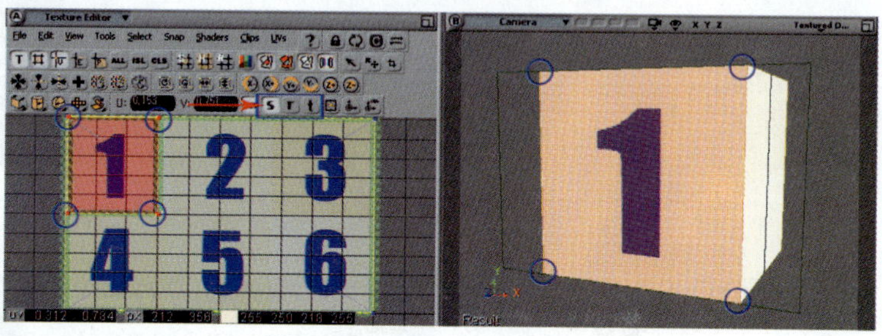

그림 2-8 Sub projection 이동 / 스케일

8 나머지 영역에 대한 Sub Projection 제작 및 적용 : 위의 **6**, **7**과 동일한 방법으로 나머지 5개의 면에 대해서 Sub Projection 작업을 한다.

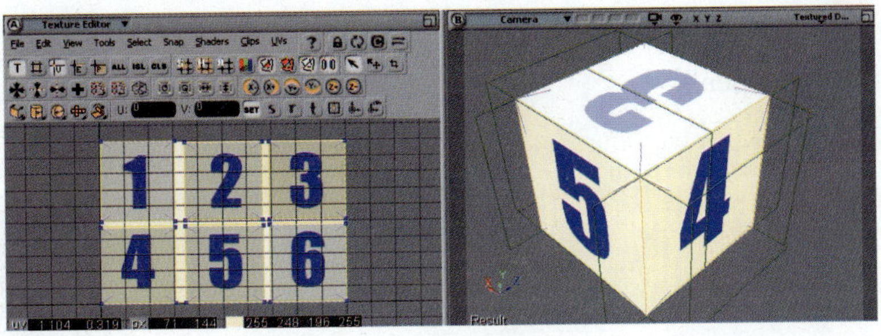

그림 2-9 Sub Projection 완료

9 Edit 〉 Freeze : Texture 적용이 완료된 Data에 대해서는 Edit 〉 Freeze라는 과정을 통해 정해준 모든 Support 정도를 Clear하게 해 준다. 다만 작업 창에서 작업의 복잡성을 줄이기 위해 적용될 뿐 Texture 정보는 Explorer 창 등 여러 곳에서 찾을 수 있다.

그림 2-10 Freeze

2-1-2 Texture Editor를 활용한 Human Face UV 좌표 펴기

1. Texture Editor 기능을 활용한 Character Face Unwrap하기 1-Plan projection

캐릭터 Face를 모델링한다. 모델링하는 방법은 Z Brush와 SOFTIMAGE를 활용한 "제1편 캐릭터 모델링" 제작편을 활용한다. 제작된 모델링 데이터를 SOFTIMAGE 화면에 불러온다. 이번 장에서는 간단한 맵핑 테크닉을 이해하려는 목적을 가지고 접근할 수 있으므로 여기서는 공통 데이터를 활용하여 제작해 보도록 한다.

1 먼저 Model 모드의 Get 〉 Primitive 〉 Face man 데이터를 Open한다.

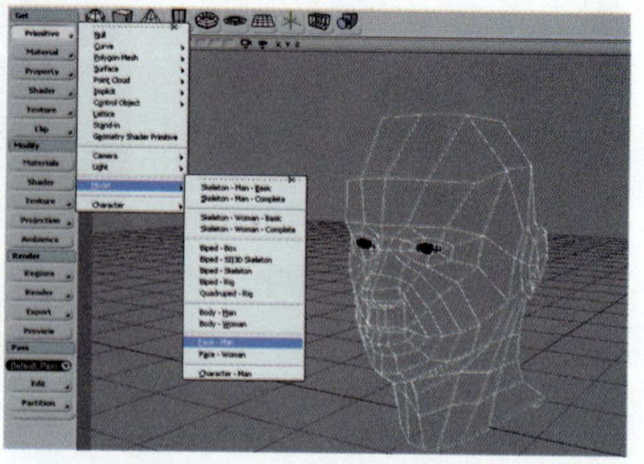

그림 2-11 Open data

2 Open된 Face man 데이터의 UV데이터를 깨끗하게 삭제하여 모델링 초기 데이터로 만든다. Explorer 창에서 Material 정보와 Cluster 정보를 모두 삭제한다.

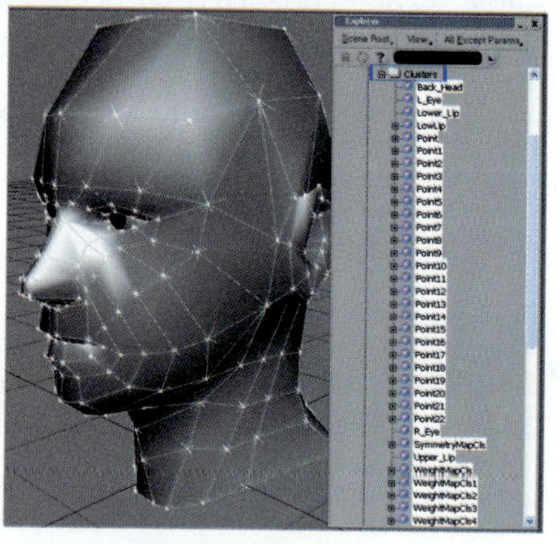

그림 2-12 데이터 정리(삭제)

3 주어진 Face 데이터를 어떻게 UV를 나눌 것인지에 대해 판단을 해야 한다. 어떻게 좌표를 나누면 효율적인 Mapping 작업이 가능할 수 있을지에 대해 고민을 해야 한다. 보통은 얼굴을 구조적으로 나눌 때 얼굴의 전면과 두 개의 양 쪽 측면 그리고 두상 및 뒷머리 형태로 나눈다. 그러므로 Polygon 모드에서 나눠줄 영역을 선택한 후 Edit 〉 Cluster 기능을 사용해서 선택된 각 영역을 Cluster화시킨다.

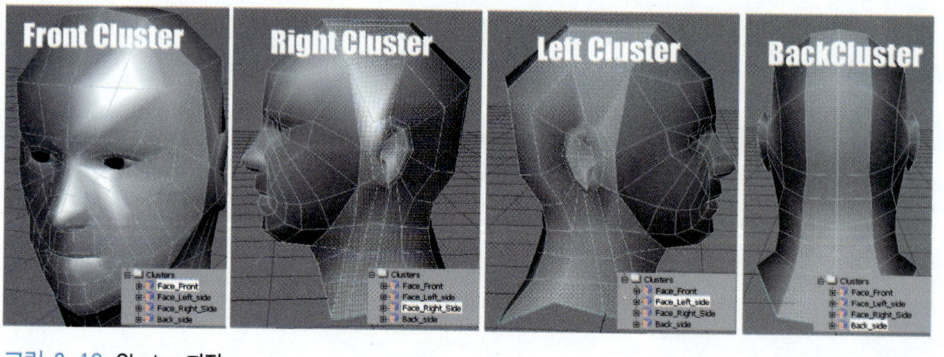

그림 2-13 Cluster 지정

4 생성된 Cluster의 확인 방법은 Explorer 창에서 Model 〉 Poly mesh 〉 Cluster 항목에서 확인할 수 있다.

5 Object에 Material과 Texture 적용하기 : 캐릭터 모델링을 선택한 후 Get 〉 Material 〉 Phong shader를 적용한다. 그리고 Texture Image 〉 SOFTIMAGE SAMPLE 폴더 〉 Pictures 〉 Character_Designer 〉 low 〉 bald color.jpeg 이미지를 적용한다. Texture Support와 Texture Projection을 각각 적용한다. Texture Projection은 Plane XY로 지정해 준다.

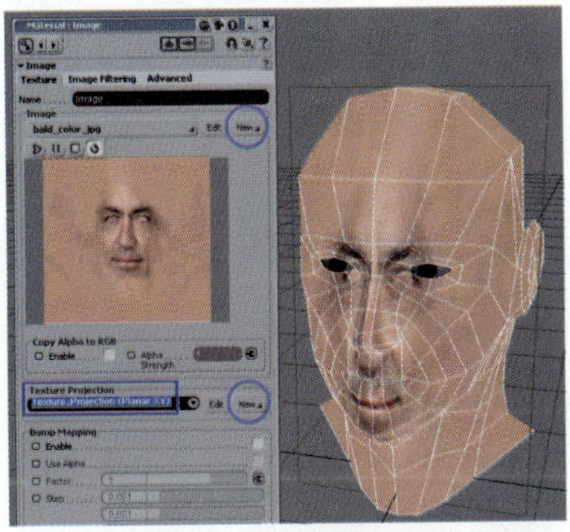

그림 2-14 Material 및 Texture 적용

6 Texture Deitor 창 열어 UV 좌표 정보 확인하기 : Object를 선택한 후 [Alt + 7]을 눌러 Texture Editor 창을 연다. Dim 모드에서 On / Off 기능으로 Texture 이미지의 밝기를 조절한다.

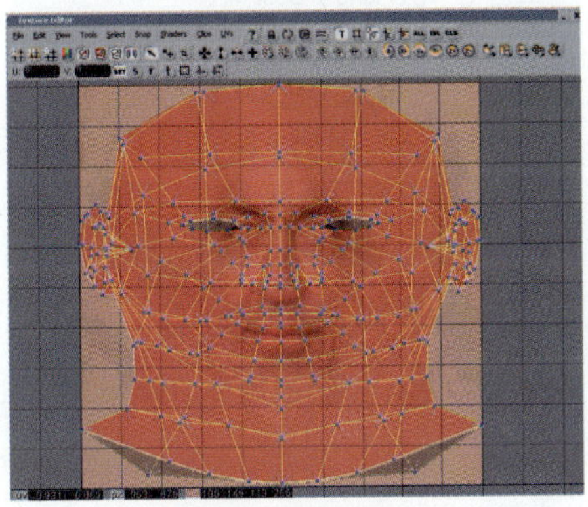

그림 2-15 Texture Editor

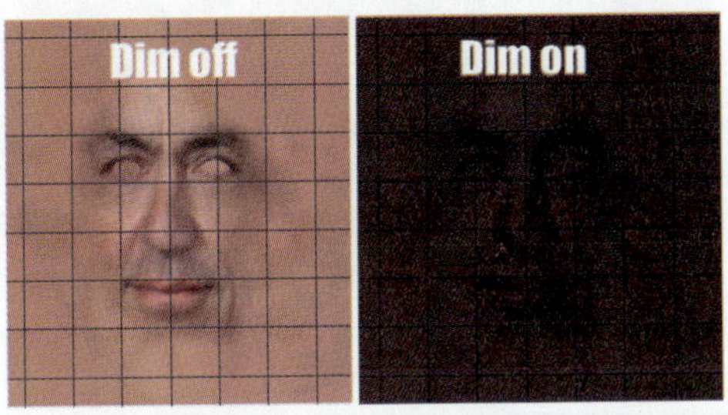

그림 2-16 Texture Editor 옵션 조절

7 Face Modeling을 선택한 후 Selection 모드에서 Cluster 선택 모드로 전환하여 Face front Cluster를 선택한다.

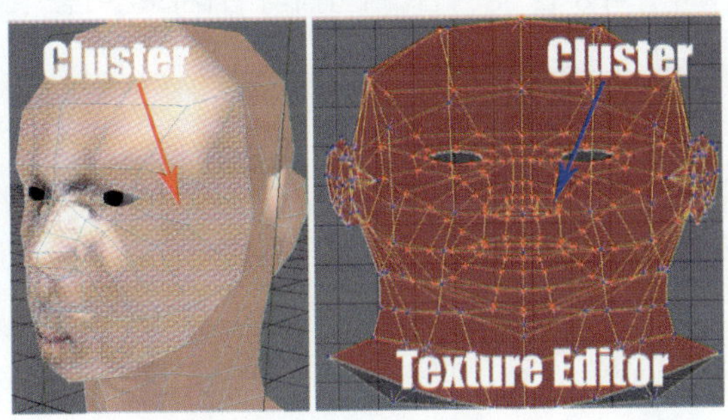

그림 2-17 Cluster 선택

8 선택한 순간 Texture Editor에서 선택된 영역이 활성화된다.

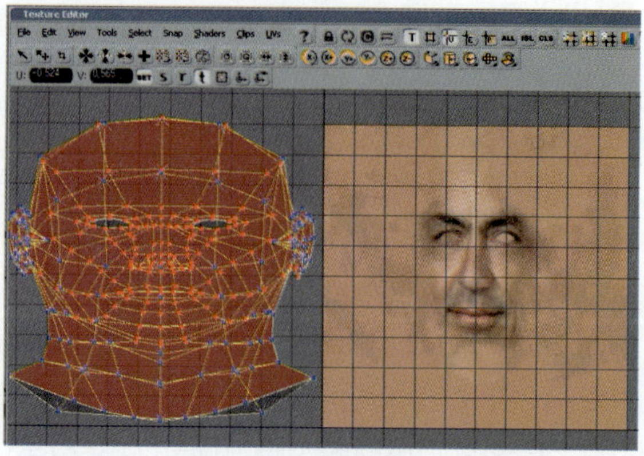

그림 2-18 Cluster의 Texture Editor에서의 선택 영역 확인

9 선택된 Cluster 영역 Sub projection 설정하기 : 활성화된 Face front 영역을 Plane 〉 Best fit 명령을 적용한다.

그림 2-19 Plane 〉 Best fit

10 그 결과 선택된 영역이 Plane Projection이 적용되어 나타난다.

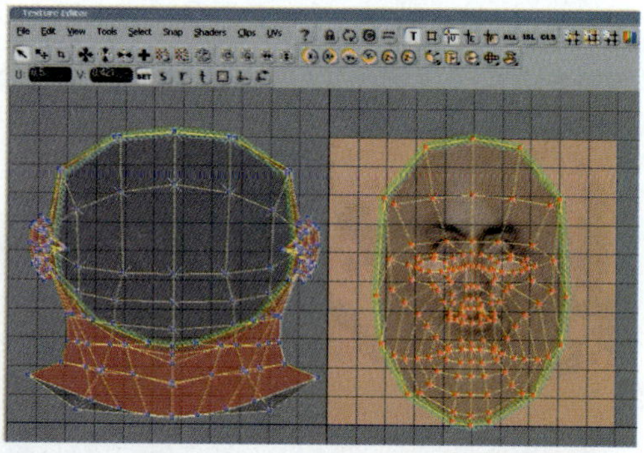

그림 2-20 Fit Image

11 적용된 영역을 이미지의 위치로 이동하고 Scale로 이미지에 Fit시킨다.

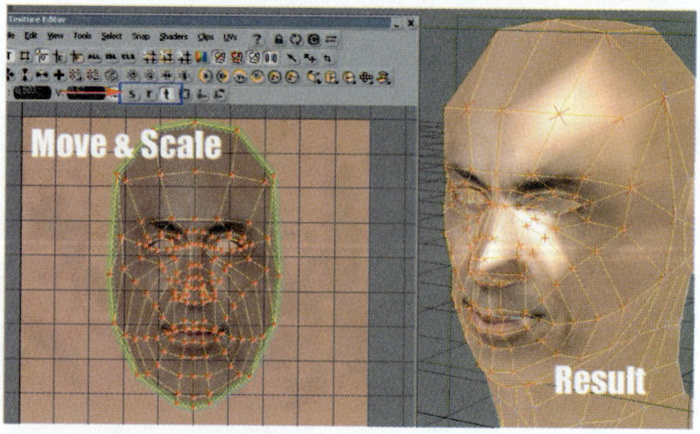

그림 2-21 Move & Scale

12 Point(Vertex) 이동을 통해 보다 정밀하게 UV 좌표와 이미지를 일치시킨다. 이때 Point 선택 환경 설정을 모델링 작업에서의 환경 설정과 동일하다.
Single 또는 Multi 선택 등 모든 기능을 Texture Editor에서 활용 가능하다. 또한 Proportional 기능과 Symmetry 모드로 보다 효율적인 작업이 가능하다.

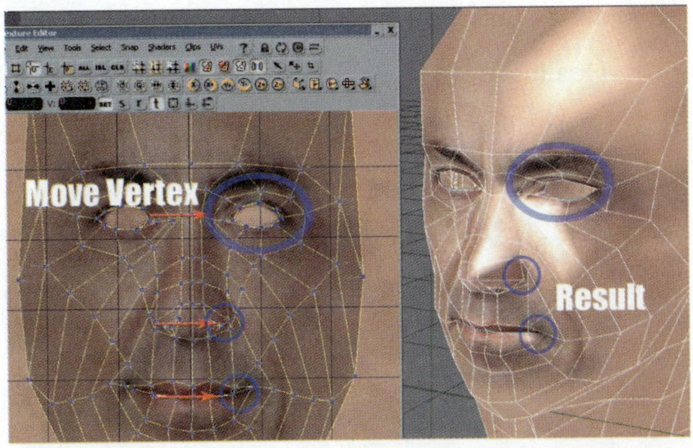

그림 2-22 Point 이동

13 작업결과를 확인한다.

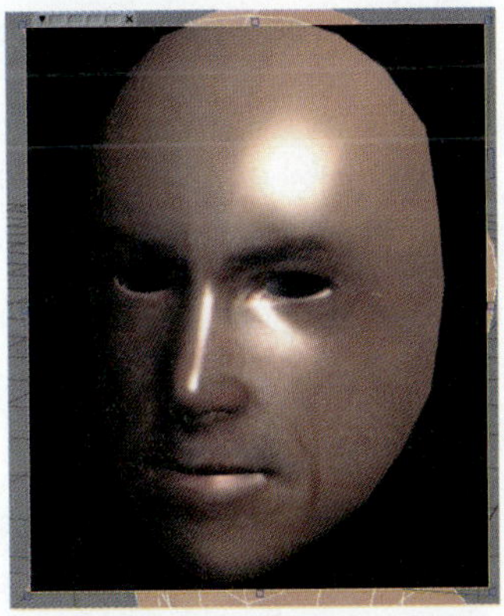

그림 2-23 결과 확인

14 이번에는 Face의 옆면 좌표에 이미지 matching 작업을 한다. Object의 Cluster 중에서 man face right cluster를 선택한 상태에서 Texture Editor에서 Plane 〉 Best Fit 명령을 실행한다. Sub Projection이 적용된 영역을 이동하여 Face side에 위치시킨다.

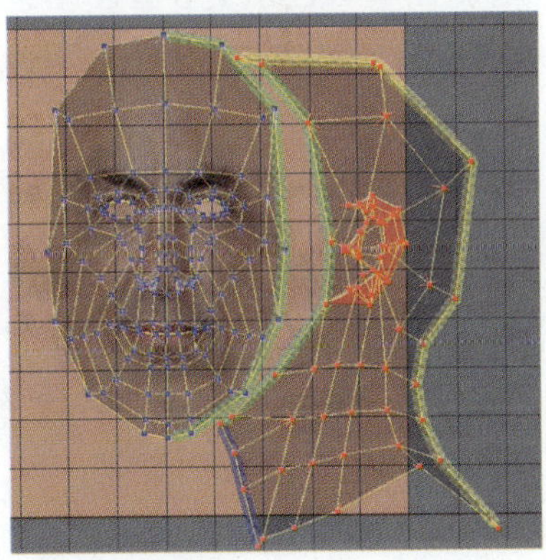

그림 2-24 Best Fit

15 Fitting : Sub projection이 적용된 영역에 대해 Fitting 작업을 한다. Healing 작업시 자동으로 연결위치를 찾아서 Merge되지만 인위적인 Healing은 위치 및 형태의 변화가 나타날 수 있으므로 가능한 최적의 결과를 얻기 위해 연결한 Vertex의 위치를 미리 조절해 줄 필요가 있다. 이는 항상 습관처럼 진행되어야 하는 작업 과정이다.

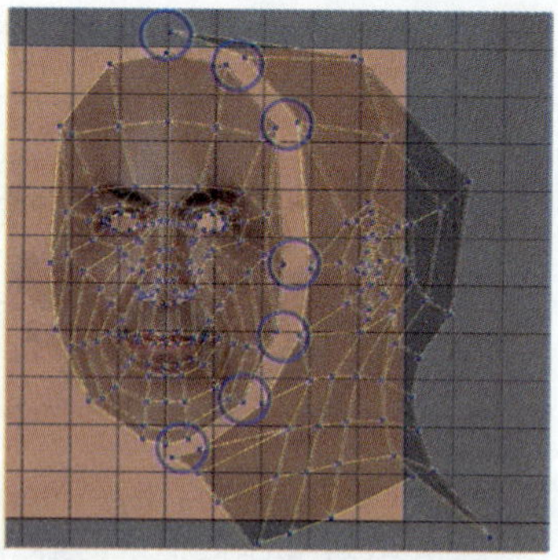

그림 2-25 Vertex Fitting

16 Healing : Fitting 작업 후 Face 정면과 옆면의 연결부분을 이어주는 작업을 한다. 먼저 UV 좌표를 연결해줄 두 부분의 UV 좌표 데이터 전체를 선택한 후 Heal [Ctrl + Shift + Num +] 기능을 적용한다.

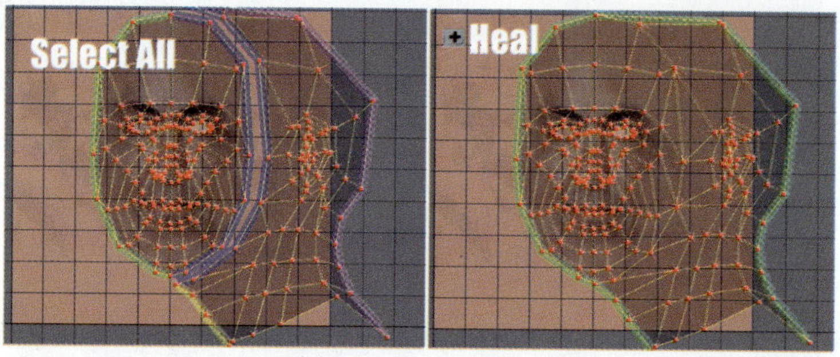

그림 2-26 Healing

17 Relax[Ctrl + R] : Pelting 기능으로 선택된 UV 좌표의 Center를 중심으로 원형의 동일한 힘을 적용하여 당겨 UV 좌표를 펴는 기능이다. Iteration 값은 기준 영역을 설정하는 값이고, Increment는 Pelting(당기는) 힘의 크기이다. 이 수치가 클수록 원형에 가까워진다. Anchor Boundary를 체크할 경우 선택된 UV 좌표의 외곽 라인의 변형은 없이 내부적인 Pelting 작업만 이루어진다.

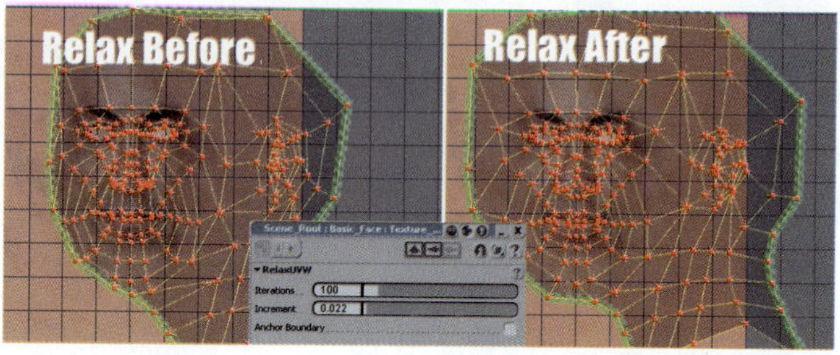

그림 2-27 Relax

18 왼쪽 옆면도 동일한 방법으로 적용한다.

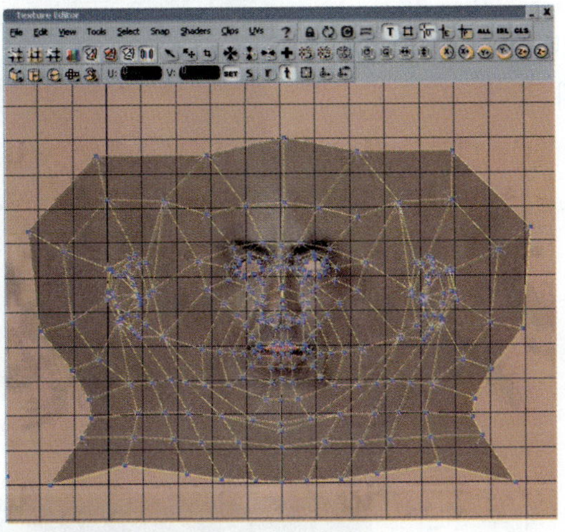

그림 2-28 Symmetry

19 결과를 확인한다.

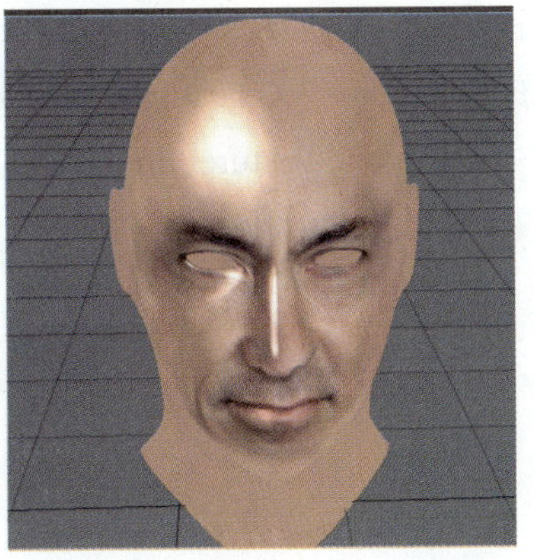

그림 2-29 결과 확인

2. Texture Editor 기능을 활용한 Character Face Unwrap하기 2–Cylinder Projection

1 Face 모델링 데이터를 Open and Select한다.

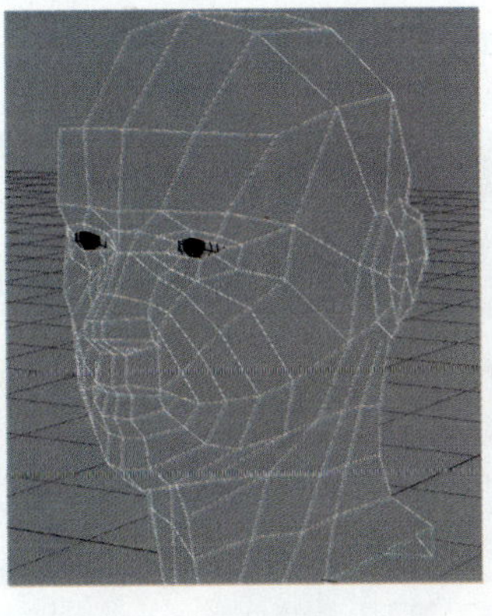

그림 2-30 Texture Projection

2 Material 및 Texture Projection 설정하기 : 선택한 Object 데이터에 Cylindrical Projection을 설정해 준다.

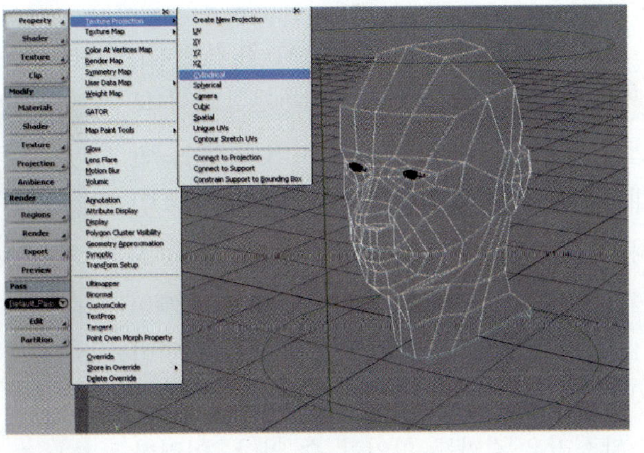

그림 2-31 Image Open과 Projection 지정

3 Texture 이미지 적용하기 : Texture > Image에서 > New from file 모드에서 다음과 같은 경로를 따라 Sample 이미지를 적용한다. XSI_SAMPLES > Pictures > Character_Designer high이미지를 적용한다. 이미지 Open 후 Texture Projection을 설정해 준다.

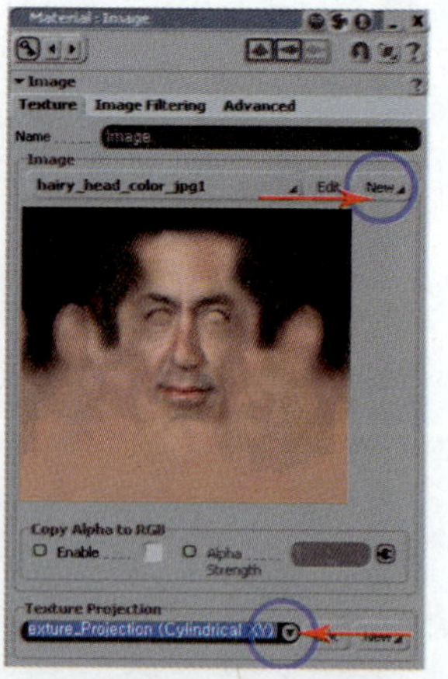

그림 2-32 Load Image & Projection 설정

4 Texture Editor 열기 : Texture가 적용된 Object 선택 후 [ALT + 7]을 눌러 Texture Editor 창에서 결과를 확인한다.

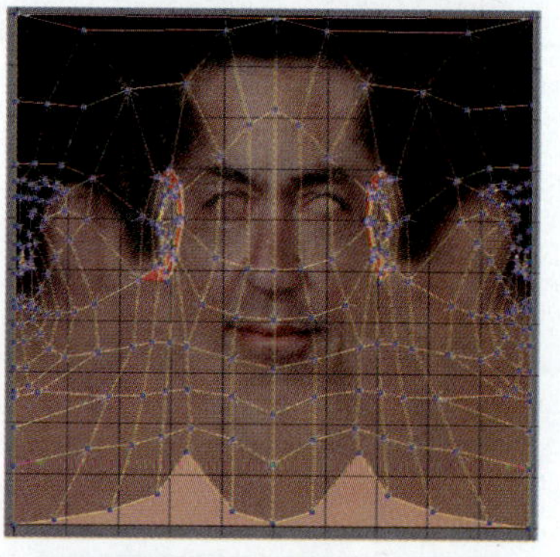

그림 2-33 Texture Editor

5 Texture Support 위치 맞추기 : 실제 모델링 데이터와 적용한 이미지의 방향이 반대로 적용되어 있다는 사실을 확인할 수 있다. 이 경우 Texture Support를 선택해서 회전 값을 180도 적용을 하면 해결되는 문제이다. 결과에서 확인할 수 있듯이 지금은 이미지와 UV 좌표가 일치하지 않기 때문에 우스꽝스러운 결과를 확인할 수 있다. 이러한 잘못 연결된 이미지와 UV 좌표를 일치시켜 가는 작업이 바로 Texturing 작업이다. 현재의 결과를 좀 더 정교한 모습으로 변형시켜 보도록 한다.

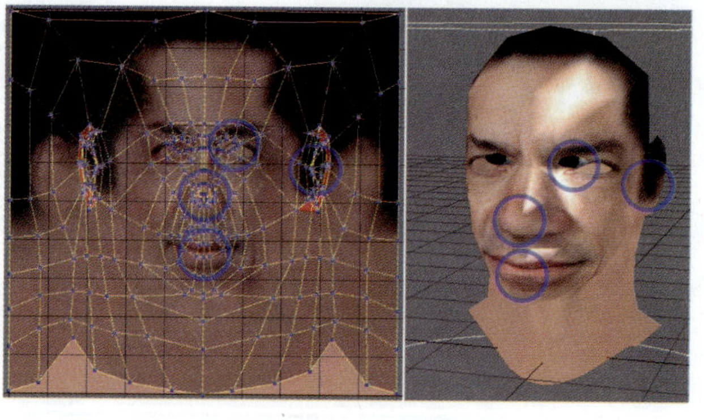

그림 2-34 Texture Support 회전 후 결과

6 UV 좌표 펴기－겹친 부분의 좌표 펴기 : Polygon 면이 겹쳐진 부분에 대해 Vertex 이동을 통해 편집 작업을 하도록 한다. 이 작업에서는 귀 부분의 영역을 살펴보면 Overlap된 부분을 발견할 수 있다. 겹쳐진 부분을 확인하는 방법은 Highlight Overlap기능을 활성화하면 겹쳐진 부분에 대서는 영역이 표시되어 나타난다. 이러한 부분에 대해서는 정확하게 편집 작업을 해야 한다. 그렇지 않을 경우 Texture 이미지 작업이 겹쳐지는 결과를 보이게 된다.

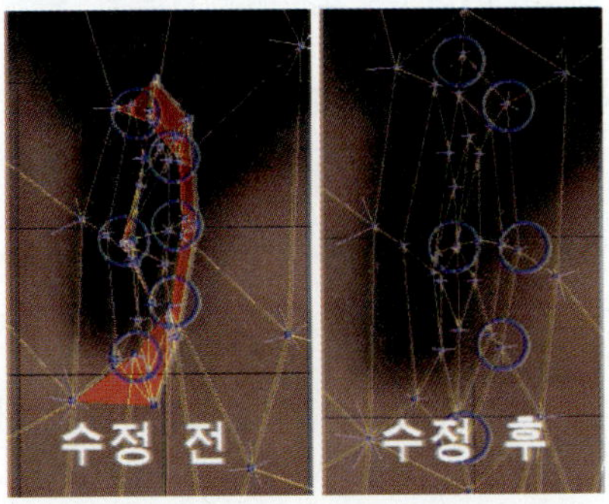

그림 2-35 수정 전과 수정 후 좌표 변화

7 전체 이미지 맞추기 : 편집된 UV 좌표와 이미지소스를 맞추는 작업을 진행한다. 이 경우 전체 이동은 Proportional 모드로 작업을 하면 용이하다. 그리고 Symmetry 모드를 활용하는 작업도 가능하다.

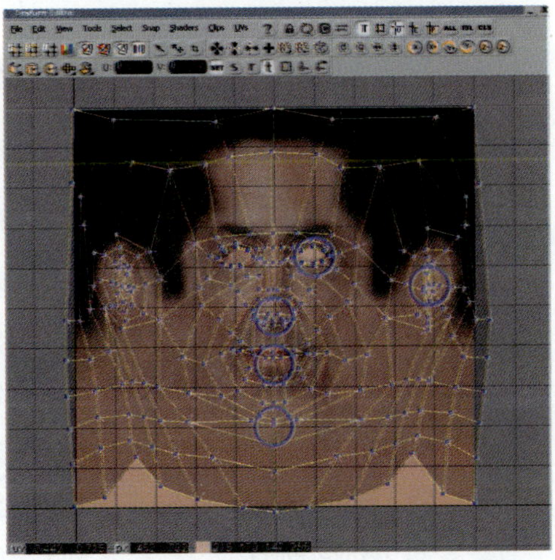

그림 2-36 UV 좌표와 이미지 편집

8 Freeze : 지금까지 UV 좌표에 대한 이동 및 편집 작업을 진행했는데 그 결과로 축적된 History data를 정리해야 한다. 지금 테스트중인 얼굴 데이터가 High polygon이 아니기 때문에 아직까지 별 문제 없어 보이더라도 이러한 데이터가 High polygon에 여러 캐릭터가 등장할 경우는 문제가 될 수 있는 가능성이 있기 때문에 Mapping 작업 후 결과에 대한 History data는 삭제한다. Texture Editor 〉 Edit 〉 Freeze [Ctrl + F] 기능을 실행한다.

9 결과 확인 : 특별히 UV를 Scam(UV분리) 처리과정을 생략하기 때문에 가장 간단하게 작용할 수 있는 방법으로 Polygon 수가 많지 않거나 형태가 단조로울 경우에 그 활용 빈도가 높다.

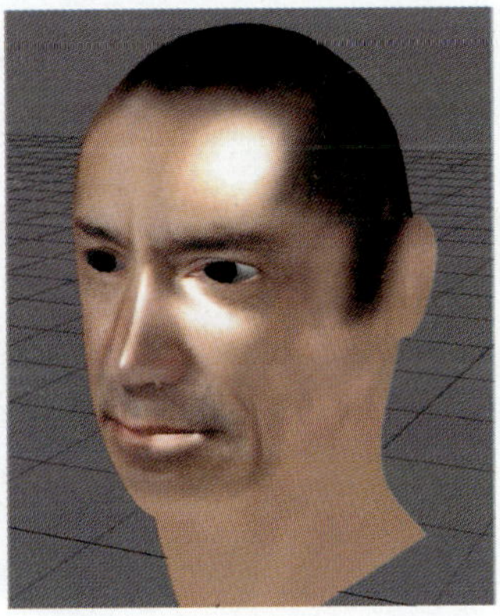

그림 2-37 결과 확인

3. Texture Editor 기능을 활용한 Character Face Unwrap하기 3-Cubic projection

이 방법 역시 Object를 Seam 처리하지 않는 방식이므로 간단하게 처리 가능한 부분이 있으나 만약 Component수가 많거나 복잡한 구조를 가진 모델링 데이터에는 적용하기 혼란한 부분이 있으므로 Cubic 구조로 모델링된 형태일 경우에는 그 활용도가 크다.

1 먼저 Face 모델링을 선택한다.

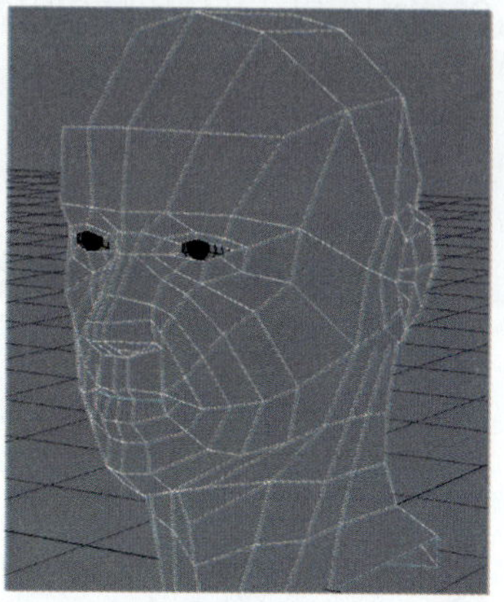

그림 2-38 3D 캐릭터

2 Material과 Texture를 적용한다. Texture Projection은 Cubic을 적용한다.

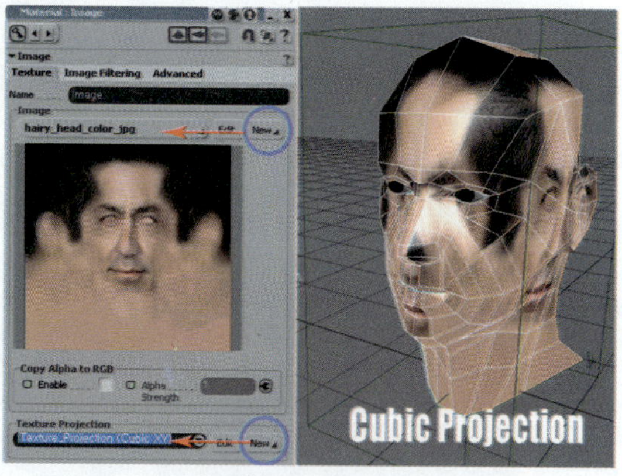

그림 2-39 Texture Editor

3 Texture Editor 창을 연다. 결과 확인 후 창을 닫는다.

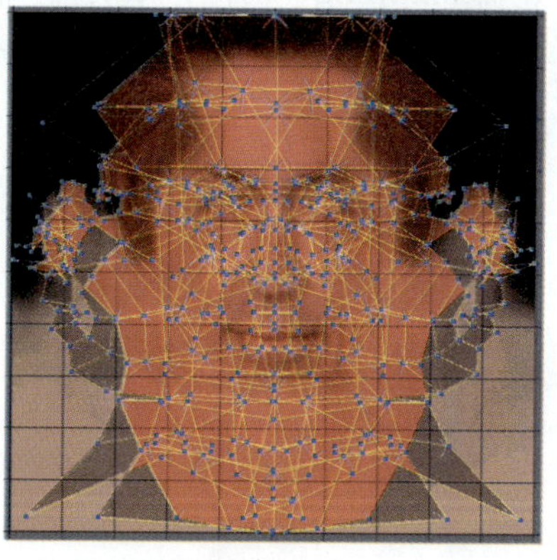

그림 2-40 Texture Editor

4 Texture Editor > File > UV Property 클릭해서 Texture Support 속성 창을 열고 Texture Support tab에서 Layout 모드로 변환한 후 Cubic 전개도 Type을 선택한다.

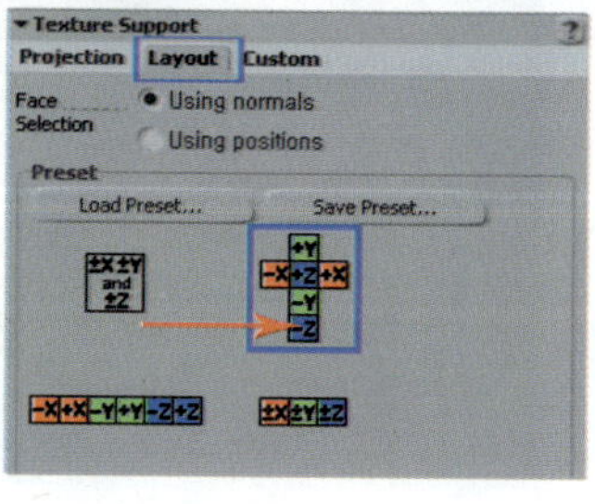

그림 2-41 Texture Support 속성

5 Texture Editor 창을 열고 다시 한번 UV 좌표의 변화를 확인한다.

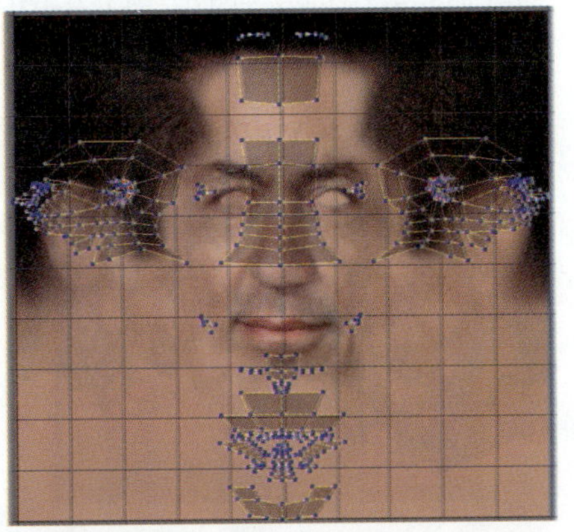

그림 2-42 결과 확인

6 이 적용 방식은 비록 인위적인 Seam(Component 분리작업) 작업을 하지 않지만 Texture Editor의 결과에서 확인한 바와 같이 Cubic 각 Plane의 방향으로 분리되어 있음을 확인할 수 있다. 이렇게 분리된 UV 좌표를 적용한 이미지에 맞도록 편집 작업을 한다. 서로 붙여줘야 할 영역을 잘 판별하여 하나씩 이어주도록 한다.

① Right side : 연결하고자 하는 Vertex를 선택한 후 Collapse to Vertical Line[Shift + ₩] 기능을 실행한다. Collapse to Vertical Line 기능을 실행하면 비정형적인 형태를 이루고 있던 Vertex들이 자동으로 세로 정렬을 한다.
그 다음 Healing 작업을 한다.

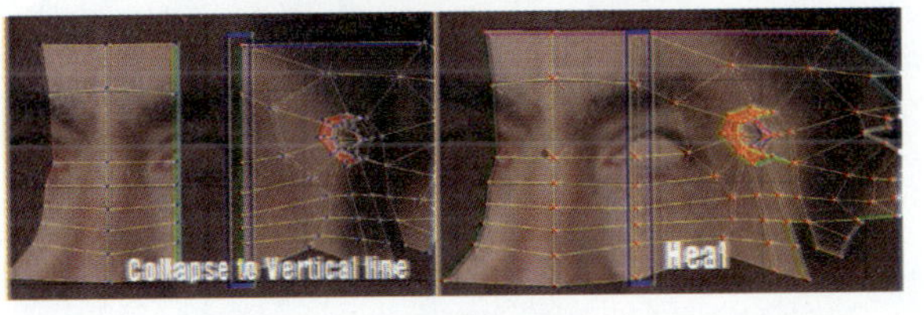

그림 2-43 Right Match & Healing 작업

② Left side

③ Top side

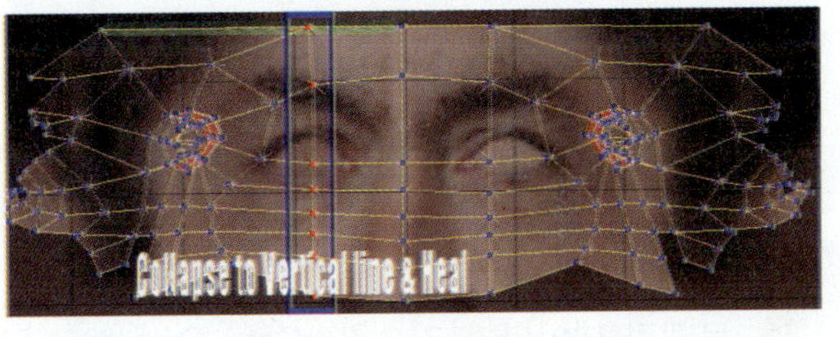

그림 2-44 Left Match & Healing 작업

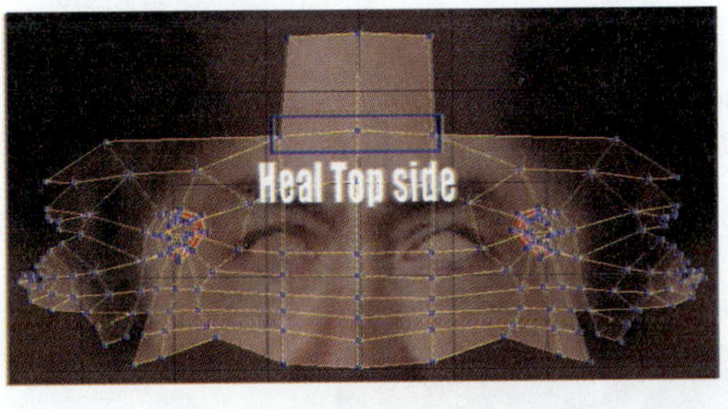

그림 2-45 Forehead Match & Healing 작업

④ 잘게 나눠진 UV 좌표 조각들을 대칭 구조 상황을 이용하여 Mirror[Ctrl + Num /] 기능을 활용해서 한 쪽 UV 좌표 값으로 만들어 준다.

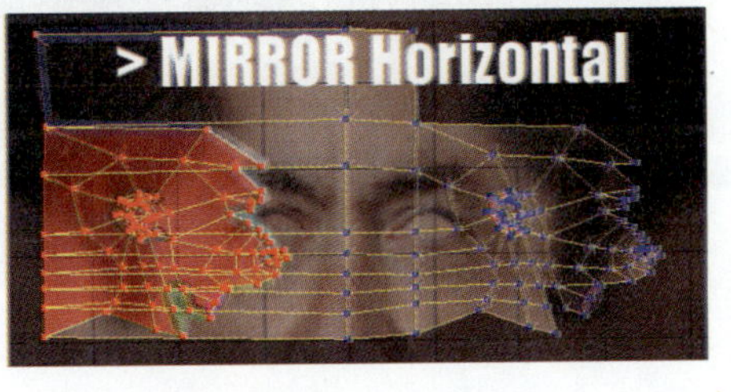

그림 2-46 Mirror Horizontal

⑤ Match : Mirror된 UV 좌표를 이동하여 반대 편 UV 좌표에 가능한 일치하는 위치로 이동한 후 Match [Ctrl + Num] 기능을 실행한다.

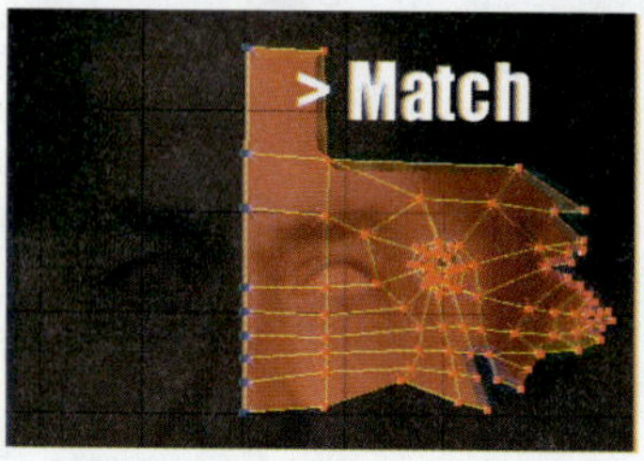

그림 2-47 Match

⑥ Bottom side : 남아있는 모든 UV 조각들을 Mirror & Match하여 Healing시키도록 한다.

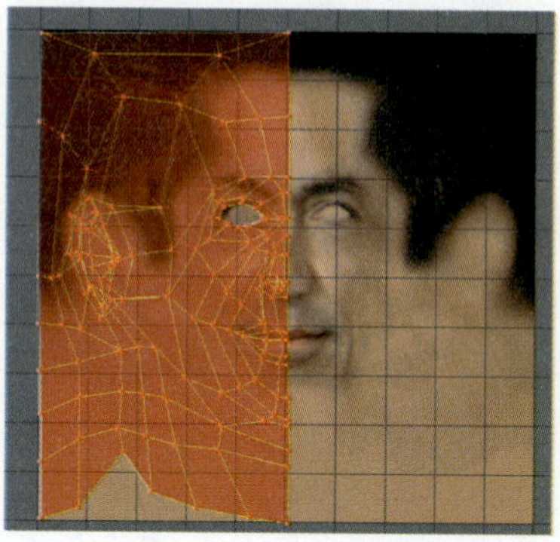

그림 2-48 Mirror & Match하여 Healing

7 결과 확인

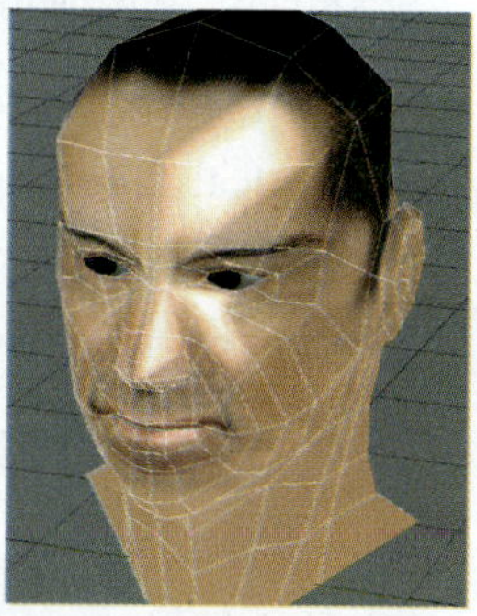

그림 2-49 결과 확인

4. Texture Editor 기능을 활용한 Character Face Unwrap하기 Unique UV projection

1 모델링 데이터 불러오기 : Get > Primitive > Face man 데이터를 불러와서 Edge 모드에서 다음과 같이 선택한다.

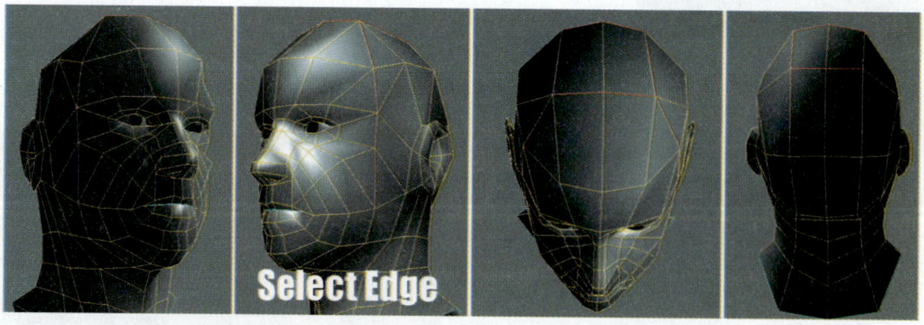

그림 2-50 Edge 선택

2 Cluster 만들기 : Seam 처리할 부분의 Edge를 선택한 후 Cluster로 지정한다. 이 Edge Cluster는 Face의 Seam의 기준 Line이 된다.

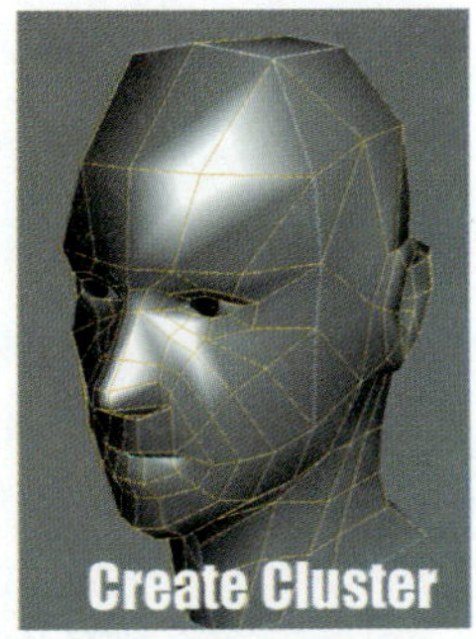

그림 2-51 Cluster

3 Disconnection Components : Modify 〉 Poly mesh 〉 Disconnect Component 명령을 실행하여 선택한 Edge를 각각의 Element(요소)로 분리한다. 향후 UV 좌표 편집이 끝나면 다시 원상복귀를 시키도록 한다.

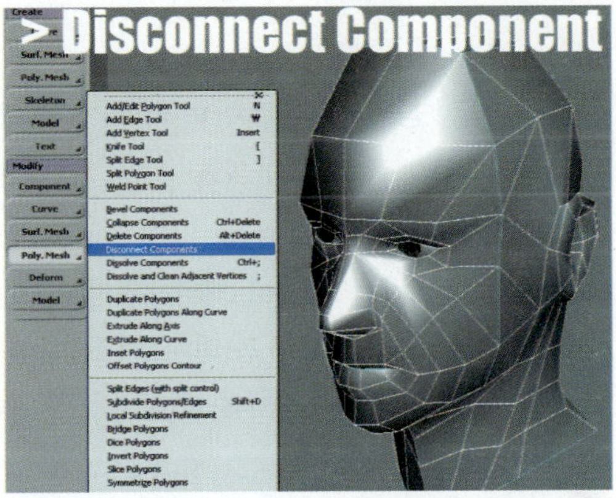

그림 2-52 Disconnection Components

4 Projection 설정하기 : Material과 Texture를 적용한 후 Texture Projection을 Unique UV(Polymesh)로 설정한다.

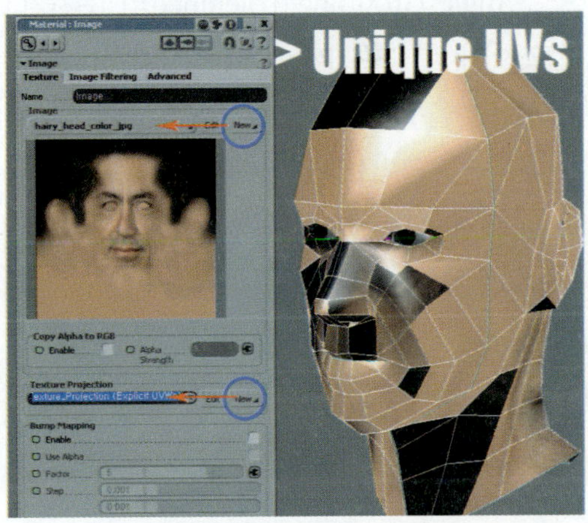

그림 2-53 Texture Projection

5 Texture Editor 창을 열고 UV 좌표 정보 결과 확인

그림 2-54 Texture Editor

6 UV 속성 창을 연다 : Texture Editor 창에서 〉 File 〉 UV Property 명령을 실행한다. Open된 Poly pack UV tab 내에서 Unfolding Option의 Angle Grouping Tolerance의 수치를 조절한다. Angle Grouping Tolerance의 수치를 올렸을 때의 결과와 Angle Grouping Tolerance의 수치를 내렸을 경우의 UV 좌표의 변화를 비교한다. 수치를 90도까지 올리도록 한다.

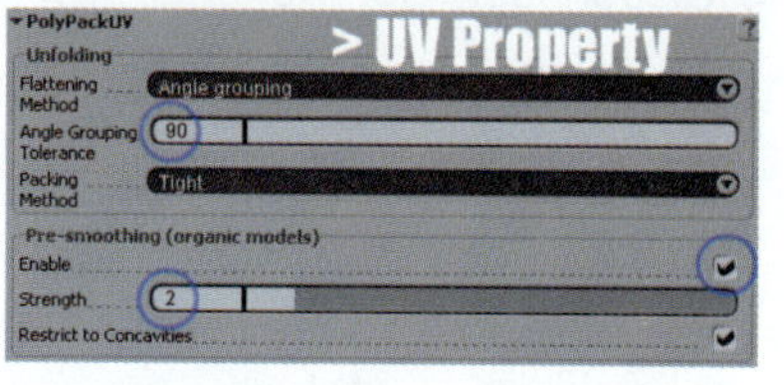

그림 2-55 Angle Grouping Tolerance

7 Angle Grouping Tolerance의 수치는 모델링을 구성하고 있는 Polygon의 면의 각도를 지정해 주는 명령으로 Angle Grouping Tolerance의 수치가 지정해 주는 각도 이내의 모든 Polygon면은 분리가 되는 원리이다. 각도가 높을수록 쪼개지는 UV 좌표수가 점점 줄어든다.

그림 2-56 Angle Grouping Tolerance의 수치 90도일 경우의 UV 좌표

8 여러 개로 쪼개진 UV 좌표 정리하기 : Angle Grouping Tolerance의 수치로 지정된 UV 좌표의 결과에 대해 보다 정밀하게 UV 좌표의 분리를 지정해 줄 수 있는데 그 명령어가 Pre Smoothing의 Strength 값의 변화를 통해서이다. 이는 지나치게 쪼개진 UV 좌표 데이터를 지정해 주는 Strength 값과 동일한 Element 개수를 제작한다.

그림 2-57 Pre Smoothing의 Strength 값 2에서의 UV 좌표

9 Weld Edge : Seam 처리를 위해 분리된 Object를 다시 하나의 Object로 만들어 준다. Object의 Cluster를 선택하고 Modify > Poly. mesh > Weld Boundary Points / Edges. 명령을 적용한다. Weld를 해야 하는 이유 중 하나는 Object가 분리되어 있는 경우 UV 좌표 역시 분리되어 있어서 서로 연결할 수 없다.

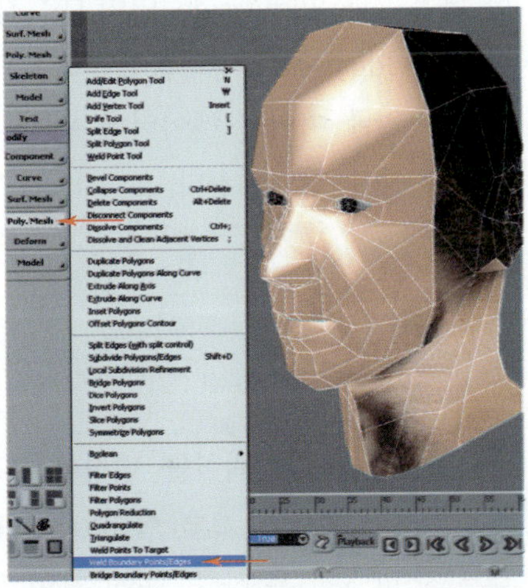

그림 2-58 ISL 모드

10 Face Front 영역의 UV 좌표 편집하기 : Texture Editor 창을 열고 ISL 모드를 활성화한 다음 Face의 정면 영역의 UV 좌표 데이터를 선택한다.

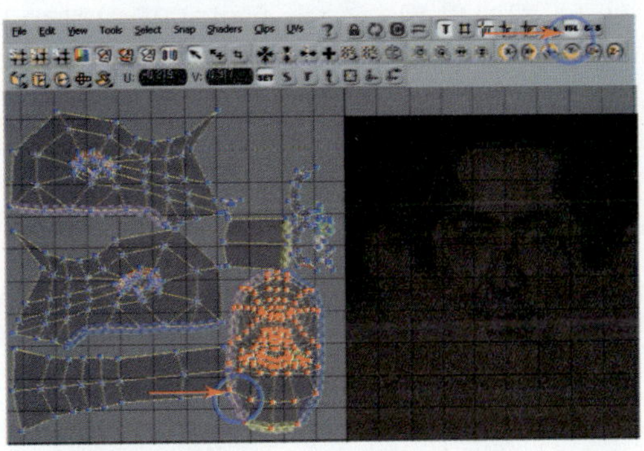

그림 2-59 ISL 모드

11 선택한 좌표 이미지 데이터와 일치시키기 : 선택한 Face Front UV 좌표를 이동/회전/스케일 작업을 통하여 얼굴 이미지 데이터에 위치시키고 Scale과 Vertex(Point) 이동을 통해 정렬시킨다.

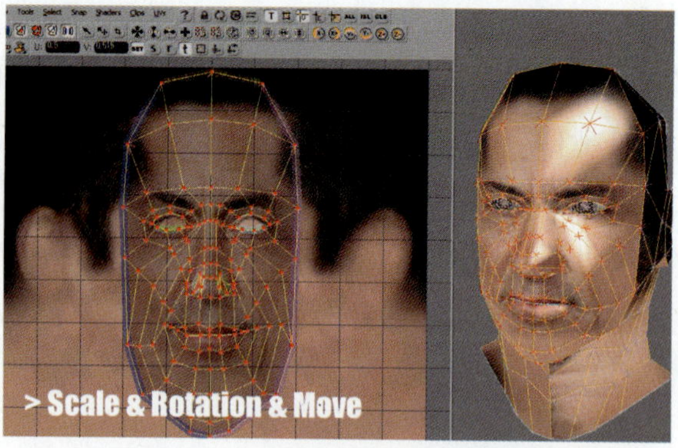

그림 2-60 Match

12 Face Right side 영역의 UV 좌표 편집하기 : ISL 모드를 활성화한 다음 Face Right side 영역 UV 좌표 데이터를 선택한다. 선택한 Face Right side 영역의 UV 좌표를 이동/회전/스케일 작업을 통하여 얼굴 이미지 데이터에 위치시키고 Scale과 Vertex(Point) 이동을 통해 정렬시킨다.

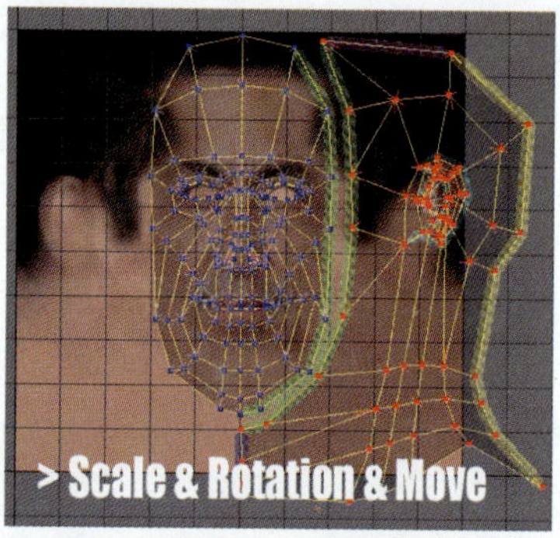

그림 2-61 이동/회전/스케일 작업

13 어느 정도의 위치를 변경한 후 이번에는 기존에 Setting된 Face Front 영역과 서로 일치되는 부분에 대해서 서로 연결시켜 주는 작업(Heal)을 한다. Heal 작업은 서로 연결될 부분의 영역을 마주보게 정렬한 다음 서로 연결한 Vertex를 정렬한다. 그리고 Multi 선택을 한 후 Heal 명령을 실행한다.

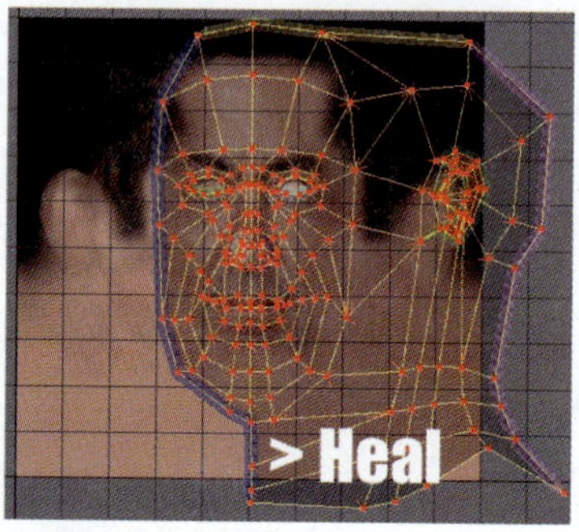

그림 2-62 Heal

14 서로 연결된 UV 좌표의 간격조절을 위해 Relax 작업을 한다. 선택된 UV 좌표 그룹군에 대해 간격이 좁아서 편집하기 어렵거나 연결된 부분의 연결 상태가 너무 불규칙적일 경우 편집 작업이 용이하도록 Relax 명령을 실행한다. 적용할 UV 좌표 데이터를 선택한 상태에서 Tool 〉 Relax 명령을 실행한다.

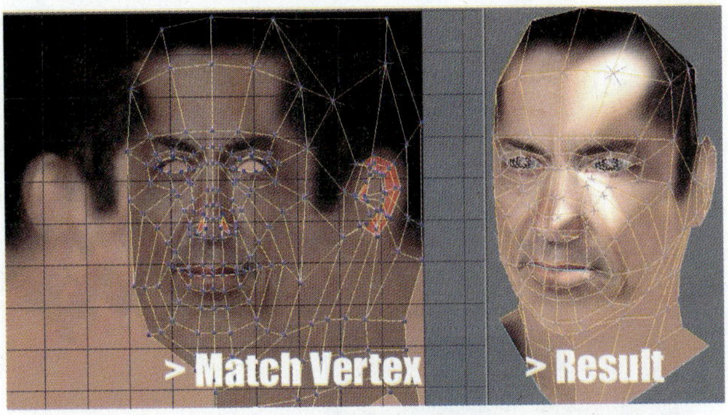

그림 2-63 Relax

15 Back Head 영역의 편집

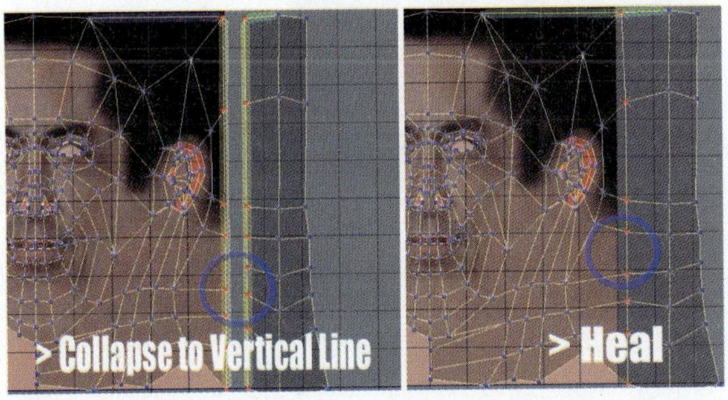

그림 2-64 Back Head 편집

16 Face Left side 영역의 UV 좌표 편집하기 : ISL 모드를 활성화한 다음 Face Left side 영역 UV 좌표 데이터를 선택한다. 선택한 Face Left side 영역의 UV 좌표를 이동/회전/스케일 작업을 통하여 얼굴 이미지 데이터에 위치시키고 Scale과 Vertex(Point) 이동을 통해 정렬시킨다.

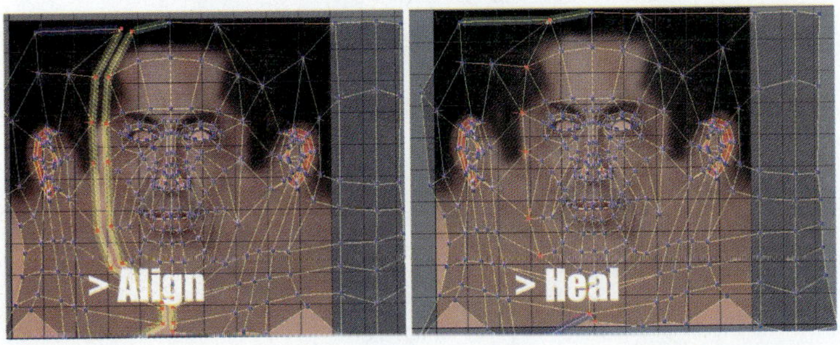

그림 2-65 Heal

17 전체 영역 연결완료 후 Vertex 이동을 통한 UV 전체 수정/편집 작업

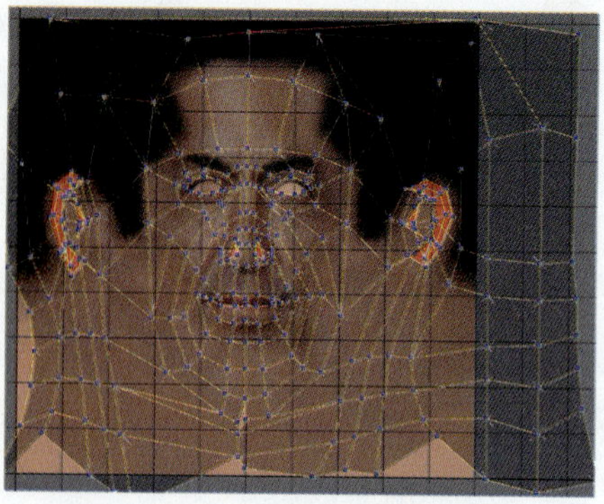

그림 2-66 **전체 UV Coordination**

18 결과 확인

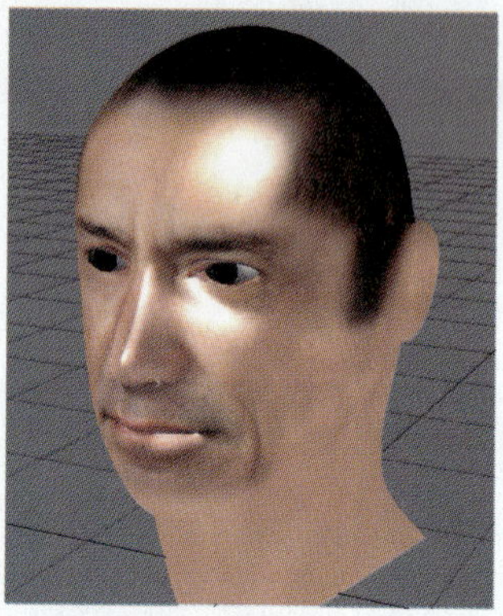

그림 2-67 **결과 확인**

2-1-3 Texture Editor를 활용한 Human Body UV 좌표 펴기

1. Texture Editor 기능을 활용한 Character Body Unwrap하기 Unique UV projection

Character face 작업에서 좀 더 확대하여 Character 전체 데이터에 대한 UV 좌표 Pelting 작업에 대해 살펴보기로 한다.

1 먼저 Character Body 데이터를 불러온다. Get › Primitive › Character man 데이터를 불러온다.

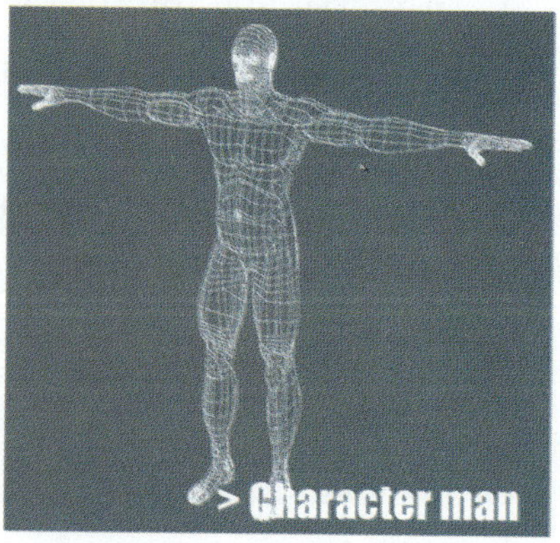

그림 2-68 **캐릭터 모델링**

2 불러온 Character 데이터를 Seam 처리하도록 한다. 이때 Seam Line은 보통 우리가 입는 옷의 재봉 라인을 기준으로 한다. 즉 얼굴 / 팔 + 손 / 몸통 / 다리 + 발로 크게 세분화하고 다시 이를 세분화하여 정확하고 정교한 Seam 작업을 한다. Seam 작업은 각 Seam 처리해 줄 Edge를 선택을 한다. 선택한 Edge는 Cluster화시킨다.

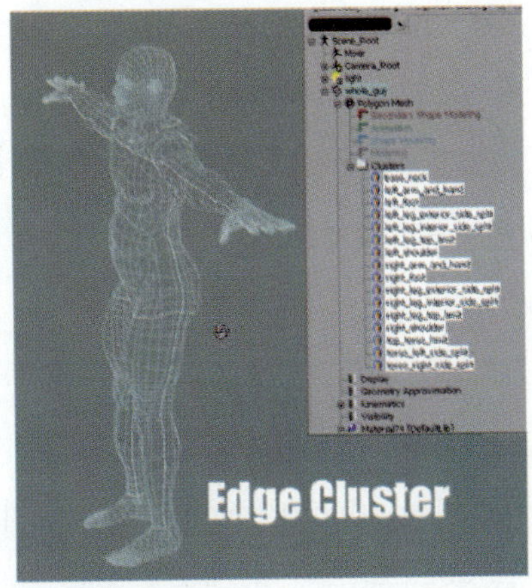

그림 2-69 Seam

3 Disconnected : 이렇게 세분화된 Seam 작업을 각각의 독립된 Element로 나누어 주기 위해 Disconnect 작업을 한다.

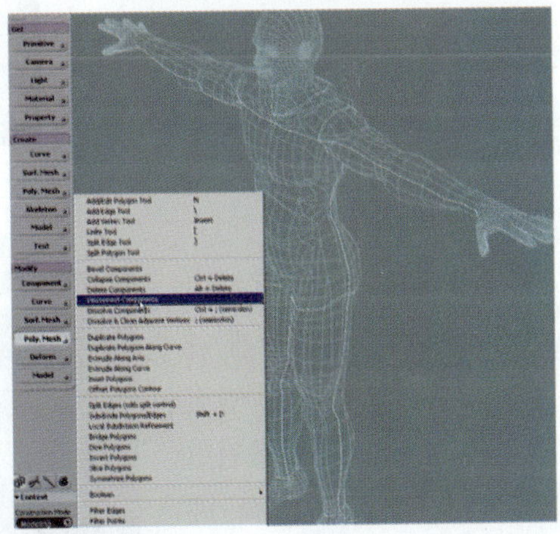

그림 2-70 Disconnect

4 Unique UVs Projection 적용 : Get 〉 Property 〉 Texture Projection 〉 Unique UV 명령을 실행한다.

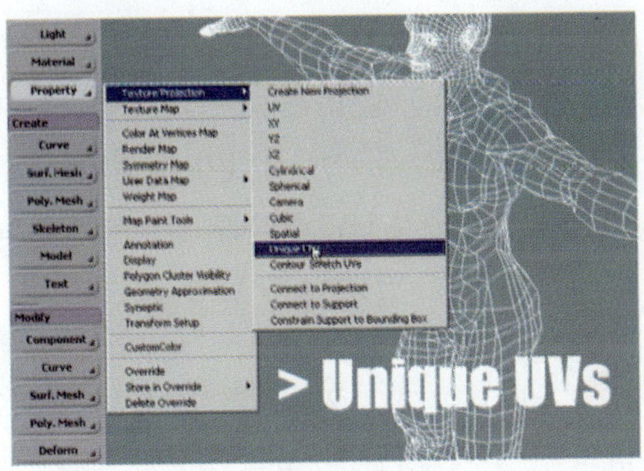

그림 2-71 Unique UVs Projection

5 Texture Editor 창에서 결과를 확인하고 Angle grouping Tolerance 수치를 90도로 조절하여 결과를 다시 확인한다.

그림 2-72 Angle grouping Tolerance 수치를 90도

Pre Smoothing의 Smooth의 수치를 20으로 올려 전체 UV 좌표 Element 개수를 20개로 제한한다.

그림 2-73 Pre Smoothing의 Smooth 수치 20개

6 Healing : 작게 쪼개진 영역에 대해 불필요하게 나눠진 부분이 있다면 편집 작업을 통해 보다 효율적인 결과를 만들 수 있도록 해야 한다. 여기서는 Finger 부분에 대해 Seam 처리가 정교하게 지정되지 못했기 때문에 UV 좌표에서도 많은 복잡함을 낳는다. 이런 부분을 미연에 방지하기 위해서는 seam 작업시 보다 정밀하고 정교한 작업이 선행되도록 연습을 한다.

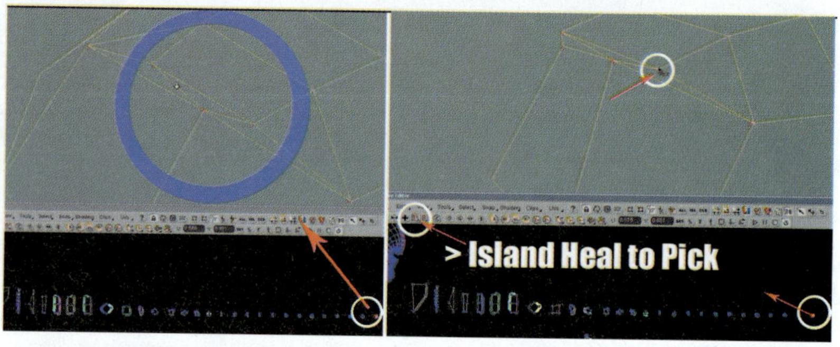

그림 2-74 Healing

먼저 손톱부분의 UV 좌표를 선택하고 Island Heal to Pick [Shift +] 기능을 이용하여 불필요하게 쪼개진 부분을 연결한다. 남아 있는 몇몇 부분에 대해서도 동일한 방법을 통해 정리한다.

7 Sub projection 제작하기 : 동일한 영역에 대해서는 굳이 따로 UV 좌표를 나눌 필요가 없이 하나의 동일 영역군으로 묶을 필요가 있다. 그 좋은 예가 바로 얼굴이다. 지금 얼굴이 양면의 형태로 둘로 나눠져 있는데 이는 하나의 영역으로 처리해야만 앞으로 Texture를 제작하거나 그릴 때 편리하므로 하나의 영역으로 붙여서 편집한다. ISL 기능을 활성하고 양쪽 Face를 Multi 선택을 한다.

Sub projection 아이콘의 Cylindrical Sub projection 〉 Best fit 명령을 실행한다.

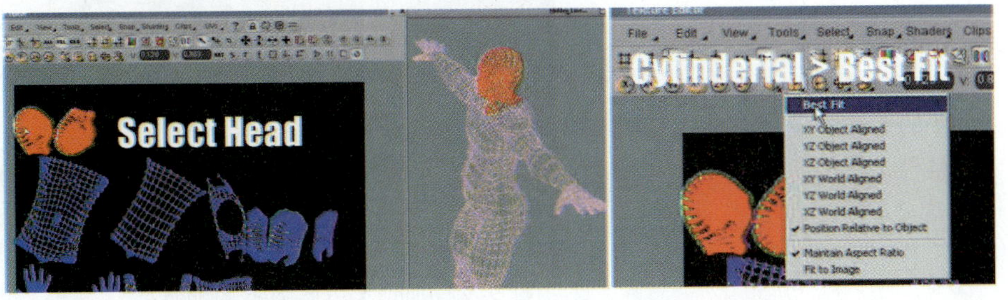

그림 2-75 Cylindrical 〉 Best Fit

8 Face Coordinate Edit : 얼굴 전체의 UV 좌표를 선택한 후 Cylindrical 〉 Best Fit으로 편다. 간혹 Texture가 회전 값을 가지는 경우가 있으므로 이 경우에는 Sub projection을 선택한 후 180도 회전을 한 다음 펼쳐진 데이터를 UV 좌표 위치에 정확하게 이동시킨 뒤 Camera 작업 창에서 결과를 확인한다.

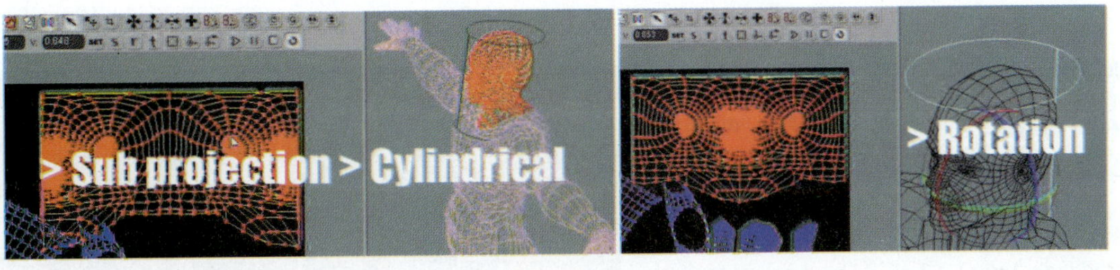

그림 2-76 Face 〉 Cylindrical 〉 Best Fit

9 발 영역에 대해 Sub projection을 적용한다. 먼저 왼발의 분리된 발등과 발바닥을 선택하고 Planer Sub projection 〉 XZ Object Aligned 명령을 실행한다. 이때 생성된 Texture Projection을 회전 및 이동하여 최적의 Projection 방향을 찾는다.

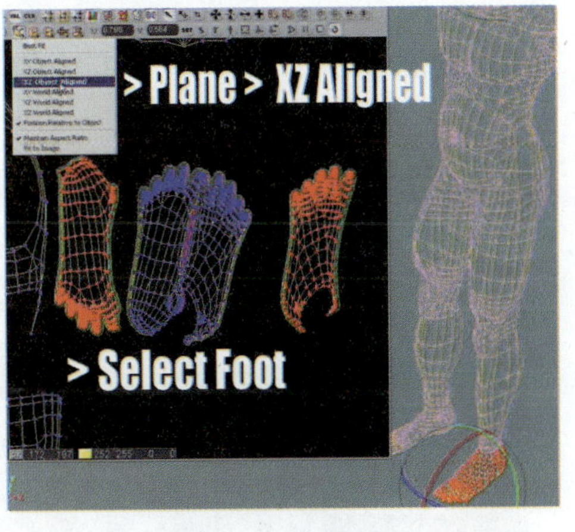

그림 2-77 Foot 〉 Plan 〉 XZ Objected Aligned

10 결과를 확인한다. 오른발도 동일한 방법으로 제작한다.

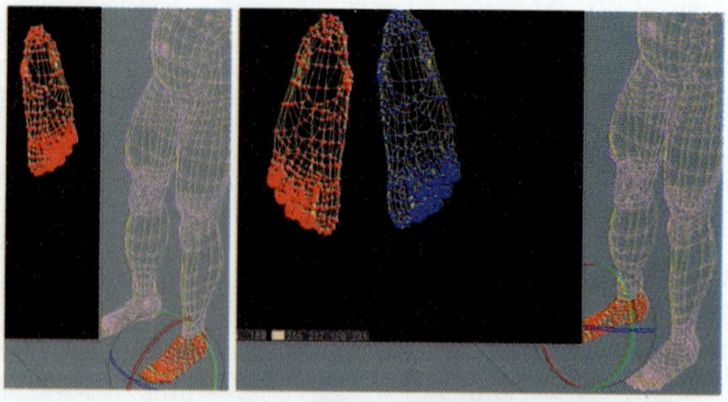

그림 2-78 Plan > XZ Objected Aligned

11 Mirror UV Coordinate : 오른발의 UV 좌표를 선택하고 Texture Editor 창의 Tools > Mirror Horizental 명령을 실행하여 UV 좌표의 좌 / 우 방향을 뒤바꾼다.

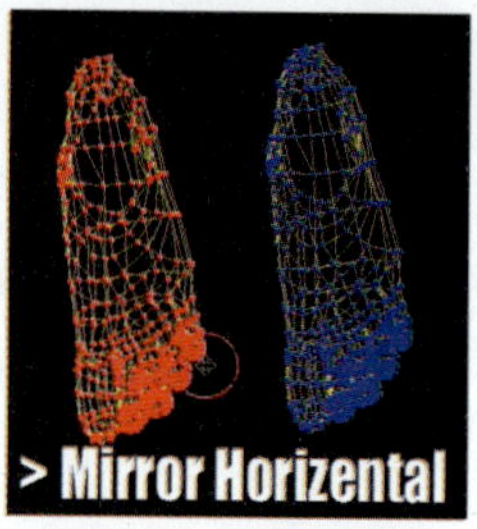

그림 2-79 Mirror

12 Match : 왼발의 좌표 방향을 바꿔 오른발의 UV 좌표 방향과 일치시켰기 때문에 이 두 개의 좌표를 Match하여 하나의 UV 좌표로 만든다. 먼저 한쪽 발의 UV 좌표 데이터를 선택해서 남아 있는 UV 좌표 데이터로 이동한다. 어느 정도 두 개의 UV 좌표를 겹치도록 한 다음 Tools > Match 기능을 수행한다.

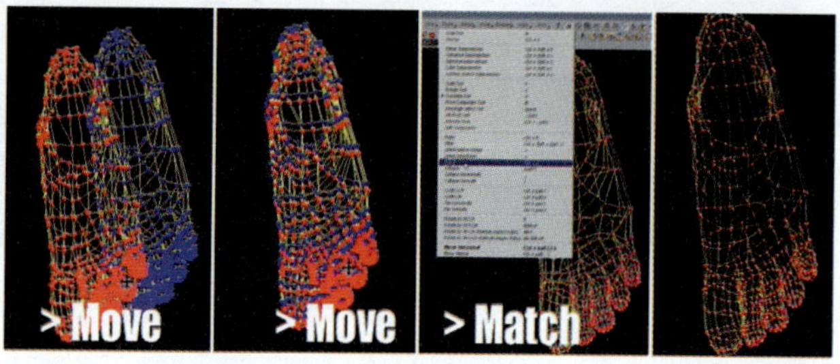

그림 2-80 Match

13 상체의 Body 정면과 어깨 영역을 정리하기 전에 각 부분에 대해 Cluster화시킨다. 향후에 선택을 용이하게 하여 작업의 효율성을 높여주기 위함이다.

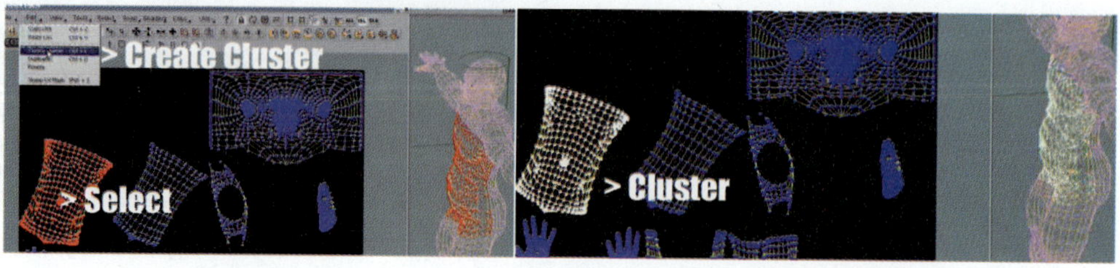

그림 2-81 Body Cluster

14 전체적으로 각 부분에 대한 Cluster 작업을 진행하도록 한다.

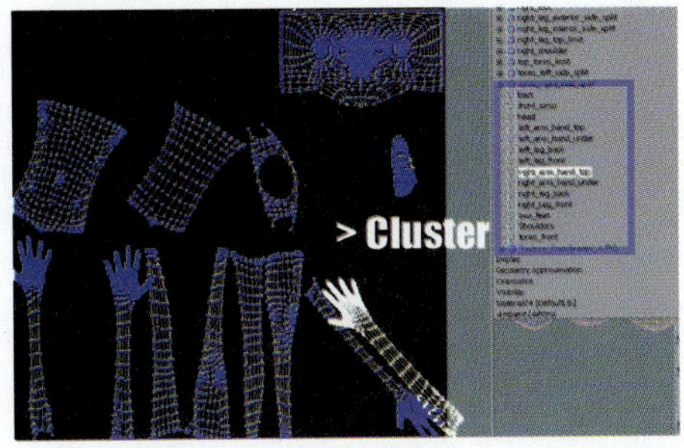

그림 2-82 캐릭터 전체 Cluster

15 Weld Boundary Edge : Seam 영역으로 정리되었던 Cluster를 선택하고 Modify 〉 Poly mesh 〉 Weld Boundary Edge / Vertex 명령을 실행한다.

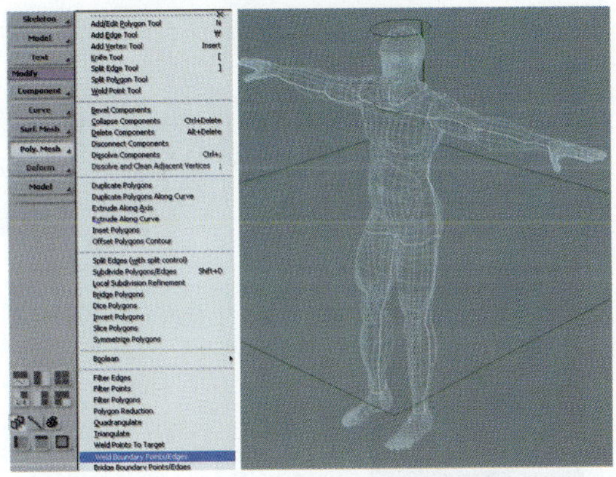

그림 2-83 Weld Boundary Edge

16 Boundary 영역 Color 굵기 조절 : Healing 작업의 효율성을 높이기 위해 각 UV 좌표의 Boundary 영역의 Color의 변화와 함께 두께도 같이 변형할 수 있다. Texture Editor 〉 File 〉 Preferences [Ctel + P]에서 Highlight 모드에서 Tab size의 수치 조절을 통해 UV 좌표의 Boundary 영역의 Color의 두께의 변화도 함께 변형할 수 있다.

그림 2-84 Color setting

17 상체의 Body 정면과 어깨 영역을 Healing한다.

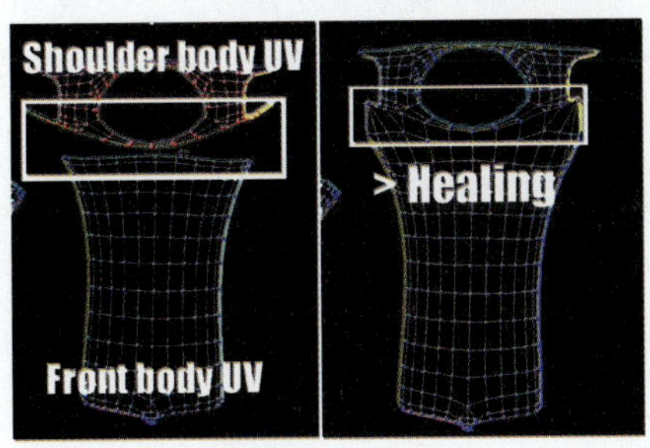

그림 2-85 Healing

18 팔과 손의 영역 작업을 진행한다. 오른팔 UV 좌표 영역을 선택 한 후 Planar sub projection 〉 XZ planar를 적용한다. 그리고 연결하고자 하는 반대부분의 영역으로 이동한 후 정렬시킨다.

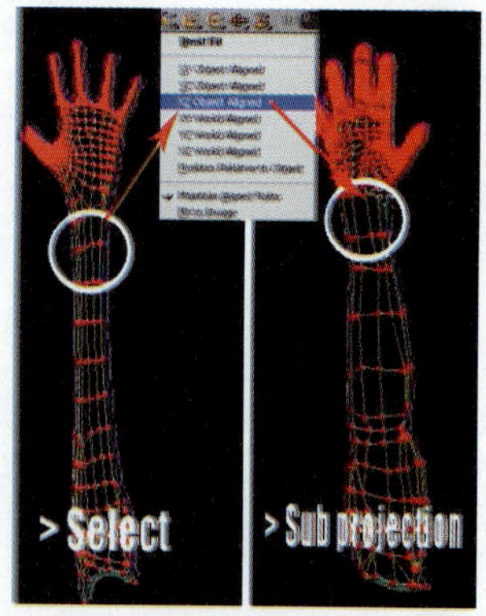

그림 2-86 Planer 〉 XZ Planer

19 나머지 한쪽 팔의 UV 좌표 영역을 선택하고 동일한 Sub projection을 적용하고 정렬시킨다.

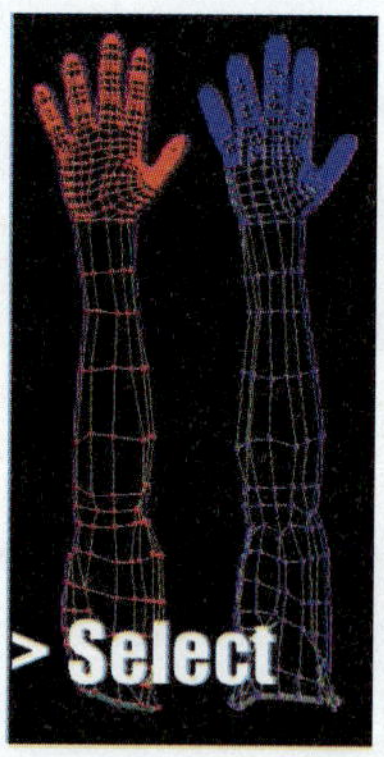

그림 2-87 Select

20 Mirror : 정렬된 두 개의 팔 부분 중 임의의 하나를 Mirror시킨다.

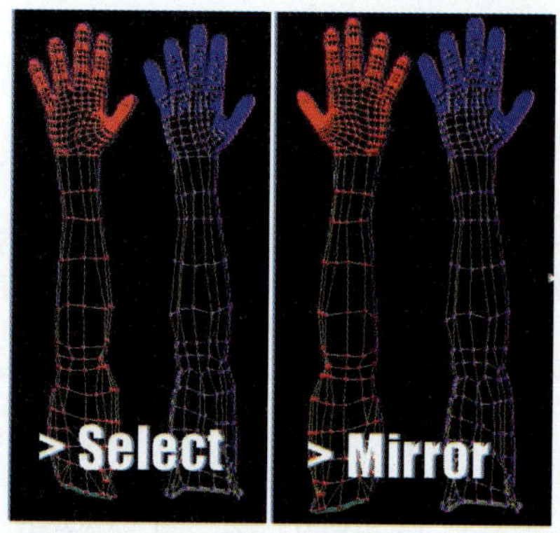

그림 2-88 Mirror

21 Contour selection : 외곽 Vertex 선택 두 손이 마주보는 안쪽 방면의 Vertex를 선택한다. ISL 모드를 활성화하여 두 개의 팔 영역 전체 선택 후 Select 〉 Contour Selection 명령을 실행한다. 그 결과 선택된 영역의 외곽 Vertex만 선택된다.

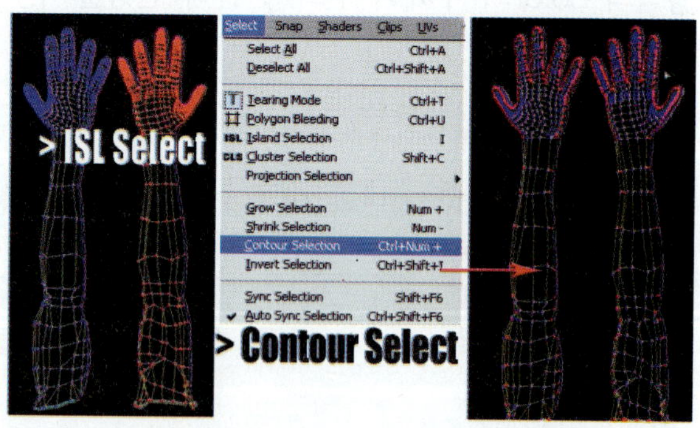

그림 2-89 Contour Selection

22 연결할 Vertex만 선택 : 선택된 두 팔의 Vertex 영역 중에서 Healing 영역만을 남겨두고 모두 선택 해제한다.

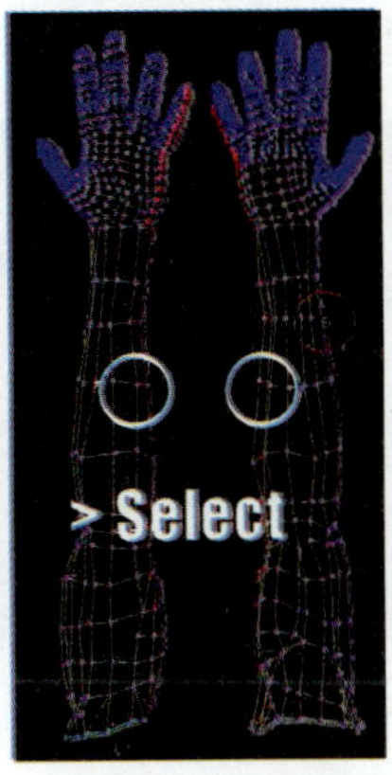

그림 2-90 Select

23 Heal the selection : 선택된 양쪽의 두 Vertex 영역을 서로 Healing해 주도록 한다.

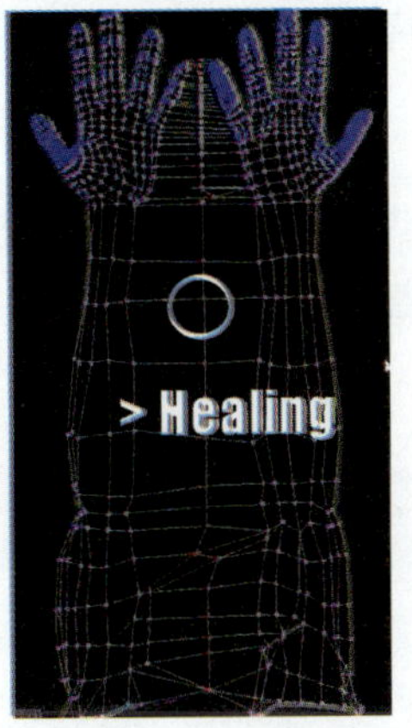

그림 2-91 Healing

24 Relax : ISL 모드 활성화 후 연결된 팔의 영역 전체 Vertex를 선택한 후 Tools 〉 Relax 명령을 실행한다. Relax 기능은 Spring 원리가 적용되기 때문에 어느 한정된 영역만을 컨트롤 되는 것이 아니다. 즉 Intreaction과 Increase 값을 변형하여 보다 정교한 UV Pelting 결과를 얻을 수 있도록 한다.

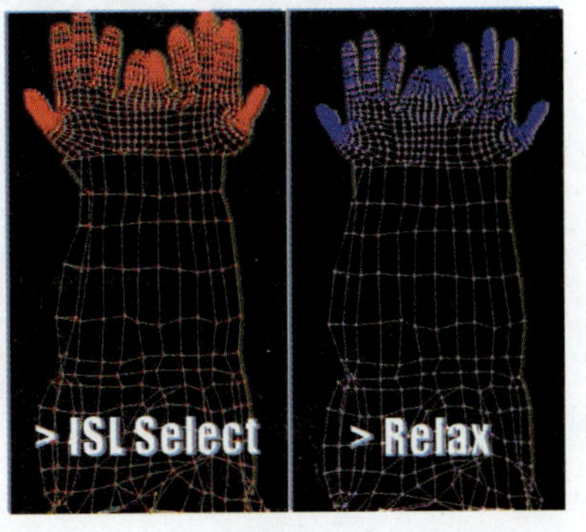

그림 2-92 Relax

25 Anchor boundary : Relax 옵션 중에서 Anchor boundary 기능을 check하면 선택된 영역의 외곽 라인이 유지된 상태에서 부드럽게 UV 좌표가 정렬된다.

26 다리 Healing : 팔과 동일한 방법을 적용하여 하체 UV 좌표에 대해서도 작업을 한다.

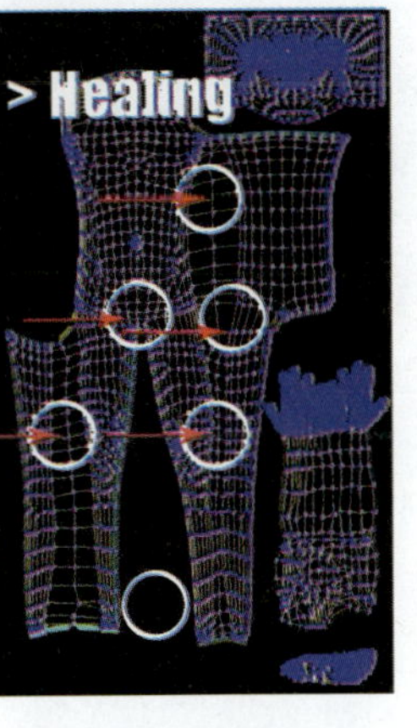

그림 2-93 Healing

27 Check board image 연결하여 UV 간격에 대한 결과 확인 : Render Tree에서 Checker board 노드를 불러와서 Character에 연결한다.

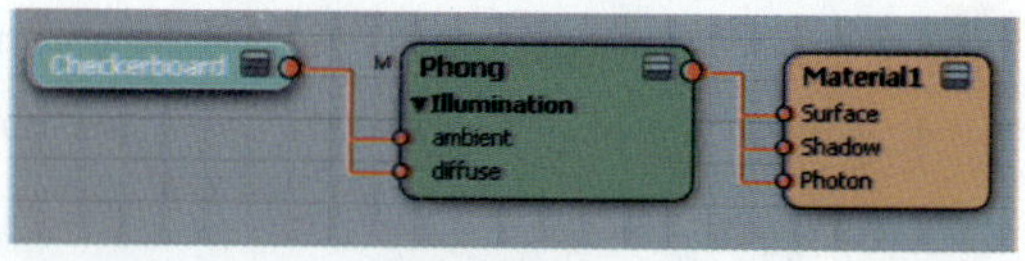

그림 2-94 Check Board connect

28 Check board option 조절하기 : 먼저 Projection을 연결해주고 Repeat 수치를 충분히 올려준다.

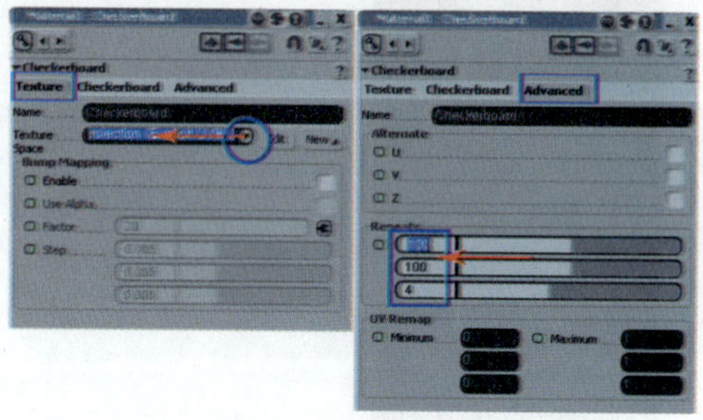

그림 2-95 Check Board Repeat

29 결과 확인

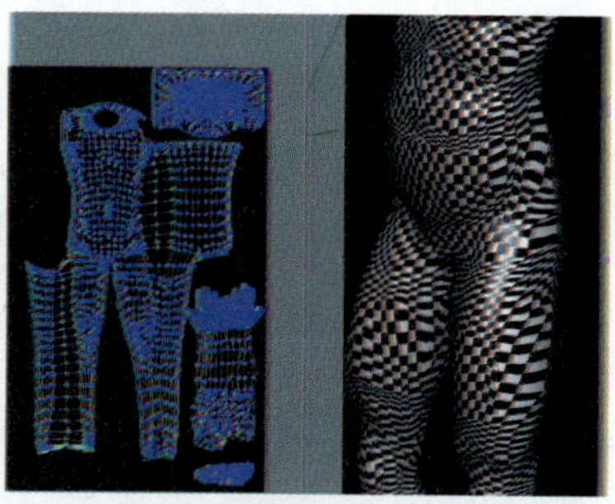

그림 2-96 결과 확인

30 Relax

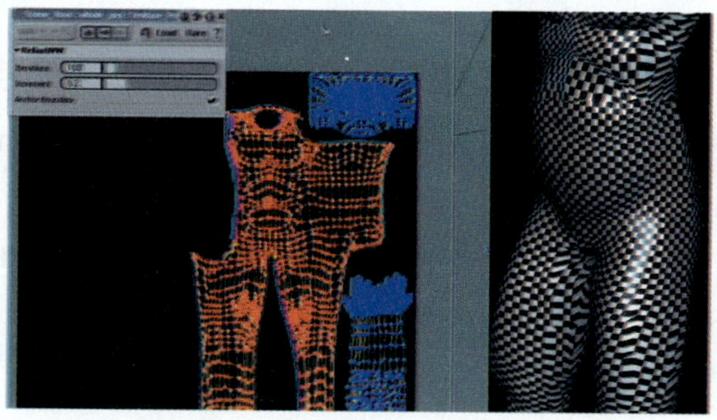

그림 2-97 Realx

31 전체적인 UV에 대한 Relax 기능 적용

32 Unwrap UV 작업 완료 후 Freeze하기 : Texture Editor 〉 Edit 〉 Freeze [Ctrl + F]

33 Back ground Image를 검은 색으로 변경한다.

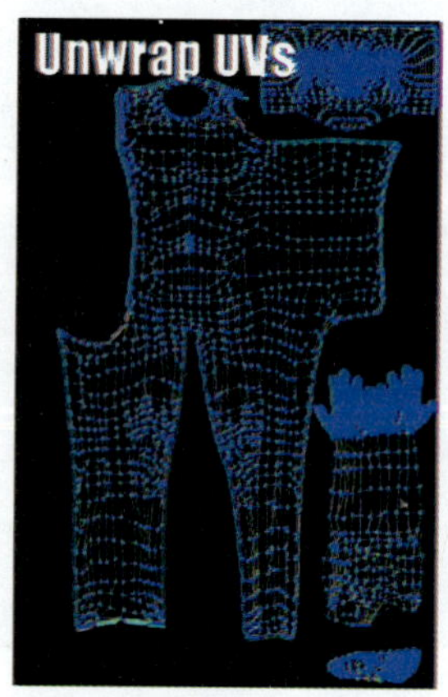

그림 2-98 Black Image

34 Stamp UV Mesh : 완성된 UV 좌표를 Mapping 소스 제작환경으로 이동하기 위해 실시하는 작업이다. 즉 완성된 UV 좌표를 2D 이미지화시키는 Stamp 기능이다. Texture Editor 〉 Edit 〉 Stamp UV Mesh [Shift + 5] 명령을 실행하고 저장할 장소를 지정해주고 이미지 확장자(*.Jpeg, *.Tag...)를 정해 준 다음 OK한다.

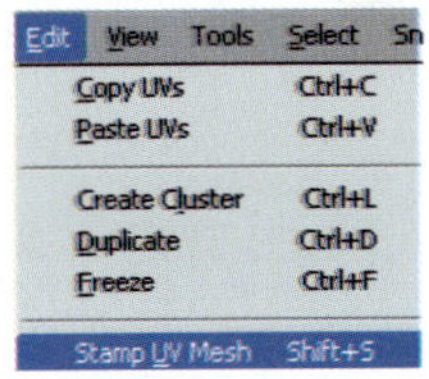

그림 2-99 Stamp

35 작업 완료

2. Texture Editor 기능을 활용한 Character Body Unwrap하기 Plane projection

1 모델링 데이터 작업 : 공동 작업을 위해 SOFTIMAGE의 Reference 모델링 데이터를 사용한다. Primitive 〉 Body man 데이터를 불러온다.

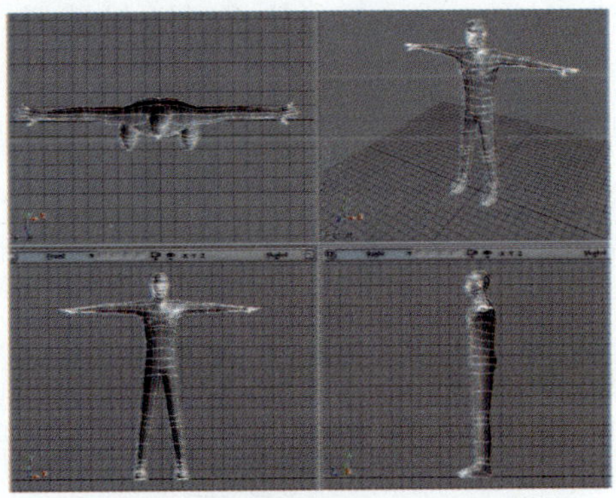
그림 2-100 3D 모델링 데이터

2 캐릭터 전체 Texture Support와 Texture Projection(방향 XY)을 설정한다. 먼저 캐릭터를 선택한 다음 Property 〉 Texture Projection 〉 Planer XY를 실행한다.

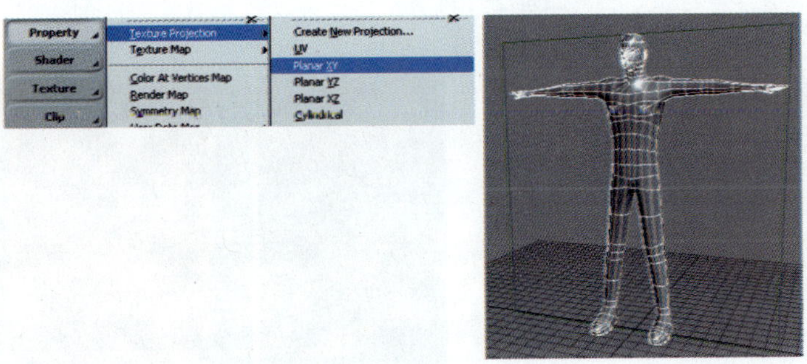

그림 2-101 Texture Projection(방향 XY)을 설정

3 Texture Editor 창 [Alt + 7]에서 결과를 확인한다.

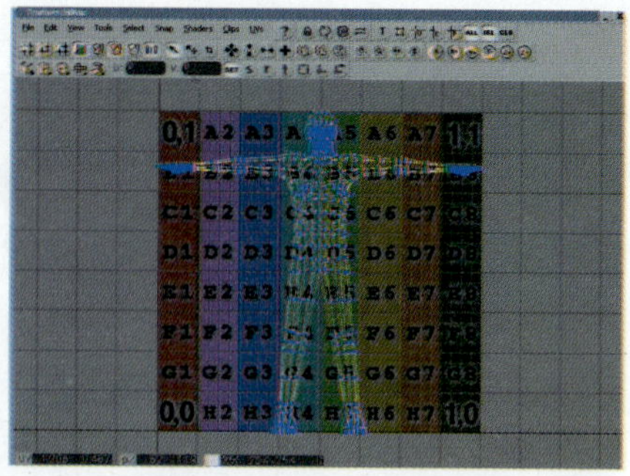

그림 2-102 Texture Editor

4 얼굴 영역 선택 후 Cylindrical 〉 Cylindrical Best Fit 기능을 활용하여 다음과 같이 얼굴 영역의 좌표를 편집한다.

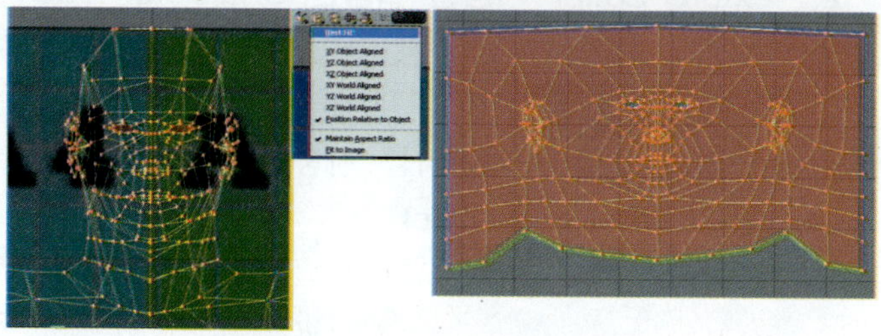

그림 2-103 Cylindrical 〉 Plan Best Fit

5 팔 영역 : 팔 영역 선택 후 Best Fit 〉 Cylindrical Best Fit 명령 실행

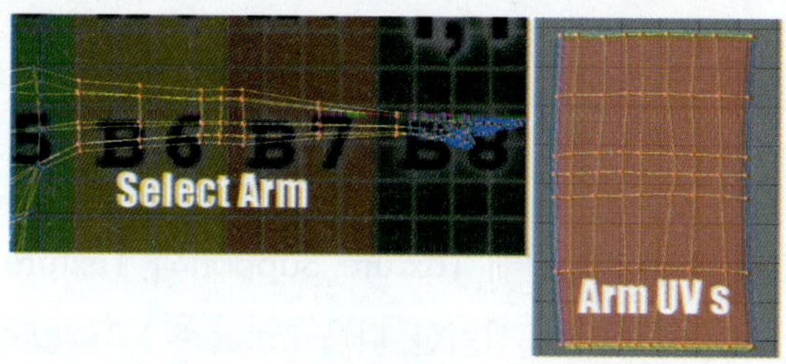

그림 2-104

6 다리 영역 : 팔과 동일한 방법을 사용한다. 즉 발의 영역을 선택하고 Best Fit 〉 Cylindrical Best Fit 명령 실행한다.

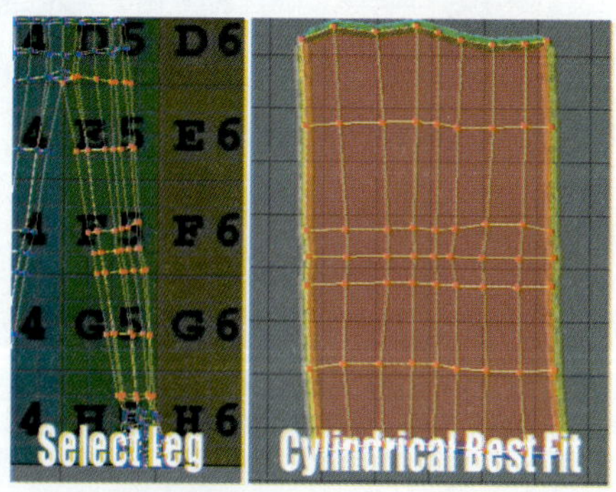

그림 2-105

7 몸통 앞 영역 : 몸통 앞 영역을 선택하고 Best Fit 〉 Plan Best Fit 명령을 실행한다. 이때 Texture Editor 창에서 몸통 뒷면과 겹쳐있기 때문에 따로 선택하기 곤란하면 작업 창에서 Polygon 모드로 원하는 영역을 선택하도록 한다.

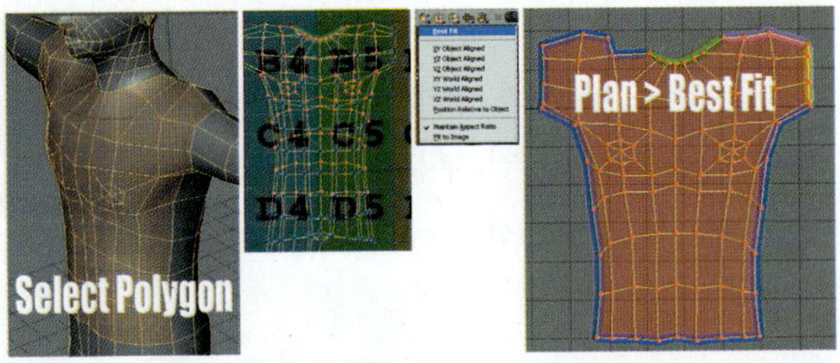

그림 2-106

8 몸통 앞 영역 : 몸통 앞 영역을 선택하고 Plan Best Fit 〉 Plan Best Fit 명령 실행한다. 이때 Texture Editor 창에서 몸통 뒷면과 겹쳐있기 때문에 따로 선택하기 곤란하면 작업 창에서 Polygon 모드로 원하는 영역을 선택하도록 한다.

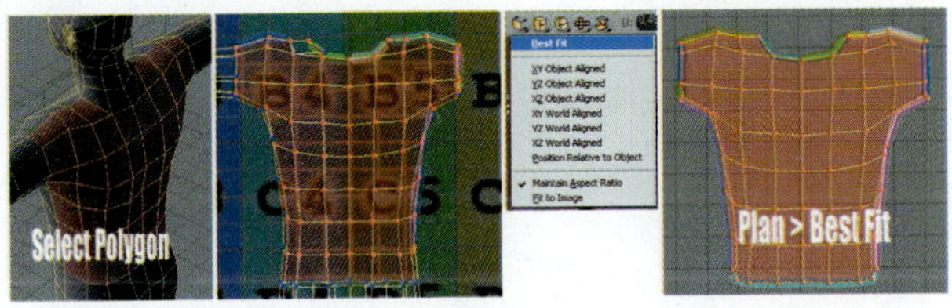

그림 2-107

9 힙 영역 : 힙 영역을 선택한 후 Plan Best Fit 〉 Plan Best Fit 명령을 실행한다.

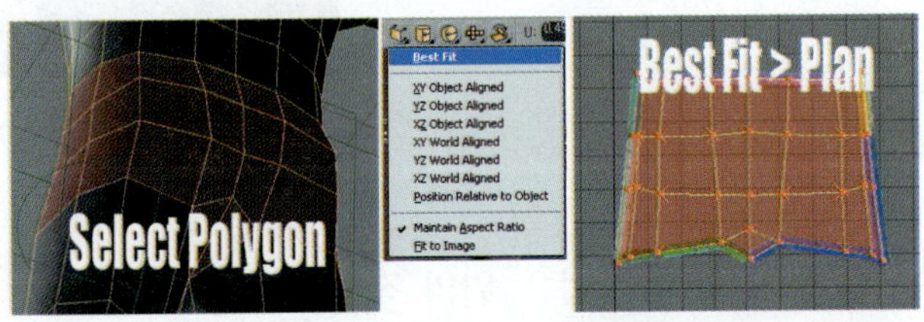

그림 2-108

10 손등 영역 : 손등과 손바닥으로 나눠 UV 작업을 해야 한다. 먼저 손등을 선택한 후 Planer 〉 Best Fit 명령을 실행한다.

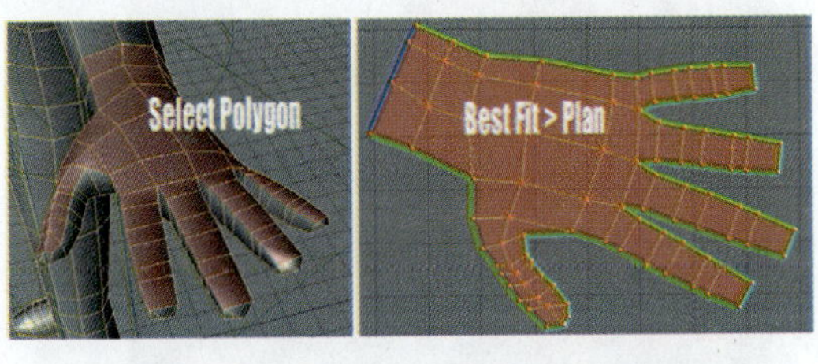

그림 2-109

11 손바닥 영역 : 손바닥을 선택한 후 Planer 〉 Best Fit 명령을 실행한다.

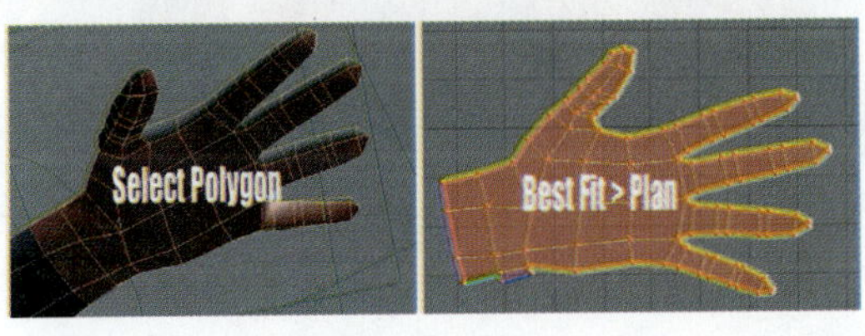

그림 2-110 Plan 〉 Best Fit

12 손가락 : 손가락 부분은 손가락 위 부분(손등 부분)과 아래 부분(손바닥 부분)을 제외한 옆 부분을 모두를 따로 떼어서 분리시킨 후 Weld 작업을 해줘야 한다.

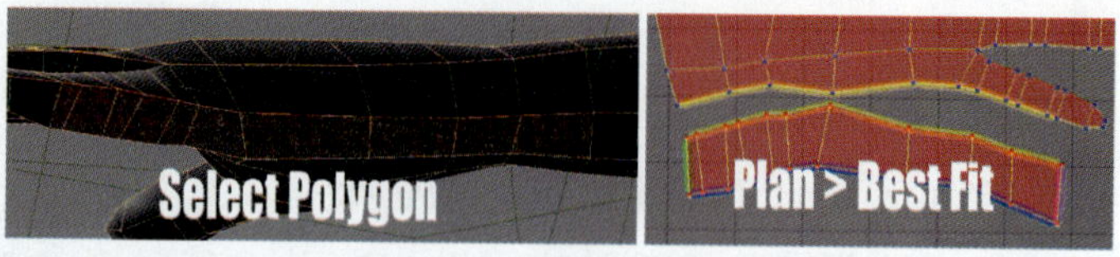

그림 2-111 Plan〉Best Fit

13 발등 부분 : 발등을 좌/우 면으로 각각 나눠서 대칭 작업을 한다. 그리고 발 앞부분을 따로 분리하여 작업한 후 Weld하도록 한다. 발바닥은 따로 작업을 한다.

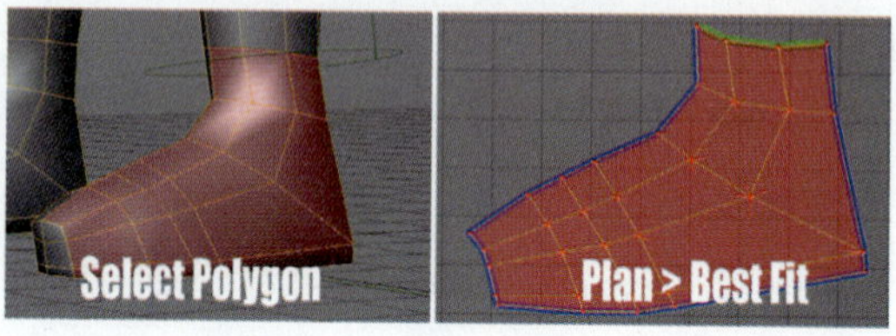

그림 2-112 Best Fit & Healing

14 발 앞부분 Plan Best Fit 이후 Healing 작업을 한다.

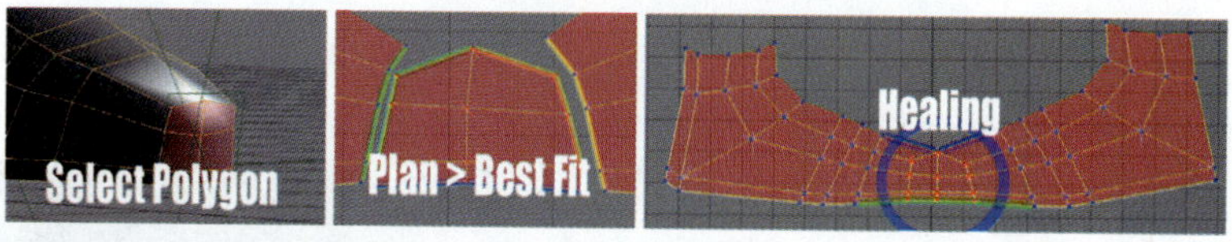

그림 2-113 UV Coordinate

15 반대 영역 작업은 위의 작업과 동일한 방법으로 진행하도록 한다.

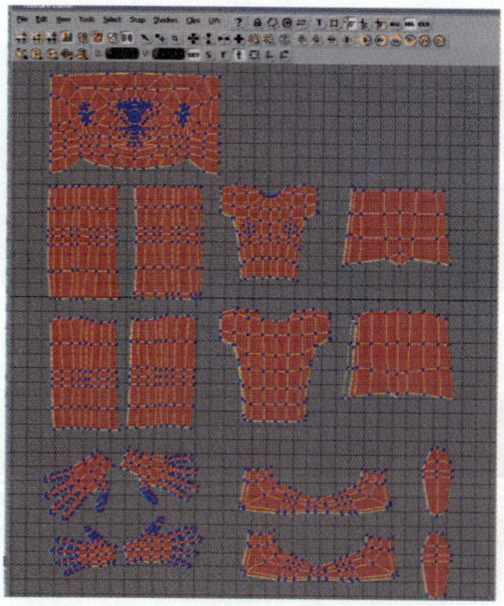

그림 2-114 UV Fitting 완료

16 전체적으로 Fitting 작업을 한다.

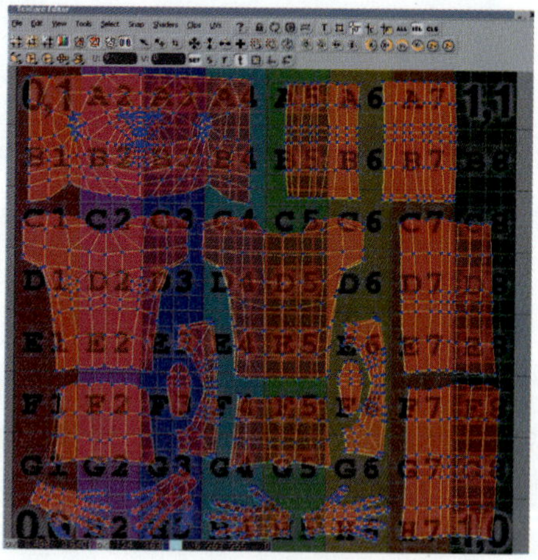

그림 2-115 Checker Board 적용

17 Checker Board 이미지를 적용하여 UV 좌표와 Map의 크기를 조절한다.

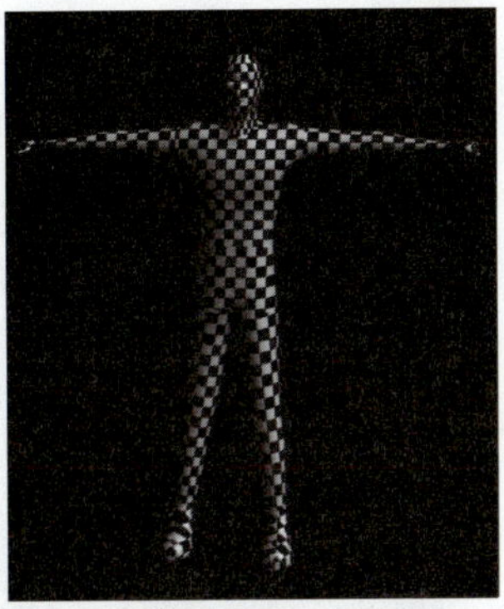

그림 2-116 Checker Board 적용 후 모습

2-1-4 Texture Editor를 활용한 Contour Stretch Unwrap UV 응용

Contour Stretch UV projection은 제작자가 원하는 영역을 임의로 지정하여 원하는 이미지를 작용할 수 있는 방법으로 곡선 구간의 Polygon이 일정하게 진행되는 부분에 대해 매핑 이미지를 적용하고자 할 경우 시작점과 끝점을 지정해 줌으로써 그 진행 방향에 맞게 매핑이 적용되는 원리를 활용한 기능이다.

불규칙성이 높은 모델링 데이터 UV 좌표 펴기(Contour Stretch UV)는 다음과 같이 실행하면 된다.

1 먼저 간단한 도로 레일 같은 형태의 모델링을 제작한다. mapping 기술을 적용할 경우에 어떤 방식이 가장 효율적인지에 대해 생각을 해보면 가장 일반적인 방법은 직선구간과 곡선구간을 Disconnect하여 각 부분별로 세부적으로 접근하는 방법을 생각해 볼 수 있다. 하지만 여기서 문제가 되는 부분은 바로 곡선 부분이다. 직선 부분은 Plane이나 Cube projection으로 처리해 주면 말끔하게 나올 것 같은데 곡선부분은 어느 부분에서 잘라주고 다시 연결해주어야 하는지를 결정해야 하는 번거로움이 반복된다. 이 경우 곡선구간의 부분에 있어서 곡선의 시작점과 그 곡선의 끝점 d에 대한 위치만 설정을 해주면 자연스럽게 Map이 적용되도록 하는 기능이 바로 Contour Stretch UV projection 방식이다.

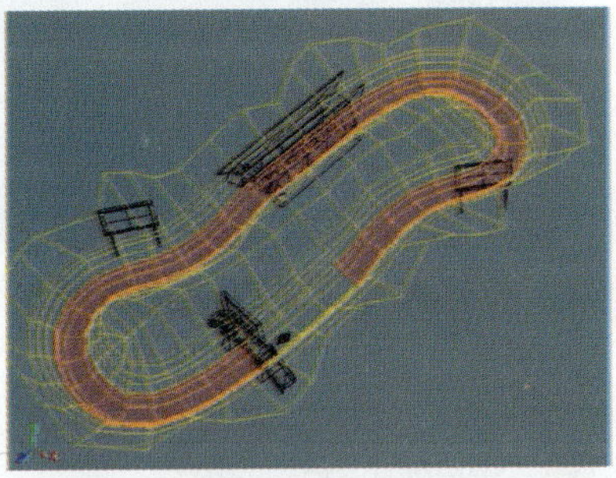

그림 2-117 3D 모델링 제작

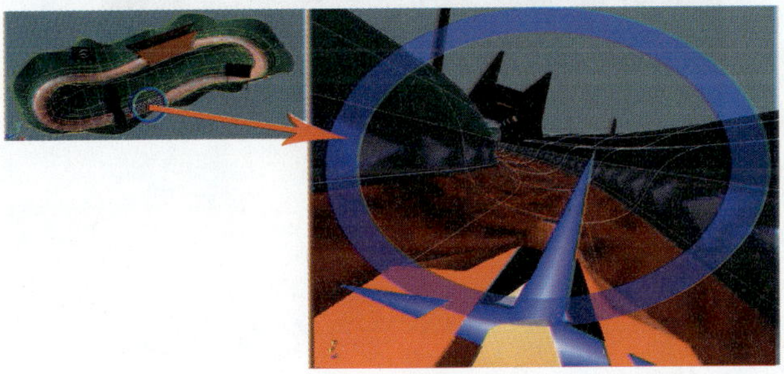

그림 2-118 Contour Stretch UV projection

2 Map 적용할 영역 선택

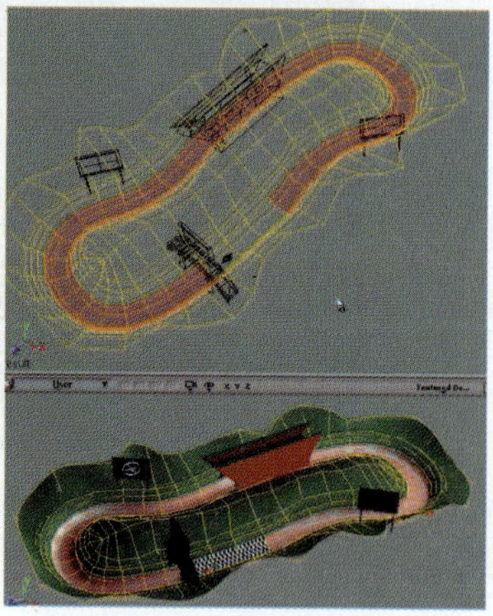

그림 2-119 Select Polygon

3 Material과 Image 적용 : Material > Lambert를 적용한 후 이미지를 적용한다. Image는 도로 바닥 이미지를 미리 제작한 후 적용하고 기본 Projection은 Plane > XY로 지정해 준다.

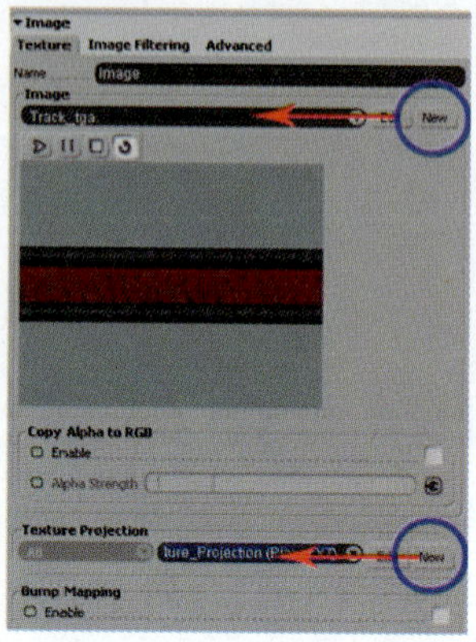

그림 2-120 Texture Projection

4 Texture Editor 창을 열고 결과를 확인한다.

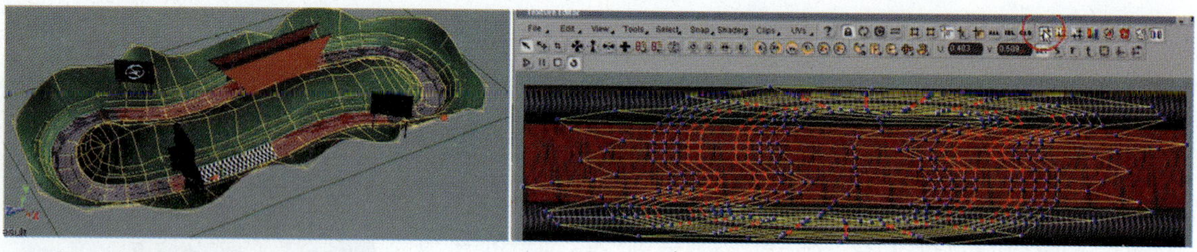

그림 2-121 Texture Editor

5 Select mode 확인

그림 2-122 Select

6 Contour Stretch UV projection 적용 : Texture Editor 〉 Contour Stretch UV projection 〉 Walking on the Mesh 기능을 실행한다. 그 결과 Picking 모드로 전환된다.

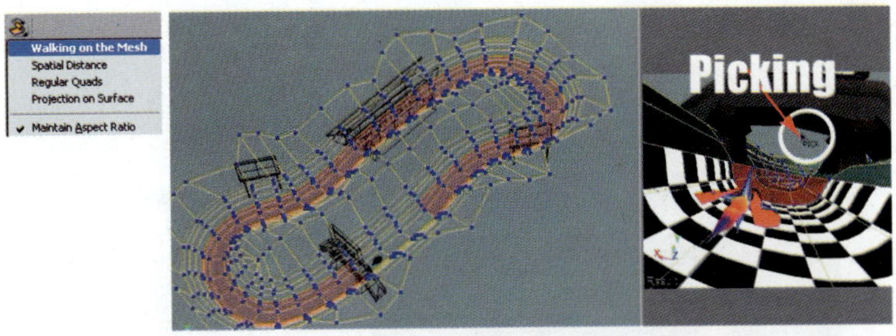

그림 2-123 Walking on the Mesh

7 Picking : Map을 적용한 대상의 위치에 네 개의 꼭지점에 Picking을 한다. 이는 연결되어 있지 않은 도로의 영역 및 위치를 지정해 준 것이다.

그림 2-124 Picking

8 Texture Editor에서 나온 결과를 확인한다.

그림 2-125 결과 확인

9 Map의 방향과 Subdivision, Size의 변경 : Contour Stretch UV projection의 속성 창에서 Swap UV는 UVWHKVY의 방향을 반대로 바꿔주는 기능이고 Maintain Aspect의 비활성은 UV 좌표를 이미지에 맞추도록 하는 기능이다.

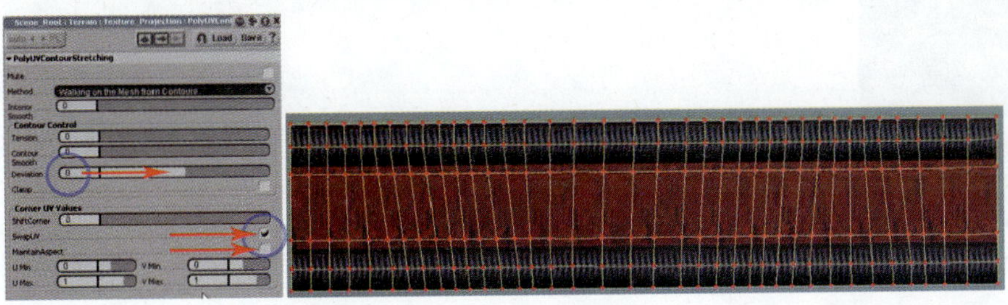

그림 2-126 Map 편집

10 결과 확인

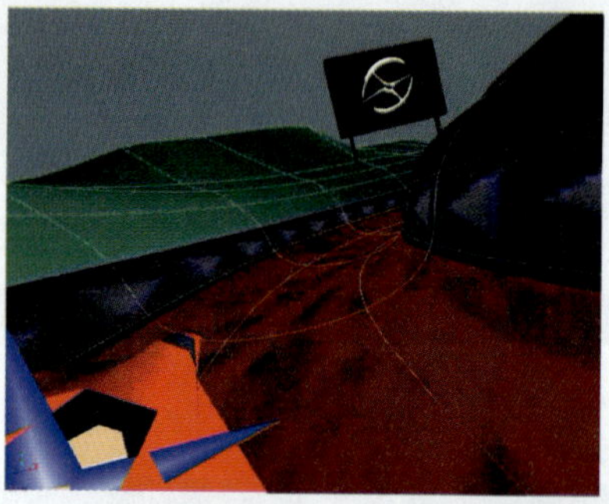

그림 2-127 결과 확인

2-2 SOFTIMAGE Unfolding

SOFTIMAGE에서는 7.5 버전부터 UV 좌표를 자동으로 Unfolding해주는 기능이 포함되어 들어오게 되는데 기존의 3D 데이터의 UV 좌표를 펴는 작업에 대해 많은 효율성이 높아지게 되었다. 지금부터 SOFTIMAGE 내에 포함된 Unfold 기능에 대해 살펴보도록 한다.

2-2-1 3D 모델링 제작

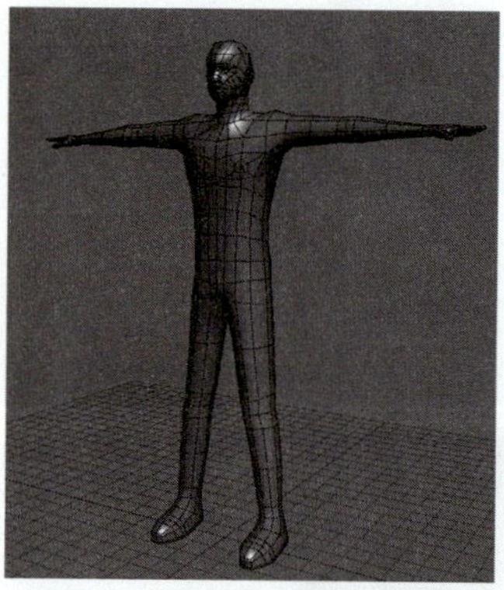

그림 2-128 3D 모델링 제작

2-2-2 Unfolding

1 대상 Object 선택

2 Get 〉 Property 〉 Texture Projection 〉 Unfold 명령 실행

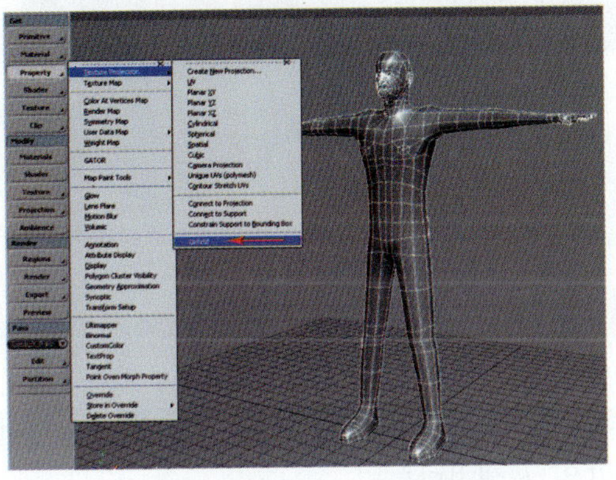

그림 2-129 Unfold

3 Explorer 창에서 Unfolding 명령 속성 창 찾기

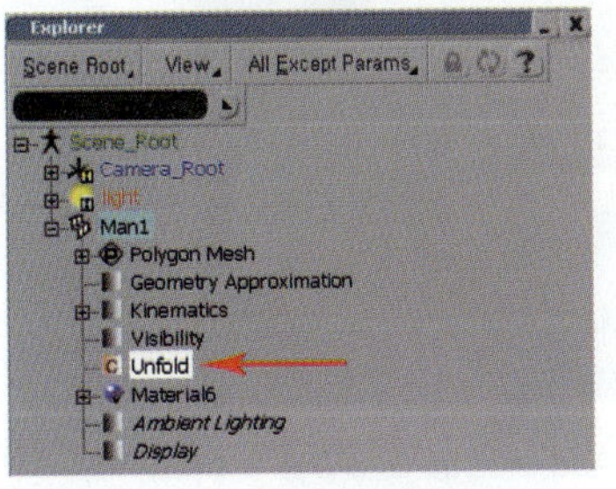

그림 2-130 Explorer 속성 창

4 Edge 선택

① 목 : Edge 선택시 [Alt + 마우스 가운데 버튼]을 활용하면 Multi 선택이 가능하다. 또한 모델링 작업시에 사용했던 Edge 선택 모드를 모두 활용할 수 있다.

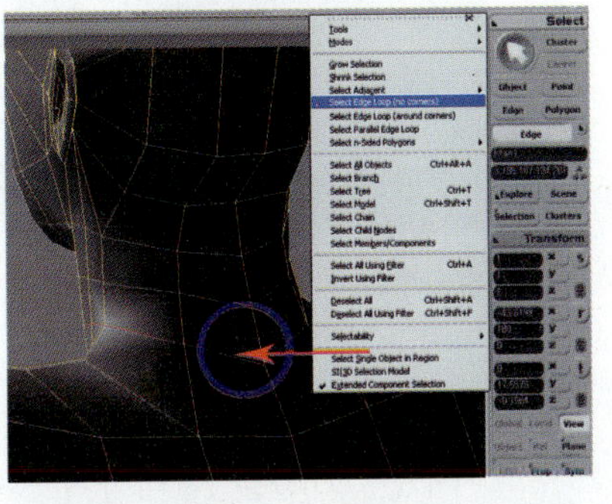

그림 2-131 Select Edge(목)

Unfold 〉 Unfold cut Line 〉 Add to Cut Line 명령을 실행한다.

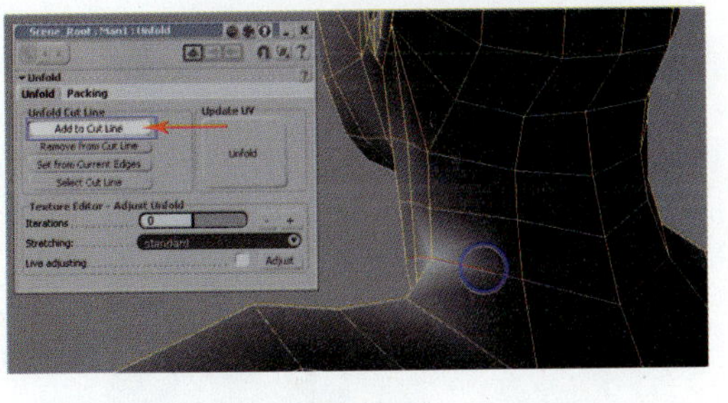

그림 2-132 Add to Cut Line(목)

② 얼굴 + 머리 Edge를 선택한 후 Unfold cut Line 〉 Add to Cut Line 명령을 실행한다.

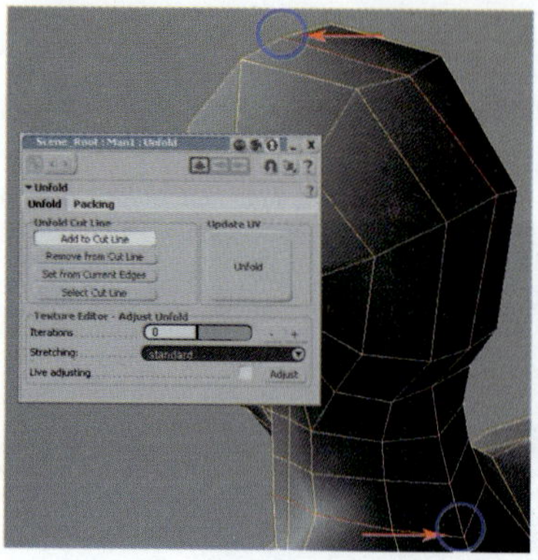

그림 2-133 Add to Cut Line(얼굴 + 머리)

③ Update UV 〉 Unfold 실행 후 Texture Editor 창에서 결과를 확인한다.

그림 2-134 Unfold

④ 어깨 : 양쪽 어깨 Edge를 선택한 후 Add cut Line 명령을 실행한다.

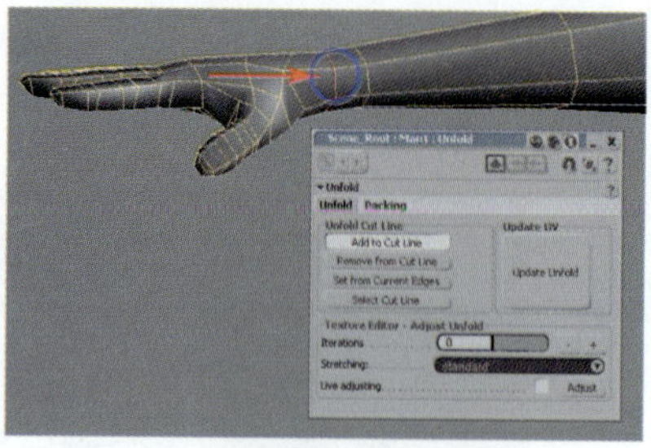

그림 2-135 Add to Cut Line(어깨)

⑤ 손목 : 양쪽 손목 Edge를 선택하여 Add cut Line 명령을 실행한다.

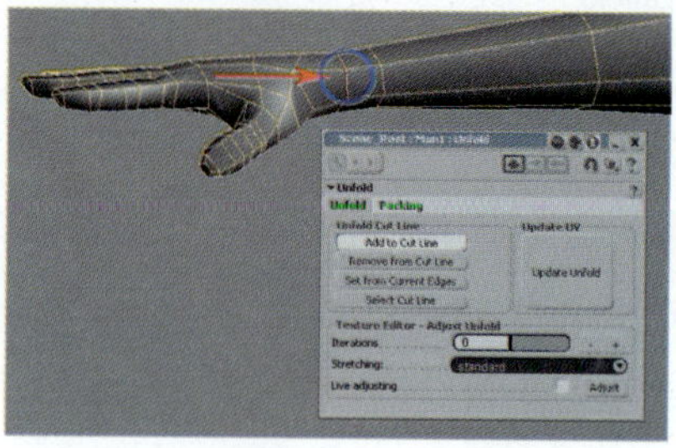

그림 2-136 Add to Cut Line(손목)

⑥ 손가락 : 양쪽 손의 손바닥과 손등을 나누는 Edge를 선택하여 Add cut Line 명령을 실행한다.

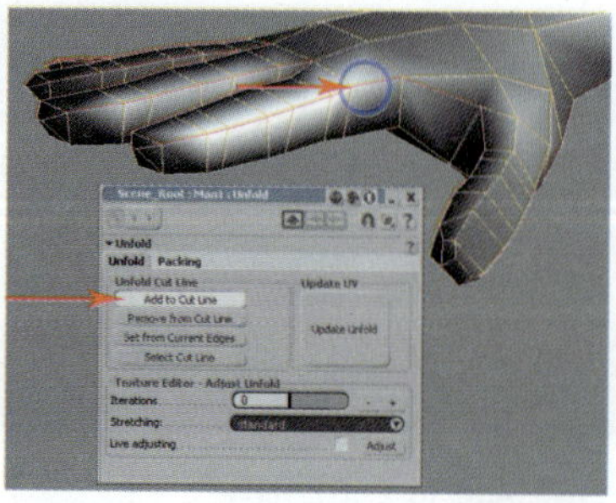

그림 2-137 Add to Cut Line(손가락)

⑦ 팔 영역 : 양쪽 팔 가운데 Edge를 선택하여 Add cut Line 명령을 실행한다.

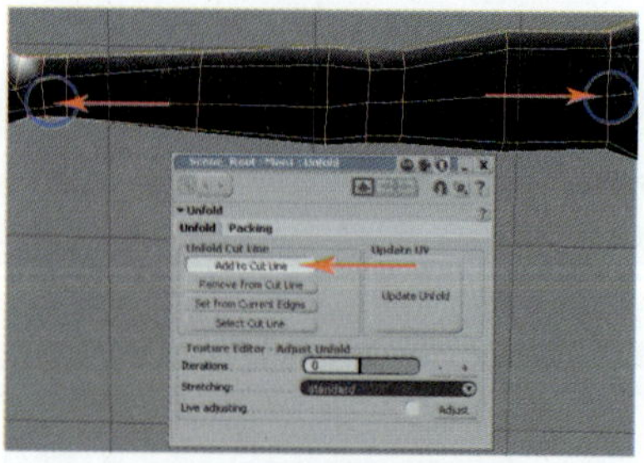

그림 2-138 Add to Cut Line(팔)

⑧ 어깨 + 몸통 라인 : 양쪽 어깨와 몸통 Edge를 선택하여 Add cut Line 명령을 실행한다.

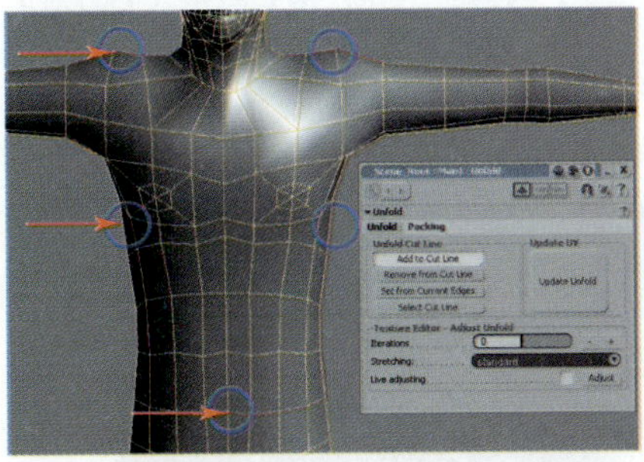

그림 2-139 Add to Cut Line(어깨 + 몸통)

⑨ 발목 : 양쪽 발목 Edge를 선택하여 Add cut Line 명령을 실행한다.

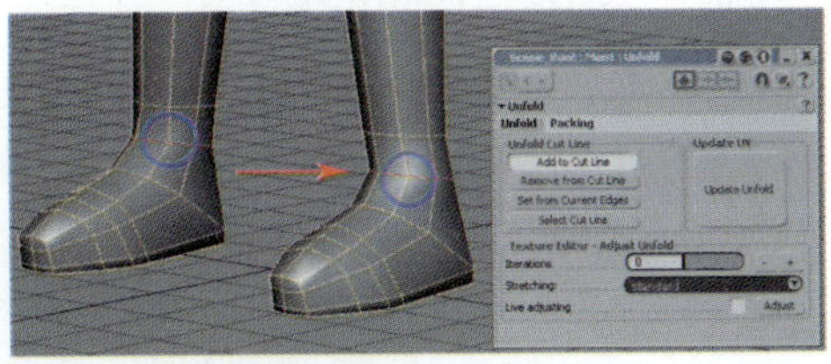

그림 2-140 Add to Cut Line(발목)

⑩ 다리 : 양쪽 다리 Edge를 선택하여 Add cut Line 명령을 실행한다.

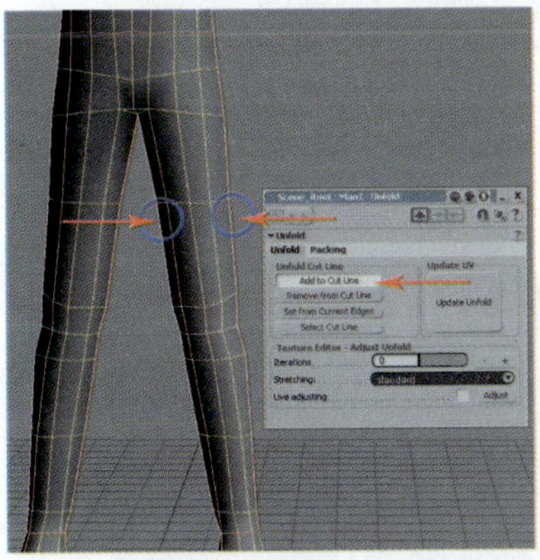

그림 2-141 Add to Cut Line(다리)

⑪ 발 : 양쪽 발 Edge를 선택하여 Add cut Line 명령을 실행한다.

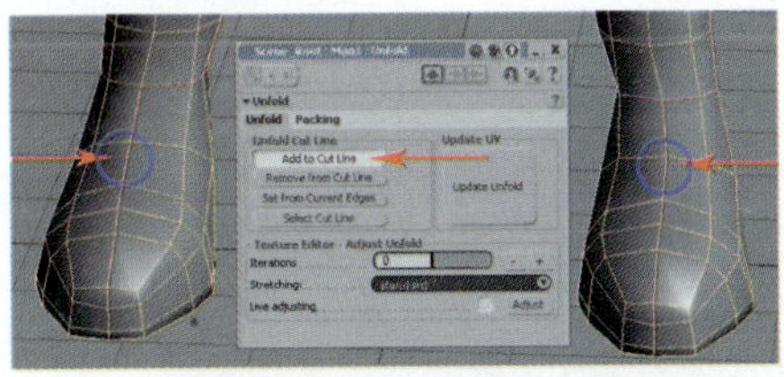

그림 2-142 Add to Cut Line(발)

⑫ 발바닥 : 양쪽 발바닥 Edge를 선택하여 Add cut Line 명령을 실행한다.

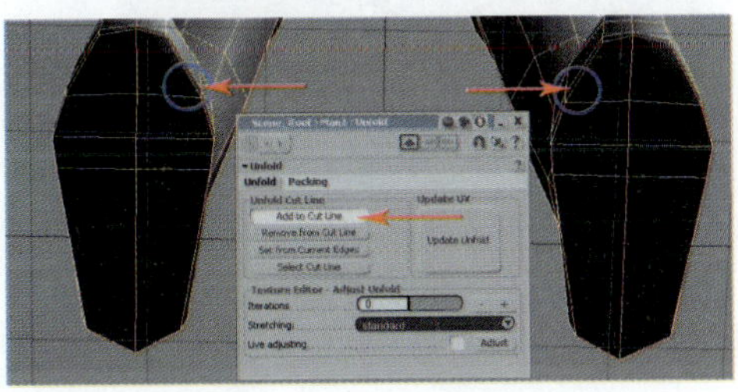

그림 2-143 Add to Cut Line(발바닥)

⑬ Update UV > Unfold 실행 후 Texture Editor 창에서 결과를 확인한다.

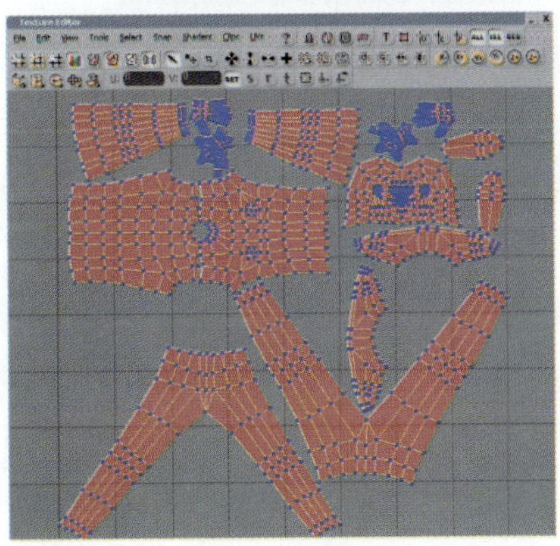

그림 2-144 Unfold

2-2-3 Edit UV Coordinate

1 Checker Board 이미지 적용

그림 2-145 Checker Board

2 Relax 모드로 작업 편집하기 : Unfold 메뉴에 포함되어 있는 Iteration 수치 조절을 통해 Relax(Pelting) 모드 작업

그림 2-146 Edit Unfold 〉 Relax

3 〉 Packing

그림 2-147 Edit Unfold 〉 Packing

4 UV Coordinate 완성 확인

그림 2-148 결과 확인

2-3 Unfold 3D

2-3-1 Unfold 3D Interface

Unfold 3D 제작 Tool은 3D 제작공정에서 빼놓을 수 없는 제작공정인 Unwrap UV 작업에 특화된 Sub Tool이다. 물론 3D 제작환경인 SOFTIMAGE나 MAX, MAYA 등에도 이러한 Unwrap UV 작업을 훌륭하게 제작할 수 있는 기능들이 포함되어 있지만 이러한 툴들은 제작공정에 관한 모든 기능들을 포함하고 있기 때문에 어느 특정한 기능에 대해서 사용자들이 원하는 기능적 욕구에 한계에 접할 때가 많다. 그러한 단점들을 보완하기 위해 최근 다양한 Sub Tool 개념들의 쉽고 가벼운 제작 Tool들이 속속 등장하고 있다. 그 중에서 Unwrap UV 작업에 특화된 제작환경(Tool)이 많이 소개가 되는데 그 대표적인 Tool이 이 교재에 소개하는 Unfold 3D이다. 특히 Unfold 3D는 SOFTIMAGE 버전 7.5부터는 제작환경에 탑재되어 있다. 물론 실제 Unfold 3D와는 다소 기능적인 부분에 차이가 있긴 하지만 이렇듯 제작환경들끼리 서로 상호 보완성에 초점을 맞춰 지속적으로 개발이 진행되고 있는 점은 그래픽 실무자로서 매우 반가운 소식이 아닐 수 없다. 지금부터 Unfold 3D를 활용하여 3D 캐릭터의 UV 좌표를 펼쳐보자.

먼저 Unfold 3D와 호환되는 데이터는 *.obj 확장자를 가진 데이터이다. *.obj는 3D 데이터 호환성에 있어 가장 대표적인 저장형식의 확장자이기 때문에 SOFTIMAGE뿐만 아니라 MAX나 MAYA에서도 동일하게 Import / Export할 수 있다.

먼저 SOFTIMAGE에서 3D 데이터를 *.obj로 전환하여 Unfold 3D로 Loading하는 방법에 대해 알아보도록 한다.

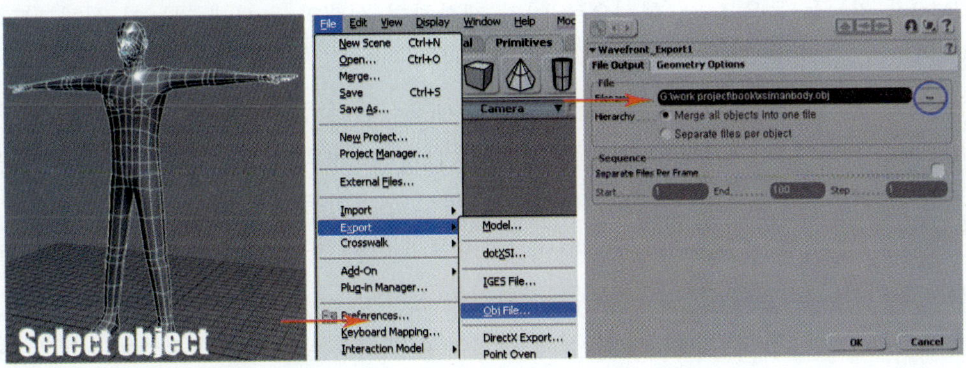

그림 2-149 Export data

1 먼저 캐릭터 Object를 선택한다.

2 SOFTIMAGE의 File 메뉴에서 Export 〉 Obj file... 이라는 명령을 실행한다.

3 Export 속성 창에서 저장 경로를 지정하고 "OK"를 누른다.

4 저장 장소에서 결과를 확인한다.

2. Unfold 3D Interface

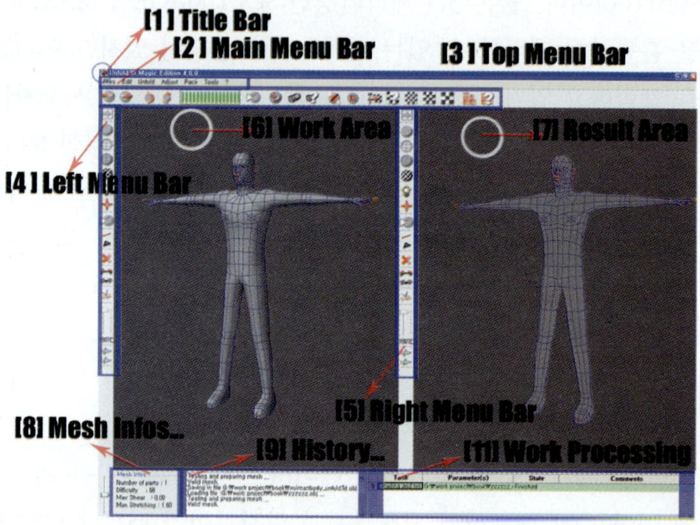

그림 2-150 Unfold Interface 화면

[1] Title Bar : 모든 제작환경 Tool의 공통점으로 최상단에는 프로그램 버전 정보나 프로젝트 혹은 Scene 정보를 제공하고 있다.

[2] Main Menu : 작업에 필요한 주요한 메뉴들이 들어 있는 곳으로 여기 있는 메뉴들의 대부분은 화면의 Top Icon Menu나 Left Icon Menu에 나와 있다. 그러므로 여기에서는 Main 메뉴보다는 Icon 메뉴에 대한 설명을 우선으로 하되 필요한 경우에 Main Menu 작업 툴에 대한 설명을 덧붙이기로 한다.

[3] Top Icon Menu : 작업시 보다 직관적이고 효율적인 작업을 위해 주요 작업에 대한 중요한 기능(Main Menu 기능들)들을 Icon 형식으로 미리 제작하여 선택과 동시에 기능이 실현되도록 만들어진 기능 Tool이다.

[4] Left Icon Menu : 작업시 Object Component에 대한 세부적인 작업을 할 수 있는 기능들로 구성되어 있으며 이 역시 Main Menu 기능들 중에서 Component의 컨트롤에 관련된 기능들을 Icon 형식으로 화면 밖으로 미리 제작되어 Open 형식으로 만들어진 기능들이다.

[5] Right Icon Menu : Left Icon Menu와 동일하며 두 개의 동일한 작업 창이 있어 작업과 결과를 즉각적으로 확인하며 작업을 할 수 있는 제작환경이다.

[6] 작업 화면(Work Area) : Open된 데이터의 실제 작업이 이루어지는 작업 창으로 Default로 Left View와 Right View의 2개의 창으로 나눠져 있다. 이렇게 2개의 작업 창으로 나눠진 것은 작업 창과 결과 창으로 나눠서 보다 빠르게 작업에 대한 결과를 확인할 수 있도록 한 것이며 결과를 수시로 확인하면서 옵션 값에 대한 변화를 적용할 수 있도록 배려한 것이다. 물론 하나의 작업

창으로 만들 수 있다.

[7] 결과화면(Result Area) : Work Area에서 작업 중인 데이터의 중간과정 혹은 최종 과정에 대해 바로바로 확인작업을 할 수 있는 결과 창으로 좌우의 작업화면은 동일하기 때문에 서로 작업과 결과의 영역은 변경이 가능하다.

[8] Mesh Information : 작업중인 Object에 대한 정보를 확인할 수 있는 공간으로 Seam된 Element의 개수(분리된 수)나 적용된 힘의 최대 값에 대한 정보를 확인할 수 있다.

[9] History 창 : 작업에 필요한 모든 경로를 확인할 수 있는 작업 경로 확인 창이다.

[10] Work Processing 창 : 명령을 내린 작업 대한 결과에 대한 정보를 제공해 주는 기능 창으로 대사 Object의 현재 진행 상태 / 명령 결과 상태 등에 대한 정보를 제공받는다.

2-3-2 작업화면상에서 Object의 컨트롤(이동 / 회전 / 크기 조절)

Object의 컨트롤은 마우스 3개의 버튼을 사용한다.

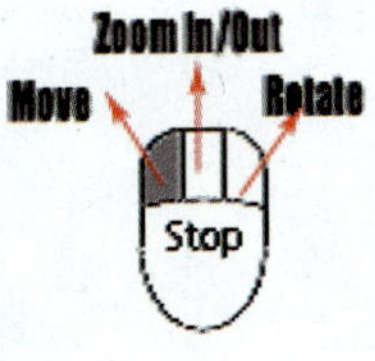

그림 2-151 Object Control

- Move : 첫 번째 마우스 버튼은 화면상에서의 Object의 이동 기능을 한다.

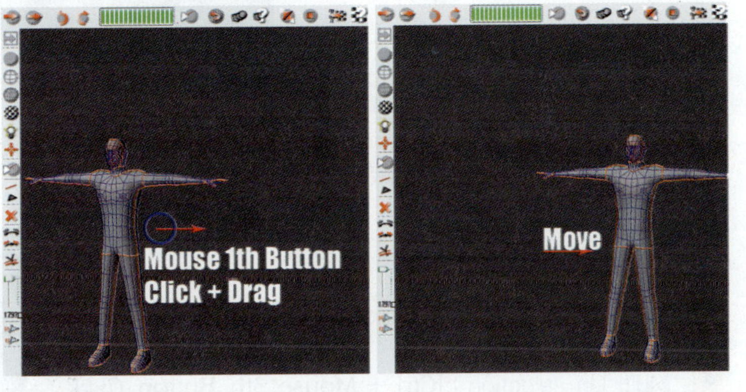

그림 2-152 Move

- Zoom In / Out : 마우스 두 번째 버튼을 이용하여 Object를 화면상에서 Zoom in / Out한다.

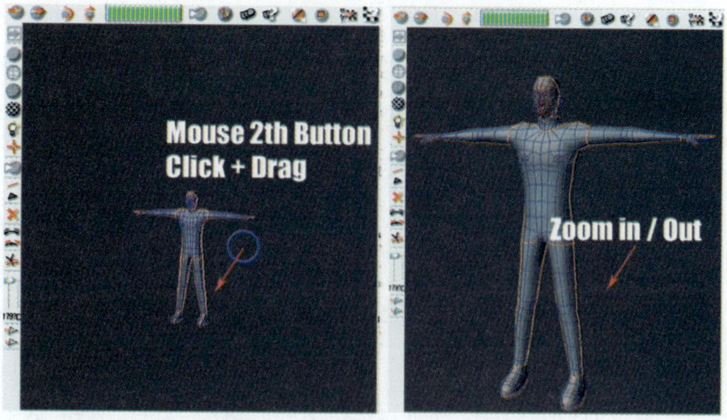

그림 2-153 Zoom In / Out

- Rotate or Orbit : 마우스 세 번째 버튼을 이용하여 Object를 화면상에서 회전을 시킨다.

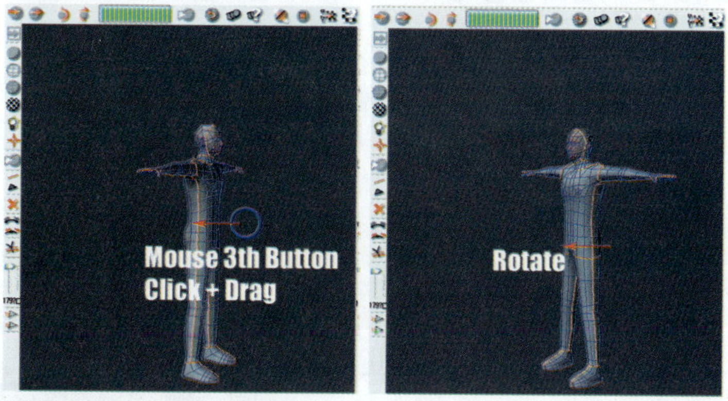

그림 2-154 Rotate or Orbit

2-3-3 Object Edge 선택 해제

1. 선택 : [Alt + Click]
2. 해제 : [Ctrl + Click]
3. Multi Un selection : [Ctrl + Mouse 3th Button Click Drag]

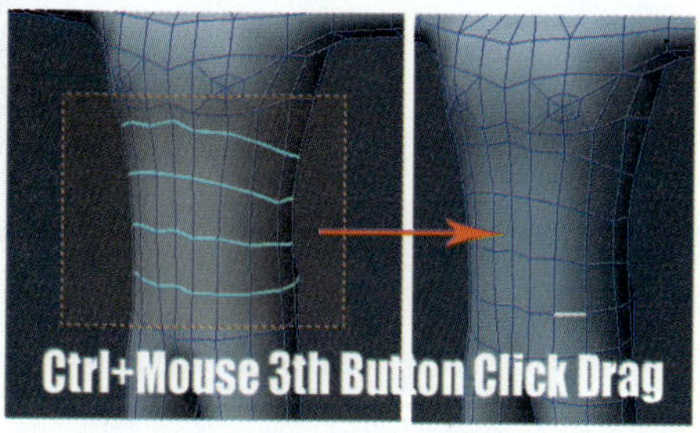

그림 2-155 Object Edge 선택 해제

2-3-4 Top Icon Menu

- Load : 다른 작업 환경에서 제작된 3D data를 Unfold 3D 작업 창으로 불러오는 기능이다. 이는 Main Menu의 File 〉 Load 기능 [Ctrl + O]와 동일하다. File 〉 Reload 기능 [Ctrl + R]은 불러온 3D Object를 작업하기 전의 처음 상태로 되돌아가는, 즉 초기화를 하는 기능이다.

  File 〉 Load UV

  File 〉 Load UV + Merge

- Save[Ctrl + S] : 작업중인 또는 작업 완료된 Data를 저장하는 명령어이다. 대표적인 확장자는 *.obj이며 이를 통해서 다른 3D 제작환경으로 Data를 전이시킬 수 있다.

  Save as [Ctrl + Shift + S]

  Save 3d as

- Undo : 작업 취소
- Redo : 취소한 작업(Undo)에 대한 취소 (계속 진행)
- Time : 명령을 실행하는데 걸리는 시간을 표시하는 창으로 작업의 현재 진행 정도를 육안으로 확인 가능한 기능이다.

- Cut Mesh : Seam 처리를 위해 선택한 Wire나 Polygon을 Cut(나눔)시켜 주는 기능이다.

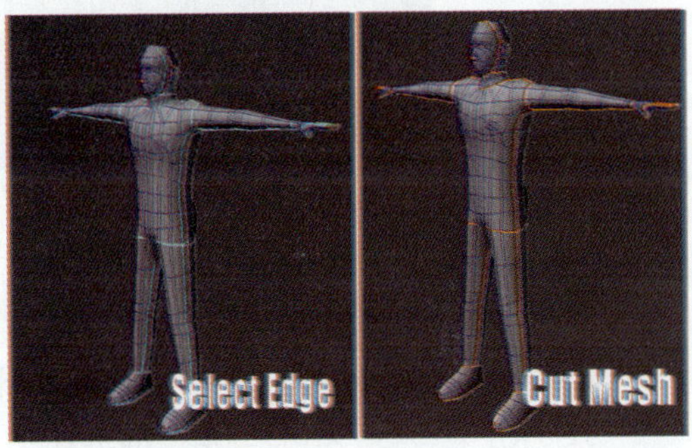

그림 2-156 Cut Mesh

- Paste Coordinate to 3D UV Coordinate : Unfold된 데이터를 원래 3D Mesh 형태로 복원하고자 할 경우 사용하는 기능이다.

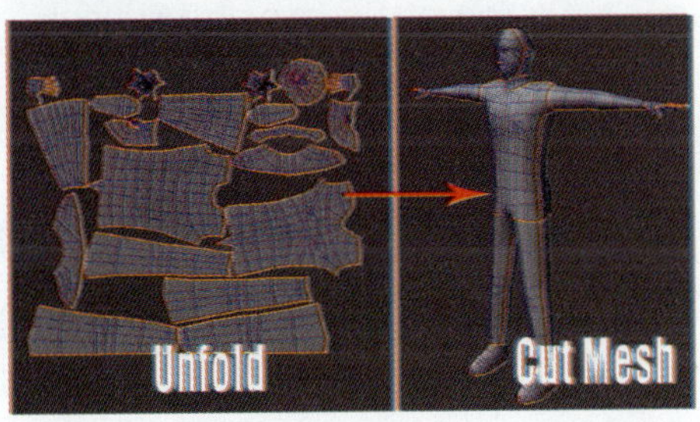

그림 2-157 Paste Coordinate

- 3D Smooth Mesh to Facilate the Unfolder task : 3D Data에 Smooth 효과를 주는 기능이다.

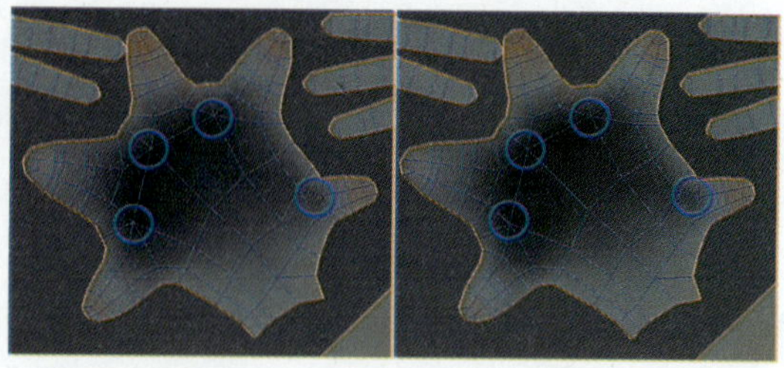

그림 2-158 Smooth Mesh

- Smooth With N Iteration : 사용자가 원하는 지정하는 횟수에 대해 3D Smooth Mesh 기능을 수행한다.

- Automatic unfolding : Cut Mesh된 Data를 Unfold해주는 기능이다.

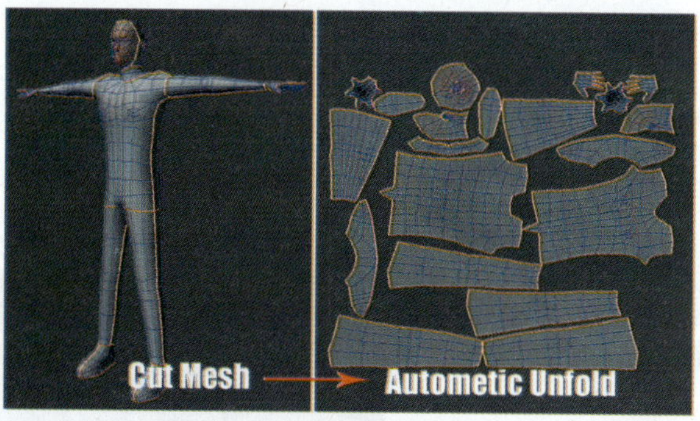

그림 2-159 Unfolding

- Stop of Calculation in Progress : 현재 진행중인 명령의 실행을 멈추도록 하는 기능이다. 간단한 Object인 경우 시간 Time에 대한 제약이 크진 않지만 Data의 Calcuration 시간이 클 경우 작업을 마칠 때까지 기다리는 시간도 만만찮을 수 있다. 이 경우 잘못 지정한 명령에 대한 Stop 명령이다.

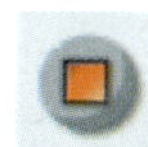

- Surface Adjustment : Unfold된 UV Data의 정렬을 위한 명령이다.

- Setting of Surface Adjustment

  P 〈 1=Accurate Adjustment

  P 〉 1=Coarse Adjustment
- Setting of Calculation Adjustment(Slow)
- Setting of Normal Adjustment : Normal 방향을 기준으로 정렬

2-3-5 Left Icon Menu

1 Full Screen On / OFF

: 기본적으로 나눠져 있는 작업 창(Work area)과 결과 창(Result area) 중에서 어느 하나의 Work area만으로 작업하고자 할 경우 사용한다. 다시 원상태로 복귀하고 싶을 경우에는 명령을 다시 실행한다.

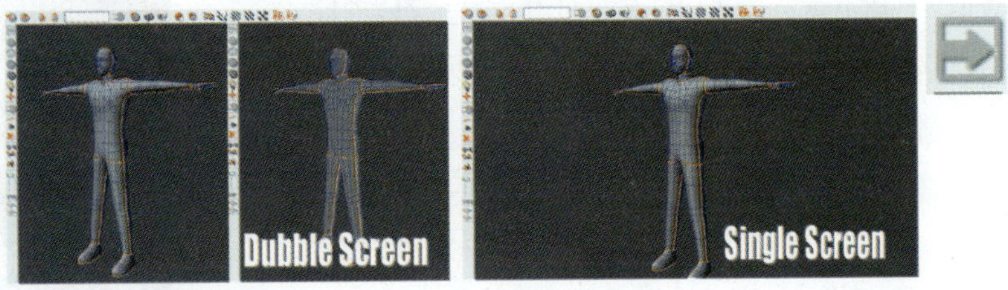

그림 2-160 Full Screen

2 Polygon : 3D Object를 Polygon 모드로 전환한다.

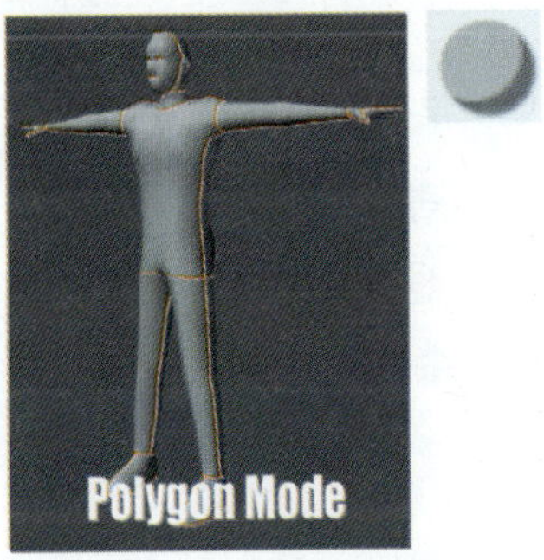

그림 2-161 Polygon Mode

3 Wireframe : 3D Object를 Wireframe 모드로 전환한다.

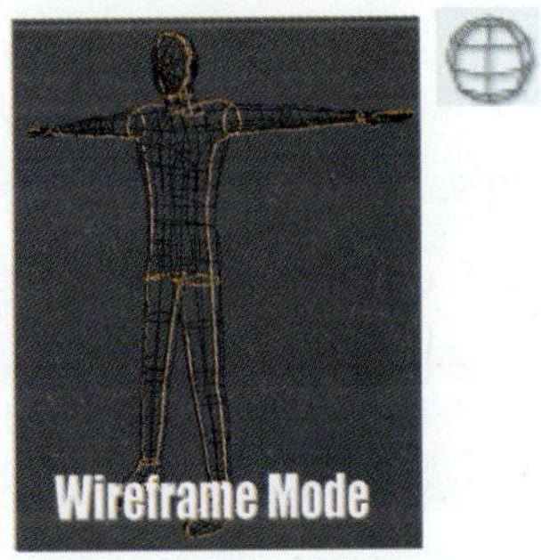

그림 2-162 Wireframe Mode

4 Poly + Wireframe : 3D Object를 Wireframe + Polygon 모드로 전환한다.

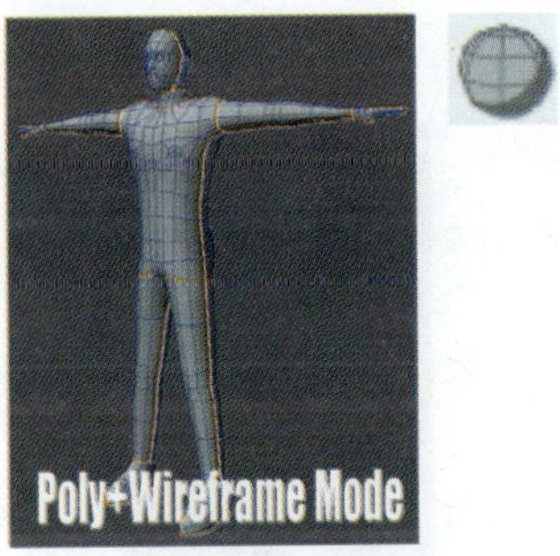

그림 2-163 Polygon + Wireframe Mode

5 Textured : 3D Object를 Texture (Checker Board) 모드로 전환한다.

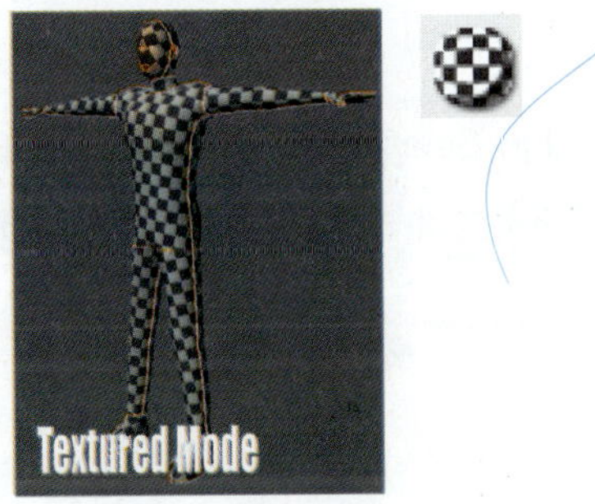

그림 2-164 Checker Board Mode

6 Center View On Last Highlight View 

7 Mouse 기능의 편집 기능 

8 Cut Mesh : Seam 처리를 위해 선택한 Wire나 Polygon을 Cut(나눔)시켜 주는 기능이다. Top menu의 Cut Mesh 기능과 동일하다.

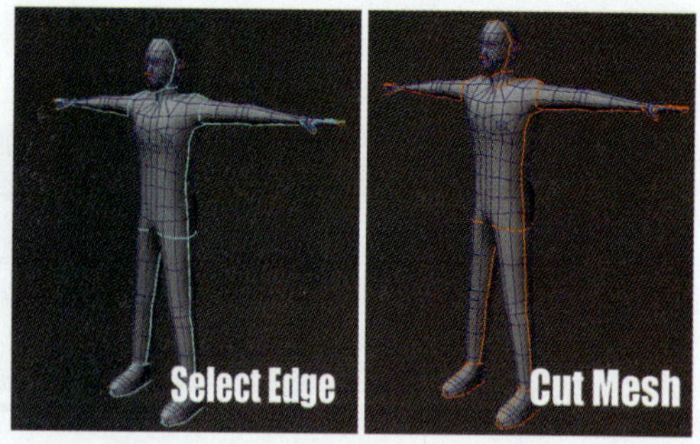

그림 2-165 Cut Mesh

9 Edge Selection Mode[E] : 활성시 Edge를 선택할 수 있는 모드로 전환된다. 이때 Edge 선택 방법은 [Alt + Click] 후 원하는 Edge를 선택한다. 선택된 Edge의 선택 해제 방법은 [Ctrl + Click] 명령 실행 후 이미 선택된 Edge를 다시 선택하면 선택 해제된다.

10 Polygon Selection Mode[A] : 활성시 Polygon을 선택할 수 있는 모드로 전환된다. 이때 Polygon 선택 방법은 [Alt + Click] 후 원하는 Polygon을 선택한다. 선택된 Polygon의 선택 해제방법은 [Ctrl + Click] 명령 실행 후 이미 선택된 Polygon를 다시 선택하면 선택 해제된다. Polygon Selection 모드는 선택 옵션에 따라 두 가지 Pattern으로 나눌 수 있다.

- Hide Polygon 모드 : 선택한 Polygon을 Hide하는 기능이다.
- Unhide 모드 : Hide된 Polygon을 Unhide하는 기능이다.

11 Clear Selection[Space bar] : 작업 중 선택된 Edge나 Polygon 모드의 해제는 Space Bar를 선택한다.

12 Edge to Edge Selection : 원하는 Seam Edge를 하나씩 개별적으로 정교하게 선택하고자 할 경우 사용하는 선택 모드이다.

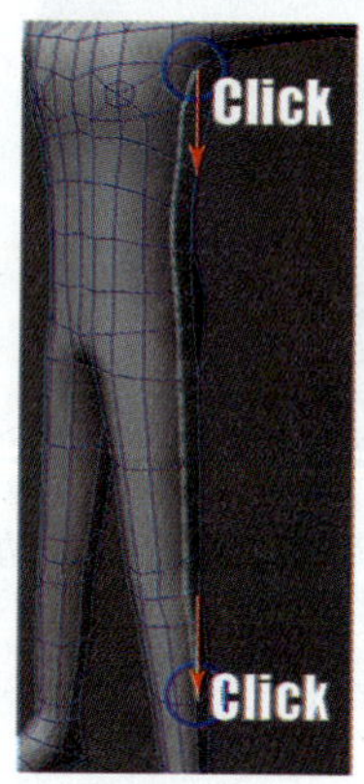

그림 2-166 Edge to Edge Selection

13 Bidirectional Selection : 이는 연결된 Edge를 한번에 선택하는 편리한 기능을 가진 Tool이다. 이때 삼각형 Edge나 다각형(오각형 이상)의 경우 선택 모드에 따라 이 지점에서 멈추도록 하는 기능과 무시하고 통과시키는 기능으로 나눌 수 있다.

① Stop Selection Propagation on Star(On) : 사각형 형태가 아닌 삼각형이나 오각형으로 구성된 꼭지점을 통화할 경우 그대로 Pass해서 선택된다.

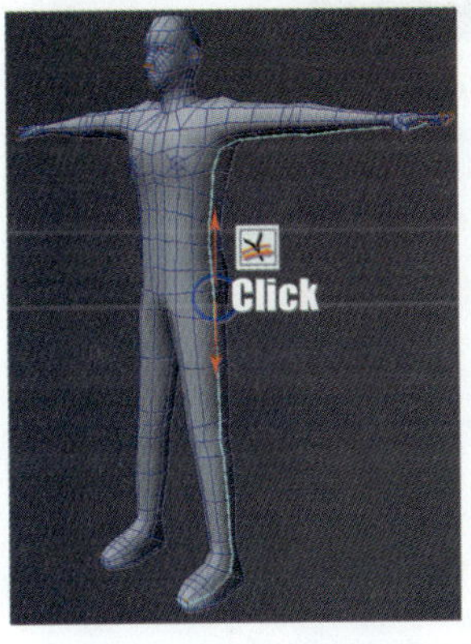

그림 2-167 Stop Selection Propagation on Star(On)

② Stop Selection Propagation on Star(Off) : 사각형 형태가 아닌 삼각형이나 오각형으로 구성된 꼭지점을 통화할 경우 그 지점에서 선택 기능이 멈추게 된다.

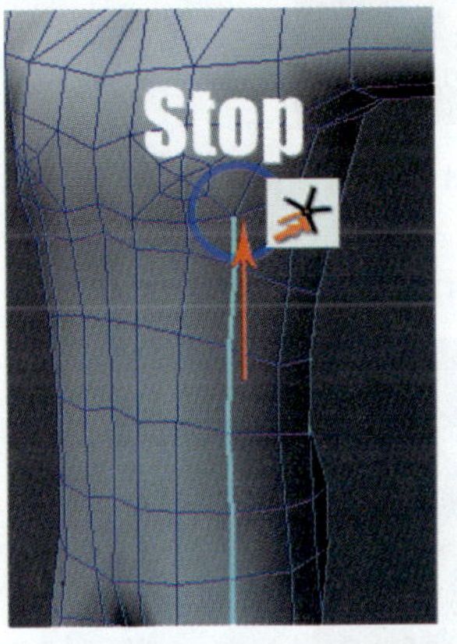

그림 2-168 Stop Selection Propagation on Star(Off)

2-3-6 UV Unwrap

1 Load 파일(*.obj)를 불러온다. Softimage, Maya, Max 등 3D 전문 제작환경에서 제작한 3D Object 데이터 중에서 Unwrap을 하고자 하는 파일을 *.obj 확장자 파일로 저장한다. 그리고 Unfold 프로그램을 실행한 다음 Load 〉 File로 불러온다.

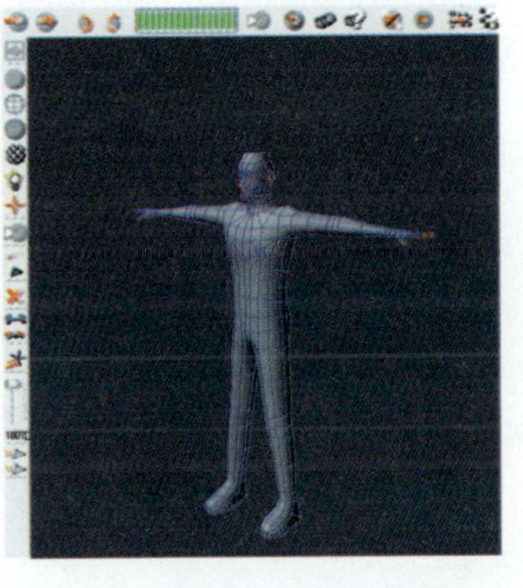

그림 2-169 Undold 화면에 Open된 3D 캐릭터

2 Seam Line를 선택한다. 선택 : [Alt + 선택] 클릭 / 해제 : [Ctrl + 선택] 클릭

그림 2-170 Select Edge

3 Cut Mesh

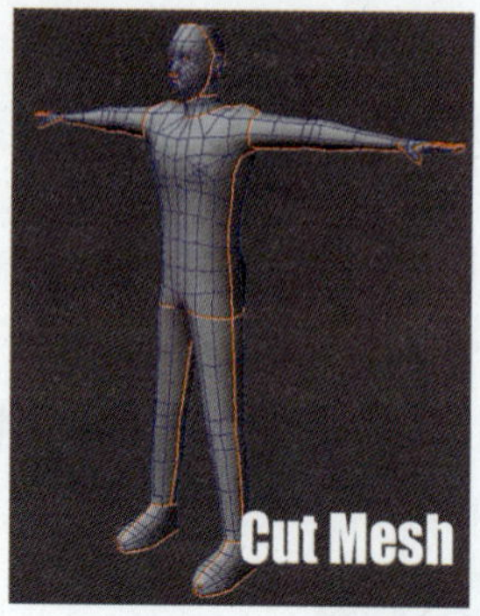

그림 2-171 Cut Mesh

4 Automatic Unfold

그림 2-172 Unfold

5 Save 파일 Unfold된 데이터를 저장하여 3D 툴로 Export한다. 이때 *.obj 파일로 저장하여 보내도록 한다.

6 SOFTIMAGE에서 저장한 파일을 Export하여 Texture Editor에서 UV 좌표를 확인한다.

Unfold에서 작업한 UV Coordinate 데이터가 그대로 저장되어 들어오는 것을 확인한다.

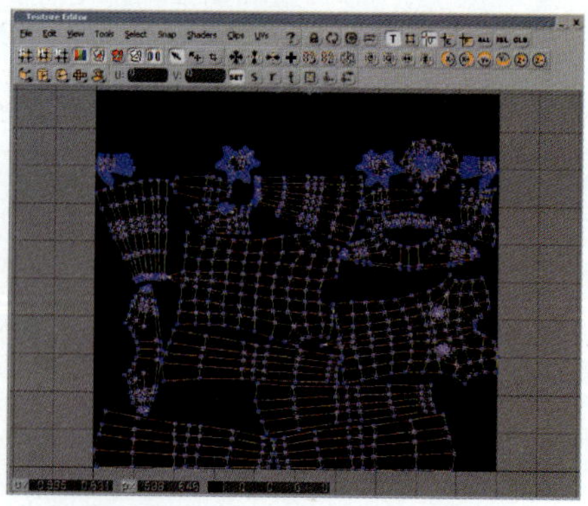

그림 2-173 Texture Editor 창에서 편집

7 Open된 UV 좌표를 Edit하여 UV Coordinate 작업을 완료하도록 한다.

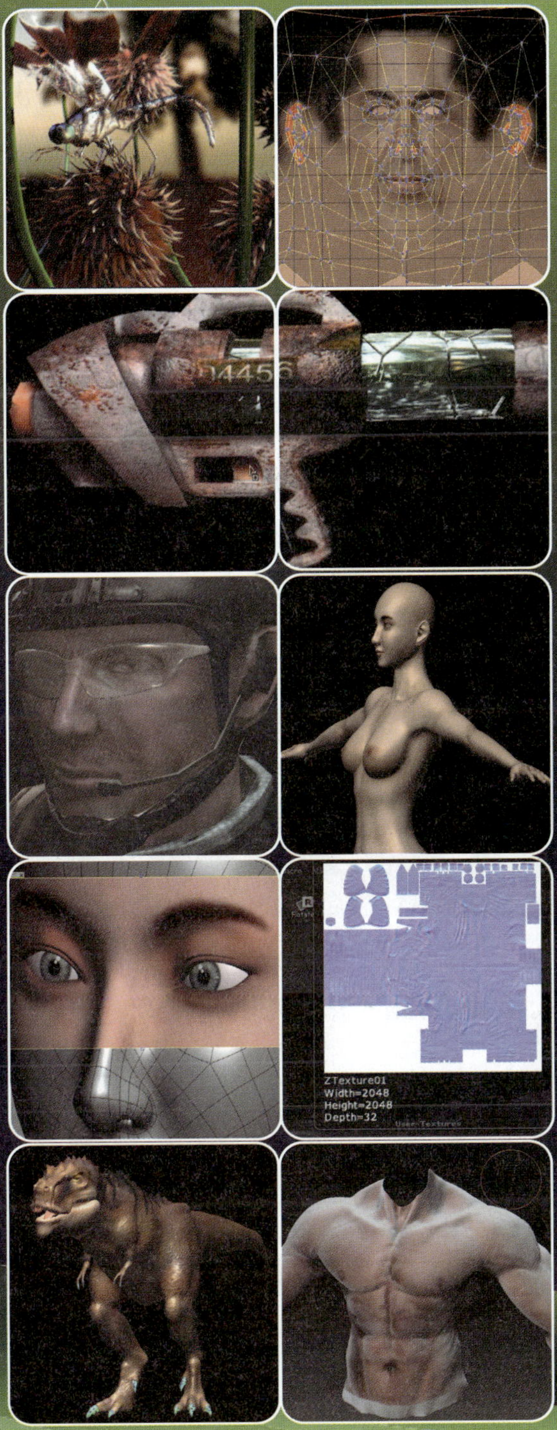

제 3 장 Mapping Source 제작하기

3-1 빛과 색의 원리

색채란 광원으로부터 나오는 광선이 물체에 비추어 반사, 분해, 투과, 굴절, 흡수되면서 안구의 망막과 시신경에 자극을 일으킴으로써 감각되는 물리현상이다. 즉, 물체의 성질과 파장에 의해 개성화되고 생명화된 빛이 시간을 통하여 감지되는 것이다. 이러한 빛의 본질에 대해서는 대표적인 학설로 입자설, 파동설을 들 수 있다.

3-1-1 입자설

빛이 직진한다는 사실을 전제로 하여 빛은 광원에서 나온 입자의 흐름이며 입자가 눈에 들어가면 색에 대한 감각이 생긴다는 설이다.

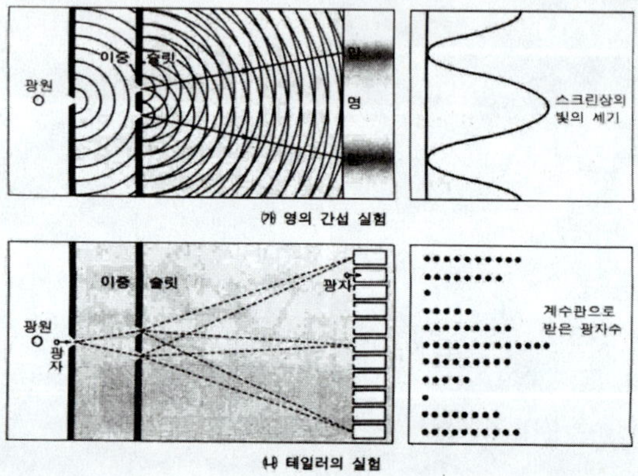

그림 3-1 빛의 입자설

3-1-2 파동설

빛의 진동에 의하여 색의 감각을 느낀다는 주장설이다. 그리고 빛은 이 두 가지 주장 모두를 만족시키기에 빛은 이 두 가지 성질을 갖고 있다고 한다.

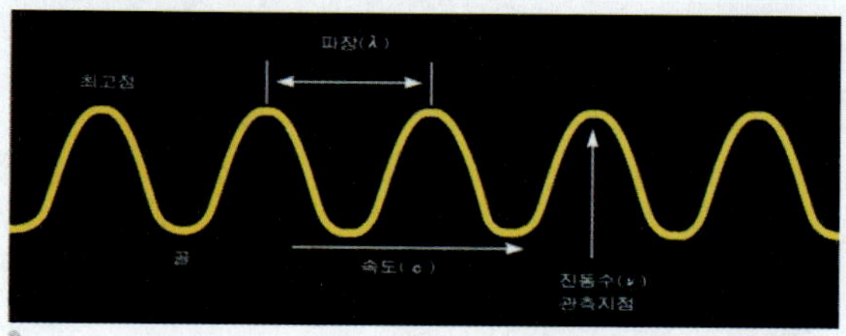

빛은 파동과 같은 특성이 있다.
빛은 그 정점이 동일 진동수로 고정된 관찰지점을 지나가는 일련의 파동으로 볼수있다.

그림 3-2 빛의 파동설

빛의 굴절현상을 이용해 태양광선을 프리즘을 통과시키면 장파장에서 단파장에 이르기까지 적색, 오렌지, 황, 초록, 보라색 순서로 나타난다.

각각의 색을 단광색이라고 하고 그 전체를 스펙트럼이라 한다. 또한 파장이 적색 이상인 것을 적외선이라 하고 보라색보다 파장이 짧은 것을 자외선이라 한다.

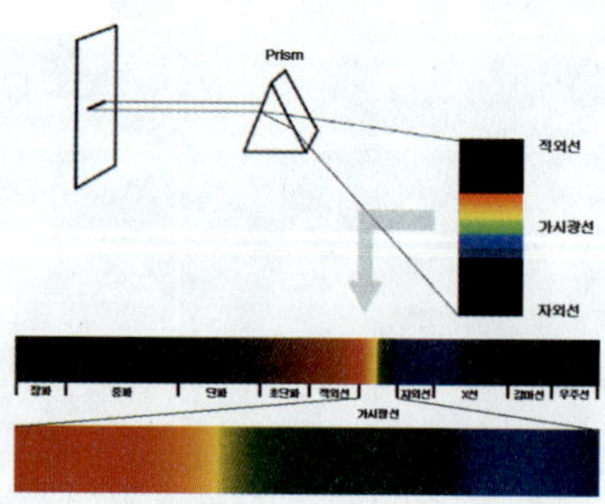

그림 3-3 빛의 굴절현상

빛이 물체에 비추어졌을 때 가시광선의 파장이 분해되어 반사,

흡수, 투과의 현상이 일어난다. 이때 광선의 일부가 색광의 성분에 따라 분해되는데 이 분해된 빛의 일부를 물체가 흡수, 반사, 투과한 색광을 물체색이라 한다. 물체가 빛의 일부를 선택흡수, 반사하기에 물체의 색들은 단색광들이 혼합된 현상이므로 복색광이라 한다.

3-1-3 빛과 색

1. 빛

빛은 비교적 파장이 짧은 전자기파의 종류로서 에너지 전달 현상을 일종이며 각 파장의 길이에 따라 여러 특성을 지닌 빛이 된다.

- 색은 파장이 380~780mm인 가시광선을 말하나 넓게는 자외선과 적외선도 포함한다.
- 단색광 : 파장이 모두 같은 빛을 말한다.
- 복합광 : 단색광이 혼합된 보통 빛을 말한다.
- 프리즘을 회절격자를 사용하여 단색광으로 나눌 수 있으며, 이렇게 나누어 배열한 것을 "빛의 스펙트럼"이라 한다.

그림 3-4 빛의 산란

2. 빛의 성질에 따른 구분

- 광원색 : 광원 또는 발광체로부터 오는 빛의 파장을 말한다.
- 물체색 : 물리적인 물체에 반사되면서 보이는 빛의 파장을 말한다.
- 투과색 : 물체를 투과하여 보이는 빛의 파장을 말한다.

그림 3-5 빛의 다양성

3. 가시광선

우리는 눈으로 볼 수 있는 빛의 영역으로 주파수 파장 길이를 전체 주파수 영역에 380~780mm인 사이에 존재하는 빛이다.

그림 3-6 빛의 굴절

- 프리즘 분광실험 : 1666년 뉴턴이 분광실험을 통해 빛이 7가지 스펙트럼의 색 파장으로 구성되었음을 발표하였다.
- 분광실험을 통하여 빛이 빨, 주, 노, 초, 파, 남, 보라색의 7가지 스펙트럼의 색 파장으로 구성되어 있음을 발표하였다.
- 파장이 길면 굴절률이 작고 파장이 짧으면 굴절률이 크기 때문에 일어나는 현상으로 이러한 굴절률은 광파 속력이 진공중에서 파장에 관계없이 모두 같지만 물질 속에서는 파장에 따라 달라지기 때문에 일어나는 현상이다.

4. 빛의 흡수

빛이 물체에 닿을 때 물체가 빛을 모두 빨아들이는 현상을 말한다.

- 빛을 흡수하는 형태를 보면 거의 흡수하지 않으면 흰색에 가깝고 거의 대부분을 흡수하면 검은색에 가깝다.
- 물체에 떨어지는 모든 빛이 흡수되는 것은 아니며 흡수되지 않는 빛은 반사되거나 산란된다.

그림 3-7 빛의 흡수

5. 빛의 반사

빛이 진행을 하다가 다른 매질의 경계면에서 반사되는 현상을 말한다.

- 빛이 물체에 도달하면 일부는 흡수되고 나머지는 산란되는데 반사는 산란의 특수한 형태이다.
- 매끈한 물체의 표면에 도달한 광자가 벽에 부딪혀 튕겨져 가는 공처럼 이동방향을 바꾸는데 빛이 표면에 입사한 각도와 반사각은 동일하다.

그림 3-8 빛의 반사

6. 빛의 산란

다른 입지와 부딪혔을 때 빛의 입자가 튕겨져 나가는 현상을 말한다.

- 거친 표면에 빛이 입사했을 때 여러 방향으로 빛이 분산되어 퍼져 나가는 현상으로 빛의 산란은 대기 중에서도 발생한다.
- 새벽빛의 느낌, 낮의 태양광선, 흰구름, 먹구름, 저녁노을 등 하루의 대기 변화를 느낄 수 있는 것은 빛의 산란과 관계가 있다.

그림 3-9 빛의 산란

7. 빛의 굴절

파동이 바뀌면서 꺾여 보이는 현상을 말한다.

- 다른 매질로 들어갈 때 파동의 진행 방향이 바뀌면서 일어나는 현상이다.
- 빛이 굴절되는 정도는 매질의 특성과 파장에 따라 다르다.

그림 3-10 빛의 굴절

3-1-4 색의 지각

1. 색의 지각

색은 광원, 반사대상, 관찰자가 있어야 존재한다.

- 광원 : 빛을 발하는 자체를 의미한다.
- 물체 : 자신에게 적합한 색의 파장을 흡수하고 반대의 색은 반사시킨다.
- 관찰자 : 관찰자는 물체가 빛을 받아서 반사된 색을 지각하는 것이며 눈은 인간의 수용기로서 빛을 뇌에 전달시키는 첫 과정이다.

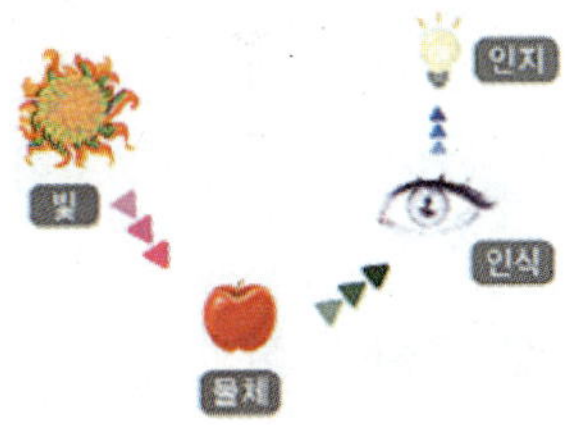

그림 3-11 색의 지각

2. 눈의 구조

눈의 감광물질이 빛을 수용하여 생화학 반응을 일으킨 후 전기신호로 변환하여 전달하는 과정이다.

- 각막 : 빛을 굴절시켜 망막에 상이 맺히도록 한다.
- 홍채 : 빛의 양을 조절하는 기능을 담당한다.
- 수정체 : 초점을 조절한다.
- 동공 : 조리개 역할을 한다.
- 망막 : 카메라의 필름에 해당하며 물체의 상이 맺히는 곳으로 망막상엔 추상체, 간상체가 분포되어 있다.

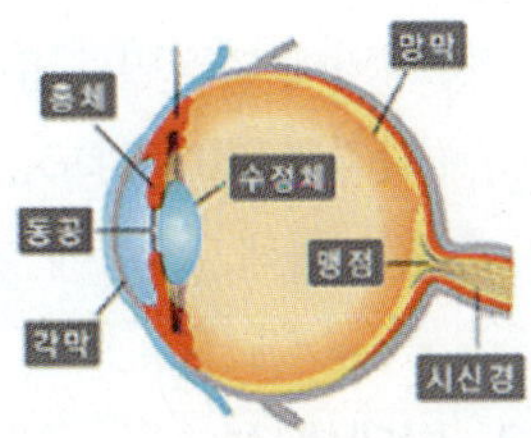

그림 3-12 눈의 구조

3. 상의 인식

추상체와 간상체를 통해 상을 인식하며 중심과 주변은 간상체는 거의 없고 추상체로 이루어져 있다.

- 추상체(원뿔세포) : 밝은 조명 아래에서 색상을 감지하는 세포
- 간상체(막대세포) : 밝기(명도)를 감지하는 단일 세포로 구성

3-1-5 색의 혼합

1. 색의 3요소

HUE, Lightness, CHROMA(표기법 : HV / C)

- 색상(Hue) : 태양의 광선을 분광해서 나누었을 때 보이는 무지개 형상의 여러 색의 종류
- 명도(Lightness) : 색상에 관계없이 밝고 어두움을 표시하며 가장 밝은 것을 흰색이라 정의한다. 반면 가장 어두운 색인 완전 흡수체는 물체로서 존재하지 않는다.
- 채도(Chroma) : 색상의 포함 정도로 어떤 색채 속에 색상의 속성이 어느 정도 포함되어 있는가 하는 것이다.

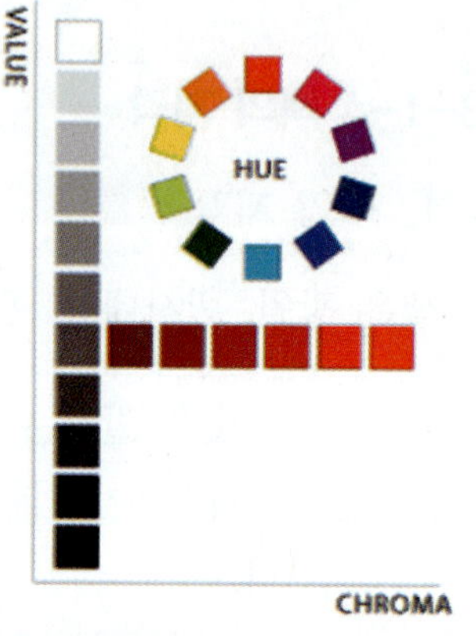

그림 3-13 색의 혼합

2. 3원색 설

영이 발표하고 헬름홀츠가 완성한 색각 이론이다.

- 영의 3원색 설 : RGB가 기본 원색이라 주장하였으나
- 후에 헬름 홀츠가 RGB가 기본 원색이라 주장하였다.
- 영-헬름 홀츠설 : 이후 영이 RGB가 기본 원색이라는 주장에 동의하게 된다.
- 망막에 파장별로 분해 특성이 다른 3종류의 물질이 있다고 정의하였다.
- 각각의 최대 감도는 장파, 중파, 단파장이며 각각 일으키는 감각이 빨강, 녹색, 파랑에 가장 가깝다.

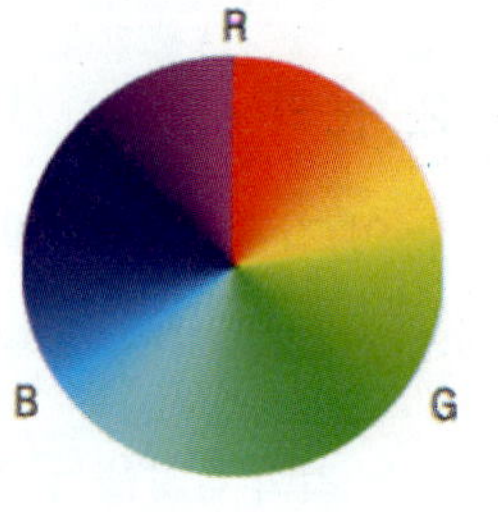

그림 3-14 3원색 설

3. 반대색 설

1874년 헤링에 의해 발표되었다.

- 색의 기본 감각으로 "빨강-녹색, 노랑-파랑, 흰색-검정" 3조의 반대색을 가정한 이론이다.
- 망막에 "빨강-녹색, 노랑-파랑, 흰색-검정" 물질이라는 3가지

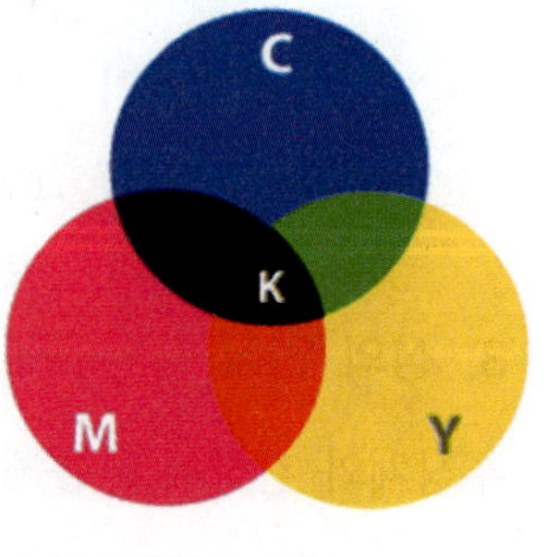

그림 3-15 반대색 설

구성요소가 있다고 가정하고 각각의 물질은 빛에 따라 동화와 이화라는 대립적인 화학적 변화를 일으킨다고 주장하였다.

4. 색광의 3원색

적색(R), 녹색(G), 청자색(B)

- 가법혼색 : 삼원색을 일정한 양으로 합하면 백색광을 나타내는데 이처럼 빛을 서로 더하여 빛이 점점 밝아지는 원리이다.
- 색광의 삼원색을 사용하여 인쇄의 삼원색을 만든다.

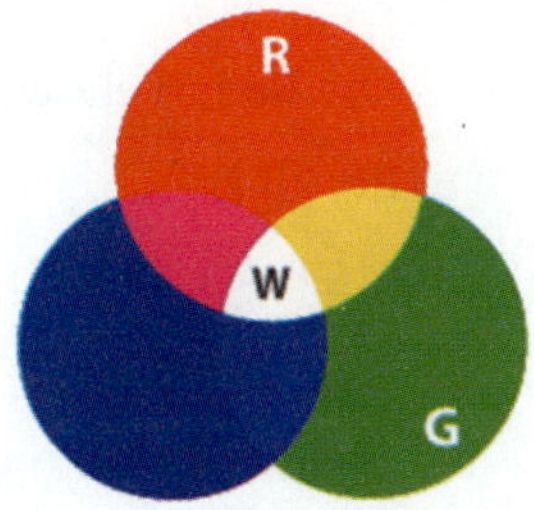

그림 3-16 색광의 3원색

5. 색료의 3원색

시안(Cyan), 마젠타(Magenta), 노랑(Yellow)

- 감법혼색 : 색 필터와 같은 흡수매체의 겹침에 의해 별개의 색이 생성되는 것을 말한다.
- 색 필터 시안(Cyan), 마젠타(Magenta), 노랑(Yellow)를 조합하여 2중으로 겹친 필터에 백색광을 투과시킬 경우 빛이 필터를 통과할 때 흡수되기 때문에 혼색 결과는 원래 색보다도 어두운 색이 된다.

3-1-6 색의 3가지 속성

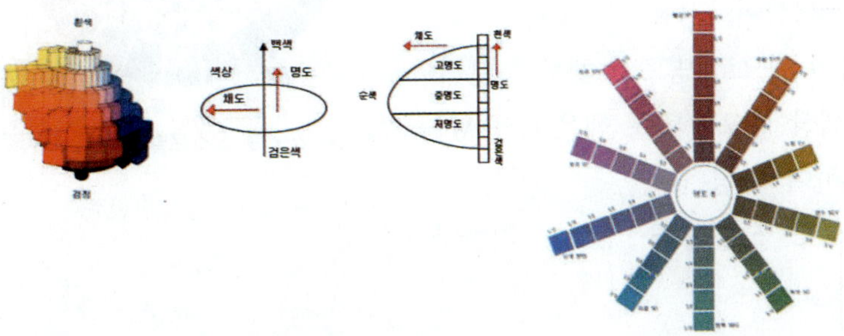

그림 3-17 색의 3가지 속성

3-1-7 색의 체계

색상환의 각 지점에 위치한 색상들은 명도와 채도의 변화에 따라 다양한 톤으로 변화되므로 색의 수는 수천가지로 확장될 수 있으며 여러 색채 학자들의 이론에 근거한 기본색의 수와 명도나 채도의 전개범위에 따라 각기 다른 색채 체계로 나타난다.

1. 먼셀의 표색계

3차원적인 색채이론의 체계를 바탕으로 색상(H), 명도(V), 채도(C)를 기호화하여 표현한 것이다.

그림 3-18 먼셀의 표색계

- 색상(Hue) : R, Y, G, B, P 기본색이 10등분되는 100색상으로 기본색 : Red, Yellow, Blue, Green, Purple, 중간색 : YR, GY, BG, PB, RP 이다.
- 명도(VALUE) : 빛의 반사율에 따른 색의 밝고 어두운 정도를 말하며 이상적인 흑색을 "0", 이상적인 백색을 "10"으로 지정한다.
- 채도(CHROMA) : 회색을 띄고 있는 정도를 말하며 색의 순하고 탁한 정도를 의미한다.

2. 오스트발트의 표색계

색량의 비율에 의하여 만들어진 체계로 색은 이상적인 흑색(B), 이상적인 백색(W), 순색(C)의 혼합된 양으로 나타낸다.

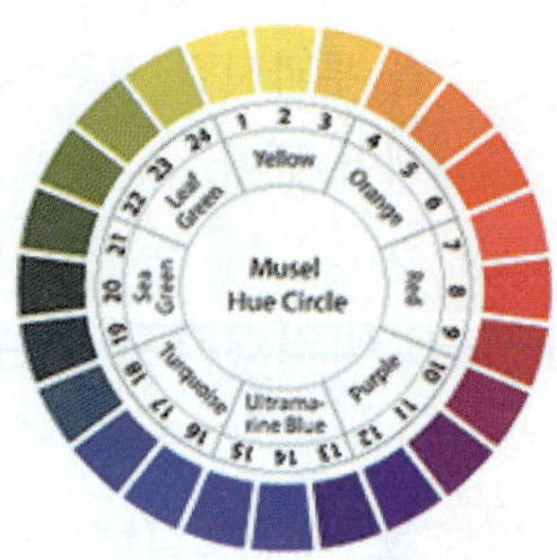

그림 3-19 오스트발트의 표색계

- 색상환 : 4원색설을 기본으로 총 24색상을 말한다.
  4원색 : 노랑, 빨강, 파랑, 초록이 서로 보색 관계의 두 색으로 기본색은 4원색의 사이 색으로 주황, 보라, 청록, 연두의 8색이 기본색이 된다. 이러한 8가지 기본색을 각 3단계로 나누어 이중에서 두 번째 색이 그 색의 중심 색상이 된다.
- 동 색상 삼각형 : 한 색상이 포함된 색으로 명도와 채도는 분리하여 표기하지 않는다. 어느 한 색상에 포함되는 색은 C + W + B = 100%가 되는 혼합비에 의하여 완성된다.
- 표기법 : W.B.C 각 방향을 a, c, e, g, I, l, n, p로 표기한다.

3. PCCS

1964년 일본 색채연구소가 일본 색연배 색채계를(Particle Color Coordinate System 이름으로 발표했던 색채조화를 주요 목적으로 한 색 체계이다.

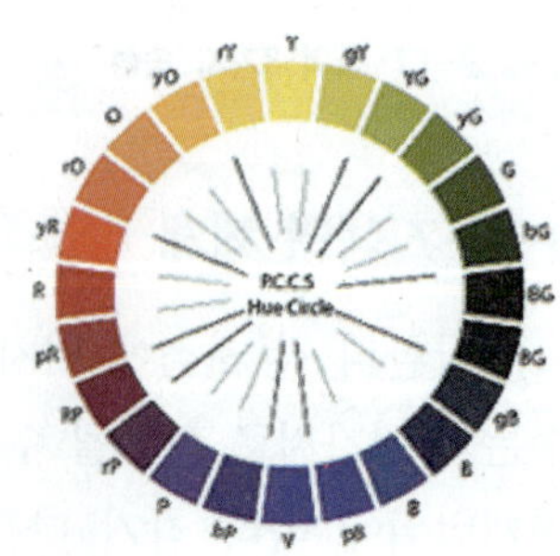

그림 3-20 PCCS

- 색상환 : 24색상으로 빨강, 노랑, 파랑, 녹색이 중심이다.
- 동 색상 삼각형 : 17단계로 백색과 흑색의 지각적 동 간격을 갖는다.

- 채도 : 9단계의 채도 범위를 가지며 검정색 1.5~흰색 9.5의 범위를 갖는다.
- 톤 : 각 색상마다 12톤으로 분류한다.

3-1-8 색의 대비

하나의 색이 주위의 색이나 먼저 본 색의 영향을 받아 색상, 명도, 채도 등이 다르게 보이는 현상을 색의 대비라고 한다.

1. 색상대비

색상이 다른 두 색을 동시에 인접시켜 놓았을 때 두 색이 서로의 영향으로 색상차가 크게 나타나는 현상이다.

그림 3-21 색상대비

2. 명도대비

명도가 다른 두 색이 서로 대조가 되어 두 색 사이의 명도 차가 크게 보이는 현상을 말한다.

그림 3-22 명도대비

3. 채도대비

채도가 다른 두 색이 서로 대조가 되어 두 색상 간의 채도 차가 크게 보이는 현상이다.

그림 3-23 채도대비

4. 보색대비

색상 대비 중 보색이 되는 색상 사이에 나타나는 대비효과를 말한다.

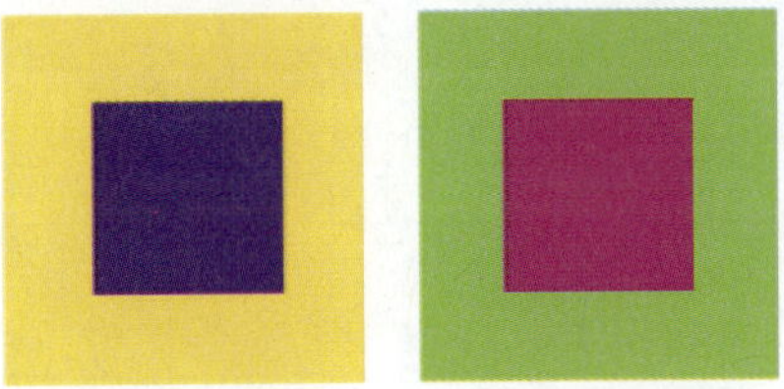

그림 3-24 보색대비

5. 면적대비

색채의 양적 대비로 동일한 색이라도 면적이 커질수록 색상이 뚜렷하게 보이는 현상이다.

그림 3-25 면적대비

6. 동시대비

어떤 색이 실제의 색과는 다르게 보이는 현상으로 실제의 색과 지각된 색과의 차이가 나는 현상이다.

그림 3-26 동시대비

7. 연변대비

두 색이 인접해 있을 경계면이 더욱 뚜렷하게 보이는 현상이다.

그림 3-27 연변대비

8. 계시대비

색상을 순서를 정하여 연속적으로 시간차를 두고 볼 때 생기는 색의 변화를 말한다.

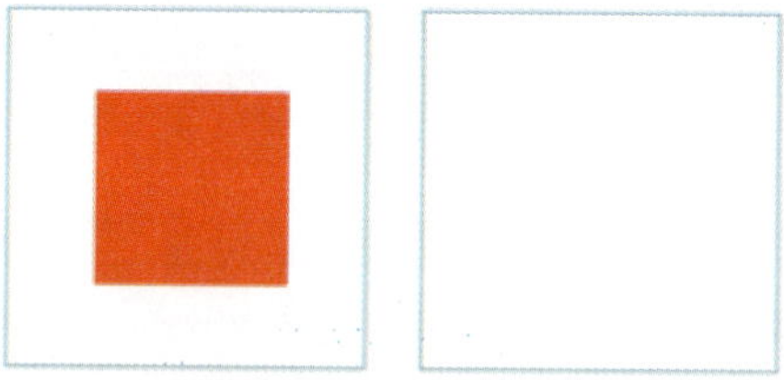

그림 3-28 계시대비

3-1-9 색의 조화

1. 저드의 색채 조화론

- 질서의 원리 : 색 공간에서 일정한 법칙에 따라 선택한 색은 조화롭다.

그림 3-29 저드의 색채 조화론

- 친근감의 원리 : 자연현상이 색채와 같이 사람들에게 친숙한 색상은 조화롭다.

그림 3-30 친근감의 원리

- 유사성의 원리 : 어떤 관계로든 공통성이 존재하는 색채로 조화롭다.

그림 3-31 유사성의 원리

- 명료성의 원리 : 색상, 명도, 채도 또는 면적의 차이가 분명한 배색은 조화롭다.

그림 3-32 명료성의 원리

2. 오스트발트의 색채 조화론

- **무채색에 의한 조화** : 3색 이상의 회색은 명도가 등간격으로 조화를 이룬다.

그림 3-33 오스트발트의 색채 조화론

- **동일 색상의 조화** : 동일 색상에서 등백색 계열과 등흑색 계열로 조화를 이룬다.

그림 3-34 동일 색상의 조화

- **무채색과 유채색과의 조화** : 무채색을 포함해서 같은 선상의 관계는 조화를 이룬다.

그림 3-35 무채색과 유채색과의 조화

- **등순 계열의 조화** : 순도의 정도가 같은 동일 선상의 색은 조화를 이룬다.

그림 3-36 등순 계열의 조화

- 반대색 조화 : 24색 상환의 색상차가 12색 이상의 색은 조화를 이룬다는 이론이다.

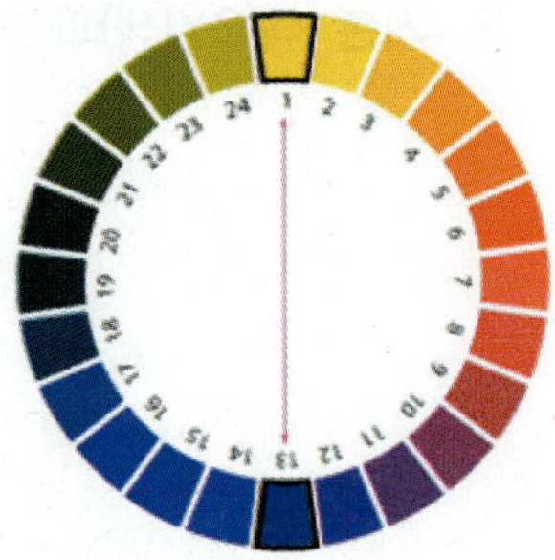

그림 3-37 반대색 조화

- 등가치색 조화 : 색 입체의 중심축에 대해서 수평인 면에 있는 색은 조화를 이룬다.

그림 3-38 등가치색 조화

- 유사색 조화 : 24색상환의 색상차 2~4 이내의 색은 조화를 이룬다.

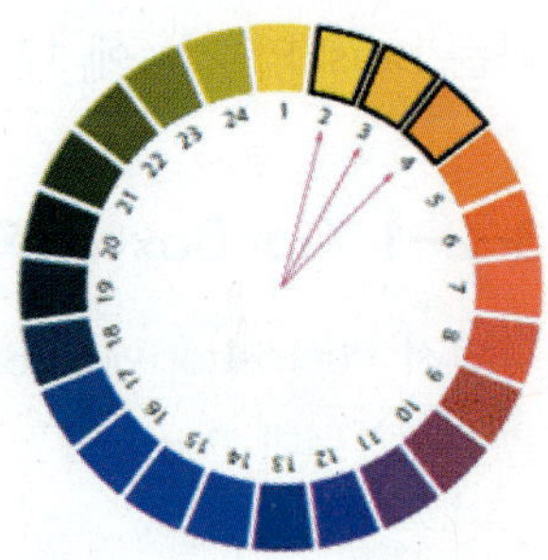

그림 3-39 유사색 조화

- 이색조화 : 24색 상환의 색상차 6~8의 범위 내 색은 조화를 이룬다.

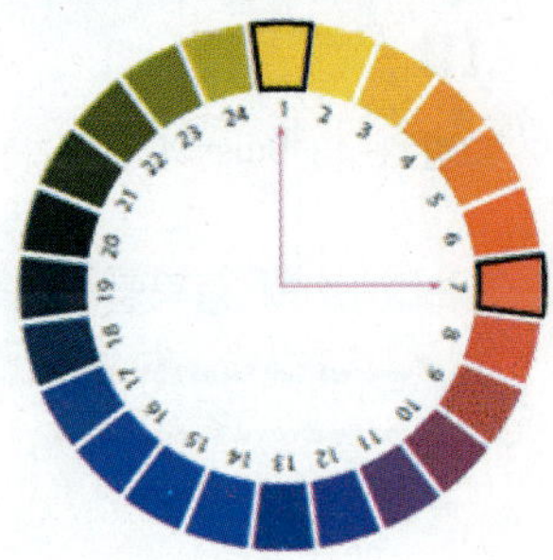

그림 3-40 이색조화

3. 기본 색(3원색)과 2차색

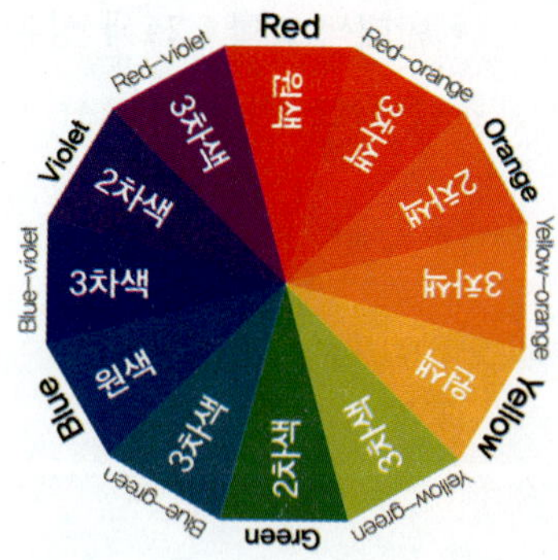

그림 3-41 3원색과 2차색

3-2 Photoshop에 대한 기본적인 Interface

Texture 소스를 제작을 위해서 반드시 마스터를 해야 하는 제작환경이 Photoshop이다. photoshop은 이미지 편집 및 보정의 기능뿐 아니라 Painter의 기능을 동시에 가지고 있기 때문에 실사 Texture 소스를 제작할 경우나 Painter로 직접 소스를 그려서 제작할 경우 모두 사용되는 범용 제작 툴이기 때문이다. 그럼 여기서 Photoshop 기능 중에서 직접 Texture 소스의 제작에 깊이 관계되는 Brush의 기능에 대해서 알아보고 충분히 숙지한 후 본 작업에 들어가도록 한다.

3-2-1 Tool Box에서의 Brush

먼저 Photoshop에서 Brush 기능은 왼쪽에 있는 툴 박스에서 찾을 수 있는데 Brush의 기능 활성화 단축키는 [B]이다.

지금부터 Brush의 주요 기능(속성)들에 대해 알아보도록 한다.

그림 3-43 Brush의 주요 기능(속성)

[1] Brush의 종류를 선택할 수 있다.

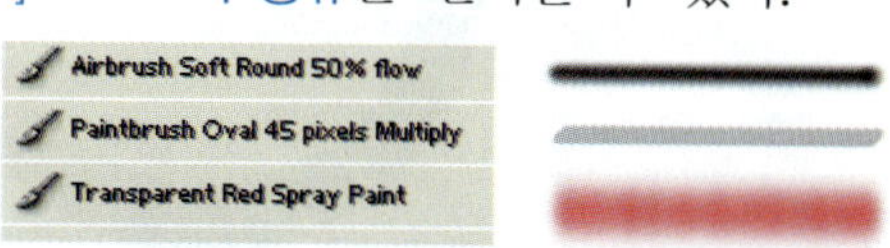

그림 3-44 Brush의 종류

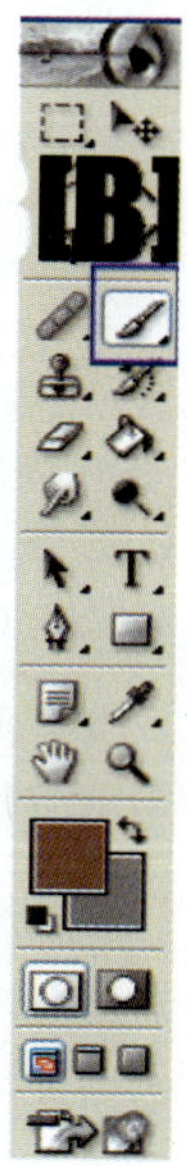

그림 3-42 Brush 기능 활성화

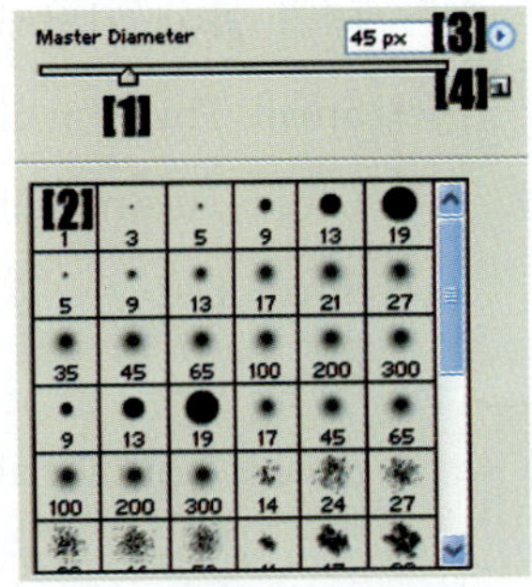

그림 3-45 Brush Preset Picker

[2] Brush Preset Picker : 사용중인 Brush의 크기와 끝부분의 모양을 변경할 경우 사용한다. 여기에서 유저가 원하는 다양한 Brush의 종류를 선택할 수 있으며 필요에 따라 다양한 형태로 편집을 하여 사용할 수 있다.

① Master Diameter 슬라이더 : 선택한 Brush의 크기를 조절하는 기능이다. 슬라이드 바를 좌/우로 이동하면서 원하는 Brush의 Pixel 크기를 조절할 수 있다. 우측에 나타나는 Pixel 정보를 통해 현재 Brush의 Pixel 크기를 확인할 수 있다.

② Preset : 다양한 종류의 Brush를 Preset 형식으로 제작하여 제공하는 기능으로 Photoshop에 기본적으로 포함되어 있는 Brush의 종류를 확인/선택할 수 있다. Brush의 모양과 Pixel 크기 정보를 한눈에 확인할 수 있다.

③ Brush Picker 메뉴 : 현재 Brush의 옵션 창을 편집할 수 있는 기능 창으로 사용자의 편의에 따라 Brush의 메인 옵션 창을 변경할 수 있다.

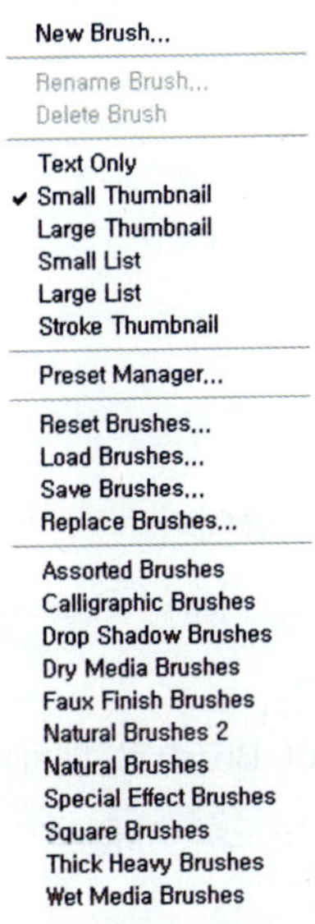

그림 3-46 Brush Picker 메뉴

- New Brush : 제작자가 직업 새로운 패턴의 Brush를 제작하여 등록할 수 있는 기능이다.
- Rename : 현재 사용중인 Brush를 새로운 이름으로 등록해 줄 수 있다.
- Delete Brush : 선택된 Brush를 삭제하는 기능이다.
- Texture Only : Brush 옵션 창에 존재하는 Brush들에 대한 화면 방식을 선택하는 기능으로 이

미지 없이 지정해준 이름으로만 나열되는 형식이다.

- Small Thumbnail
- Large Thumbnail
- Small List
- Large List
- Stroke Thumbnail

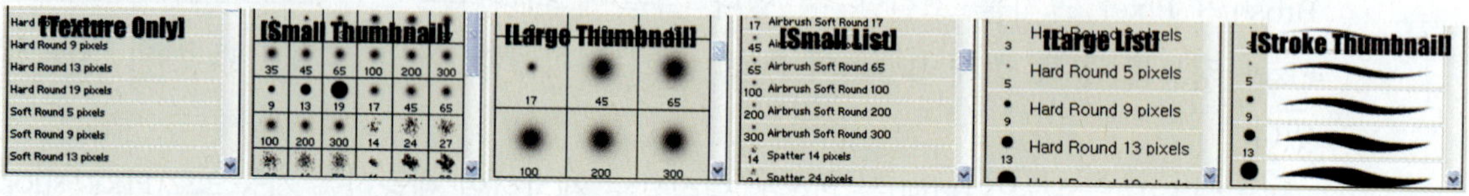

그림 3-47 Brush Picker 각 메뉴들에 대한 속성 및 세부 기능들

- Preset Manager : Photoshop에서 제공하는 다양한 Preset을 저장 / 변경 / 삭제 / 불러오기 등의 기능을 할 수 있다.

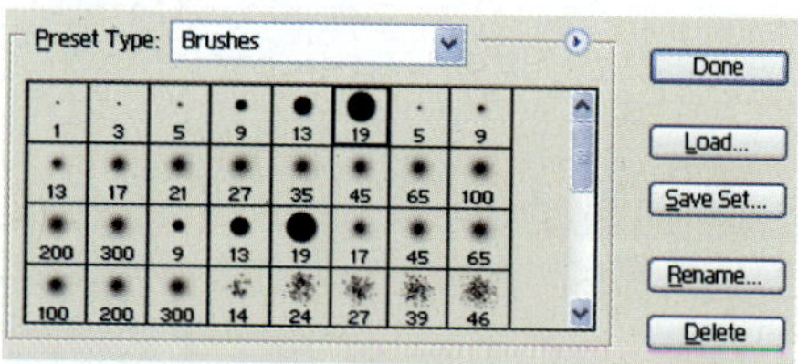

그림 3-48 Preset Manager

- Load Brushes : 저장된 Brush 불러오는 기능이다.
- Save Brush : 새로 불러온 Brush나 현재 사용중인 Brush 저장하는 기능이다.
- Replace Brush : 현재의 Brush Picker의 내용을 모두 삭제하고 새롭게 불러오는 Preset 내용으로 대체하는 기능이다.
- 현재 사용중인 Brush의 형태를 Photoshop에서 제공하는 다양한 Preset Brush로 대체하는 기능이다. 각각의 Brush 종류마다 그 모양별로 특징이 있으며 그 특징에 맞도록 사용자가 선택해서 사용한다.

[3] Mode : Brush 효과를 적용할 때 사용되는 Brush와 배경 이미지와의 관계(Blending)를 설정하는 기능으로 사용자가 원하는 Blending 유형을 선택할 수 있는 옵션 창이다. Blending이란 두 개 혹인 그 이상의 Color나 이미지를 혼합하는 방식으로 Photoshop에서는 이러한 Blending 효과를 Layer와 Layer를 Blending할 경우에도 사용한다.

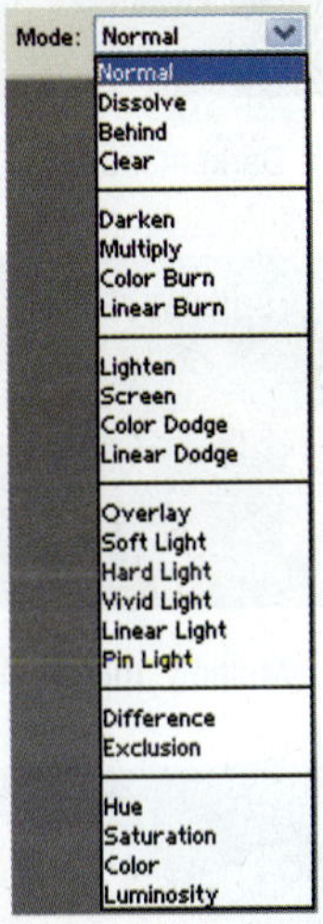

그림 3-49 Brush Mode

- Dissolve mode : Opacity를 조절하면서 거친 질감으로 채색되는 방식이다.

그림 3-50 Dissolve mode 적용 후

- Behind mode : Brush 작업 결과가 바로 밑에 있는 Layer에 채색되는 방식이다.

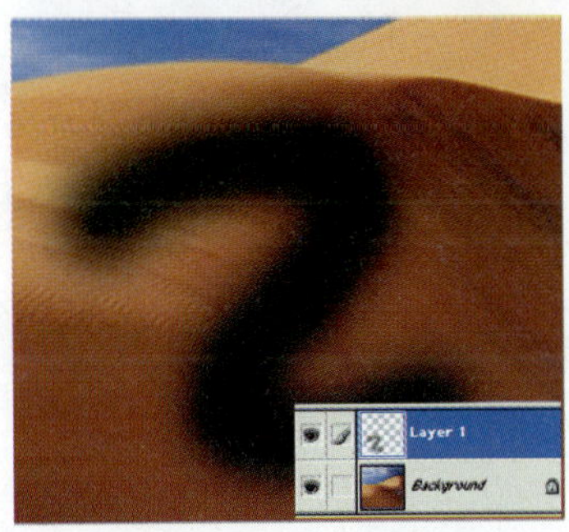

그림 3-51 Behind mode 적용 후

- Clear mode : 작업 Layer의 Brush 내용을 깨끗하게 지워준다.

- Darken mode : 배경 이미지의 어두운 색을 강조하면서 채색되는 방식이다.

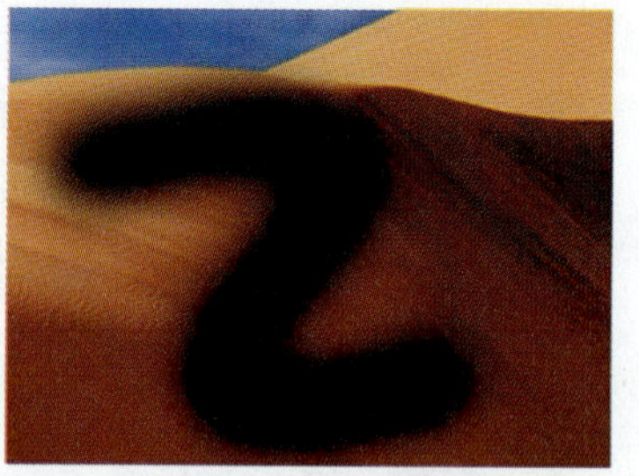

그림 3-52 Darken mode 적용 후

- Multiply mode : 배경 이미지와 채색되는 색상이 서로 곱해지는 방식이다.

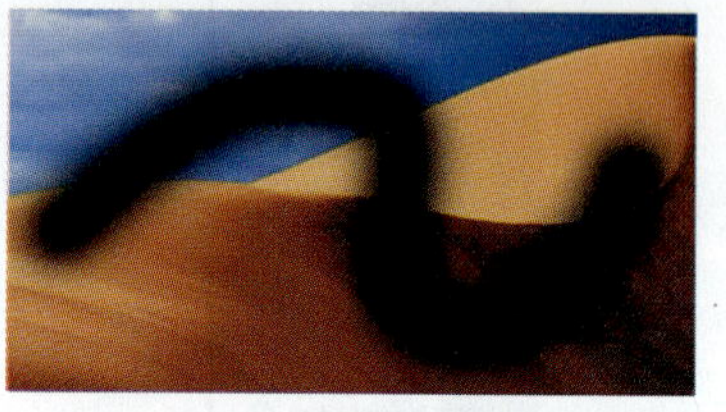

그림 3-53 Multiply mode 적용 후

- Color Burn mode : 배경 이미지의 어두운 색 위에서 주로 채색되는 방식이다.

그림 3-54 Color Burn mode 적용 후

- Linear Burn mode : 배경 이미지의 어두운 색을 전반적으로 참조하여 채색되는 방식이다.

그림 3-55 Linear Burn mode 적용 후

- Lighten mode : 배경 이미지의 밝은 부분과 채색 색상의 밝은 부분이 합성되는 방식으로 채색이 된다.

그림 3-56 Lighten mode 적용 후

- Screen mode : 배경 이미지의 명도를 기준으로 채색되는 색상을 밝게 해 준다.

그림 3-57 Screen mode 적용 후

- Color Dodge mode : 채색되는 색상을 일단 밝게 조절한 뒤 사용해 준다.

그림 3-58 Color Dodge mode 적용 후

- Linear Dodge mode : Color Dodge와 비슷하지만 배경 이미지의 명도에 관계없이 일률적으로 채색되는 방식이다.

그림 3-59 Linear Dodge mode 적용 후

- Overlay mode : 배경 이미지의 밝은 면을 강조하며 채색되는 방식이다.

그림 3-60 Overlay mode 적용 후

- Soft light mode : 배경 이미지의 중간색을 기준으로 밝은 부분은 더 밝게 채색되도록 한다.

그림 3-61 Soft light mode 적용 후

- Hard Light mode : 배경 이미지가 밝으면 밝게, 어두우면 어둡게 채색되는 방식이다.

그림 3-62 Hard Light mode 적용 후

- Vivid Light mode : 배경 이미지의 명도에 따라 채색되는 모습의 생동감이 달라지는 방식으로 채색된다.

그림 3-63 Vivid Light mode 적용 후

- Linear Light mode : Vivid light 방식과는 달리 일정한 생동감을 부여하며 채색되는 방식이다.

그림 3-64 Linear Light mode 적용 후

- Pin Light made : 깔끔한 형태로 채색이 되는 방식이다.

그림 3-65 Pin Light made 적용 후

- Difference mode : 배경 이미지의 밝은 명도 영역에서 보색이 되는 방식으로 채색이 되는 방식이다.

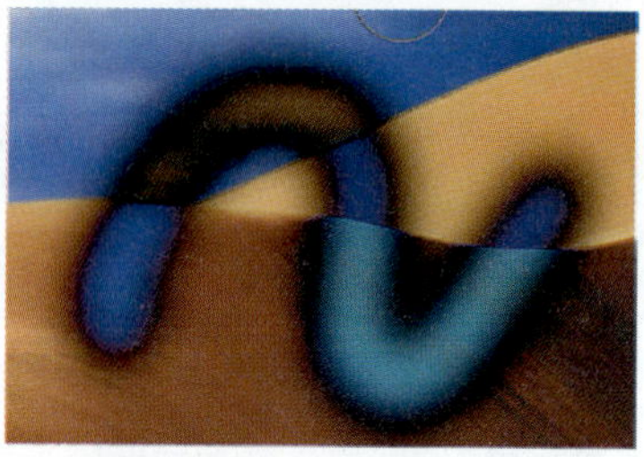
그림 3-66 Difference mode 적용 후

- Dark color mode : 어두운 컬러 영역에는 색을 칠해주지 않은 방식이다.
  - Hue mode : 배경 이미지의 색상에 따라 채색되는 색상의 명도가 달라진다.
  - Saturation mode : 배경의 이미지의 채도에 따라 채색되는 방식이다.
  - Light Color mode : Dark color mode와 반대 방식으로 채색된다.
  - Luminosity mode : 배경 이미지의 채도와 색상이 채색되는 색상을 결정하는 방식이다.

[4] Opacity : 채색되는 색상의 투명도를 조절하는 기능으로 기본 값 100%에서부터 1%까지 범위를 적용할 수 있다. (Color : Red, Flow 50% 적용 결과)

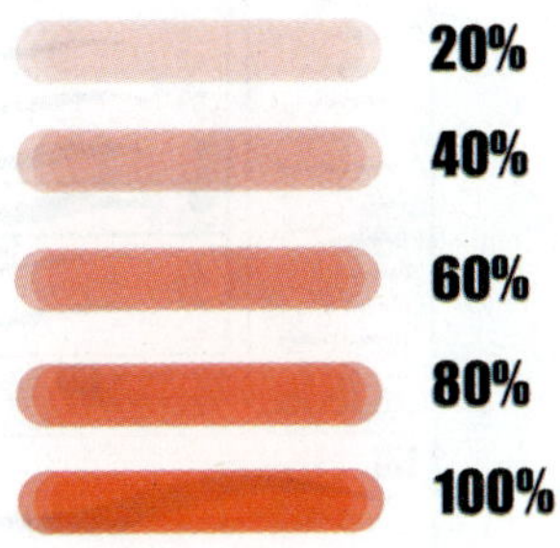

그림 3-67 Brush Opacity

[5] Flow(유출) : Brush를 누르는 강약의 조절 기능을 담당한다. 100%일 경우 색상이 강하게 사용되어 채색이 되고 수치를 낮추면 드로잉 강도가 낮아지기 때문에 Brush의 터치 효과가 점점 감소한다. Flow 효과의 특징은 마우스나 Brush Pen을 어느 일정 위치에 계속 고정시키면 그 농도가 계속 더해져서 진해진다.

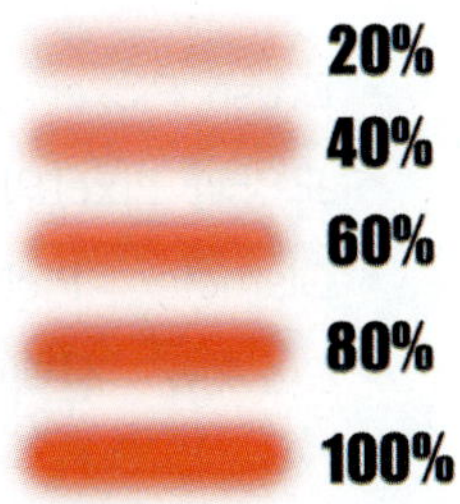

그림 3-68 Brush Flow

3-2-2 Brush Palette Option

그림 3-69에 대한 기능 설명이다.

[1] Tip Option : Brush의 시작과 끝의 모양을 다양하게 선택할 수 있는 Tip이다.

[2] Edit Option : Brush의 크기나 질감 등을 수작업으로 제작하는 영역이다. Tip 옵션마다 Edit 옵션이 달라진다.

[3] Master Diameter : 선택한 Brush의 크기를 조절할 수 있는 Slider이다.

[4] Preview 영역 : 사용하고자 하는 또는 사용중인 Brush의 모양을 미리 확인할 수 있는 창이다.

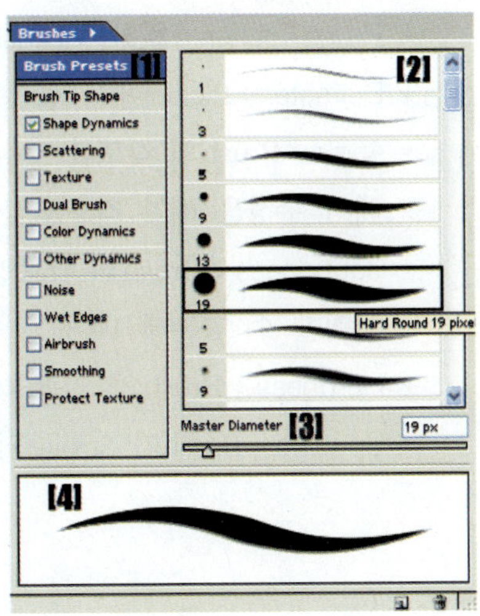

그림 3-69 Brush Palette 속성

다음은 Brush Preset Option에 대한 세부설명이다.

[1] Brush Preset Option : Brush Picker의 Brush의 기본 Preset을 보여준다. 특별한 기능이 제공되지 않으나 현재 Brush Picker에 등록되어 있는 Brush 모양을 확인할 수 있고 Brush의 크기 등을 변경할 수 있는 기능이 있다.

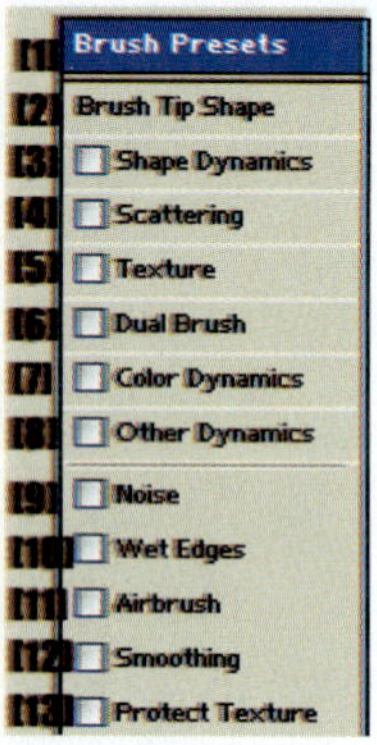

그림 3-70

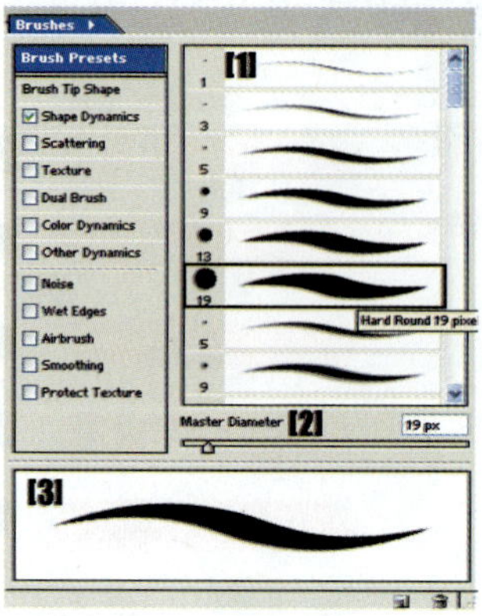

그림 3-71 Brush Preset Option

- Brush Picker : Picker에 등록되어 있는 Brush들의 목록이다. 선택하는 순간 선택한 Brush의 모양과 Pixel의 크기를 확인할 수 있다.
- Diameter : Picker에서 선택한 Brush의 크기를 조절할 수 있다.
- Preview : 선택한 Brush의 모양을 미리 확인할 수 있는 창이다.

[2] Brush Tip Option : Brush의 끝부분의 모양을 새롭게 제작을 하거나 수정할 경우 사용한다.

- Brush Picker : 원하는 Brush를 선택한다.
- Diameter : Picker에서 선택한 Brush의 크기를 조절할 수 있다.
- Angle : Brush의 각도를 조절한다. 아래 있는 Roundness와 병행해서 수정을 해야 각도조절이 가능하다.
- Roundness : Brush의 끝모양을 원형으로 할지 선형으로 할지를 선택할 수 있는데 100%는 원형이고 0%는 선형이다.
- Hardness : Brush의 외곽 테두리의 모양을 결정한다.
- Spacing : Brush가 Stroke되는 간격을 조절한다.

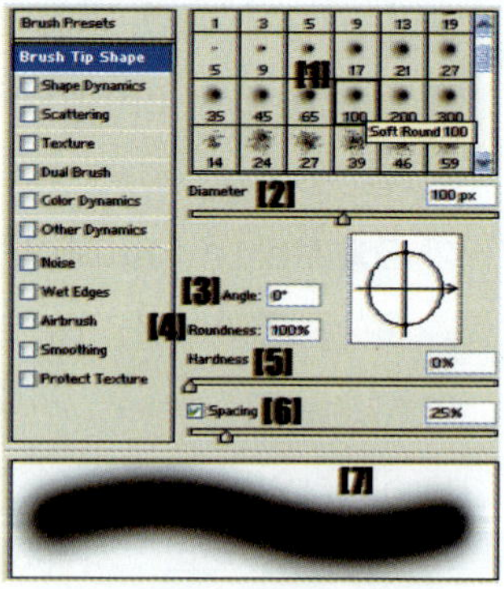

그림 3-72 Brush Tip Option

Preview : 선택한 Brush의 모양을 미리 확인할 수 있는 창이다.

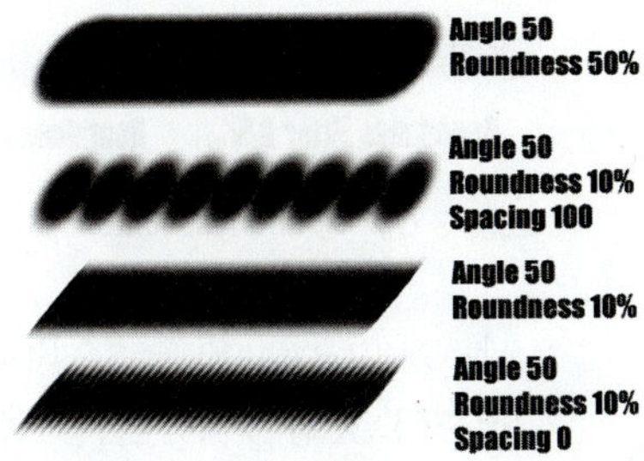

그림 3-73 Spacing 효과

[3] Shape Dynamics : Brush의 테두리 모양을 조절하는 기능이다.

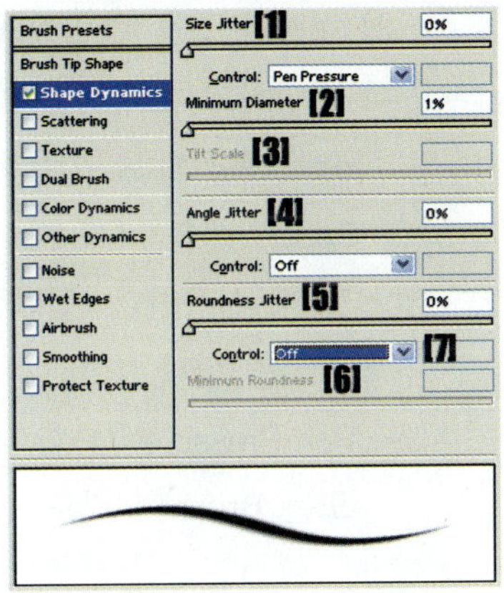

그림 3-74 Shape Dynamics 속성

- Size Jitter : Brush 자국이 확대 또는 축소되는 크기를 조절하는 기능이다. 설정에 따라 Brush 자국이 연속적으로 그려지는 크기가 달라지므로 테두리가 울퉁불퉁한 Brush 효과를 적용할 때 사용할 수 있다. 수치가 낮으면 일정한 Brush 자국이 나오고 수치가 높을수록 불규칙적인 Brush의 형태가 나타난다.

그림 3-75 Size Jitter

- Minimum Diameter : Brush의 크기가 변화되는 최초 크기를 조절한다. 설정에 따라 선의 양쪽 끝부분을 가늘게 처리할 수 있다.

그림 3-76 Minimum Diameter

- Tile Scale : Brush의 축적 계수를 조절하는 기능을 한다.
- Angle Jitter : Brush가 찍힐 때의 각도를 조절하는 기능을 한다.
- Roundness Jitter : Brush의 전체적인 외곽의 형태를 부드럽게 처리하거나 혹은 불규칙적으로 처리하고자 할 경우 사용한다. Size Jitter와 다른 점은 끝부분의 형태도 변형이 된다.

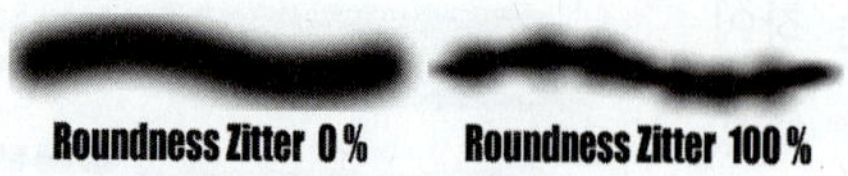

그림 3-77 Roundness Jitter

- Minimum Roundness : Roundness Jitter가 활성화되어야 그 기능이 활성화되며 Roundness Jitter의 효과를 컨트롤할 수 있으며 수치를 높일수록 Roundness Jitter의 효과가 줄어든다.
- Control option : 각각의 기능마다 Control option이 들어 있는데 이는 Brush의 변화를 선택할 때 사용된다. Option은 주로 Brush의 형태나 적용 방법의 변화를 유도하여 동일 기능 내에서도 보다 다양하고 효과적인 Brush의 효과를 주기 위해 사용된다.
  - off : 해당 Jitter 기능이 적용되지 않도록 한다.
  - Fade : 선을 그릴 때 붓 터치의 종료되는 부분이 가늘게 처리할 때 사용한다. 입력한 수치에 따라 어느 정도의 길이로 끝부분을 가늘게 처리할지에 대한 결정을 한다.
  - Pan Pressure / Pen Tilt / Styles Wheels : 시작점의 직경과 최소 직경 사이에서의 크기 변화 또는 Brush의 각도 변화도 또는 Brush의 둥근 변화도를 선택한 옵션에 따라 조절된다.

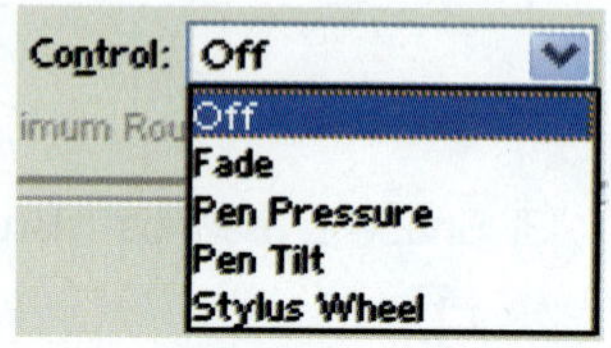

그림 3-78 Control Option

[4] Scattering : Brush의 분산도를 조절하는 기능을 담당한다.

그림 3-79 Scattering

- Scatter : Brush의 분산 정도를 조절하는 기능이다. 수치를 높일수록 분산도가 높아진다.
- Both Axes : 일정한 축 안에서 분산 기능을 하도록 하는 기능이다.
- Control : 이 기능을 Tablet의 압력 감지 펜과 연계하여 동작한다.
- Count Brush의 간격을 조절하는 것으로 수치를 높이면 그만큼 Brush의 간격이 좁아진다.
- Count Jitter : Count 빈도수를 조절하는 기능이다.

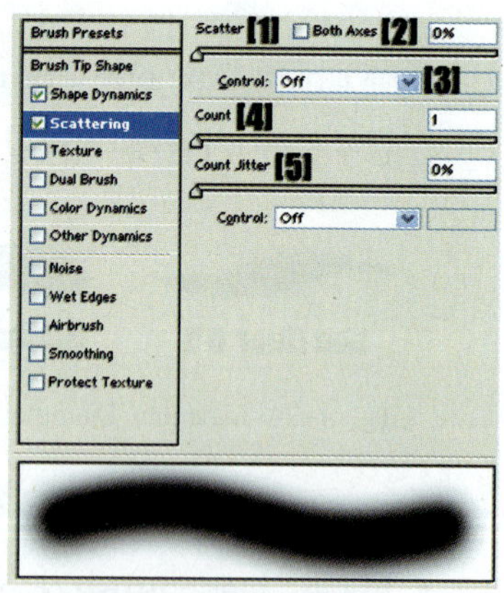

그림 3-80 Scatter 속성 창

[5] Texture : Brush 작업에 원하는 패턴의 Texture(무늬)를 삽입하여 칠하는 경우에 사용한다. 다양한 형태의 Texture를 Pattern화하여 사용할 수 있으므로 다양한 형태의 Brush효과를 만들어 낼 수 있다.

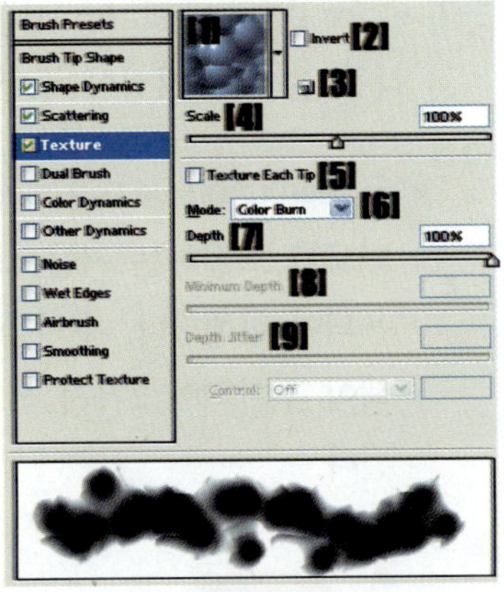

그림 3-81 Texture

- Texture : 선택한 Texture의 무늬 Pattern으로 Brush의 모양이 결정된다. Photoshop에서 제작하는 기본 Pattern이외에 사용자가 제작한 이미지를 사용할 수 있다.
- Invert : 선택한 Texture 이미지를 반전시키는 기능이다.
- Create : 새로 제작한 Texture를 Palette 목록에 삽입하는 기능을 한다.
- Scale : 삽입하는 Texture의 크기를 확대하거나 축소하는 기능이다.
- Texture Each Tip : Texture가 반복되어 삽입될 경우 사용하는 것으로 각 Texture에 대해 설정할 수 있다.
- Mode : Texture와 Brush의 자국의 합성 방법인 Blend 모드를 설정한다.
- Depth : Texture가 각인되는 높낮이를 조절하는 기능이다.
- Minimum Depth : 최소값의 높낮이를 조절하는 기능이다.
- Depth Jitter : Texture가 각인되는 높낮이가 순환되어 달라지도록 빈도수를 조절하는 기능을 한다.

[6] Dual Brush : 기존의 Brush 효과에 새로운 Brush 효과를 추가하여 다중 Brush효과를 가진 Brush의 기능을 수행하는 기능이다. 이 기능은 서예에서의 붓의 느낌을 살리는데 아주 유용하게 사용된다. 기존의 Brush 효과는 테두리 영역을 결정하고 새로운 Brush는 색상이 칠해지는 영역에 효과를 준다.

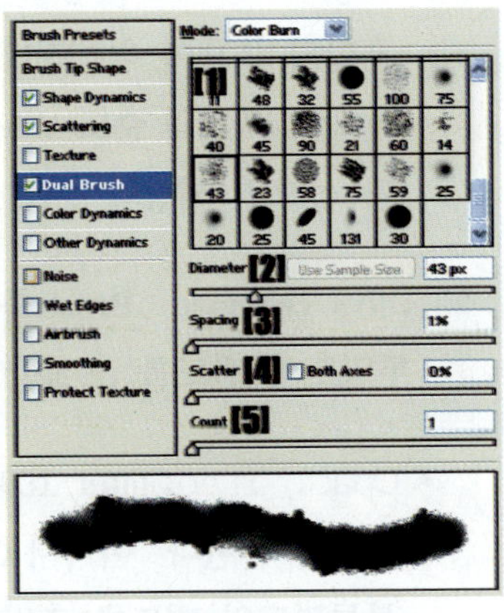

그림 3-82 Dual Brush

- Preset : 원하는 Brush의 모양을 선택할 수 있다.
- Diameter : Dual Brush의 크기를 조절할 수 있다.
- Spacing : Dual Brush의 Brush의 간격을 조절하는 기능을 한다.
- Scatter : Dual Brush의 분산도를 조절하는 기능을 한다.
- Count : Dual Brush의 밀집 정도를 조절하는 기능을 한다.

[7] Color Dynamics : Brush를 사용할 때 사용되는 색상에 대한 각종 옵션을 지정할 수 있다.

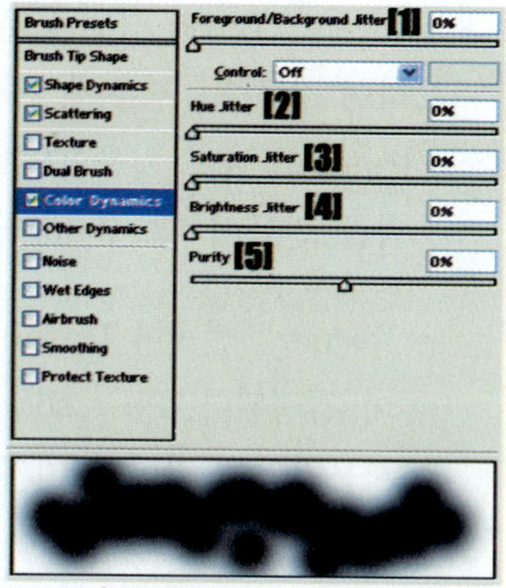

그림 3-83 Color Dynamics

- Foreground / Background Jitter : 전경색 및 배경색의 선택 빈도를 조절하는 기능으로 수치가 낮을 경우 전경색만이 사용되어 칠해진다. 수치를 높이면 그만큼 선택 빈도만큼 배경색이 추기되어 2가지 색으로 그릴 수 있는 Brush로 제작이 된다.

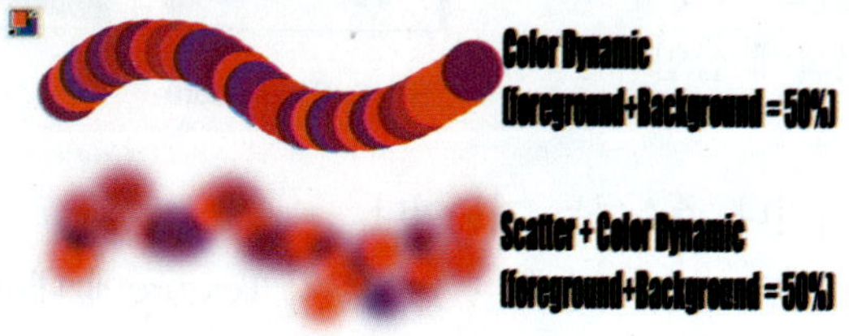

그림 3-84 Foreground / Background Jitter

- Hue Jitter : 색조사용 빈도를 조절하는 기능이다. 수치가 높으면 다른 색과의 혼합도가 높아지게 된다.
- Saturation Jitter : 채도 빈도를 조절하는 기능이다. 수치가 높으면 그만큼 채도가 낮아지면서 다른 채도를 가진 색상이 혼합되면서 칠해진다.
- Brightness Jitter : 명도 빈도를 조절하는 기능이다. 수치가 높으면 명도가 낮은 어두운 색상이 혼합되어 색이 칠해진다.
- Pretty : 색상의 순도 빈도수를 조절하는 기능이다. 수치가 낮으면 색상의 순도가 낮아지고 수치가 높으면 색상의 순도가 높아지는 Brush가 제작된다.

[8] Other Dynamic : Brush를 사용할 때 사용되는 색상의 불투명도의 빈도를 조절할 수 있다.

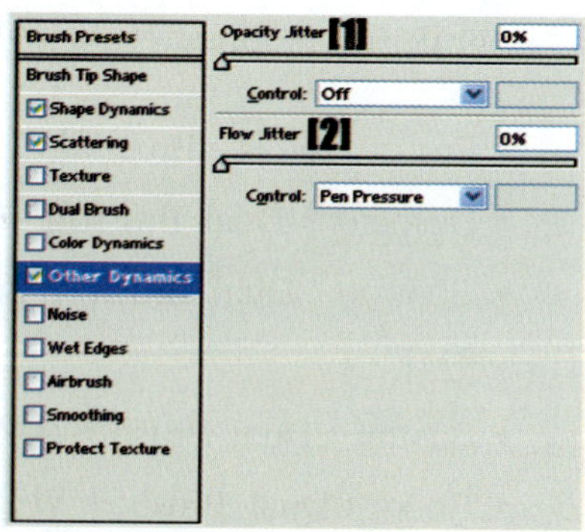

그림 3-85 Other Dynamic

- Opacity Jitter : Jitter 효과는 불규칙성의 가감효과를 주는 기능을 말한다. 여기서 Opacity Jitter의 기능을 Brush의 불투명도의 빈도를 조절하는 기능으로 수치를 높일수록 Brush에 투명색상이 적용이 된다.
- Flow Jitter : 유출 빈도를 조절하는 기능이다. 수치를 높이면 Brush 사용시 색상이 사용되는 부분과 색상이 사용되지 않는 부분이 혼합되어 나타난다.

그림 3-86 Flow Jitter

[9] Noise, Wed Edge, Air brush, Smoothing, Project Texture 기능

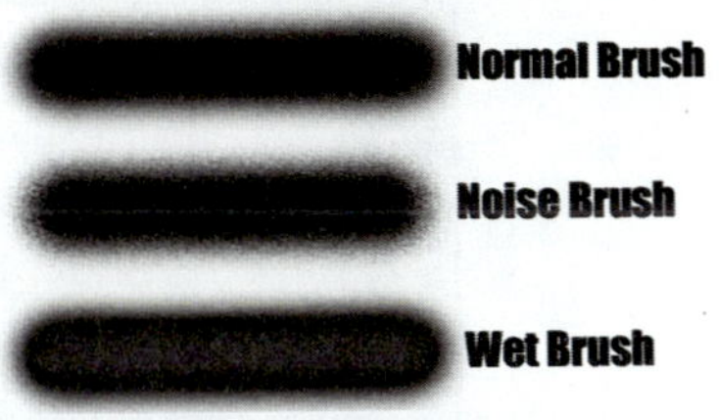

그림 3-87 Noise, Wed Edge Brush

3-3 Photoshop Brush 기능을 활용한 Map Source 제작 기초

3-3-1 Cubic(정육면체)

1. 육면체 외곽선 그리기

1 새 창 열기 : File 〉 New 메뉴에서 가로 10cm * 세로 10cm 크기의 작업 창을 연다.

2 Tool box에서 Rectangle 버튼을 선택하고 Option bar의 Paths 버튼을 클릭한다.

3 [Shift] + Drag하여 가로/세로 비율이 동일한 사각형을 하나 그린다.

그림 3-88 새창 열기

4 [Path selection tool] 버튼을 클릭하고 정사각형의 패스를 선택한 다음 [Alt] 버튼을 클릭한 후 오른쪽 방향으로 Drag한다. 즉 정사각형을 복사 이동하는 과정이다.

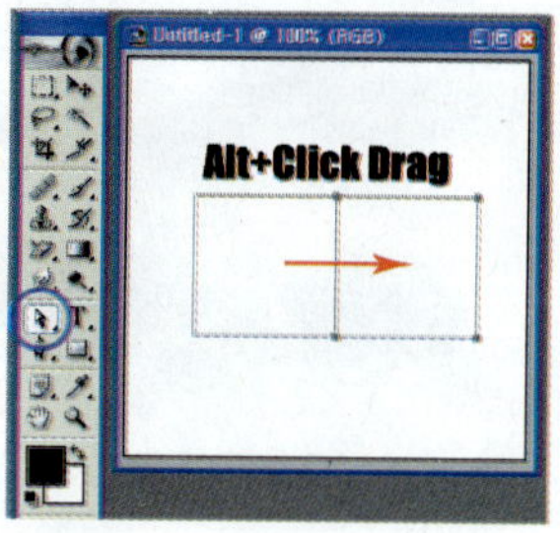

그림 3-89 복사 이동(좌우)

5 위와 동일한 방법으로 정사각형을 복사하여 윗변에 맞추도록 한다.

그림 3-90 복사 이동(상하)

6 제작된 윗변의 두 개의 Point만을 선택한 후 오른쪽으로 Drag하여 정사각형의 패스를 변형한다.

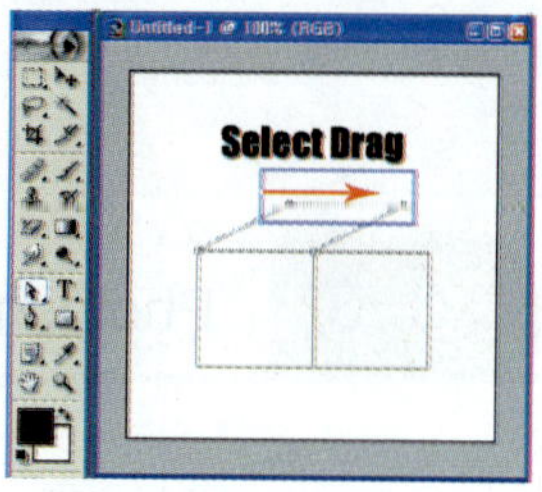

그림 3-91 패스 변형

7 제작된 옆 변의 두 개의 Point만을 선택한 후 위쪽으로 Drag하여 윗변의 모서리와 일치시킨다.

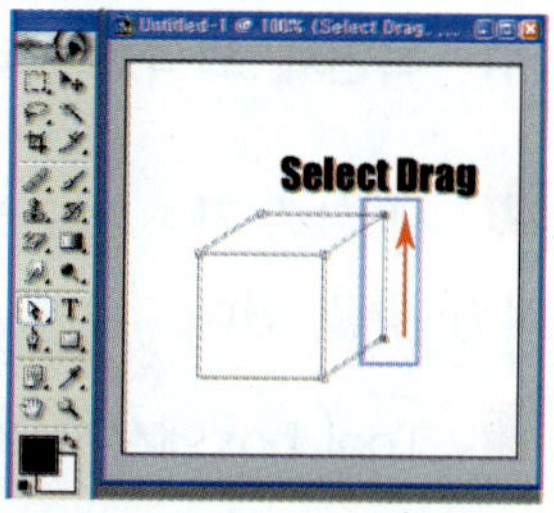

그림 3-92 모서리 일치

2. 정육면체 Gradient color 적용하기

1 새로운 Layer를 추가한다.

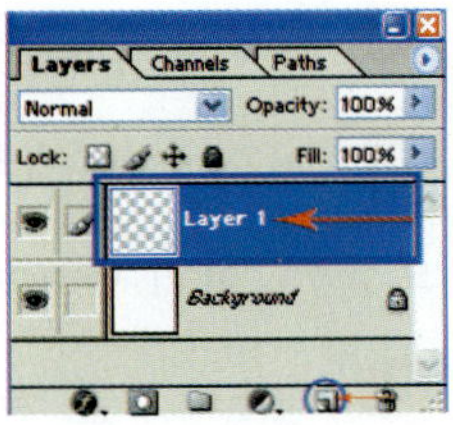

그림 3-93 Layer 추가

2 정육면체의 윗면을 선택한다.

3 Path pallet에서 Load path as a selection 아이콘을 클릭한다.

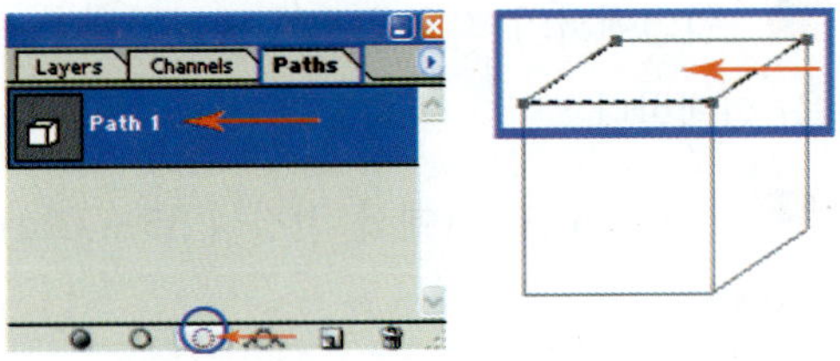

그림 3-94 윗면 선택

4 Tool box에서 Gradient Tool 기능을 선택하고 Gradient Tool 기능 옵션 창에서 Linear Gradient 기능을 선택한 후 Opacity(강도) 값을 100%로 지정한다.

그림 3-95 Linear Gradient 기능

5 Swatch Pallet 창에서 전경색을 10% Gray, 배경색을 20% Gray로 설정한다.

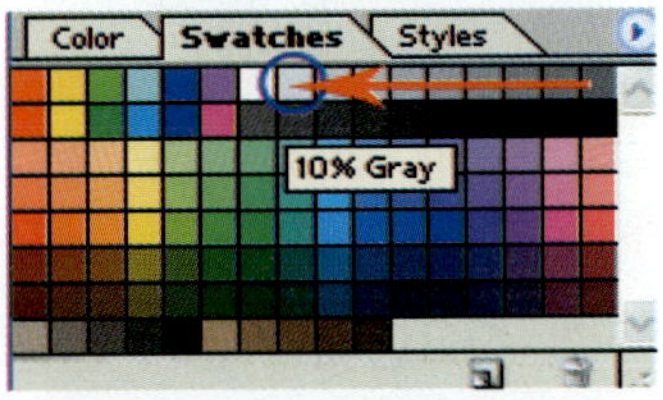

그림 3-96 Swatch Pallet 속성 창

6 정육면체 윗면의 선택 영역에서 왼쪽 클릭 후 오른쪽 방향으로 Drag하여 Gradient 효과를 적용한다.

그림 3-97 Gradient 효과 적용

7 [Ctrl + D]를 눌러 선택 모드를 해제한 후 Path Selection Tool 버튼을 클릭한 후 정육면체의 앞부분을 클릭한다.

8 윗면에서의 적용방법과 동일하게 Path Layer에서 해당 영역만을 선택한다.

9 Swatch pallet에서 전경색 15% Gray, 배경색 25% Gray로 설정한다.

10 정육면체 정면의 선택 영역에서 왼쪽 클릭 후 오른쪽 방향으로 Drag하여 Gradient 효과를 적용한다.

11 Ctrl + D를 눌러 선택 모드를 해제한 후 Path Selection Tool 버튼을 클릭한 후 정육면체의 옆면 부분을 클릭한다.

12 윗면에서의 적용방법과 동일하게 Path Layer에서 해당 영역만을 선택한다.

13 Swatch pallet에서 전경색 35% Gray, 배경색 45% Gray로 설정한다.

14 정육면체 옆면의 선택 영역에서 오른쪽 클릭 후 왼쪽 대각선 방향으로 Drag하여 Gradient 효과를 적용한다.

15 결과 확인 : 선택 모드 해제 후 결과를 확인한다.

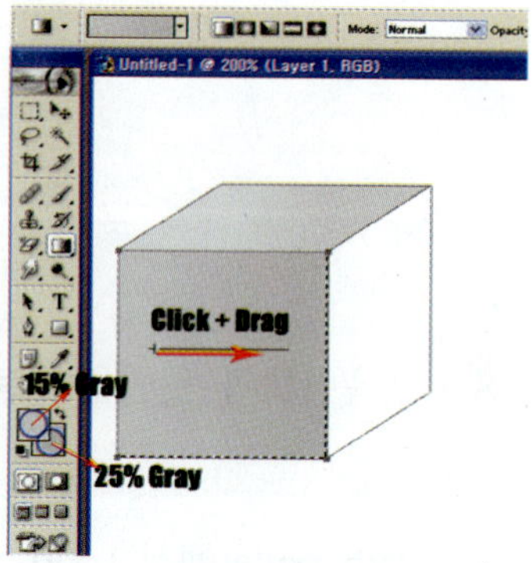

그림 3-98 Gradient 효과 적용

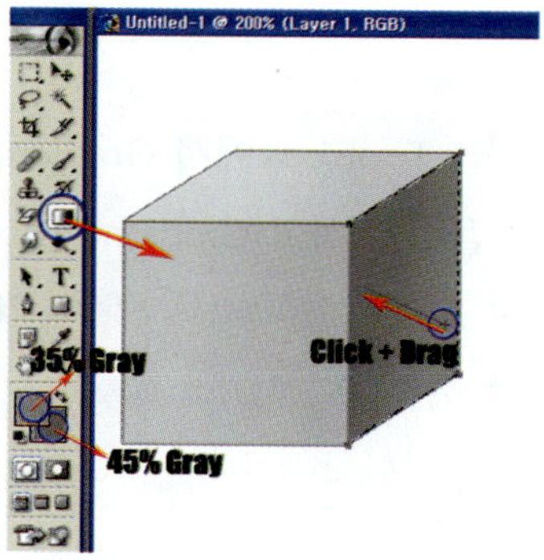

그림 3-99 Gradient 효과 적용

그림 3-100 중간 결과 확인

3. 정육면체 그림자 만들기

Object를 3차원 공간상에 존재하는 것처럼 보이기 위해 반드시 필요한 것이 그림자이다. 그림자는 대상 Object에 대해 3차원 공간상에서의 Light 효과의 증거로 제작되며 이러한 증거로 인해 우리는 마치 2차원 대상이 3차원 공간상에 존재하고 있도록 인식하게 만든다.

1 Layer Lock 버튼을 이용해서 현재 선택된 Layer를 잠근다.

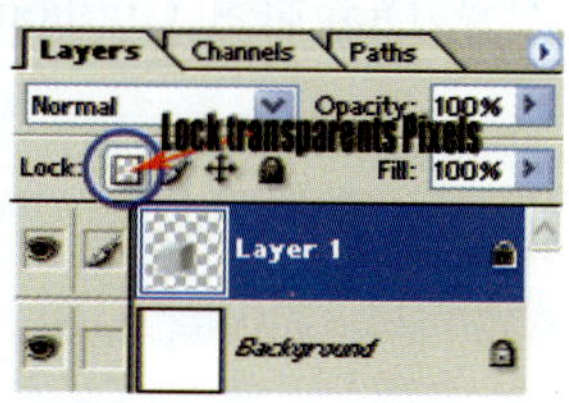

그림 3-101 Lock Layer

2 Brush 툴을 이용하여 정육면체에 Light 효과를 그려준다.

3 Background Layer로 작업 모드를 변경한 다음 Polygon Lasso Tool을 선택하여 그림자 영역을 그려준다.

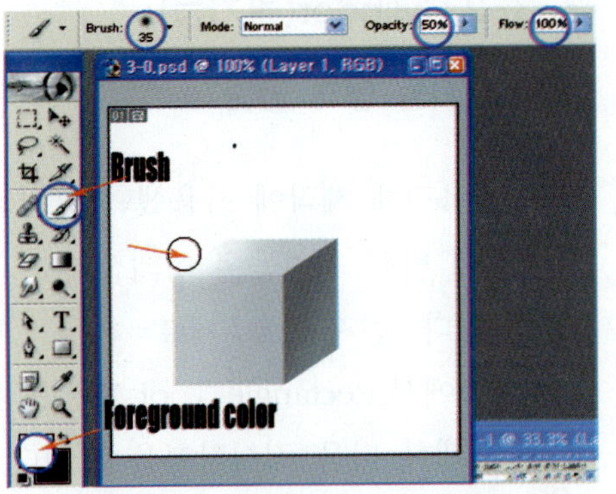

그림 3-102 정육면체에 Light 효과주기

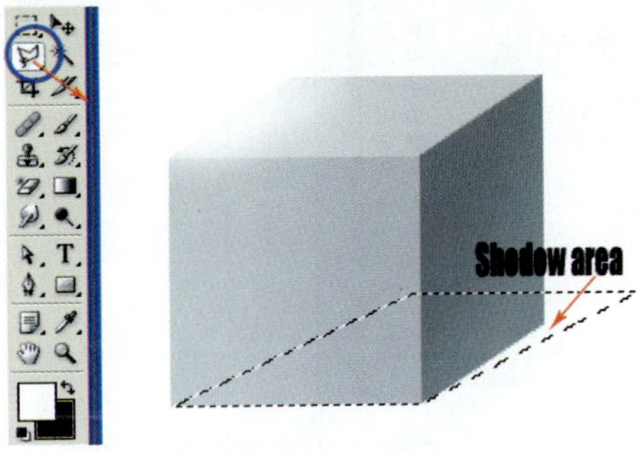

그림 3-103 Shadow 영역 그리기

4 Swatches pallet에서 전경색을 70% Gray로 배경색을 흰색으로 지정을 한다.

5 Tool box에서 Gradient Tool을 선택하고 옵션 bar에서 Linear Gradient를 선택한다.

6 선택영역의 그림자 부분에서 마우스를 대각선 방향으로 Click drag를 하여 그림자를 표현한다.

7 선택영역해제하고 결과 확인을 한다.

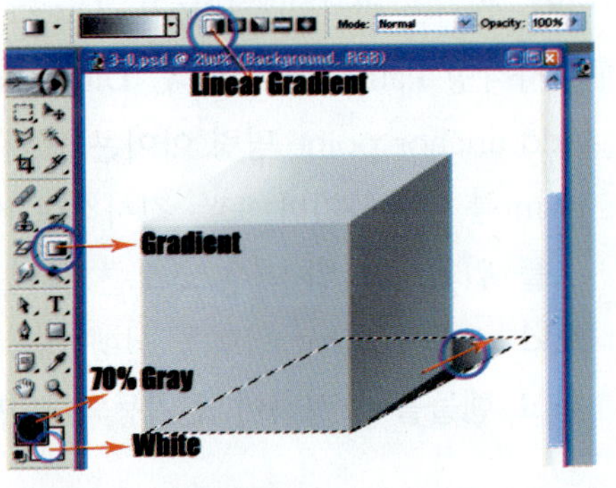

그림 3-104 그림자 표현

그림 3-105 최종 결과 확인

3-3-2 Cylinder(원기둥)

1. 원기둥 형태 만들기

1 정육면체 제작에 사용했던 방법들과 거의 유사하다. 다만 정육면체에 비해 원기둥은 형태잡기가 정육면체에 비해 까다롭다고 할 수 있다. 먼저 가로 * 세로 = 10cm * 12cm 크기의 작업 창을 연다. Toolbox에서 Rectangle Tool 버튼을 누르고 옵션 창에서 Path 모드를 선택한 다음 직사각형을 그린다.

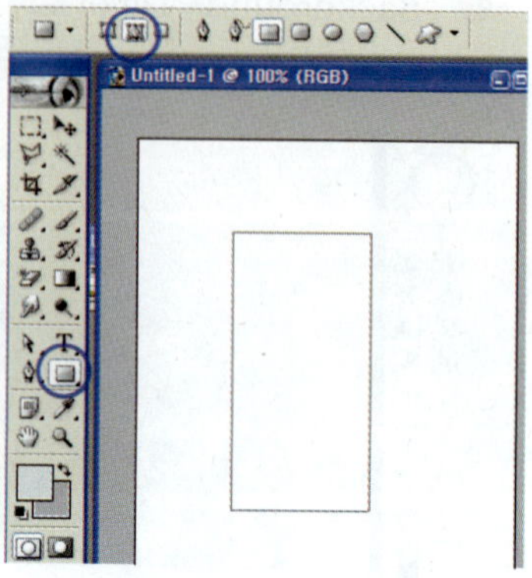

그림 3-106 직사각형 그리기

2 Ellipse Tool을 이용하여 원기둥의 상단부분의 타원형태를 제작한다. 제작된 타원형이 직사각형 윗선의 절반에 걸치고 크게 확대하여 양쪽 모서리가 정확하게 일치하도록 맞춘다.

3 원기둥 바닥형태 만들기 : Direct selection Tool을 선택한 후 직사각형 Path를 선택한다. Direct selection Tool 아래에 위치한 Add anchor point 명령 아이콘을 선택하여 원하는 위치에 Anchor point를 추가하거나 또는 직사각형 바닥 라인 중간에 지점에 마우스를 위치시킨 뒤 마우스 오른 클릭을 하여 Pop up 메뉴 중에서 Add anchor point 명령을 실행한다. 생성된 Anchor Point를 이동하고 핸들을 조정하여 원기둥의 밑면의 모양으로 만든다.

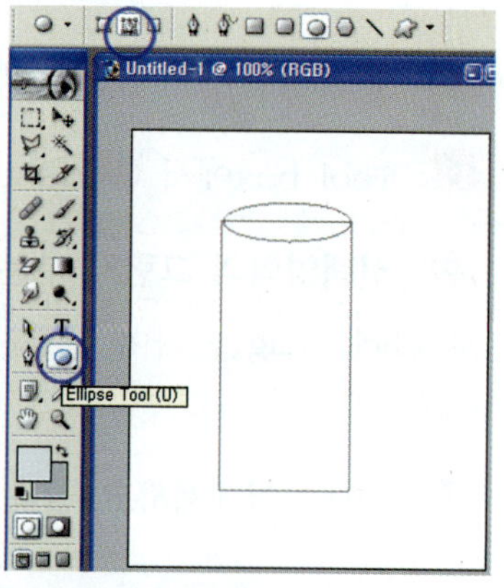

그림 3-107 타원형태 그리기

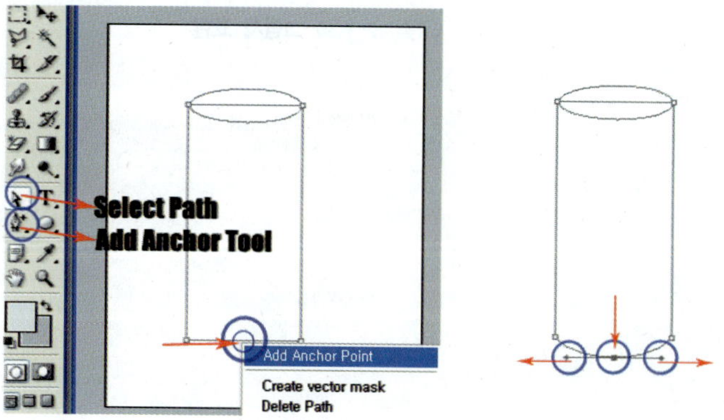

그림 3-108 원기둥 밑면 모양 만들기

4 새로운 Layer를 추가하고 새로운 Layer 작업 모드로 이동한 후 Path pallet의 Load path as a Selection 버튼을 클릭하여 Path를 선택 영역으로 전환한다. 전환된 영역에 Gradient 효과를 적용하다. Tool box에서 Gradient tool 버튼을 선택하고 옵션 창에서 Linear Type을 지정하고 Opacity 값은 100%를 유지한다. Gradient의 전경색은 10% Gray, 배경색은 50% Gray로 설정한다. 위와 같은 Setting 값의 설정이 완료되면 선택 영역의 가운데 지점의 오른쪽에서 왼쪽 방향으로 Drag한다. 작업이 완료되면 [Ctrl + D]를 눌러 선택 모드에서 해제시킨다.

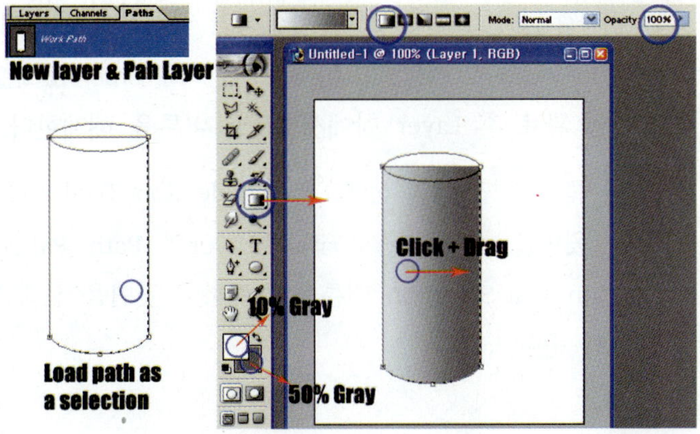

그림 3-109 Gradient 효과 넣기

2. 원기둥에 입체감 넣기

1 Lock transparent pixels : Layer 창에서 Lock transparent pixels 버튼을 선택하여 작업중인 Layer1을 잠근다.

2 Tool box에서 Brush 기능을 선택하고 전경색을 흰색으로 지정한다. Brush size는 35px로, Opacity는 50%로 설정한다. 각도에 따라 Opacity 값을 조절하면서 그려주면 더욱 입체감 있는 효과를 얻을 수 있다.

3 Highlight 영역 그리기 : 원기둥의 빛을 받게 될 영역에 대해 Brush 효과를 적용한다. 이때 Shift 버튼을 누르고 칠을 하면 수직 또는 수평 라인으로 칠하여진다.

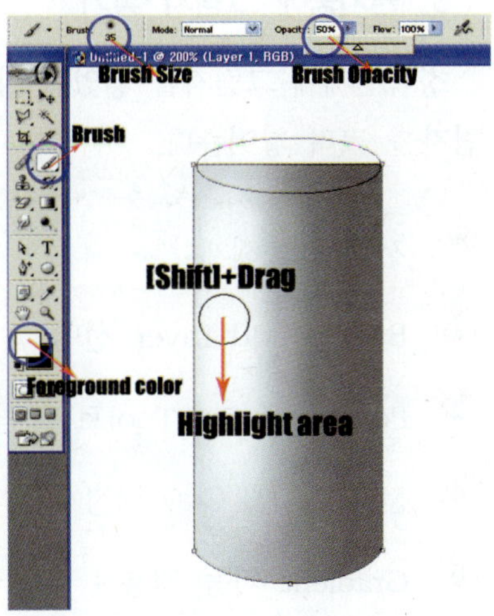

그림 3-110 주광 영역 Brush 효과

4 반사광 영역 그리기 : 보다 사실적인 입체감을 살리기 위해 전경색을 35% Gray로 설정하고 반사광의 영역에 Brush 효과를 적용한다. 작업 완료 후 Layer 창에서 Lock 버튼을 해제한다.

5 원기둥의 윗면 영역 선택 : Path Selection Tool 버튼으로 원기둥의 윗면을 선택한다. 그리고 Layer의 Path Pallet 창에서 Load Path as a Selection 버튼을 클릭하여 윗면을 선택 영역으로 전환하여 준다.

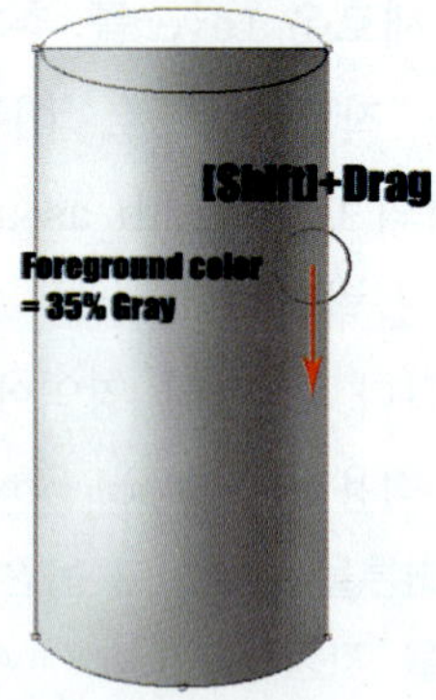

그림 3-111 반사광 영역 Brush 효과

6 원기둥의 윗면 영역 채색 : 전경색 10% Gray, 배경색 25% Gray 설정 후 Gradient 모드로 전환한다. 왼쪽 상단에서 하단으로 대각선 Drag를 통해 명암의 방향을 설정한다.

7 전경색 흰색

8 Brush 사이즈 35px, Opacity 50%

9 원기둥의 윗면에 밝은 영역을 그려 넣는다. 이때 정면에 그려진 밝은 부분에 일치하는 영역으로 그려준다.

그림 3-112 원기둥의 윗면 영역 Brush

3. 원기둥에 그림자 넣기

정육면체에 그림자를 넣었던 방법과 동일하게 보다 정교한 입체감을 표현하기 위해 원기둥의 그림자를 그려 넣어준다.

1 선택영역 해제

2 Background Layer 선택

3 Polygon Lasso Tool로 그림자 영역 그리기

4 전경색 70% Gray 설정

5 Gradient 기능 적용

6 선택 영역 해제 후 완성된 이미지 확인

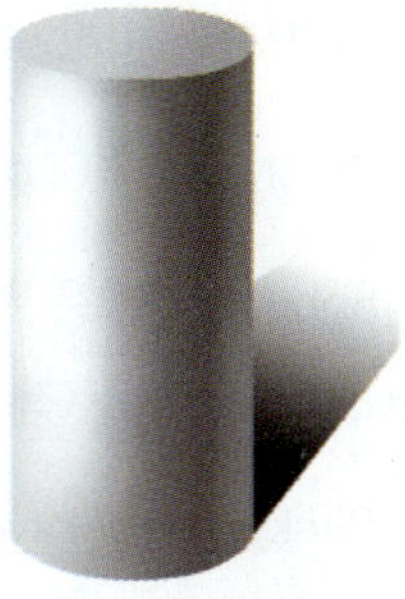

그림 3-113 원기둥에 그림자 넣기

3-3-3 Sphere(구)

1 가로 * 세로 = 10cm * 10cm 작업 창 열기

2 Ellipse Tool 버튼 선택 후 옵션 창에서 Paths 모드로 설정한 뒤 [Shift] [Alt] + Drag를 통해 작업 창의 가운데에서부터 정원을 그리기

3 Layer에서 New Layer를 만든 후

4 Path selection Tool로 그려진 정원을 선택한 후

5 Paths layer에서 Load path as a selection 버튼을 클릭하여 정원 Path를 선택 영역으로 만든다.

6 Tool box에서 Gradient tool을 선택 후 옵션 창에서 Radial Gradient 기능을 선택한 후 Opacity = 100%으로 지정한다.

7 전경색 10% Gray, 배경색 60% Gray로 설정한다.

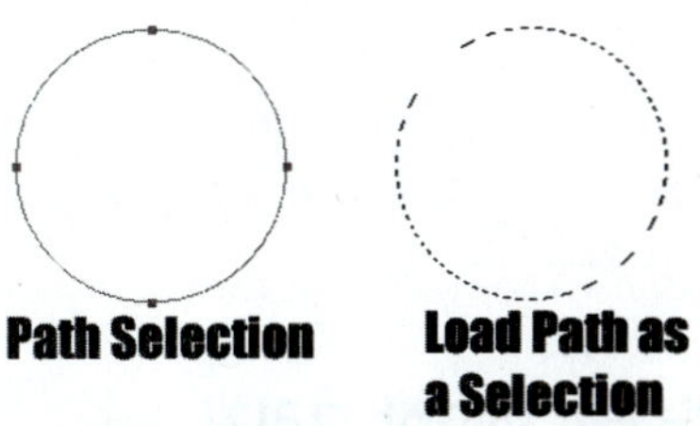

그림 3-114 정원 그리기

8 선택 영역의 왼쪽 상단에서 오른쪽으로 대각선 Drag하여 Gradient 효과를 적용한다.

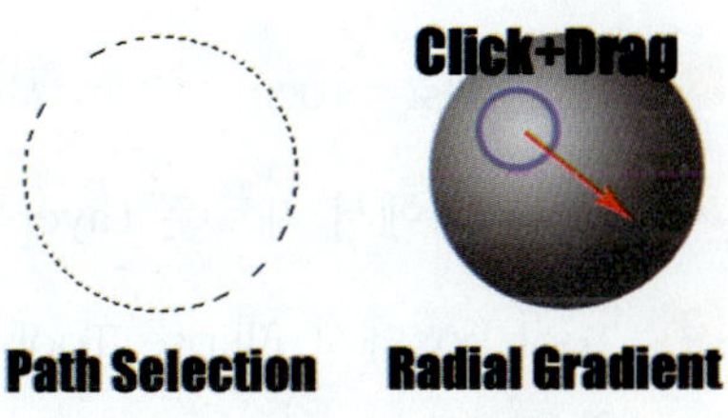

그림 3-115 Gradient 효과 적용

9 [Ctrl + D] 선택영역 해제

10 Layer Lock

11 Tool box에서 Brush 모드로 전환하고 Brush size = 35px, Opacity = 50%로 설정한다.

12 전경색을 40% Gray로 지정한다.

13 Sphere의 어두운 부분에 대해 Brush 효과(반사광)를 적용한다.

14 전경색을 흰색으로 전환

15 Brush size = 65px, Opacity = 50%로 설정한다.

16 Sphere의 밝은 부분, 즉 Highlight 부분에 대해 Brush 효과(Highlight)를 적용한다.

17 Background Layer를 선택하고 Toolbox에서 Elliptical Marquee Tool(원형그리기) 버튼을 선택한 후 Sphere 아래 그림자가 될 부분에 대해 타원형을 그린다. Point 이동을 통해 모양을 수정한 후 영역 선택 모드로 전환한다.

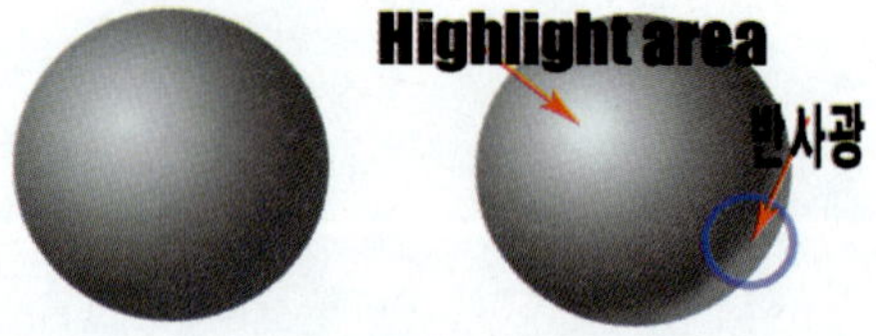

그림 3-116 Highlight 효과 적용

18 전경색을 70% Gray로 만든다.

19 Gradient Tool을 실행하고 Linear Gradient 모드를 활성화한다.

20 선택 영역의 아래쪽에서 대각선 위의 방향으로 Drag하여 그림자를 완성한다.

21 선택 영역 해제 후 결과를 확인한다.

그림 3-117 최종 결과 확인

3-3-4 머그잔 그리기

1. 기본 Path 그리기

1 가로 * 세로 = 10cm * 12cm 사이즈의 작업 창을 연다.

2 Layer 창에서 새로운 Layer를 추가한다.

3 Tool box에서 Ellipse Tool 기능을 활성화하고 옵션 창에서 Path 모드로 전환한다.

4 Ellipse Tool로 머그잔의 상단 윗면의 타원형의 Path를 만든다. 만들어진 타원형의 윗면을 위치와 모양을 수정하여 기준면으로 완성한다.

5 만들어진 윗면을 기준으로 Pen Tool을 이용하여 컵의 단면을 그린다. 이때 모양을 잡기가 쉽지 않게 느껴질 경우 [Shift + Drag] 기능을 이용하여 전체적으로 Linear 형태로 제작[1]~[4]한 다음 편집하는 방법 **5**를 이용해 보면 편리할 것이다. 또는 사각형의 모양을 만든 다음 Point를 추가해서

모양을 다듬을 수도 있다. 이때 바닥 부분에 생성된 Point는 컵의 둥근 바닥 모양을 만들기 위해서 핸들이 생성될 수 있도록 해야 한다. 필요하다면 한 개 이상의 Segment 추가도 가능하다.

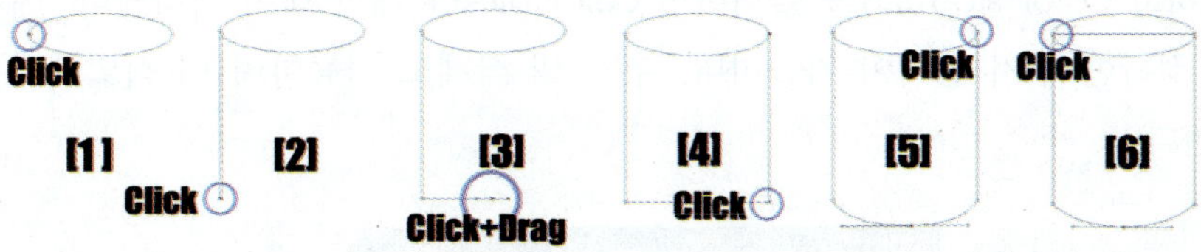

그림 3-118 컵의 단면 그리기

6 손잡이 Path 그리기 : Pen Tool 기능을 이용하여 머그잔의 손잡이 단면을 그린다. 이때 모양 수정이 필요한 곡선 부분에 Point들은 Anchor가 생성될 수 있도록 한다. 왜냐하면 향후 모양 수정 작업에 들어가기 때문에 Anchor가 있어야 모양을 잘 다듬을 수 있다.

그림 3-119 손잡이 Path 그리기

7 모양 수정 : Anchor point의 이동과 핸들 크기와 각도 조절을 통해 손잡이의 전체적인 모양을 다듬는다.

2. 몸통 채색하기

1 영역선택하기 : 머그잔의 정면 부분을 Path Selection Tool 기능으로 선택을 한다.

2 선택된 Path 위에 마우스 오른 클릭을 하여 Make Selection 명령을 실행한다. Open된 명령 창에서 OK를 누르면 그 결과 선택한 Path의 영역이 선택 모드로 전환된다.

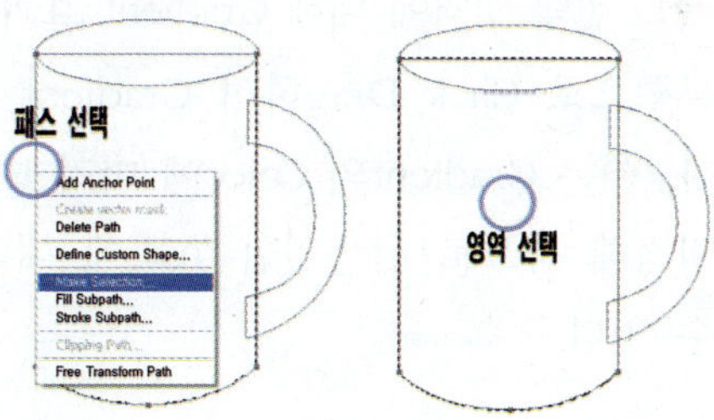

그림 3-120 Path의 선택 모드

3 Tool box에서 Gradient Tool을 선택하고 상단 옵션 창에서 Linear Gradient 옵션을 선택한다.

4 Click to Edit the Gradient를 클릭하여 Gradient 기능을 편집할 수 있도록 한다. 먼저 Gradient Editor 창이 나타난다. 여기서 Color slider를 통해 color 값을 변경해 줄 수 있다. 변경을 원하는 Color slider를 선택하고 Color stop tab을 클릭하면 Color picker 대화 창이 나타난다. 여기서 RGB값에 대해 직접 그 정확한 수치 입력이 가능하다. 추가 및 삭제도 가능하며 이 작업에서는 4개의 Color Stop이 필요하다.

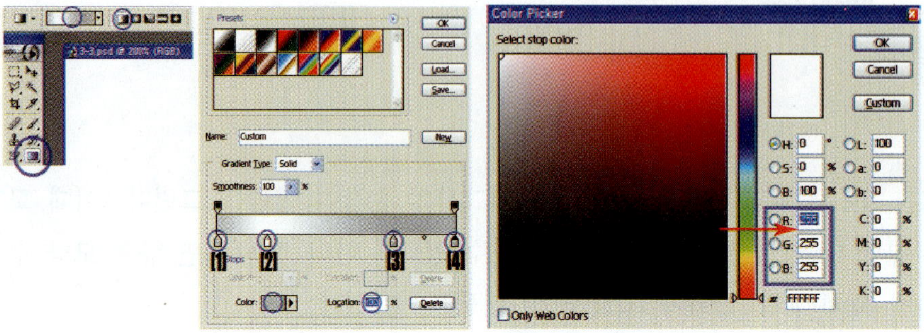

그림 3-121 Color 적용 형태와 색지정

- 첫 번째 Color stop의 Rocation 값을 "0" RGB Color 값을 210, 210, 210으로 맞춘다.
- 두 번째 Color stop의 Rocation 값을 "21" RGB Color 값을 255, 255, 255으로 맞춘다.
- 세 번째 Color stop의 Rocation 값을 "74" RGB Color 값을 190, 190, 190으로 맞춘다.
- 세 번째 Color stop의 Rocation 값을 "100" RGB Color 값을 200, 200, 200으로 맞춘다.

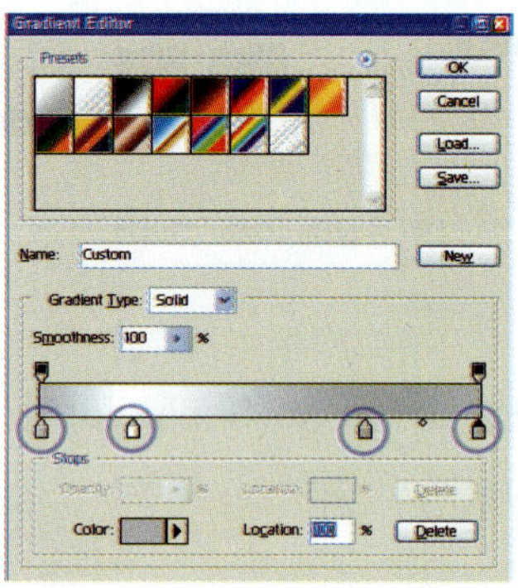

그림 3-122 Color stop 속성 창 Setting

5 선택 영역에 대해 Gradient 효과를 적용한다. 왼쪽에서 오른쪽으로 Click_Drag하여 Gradient 효과를 적용하고 확인한다. 이는 Gradient의 Color에 미리 빛의 효과를 적용한 효과를 지정해 줌으로써 동일한 효과에 대해 작업의 효율성을 높일 수 있다.

그림 3-123 Gradient 효과 적용

6 컵 윗부분 채색하기 : 새로운 Layer를 하나 추가한다.

7 Path Selection Tool 버튼을 이용하여 윗면 Path를 선택한다.

8 선택된 Path 위에 마우스 오른 클릭을 통해 Make Selection 명령을 실행한다.

9 Tool box에서 Gradient 기능을 선택한다.

10 Gradient 형식을 Foreground to Background를 선택한다.

11 Eye dropper Tool [Alt]를 활성화하여 머그잔의 몸통 부분에서 중간 톤 부분을 선택한다.

12 선택된 Color는 기본적으로 전경색으로 나타나는데 이때 단축키 [X]를 눌러 전경색과 배경색의 Color 값을 반전시킨다.

13 Eye dropper Tool [Alt]를 활성화하여 이번에는 머그잔 몸통의 밝은 색 영역 부분을 선택하여 전경색으로 설정한다.

14 머그잔 상단 Path가 선택 영역을 유지하는지 확인 후 Gradient Tool 기능을 이용해서 효과를 적용한다.

15 [Ctrl + D] 기능으로 선택 영역을 해제하고 Gradient 효과를 확인한다.

그림 3-124 컵 윗부분 채색

그림 3-125 머그잔 상단 Gradient 효과 적용

그림 3-126 Gradient 효과 확인

3. 손잡이 채색하기

1 Layer 창에서 새로운 Layer를 추가한다.

2 Path Selection Tool 버튼을 이용해서 손잡이 Path를 선택한다.

3 Path pallet에서 Load path as a selection 아이콘을 클릭하여 손잡이 부분만 선택 영역될 수 있도록 한다.

그림 3-127 손잡이 채색하기

4 단축키[X]를 눌러 전경색과 배경색을 바꿔준다.

5 Paint Bucket Tool을 이용하여 선택된 손잡이 영역에 전경색을 입혀 준다.

6 선택 영역 해제 후 결과 확인한다. 선택된 Path를 안보이게 하는 기능은 View 〉 Show 〉 Target Path 메뉴를 실행하거나 단축키 [Shift + Ctrl + H]를 사용한다.

4. 손잡이 입체감 효과내기

1 Path에서 Work path를 선택하여 Path 모드를 활성화시킨다.

2 작업 화면에 Path 가 나타나면 Layer 팔레트 창에서 Create New Layer 버튼을 이용해 새로운 Layer를 추가한다.

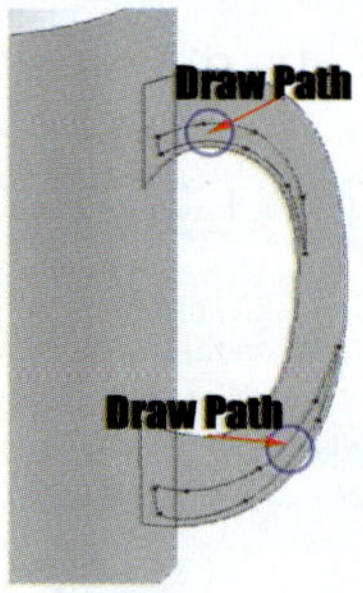

그림 3-128 Path 그리기

3 Pen Tool을 이용해서 손잡이 영역에서 어두운 영역에 대해 Path를 그려준다.

4 위쪽의 Path를 선택한다.

5 마우스 오른 버튼을 눌러 Pop up 메뉴 창에서 Make Selection 명령을 실행한다.

6 Make Selection 대화 상자에서 Rendering 옵션에서 Feather Radius 수치를 1.5Pixel로 설정하고 OK 버튼을 누른다.

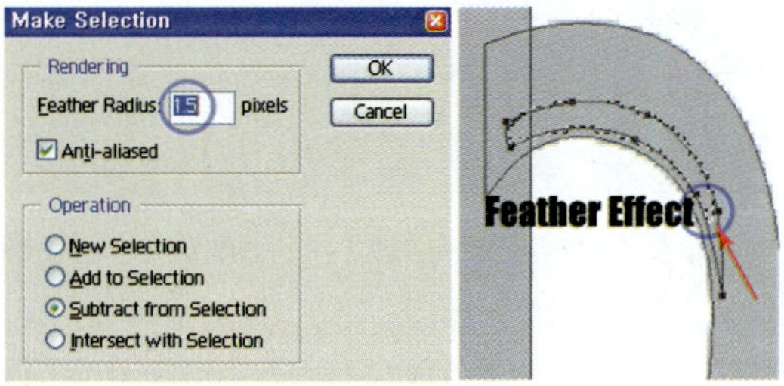

그림 3-129 Make Selection 명령

7 Swatches 팔레트에서 30% Gray를 선택하고 [Alt + Delete] 키를 눌러 전경색의 효과를 준다.

8 선택 영역 해제 후 결과 확인한다. 선택된 Path를 안보이게 하는 기능은 View > Show > Target Path 메뉴를 실행하거나 단축키 [Shift + Ctrl + H]를 사용한다.

9 아래쪽의 ,Path를 선택한다.

10 마우스 오른 버튼을 눌러 Pop up 메뉴 창에서 Make Selection 명령을 실행한다.

그림 3-130 Color 적용

11 Make Selection 대화 상자에서 Rendering 옵션에서 Feather Radius 수치를 1.5Pixel로 설정하고 OK 버튼을 누른다.

12 Swatches 팔레트에서 35% Gray를 선택하고 Alt + Delete 키를 눌러 전경색의 효과를 준다.

13 선택 영역 해제 후 결과 확인한다.

그림 3-131 Color 적용

5. 머그잔 몸통 부분 입체감 주기

1 Path에서 Work path를 선택하여 Path 모드를 활성화시킨다.

2 작업 화면에 Path가 나타나면 Layer 팔레트 창에서 Create New Layer 버튼을 이용해 새로운 Layer를 추가한다.

3 Pen Tool을 이용해서 반사광을 남겨둔 위치에 새로운 영역을 Path를 그려준다.

4 아래쪽의 ,Path를 선택한다.

5 마우스 오른 버튼을 눌러 Pop up 메뉴 창에서 Make Selection 명령을 실행한다.

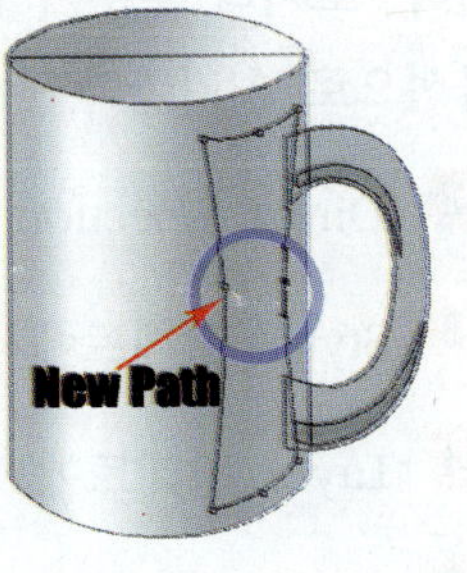

그림 3-132 Path 그리기

6 Make Selection 대화 상자에서 Rendering 옵션에서 Feather Radius 수치를 5Pixel로 설정하고 OK 버튼을 누른다.

그림 3-133 Color 적용

7 Swatches 팔레트에서 35% Gray를 선택하고 [Alt + Delete] 키를 눌러 전경색의 효과를 준다.

8 선택 영역 해제 후 결과 확인한다.

3-3-5 주사위 제작하기

1 가로 12cm, 세로 12cm 크기의 새 작업 창을 연다.

2 툴박스에서 Pen Tool 버튼을 선택하고 옵션 바에서 Shape layers 버튼을 선택한다.

3 Pen Tool 버튼을 모서리가 둥근 육면체를 제작한다.

4 Direct Selection Tool 버튼으로 전체적인 육면체의 패스를 다듬어 준다.

5 모두 직선 패스로 그렸기 때문에 Convert Point Tool 버튼으로 모서리 부분의 앵커 포인트를 곡선 성분으로 변경한다.

6 Direct Selection Tool 버튼으로 방향선을 조정하여 모서리 부분의 곡선을 완만하게 만든다.

7 Styles 팔레트에서 'Blue Grass'를 선택한다.

8 Layer 팔레트 창에서 Effects 효과 중 'Inner Grow'을 클릭한다.

9 Inner Grow 옵션 중 Elements에 Choke를 '40%'로 Size를 '30px'로 설정하여 적용한다.

10 툴박스에서 [Pen Tool] 버튼을 선택한다.

11 입체적인 육면체를 만들기 위해 앞쪽의 모서리를 그린다. 모서리 부분이 둥근 육면체이므로 앞쪽의 모서리도 곡선으로 처리한다.

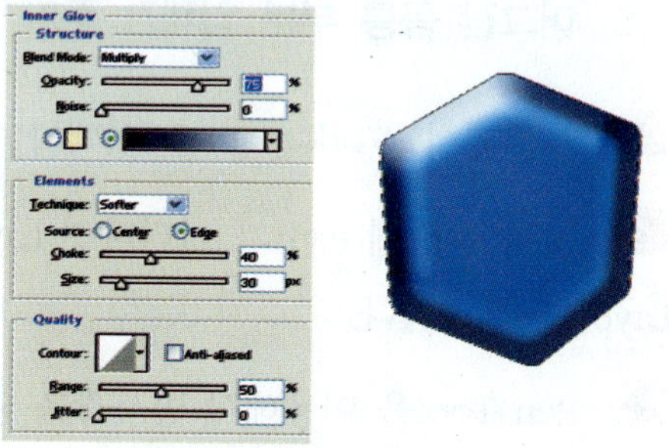

그림 3-134 정육면체 만들기

12 Direct Selection Tool 버튼으로 형태를 수정한다.

13 Styles 팔레트에서 'Chiseled Sky'를 선택한다.

14 Layer 팔레트에 Opacity를 '75%'로 지정한다.

15 Layer 팔레트에 Opacity를 조정한 후에 반드시 ENTER키를 눌러야 한다. Enter 키를 친다는 것은 Transform이나 Shape 등의 편집 작업이 완료되었다는 의미이다.

그림 3-135 모서리 작업완료

16 Layer 팔레트에서 Layer 1을 만든다.

17 툴박스에서 Ellipse Tool 버튼을 선택하고 옵션 바에서 Paths 모드버튼을 선택한다.

18 Ellipse Tool 버튼으로 Shift 키를 누르고 Drag하여 원을 그린다.

19 Paths 팔레트에서 Work Path를 팔레트 하단에 있는 Fill path with foreground color 버튼으로 Drag한다.

20 Paths 팔레트에서 Work Path를 팔레트 하단에 있는 Load path as a selection 버튼으로 Drag한다.

21 Color 팔레트에서 RGB 값을 '144'로 설정한다.

22 툴박스에서 Brush Tool 버튼을 선택하고 옵션 바에서 Size를 '5px', Opacity를 '70'로 설정한다.

23 검은색 원에 밝은 면을 그린다.

24 Color 팔레트에서 RGB 값을 '192'로 설정한다.

25 원의 반대편에 조금 더 밝은 면을 만들고 검은색으로 밝은 면을 다듬어 준다.

26 단축키 [X]를 눌러 배경색인 '흰색'을 선택하고 Brush옵션 중 Opacity를 '100%'로 설정한다.

27 검은색 원에 하이라이트를 만들어 주고 다시 검은색으로 면을 정돈한다.

28 선택영역이 유지된 상태에서 Rectangular Marquee Tool(사각 선택 툴) 버튼을 선택한다.

29 [Ctrl + Alt] 키를 함께 누르고 drag하여 육면체의 면에 하나씩 복사한다.

30 Rectangular Marquee Tool 버튼으로 육면체의 윗면에 있는 원을 선택한다.

31 [Ctrl + Drag]하여 위치를 잡아주고 [Ctrl + T]로 Free Transform의 컨트롤러를 표시한다.

32 [Ctrl + Alt] 키를 누르고 Transform의 컨트롤러의 각 모서리를 움직여 원의 형태를 변형한다.

33 [Ctrl + Alt] 키를 함께 누르고 drag하여 원을 차례대로 복사한다.

34 뒷줄의 원 두 개는 점차적으로 작아지도록 한다.

35 왼쪽 면에 있는 원을 선택한다.

36 [Ctrl + Drag]하여 위치를 잡아주고 [Ctrl + T]로 Free Transform의 컨트롤러를 표시한다.

37 [Ctrl + Alt] 키를 함께 누르고 drag하여 원을 복사한다.

38 오른쪽에 있는 원을 선택하고 Free Transform으로 면에 맞게 형태를 변형한 후 Drag하여 원을 복사한다.

39 오른쪽 면에 넣어야 할 5개의 원 중에서 위쪽 원 2개는 크기를 줄여준다.

40 툴박스에서 Polygonal Lasso Tool 버튼을 선택한다.

41 Layer 1 레이어가 활성화된 상태에서 Polygonal Lasso Tool 버튼으로 윗면의 원을 일부 선택한다.

42 Image > Adjustments > Brightness > Contrast 메뉴를 선택한다.

43 Brightness / Contrast 대화상자에서 Brightness를 '50'으로 설정하여 적용한다.

그림 3-136 주사위 표면 만들기

3-3-6 커피와 커피 잔

1. Path 그리기

1 가로 * 세로 = 14cm * 12cm의 새로운 작업 창을 연다.

2 Layer 창에서 New Layer를 하나 만든다.

3 Tool box에서 Ellipse Tool 기능을 선택하고 상단 옵션 창에서 Path 모드와 오른쪽 Add to Path area(+) 버튼을 선택한다.

4 커피 잔의 받침으로 사용될 받침의 Path 영역을 그린다.

5 만들어진 받침 Path 위에 커피 잔의 윗면이 될 타원의 Path를 하나 추가하여 그린다.

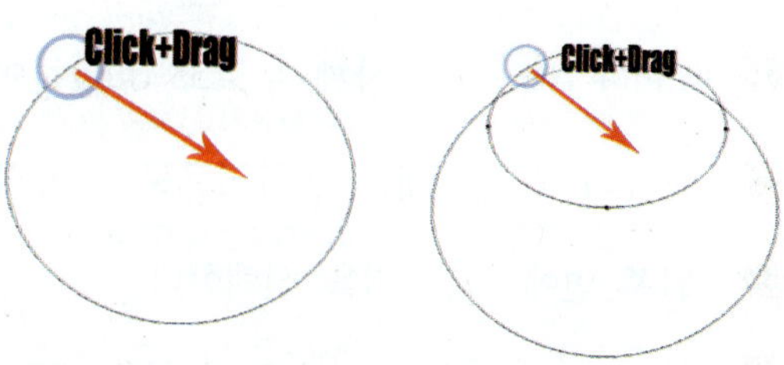

그림 3-137 Path 그리기

6 Path Tool 기능을 이용해 커피 잔의 몸통을 그리는데 커피 잔의 윗부분이 될 타원을 포함하여 Path를 만든다. 이는 나중에 커피 잔의 두께를 주기 위해 면을 하나 더 추가하기 위해서이다. 약 6개의 Anchor Point를 이용하여 만들면 되는데 필요에 의해서는 더 추가할 수 있다. 일단 임의의 위치에 Anchor Point를 추가하고 수정 / 편집과정을 통해 커피 잔의 외곽의 형태를 만들어 준다. 커피 잔의 아래쪽은 좀 더 줄여주고 곡선은 부드럽게 이어지도록 수정한다.

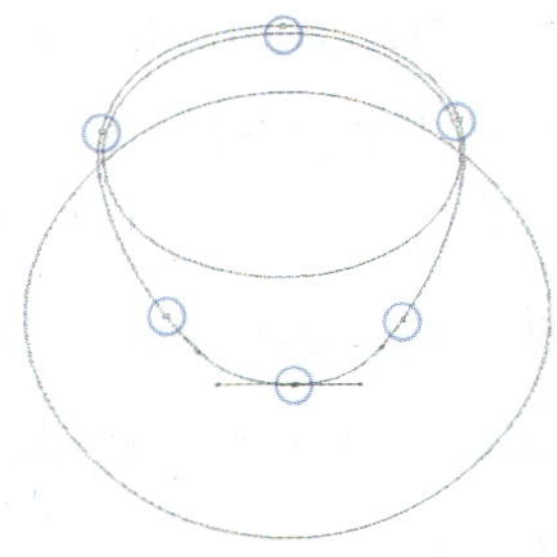

그림 3-138 Path 그리기

7 커피 잔의 밑면이 될 작은 타원의 Path를 그린다.

8 손잡이 Path 그리기

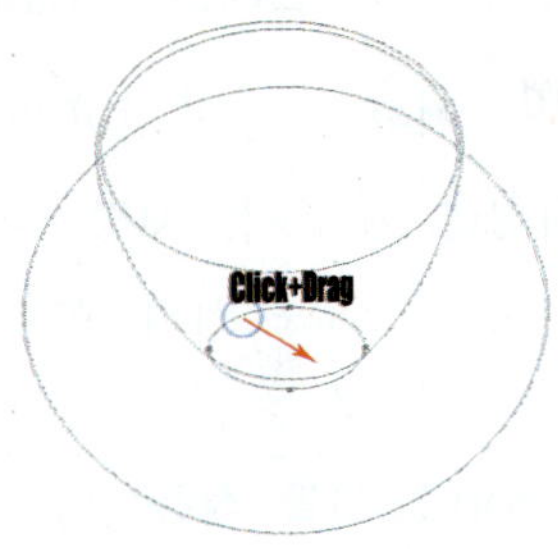

그림 3-139 타원 Path를 그리기

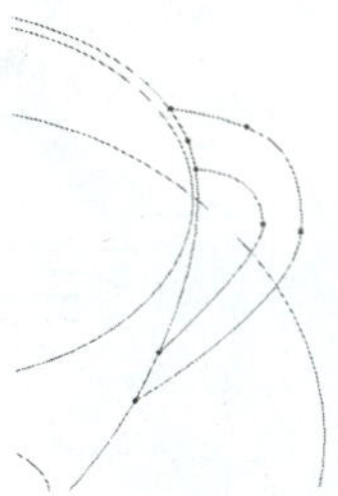

그림 3-140 손잡이 Path 그리기

2. 채색하기

1 Path Selection Tool 버튼을 이용하여 가장 아래 위치한 컵 받침을 선택한다.

2 Color 팔레트에서 RGB의 수치를 각각 205, 221, 242의 값을 지정해 준다.

3 작업 창에서 마우스 오른 클릭 후 Fill Sub path를 선택한다.

4 Fill Sub path 옵션 창에서 Use를 Foreground Color로 지정되어 있는지 확인 후 OK 버튼을 누른다.

5 선택된 커피 받침대에 지정한 Color가 적용된 것을 확인할 수 있다.

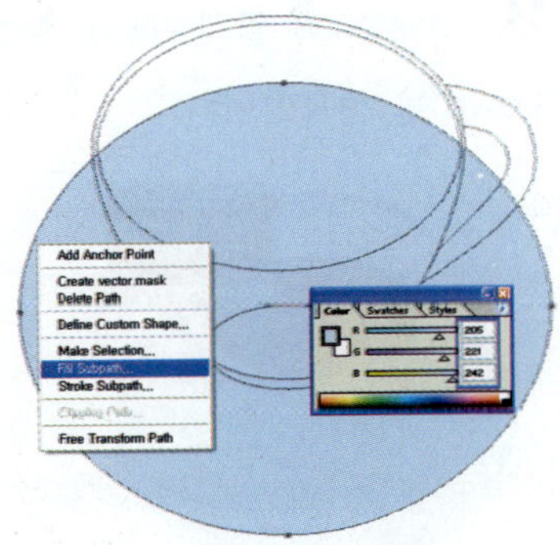

그림 3-141 기본 Color 적용하기

6 Layer를 하나 더 추가한다. 커피 잔의 밑바닥 부분에 대한 채색을 시작한다. 먼저 Color 팔레트에서 RGB 수치를 각각 125, 167, 217로 설정한다.

7 Path Selection Tool 기능으로 커피 잔의 밑 부분 Path를 선택한 후 작업 영역에서 마우스 오른 클릭 후 Fill Sub path 명령을 실행한다.

8 커피 잔의 몸체를 채색한다. 먼저 Color 팔레트에서 RGB 수치를 각각 174, 198, 253으로 설정한다.

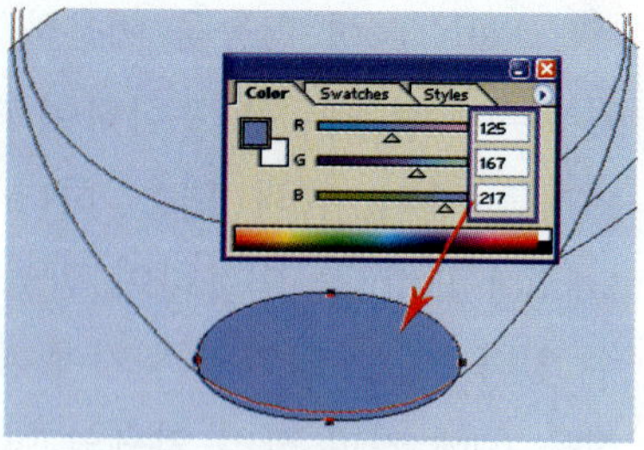

그림 3-142 바닥 영역 채색

9 Path Selection Tool 기능으로 커피 잔의 몸통 부분 Path를 선택한 후 작업 영역에서 마우스 오른 클릭 후 Fill Sub path 명령에서 Foreground Color를 실행한다.

10 커피 잔에서 커피가 담겨질 안쪽 부분의 Color는 흰색으로 지정을 해 준다. 배경색을 White로 지정해 놓고 Path Selection Tool 기능으로 커피 잔의 안쪽 부분 Path를 선택한 후 작업 영역에서 마우스 오른 클릭 후 Fill Sub path 명령에서 Background Color(흰색)를 적용한다.

11 커피 잔 손잡이의 Color도 몸통과 동일하게 적용한다.

12 커피 그리기 : Layer를 하나 더 추가한다.

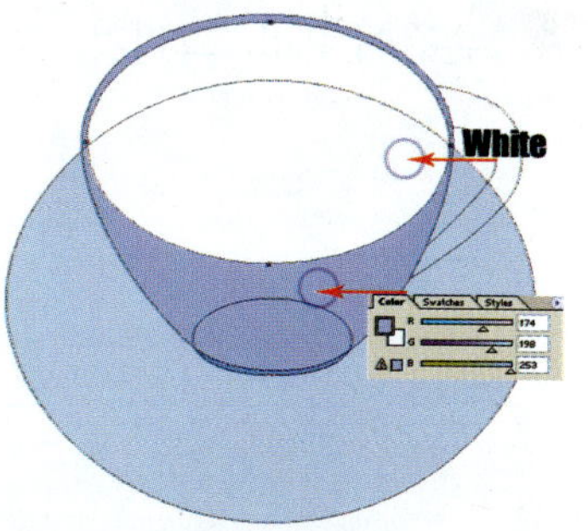

그림 3-143 몸통 채색

13 추가된 Layer에서 Elliptical Marquee Tool 기능을 활용하여 타원형 Path를 그린다. 크기 및 위치 이동이 가능하기 때문에 처음에 너무 정확한 범위와 위치를 위해 고민하지 않아도 된다.

14 Swatches 팔레트에서 "Medium Warm Brown"을 선택한다.

그림 3-144 커피 영역 채색하기

15 Path를 Hide하고 결과를 확인하도록 한다.

그림 3-145 결과 확인

3. 명암 넣기

1 몸통에 명암 넣기 : 기존 Layer인 Layer3에서 추가 작업을 계속 진행한다.

2 먼저 Polygonal Lasso Tool 기능을 이용하여 커피 잔 몸통의 명암부분을 처리해 줄 영역을 그린 후 선택 영역으로 만든다.

3 RGB는 각각 149, 176, 217로 설정한다.

4 전경색 적용 [Alt + Delete] 기능을 수행하고 [Ctrl + D]로 선택영역을 해제한다.

그림 3-146 **몸통 명암 넣기**

5 손잡이 명암 넣기 : 몸통과 동일한 방법으로 진행하도록 한다. RGB 수치도 동일하게 적용한다.

그림 3-147 **손잡이 명암 넣기**

6 받침대 명암 넣기

그림 3-148 **받침대 명암 넣기**

7 손잡이 영역의 Highlight 영역 표시하기

8 컵 안쪽 부분의 빛을 등지고 있는 어두운 면 효과 나타내기

그림 3-149 손잡이 Highlight 그리기

9 커피 영역의 명암나타내기 : 새로운 Layer를 추가한다. 최종 결과를 확인한다.

그림 3-150 커피 명암그리기

3-3-7 금속 재질 표현 – 프라이팬

1. Path 그리기

1 가로 * 세로 = 16cm * 12cm의 새 작업 창을 연다.

2 Layer창에서 새로운 Layer를 추가한다.

3 Tool box에서 Ellipse Tool 기능을 선택하고 상단의 옵션 창에서 Paths 버튼을 활성화하여 Path 모드로 전환한다.

4 [Alt + Shift] 키를 사용하여 작업 창에 프라이팬의 정원을 그린다.

5 단축키 [D]를 눌러 "전경색"을 검은색으로 지정한다.

6 Path 팔레트에서 [Work Path]를 [Fill path with foreground color] 버튼을 클릭하여 Path를 검은색으로 채운다. Path가 전경색인 검은색으로 채워졌는지 확인한다.

7 계속해서 Path 팔레트에서 [Load path as a Selection] 버튼을 클릭하여 Path 영역을 선택영역으로 전환시킨다.

그림 3-151 Color 적용

2. 선택영역 Gradient 적용하기

1 메인 메뉴 바에서 Select 〉 Modify 〉 Contract 메뉴를 선택한다.

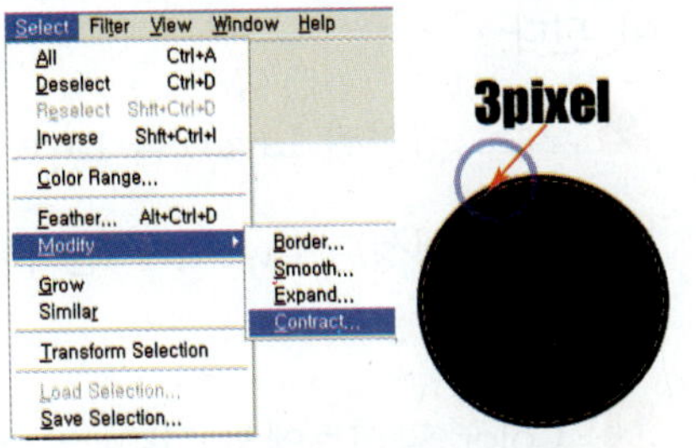

그림 3-152 Gradient 적용

2 Contract Selection 속성 창에서 Contract 영역을 3pixels로 지정한다. (영역이 줄어든다)

3 Color 팔레트 창에서 RGB의 수치를 각각 71, 71, 79로 설정한다.

4 Tool box에서 Gradient Tool 버튼을 선택한 후 Gradient 속성 창에서 Linear Gradient 버튼을 활성화한다.

5 Gradient 적용 형태를 "Foreground to Transparent"로 설정한다.

6 지정된 원형 Path의 왼쪽 상단부터 오른쪽 하단으로 연결되는 대각선 방향으로 Drag한다.

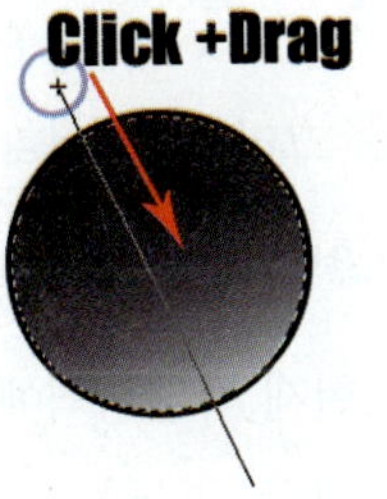

그림 3-153 Gradient 효과주기

3. 프라이팬의 안쪽 영역 만들기

1 Path 영역이 선택된 상태에서 Layer1을 Copy하여 Layer 팔레트에 추가한다. Layer1에 마우스 올려놓고 마우스 오른 클릭 후 Duplicate Layer 명령을 실행한다.

2 [Ctrl + T] 명령을 실행하여 "Free Transform"의 영역 컨트롤 박스가 나타나게 한다.

3 상단에 나타난 "Free Transform"의 영역 컨트롤 박스의 속성 창에서 가로 * 세로의 비율을 75% * 75%로 변경한다.

4 Color 팔레트에서 "전경색"의 RGB값을 171, 166, 173으로 설정한다.

5 Path가 선택된 상태에서 메인 메뉴바에서 Select 〉 Feather 명령 또는 단축키 [Ctrl + Alt + D]를 실행한다. 속성 창에서 Feather Radius 수치를 4Pixel로 적용한다.

6 [Alt + Delete] 키를 눌러 현재 선택 영역에 전경색을 채운 뒤 [Ctrl + D] 명령으로 선택 영역을 해제한다.

7 Layer 팔레트에서 Layer 1을 선택하고 Magic Wand Tool을 선택하고 Magic icon으로 안쪽 원을 클릭하여 영역 선택을 한다. 이때 Magic Wand Tool의 Tolerance의 수치를 "55" 이상으로 지정해야 안쪽 원 전체를 선택할 수 있다.

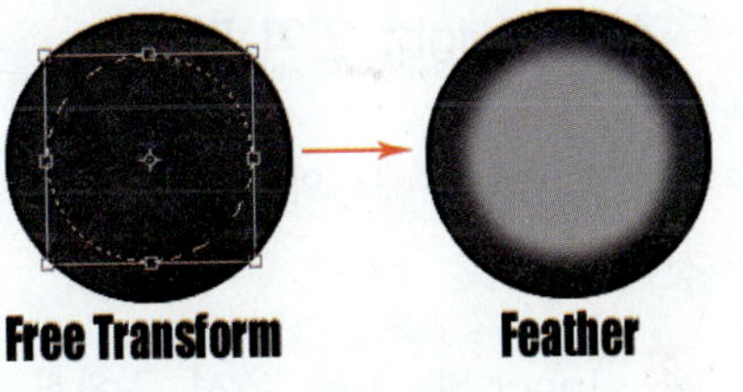

그림 3-154 안쪽 영역 만들기

8 선택된 원의 영역을 [Ctrl + C]로 복사하고 [Ctrl + V]로 붙여넣기를 하면 새로운 Layer2가 생성

이 된다.

9 새로 생성된 Layer2를 Layer1위로 [선택 + Drag]로 이동시킨다.

10 새로 생성된 Layer2가 선택된 상태에서 Magic Wind Tool 버튼을 사용하여 원 전체를 클릭하여 선택한다.

11 Color 팔레트에서 전경색의 색상 RGB를 각각 63, 63, 75로 설정하고 배경색 RGB 수치를 각각 100, 99, 105로 지정한다.

12 Tool box에서 Gradient Tool 버튼을 선택하고 상단의 옵션 바에서 Linear Gradient 버튼을 클릭한다. 그리고 Gradient 유형에서 "Foreground to Background"를 선택한다.

13 원의 아래 방향에서 위 방향으로 [Click + Drag]하여 Gradient 효과를 적용한다.

14 현재 작업영역에 대해 [Ctrl + T] 명령을 실행하여 "Free Transform"의 영역 컨트롤 박스가 나타나게 한다.

15 "Free Transform"의 영역 컨트롤 박스의 속성 창에서 가로 * 세로의 비율을 70% * 70%로 변경한다. Enter로 명령 종료한다.

16 선택 영역 해제 후 결과를 확인한다.

그림 3-155 안쪽 영역 입체감 주기

4. Highlight 영역 만들기

1 Layer 팔레트에서 Add a Layer style 기능을 선택해서 Layer에 Effect 〉 Inner Shadow 효과를 설정해 준다.

2 Inner Shadow 옵션 중에서 Angle의 수치를 −85도로 정해주고 Distance 값을 15Pixel, Size 수치를 6Pixel로 설정하여 적용해 준다.

3 [Ctrl + D]로 영역 선택 모드를 해제한다.

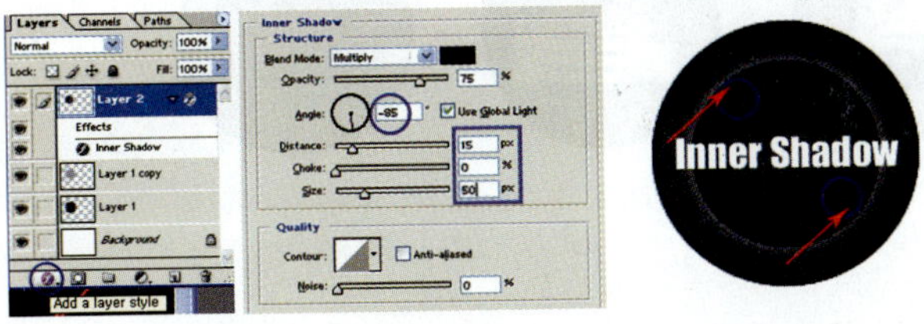

그림 3-156 Highlight 영역 만들기

4 Layer1 팔레트를 선택하고 Lock transparent Pixel 버튼을 선택한다. Lock transparent Pixel 기능은 이미지에 Mask 기능을 적용하는 것과 동일한 효과를 표현해 줄 수 있다. 선택한 이미지외의 영역에는 어떠한 효과도 적용이 안 된다.

5 Tool box에서 Polygon Lasso Tool 기능을 활성화하고 원의 양쪽 면을 한 번에 선택한다.

6 Select 〉 Filter 메뉴에서 Feather Selection 속성 창에서 Feather Radius를 4Pixels로 적용한다. Color 팔레트에서 전경색의 Color의 RGB 수치를 66, 70, 81로 설정해 준다.

7 [Alt + Delete]로 전경색을 채우고 [Ctrl + D]로 선택 영역을 해제한다.

8 Polygonal Lasso 기능으로 밝게 채워진 영역의 일부를 선택한다.

9 Color 팔레트에서 전경색의 Color의 RGB 수치를 166, 161, 168로 설정해 준다.

10 Select 〉 Feather 기능에서 Feather Radius 값을 4Pixels로 설정한다.

11 [Alt + Delete]로 전경색을 채우고 [Ctrl + D]로 선택 영역을 해제한다.

12 Polygonal Lasso 기능으로 반대쪽 영역의 일부를 선택한다.

13 Color 팔레트에서 전경색의 Color의 RGB 수치를 131, 131, 143으로 설정해 준다.

14 Select 〉 Feather 기능에서 Feather Radius 값을 6Pixels로 설정한다.

15 [Alt + Delete]로 전경색을 채우고 [Ctrl + D]로 선택 영역을 해제한다.

16 Polygonal Lasso 기능으로 위쪽의 영역 일부를 선택한다.

17 메인 메뉴 창에서 Select 〉 Feather 기능에서 Feather Radius 값을 6Pixels로 설정한다.

18 [D]로 전경색을 "검은색"으로 만들고 [Alt + Delete]로 전경색을 채우고 [Ctrl + D]로 선택 영역을 해제한다. 결과를 확인한다.

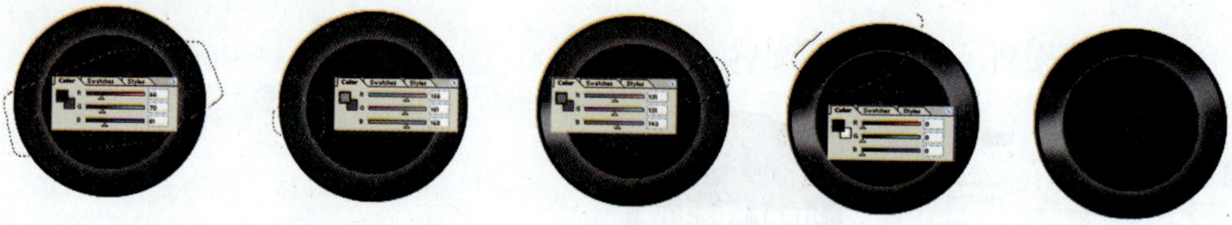

그림 3-157 Highlight 효과를 통해 입체감 주기

19 Layer1 Copy 팔레트를 선택하고 Lock transparent Pixel 버튼을 선택한다.

20 Tool box에서 Polygon Lasso Tool 기능을 활성화하고 원의 왼쪽 면을 선택한다.

21 Select 〉 Feather 속성 창에서 Feather Radius를 6Pixels로 적용한다.

22 Color 팔레트에서 전경색의 Color의 RGB 수치를 189, 184, 191로 설정해 준다.

23 [Alt + Delete]로 전경색을 채우고 [Ctrl + D]로 선택 영역을 해제한다.

24 Tool box에서 Polygon Lasso Tool 기능을 활성화하고 원의 오른쪽 면을 선택한다.

25 Select 〉 Feather 기능에서 Feather Radius 값을 6Pixels로 설정한다.

26 Color 팔레트에서 전경색의 Color의 RGB 수치를 219, 217, 220으로 설정해 준다.

27 [Alt + Delete]로 전경색을 채우고 [Ctrl + D]로 선택 영역을 해제한다.

28 Polygonal Lasso 기능으로 윗면의 영역 일부를 선택한다.

29 Color 팔레트에서 전경색의 Color의 RGB 수치를 88, 88, 88로 설정해 준다.

30 Select 〉 Feather 기능에서 Feather Radius 값을 6Pixels로 설정한다.

31 [Alt + Delete]로 전경색을 채우고 [Ctrl + D]로 선택 영역을 해제하고 완성된 결과를 확인한다.

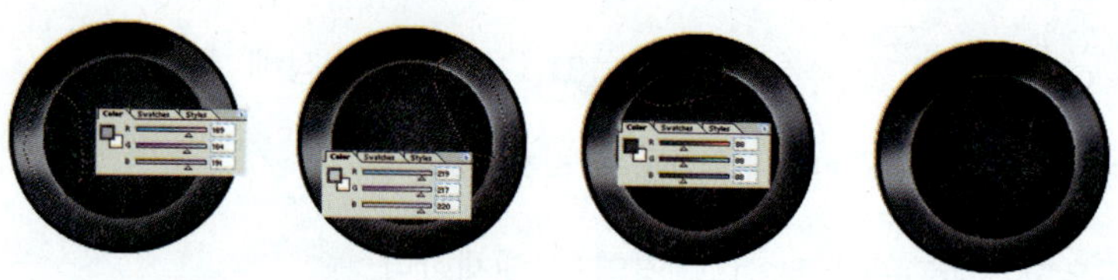

그림 3-158 Shadow 영역 그려주기

5. 손잡이 만들기

1 Layer 하나를 더 추가하여 Layer3에서 Tool box에서 Rectangle Tool 기능을 선택하고 상단의 옵션 창에서 Paths 버튼을 활성화하여 Path 모드로 전환한 다음 프라이팬의 몸체와 손잡이 연결되는 이음쇠 부분의 사각형을 제작한다.

2 Pan Tool 기능으로 손잡이 외곽의 형태를 그려서 만든다. 이때 이음쇠 부분에 연결될 부분을 제외한 모든 영역은 곡선(부드럽게) 처리한다.

3 Direct Selection Tool 버튼을 이용하여 곡선으로 완만하게 수정한다.

4 Rounded Rectangle Tool 기능을 이용하여 손잡이 구멍을 만든다.

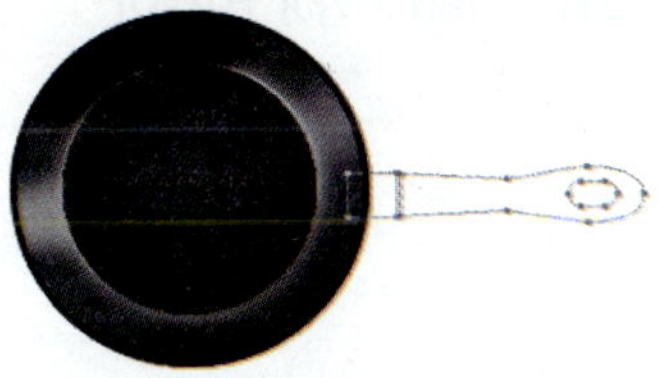

그림 3-159 손잡이 패스 그리기

6. 손잡이 채색하기

1 Layer 팔레트에서 Background 레이어 위에 Layer 3 Layer를 이동한다.

2 Color 팔레트에서 전경색의 Color의 RGB 수치를 198, 203, 207로 설정해 준다.

3 Path Selection Tool 버튼을 활성화하여 이음쇠 사각형을 선택한다.

4 이음쇠 사각형을 선택한 상태에서 마우스 오른 클릭 후 Make Selection 명령을 실행한다. Make Selection 속성 창에서 Feather Radius 수치를 "0"으로 하고 OK를 선택한다.

5 [Alt + Delete]로 전경색을 채운다.

6 Color 팔레트에서 전경색의 Color의 RGB 수치를 121, 123, 138로 설정해 준다.

7 Tool box에서 Brush Tool을 선택하고 Brush의 Size를 10Px로 설정한 후 이음쇠 사각형 영역 중에서 어두운 부분을 칠해 준다.

8 이번에는 Color 팔레트에서 전경색의 Color의 RGB 수치를 216, 215, 220으로 설정하고 밝은 부분에 대해 칠해 준다.

9 [Ctrl + D]로 선택 영역을 해제한다.

10 Tool box의 Path Selection Tool 버튼을 이용하여 손잡이를 선택한다.

11 단축키 [D]로 전경색을 검은색으로 설정해 주고 손잡이가 선택된 상태에서 마우스 오른 클릭 후 Pop up 메뉴 창에서 Make Selection 명령을 실행해 준다. Make Selection 명령 속성 창에서 OK를 실행한다.

12 [Alt + Delete]로 전경색을 채우고 [Ctrl + D]로 선택 영역을 해제한다.

그림 3-160 손잡이 채색하기

7. 손잡이 명암 처리하기

1 Tool box에서 Polygon Lasso Tool 기능을 활성화한다.

2 손잡이의 안쪽 부분에 밝은 면이 될 부분을 선택한다.

3 메인 메뉴 창에서 Select 〉 Feather 기능에서 Feather Radius 값을 2Pixels로 설정한다.

4 Color 팔레트에서 전경색의 Color의 RGB 수치를 115, 114, 120으로 설정한다.

5 Tool box에서 Gradient Tool 버튼을 선택하고 상단의 옵션 바에서 Linear Gradient 버튼을 선택한다. 그리고 Gradient 유형에서 "Foreground to Background"를 선택한다.

6 선택 영역의 아래 부분으로부터 윗부분에까지 이르도록 Click Drag를 하여 Gradient 효과적용 후 [Ctrl + D]로 영역 해제한다.

그림 3-161 손잡이 명암 그려주기

7 Tool box에서 Polygon Lasso Tool 기능을 활성화하고 손잡이의 반대쪽 영역을 선택한다.

8 Color 팔레트에서 전경색의 Color의 RGB 수치를 137, 136, 142로 설정해 준다.

9 Select 〉 Feather 기능에서 Feather Radius 값을 2Pixels로 설정한다.

10 Tool box에서 Gradient Tool 버튼을 선택하고 상단의 옵션 바에서 Linear Gradient 버튼을

선택한다. 그리고 Gradient 유형에서 "Foreground to Background"를 선택한다.

11 선택 영역의 아랫부분부터 윗부분까지 이르도록 수직 방향으로 Click Drag를 하여 Gradient 효과 적용 후 [Ctrl + D]로 영역 해제한다.

12 완성된 결과를 확인한다.

그림 3-162 손잡이 입체 효과 완성

8. 손잡이 구멍 뚫기

1 Path Selection Tool 버튼을 활성화하여 손잡이 구멍을 선택한다.

2 손잡이 구멍을 선택한 상태에서 Tool box의 Path Selection Tool 버튼을 이용하여 구멍을 선택한다.

3 [Ctrl + Delete]로 배경색의 흰색을 채우고 [Ctrl + D]로 선택 영역을 해제한다.

4 Tool box에서 Polygon Lasso Tool 기능을 활성화하고 손잡이의 끝부분의 영역을 그려준다.

5 메인 메뉴에서 Select 〉 Feather 기능에서 Feather Radius 값을 2Pixels로 설정한다.

6 [Ctrl + Delete]로 배경색의 흰색을 채워 Highlight 부분의 효과를 적용하고 [Ctrl + D]로 선택 영역을 해제한다.

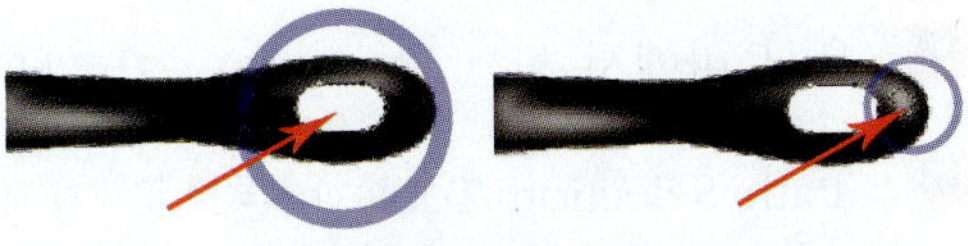

그림 3-163 손잡이 구멍 내기

7 최종 결과를 확인한다.

그림 3-164 최종 결과

3-3-8 유리 재질 표현 – 돋보기

1. 렌즈 Path 그리기

1 가로 12cm * 세로 8cm의 새 작업 창을 연다.

2 Tool box 〉 Ellipse Tool 기능을 선택하고 상단 옵션 바에서 Paths 버튼을 선택한다.

3 [Shift + Alt] 키를 누르고 drag하여 정원을 그린다.

4 [Ctrl + C]로 패스를 복사하고 [Ctrl + V]로 붙여넣기 한다.

5 새로 생성된 원형 Path에 [Ctrl + T]를 누르면 "Free Transform"의 컨트롤러가 나타난다.

6 옵션 바에서 가로와 세로를 97%로 설정하고 Enter 키를 눌러 패스에 적용한다.

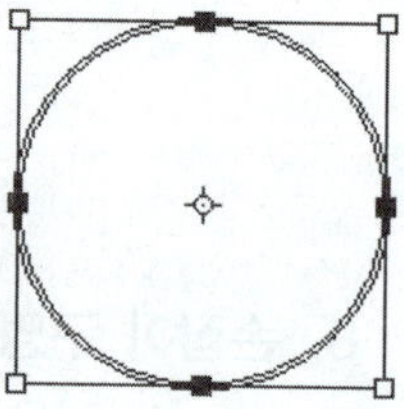

그림 3-165 바깥쪽 Path 그리기

7 새로 제작된 패스가 선택된 상태에서 [Ctrl + C]로 패스를 복사하고 [Ctrl + V]로 또 하나의 Path를 생성한다.

8 생성된 패스에 [Ctrl + T]로 Free Transform의 컨트롤 박스를 표시한다.

9 상단 옵션 바에서 가로와 세로를 90%로 설정한다.

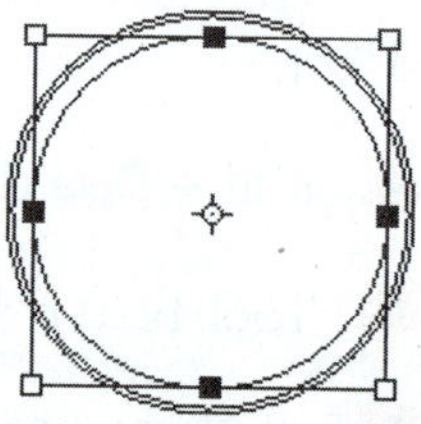

그림 3-166 안쪽 Path 그리기

10 Tool box에서 "Path Selection Tool" 버튼을 선택하고 세 개의 패스를 한번에 선택한다.

11 [Ctrl + T]로 "Free Transform"의 컨트롤 박스를 표시한 후 옵션 바에서 가로(H)로 8.7도 기울기를 주도록 한다.

12 옵션 바에서 회전 값 −4.0도, 가로(H)로 4.7도 기울인다.

13 "Path Selection Tool" 버튼으로 가장 안쪽의 패스를 선택하여 왼쪽으로 위치를 옮긴다.

14 "Direct Selection Tool" 버튼으로 중간에 있는 패스를 선택하고 가장 안쪽에 있는 원과 밀접한 위치가 되도록 패스를 수정한다.

15 가장 바깥쪽에 있는 패스를 선택하여 돋보기의 겉면을 만들어 준다. 먼저 가운데 앵커 포인트를 겉면 두께만큼 옮겨놓고 안쪽의 패스와 일정한 거리를 갖도록 패스의 곡선을 수정한다.

16 가장 안쪽의 렌즈가 될 패스의 곡선도 수정하여 마무리한다.

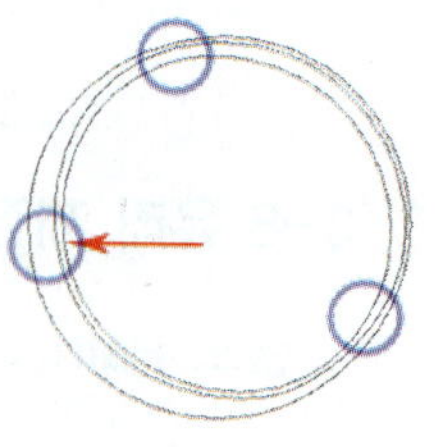

그림 3-167 외곽 라인 그리기

2. 렌즈에 색 입히기

1 Layer 팔레트에서 새로운 Layer 1을 만든다.

2 "Path Selection Tool" 버튼으로 가장 바깥쪽의 패스를 선택한다.

3 작업화면에서 마우스 오른 클릭으로 나타나는 단축 메뉴에서 "Make Selection"을 선택한다.

4 "Make Selection" 대화상자에서 [OK] 버튼을 누르면 패스가 선택영역으로 전환된다.

5 툴박스에서 "Gradient Tool" 버튼을 선택한다. 옵션 바에서 "Linear Gradient" 버튼을 선택한 다음 "Click to edit the gradient"를 선택한다.

6 Gradient Editor 대화상자에서 검은색의 Color Stop을 선택하고 Stops 옵션에 Color 아이콘을 선택한다.

7 Color Picker 대화상자에서 R95, G88, B95로 입력하고 [OK] 버튼을 누른다.

8 Gradient Editor 대화상자에서 흰색의 Color Stop을 선택하고 Stops 옵션에 Color를 선택한다.

9 Color Picker 대화상자에서 R,G,B를 각각 '227'로 설정하고 [OK] 버튼을 누른다.

10 오른쪽 아래에서 왼쪽 위로 Click + Drag 하여 Gradient 효과를 적용한 후 [Ctrl + D]로 선택영역을 해제한다.

그림 3-168 전체 Gradient 효과 적용

11 Path Selection Tool 버튼으로 가운데 있는 Path를 선택한다.

12 마우스 오른쪽 버튼을 눌러 표시되는 단축 메뉴에서 Make Selection을 선택한다.

13 툴박스에서 Gradient Tool 버튼을 선택하고 옵션 바에서 Click to edit the gradient를 선택하여 Gradient Editor 대화상자를 연다.

14 Gradient Editor 대화상자에서 왼쪽에 있는 Color Stop을 선택하고 Stops 옵션에 Color를 선택하여 Color Picker 대화상자가 나타나도록 한다.

15 Color Picker 대화상자에서 R103, G104, B106으로 입력하고 [OK] 버튼을 선택한다.

16 Gradient Editor 대화상자에서 오른쪽에 있는 Color Stop을 선택하고 Stops 옵션에 Color를 선택한다.

17 Color Picker 대화상자에서 R151, G156, B163으로 설정하고 [OK] 버튼을 선택한다.

18 왼쪽 상단에서부터 오른쪽 하단으로 Click + Drag하여 Gradient 효과를 적용한 후, [Ctrl + D]로 선택영역을 해제한다.

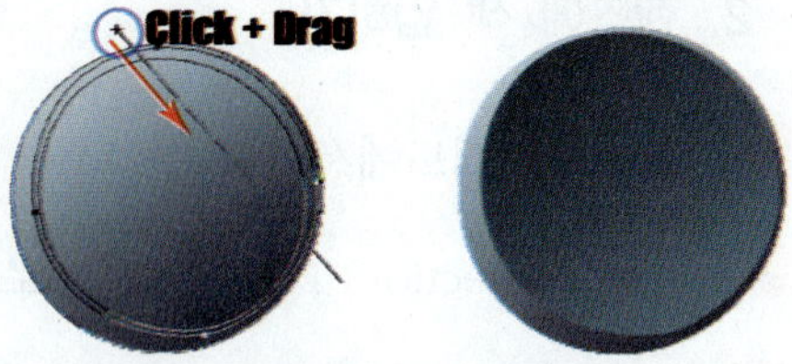

그림 3-169 안쪽 Gradient 효과적용

3. 렌즈에 명암 주기

1 Layer 팔레트에서 Create a new layer 버튼을 선택하여 Layer 2를 생성한다.

2 Path Selection Tool 버튼으로 가장 안쪽에 있는 패스를 선택한다.

3 마우스 오른 클릭하여 Make Selection을 선택하여 패스를 선택모드로 전환한다.

4 툴박스에서 Gradient Tool 버튼을 선택한다. 상단의 옵션 바에서 Click to edit the gradient를 선택하여 Gradient Editor 대화상자를 표시하고 슬라이더의 왼쪽에 있는 Color Stop을 선택한다.

5 Color Picker 대화상자에서 Color Picker 대화상자에서 R189, G182, B189로 입력하고 [OK] 버튼을 선택한다.

6 Gradient Editor 대화상자에서 오른쪽에 있는 Color Stop을 선택하고 Stops 옵션에 Color를 선택한다.

7 Color Picker 대화상자에서 RGB를 '239'로 설정하고 [OK] 버튼을 선택한다.

8 오른쪽에서 왼쪽으로 Click + Drag 하여 Gradient 효과를 적용한 후 [Ctrl + D]로 선택영역을 해제한다.

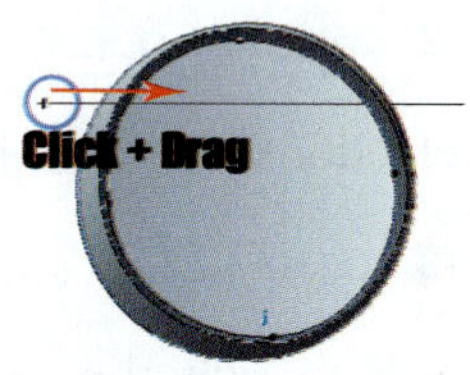

그림 3-170 렌즈 영역 Gradient 효과 적용

9 Layer 팔레트에서 Add a layer style 버튼을 선택하여 Inner Shadow를 선택한다.

10 Layer Style 대화상자에서 Inner Shadow 옵션 중 Blend Mode의 'Set color of shadow'를 선택한다. Structure 모드에서 Color Picker 대화상자에서 RGB를 각각 '123'으로 설정하고 [OK] 버튼을 선택한다.

11 Layer Style 대화상자에서 Inner Shadow 옵션 중 Angle '82도', Distance '7pix', Size를 '8pix'로 설정한 후 [Ctrl + D]로 선택영역을 해제한다.

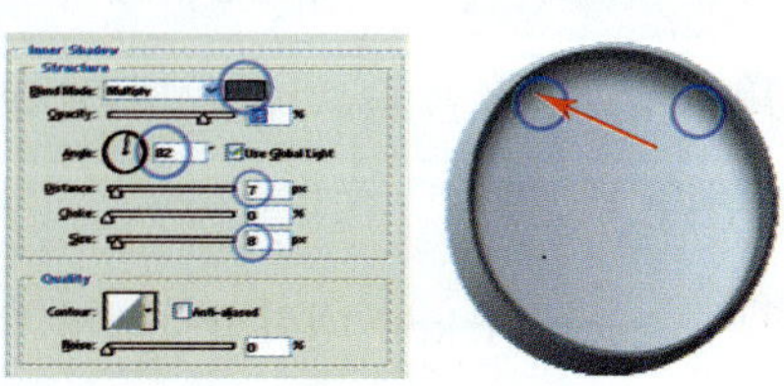

그림 3-171 Inner Shadow 적용

12 Layer 팔레트에서 Layer3을 만든 후 툴박스에서 Elliptical Marquee Tool 버튼을 선택한다.

13 밝은 면을 만들기 위해 렌즈 안쪽으로 둥근 영역을 선택한다.

14 단축키 [X]를 눌러 전경색을 '흰색'으로 만든다.

15 툴박스에서 Brush Tool 버튼을 선택하고 옵션 바에서 Brush Size를 7px'로 설정한다.

16 선택영역의 왼쪽 가장자리에 흰색으로 밝은 면을 만들고 선택영역을 왼쪽으로 조금 이동한다.

17 선택영역의 오른쪽에도 동일한 밝은 면을 만들고 [Ctrl + D]로 선택 영역을 해제한다.

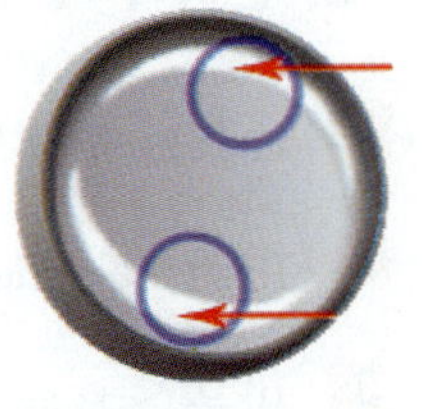

그림 3-172. Highlight Brush

4. 손잡이 Path 그리기

1 Paths 팔레트에서 Create new path 버튼을 선택하여 Path 1을 만든다.

2 툴박스에서 Ellipse Tool 버튼을 선택하고 옵션 바에서 Paths 버튼을 선택한다.

3 Ellipse Tool 버튼으로 렌즈와 손잡이의 연결부분이 될 타원형의 패스를 그린다.

4 Rectangle Tool 버튼을 선택하여 연결 부분의 밑부분을 작게 그린다.

5 Add Anchor Point Tool 버튼으로 직사각형의 윗면 가운데에 Anchor Point를 삽입한다.

6 Direct Selection Tool 버튼으로 새로 추가된 Anchor Point를 위로 이동시켜 사각형의 윗면만 둥글게 만든다.

7 Rounded Rectangle Tool 버튼으로 손잡이를 그린다.

8 Direct Selection Tool 버튼으로 6개의 앵커 포인트 중 가운데 2개씩을 위아래로 이동시켜 둥근면을 축소한다.

9 Ellipse Tool 버튼으로 손잡이의 밑면이 될 타원의 패스를 그린다.

10 Path Selection Tool 버튼으로 선택영역을 만들 듯이 Drag하여 패스를 한꺼번에 선택한다.

11 [Ctrl + T]로 Free Transform의 컨트롤 박스를 표시한 후 옵션 바에서 회전 값 '70도'를 적용한다.

12 Path를 렌즈에 이어지도록 옮긴다.

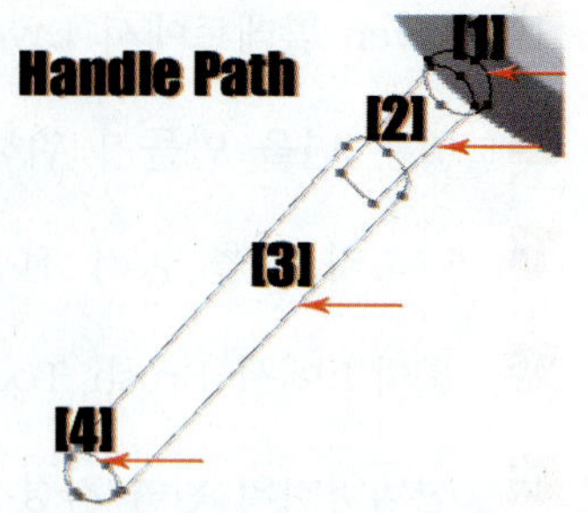

그림 3-173 손잡이 Path 그리기

5. 손잡이 채색하기

1 Layers 팔레트에서 Layer 4를 만든다.

2 Path Selection Tool 버튼으로 연결 부분이 될 타원의 패스를 선택한다.

3 마우스 오른 버튼을 눌러 단축 메뉴 중 Make Selection을 선택하여 패스를 선택영역으로 전환한다.

4 Eyedropper Tool(스포이드)로 렌즈의 바깥쪽 면을 선택하여 전경색을 변경한다.

5 [Alt + Delete] 키를 눌러서 선택영역을 전경색으로 채우고 렌즈의 어두운 면을 선택한다.

6 툴박스에서 Brush tool 버튼을 선택하고 옵션 바에서 Brush Size를 '5px'로 설정한다.

7 Brush를 사용하여 선택영역에 어두운 면을 만들어주고 다시 렌즈의 밝은 면을 선택한 다음 Brush를 사용하여 선택영역에 밝은 면을 만들어 준다.

8 [Ctrl + D]로 선택영역을 해제하고 결과를 확인한다.

9 Path Selection Tool 버튼으로 타원 밑에 있는 패스를 선택한다.

10 마우스 오른 버튼을 눌러 나타나는 단축메뉴에서 Make Selection을 선택하여 패스를 선택영역으로 전환한다.

11 툴박스에서 Gradient Tool 버튼을 선택하고 옵션 바에서 Gradient를 'Blue, Yellow, Blue'로 선택한다.

12 옵션 바에서 Click to edit the gradient를 선택하여 Gradient Editor 대화상자를 연다.

13 Gradient Editor 속성 창에서 슬라이더의 왼쪽에 있는 Color Stop을 선택하고 Color Picker 대화상자에서 R192, G192, B207로 설정한다. 슬라이더의 가운데 있는 Color Stop은 R239, G239, B240으로 설정하고 오른쪽에 있는 Color Stop은 R96, G96, B111로 설정한다.

14 선택영역에 왼쪽 위에서 사선 아래 방향으로 Click + Drag하여 Gradient 효과를 적용한다.

15 [Ctrl + D]로 선택영역을 해제하고 결과를 확인한다.

16 Path Selection Tool 버튼으로 마지막 손잡이 부분의 패스를 선택한다.

17 마우스 오른 버튼을 눌러 나타나는 단축 메뉴에서 Make Selection을 선택하여 패스를 선택영역으로 전환한다.

18 툴박스에서 Gradient Tool 버튼을 선택하고 옵션 바에서 Click to edit the gradient를 선택하여 Gradient Editor 대화상자를 연다.

19 Gradient Editor 대화상자에서 슬라이더의 왼쪽에 있는 Color Stop을 선택하고 Color Picker 대화상자에서 R64, G71, B80으로 설정한다.

20 슬라이더의 오른쪽에 있는 Color Stop도 R64, G71, B80으로 설정한다. 가운데 있는 Color Stop은 변경하지 않는다.

21 선택영역에 왼쪽 위에서 사선 아래 방향으로 Click + Drag하여 Gradient 효과를 적용한다.

22 [Ctrl + D]로 선택영역을 해제하고 결과를 확인한다.

23 Path Selection Tool 버튼으로 가장 아래에 있는 패스를 선택하고 Make Selection 대화상자에서 선택영역으로 전환한다.

24 Eyedropper Tool 버튼으로 손잡이의 가장 어두운 부분을 선택하여 전경색을 변경한다.

25 [Alt + Delete] 키로 선택영역에 색을 채우고 [Ctrl + D]로 선택영역을 해제하여 돋보기 결과를 완성한다.

그림 3-174 최종 결과 확인

3-3-9 튤립 그리기

1. 꽃봉오리 만들기

1 File 〉New 메뉴를 활용하여 가로 10cm * 세로 14cm의 새 작업 창을 연다.

2 툴박스에서 Pen Tool 버튼을 선택하고 상단의 옵션 창에서 Paths 모드를 선택한다.

3 Pen Tool 버튼으로 튤립의 꽃형태를 그리고 Direct Selection Tool] 버튼으로 곡선을 다듬어 패스를 완성한다.

4 Layers 팔레트에서 새로운 Layer[Layer 1]을 만들어 작업 공간을 이동하고, Color 팔레트에서 전경색을 R216, G197, B102로 설정한다.

5 Paths 팔레트에서 Work Path를 Load path as a selection 버튼을 선택하여 Path를 선택영역으로 전환한다.

6 [Alt + Delete] 키를 눌러 Path 선택영역에 전경색으로 채운다.

7 [Ctrl + D] 키로 선택영역을 해제하고 확인한다.

8 Pen Tool 버튼을 선택한다.

9 단색이 아닌 빨간 바탕에 노란 배색이 된 튤립을 그리려고 한다. Pen Tool 버튼으로 튤립의 가운데 부분에 패스를 그린다.

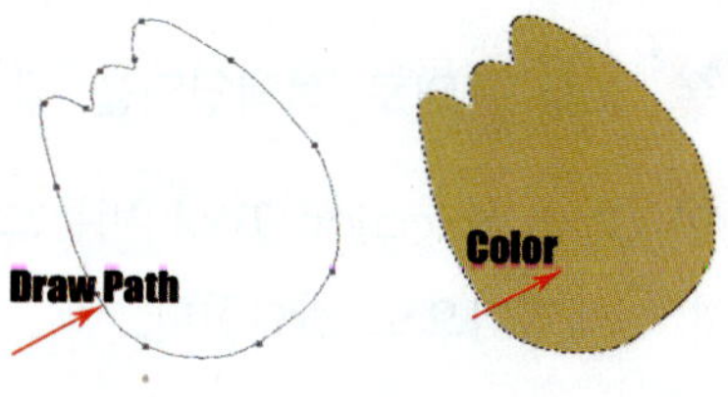

그림 3-175 꽃봉오리 만들기

10 Direct Selection Tool] 버튼으로 패스를 수정하고 Work Path를 Load path as a selection 버튼으로 Drag하여 선택영역으로 전환한다.

11 Select 〉Feather 메뉴를 클릭해서 나타나는 Feather Selection 대화상자에서 Feather Radius를 '3 pixels'로 설정하여 적용한다.

12 Color 팔레트에서 전경색을 R138, G43, B41로 설정하고 [Alt + Delete] 키를 쳐서 선택영역에 색을 채운 뒤 [Ctrl + D] 키로 선택영역을 해제한다.

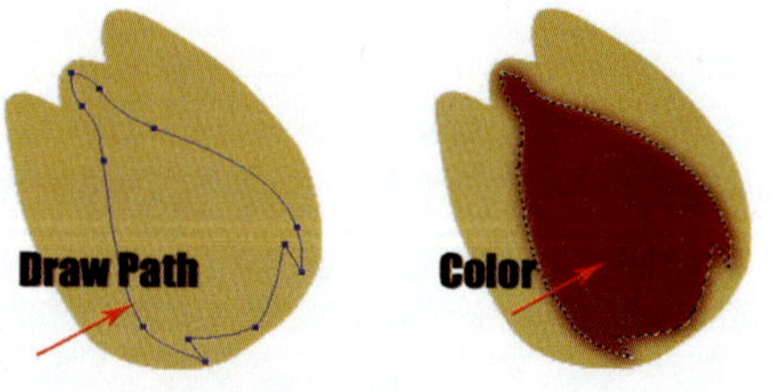

그림 3-176 명암 넣기

2. 겹쳐진 꽃잎 형태 만들기

1 Pen Tool 버튼으로 노란색 사이에 빨간색으로 배색될 면을 그린다. 이 면이 현재 한 덩어리로 보이는 꽃에 꽃잎이 겹쳐진 면을 표현해 준다.

2 먼저 해당 영역에 패스를 그리고 이를 다듬어 영역을 완성한다.

3 Paths 팔레트에서 선택영역으로 전환한다.

4 [Alt + Delete]로 전경색으로 채우고 [Ctrl + D] 키로 선택영역을 해제한다.

5 Pen Tool 버튼으로 꽃봉오리 위쪽으로 패스를 그린 후 Paths 팔레트에서 선택영역으로 전환한다.

6 Select 〉 Feather 메뉴를 클릭해서 나타나는 Feather Selection 대화상자에서 Feather Radius를 '1 pixels'로 설정하여 적용한다.

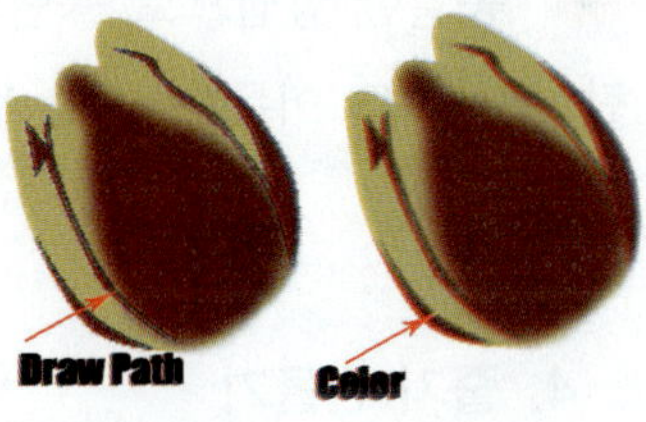

그림 3-177 겹천 꽃잎 만들기

7 Color] 팔레트에서 전경색을 R243, G231, B157로 설정하여 색을 채우고 [Ctrl + D] 키로 선택영역을 해제한다.

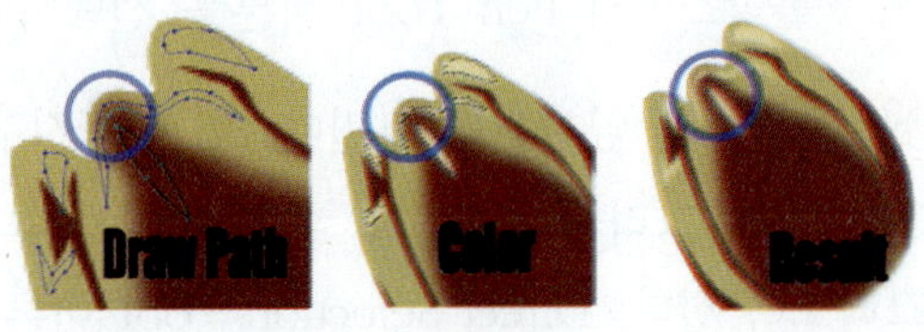

그림 3-178 Shadow 영역 만들기

3. 명암 및 반사광 표현하기

1 툴박스에서 Brush Tool 버튼을 선택하고 상단 옵션 바에서 Click to open the Brush Preset picker를 선택하여 'Star 42pixels'를 선택한다.

2 Color 팔레트에서 전경색을 R111, G50, B31로 설정하고 꽃봉오리의 빨간색 영역에 어두운 면을 그려준다.

3 옵션 바에서 Click to open the Brush Preset picker를 선택하여 Master Diameter를 "15px"로 설정하고 양 옆의 작은 면에도 어두운 면을 그려준다.

4 Color 팔레트에서 전경색을 R164, G81, B67로 설정하고 Click to open the Brush Preset picker에서 'Spatter 14pixels'를 선택한 후 꽃봉오리의 어두운 면 아래에 반사광을 그린다.

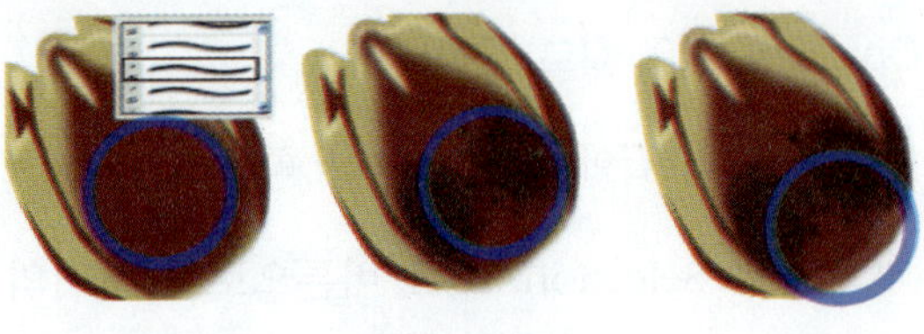
그림 3-179 명암 및 반사광 그리기

5 이제 튤립의 노란색 부분에 어두운 면을 만들어 보도록 한다. 먼저 툴박스에서 Polygonal Lasso Tool 버튼을 선택한다. Polygonal Lasso Tool 버튼으로 튤립의 왼쪽 노란 부분에 선택영역을 만든다.

6 Select 〉 Feather 대화상자에서 Feather Radius를 '2pixels'로 설정하여 적용한다.

7 Color 팔레트에서 전경색을 R189, G156, B115로 설정하여 색을 채우고 선택영역을 해제한다.

8 동일한 방법으로 튤립의 오른쪽 노란 부분에도 어두운 면을 만들어 준다.

그림 3-180 입체감 표현 및 완성

4. 줄기 만들기

1 Layers 팔레트에서 Background 레이어 위에 새로운 Layer(Layer 2)를 만든다.

2 툴박스에서 Pen Tool 버튼을 선택하여 줄기 부분의 패스를 그린다.

3 그 다음 잎사귀를 그린다. 먼저 잎사귀의 안쪽 면이 될 패스를 그려놓고 밖으로 휘어진 잎사귀의 바깥쪽 면을 그리도록 한다. Direct Selection Tool 버튼으로 잎사귀의 안쪽과 바깥쪽 면이 자연스럽게 이어지도록 패스를 수정한다.

4 패스가 완성되면 Path Selection Tool 버튼으로 줄기 부분의 패스를 선택한다. 마우스 오른쪽 버튼을 눌러 단축 메뉴를 표시하고 Make Selection 대화상자에서 패스를 선택영역으로 전환한다.

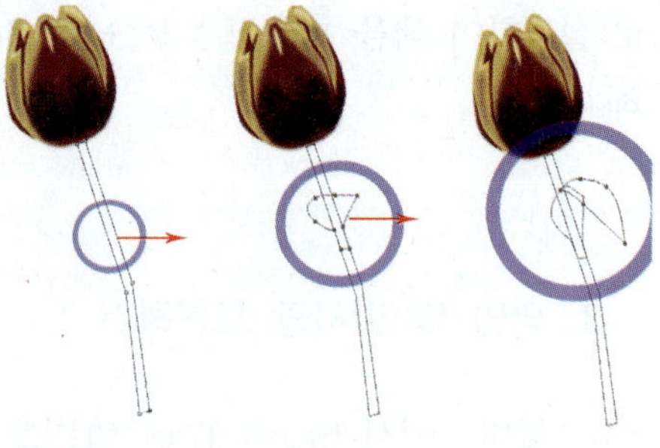

그림 3-181 줄기 Path 그리기

5 Color 팔레트에서 전경색을 R184, G188, B104로 설정하고 배경색을 R149, G162, B56으로 설정한다.

6 툴박스에서 Gradient Tool 버튼을 선택하고 옵션 바에서 Linear Gradient 버튼을 선택하고 Opacity는 '100%'로 설정한다.

7 줄기의 끝에서 꽃봉오리 쪽으로 Click + Drag 적용 후 [Ctrl + D] 키로 선택영역을 해제한다.

8 Path Selection Tool 버튼으로 잎사귀의 안쪽 면을 선택한 뒤 Make Selection 대화상자에서 패스를 선택영역으로 전환한다.

9 Color 팔레트에서 전경색을 R131, G148, B54 배경색을 R184, G188, B104로 설정한 후 Gradient Tool 버튼을 선택하고 선택영역의 위에서 아래로 Click + Drag한다.

10 선택영역을 해제 후 Path Selection Tool 버튼으로 잎사귀의 바깥쪽 면을 선택하고 Make Selection 대화상자에서 패스를 선택영역으로 전환한다.
단축키 X를 쳐서 전경색과 배경색의 위치를 서로 바꾸고 Color 팔레트에서 색을 R219, G221, B184로 설정한다.

11 툴박스에서 Gradient Tool 버튼을 선택한다. 선택영역의 왼쪽 대각선 위에서 오른쪽 대각선 아래방향으로 Click + Drag하여 Gradient를 적용하고 선택영역을 해제한다.

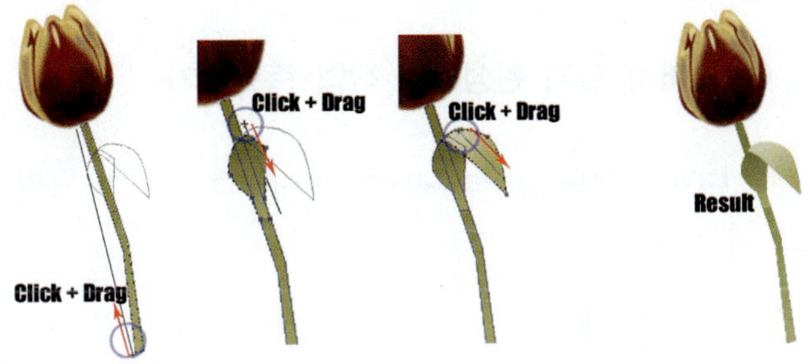

그림 3-182 잎사귀 채색하기

12 Layers 팔레트에서 Lock transparent pixels 버튼을 선택하여 Layer 2를 잠금 설정한다. 툴박스에서 Brush Tool 버튼을 선택하고 옵션 바에서 Opacity를 '60%'로 설정한다.

13 줄기의 색을 추출하여 Brush Tool 버튼으로 줄기와 잎사귀의 경계선을 부드럽게 만들어준다. 이때 스포이드 툴을 사용하여 줄기 Color 값을 이용하면 더욱 효과가 좋다.

14 툴박스에서 Burn Tool 버튼을 선택한다. 옵션 바에서 Click to open the Brush Preset picker를 클릭하여 'Chali 11pixels'를 선택한다.

15 Burn Tool 버튼으로 잎사귀의 어두운 면을 그린다. 일률적으로 그리지 말고 잎맥처럼 보이도록 군데군데 긁힌 자국을 내듯 그려준다.

16 툴박스에서 Dodge Tool 버튼을 선택한다. 어두운 면을 그린 방법과 마찬가지로 Dodge Tool 버튼으로 잎사귀의 밝은 면을 그린다. 결과를 수시로 확인한다.

5. 복사하여 여러 개의 꽃봉오리 만들기

1 Layers 팔레트에서 Layer 1을 선택하고 [Ctrl + J] 키를 눌러 새로운 Layer에 튤립을 복사한다.

2 [Ctrl + T] 키를 눌러 Free Transform의 컨트롤러를 표시한다. 복사된 튤립을 왼쪽으로 회전시킨다.

3 회전된 튤립을 [Ctrl + J] 키로 복사하고 가운데 있는 튤립보다 오른쪽으로 기울어지게 회전시킨다.

4 Layer 1 Copy 2를 Layer 1 레이어 밑으로 옮긴다.

5 다시 [Ctrl + J] 키를 눌러 Layer를 복사한다. 복사된 튤립을 조금 왼쪽으로 회전시키고 앞으로 옮겨 위치를 변경한다. 이때 각각 크기를 조금씩 다르게 하면 더 효과적인 입체감을 줄 수 있다.

그림 3-183 잎사귀 명암 넣기

6. 나머지 줄기 완성하여 작업 종료하기

1 Layers 팔레트에서 Layer 1 Copy 3 레이어 밑에 Layer 3을 만든다. 여기에 Pen Tool 버튼으로 가로 줄기를 그린다.

2 Paths 팔레트에서 Work Path를 선택 영역으로 전환한다.

3 Color 팔레트에서 전경색을 R166, G176, B99로 설정하고 배경색을 R103, G120, B41로 설정한다.

4 툴박스에서 Gradient Tool 버튼을 선택하여 선택 영역의 위에서 밑으로 Click + Drag한다. Gradient가 적용되면 선택 영역을 해제한다.

5 같은Layer에 Pen Tool 버튼으로 두 번째 잎사귀를 그린다.

6 Direct Selection Tool 버튼으로 패스를 수정하고 선택 영역으로 전환한다.

7 Gradient Tool 버튼으로 잎사귀의 위에서 아래로 Gradient를 적용한 뒤 선택 영역을 해제한다.

8 Layers 팔레트에서 Layer 1 Copy 레이어 위에 Layer 4 Layer를 만든다.

9 Pen Tool 버튼으로 왼쪽으로 휘어진 줄기를 그리고 Paths 팔레트에서 선택 영역으로 전환한다.

10 단축키 [X]를 눌러 전경색과 배경색의 위치를 바꾸고 Color 팔레트에서 색을 R158, G182, B120으로 설정한다.

11 Gradient Tool 버튼으로 줄기의 왼쪽으로 오른쪽 밑으로 Click + Drag하여 Gradient 를 적용한다.

12 선택 영역을 해제하고 Pen Tool 버튼으로 줄기에 맞게 잎사귀를 그린다.

13 패스를 선택 영역으로 전환하고 Color 팔레트에서 전경색을 R152, G192, B132로 설정한다.

14 [Alt + Delete] 키를 눌러 전경색으로 색을 채우고 선택 영역을 해제한다.

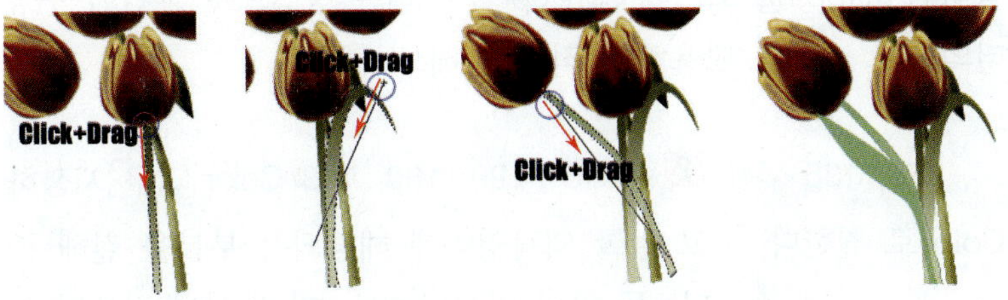

그림 3-184 잎사귀 여러 개 만들기

15 툴박스에서 Dodge Tool 버튼을 선택하여 잎사귀에 밝은 면을 만들어 준다.

16 Burn Tool 버튼으로 잎사귀와 줄기에 어두운 면도 그린다.

17 Layers 팔레트에서 Layer 1 Copy 2를 선택한다.

18 툴박스에서 Pen Tool 버튼을 선택하고 큼지막한 잎사귀를 하나 그린다.

그림 3-185 잎사귀 명암 넣기

19 패스를 선택 영역으로 전환하고 Color 팔레트에서 전경색을 R98, G143, B96으로 설정해서 색을 채우고 선택 영역을 해제한다.

20 Burn Tool 버튼을 선택한다. Click to open the Brush Preset picker에서 'Spatter 14pixels'를 선택하고 Master Dimeter를 '50pixel'로 설정한다.

21 잎사귀에 어두운 면을 그려 넣고 Dodge Tool 버튼으로 밝은 면을 표현한다.

툴박스에서 Brush Tool 버튼을 선택하고 흰색으로 줄기의 끝부분을 칠해 마무리한다.

그림 3-186 줄기 완성

22 결과 확인을 한다.

그림 3-187 최종 결과 확인

3-3-10 캐릭터 - 얼굴 그리기

이 제작 스킬은 3D 또는 2D 캐릭터의 Mapping 소스나 Concept를 그리는 방법으로 본인이 구상한 간단한 Concept이나 3D 캐릭터의 UV 좌표를 활용해서 작업을 해도 된다.

1 Background Color : RGB = 194, 153, 135 Color 값을 지정하고 Background Color로 칠한다.

그림 3-188 Skin Color 전체 적용

2 RGB : 199, 160, 143 Color 값을 지정하고 얼굴 외곽영역에 해당되는 부분을 칠해 준다. 두 가지 이상의 Color가 동시에 적용될 경우에는 반드시 Smudge Tool을 이용하여 가장자리 부분을 부드럽게 처리한다.

그림 3-189 얼굴 외곽 그리기

3 RGB : 180, 141, 124 Color 값을 지정하고 얼굴 영역 중에서 눈 분위의 영역을 칠해 준다. 그리고 Smudge Tool을 이용하여 가장자리 부분을 부드럽게 처리한다.

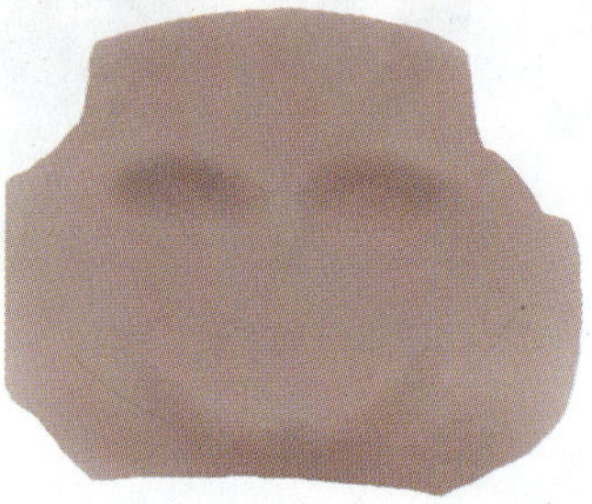

그림 3-190 눈의 영역 그리기

4 Intensity를 높여서 (각자의 컨셉에 맞춰서) 코의 외곽 형태를 그려준다.

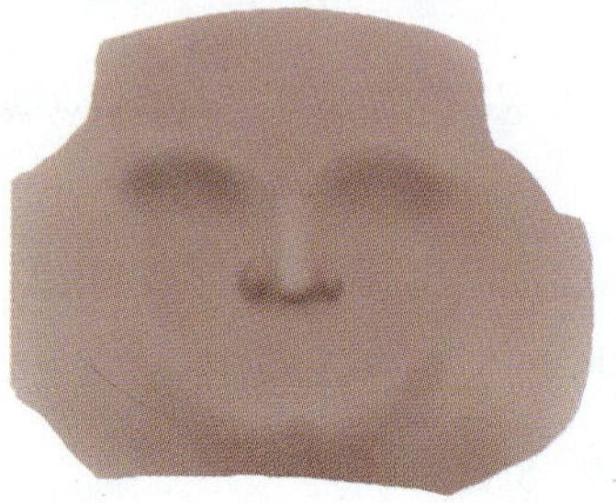

그림 3-191 코의 외곽형태 그리기

5 RGB : 224, 196, 184 Color 값을 지정하고 콧등의 흰색 Highlight 영역을 칠해 준다. Smudge Tool을 이용하여 가장자리 부분을 부드럽게 처리한다.

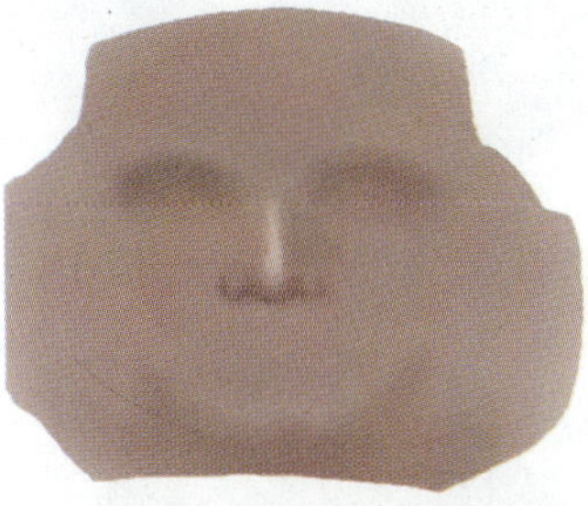

그림 3-192 Highlight 영역 칠하기

6 입술 모양을 그린다. 동일한 RGB Color 수치를 이용하여 입술의 형태를 그려준다.

그림 3-193 입술 모양 그리기

7 한 쪽 눈의 모양을 그리고 눈썹의 위치를 잡아준다.
눈썹—RGB : 153, 115, 96 Color 값을 지정하고 눈썹의 형태를 잡기 위한 기초 Color 영역을 칠해 준다. Erase Tool을 이용하여 가장자리 부분을 부드럽게 처리한다.

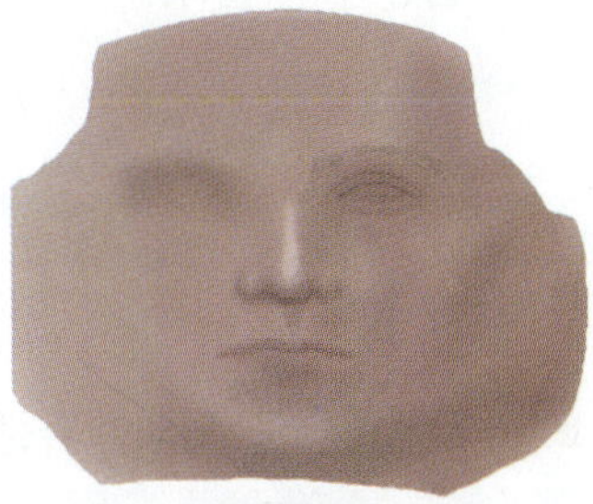

그림 3-194 눈 그리기

8 그려진 눈의 모양과 눈썹을 복사하여 반대쪽으로 이동하여 Flip한다. 그리고 코의 모양을 좀 더 세밀하게 잡아준다.
입술—RGB : 157, 98, 94 Color 값을 지정하고 입술의 붉은 Color 영역을 칠해 준다.
Smudge Tool을 이용하여 가장자리 부분을 부드럽게 처리한다.
얼굴 영역 중에서 어둡게 처리해야 할 영역에 대한 명암의 그려준다. 광대 뼈 아리 부분이나 아래 입술의 턱 연장선이나. 코볼의 끝부분과 아래 눈썹의 아래 부분에 특히 어누운 Color 톤의 칠해 준다.

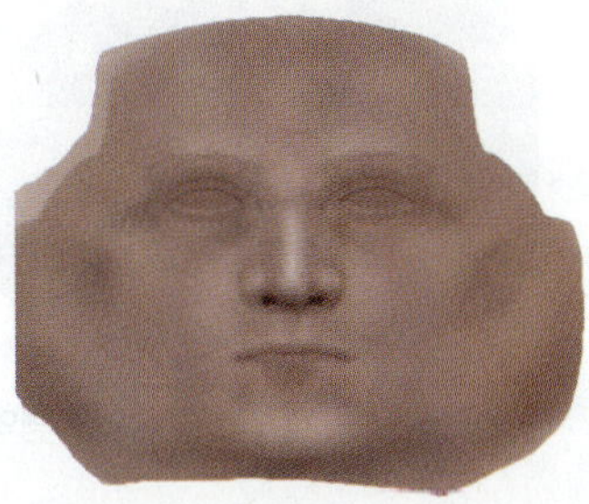

그림 3-195 눈 복사 / 이동 및 얼굴 명암 그리기

9 전체적으로 얼굴의 각 구성요소에 대해 정밀하게 그려 넣고 명암의 효과를 적용한다.
눈썹—RGB : 162, 116, 103 Color 값을 지정하고 입술의 어두운 Color 영역을 칠해 준다. Smudge Tool을 이용하여 가장자리 부분을 부드럽게 처리한다.

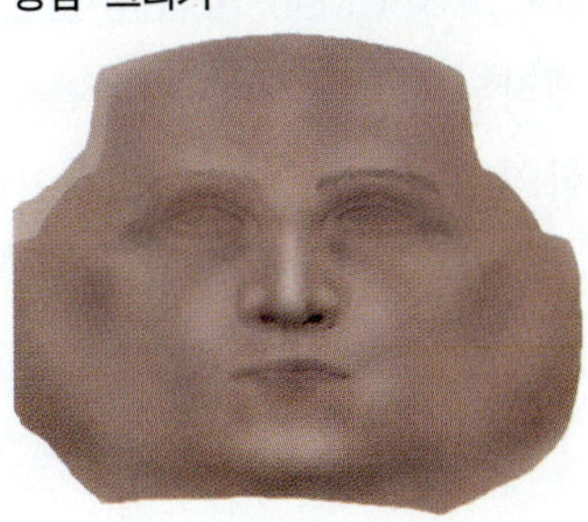

그림 3-196 눈썹 그리기

10 눈 가장자리 세밀하게 그리기 : RGB : 164, 112, 98의 Color 값을 지정하고 눈 가장자리의 어두운 그림자 영역의 Color 영역을 칠해 준다. Smudge Tool을 이용하여 가장자리 부분을 부드럽게 처리한다. 입술 : RGB : 157, 98, 94 Color 값을 지정하고 입술의 붉은 Color 영역을 칠해 준다. Smudge Tool을 이용하여 가장자리 부분을 부드럽게 처리한다.

그림 3-197 입술 Color 적용하기

11 얼굴 전체의 High Light 부분에 대해 표시를 해 준다. 이마, 광대 뼈 돌출 부분, 코 끝부분, 턱 끝부분, 턱에서 귀까지 이르는 볼 선, 코볼의 둥근 부분, 입술 중간 돌출 부분 등의 위치를 특히 신경써야 한다.

그림 3-198 전체의 High Light 그려주기

12 전체적으로 명암효과를 확인한다.

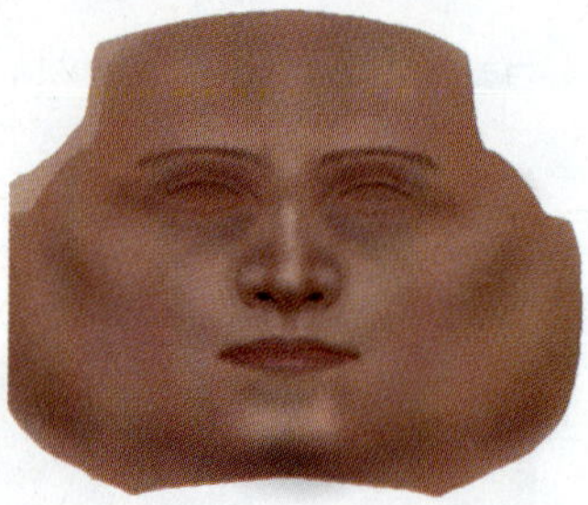

그림 3-199 전체의 Shadow 영역 그려주기

13 피부 질감의 소스를 활용하여 Screen 모드로 전환한다.

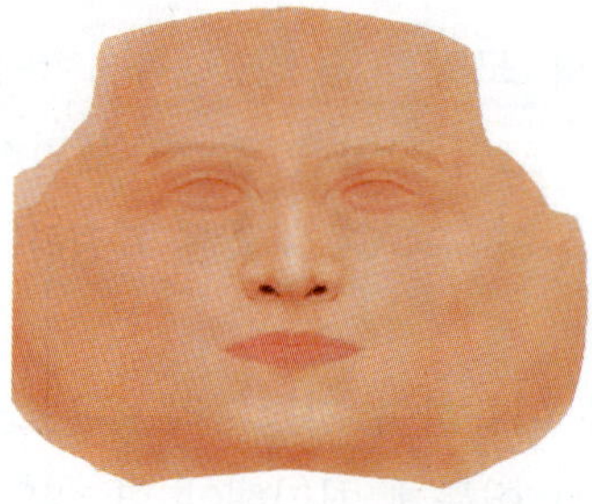

그림 3-200 Skin 이미지 적용

14 Color Map Texture 소스를 이용한 Specular Map 소스 제작하기 : 제작된 Color Map 소스를 Image 〉 Mode 〉 Gray scale 명령을 실행하여 흑백 이미지로 변경한다.

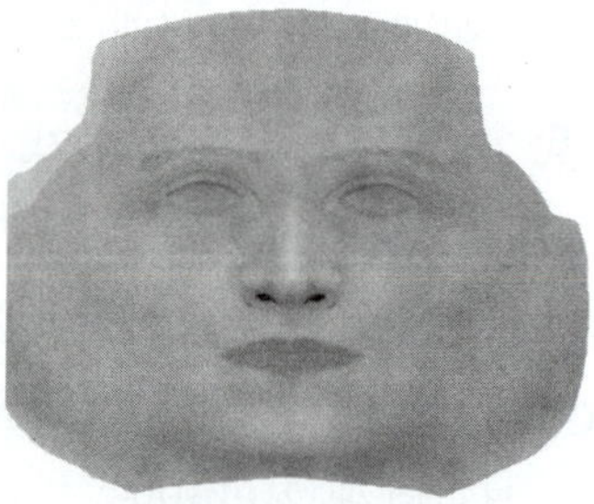

그림 3-201 Gray scale

15 흑백 이미지에 Image 〉 Adjustment 〉 Brightness / Contrast 명령을 적용한다. Contrast의 수치를 조절하여 High light 영역을 최대한 부각시킨다.

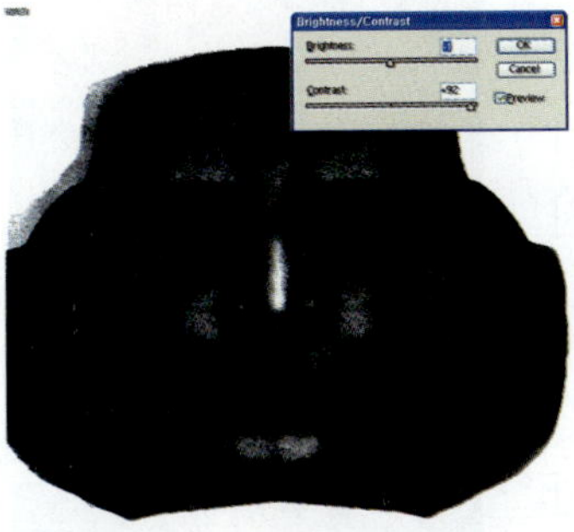

그림 3-202 Brightness / Contrast

16 새 Layer를 만들어서 전경색을 White로 지정하고 Opacity를 10~20% 이하로 조절하고 콧등, 볼, 입술, 광대뼈 돌출 부분 등의 High Light 영역에 좀 더 Brush 효과를 준다.

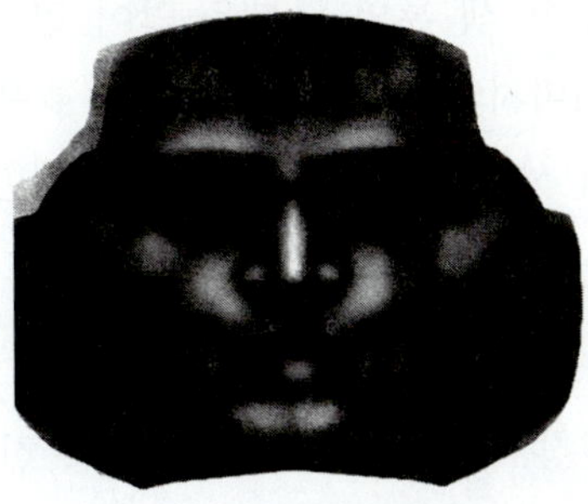

그림 3-203 High Light 영역 Brush 효과 적용

3-3-11 Photoshop을 활용한 실사 Texturing Source 제작하기

1. 사진 이미지 준비

정면, 좌측면, 우측면 View 이미지를 준비하도록 한다(본 예제에 사용된 이미지는 www.3d.sk에서 사용되는 참고 이미지이다).

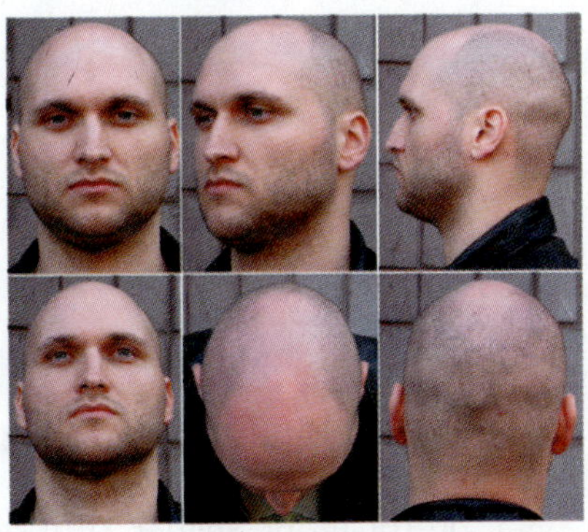

그림 3-204 이미지 준비

1 해상도가 높은 정면노의 인물사진을 준비한다.

그림 3-205 정면 이미지

2 이미지의 라이트 효과를 주어서 밝기를 조절하도록 한다. 이미지가 가지고 있는 기본 밝기를 Daylight 효과가 나타나도록 조절하면 좋다. 준비된 이미지 자료를 Image > Adjustment > Brightness / Contrast 기능을 실행하고 Brightness 값을 + 42로 올려서 밝게 만들고 Contrast 값을 −29로 낮춰서 전체 색 톤의 구분을 많이 없애주도록 한다. 이는 향후 옆면과 윗면의 이미지와 Blending할 경우 효율적인 작업을 할 수 있기 때문이다. 따라서 사용할 모든 이미지에 동일한 변화 값을 적용해서 저장해야 한다.

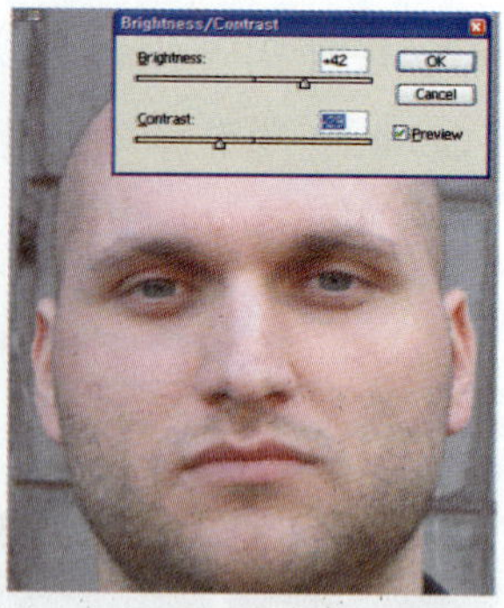

그림 3-206 Brightness / Contrast

3 정면 완전대칭 이미지로 만들어 주도록 한다. 먼저 대칭 구조로 만들 영역을 선택하고 이를 복사한 다음 [Ctrl + T]로 영역을 선택한다. 선택된 영역위에 마우스 오른 클릭으로 Pop up 메뉴 창을 열고 Flip Horizontal 명령을 실행한 후 Flip된 복사 이미지를 반대편으로 이동시켜서 Match시킨다.

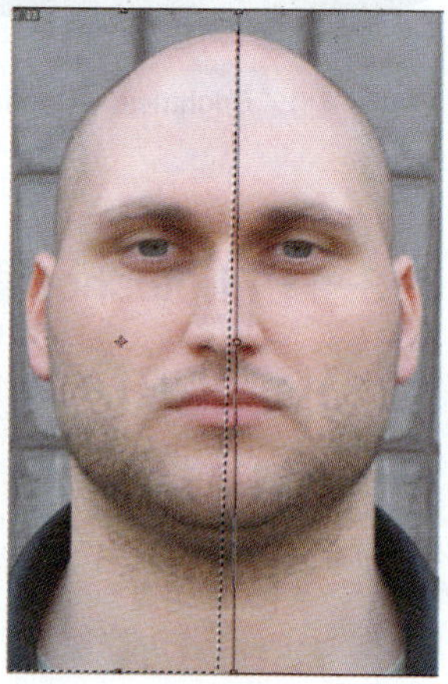

그림 3-207 대칭구조

2. 모델링 데이터의 정면 Shader와 이미지 Match 작업

3D 캐릭터 Front Shader 이미지를 저장하여 Photoshop으로 불러온다.

정면 사진 이미지의 영역을 선택 / 이동하여 3D 캐릭터의 모양에 맞도록 Retouching 작업을 한다.

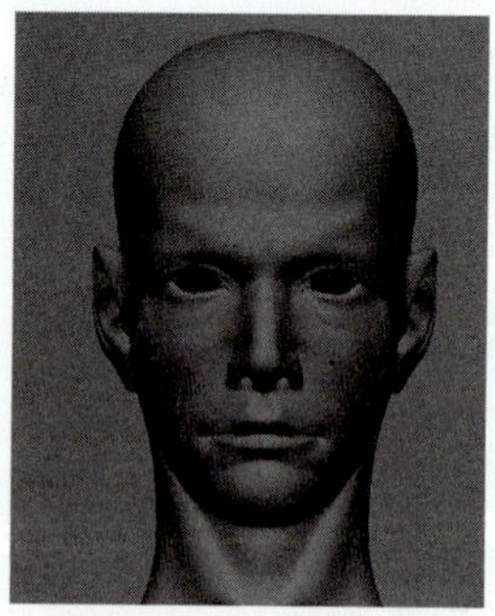

그림 3-208 3D 캐릭터 정면 View

(1) 눈

1 눈의 영역을 선택하고 3D 모델링 캐릭터 이미지로 이동시킨다. 이때 선택 영역에 대해 Feather 값 "5"를 지정해 준다.

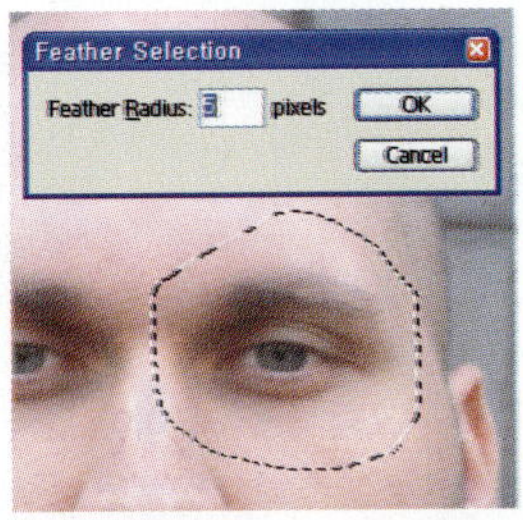

그림 3-209 눈 영역 선택

2 불러 들어온 이미지의 Opacity 값을 50% 이하로 낮추고(투명하게 하여 배경 이미지와 Matching 작업이 원활하게 하기 위함) 사이즈를 조절하고 위치를 이동하여 눈의 위치에 맞도록 작업한다.

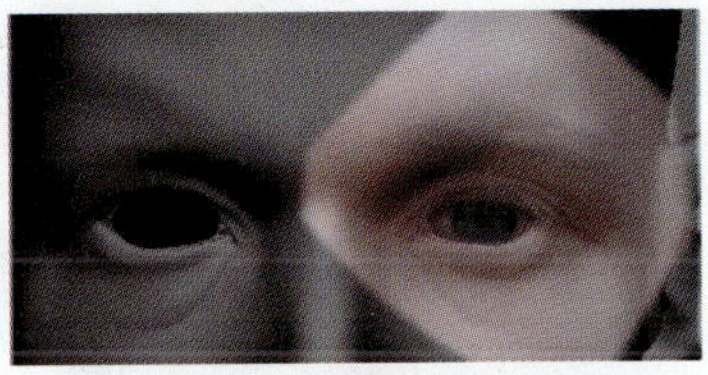
그림 3-210 Move & Match

3 어느 정도 Match 작업을 마치면 반대쪽 눈의 작업을 한다. 이때 위에서 작업한 동일한 방법으로 작업을 해도 되고 기존의 이미지를 복사한 후 방향을 뒤집어서 Match 작업을 한다.

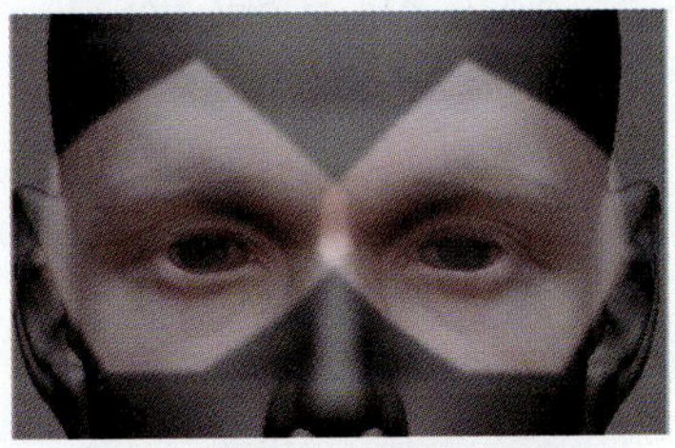
그림 3-211 복사 후 Flip & 이동

(2) 입

눈과 동일한 방법으로 영역 선택 후 복사/이동하여 Match 작업을 한다.

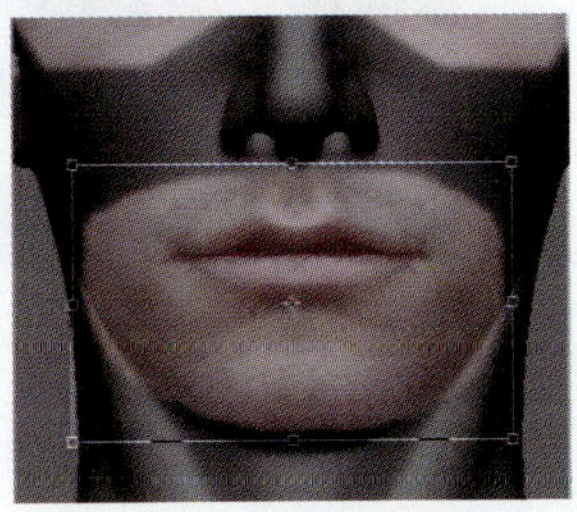
그림 3-212 입 영역 작업

(3) 턱

턱의 경우 캐릭터의 성격에 따라 많은 차이를 보이는 부분인데 실사 이미지의 턱의 넓이에 비해 3D 캐릭터의 턱의 크기는 상대적으로 좁고 길다. 그러므로 복사/이동한 이미지를 수정 편집하여 3D 캐릭터의 형태와 모양에 가장 가깝게 맞춰 주어야 한다.

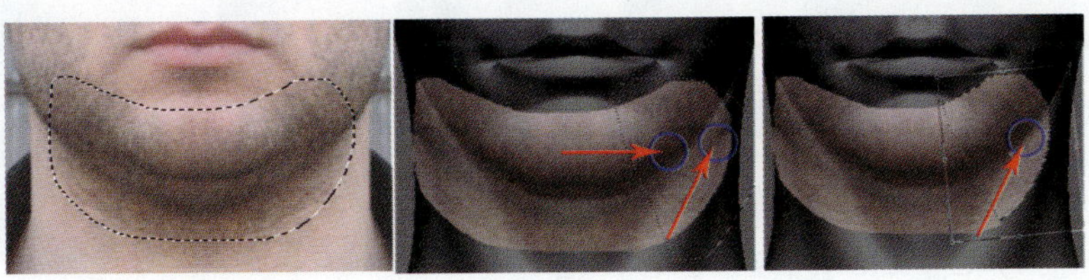
그림 3-213 턱 영역 작업

(4) 이마

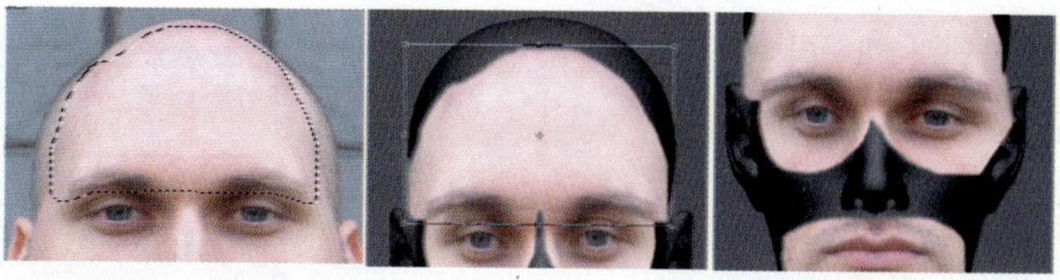

그림 3-214 이마 영역 작업

(5) 코

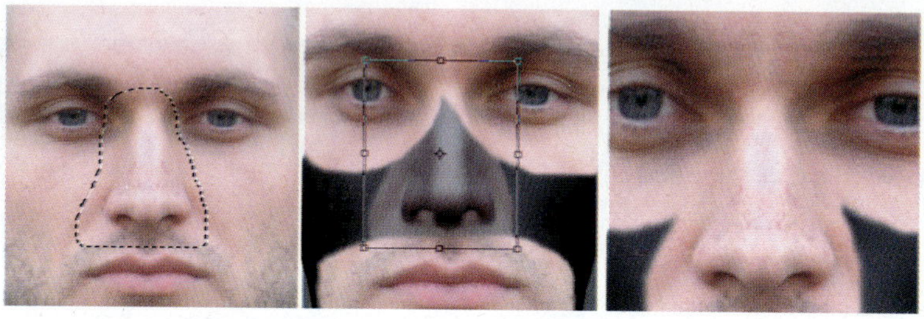

그림 3-215 코 영역 작업

(6) 중간 완성 모습

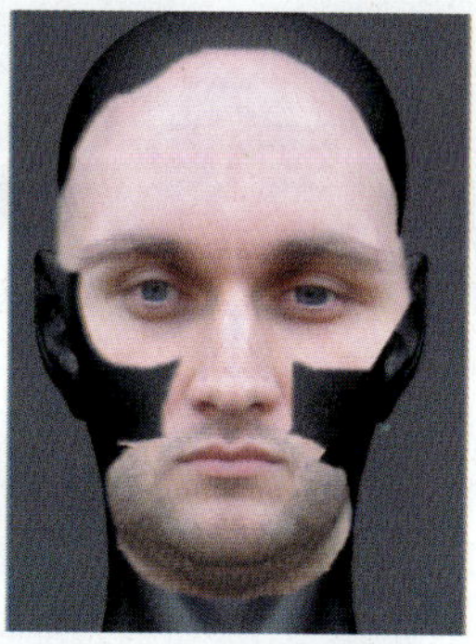

그림 3-216 결과 확인

(7) 옆모습 : 턱 부분

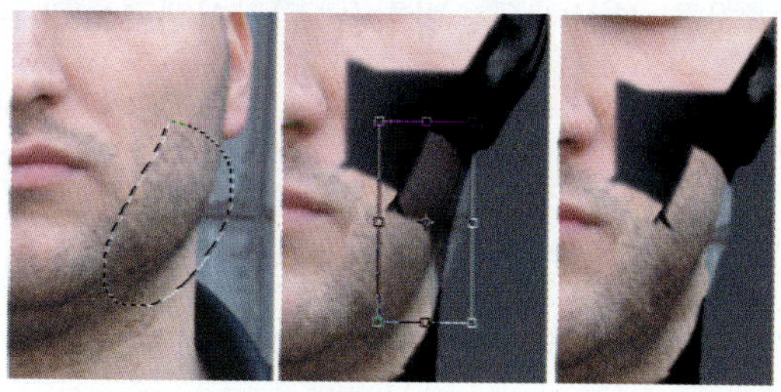

그림 3-217 턱 영역 작업

(8) 옆모습 : 이마 부분

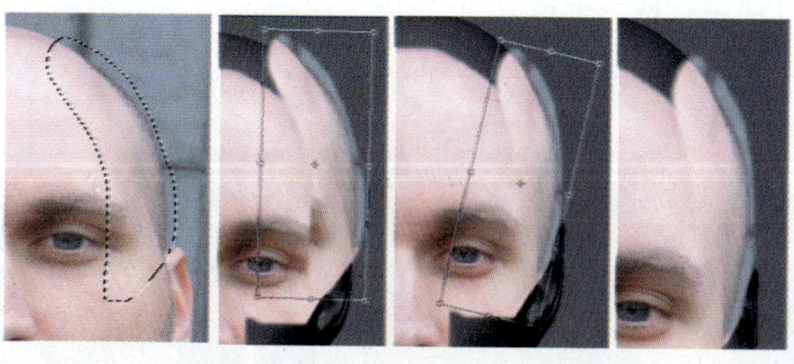

그림 3-218 이마 옆 부분 영역 작업

(9) 옆모습 : 귀 부분

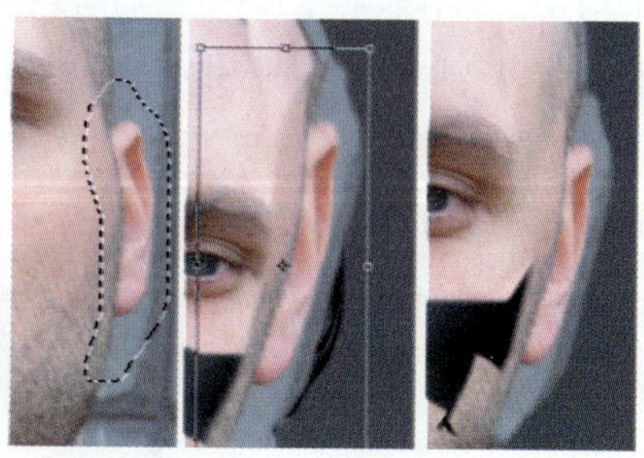

그림 3-219 귀 영역 작업

(10) 볼

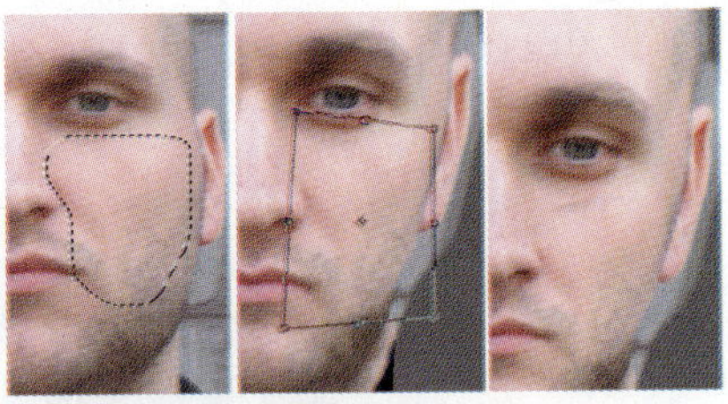

그림 3-220 볼 영역 작업

(11) 목

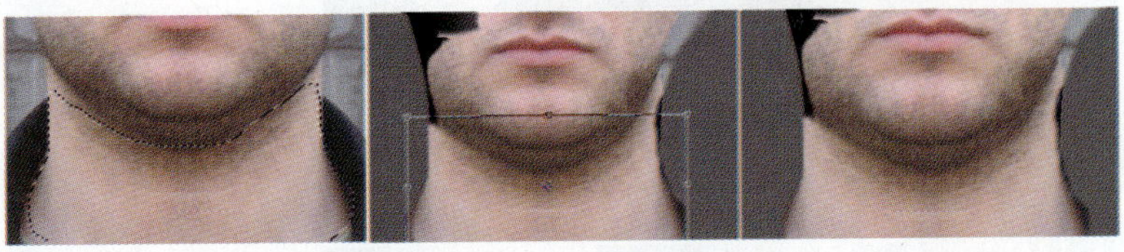

그림 3-221 목 영역 작업

(12) 중간 점검

Stamp Tool 기능을 이용하여 전체적으로 모양과 이미지 Color를 맞추도록 한다.

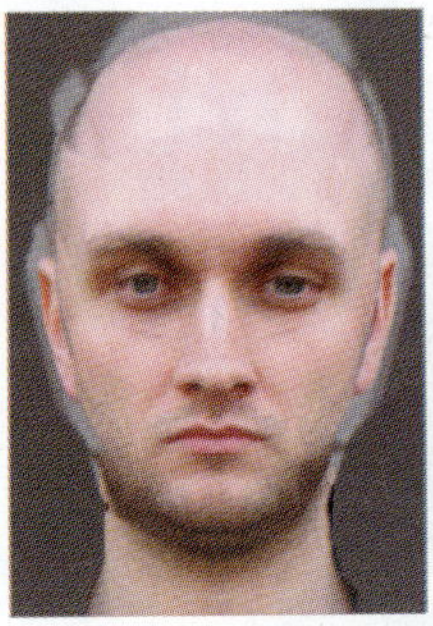

그림 3-222 중간 결과 확인

그림 3-223 전체 모양 편집

(13) 결과 확인

3D Data에 적용한 후 결과를 확인한다.

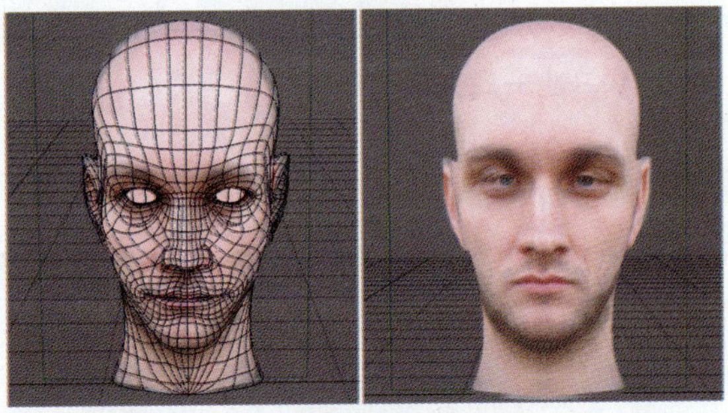

그림 3-224 3D 데이터 적용 후 결과 확인

3. 모델링 데이터의 측면 Shader와 이미지 Match 작업

1 3D 캐릭터의 Left Shader 이미지를 불러온다.

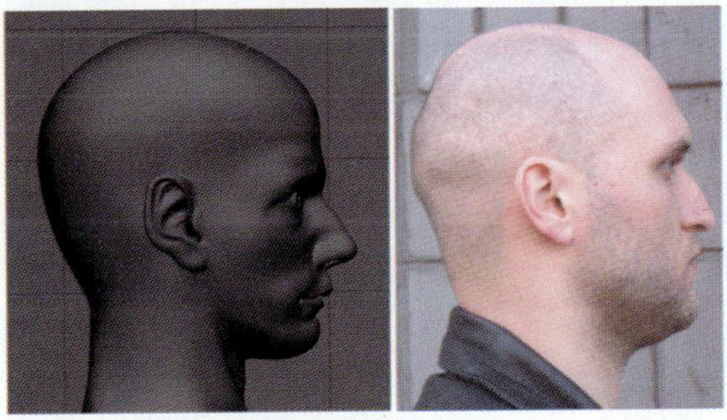

그림 3-225 실사와 3D 옆모습

2 정면 사진 이미지의 영역을 선택/이동하여 3D 캐릭터의 모양에 맞도록 Retouching 작업한다.

- 귀

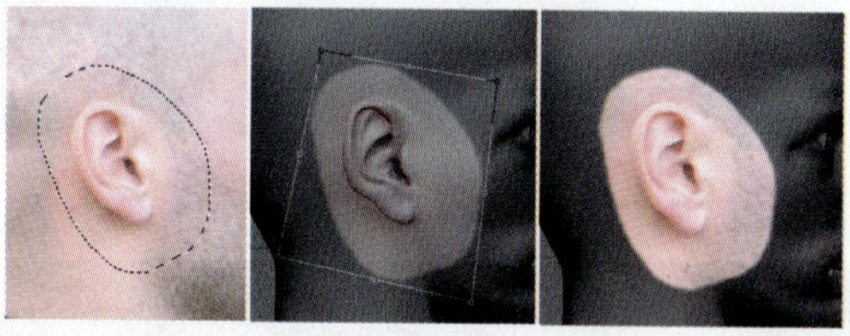

그림 3-226 귀 영역 작업

- 눈

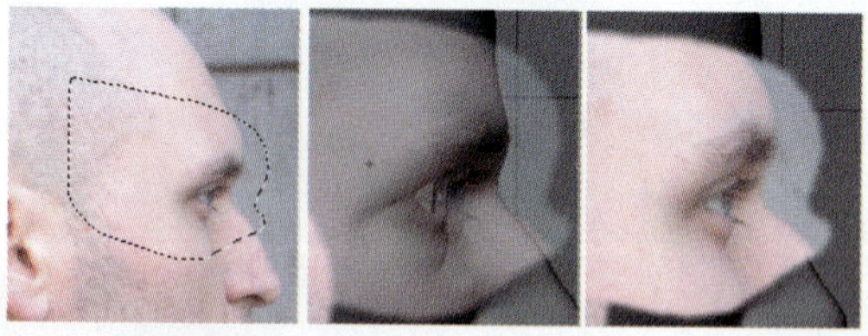

그림 3-227 눈 영역 작업

- 코

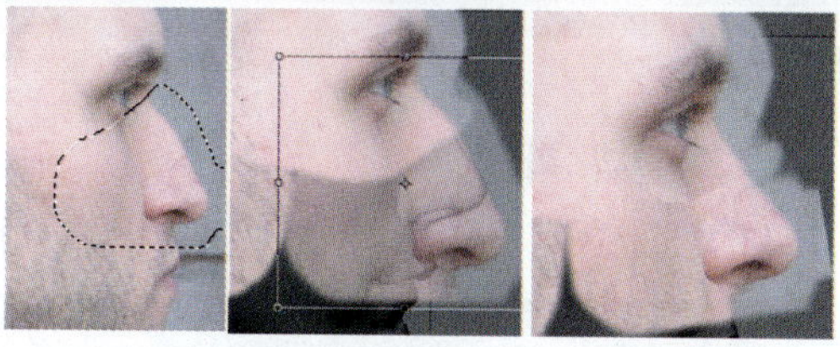

그림 3-228 코 영역 작업

- 입/턱

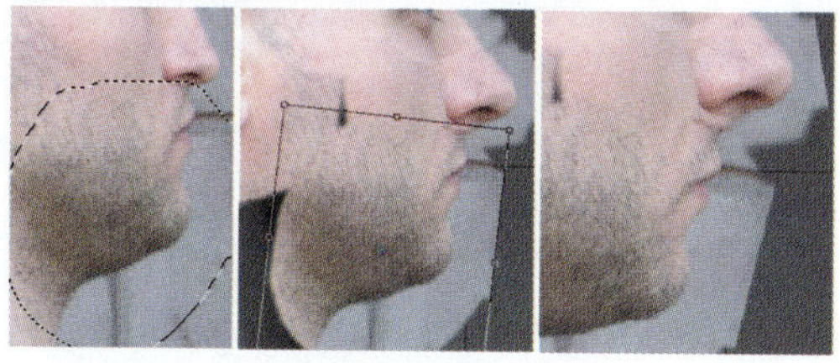

그림 3-229 입과 턱 영역 작업

- 머리

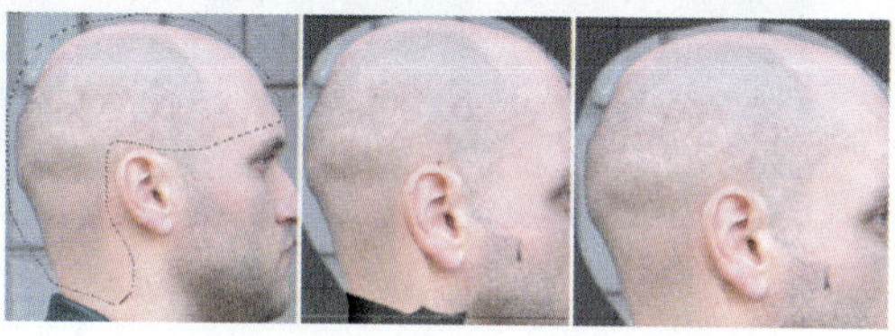

그림 3-230 머리 영역 작업

- 중간 점검

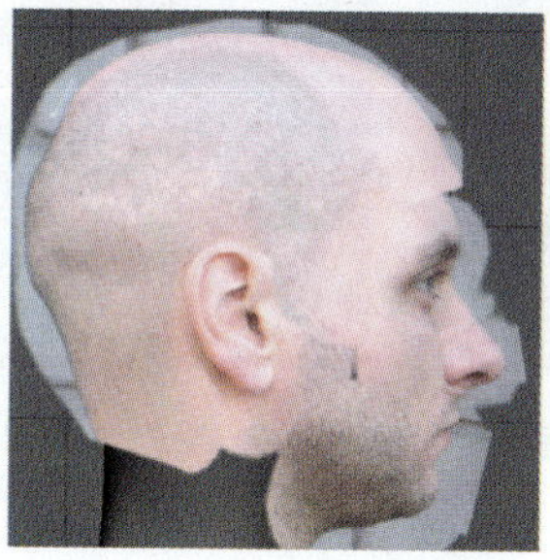

그림 3-231 중간 결과 확인

- Pelting 편집 : 생성된 Layer를 합치고 Stamp Tool 기능을 이용하여 전체적으로 모양과 이미지 Color를 맞추도록 한다.

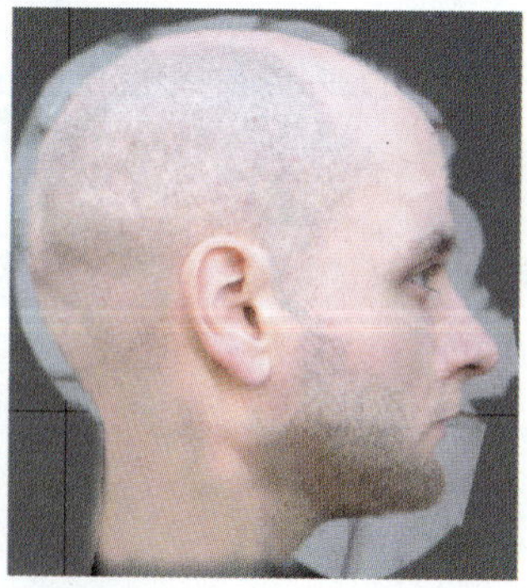

그림 3-232 전체 모양 다듬기

3 제작된 측면을 복사하여 반대방향의 이미지를 만든다.

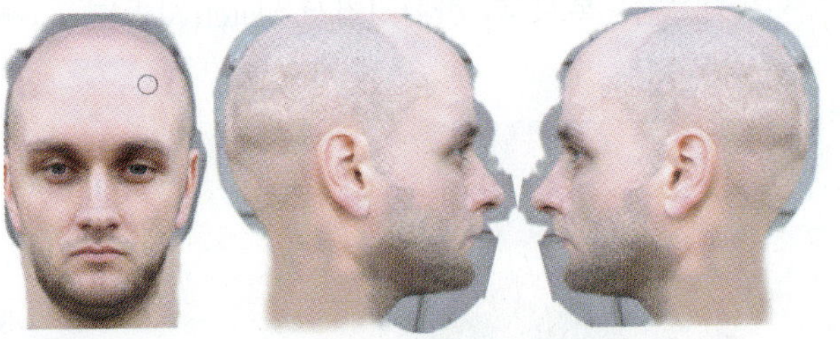

그림 3-233 측면 결과 복사 & Flip

4 정면과 측면의 이미지를 맞추는 작업을 한다.

- Move : 정면 이미지에 측면의 이미지를 잘라 이동시킨다.

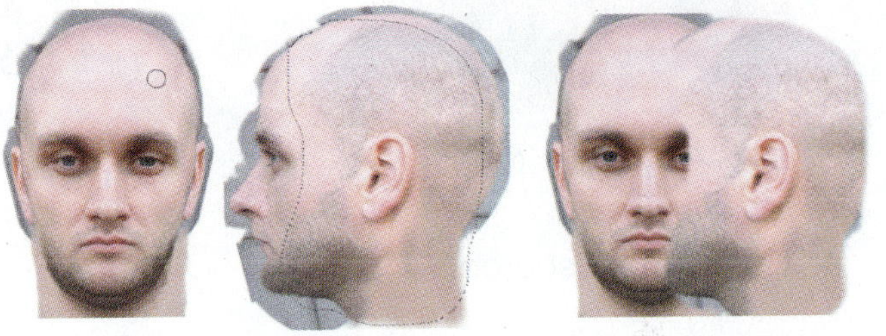

그림 3-234 정면과 측면 이미지 Match

- 옆모습 이미지 Layer에서 겹쳐진 부분에 대해 영역 선택을 한다.

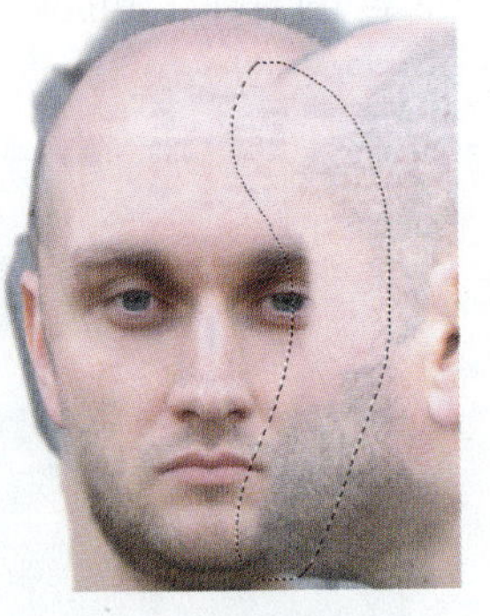

그림 3-235 겹치는 영역 선택

- Layer > Add Layer Mask > Hide Selection 명령을 실행한다.
- Brush 기능을 이용해서 경계 부위를 가볍게 칠해 준다.

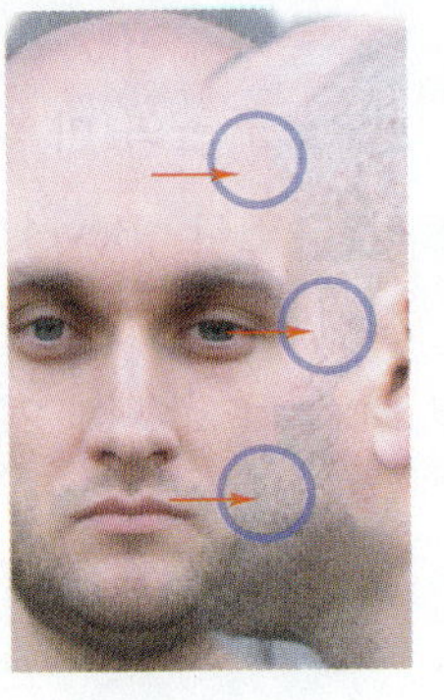

그림 3-236 Hide Selection > Brush

- 반대 면은 복사 후 반전시켜서 Match시키도록 한다.

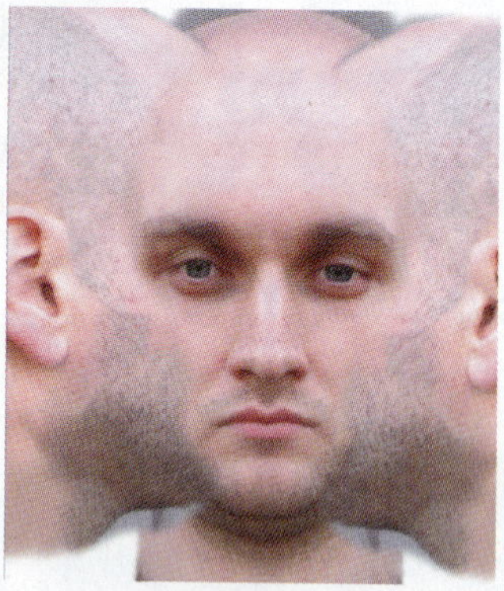

그림 3-237 복사 후 이동

- Layer Merge 후 편집하여 완성한다.

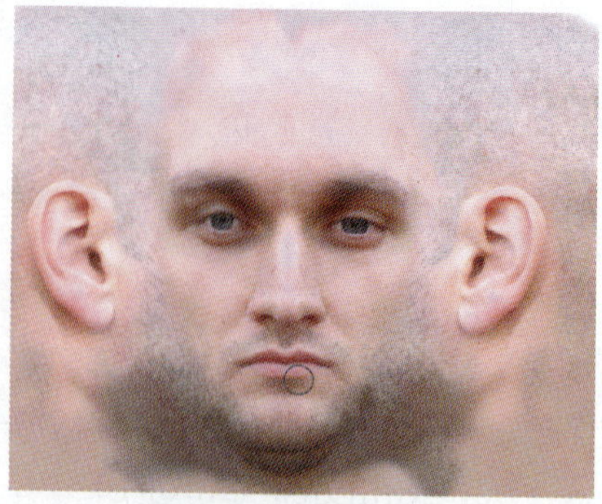

그림 3-238 최종 결과 확인

4. Bump map source 제작

1 Desaturate [Ctil + Shift + U] : Color 값을 모두 제거하고 Black & White 이미지화한다.

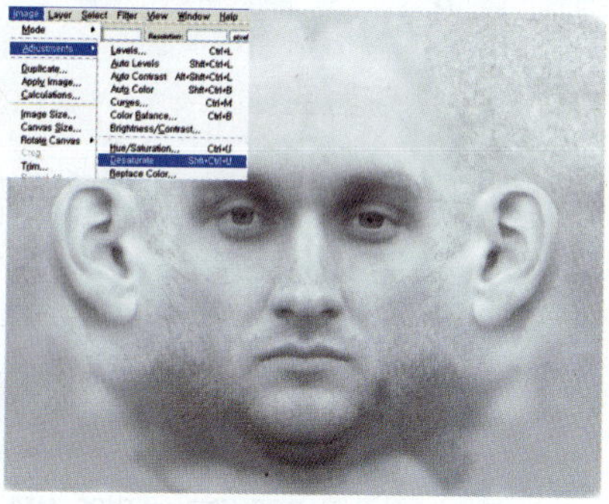

그림 3-239 Desaturate

2 Level 명령을 통해 Black & White의 표면 값을 더욱 증대시킨다.

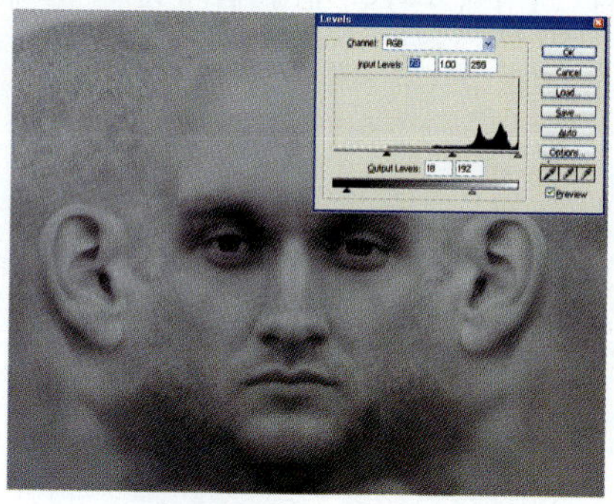

그림 3-240 Level

3 Layer의 마우스 Double 클릭으로 Layer Style 옵션 창을 연다. Bevel and Emboss 〉 Texture 기능을 활성화 시킨다. 여기서 Texture 〉 Element 〉 Pattern에서 Leather (Bur lap 200 by 200 Pixel, Gray scale mode)를 선택한다.

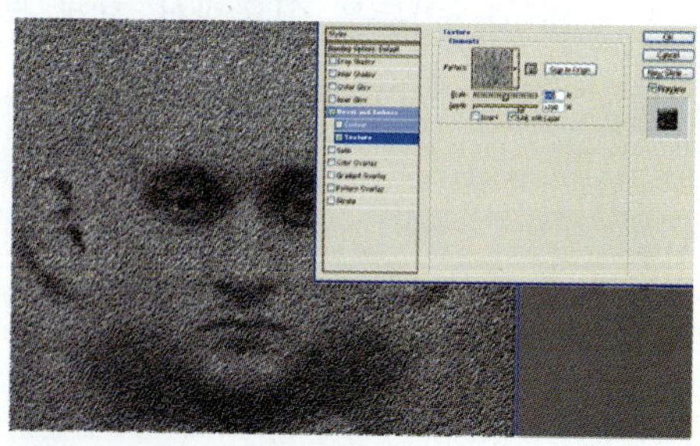

그림 3-241 Bump 효과(표면) Pattern 지정

4 Scale 수치를 조절하고 Depth 정도를 조절하여 원하는 Bump의 크기와 깊이 값을 조절한다. 그리고 Invert 모드를 활성화한다.

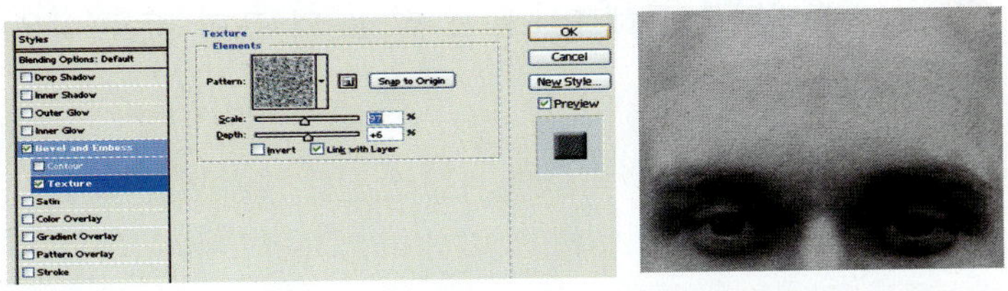

그림 3-242 Scale & Depth

5 Wire frame Layer를 비활성화하고 Bump map Layer만을 활성화한 다음 Bump source.jpeg로 저장한다.

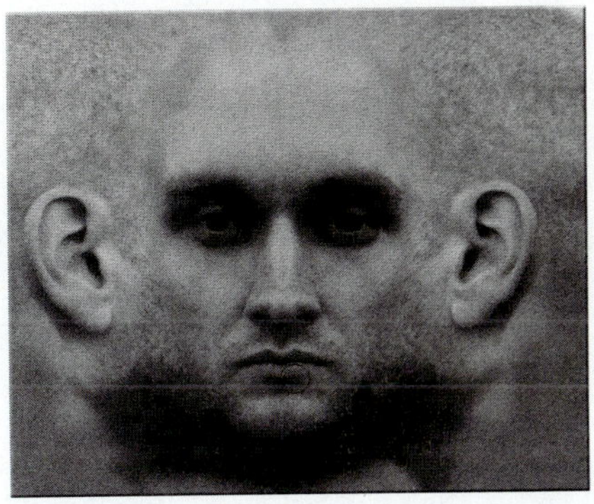

그림 3-243 Bump Map 소스 이미지 저장

5. Specular map Source 제작

1 Desaturate [Ctil + Shift + U] : Color 값을 모두 제거하고 Black & White 이미지화한다.

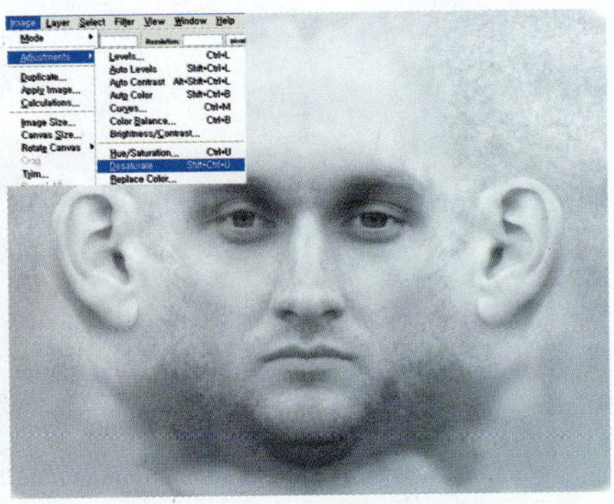

그림 3-244 Desaturate

2 Level 명령을 통해 Black & White의 표면 값을 증대시킨다.

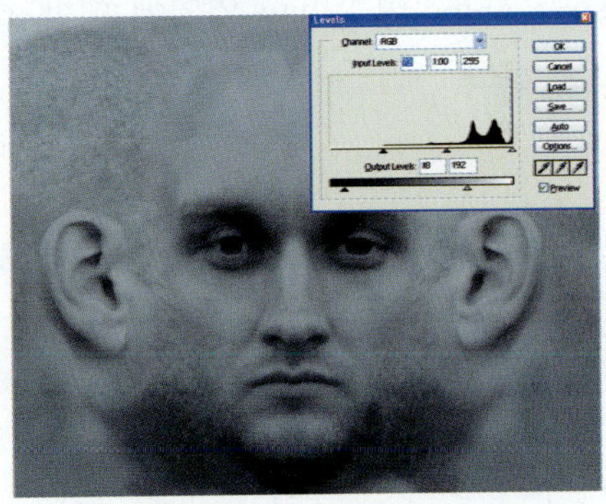

그림 3-245 Level

3 Level 명령을 통해 Black & White의 표면 값을 더욱 증대시킨다.

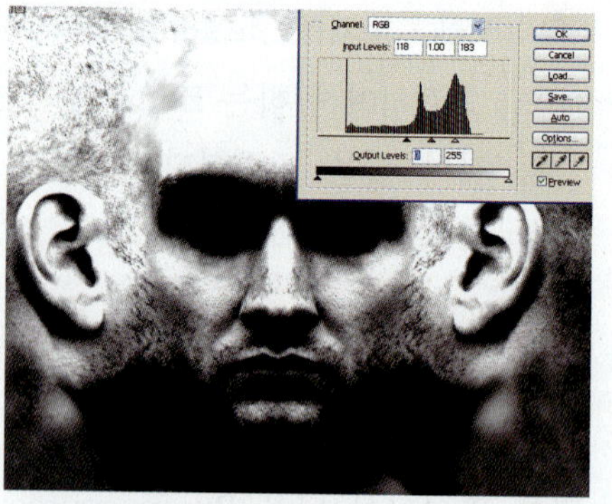

그림 3-246 Level

4 Level 명령을 통해 Black & White의 표면 값을 더욱 증대시킨다.

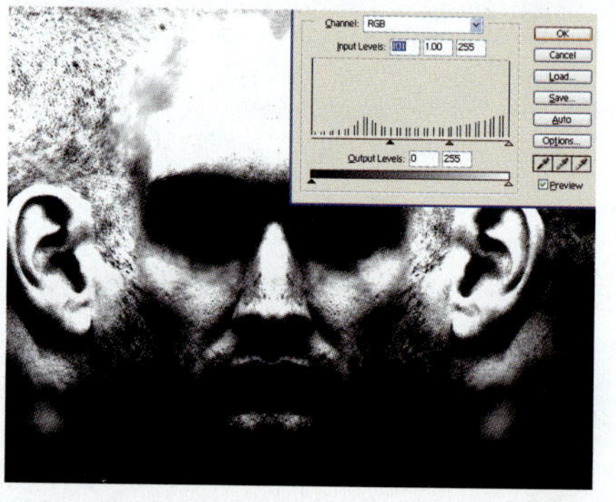

그림 3-247 Level

5 Brush를 사용하여 White 영역에 대한 효과를 더욱 강하게 주도록 한다.

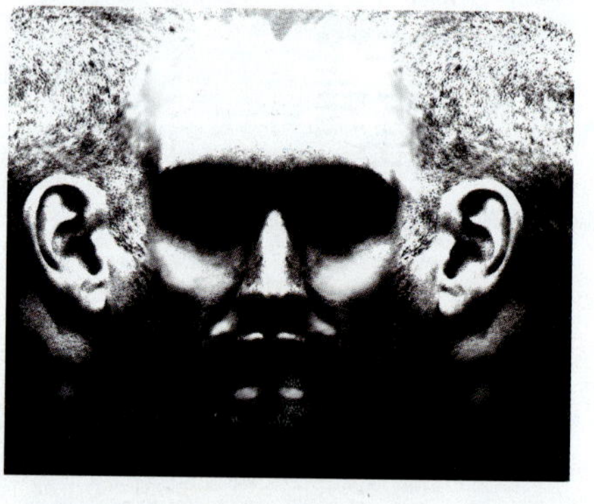

그림 3-248 Specular 결과 확인

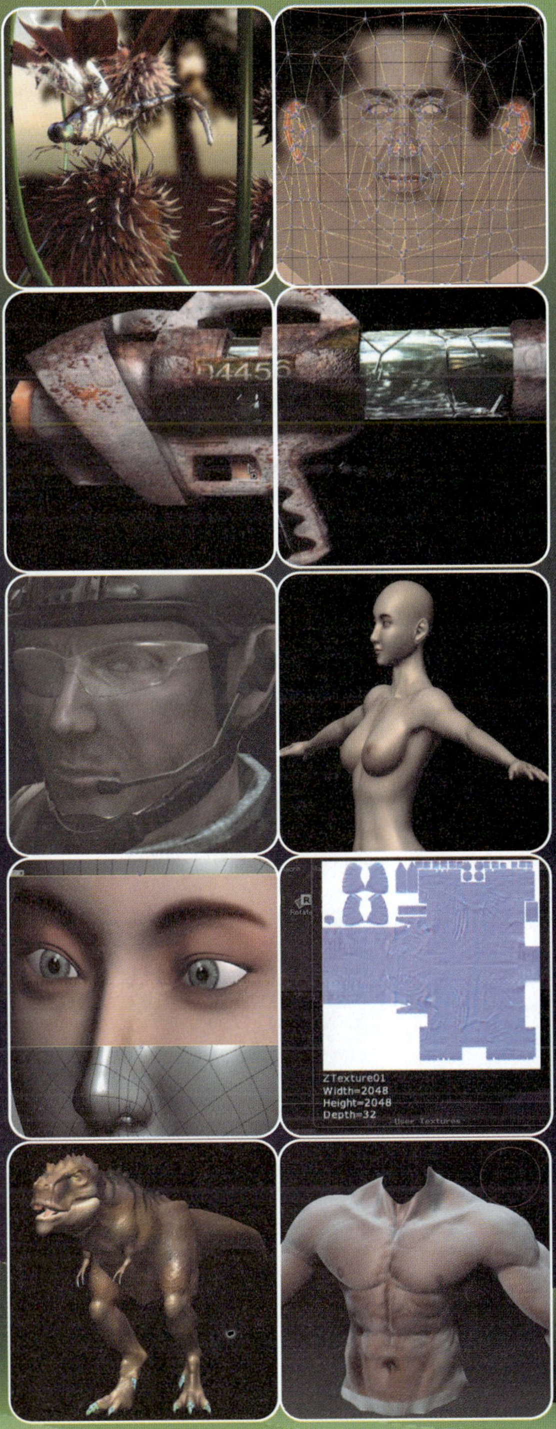

제4장 여자 캐릭터 Texture Source 제작 및 적용

4-1 SOFTIMAGE에서의 Unwrap

인체 캐릭터 Texturing 제작 기법에 대해 알아보도록 한다. 우선 Texture의 기본이 되는 UV Coordinate 작업과 함께 Color Map 소스와 Bump 소스와 Specular 소스를 제작하는 방법에 대해 알아보고 적용한다. UV Coordinate는 SOFTIMAGE의 Texture Editor와 함께 Unfold 3D를 활용하였고 각종 Map 소스 제작은 Photoshop에서 제작하였다.

4-1-1 모델링 제작

캐릭터 모델링 데이터는 제2권 "캐릭터 모델링" 편에서 소개를 하고 있기 때문에 참고하여 제작하도록 한다.

그림 4-1 3D 캐릭터 모델링

4-1-2 Unfold UV

SOFTIMAGE에서 캐릭터 데이터를 Woman body.obj 파일로 저장한 후 Unfold 3D에서 Woman body.obj 파일을 Load한다.
Unfold 3D에서 본격적인 Unwrap UV 작업을 시작한다.

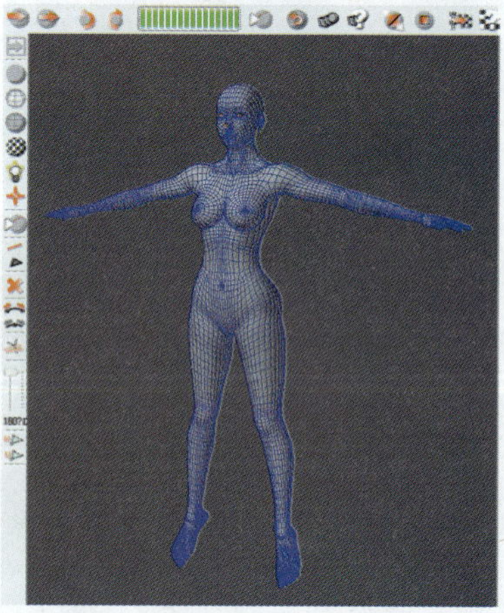
그림 4-2 Unfold 3D로 Load Data하기

1 얼굴 정면과 측면 나누기

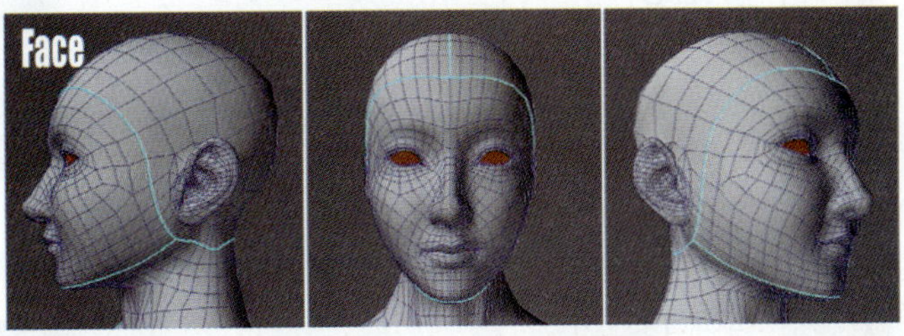

그림 4-3 Face Seam

2 머리 뒷면 영역 나누기

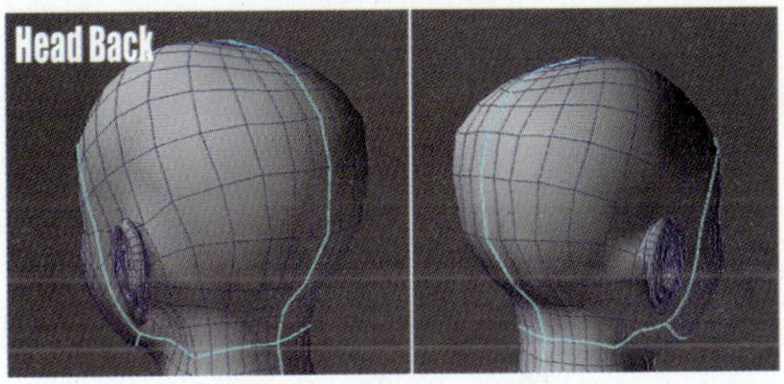

그림 4-4 Head Seam

3 귀 영역 나누기

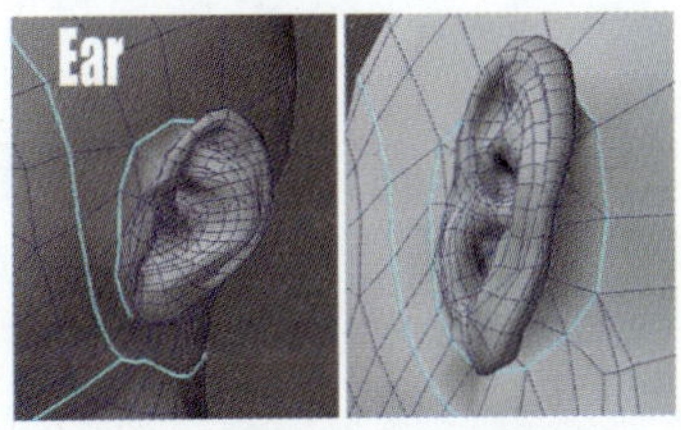

그림 4-5 Ear Seam

4 목 영역 나누기

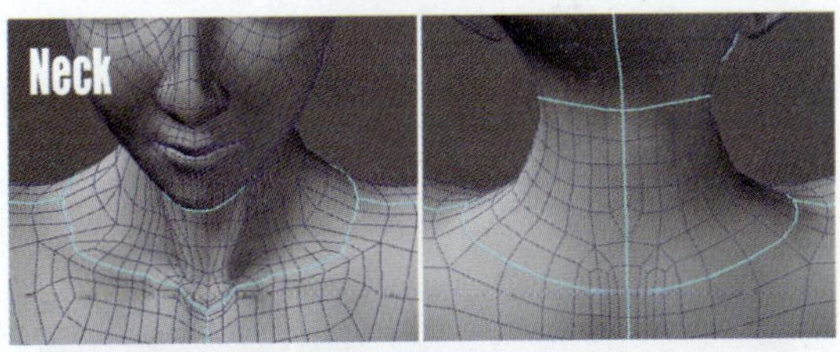

그림 4-6 Neck Seam

5 어깨 영역 나누기

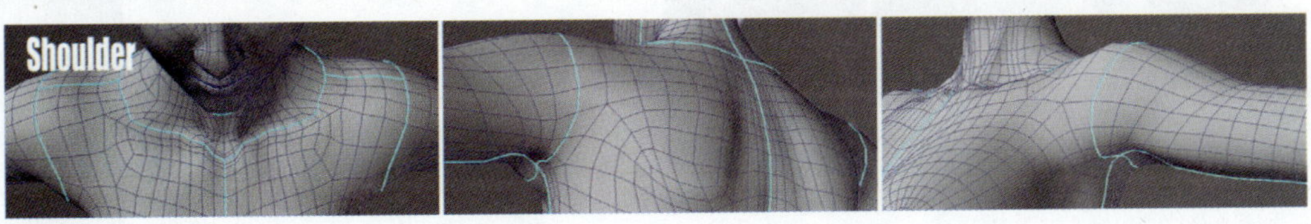

그림 4-7 Shoulder Seam

6 팔 밑 부분 영역 나누기

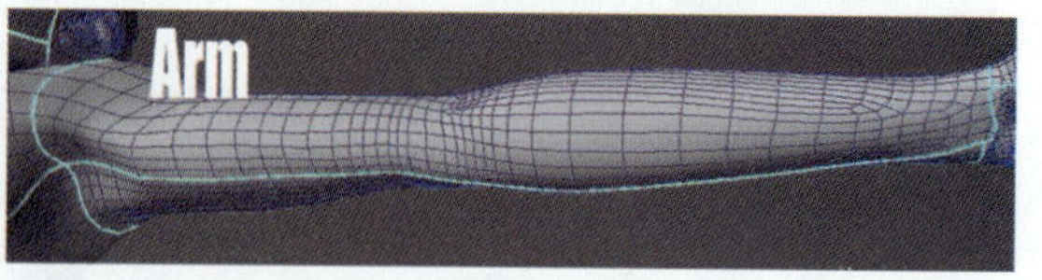

그림 4-8 Arm Seam

7 손 영역 나누기

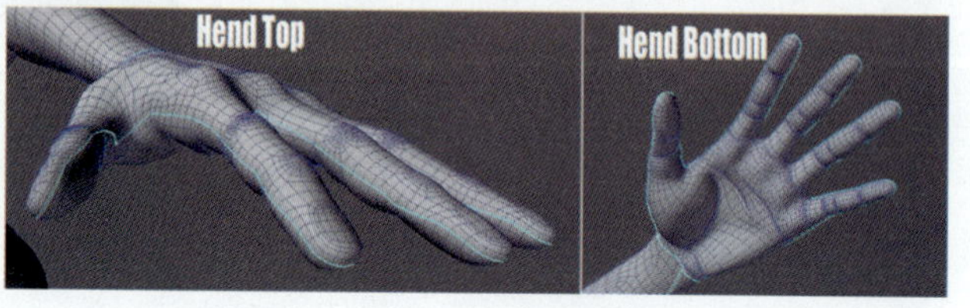

그림 4-9 Hand Seam

8 몸통 나누기 영역 1 : 몸통의 앞면과 뒷면 나누기

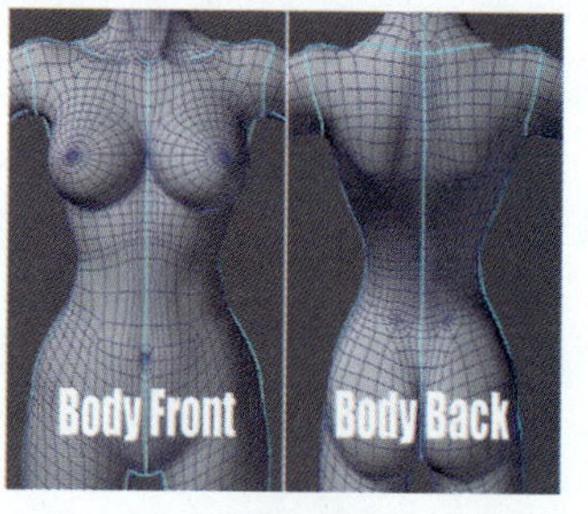

그림 4-10 Body Seam Front

9 몸통 나누기 영역 2 : 옆면 나누기

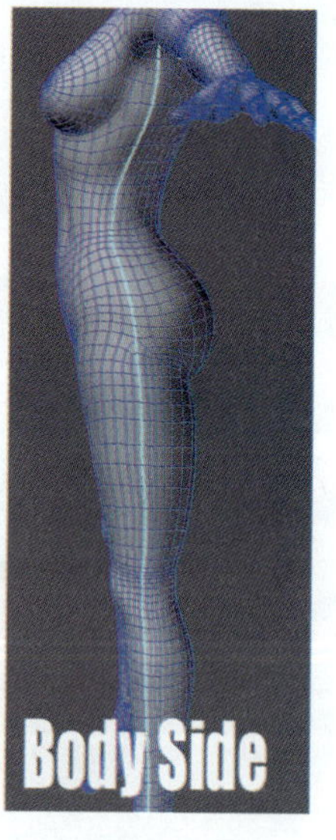

그림 4-11 Body Seam Side

10 골반과 하체(다리) 영역 나누기

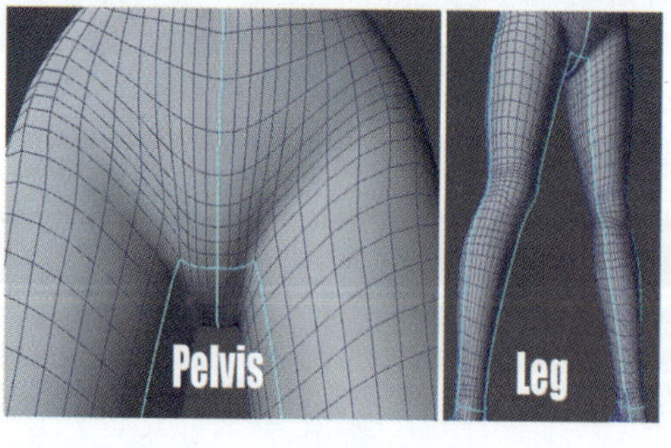

그림 4-12 Hip and Leg Seam

11 발과 발바닥 영역 나누기

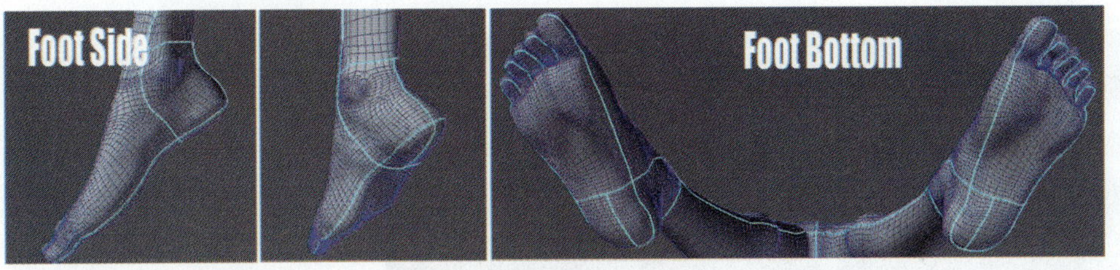

그림 4-13 Foot Seam

12 몸 전체 Select Edge Polygon + Wire frame과 Wire frame 모드에서의 결과

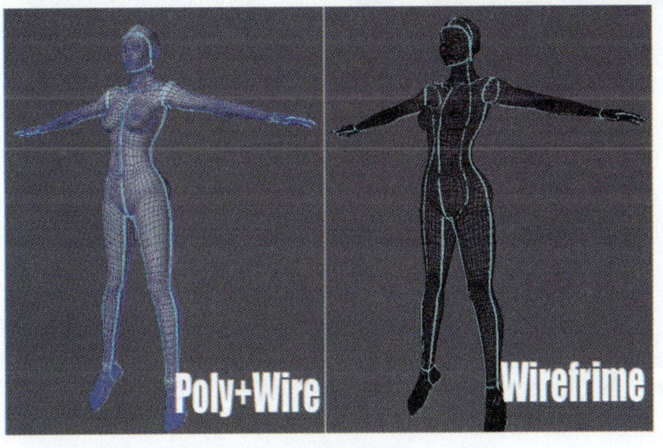

그림 4-14 전체 Seam Line 결과 확인

13 Cut Line

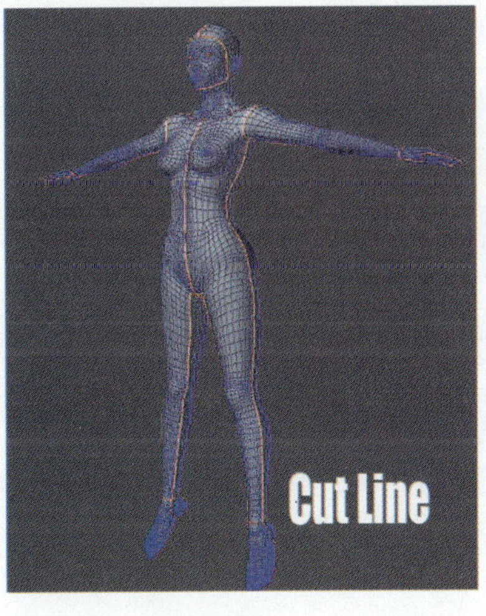

그림 4-15 Cut Line

14 Automatic Unfold and Texture mode

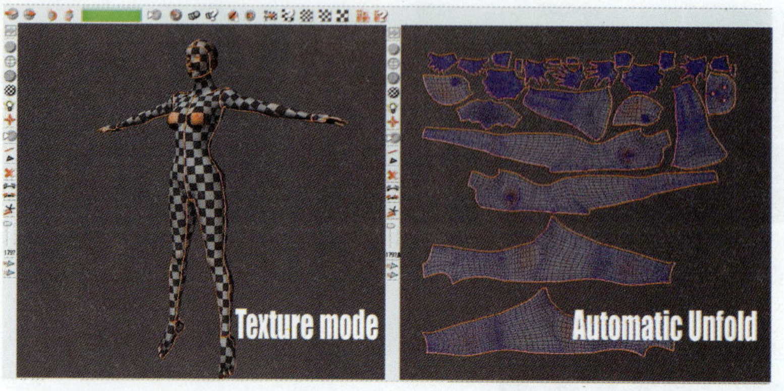

그림 4-16 Unfold

15 Auto Unfold

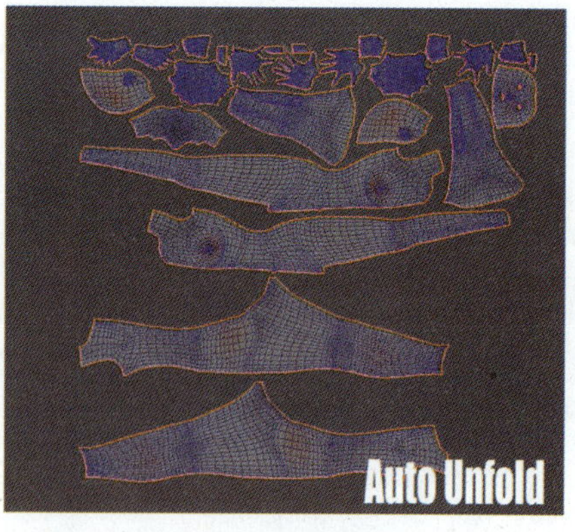

그림 4-17 Unfold 결과 확인

4-1-3 UV Coordinate

1 SOFTIMAGE 작업 창을 연다.

2 Unfold 3D에서 작업된 Woman body.obj를 SOFTIMAGE로 Import한다.

3 UV 좌표 확인 후 SOFTIMAGE에서 바로 편집 작업을 들어간다.

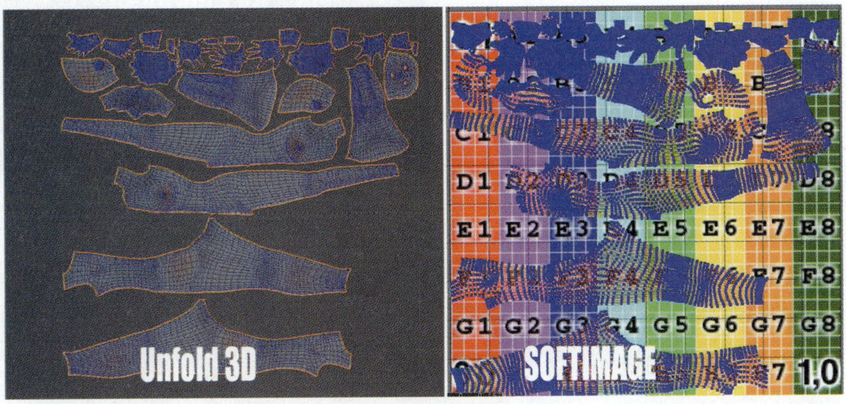

그림 4-18 SOFTIMAGE(Texture Editor)에서의 Unfold 결과 확인

4 Black Image 적용 후 확인 : 제작할 이미지의 크기를 먼저 정한 후(예 : 2000 * 2000) Photoshop에서 그 크기에 맞는 Black Color Image를 제작한 후 이를 캐릭터에 적용한 후 그 결과를 Texture Editor에서 확인한다. 여기서는 이미지의 해상도를 감안하여 최소 3000 * 3000 이상의 Map 크기를 제작하도록 한다.

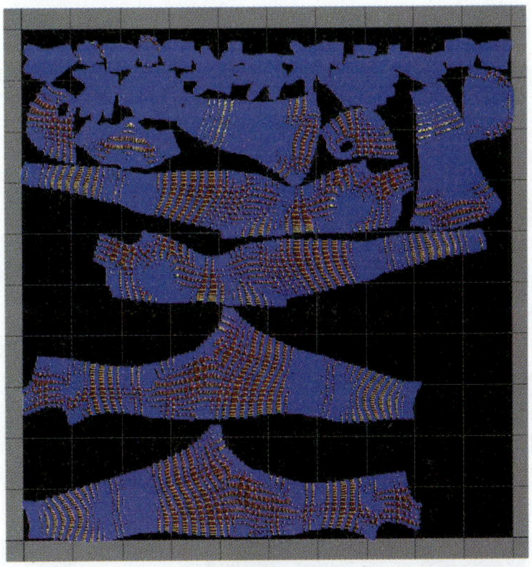

그림 4-19 Texture에서 Black Image 적용 결과 확인

5 정렬 : 각 Part별로 이동 / 회전 / 스케일 조절을 통해 정렬한다.

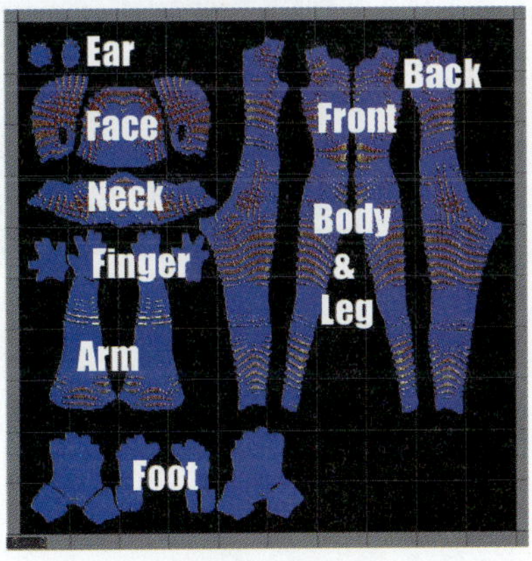

그림 4-20 정렬된 이미지

6 Face and Head UV Coordinate : Head UV 선택 후 정면과 측면을 Weld(연결)해 준다.

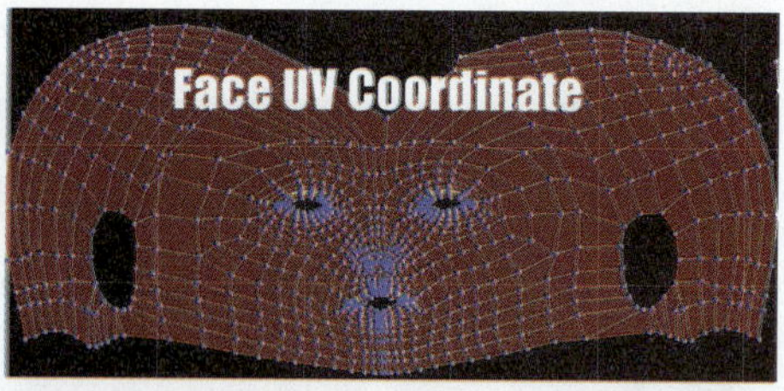

그림 4-21 Head UV Best Fit

7 Hand & Finger UV Coordinate : Hand & Finger UV 선택 후 손바닥과 손등의 UV 좌표에 대해 서로 붙어 있는 영역에 대해서는 서로 Weld (연결) 해주도록 한다. 연결하는 방법은 제1장에서 "Texture Editor" 기능 및 활용부분에서 참고하도록 한다.

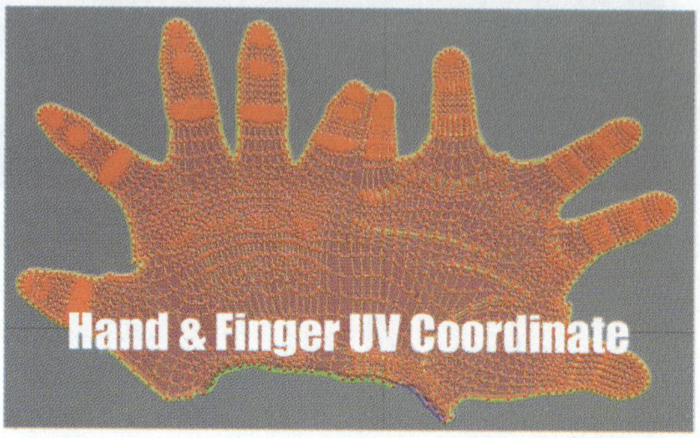

그림 4-22 Hand & Finger UV Best Fit and UV Connect

8 Arm & Hand UV Coordinate : 팔의 영역을 손목 부분에서 손과 팔의 영역을 손등과 손바닥을 이어주는 방식과 동일하게 서로 Weld(연결)해 주도록 한다.

9 Body and Leg UV Coordinate : 몸통의 영역을 선택하고 몸통 앞 부분과 옆 부분의 연결 부분을 서로 Weld(연결)해 주도록 한다.

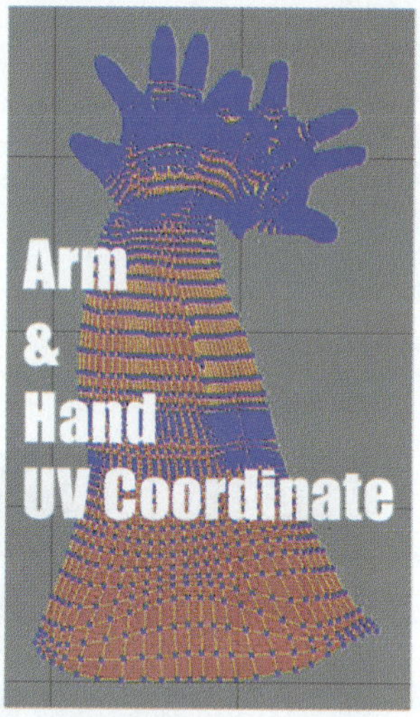

그림 4-23 Hand and Arm UV Connect

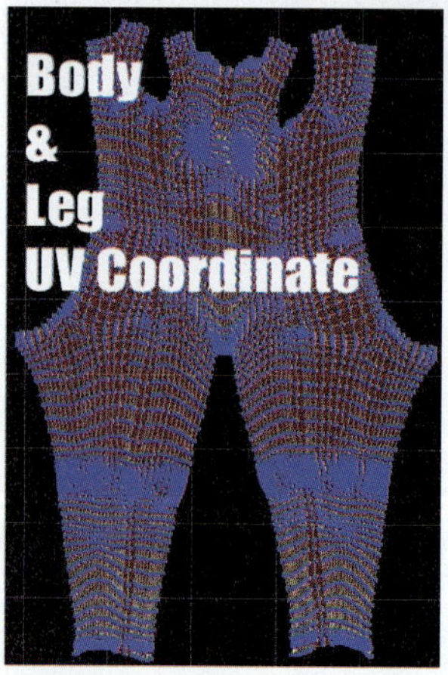

그림 4-24 BodY and Leg UV Connect

10 Foot UV Coordinate : 발등과 발바닥의 영역의 UV를 잘 펴서 모양을 만든 다음 적당한 위치에 이동을 한다.

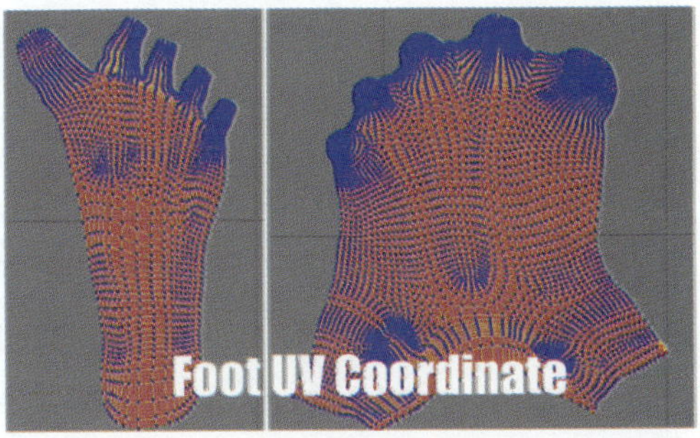

그림 4-25 발바닥과 발등 UV 펴기

11 Ear UV Coordinate : 귀 영역에 대해서도 UV를 잘 펴서 모양을 만든 다음 적당한 위치에 이동을 한다.

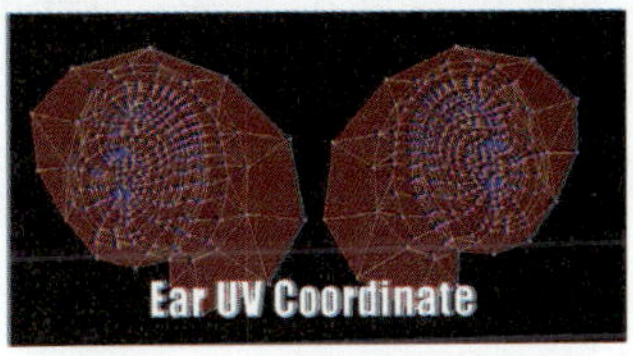

그림 4-26 귀 영역 분리하기

12 Character 전체 UV Coordinate

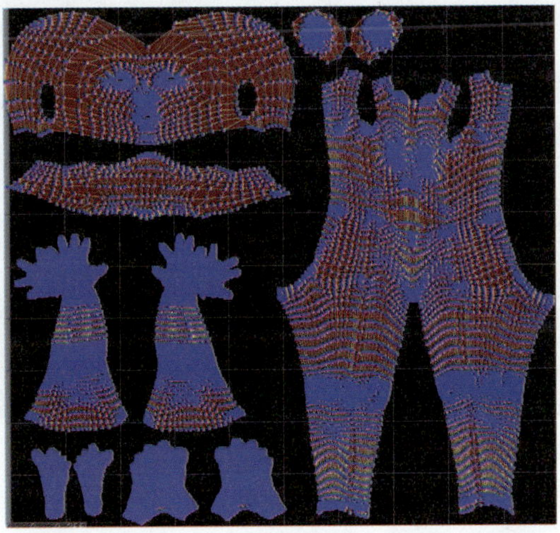
그림 4-27 전체 UV 좌표 확인

3. UV Coordinate 편집

1 가능하면 SOFTIMAGE Texture Editor에서 가장 최적화된 UV 좌표를 찾는 방법에 익숙하도록 한다. 얼굴 같은 경우 왜곡 현상이 심하기 때문에 그냥 사용하는 것 보다는 실린더 형태로 다시 재작업을 할 경우 훨씬 Map을 그리기 편한 좌표 값을 얻을 수 있다. 얼굴 영역을 선택한 후 Cylindrical 〉 Best Fit 명령을 실행한다.

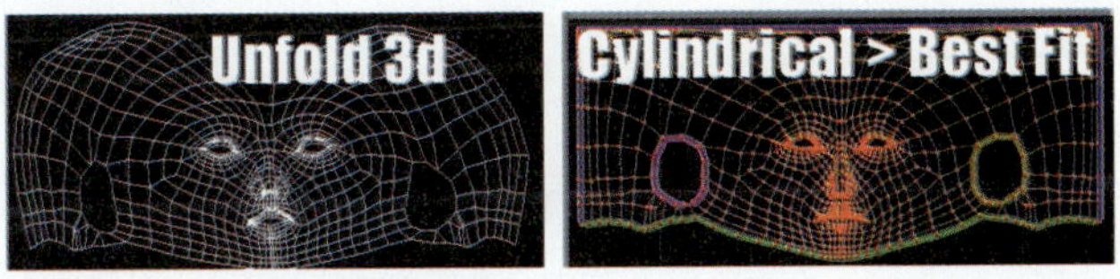

그림 4-28 Plan 〉 Best Fit

2 목 영역 또한 동일한 방법을 적용한 후 얼굴과 Match되는 영역은 Weld한다.

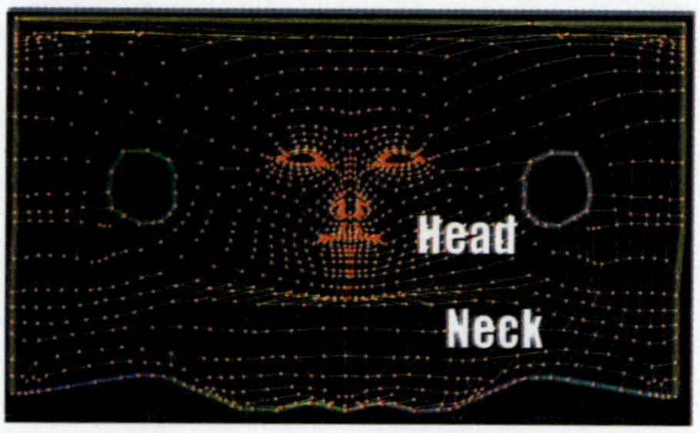

그림 4-29 Face and Nest Weld

3 캐릭터와 같은 형태의 UV 좌표는 좌/우 대칭형이 대부분이다. 특별하게 좌/우의 Texture 이미지가 상이할 경우를 제외하고는 좌/우 Mirror Texturing 작업을 많이 해 준다. 이 경우 팔과 다리, 몸통 등의 대칭 영역에 대해 Match 작업을 해 준다. 이 장에서는 Texturing에 대한 연습과정이므로 비록 대칭구조의 캐릭터 UV 좌표라 하더라도 전반적으로 그려주는 연습을 하도록 한다.

4 최종 편집 완료한 UV Coordinate

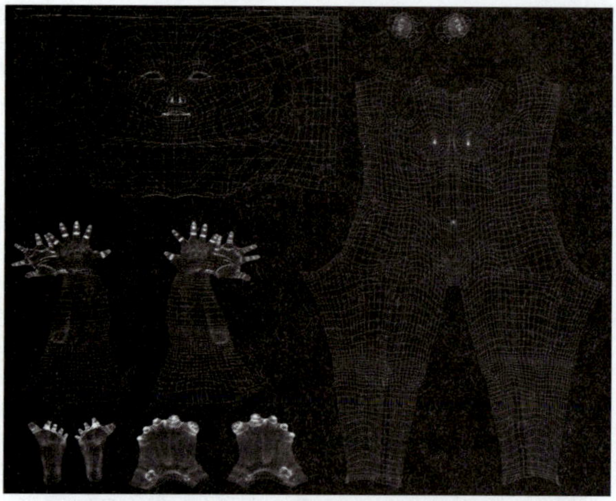

그림 4-30 캐릭터 UV Coordinate 결과

4-2 UV Wireframe Exporting

1 Wire frame color 변경 : File 〉 Preference 〉 Color tab에서 RGB를 각각 "1"로 지정하여 Wire frame color를 흰색으로 지정해 준다.

2 3D Tool 환경에서 3D 캐릭터 Unwrap UV : Edit 〉 Stamp UV Mesh 기능을 이용하여 Wire Frame을 Capture 받을 수 있다.

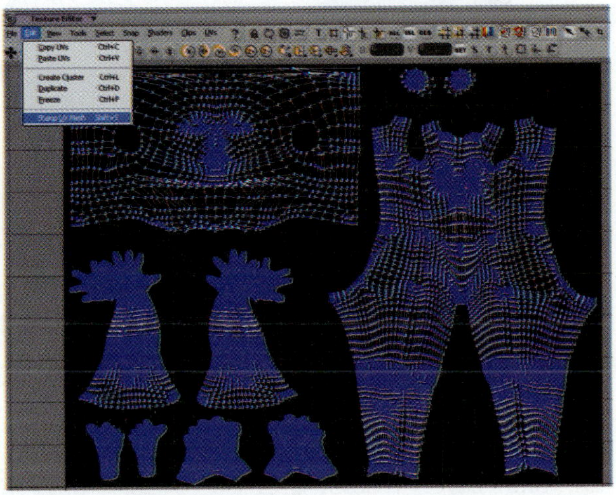

그림 4-31 Stamp UV Mesh

3 UV Wireframe 포토샵으로 불러오기 : File 〉 Open 〉 Character Wire frame

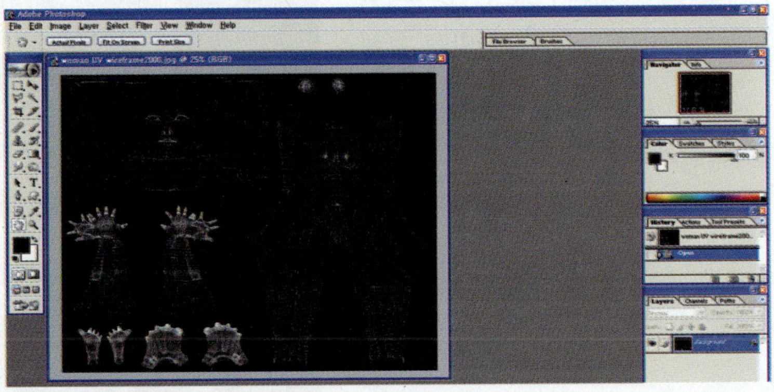

그림 4-32 Open Photoshop

4 Layer 창에서 Background layer를 Copy / Paste한다. Background Layer 창에서 마우스 오른 클릭을 하면 Duplicate Layer 명령 창이 뜬다. 여기서 이름을 UV Wire frame으로 변경한다.

5 복사된 UV Wireframe Layer를 Screen 모드로 변경한다.

6 Background Layer를 휴지통에 넣는다.

7 Create a New Layer 버튼으로 New Layer 3개를 추가해서 만든다.

8 UV Wire frame Layer를 Layer 최상위 위치로 이동한다.

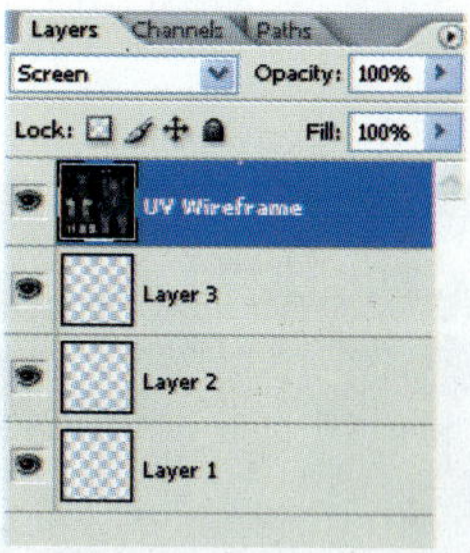

그림 4-34 Layer 편집

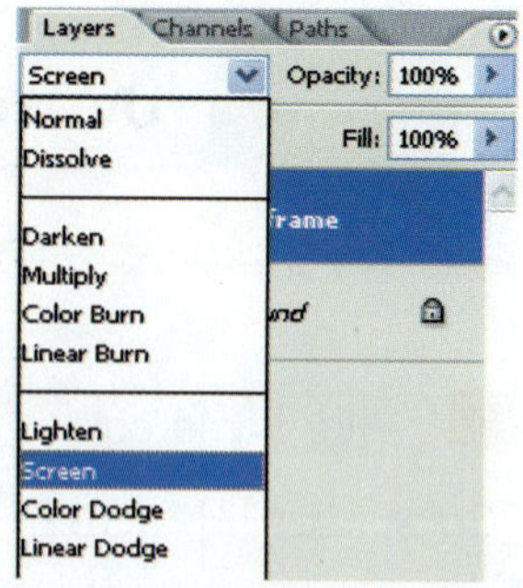

그림 4-33 Layer 모드 변경

9 생성된 3개의 각 Layer에 새로운 이름으로 변경 및 작업 모드 전환 : Wire frame layer 밑으로 Highlight layer / Shadow layer / Skin Layer로 이름을 바꿔주고 Highlight Layer는 Softlight 모드로, Shadows Layer는 Multiply 모드로, Skin Layer는 Normal Layer로 전환시킨다.

10 Skin Layer의 Color 값을 R(216), G(174), B(137)로 설정 후 Bucket 기능으로 Layer의 전체에 색을 입혀준다.

11 Wire frame 모드로 이동 후 Screen 모드로 전환한다. Layer Opacity를 0% 또는 Eye icon을 비활성화하여 Skin color만을 활성화한다.

12 Save as 후 3D상에서의 적용한 결과 확인

그림 4-35 Basic Color 적용 결과

4-2-1 Face Highlight Color 제작

1 Highlight Layer로 이동하고 얼굴 영역 확대

2 Highlight Layer로 작업 Layer를 이동시킨 후 R(249), G(188), B(186) 값을 지정해 준다.

3 Wire frame Layer Opacity 40%로 조절

4 Brush 21을 선택하고 Opacity 50~60%로 조절

5 눈썹 위/이마/콧등/입술 위/입술 아래(턱 영역)/광대 뼈 등의 부분에 highlight color를 적용해 준다.

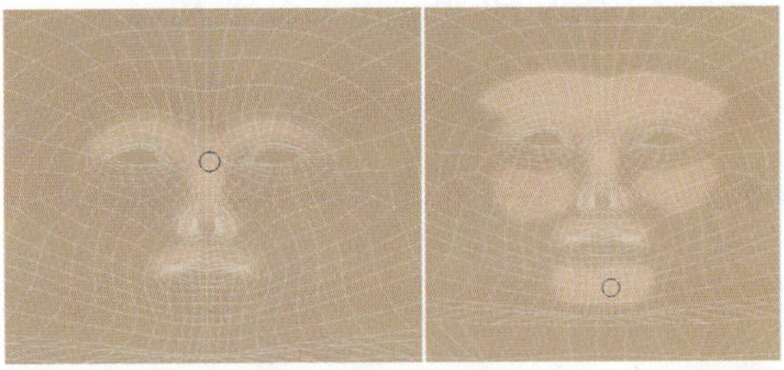

그림 4-36 Face Skin highlight Color 적용

6 Shadow Layer로 이동 후 Color 값을 R(182), G(152), B(129)로 설정 후 Brush 21을 선택하고 Opacity 15~20%로 조절하고 눈 외곽라인/입술 아래 부분/콧구멍 속/인중 영역/코볼 외곽 라인 칠하기

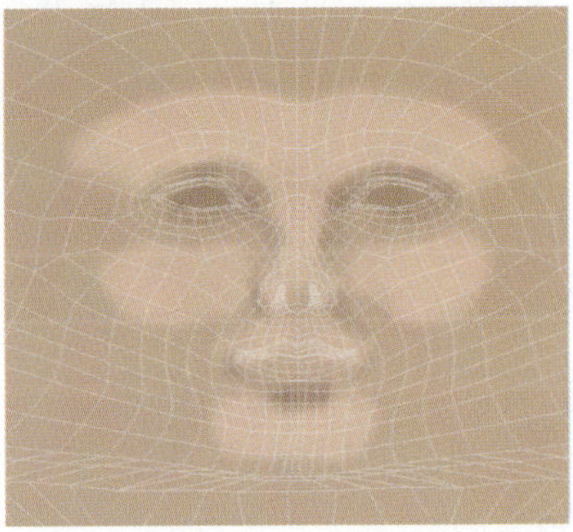

그림 4-37 Face Skin Shadow Color 적용

7 Wire frame Layer Hide 후 결과 확인하면서 3D 적용 결과를 수시로 확인한다.

그림 4-38 Gaussian Blur

8 Highlight Layer로 이동 후 Filter 〉 Blur 〉 Gaussian Blur 효과를 15 정도로 지정해 준다. 외곽영역을 흐리게 처리해 준다.

9 Erase Tool 기능으로 Opacity 15%로 Shadow color 끝부분 영역 다듬어 주기

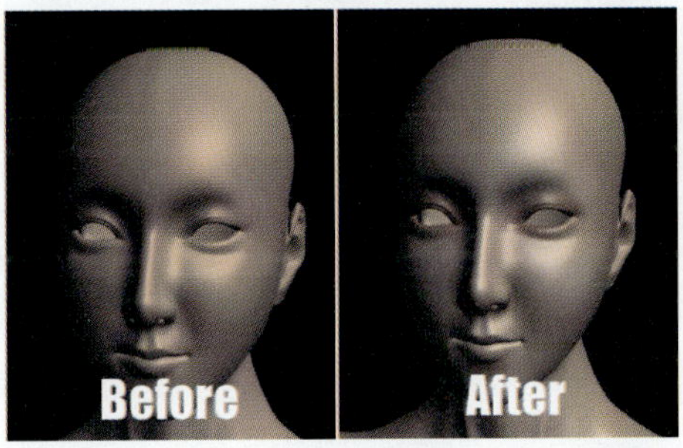

그림 4-39 Blur와 Eraser 효과 적용 결과 확인

4-2-2 Body Highlight Color 제작

1 Shadow Layer로 이동 후 Color 값을 R(178), G(150), B(129)로 지정한다.

2 가슴 밑 부분의 어두운 영역에 적용한다.

3 복부 라인과 배꼽의 위치를 정확하게 그리고 골반(상체와 하체)의 연결 부분의 라인을 그린다.

4 Filter 〉 Blur 〉 Gaussian Blur 효과를 10 정도로 지정해 준다. 외곽영역을 흐리게 처리해 준다.

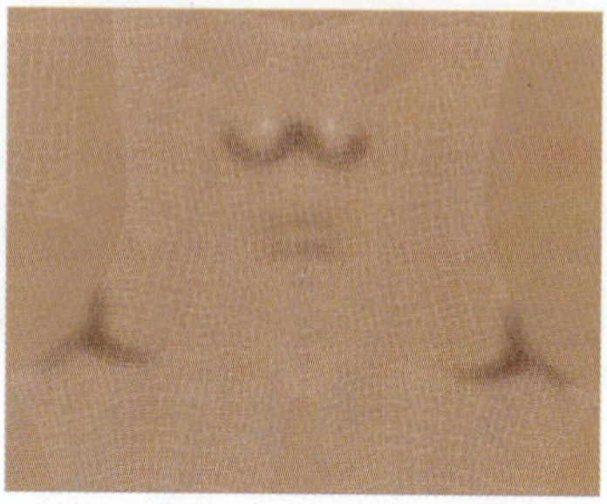

그림 4-40 Body Shadow 영역 제작 1

5 쇄골라인 / 어깨 / 가슴 / 복근 영역에 대해 좀 더 자세하게 그려주고

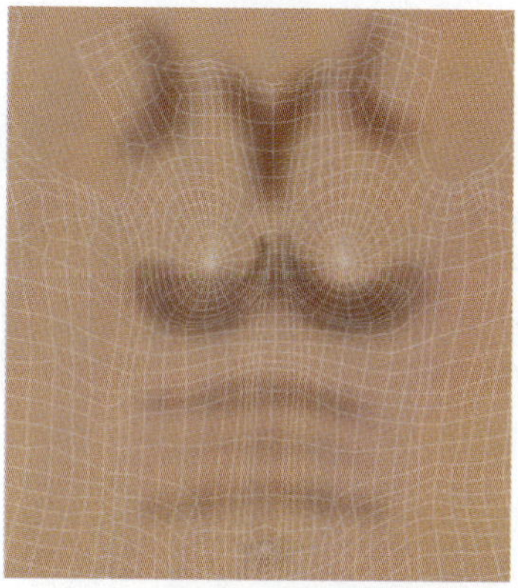

그림 4-41 Body Shadow 영역 제작 2

6 Highlight Layer로 이동 후 Color 값을 R(249), G(188), B(180)로 지정하고 쇄골 / 어깨 / 가슴 위 / 가슴 안쪽 / 복부 영역 / 갈비뼈 부분의 밝은 부분을 입혀준다.

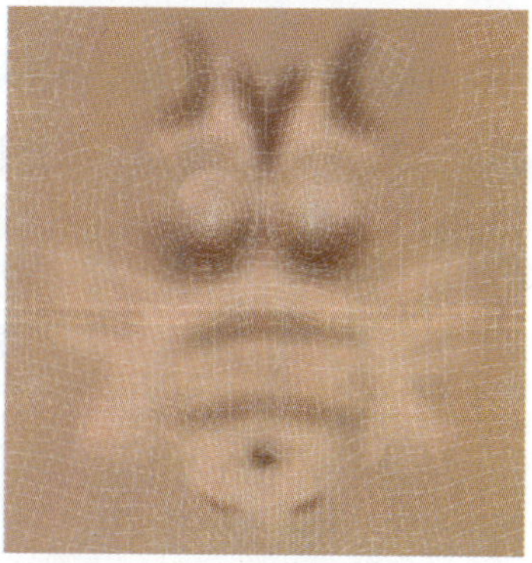

그림 4-42 Body Highlight 영역 제작

7 계속해서 무릎 부분/허벅지/종아리 뼈 부분의 Highlight 영역에 Color 값을 준다.

8 Shadow Layer 영역으로 옮긴 뒤 무릎 아래 부분, 허벅지 안쪽 부분, 사타구니 영역에 좀 더 섬세하게 칠해 준다.

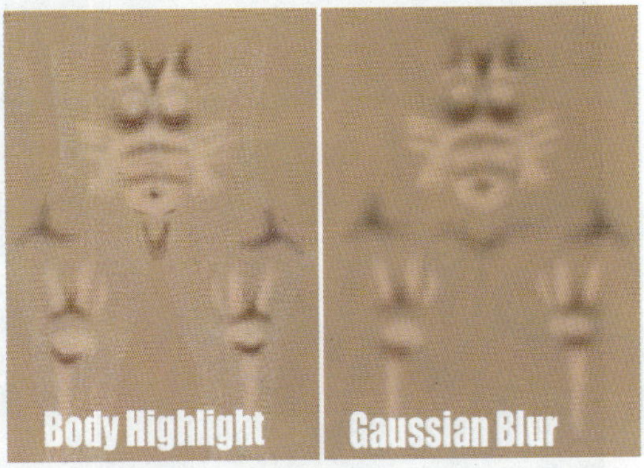

그림 4-43 Gaussian Blur 효과

9 완성 후 모습

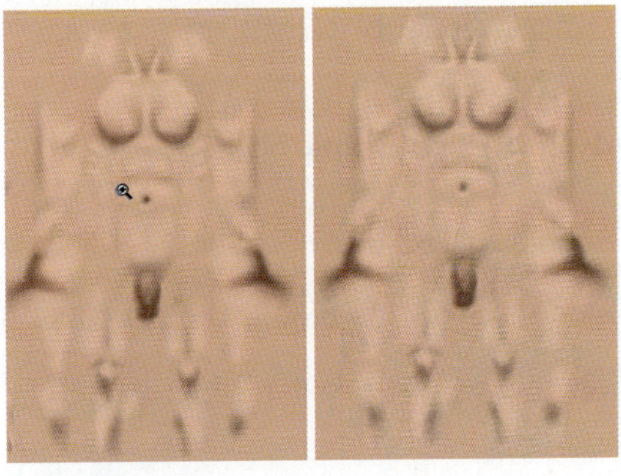

그림 4-44 결과 확인

4-2-3 Blur 효과주기

1 Shadow Layer에서 face 영역을 제외한 Body 영역을 선택하고 Filter > Blur > Gaussian Blur 효과를 적용해 준다. Radius 값은 8로 지정해 준다.

2 Highlight Layer에서 face 영역을 제외한 Body 영역을 선택하고 Filter > Blur > Gaussian Blur 효과를 적용해 준다. Radius 값은 2.2로 지정해 준다.

3 Save 후 결과를 확인한다. 미묘한 느낌의 차이를 확인한다.

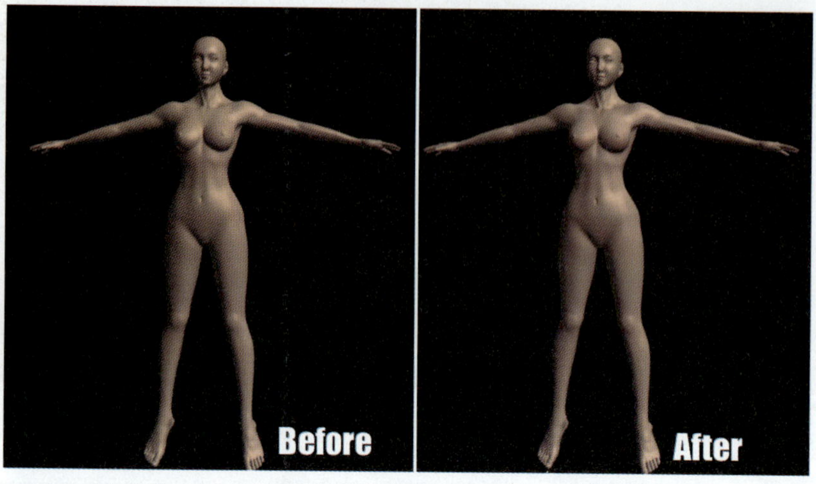

그림 4-45 Gaussian Blur 효과 적용 전 후의 비교

4-2-4 Face Detail 작업

1 새 Layer 4개를 추가한다. 각각의 Layer의 이름을 지정해 준다.

2 Make Up, Eyebrows, Lips, Detail로 이름을 변경한다.

3 Lips Layer 영역에서 작업을 시작한다.

4-2-5 Lips Layer

1 Lips Layer에서 먼저 Pen Tool로 입술의 외곽 형태를 그린 다음 Select > Feather 명령을 선택해서 Feather 수치를 "2"로 지정해 준다.

2 Brown color 계열의 입술을 칠하기 위해 Color R(181), G(115), B(98)로 지정하고 입술 선택 영역을 채워준다.

3 Burn 툴을 사용하여 입술의 안쪽 외곽라인을 진한 Brown color 처리해 준다.

4 Dodge 툴을 사용하여 아래 입술의 가운데 라인을 기준으로 Highlight 영역을 칠해 준다. 반질거리는 느낌으로 입술의 반사값과 굴절 값에 대한 효과가 나타나도록 한다.

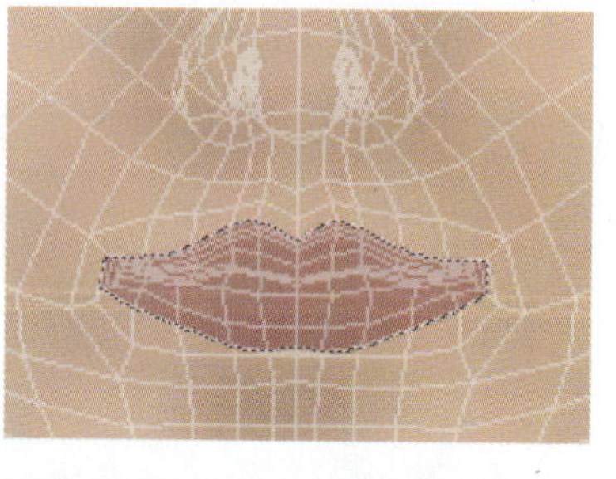

그림 4-46 Face Lip 영역 작업

5 입술 영역이 선택된 상태에서 Filter 〉 Gaussian Blur 효과에서 Radius 값을 1.0으로 적용해 보도록 한다.

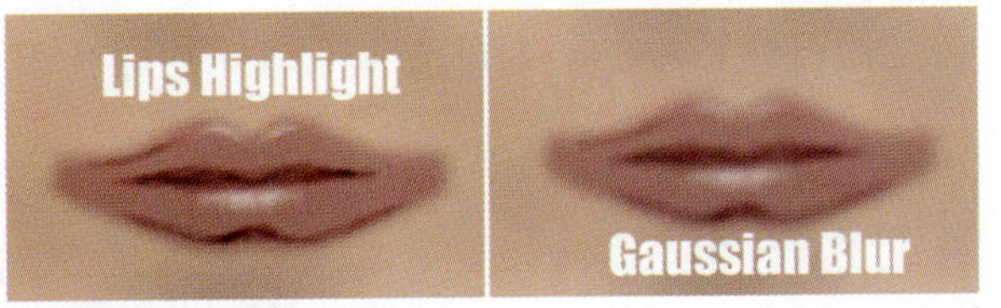

그림 4-47 Gaussian Blur

4-2-6 Make Up Layer

1 Make Up Layer를 선택하고 Color를 R(83) G(77) B(81)로 지정해 준다. 그리고 눈 가장 리를 어둡게 Make Up한다.

2 그려진 Make Up 라인을 Blur 〉 Gaussian Blur 기능의 Radius "2"를 적용해 준다.

3 Make up layer를 복사한 다음 새로운 이름 동일한 "Make up"으로 변경하고 Color R(131) G(147) B(157)로 지정해 준 다음 Layer 속성을 Multiply로 바꿔준다.

4 진하게 그려진 눈이 가장자리 Make up 윗부분 어두운 영역을 칠해 준다.

5 그려진 부분에 대한 Blur 〉 Gaussian Blur 기능의 Radius "5"를 적용해 준다.

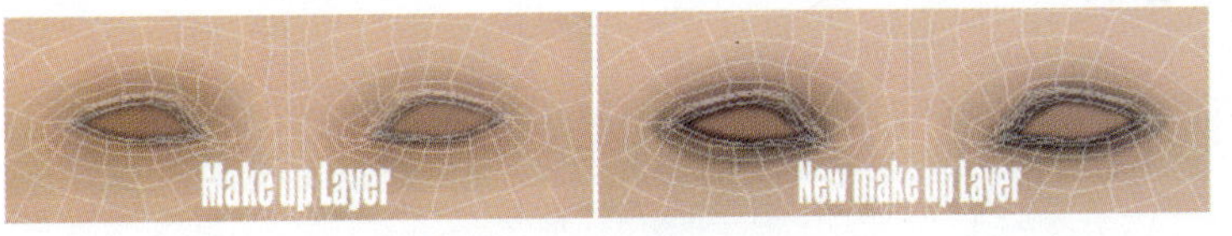

그림 4-48 Make Up 작업 후 Gaussian Blur 효과 적용하기

4-2-7 Eyebrow Layer

1 Eyebrow Layer로 작업 위치를 옮긴 뒤 Color를 R(60) G(38) B(25)로 지정해 준 다음 캐릭터 Unwrap UV Wire에 맞춰서 눈썹을 그려 나간다.

2 그려진 눈썹의 끝부분과 갈라지는 부분은 Eraser Tool을 이용하여 끝부분을 흐리게 하거나 눈썹의 갈라지는 부분의 효과를 적용한다. Eraser Opacity 20%로 적용한다.

3 Burn Tool 기능을 활용하여 그려진 눈썹의 어두운 부분을 더욱 어둡게 칠해 준다.

4 그려진 Make Up 라인을 Blur 〉 Motion Blur 기능의 Distance 값을 "2"로 적용해 준다.

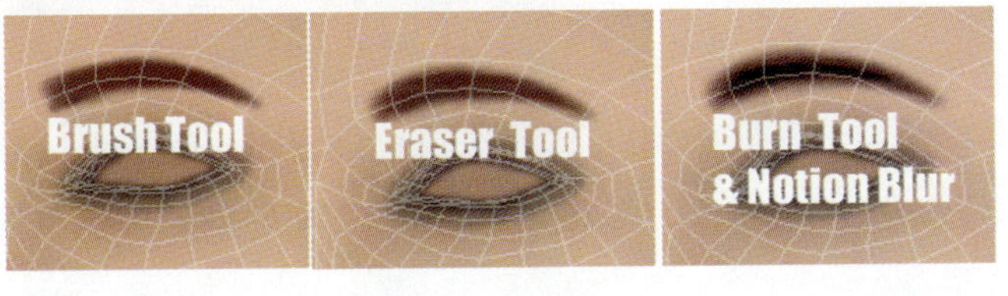

그림 4-49 눈썹 그리기 및 Blur 효과 주기

5 그려진 Eyebrow 하나를 복사해서 반대편의 눈썹의 위치로 이동시킨다.

6 영역 선택 모드 [Ctrl + T]를 활성화시키고 Image 〉 Transform 〉 Free Transform .Flip Horizontal 기능을 적용해 주고 위치시킨다.

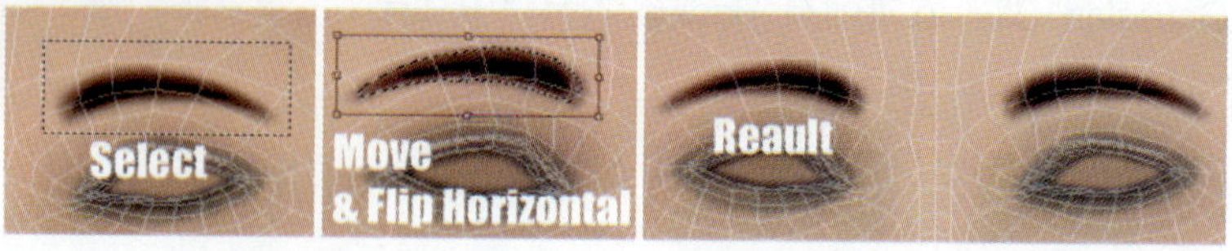

그림 4-50 눈썹 복사 및 이동

7 저장 후 캐릭터의 적용 결과를 확인한다.

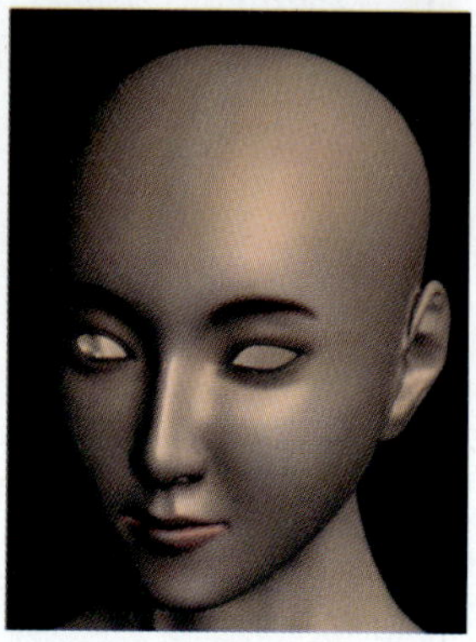

그림 4-51 결과 확인

4-3 Detail 작업

1 Shadow Layer : 지금까지의 Shadow Mapping 적용 방법을 바탕으로 Shadow 영역에 대하여 캐릭터 전체에 대해 다리 / 팔 / 발 / 손 / 목 / 귀 등 부분에 적용하여 작업을 한다. Color 값은 R(178), G(150), B(129)이다.

그림 4-52 Body 전체 Shadow Color 적용

그림 4-53 Body 전체 Highlight Color 적용

2 Highlight Layer : 지금까지의 Highlight Mapping 적용 방법을 바탕으로 Highlight 영역에 대하여 캐릭터 전체에 대해 다리/팔/발/손/목/ 귀 등 부분에 적용하여 작업을 한다. Color 값은 R(249), G(188), B(180)이다.

3 Detail Layer 작업 모드를 이동한 다음 Color를 R(163) G(117) B(86)로 설정한 후 Burn Tool을 이용하여 가슴 부분에 진한 색을 칠하면서 형태를 잡아준다. 작은 부분일 지라도 기본적인 컬러 값을 유지할 수 있도록 한다. 즉 가슴 부분에서만도 상당수의 그림자 부분을 처리해 줄 수 있다.

4 Burn Tool과 Dodge Tool을 번갈아 가면서 경계부위에 대한 Blending 효과를 적용해 주도록 한다.

5 Detail Layer를 Blur > Gaussian Blur 기능의 Radius 2.3을 적용해 준다.

6 Detail Layer에서 계속 작업을 한다. Brush Opacity를 40%로 줄이고 Color를 R(207) G(145) B(114)로 설정한다.

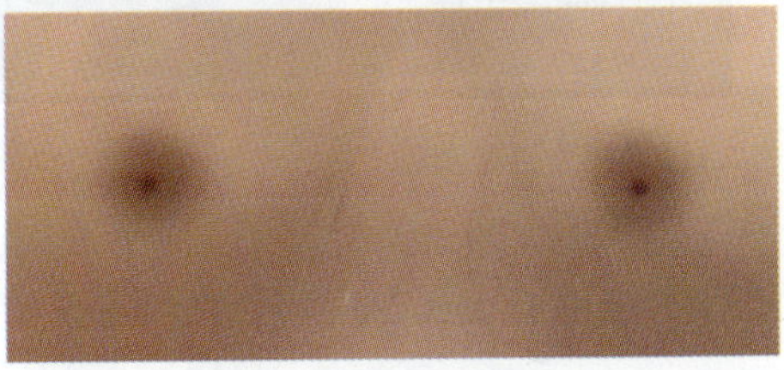

그림 4-54 영역별 Detail 작업(가슴)

7 전체적으로 Brush 기능을 이용해서 명암의 효과를 극대화시키도록 한다. 코 양쪽, 입술 아래쪽 영역 등에 대해 보다 세밀한 명암 작업을 한다. 핑크 컬러 톤의 효과를 적용한다.

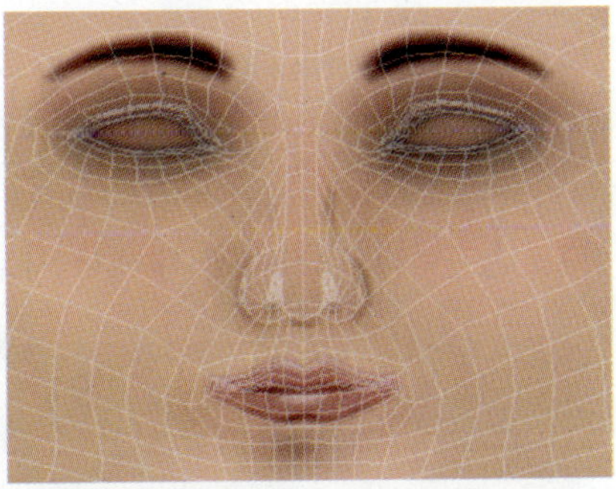

그림 4-55 영역별 Detail 작업 (얼굴)

8 Detail Layer에서 Brush Opacity를 40%로 Color를 R(207) G(145) B(114)를 계속 유지한 후 손가락 마디마디 사이에 핑크 톤의 Color Mapping을 적용해 준다. 발등과 발가락 부분도 동일한 방법으로 처리한다.

9 Detail Layer를 선택한 상태에서 Brightness "−7", / Contrast는 "0"로 설정해 준다.

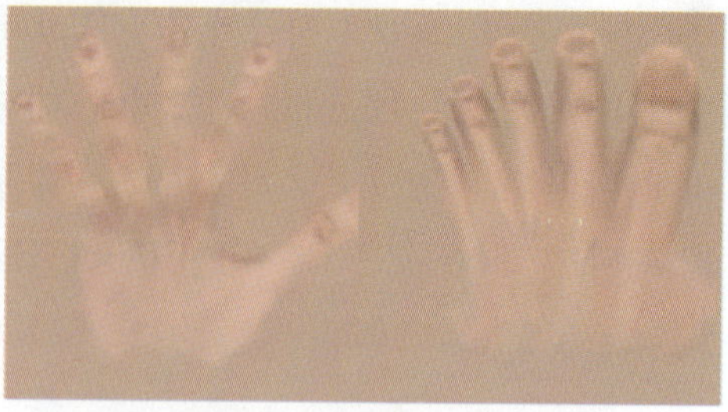

그림 4-56 영역별 Detail 작업(손과 발)

10 결과 확인

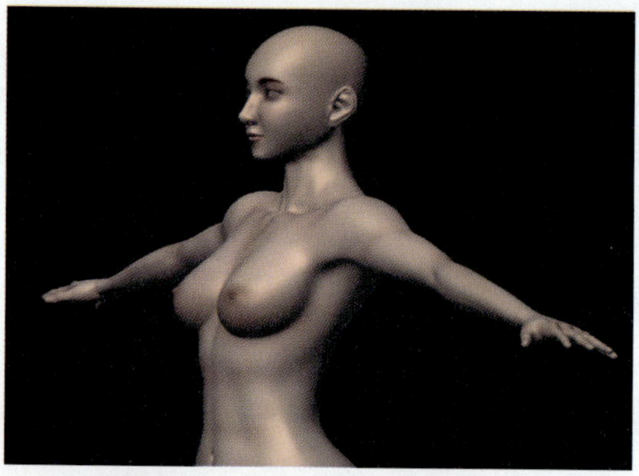

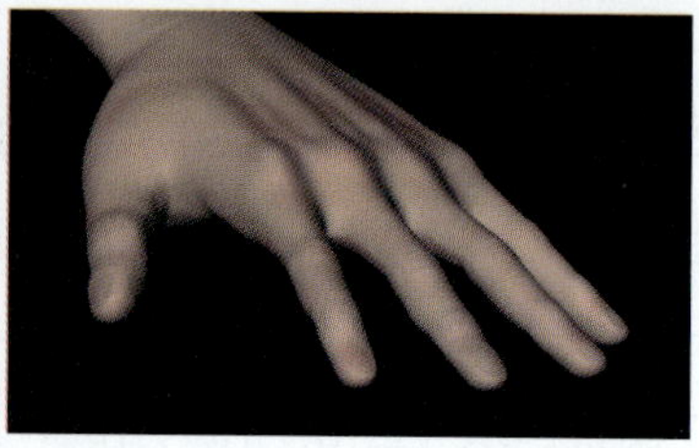

그림 4-57 결과 확인

11 Detail Layer에서 손톱과 치아를 따로 UV 좌표를 추출했을 경우에 한해서 손톱 그리기 잇몸 및 치아 부분에 대한 Color를 지정해 준다.

12 손톱과 치아는 각각 흰색으로 적용한다.

13 Color를 R(148) G(104) B(85) 지정 후 손톱과 발톱의 끝부분 Coloring 작업을 한다.

14 Eraser Tool로 부드럽게 Color blending을 한다.

15 손가락과 발가락에 대해서 세밀한 Color retouching 작업을 한다.

그림 4-58 손가락의 Highlight 제작하기

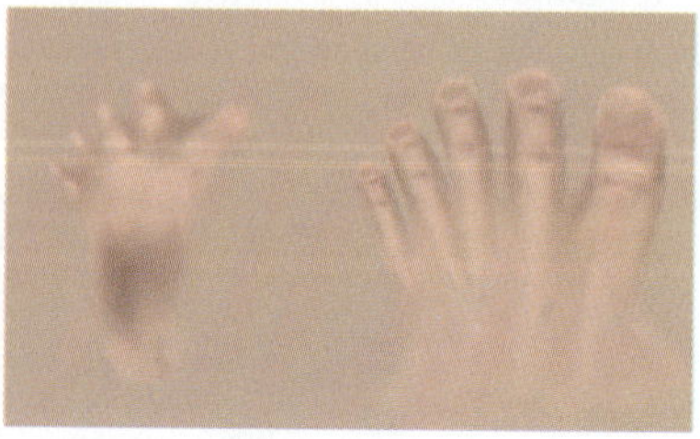

그림 4-59 발가락의 Highlight 제작하기

4-3-1 Skin Texture 적용

기본적인 Color 작업을 마친 후 실사 이미지 맵 소스를 초가 적용함으로써 보다 실사 피부 질감에 가깝게 표현할 수 있다. 지금부터는 제작된 Color Map 소스에 실사 피부 질감의 Map 소스를 추가하는 방법에 대해 알아보도록 한다.

1 Skin Texture 불러오기

2 Skin Texture 붙여넣기

3 Skin Texture 사이즈 줄이기 : [Ctrl + T]로 영역 선택 후 W & H를 15% 줄이기

그림 4-60 Skin Color 적용을 위한 편집

4 Image 〉 Adjust 〉 Color Balance 속성 창에서 Color Level Cyan : +37, Magenta : 0, Yellow : −25 변경 후 적용

5 Image 〉 Adjust 〉 Brightness & Contrast 속성 창에서 Brightness : −7, Contrast : 0 변경 후 적용

6 Layer 복사 후 이미지 이동 다시 Layer Merge - Link 후 Merge Linked layer 명령을 실행한다. 그러면 Link된 Layer들만 Merge된다.

7 Skin Texture 전체 적용하기

8 New Layer 생성 후 피부의 재질감 추가(점, 주근깨, 상처 등)

9 Skin map source 캐릭터 적용 결과 확인

그림 4-61 Skin Color 적용

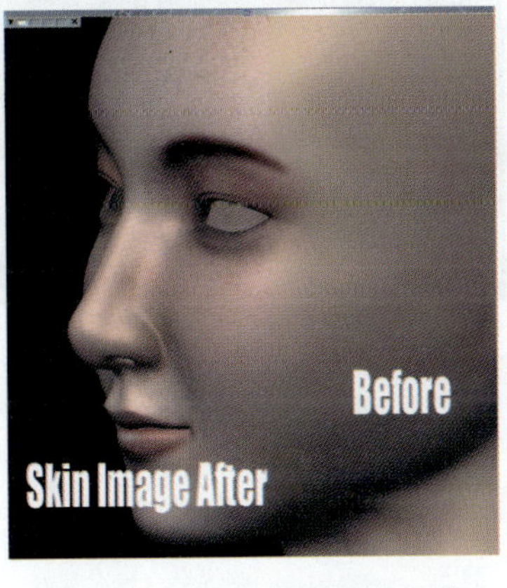

그림 4-62 Skin 소스 적용 결과 확인

4-3-2 Specular Map Source 제작

인체의 질감을 높이기 위해 Specular Map을 제작한다. Specular map은 인체가 빛을 받았을 때 가장 밝게 빛나는 부분에 대한 효과를 적용한 Map 적용 방식으로 입체감을 표현하는데 아주 중요하게 사용되는 Map 적용 방식이다. 우선 Specular map은 흑백의 효과에서 빛을 가장 밝고 강하게 받는 부분에 대해 흰색 톤의 밝은 Color를 적용함으로써 그 효과를 적용할 수 있다.
먼저 제작된 Color 소스를 흑백(Black and White) 톤을 변경하도록 한다.

1 Image 〉 Mode 〉 Gray Scale을 전체 적용 후 Don't Merge 옵션을 선택한다.

2 Layer 정리

① Shadow map Layer를 삭제한다.

② Make Up Layer1을 Screen 모드로 전환

③ Make Up Layer는 삭제한다.

④ Lips Layer는 Image 〉 Adjust 명령을 적용한 후 Brightness : +19 / Contrast : -70 지정하여 흑백의 Color 톤만을 남겨둔다.

3 입술 영역 선택

4 Select 〉 Modify 〉 Contract Selection 명령 실행 후 Contract by 4 Pixel 지정

5 Eyebrows Layer는 Multiply 모드로 전환

6 Layer 1은 Brightness -100 / Contrast 적용

7 Layer 1 Copy 후 Multiply 모드로 전환

8 Layer 1 Copy Layer Opacity 85%로 변경

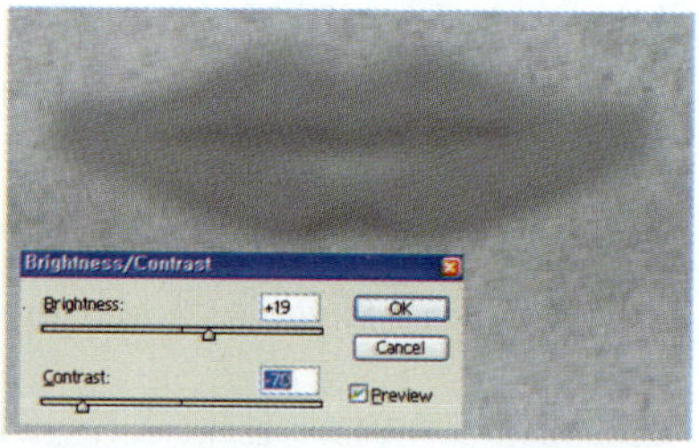

그림 4-63 입술 영역에 대한 Specular Map 제작

그림 4-64 Brightness & Contrast 설정

그림 4-65 Layer Opacity 설정

9 Lips Layer 〉 Blur 〉 Gaussian Blur 〉 Radius 1.9 적용

10 Lips Layer 〉 Brightness : −52 / Contrast

11 Brush Opacity 50% 정도 유지하고 Lips의 밝은 부분에 White Color로 칠해 준다.

12 Smudge Tool로 Opacity 100% 적용으로 흰색 입술 영역을 갈라지게 칠해 준다.

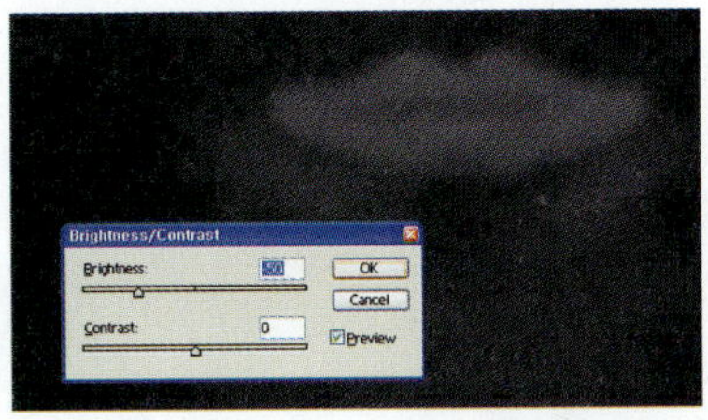

그림 4-66 Lips Layer Brightness & Contrast 설정

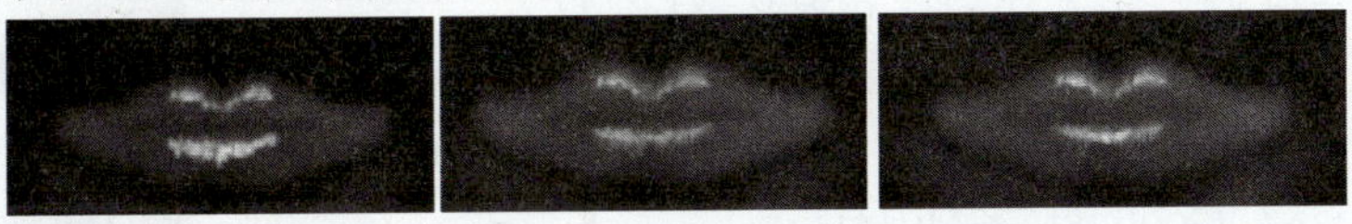

그림 4-67 Lips Smudge

13 결과 확인 : Specular Map 소스를 Render Tree 창에서 Node 연결방식으로 적용한다.

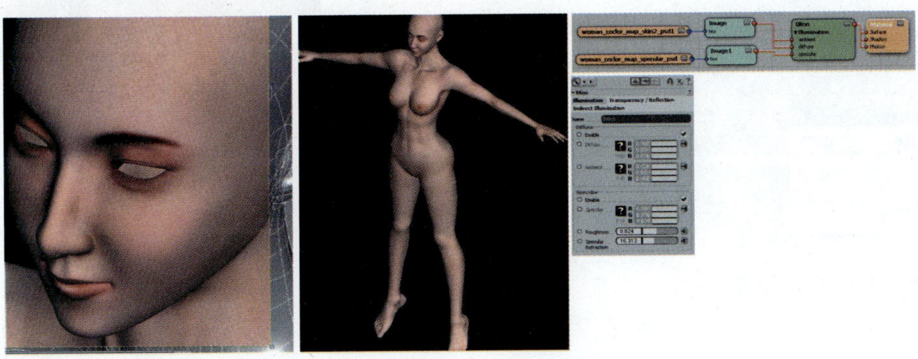

그림 4-68 결과 확인

4-3-3 Bump Map Source 제작

1 Specular Map Source Open한다.

2 Highlight Layer Delete한다.

3 Make up layer Delete한다.

4 Lips Layer Delete한다.

5 Eye brows Layer를 Normal type으로 변경한다.

6 Detail Layer Delete한다.

7 Wire frame Layer와 Eyebrows Layer를 남겨두고 Skin Layer에 나머지 Layer를 Merge시킨다.

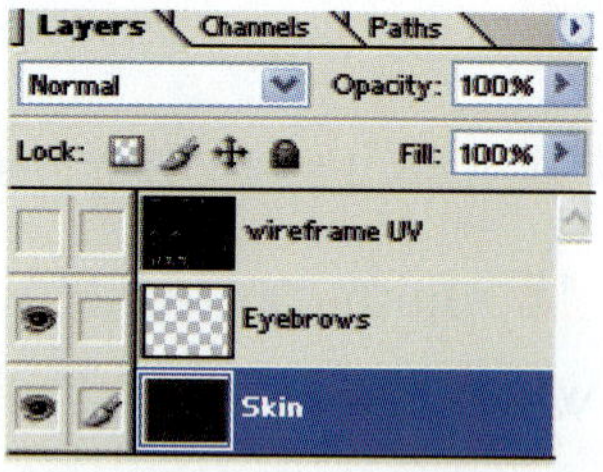

그림 4-69 Layer 편집

8 Scale 모드에서 Mouse 오른 클릭 〉 "Actual Pixels" 명령을 실행한다.

그림 4-70 화면 설정 "Actual Pixels"

9 Image 〉 Adjustment 〉 Brightness / Contrast 옵션에서 Brightness를 +100을 적용

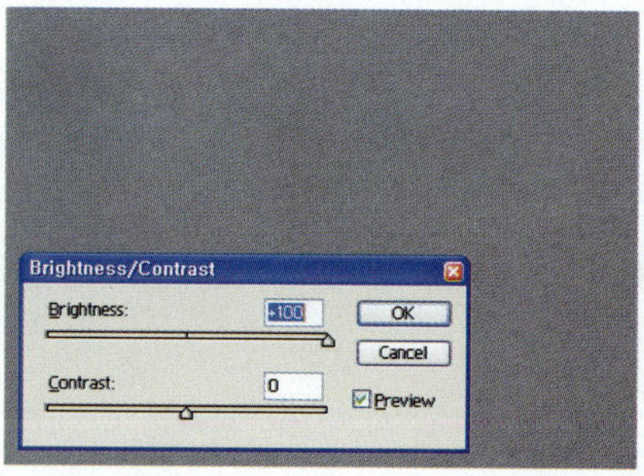

그림 4-71 Brightness & Contrast 설정

10 Adjustment 〉 Brightness +12, Contrast −17 적용

11 Mouse 오른 클릭 〉 Fill on Screen

12 Eyebrows Layer 〉 Screen 모드로 전환 〉 Highlight Type 전환

13 Wire frame Layer Opacity 16% 적용

14 Layer1 추가

15 Color 67% 설정

16 입술 주름 직접 그려넣기

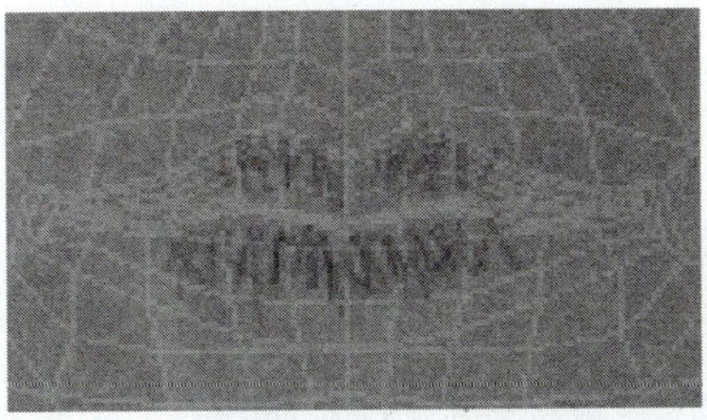

그림 4-72 Draw Lips Line

17 손가락 마디 주름 그리기

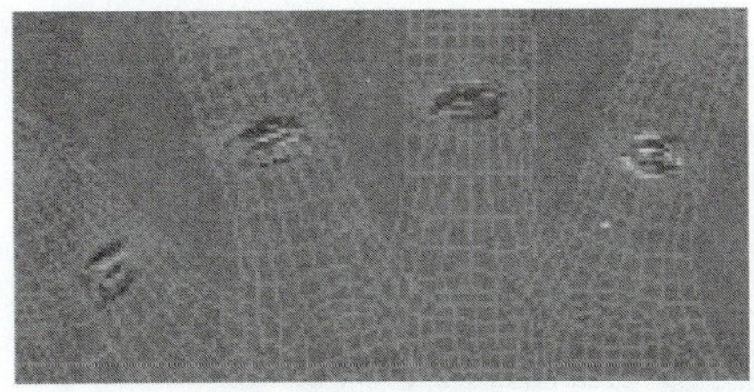

그림 4-73 손가락 주름 그리기

18 Color 수치 14% 조절

19 손가락 주름 사이 Highlight 영역 그려주기

20 Erase Tool로 그려진 결과 Smooth 효과 적용하기

21 Filter 〉 Blur 〉 Gaussian Blur 효과 주기 : Radius : 0.3pixel로 적용

22 Layer1을 Copy 〉 Opacity 75% 적용

23 저장 후 결과 확인

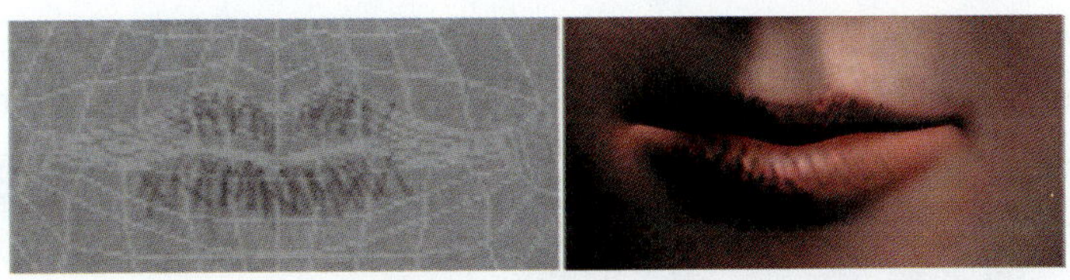

그림 4-74 Bump Map Source 적용 후 결과 확인

24 전체 Bump 효과 확인

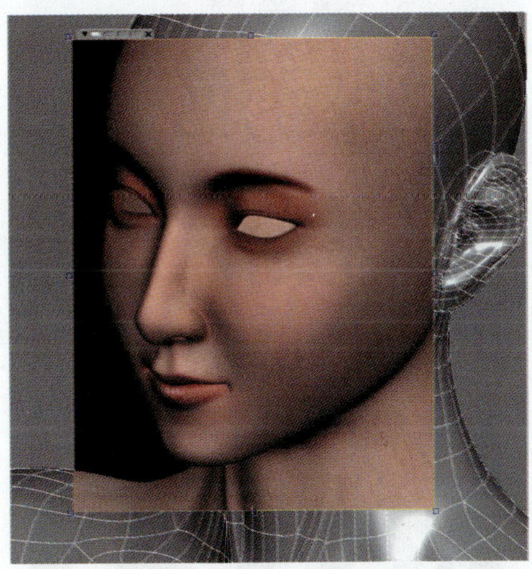

그림 4-75 Bump Map Source 전체 적용 후 결과 확인

4-3-4 Ambient Occlusion Map Source 만들기

1 Render Map 명령 : Property > Render Map

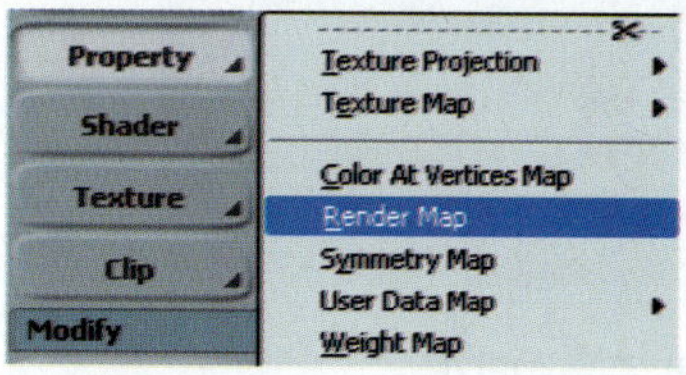

그림 4-76 Render Map

2 해상도 설정 : 추출할 소스의 크기를 X Res와 Y Res에 각각 설정한다.

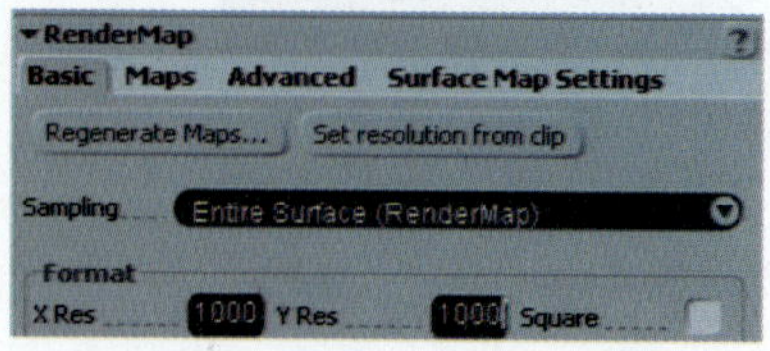

그림 4-77 소스 사이즈 설정

3 Texture Projection 지정 : 추출할 소스의 Texture Projection을 지정한다.

그림 4-78 Texture Projection 지정

4 저장 경로 지정 : 추출할 소스의 저장 경로를 지정한다.

그림 4-79 저장 경로 지정

5 추출할 소스 종류를 지정한다.

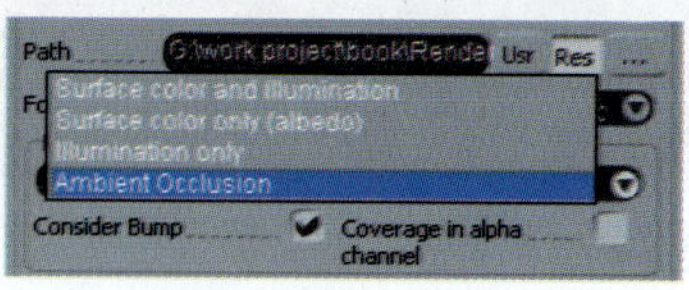

그림 4-80 추출할 소스 종류

6 Render Map 명령 실행

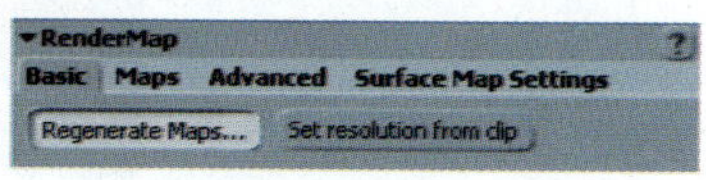

그림 4-81 Render Map

7 결과 확인

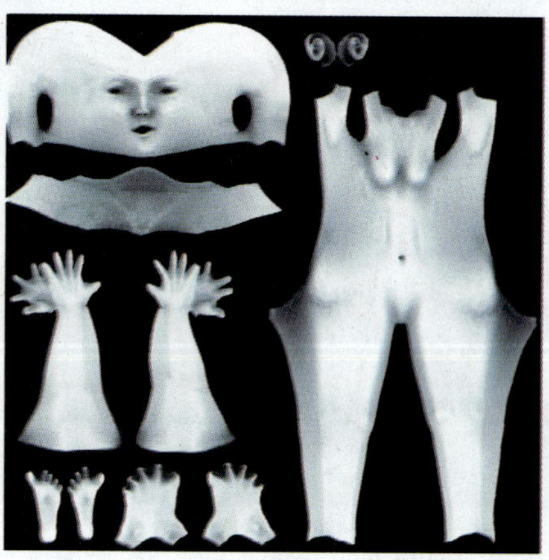

그림 4-82 추출된 Ambient Occlusion source

4-3-5 Ambient Occlusion Map Source 적용

Render Tree의 Mixer 기능을 이용하여 좀 더 섬세하게 Ambient Occlusion의 기능을 적용하도록 한다.

1 기존에 연결된 Surface와 Shadow 노드 연결을 끊는다.

2 Render Tree 창에서 Node 〉 Mixers 〉 Mix 2 Color 노드를 Open한다.

3 Blinn shader 노드를 Mix 2 Colors 노드의 Base_Color tab에 연결하고 Ambient Occlusion Map 노드는 Mix 2 Colors 노드의 color 1 tab에 연결한다.

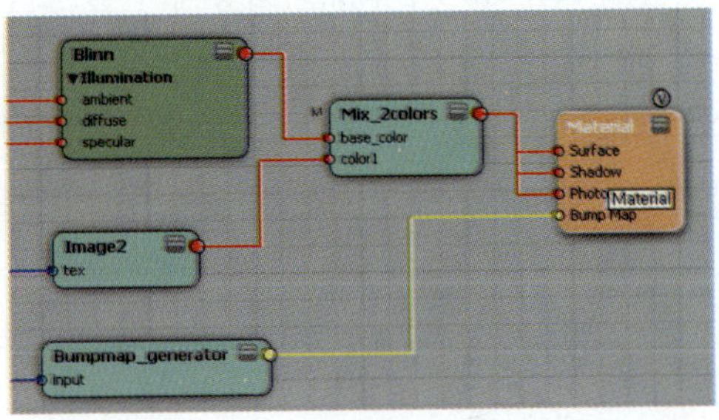

그림 4-83 Render Tree에서 Ambient Occlusion Map

4 Mix 노드의 속성 창에서 Mix Weight 수치를 조절하면서 결과를 확인한다.

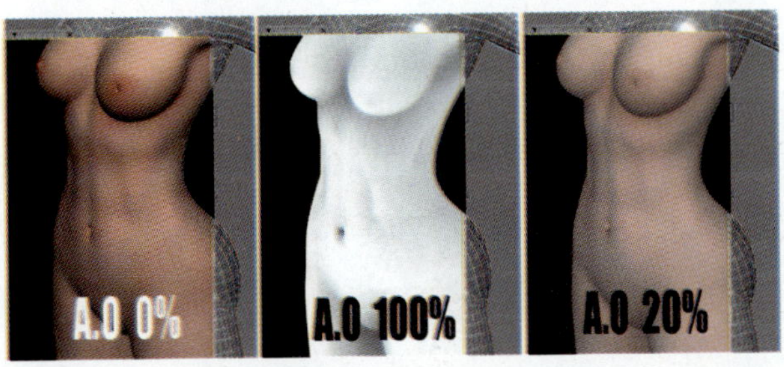

그림 4-84 Color Mix Weight 수치를 조절

5 Mixer Mode의 설정에 따라서도 그 결과의 차이가 많이 날 수 있다.

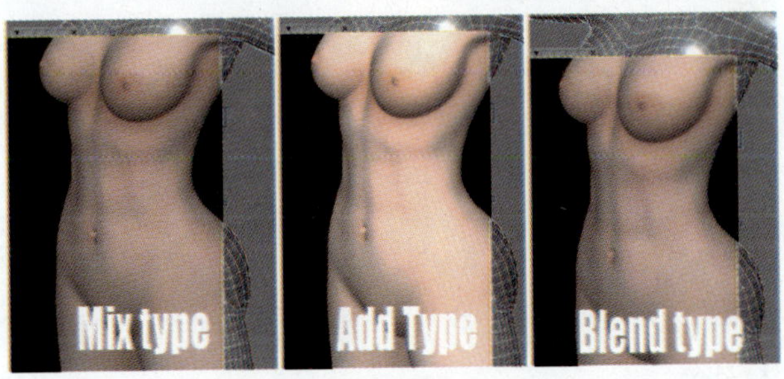

그림 4-85 Mixer Mode(Type)에 따른 결과 비교

6 Ambient Occlusion Map을 Mixer를 사용했을 때와 사용하지 않을 경우를 비교하면서 최대한 원하는 결과를 얻을 수 있도록 한다.

4-4 Create Eye

눈동자를 만드는 방법은 매우 다양하다. 실제 직접 그리기도 하지만 실제 눈동자 이미지를 사용하여 편집 후 적용하기도 한다. 캐릭터의 성격과 가장 직결되는 부분이기 때문에 눈동자의 모양과 컨셉 그리고 Texture 이미지를 어떻게 만들 것인가는 중요한 제작공정 중에 하나이다. 여기서는 가장 일반적으로 그리는 방법을 소개하고 향후 기회가 된다면 실사 이미지를 활용한 Texture 소스를 제작하는 방법에 대해 소개하기로 한다.

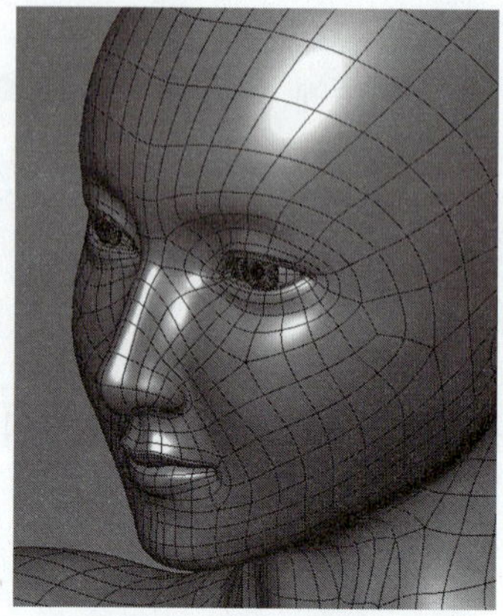

그림 4-86 눈동자 Object 위치시키기

1 모델링 작업

2 Unwrap UV

3 Duplicate Background Layer하기

4 Original Background layer Delete하기

5 Layer 복사 6개 〉 Wire frame layer를 최상위로 이동

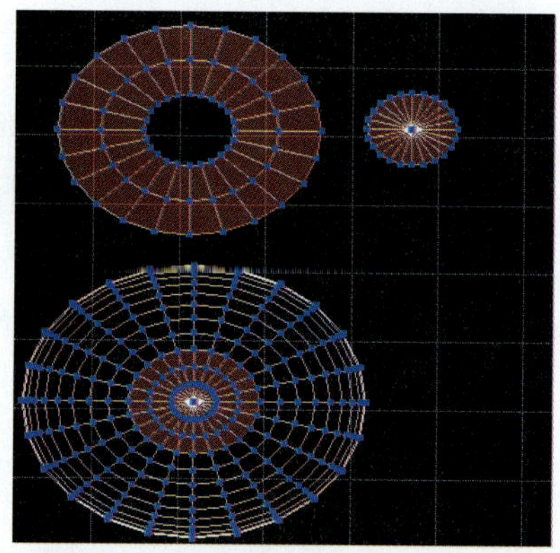

그림 4-87 눈동자 UV Coordinate

6 Wire frame layer 〉 Screen 모드로 전환

7 Layer1의 Color R(255), G(232), B(232)로 설정 후 전경색 (Alt + Back spacebar)으로 전체 적용

8 Layer2에서 원형 선택 툴〉 그리기〉 이동 & 크기 조절 Color R(89), G(100), B(100) 설정 후 Select 〉 Feather 〉 Radius 9 지정

9 그려진 원형 영역에 적용 [Alt + Back spacebar]

10 Layer3에서 Color R(153), G(147), B(130)으로 설정

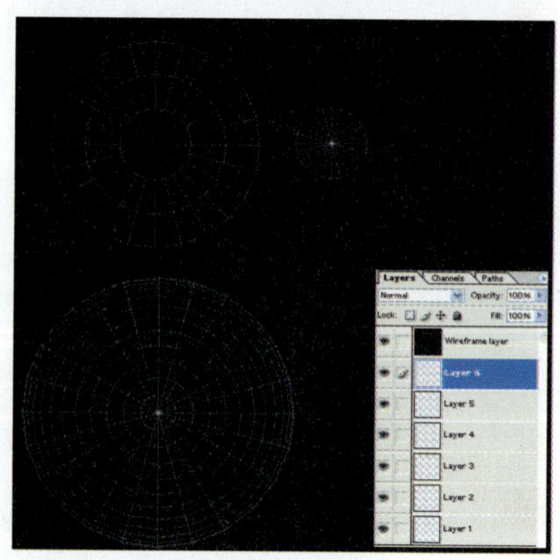

그림 4-88 Open Photoshop

11 Brush 기능 선택 후 Pixel 7~9사이즈 설정 후 Random하기 그리기

12 그려진 결과에 대해 Filter 〉 Blur 〉 Gaussian Blur 적용 – Radius 5.8 적용

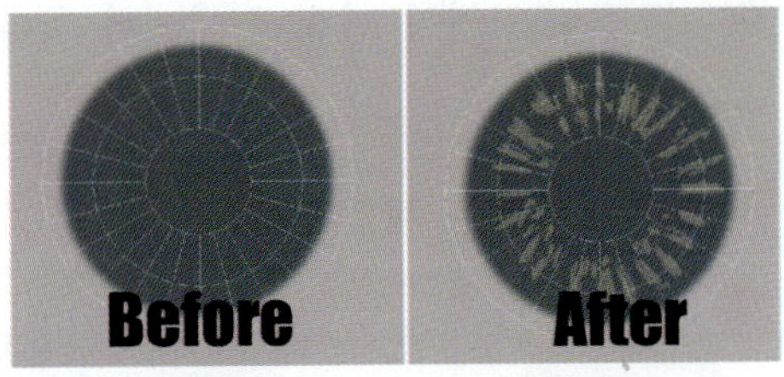

그림 4-89 Basic color 적용 후 Draw Line

13 Layer3을 Linear Dodge 모드로 전환 후 Layer Opacity 70%로 조절한다.

14 Layer 4에서 Color R(56), G(69), B(86)으로 지정 후

15 Brush로 그리기 : 사이사이 틈새에 그려 넣기

16 Layer 4를 Color Dodge 모드로 전환

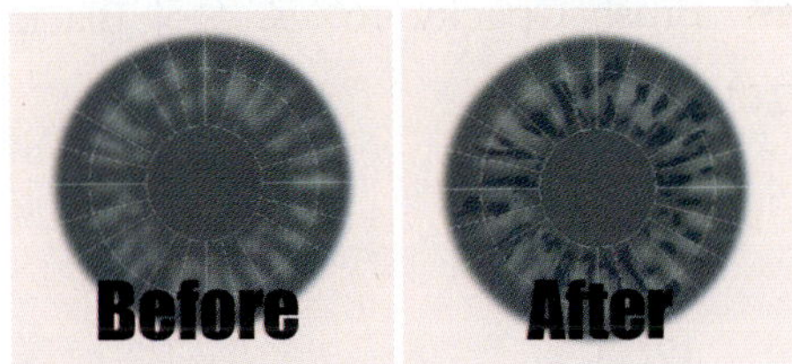

그림 4-90 중첩된 Line 그리기 1

17 Layer 4에서 Blur 〉 Gaussian Blur 〉 Radius 4.2 〉 OK

18 Layer 5 R(147), G(132), B(113)으로 지정

19 Brush Tool로 사이사이 그리기

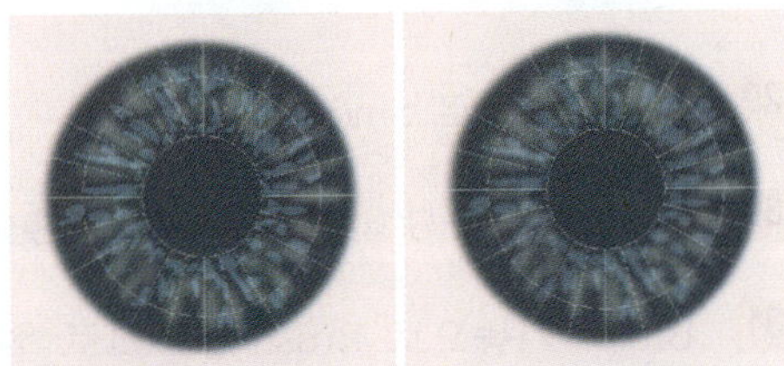

그림 4-91 중첩된 Line 그리기 2

20 Blur 〉 Gaussian Blur 〉 Radius 4.1 적용

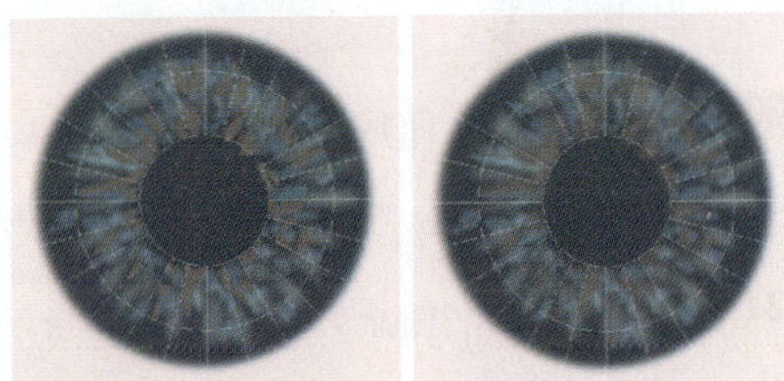

그림 4-92 중첩된 Line 그리기 3

21 Layer 7, Layer 8 추가

22 Layer 6에서 외곽을 포함하는 원을 하나 그리고 Select 〉 Save Selection 〉 Name "Eye"로 지정

23 눈동자 검은 영역을 그리고 난 후

24 Select 〉 Modify 〉 Contract selection 기능 적용–Contract by 2로 Setting 적용

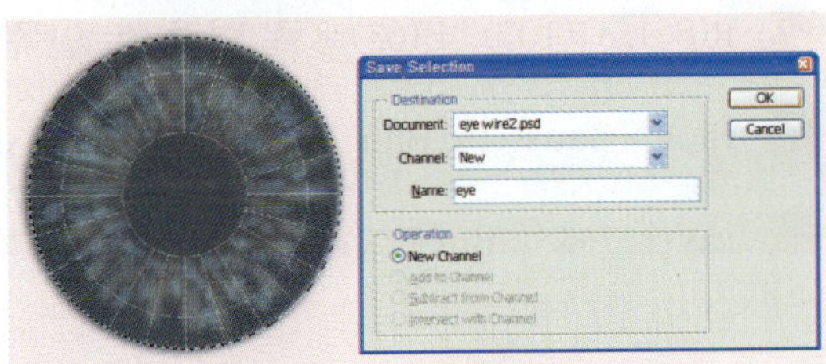

그림 4-93 영역 설정

25 눈동자 영역이 선택 상태에서 Select 〉 Feather 〉 Radius 3 적용

26 검은 색으로 채우기

27 Layer6에서 Load Selection 〉 저장된 "Eye" 불러오기

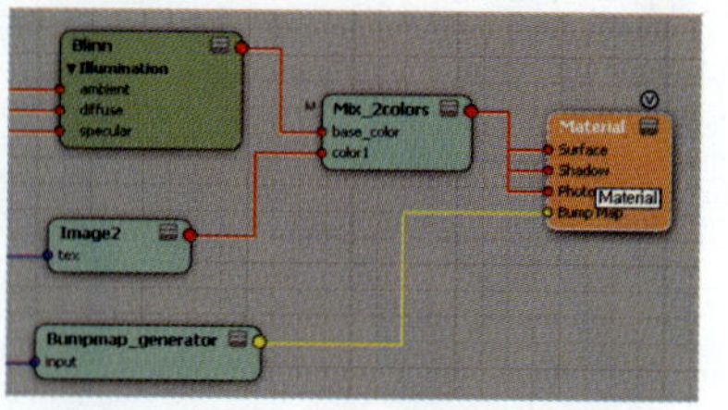

그림 4-94 검은 영역 눈동자 그리기

28 Brush Opacity 16%로 설정 Black Color로 눈동자 외곽 라인 그리기

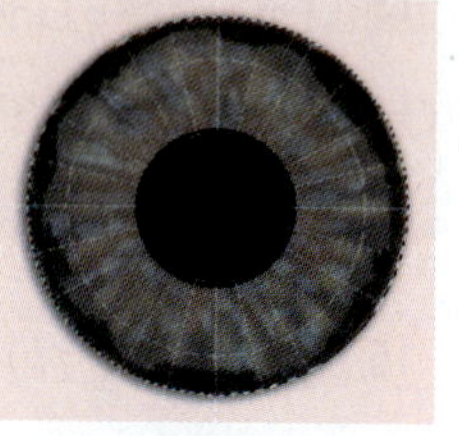

그림 4-95 외곽 라인(음영) 그리기

29 Erase Tool로 Smooth 효과주기

30 Layer 7에서 R(145), B(178), B(186)의 색상 값을 지정하기

31 Brush 기능으로 Brush 2Pixel로 설정 후 그리기

32 Layer 7에서 Blur 〉 Gaussian Blur 〉 1.7pixel 효과를 적용한다.

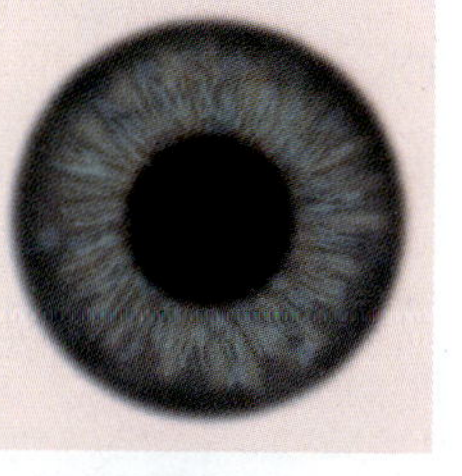

그림 4-96 외곽 라인(음영) Smooth 처리

33 Layer 8에서 R(173), G(195), B(149)(Layer7 Opacity 80% 설정) 지정한 색의 명도를 변형해 가면서 중복 칠해주기

34 Layer 8에서 Blur 〉 Gaussian Blur 〉 2.0pixel 효과를 적용하기

35 Layer 8의 모드를 Overlay 모드로 전환한 후

36 R(86), G(107), B(63)으로 변경 후 안쪽 영역 그려주기

37 Blur 〉 Gaussian Blur 효과주기 〉 Blur Gaussian 10적용하기

38 Layer 7에서 Brush Tool로 좀 더 섬세하게 다듬기

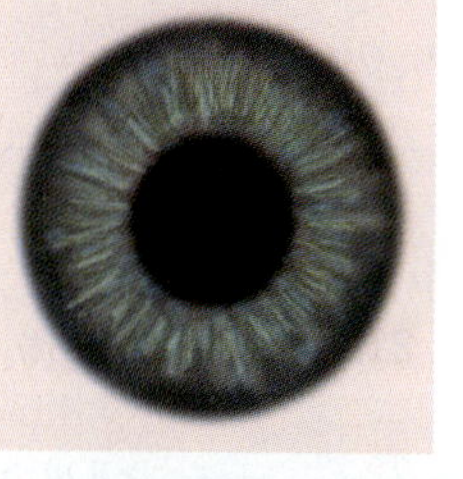

그림 4-97 중첩된 Line 그리기 4

39 Layer 6에서 Strength 40~100 조절하면서 Smudge Tool로 다듬기
안쪽 눈의 모양을 불규칙적으로 다듬어 주기

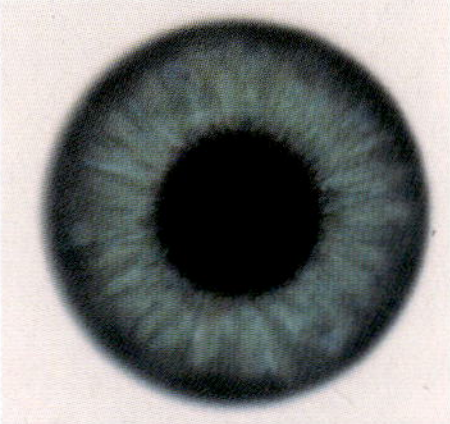

그림 4-98 중첩된 Line 그리기 5

40 Layer 6에서 Eraser Tool로 전체적으로 날카로운 영역들을 정리하기 : 가운데 눈동자 원형을 그려서 선택 영역 반전을 시킨 다음 Eraser Tool로 작업을 할 경우 선택 영역을 벗어나지 않고 깔끔하게 정리된다.

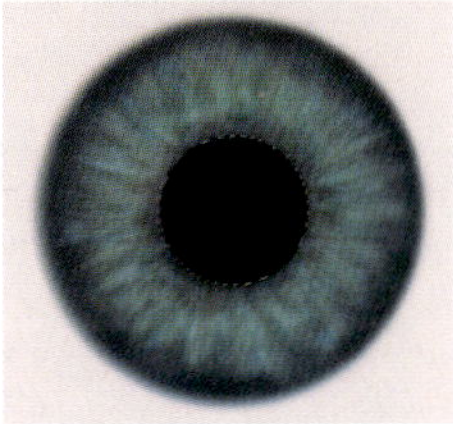

그림 4-99 영역 정리

41 완성된 눈 Map source를 캐릭터에 적용 후 확인한다.

42 Layer 추가 후 Highlight 영역 그리기

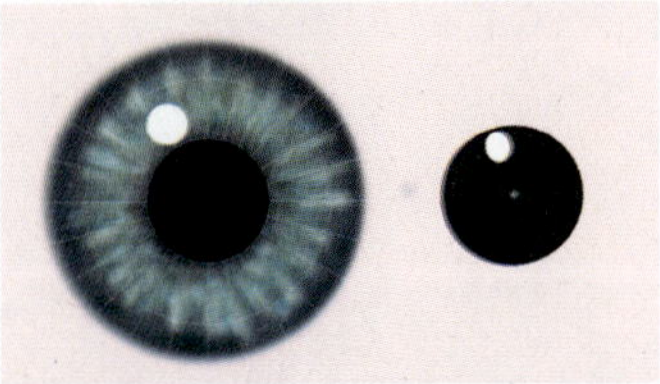

그림 4-100 Highlight 영역 그리기

43 적용 후 결과 확인

그림 4-101 결과 적용

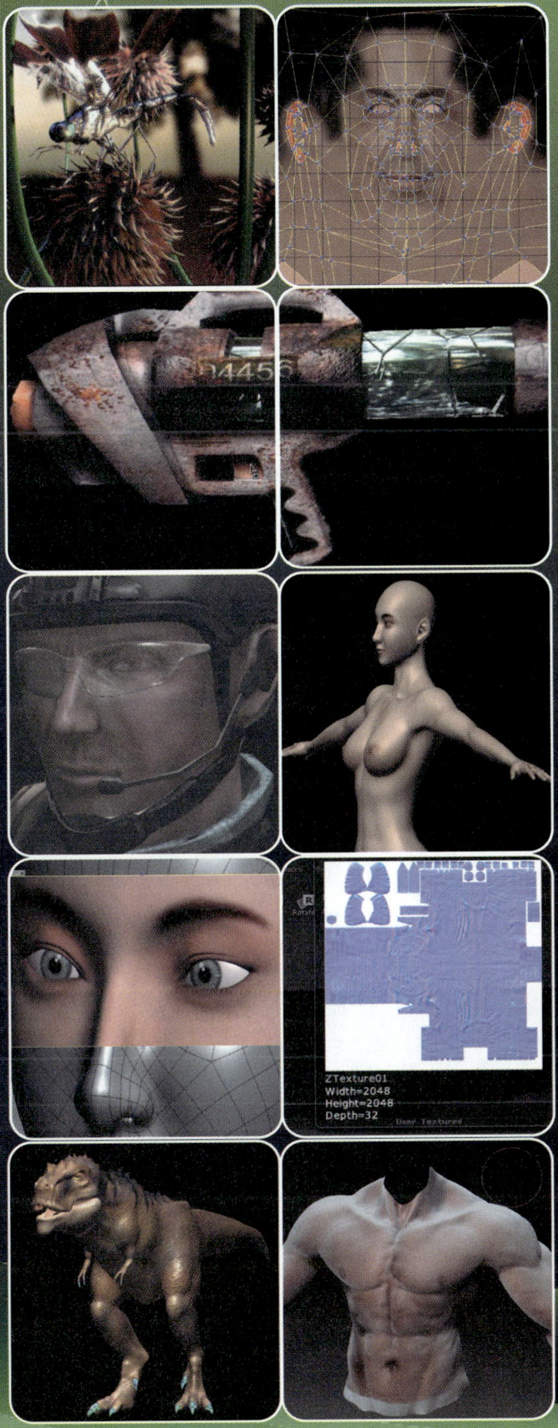

제5장
공용 Texturing 작업

- 5-1 UV Coordinate SOFTIMAGE
- 5-2 UV Coordinate Unfold 3D
- 5-3 Color Map Source 만들기
- 5-4 Bump Map Source 만들기
- 5-5 Specular Map Source 제작하기
- 5-6 Ambient Occlusion Map Source 만들기
- 5-7 Ambient Occlusion Map Source 적용

사람에 이어 공룡이라는 캐릭터형의 데이터의 Texturing 작업을 하도록 한다. 어떤 종류의 공룡을 모델링하더라도 동일하게 적용할 수 있으므로 직접 자신이 원하는 유형의 공룡 모델링을 제작한다. 이 장에서 소개되는 공룡의 유형은 티라노사우르스로 가장 표면의 질감이 가장 독특하고 거친 느낌을 가지고 있는 특징이 있다. 우선 UV Coordinate 작업을 하고 난 후 Color Map과 Bump, Highlight map 그리고 Ambient Occlusion map, Normal map을 활용하여 적용해 보도록 한다.

그림 5-1 다양한 Map Source를 적용한 공룡 결과 이미지

5-1 UV Coordinate SOFTIMAGE

공룡의 Texture 작업에 들어가기 전에 먼저 해당 Object를 어떤 방식으로 UV 좌표를 나눌 것인지에 대한 분석이 필요하다. 이는 곧 Texture 작업의 방향성을 잡는 작업으로 어떻게 UV 좌표를 나누게 되느냐에 따라 향후 Texture 제작 방식이 결정된다. 그만큼 중요한 작업으로 지금부터 공룡의 UV 좌표를 나누어 보도록 한다.

그림 5-2 UV Coordinate 결과

1 몸통 나누기 : 몸통은 대칭 구조의 전형적인 패턴이므로 몸통의 좌/우 절반을 나눈다.

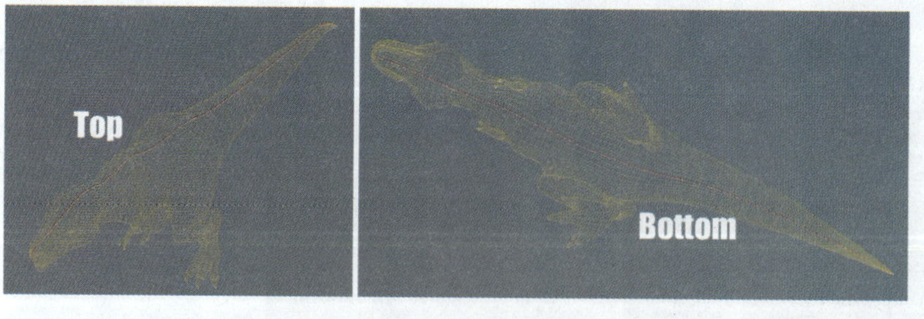

그림 5-3 Body Cut Line

2 앞다리 나누기

그림 5-4 앞다리 Cut Line

3 뒷다리 나누기

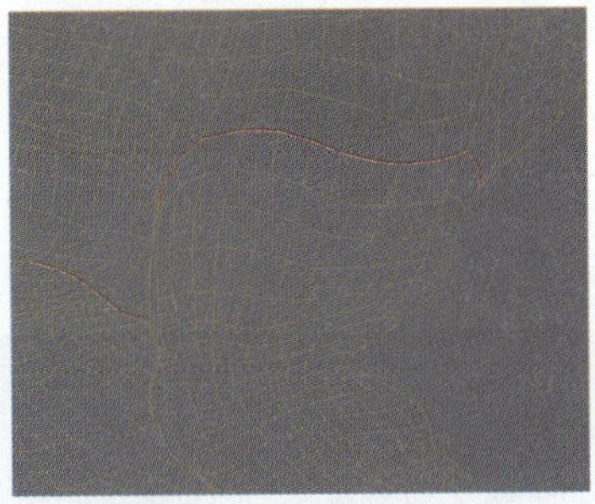

그림 5-5 뒷다리 Cut Line

4 뒷다리 발등과 발바닥 나누기

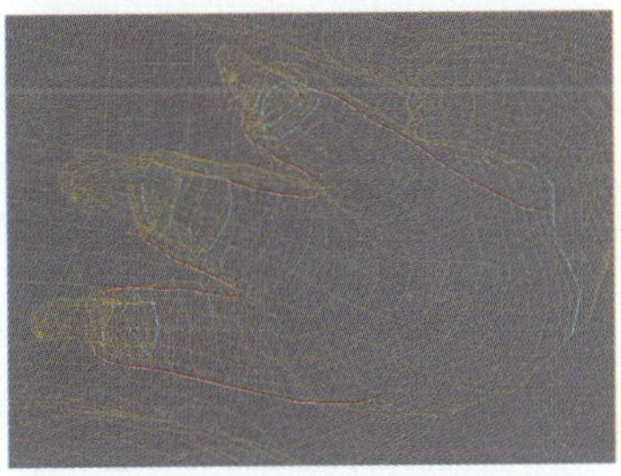

그림 5-6 발등과 발바닥 분리 Cut Line

5 입속 나누기

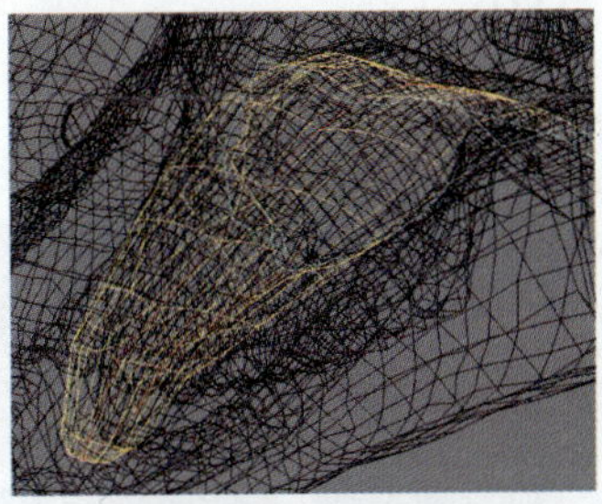

그림 5-7 Mouth 안쪽 Cut Line

6 Texture Editor 창에서 편집하기 : 각각 분리된 영역들을 Texture Editor에서 Best Fit 기능을 사용하여 특징별로 다시 편집 작업을 한다. 앞다리나 뒷다리의 경우 Cylinder 형태로 펼 수 있지만 Plan의 형태로 펴서 대칭되는 부분을 쉽게 처리하여도 무방할 듯하다.

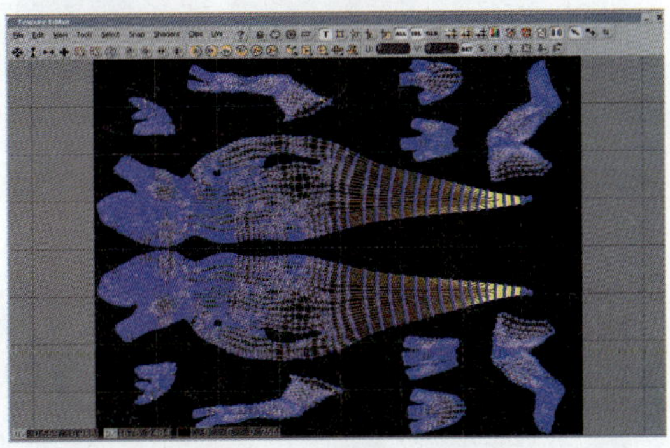

그림 5-8 Texture Editor 편집

7 UV 좌표 2D 데이터 소스 만들기

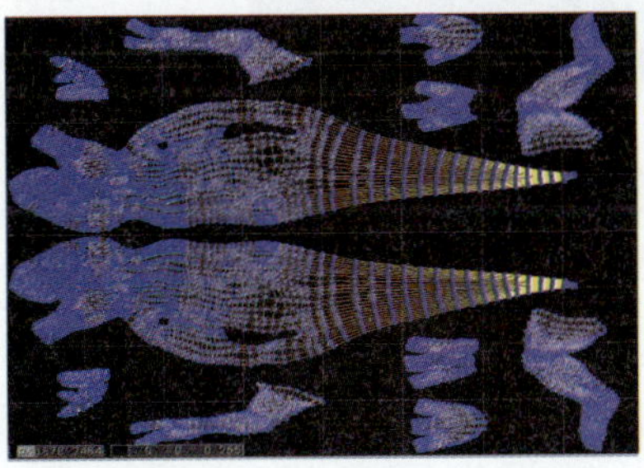

그림 5-9 Photoshop에서의 Open Source

5-2 UV Coordinate Unfold 3D

1 몸통 나누기

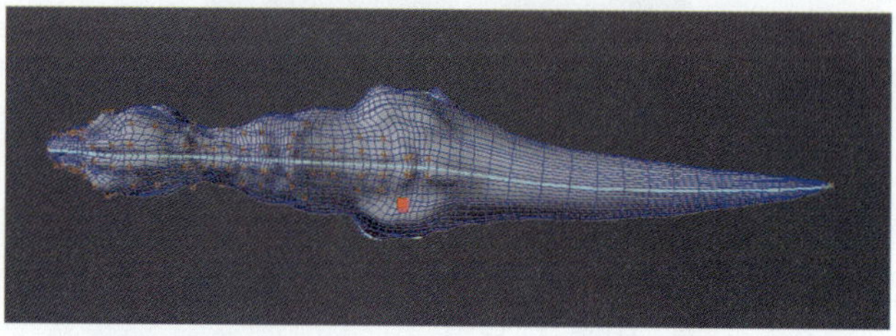

그림 5-10 몸통 나누기

2 앞다리 나누기

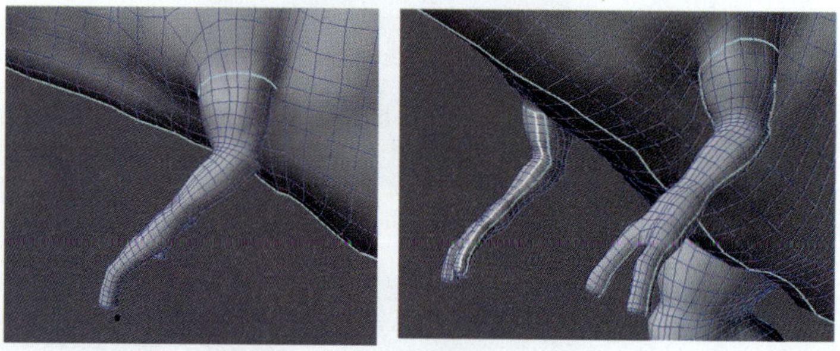

그림 5-11 앞다리 나누기

3 뒷다리 나누기

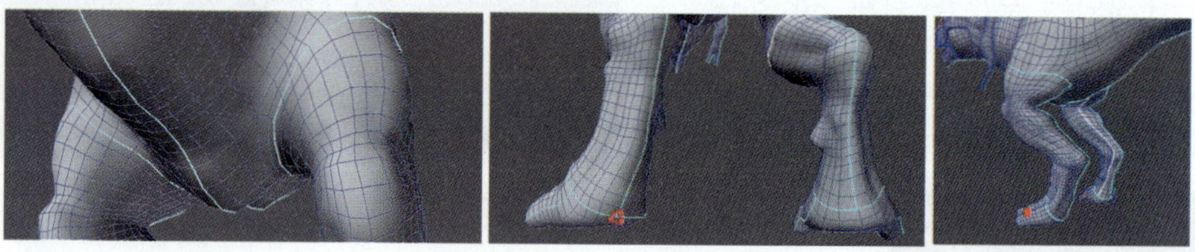

그림 5-12 뒷다리 나누기

4 뒷발 나누기

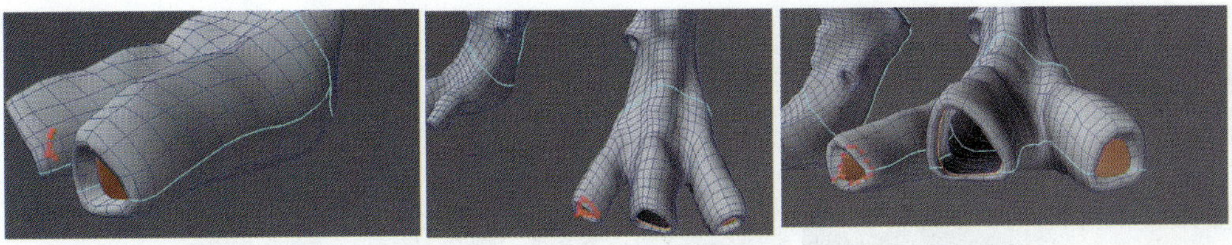

그림 5-13 뒷발 나누기

5 전체 확인

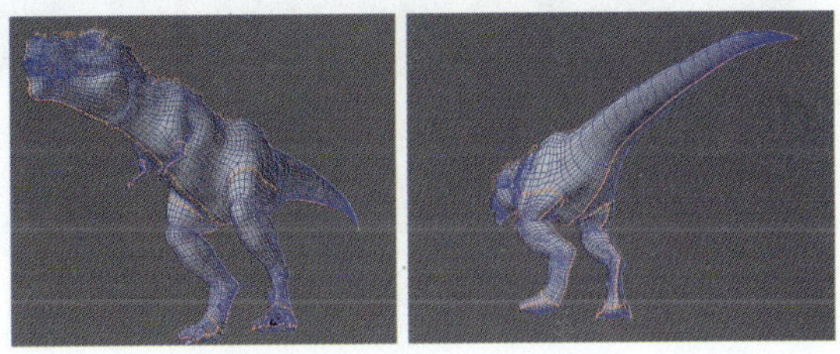

그림 5-14 전체 Cut Line 확인

5-3 Color Map Source 만들기

5-3-1 Base Color Setting

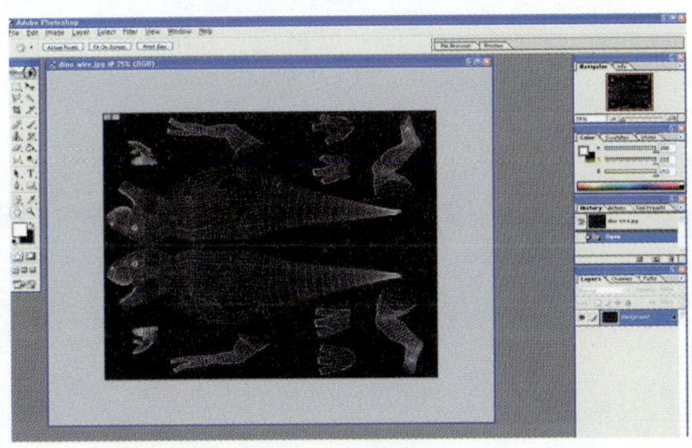

그림 5-15 Open Wire frame 이미지

1 Open Wire frame 이미지

2 Copy Layer 후 Original Layer 삭제 후 Copy Layer는 Screen 모드로 전환

3 새로운 Layer 추가하고 Body skin Color Layer로 이름을 지정한다.

4 Color Palette에서 R(198), G(156), B(109)를 선택

5 Standard Brush 〉 Pixel = 60, Hardness = 0 지정

6 Body skin color 칠하기 외곽선을 칠하고 몸 안쪽 부분은 Pixel을 높여서 효율적으로 칠해주기

7 몸통 영역을 칠하고 난 뒤 앞/뒤 Leg와 Feet(발바닥 + 발등) 영역에도 칠해주기

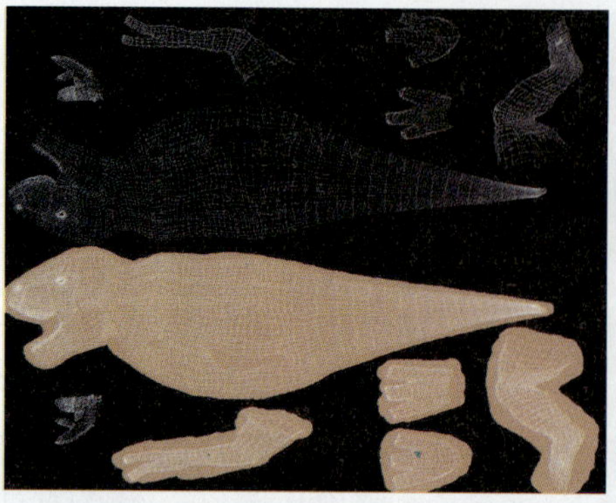

그림 5-16 Basic Color 제작 및 3D 데이터 적용 후 결과 확인

5-3-2 부분별 영역 Line 칠해주기

1 New Layer 생성 후 "Leg layer" 이름 지정 후 Screen 모드로 전환

2 Color Palette에서 R(140), G(98), B(57)를 선택

3 Brush Size 작게 하여 얼굴과 몸통영역 구분 라인 칠해주기

그림 5-17 투 톤 라인 제작

4 구분된 영역에 Brush Size 크게 하여 Color 칠해주기

그림 5-18 투 톤 컬러 적용

5 영역부분의 Color를 Smudge 처리를 통해 부드럽게 처리해주기 앞으로 여러 가지 색깔을 중첩하여 제작할 예정이므로 각 Color의 경계가 되는 부분을 부드럽게 처리하는 작업은 필수 제작과정이므로 주의한다.

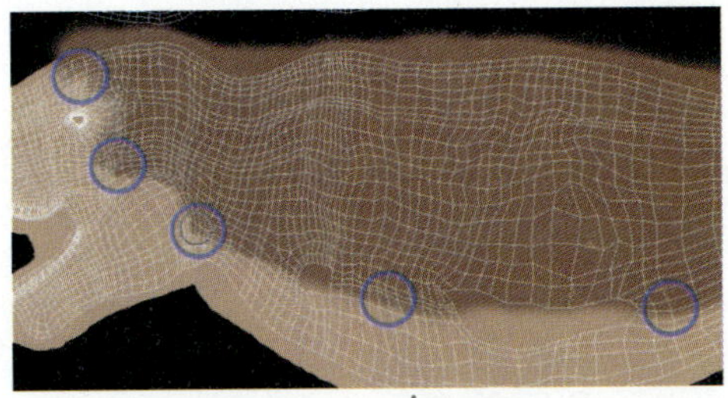

그림 5-19 경계 라인 Smudge 처리

6 몸통과 연결되는 다리 부분의 기초 Color 톤 맞추기

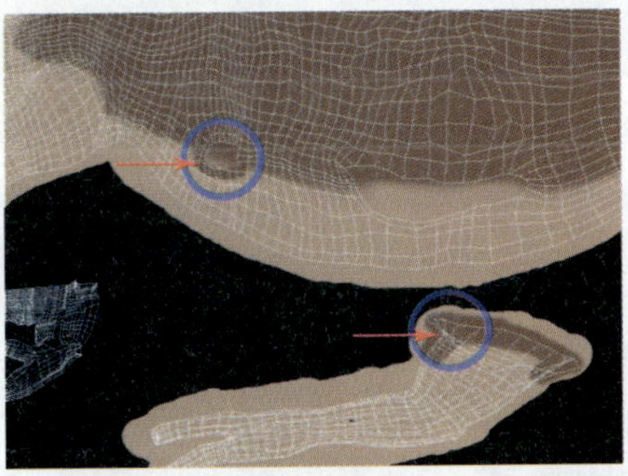

그림 5-20 실제 캐릭터 모델링상에서의 동일 영역 칠해주기

7 Smudge 툴로 Color 톤 부드럽게 보정하기 : Smudge 툴 Strength 40%

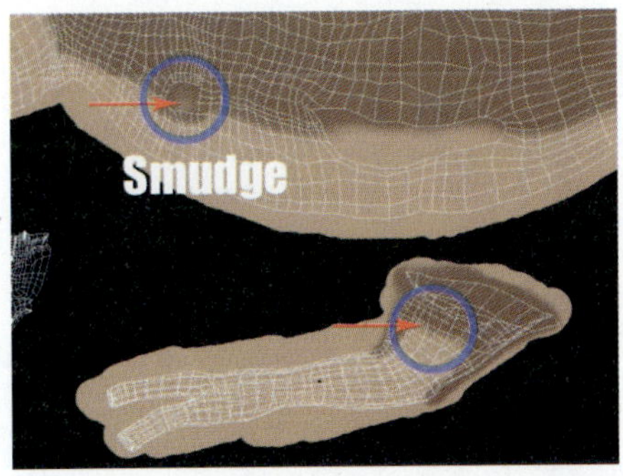

그림 5-21 Smudge 툴(흐림 효과) 동시적용

8 몸통과 앞다리의 Smudge 툴로 Color 톤 부드럽게 보정하는 영역 확대하기

그림 5-22 Smudge 툴(흐림 효과) 기능 확대

9 몸통과 뒷다리 영역 기초 Color 톤 맞추기

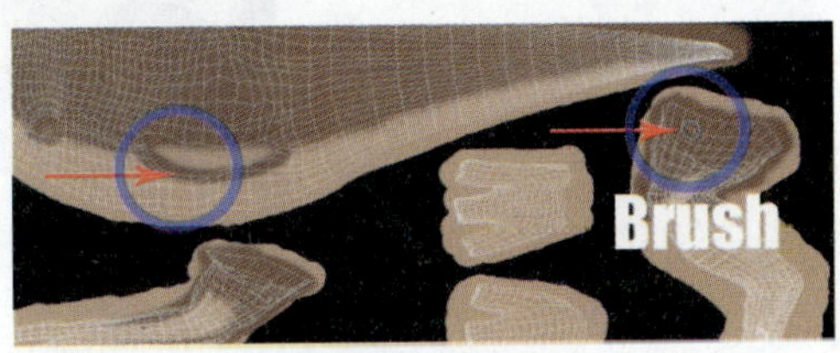

그림 5-23 기초 Color 톤 맞추기

10 몸통과 뒷다리 영역 기초 Color 톤 맞추기 영역 확대

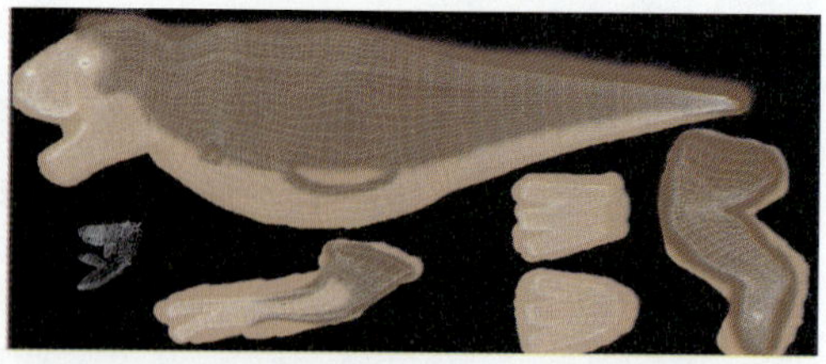

그림 5-24 기초 Color 톤 맞추기 영역확대

11 기초 Color 톤 맞추기 발등 / 발바닥 영역으로 확대

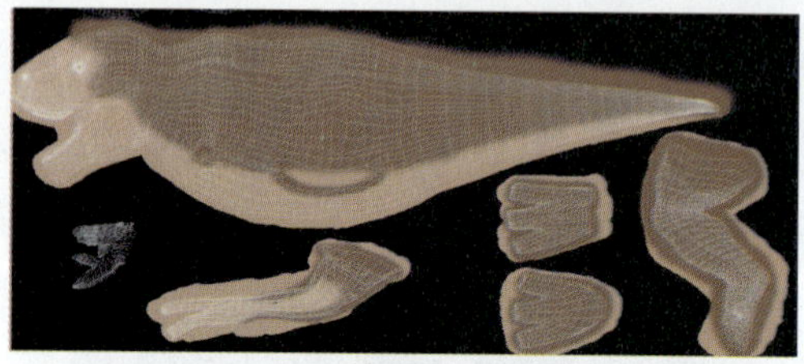

그림 5-25 기초 Color 톤 맞추기(발등 / 발바닥 영역)

12 기초 Color 톤 맞추기 앞 발등 / 발바닥 영역으로 확대

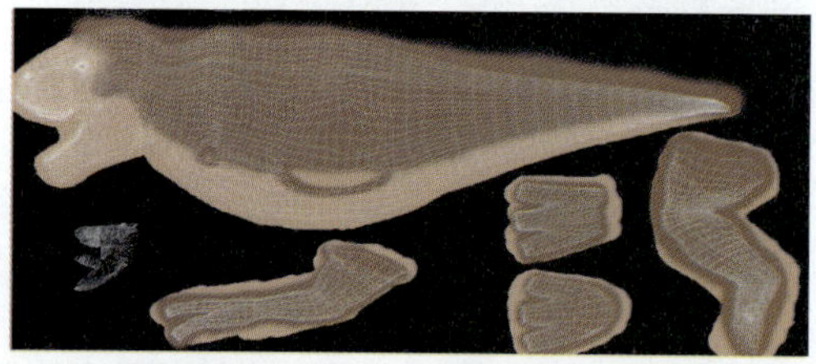

그림 5-26 기초 Color 톤 맞추기(앞 발등 / 발바닥 영역)

13 Smudge 툴로 Color 톤 부드럽게 보정하기 : Smudge 툴 Strength 40%

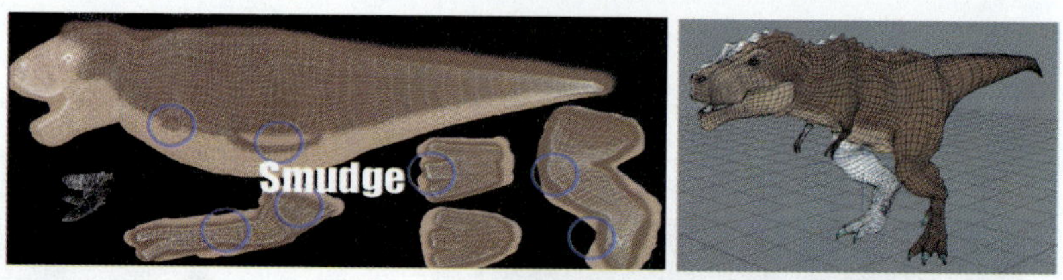

그림 5-27 Smudge 툴(흐림 효과) 적용

14 작업 저장 : Save 〉 Dino Color Texture로 저장

15 3D 데이터 적용 결과 확인

그림 5-28 3D 데이터 적용

5-3-3 Two Tone Color Setting

1 Photoshop 작업 화면으로 복귀 : Layer 생성 후 Color Palette에서 R(96), G(57), B(19)를 선택하고 얼굴의 주름진 영역에 칠하여 준다.

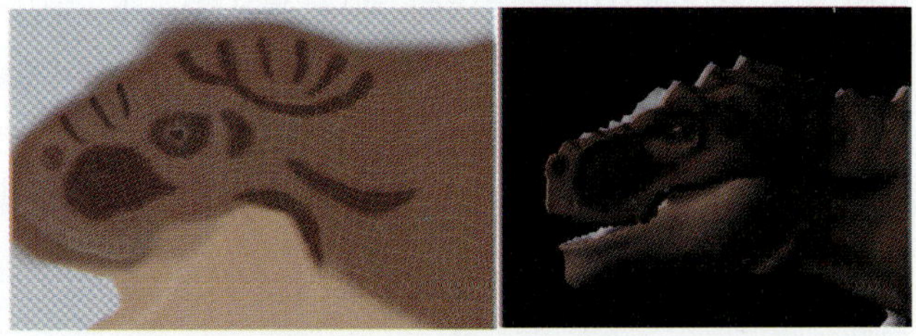

그림 5-29 New Color Tone(얼굴의 주름진 영역)

2 목 / 몸통 전체 새로운 Color 톤으로 칠하기 : 머리 / 목

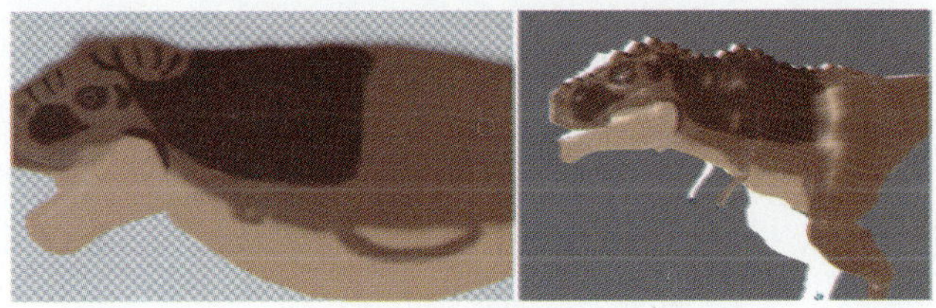

그림 5-30 New Color Tone(머리 + 목)

3 몸통 Color 칠하기 영역 확대 : 몸통

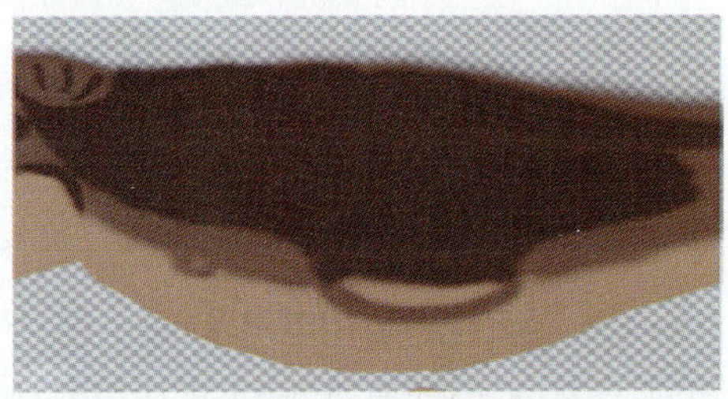

그림 5-31 New Color Tone(몸통 영역 전체 확대)

4 몸통 Color 칠하기 영역 확대 : 꼬리

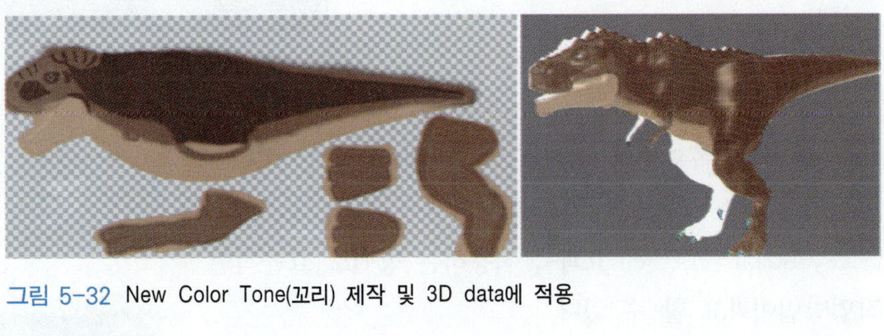

그림 5-32 New Color Tone(꼬리) 제작 및 3D data에 적용

5 현재 작업 Layer를 Screen 모드로 전환(Color 톤이 밝아지고 투명해지므로 작업에 채도 높은 Brush 작업시 용이) 후 뒷다리 영역으로 확대한다. 이때 몸통과 연결되는 부분의 Color 톤을 맞춰줘야 한다.

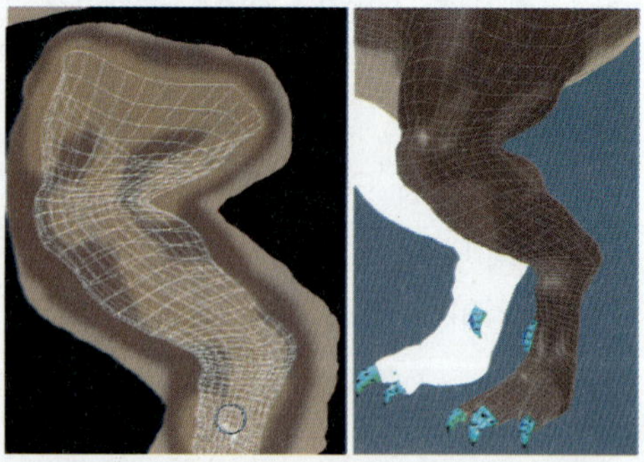
그림 5-33 뒷다리 Color 적용

6 앞 다리 영역으로 확대 : 이때 몸통과 연결되는 부분의 Color 톤을 맞춰줘야 한다.

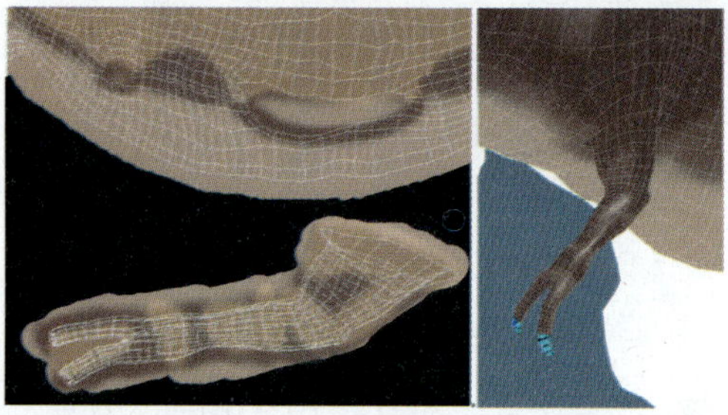
그림 5-34 앞다리 Color 적용

7 Layer 모드를 Normal로 변경 후 작업 확인 : Layer Opacity를 40%로 낮추고 Smudge 툴로 경계 영역의 Color 톤 부드럽게 보정한 후 몸통과 뒷다리 영역에서 발등/발바닥 작업으로 영역 확대한다.

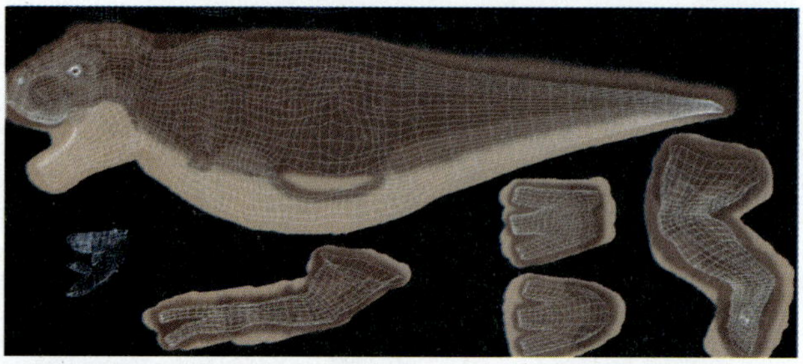
그림 5-35 Smudge 툴로 경계 영역의 Color 톤 부드럽게 보정

8 얼굴과 목부분의 영역으로 확대 : 이러한 Color Blend 효과를 극대화하기 위해서 Filter 〉 Blur 〉 Gaussian Blur9(Radius = 10Pixel) 효과를 적용하는 방법도 효율적인 작업방법이라고 할 수 있다.

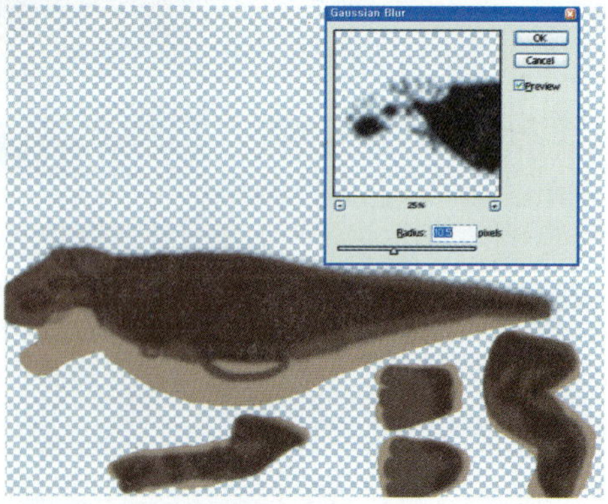

그림 5-36 Blur 효과 적용

9 저장 후 3D 데이터 변화 확인

그림 5-37 Rendering

5-3-4 Blue Tone Color Setting

1 Layer 추가 후 Color 톤을 Blue 계열로 변경(Color Palette에서 R(13), G(0), B(76)을 선택) : Layer Opacity를 15%로 조절하고 눈 주위나 콧등이나 주름진 곳에 칠하기

그림 5-38 주름 제작

2 Blue Color 톤 영역 몸통과 등으로 확대

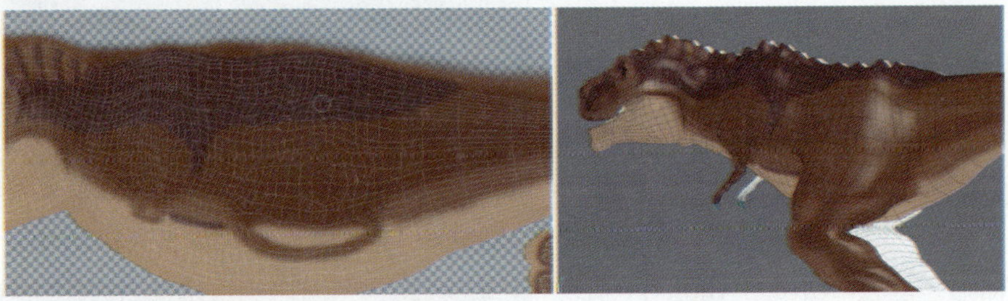

그림 5-39 영역 확대

3 Smudge Tool을 활용하여 Blue Color 영역의 Edge를 부드럽게 처리해 준다.

4 다리 영역으로 확대 : 발과 발등, 발바닥의 주름이나 근육의 흐름에 표시하기

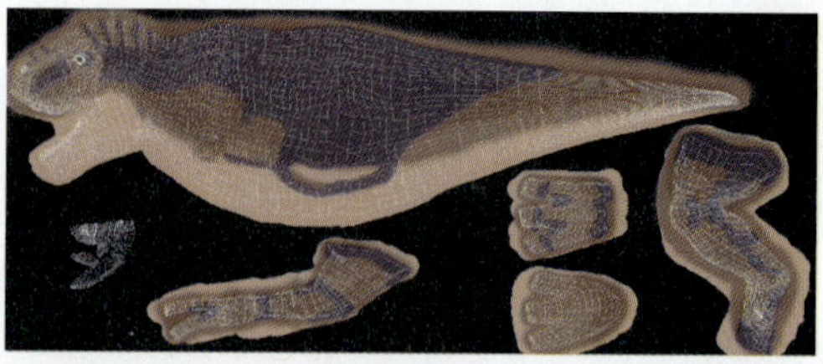

그림 5-40 Smudge 툴을 활용 및 Color 영역 확대

5 Smudge 툴로 Blue Color 톤을 부드럽게 보정하는 영역 확대하기 : Smudge Brush Opacity 40%, Layer Opacity 10%로 조절하거나 Color Blend 효과를 극대화하기 위해서 Filter 〉 Blur 〉 Gaussian Blur 9(Radius = 20Pixel) 효과를 적용하는 방법도 효율적인 작업방법이라고 할 수 있다.

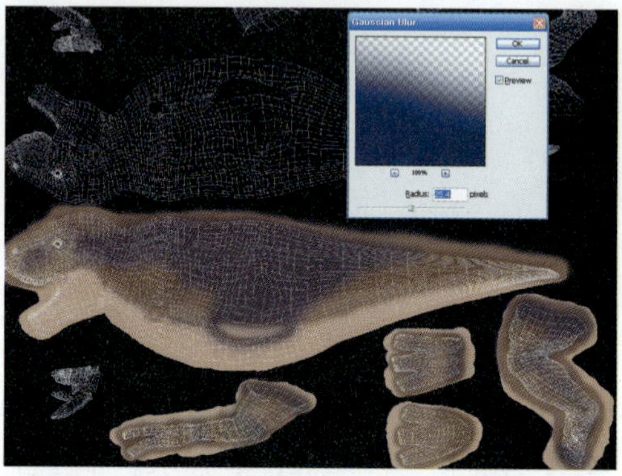

그림 5-41 Blur 효과 적용

6 몸통 다리 경계영역 Smudge 툴로 Blue Color 톤 부드럽게 보정한다.

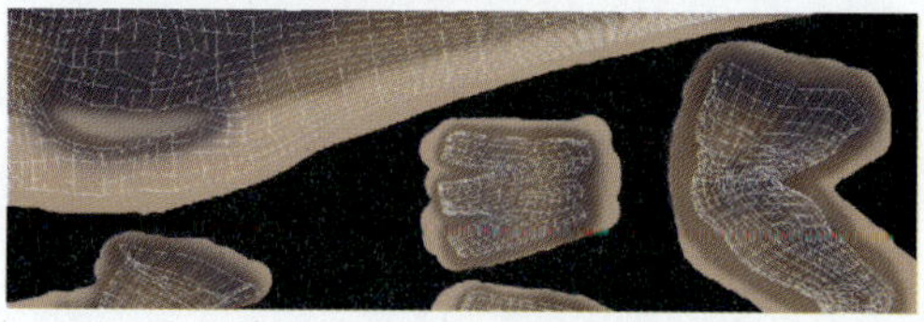

그림 5-42 Smudge 툴로 부드럽게 보정

7 Layer 추가 : Layer Opacity 10%로 조절
아랫배 부분에 대해 주름진 영역을 Blue Color 톤 부드럽게 보정한다.

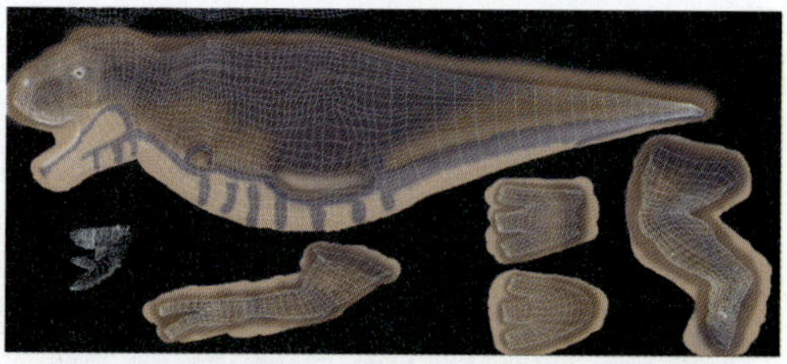

그림 5-43 Layer Opacity 기능으로 부드럽게 보정

8 아랫배 부분에 대해 주름진 영역을 Blue Color 톤으로 부드럽게 보정하거나 Color Blend 효과를 극대화하기 위해서 Filter 〉 Blur 〉 Gaussian Blur9(Radius = 20Pixel) 효과를 적용하는 방법도 효율적인 작업방법이라고 할 수 있다.

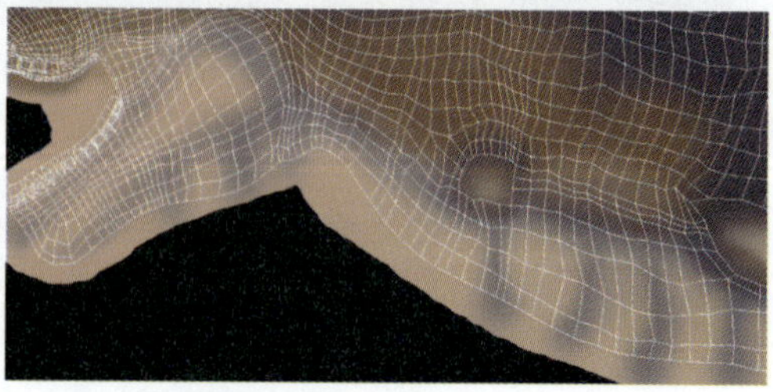

그림 5-44 배주름 영역 적용

9 Wire frame Layer Hidden 후 전체적으로 보정

그림 5-45 몸 전체 보정

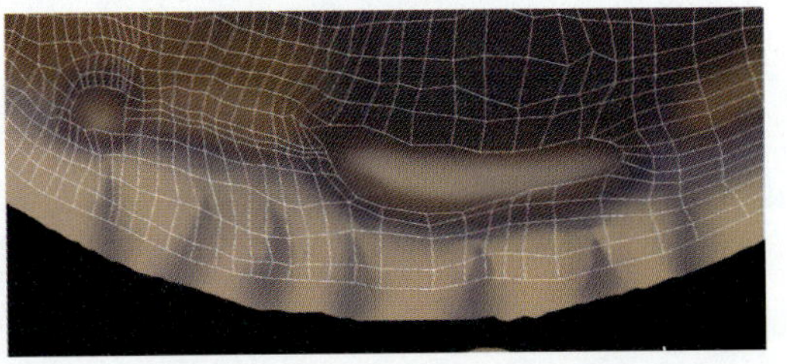

그림 5-46 영역 확대

10 저장 후 결과 확인

그림 5-47 결과 확인

11 Retouching : Layer Merge 후 섬세하게 Retouching 작업하기

그림 5-48 Retouching 작업하기

12 Basic Color Layer와 현재 작업중인 Layer (Blue Tone 작업 Layer)만을 남겨두고 Layer Merge

그림 5-49 Layer Merge 결과 확인

13 Blue Tone 작업 영역 확장

그림 5-50 Blue Tone 작업

14 Save 후 3D 적용 결과 확인

그림 5-51 결과 확인

5-3-5 Green Tone Color Setting

1 Layer 추가 후 Green Tone 작업 : Color Palette에서 Green Tone Color 선택(Color Palette에서 R(0), G(94), B(31)을 선택), Layer Opacity = 10%로 Setting 몸통 위/아래 경계 영역 중에서 Blending되는 영역에의 작업

그림 5-52 Green Tone 작업(등)

2 꼬리, 발/발등을 포함시켜서 작업

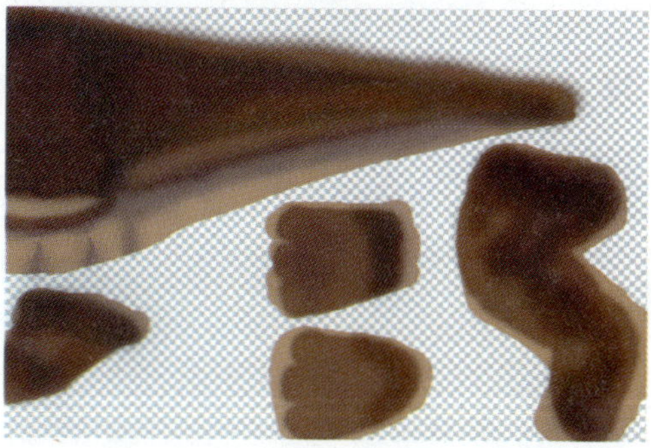

그림 5-53 Green Tone 작업(꼬리 + 다리)

3 저장 후 3D 적용 결과 확인

그림 5-54 결과 확인

5-3-6 Red Tone Color Setting

1 Layer 추가 후 Red Tone 작업 : Color Palette에서 Green Tone Color 선택(Color Palette에서 R(121), G(0), B(0)을 선택), Layer Opacity = 8%로 Setting, 입의 아래 턱 영역부터 시작한다.

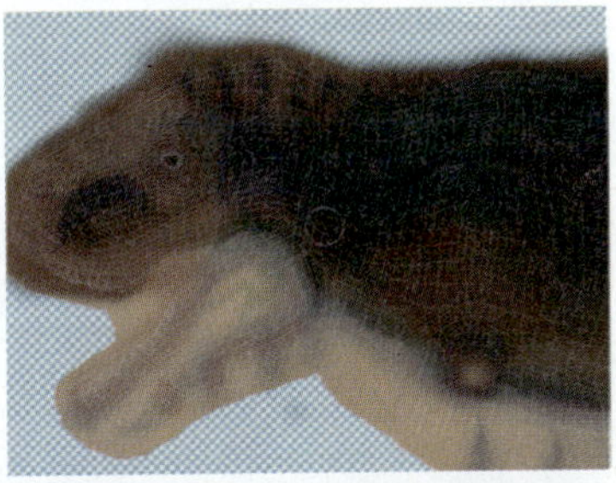

그림 5-55 Red Tone(얼굴 + 목)

2 몸통과 복부, 발(발바닥), 꼬리 영역으로 확대

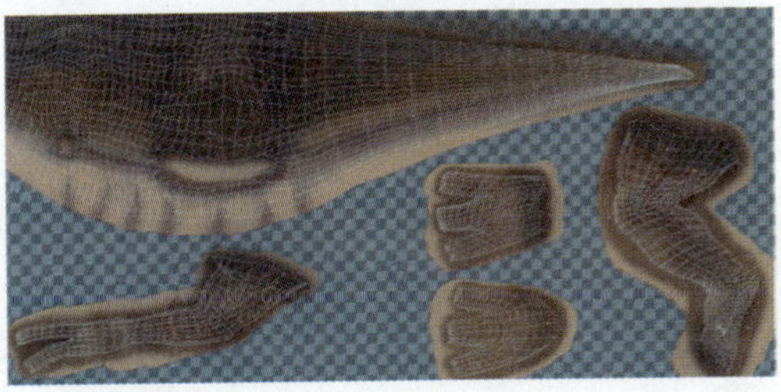

그림 5-56 Red Tone(배 + 발 + 꼬리)

3 Smudge 툴로 Red Color 톤을 부드럽게 보정하는 영역 확대하기 : Smudge Brush Opacity 40%, Layer Opacity 6~8%로 조절

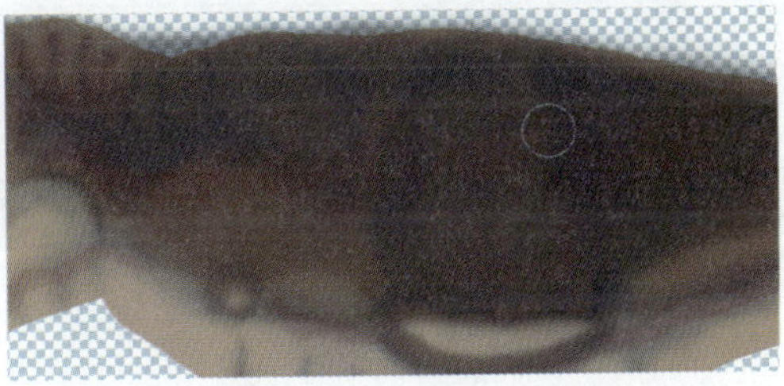

그림 5-57 Smudge 툴로 부드럽게 보정

5-3-7 Purple Tone Color Setting

1 새로운 Layer를 추가한다.

2 Layer 추가 후 Red Tone 작업 : Color Palette에서 Purple Tone Color 선택(Color Palette에서 R(49), G(0), B(74)를 선택), Layer Opacity = 12%로 Setting, 목 윗부분 칠하기

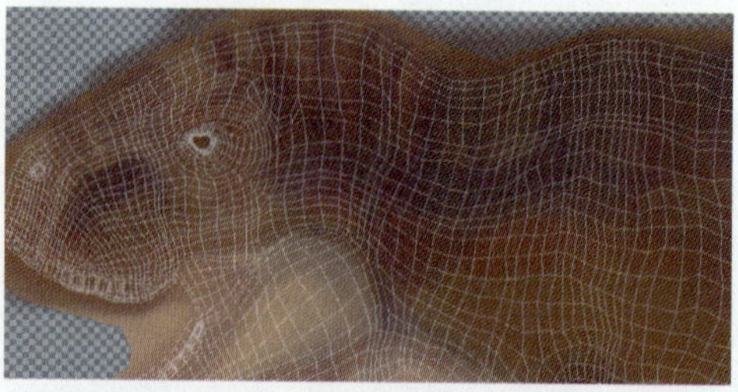

그림 5-58 Purple Tone 작업(머리 + 목)

3 Leg / Bottom 영역 칠하기

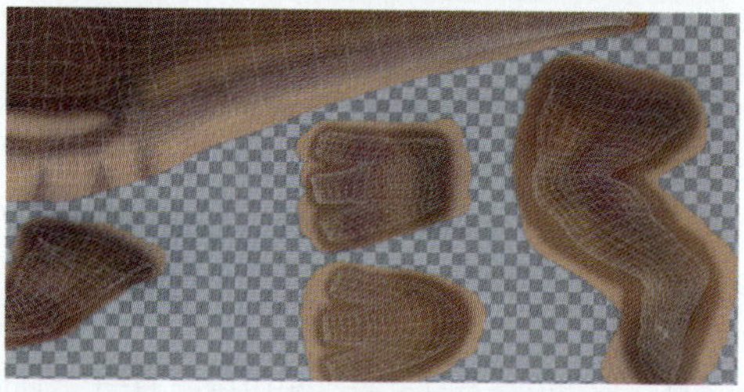

그림 5-59 Purple Tone 작업(꼬리 + 다리)

4 몸통 영역 칠하기

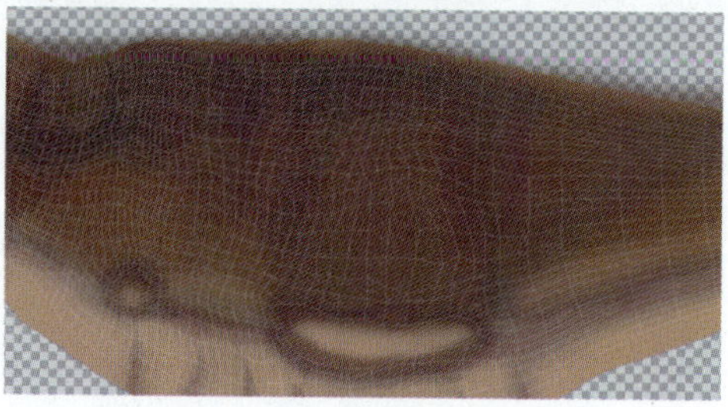

그림 5-60 Purple Tone 작업(몸통)

5-3-8 등 무늬 넣기

1 새로운 Layer를 추가한다. 동일한 Purple이 아닌 보다 진한 Purple를 선택한다. Color Palette에서 R(7), G(0), B(75)를 선택하고 Layer로 Brush size 20Pixel, Layer Opacity 100% 적용한 후 무늬를 그리기 시작한다.

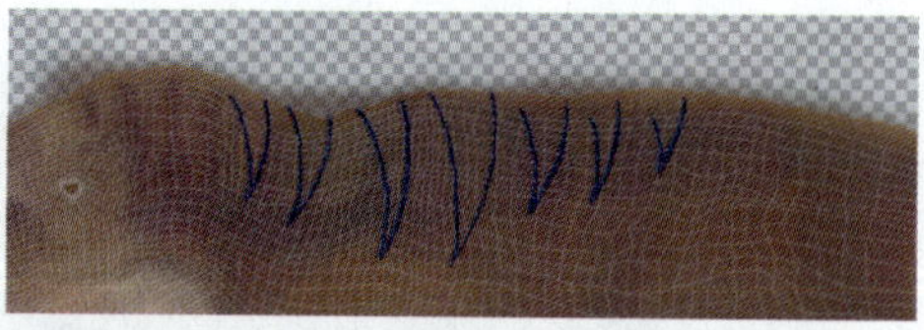

그림 5-61 등 무늬 넣기

2 Hue and Saturation 수치 조절 후 적용 : Hue : −30, Saturation : −66, Lightness : −15로 조절하여 그려진 무의 외곽라인 색을 변경하고 동일한 색 톤으로 무늬의 안쪽영역 칠하기

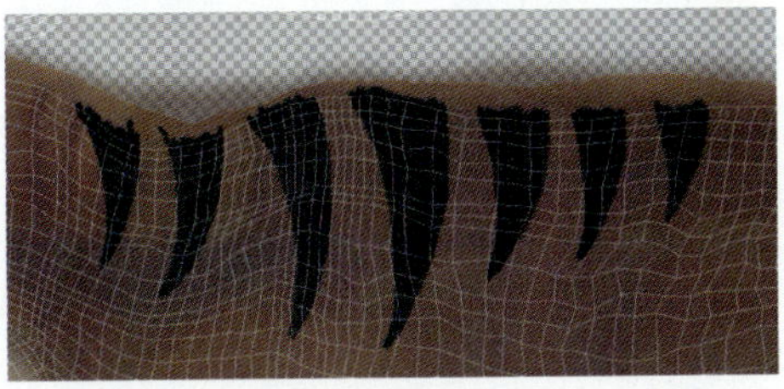

그림 5-62 등 무늬 색 채우기

3 Layer Opacity 70%로 줄이고 Smudge 툴로 부드럽게 표현하기

그림 5-63 Smudge 툴로 부드럽게 표현하기

4 New Layer 생성 후 Opacity 20%로 줄이고 동일한 Color로 무늬 주변(덧칠) 영역 칠해주기

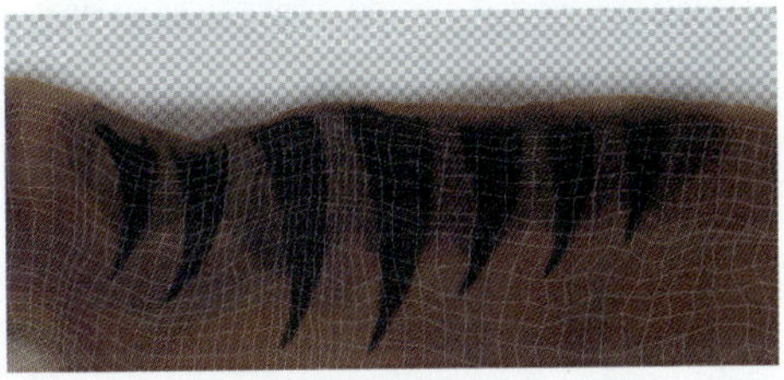

그림 5-64 무늬 주변 덧칠하기

5 Layer Opacity 100% Brush Color 40%로 변경 후 덧칠 작업 계속하기

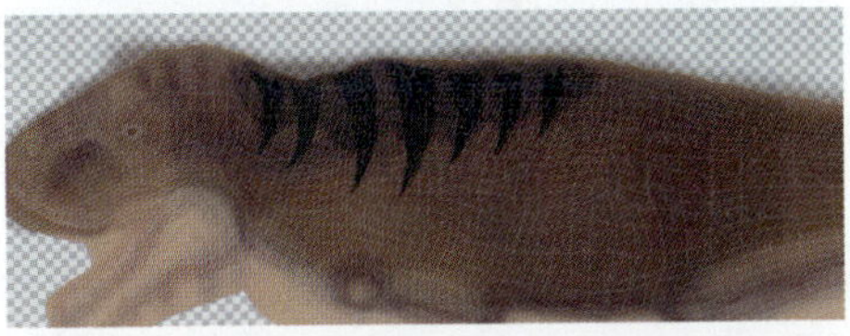

그림 5-65 옵션 변경 후 무늬 주변 덧칠하기

6 저장 후 결과 확인

그림 5-66 결과 확인

7 New Layer 생성 후 Layer Opacity 40% 설정 후 Same Color로 좀 더 무늬 주변의 영역을 진하게 칠해주기

그림 5-67 옵션 변경 후 무늬 주변 덧칠하기

8 Smudge Tool 지정하고 Opacity 40% 설정 후 부드럽게 처리해주기

그림 5-68 부드럽게 처리해주기

9 Save

10 무늬 Layer끼리 Merge 후 Hue & Saturation 수치 조절해서 Color 채도를 적정하게 맞춰준다. Hue : −35, Saturation : −55, Brightness : −12

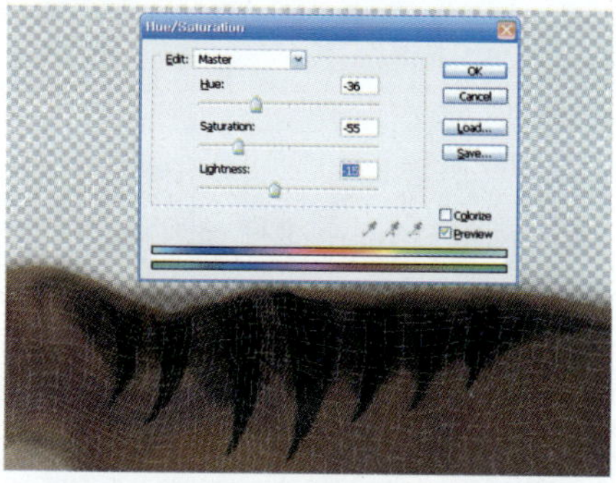

그림 5-69 Hue & Saturation 수치 조절

11 New Layer 생성 후 Yellow Color 선택(Color Palette에서 R(255), G(242), B(0)을 선택)하고 Layer Opacity 45% 변경, Brush size 20Pixel로 설정한 뒤 눈 주위, 턱 주위, 배 주위에서 부분부분 칠해주도록 한다.

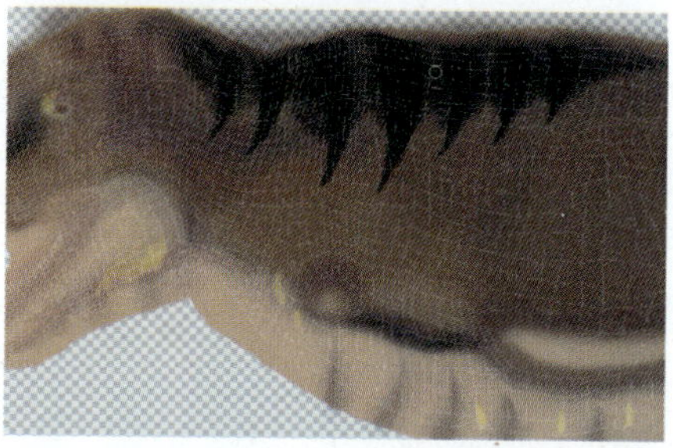

그림 5-70 Yellow Color 적용(얼굴+몸통 일부)

12 다음으로는 꼬리, 발바닥 등의 영역에 칠해주도록 한다.

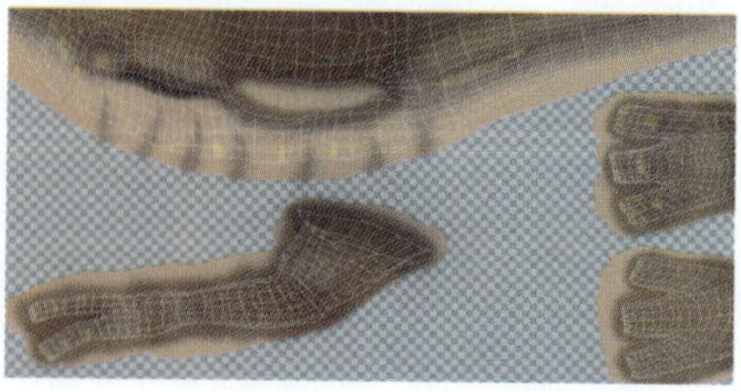

그림 5-71 Yellow Color 적용(발 + 발등)

13 Smudge tool 선택, Opacity 40%, Layer Opacity 40% 조절 후 Yellow Color 영역 부드럽게 처리하기

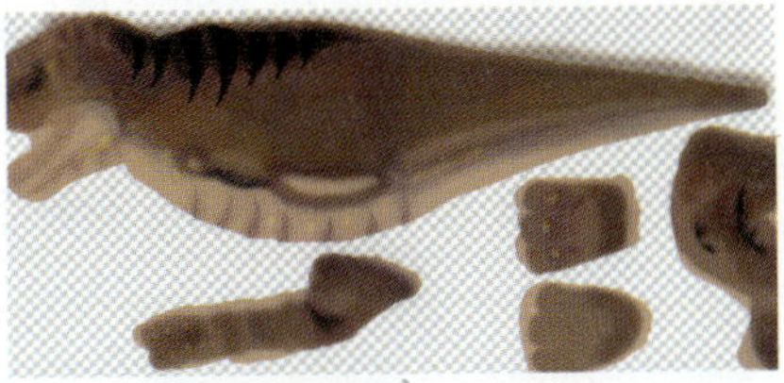

그림 5-72 부드럽게 처리해주기

14 New Layer 생성 후 Blue Color 선택하고 (Color Palette에서 R(0), G(74), B(128)을 선택) Layer Opacity 10% 이하로 지정하고 몸통, 다리, 발바닥 영역 칠해주기

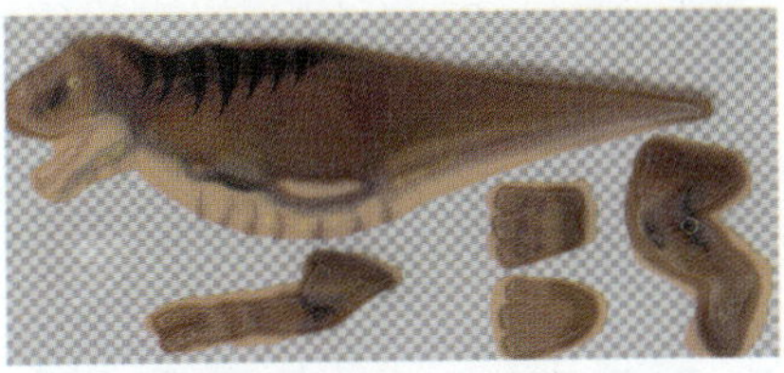

그림 5-73 Blue Color 선택 몸통, 다리, 발바닥 영역 칠해주기

15 Smudge tool 선택, Opacity 40%, Layer Opacity 40% 조절 후 Yellow Color 영역 부드럽게 처리하기

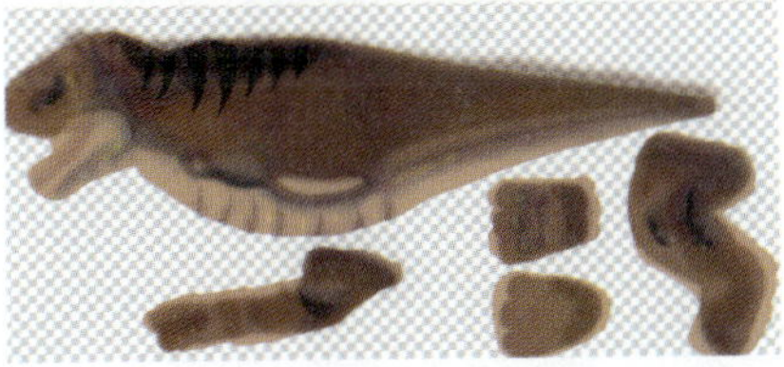

그림 5-74 부드럽게 처리해주기

16 Wire frame Layer만을 두고 Scene Merge

17 New Layer 생성 후 Skin Color를 선택하고 (Color Palette에서 R(246), G(150), B(121)을 선택) Layer Opacity 100%로 지정해주고 Screen 모드로 전환한다. 그리고 입속 영역에 칠한다.

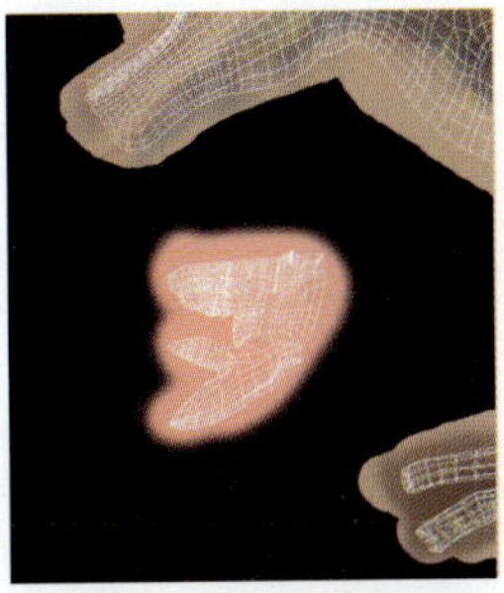

그림 5-75 입속 영역 Color 지정

18 Hue & Saturation 수치 조절해서 Color 채도를 적정하게 맞춰준다. Hue : 0, Saturation : 0, Brightness : −30

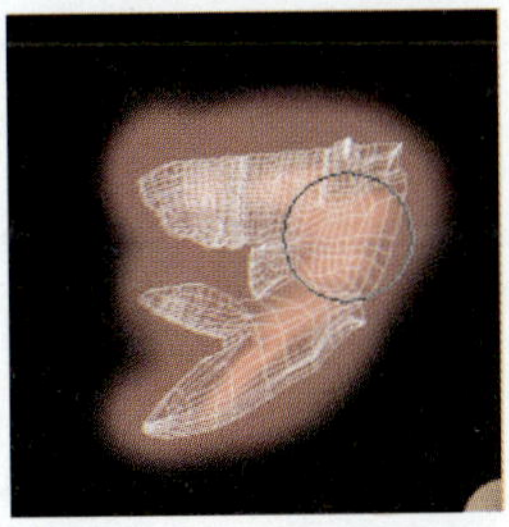

그림 5-76 입 안쪽 영역 작업

19 입속 영역을 칠하고 입술 안쪽 외곽 라인 칠하기

20 입 주위 영역에도 Color 칠해주고 Save 후 3D 적용 결과 확인

그림 5-77 입 안쪽 영역 작업 결과 확인

5-3-9 Duplicate 후 이동 / 편집

1 Wire frame Layer만을 남겨두고 모든 Layer Merge하기

2 Wire Frame Layer Hidden하고 Texture 그려진 영역 선택 후 복사

그림 5-78 복사 + 선택

3 [Ctrl + T] 영역 선택 후 Vertical로 방향 전환 후 반대편으로 이동 : 위치 Setting

그림 5-79 Vertical 방향을 이동

4 Layer Merge : 제작 및 복사 형성된 모든 Layer를 Merge한다.

5 결과 적용 후 확인

그림 5-80 Color map 적용 결과

5-4 Bump Map Source 만들기

1 Wireframe Layer만을 활성화한 후 New Layer를 만들고 Gray Color를 선택한 후 (Color Palette에서 R(124), G(124), B(124)를 선택) 전경색으로 지정된 New Layer를 채운다.

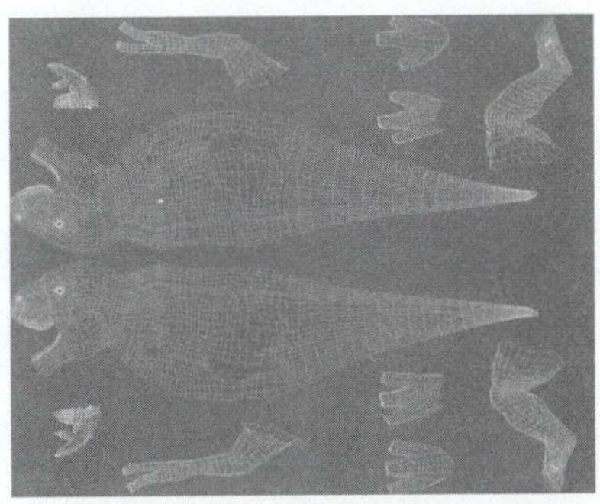

그림 5-81 Gray Tone Source

2 생성한 New Layer의 마우스 Double 클릭으로 Layer Style 옵션 창을 연다. Bevel and Emboss 〉 Texture 기능을 활성화시킨다. 여기서 Texture 〉 Element 〉 Pattern에서 Leather (200 by 200 Pixel, Gray scale mode)를 선택한다.

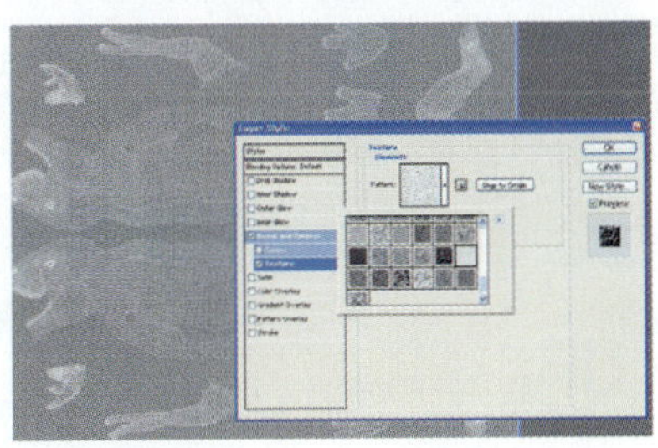

그림 5-82 Bump 효과(표면) Pattern 지정

3 Scale 수치를 조절하고 Depth 정도를 조절하여 원하는 Bump의 크기와 깊이 값을 조절한다. 그리고 Invert 모드를 활성화한다.

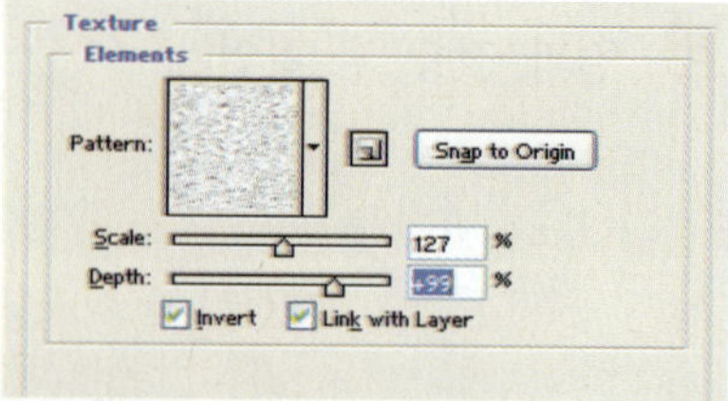

그림 5-83 Invert

4 Wire frame Layer를 비활성화하고 Bump map Layer만을 활성화한 다음 Bump Source.jpeg로 저장한다.

그림 5-84 Bump Map Source 이미지 저장

5 3D 제작환경에서 방금 저장한 Bump Map Source를 적용한다.

그림 5-85 Bump Map 적용 결과 확인

6 Bump Map Layer의 Opacity 수치를 95% 정도로 낮추고 새로운 Layer를 추가한다. White Color를 선택하고 공룡의 등쪽에 라인을 그려준다.

그림 5-86 공룡의 등쪽 라인

7 주름이나 핏줄 등의 표현 추가 : 바닥 등 몸 전체에 골고루 그려준다.

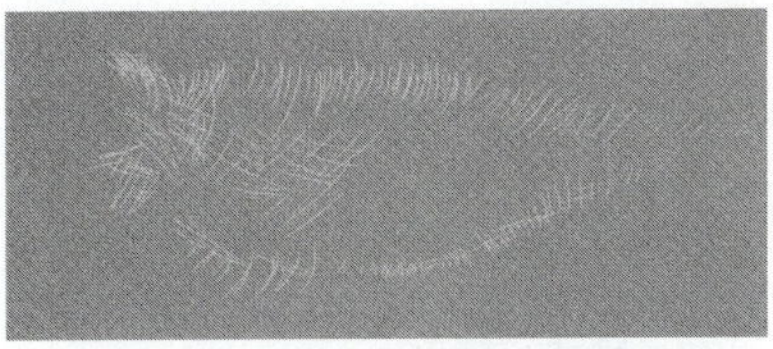

그림 5-87 Bump 효과(주름이나 핏줄 표현)

8 좀 더 진하게 표현될 만한 영역에 라인들을 가로 * 세로로 그려준다.

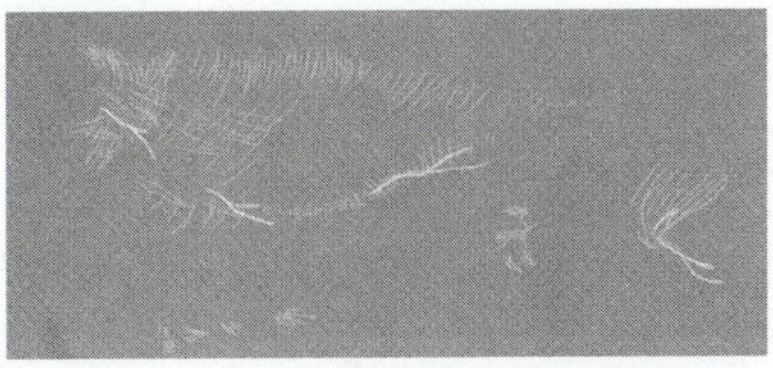

그림 5-88 Bump 효과(힘줄이나 작은 근육 표현)

9 저장 후 결과를 확인한다.

10 New Layer를 추가하고 공룡의 피부의 거친 질감을 표현하기 위해 목과 등 그리고 배, 발, 꼬리 등의 영역에 흰 점(Pixel = 7)들을 그려준다.

11 좀 더 큰 흰점(Pixel = 13) 정도 올려서 다시 겹쳐서 점들을 그려준다.

그림 5-89 Bump Map Source 적용 결과 확인

12 New Layer를 만들고 Pixel = 17로 올려서 다시 흰 점들을 겹쳐서 그려준다. Pixel = 9로 낮춰서 다시 여러 점들을 찍어준다.

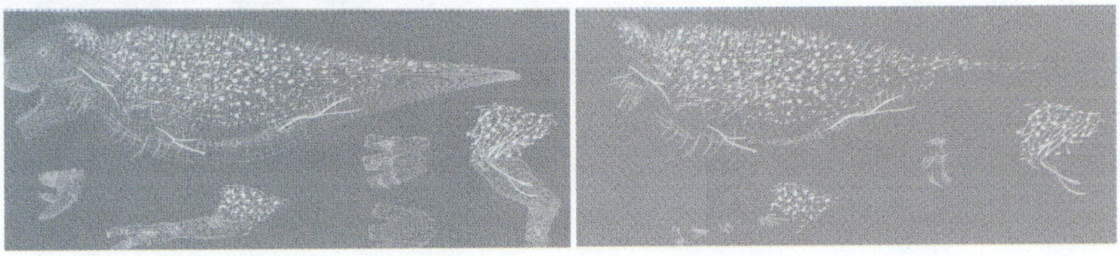

그림 5-90 Bump 점박이 효과 극대화하기

13 Save 후 결과 확인한다.

14 턱 주변과 목 아래 영역도 Pixel = 5 사이즈로 칠해 준다.

그림 5-91 Bump 점박이 효과확인

15 Smudge 기능선택하고 Strength = 40% 적용 후 목 아래 부분의 흰 점들을 약간 Smooth 처리해 준다.

16 새로 생성한 Layer를 모두 Merge하고 저장한다. Wire frame Layer는 비활성하고 Bump 작업에만 사용했던 Layer를 모두 선택하고 난 후 Layer 〉 Flatten Image 명령을 사용한다. 선택 활성화된 Layer만 Merge된다.

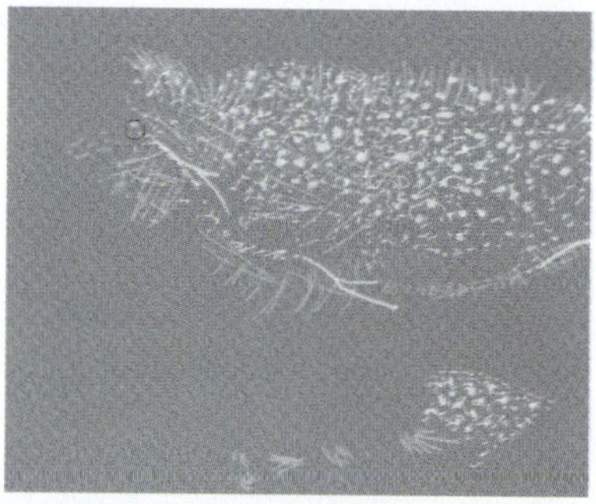
그림 5-92 목 영역 확대

17 얼굴의 평편한 영역에 Bump 효과가 심하게 적용된 점을 수정하기 위해 New Layer를 추가하고 Smudge 기능선택하고 Strength = 40% 적용 후 얼굴 영역의 Bump 효과가 너무 크기 때문에 얼굴 영역을 부드럽게 해 준다.

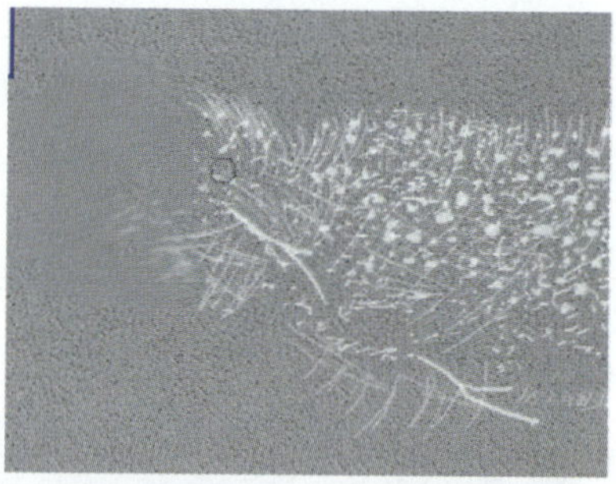
그림 5-93 Bump 효과 부드럽게 처리하기

18 좀 더 Bump의 효과를 나타내기 위해서 Layer를 추가한 후 Pixel = 12 사이즈로 목과 몸통 연결 영역, 다리 영역에 White Color Point들을 추가한다.

19 저장 후 3D 캐릭터에 적용된 결과 확인한다.

그림 5-94 Bump Map Source 적용 후 결과 확인

5-5 Specular Map Source 제작하기

1 New Layer를 생성한 후 밝은 Gray Color(Color Palette에서 R : 124, G : 124, B : 124를 선택)를 선택하고 전경색으로 전체 작업화면에 적용한다. (Paint Bucket Tool 이용)

2 현재 Layer를 Screen 모드로 전환한 후

3 전경색을 좀 더 White에 가까운 Color로 선택한다.

4 New Layer를 생성한 후 Opacity를 30으로 낮춘다.

5 몸통 영역에서 빛을 받았을 때 가장 밝게 Highlight되는 영역을 칠해 준다.

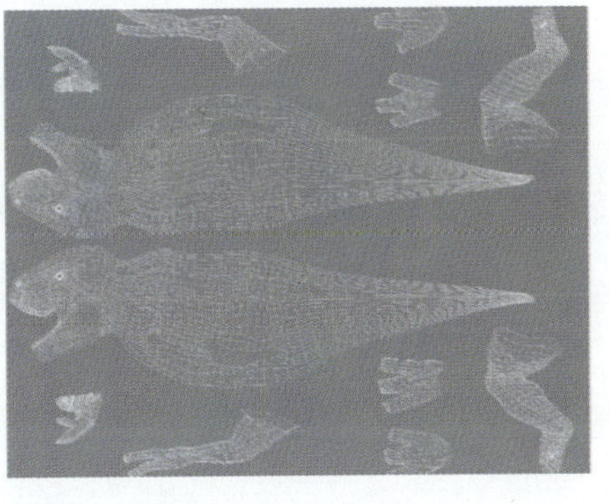

그림 5-95 Gray Color 적용

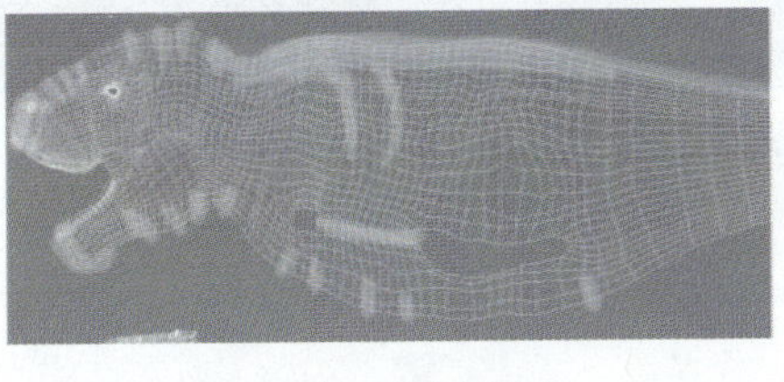

그림 5-96 Highlight 영역 칠하기

6 꼬리 영역에 이어 발등과 발바닥 영역에도 칠해 준다. 울퉁불퉁한 부분의 윗부분에 모두 칠해 준다.

그림 5-97 Highlight 영역 전체 칠하기

7 Smudge 기능선택 - Strength = 40% 적용 후 Highlight 효과를 적용하기 위해 칠해진 영역을 약간 Smooth 처리해 준다.

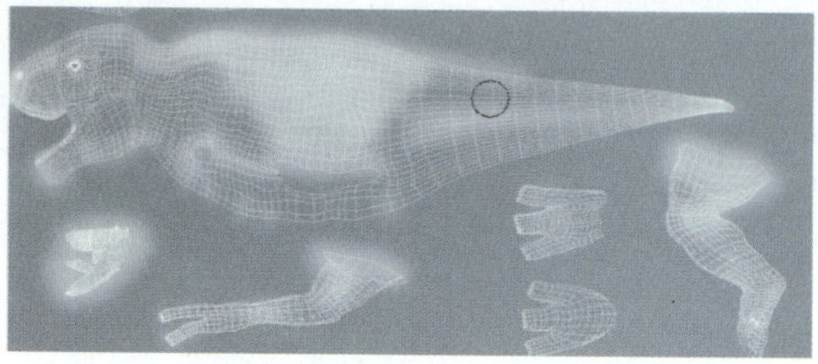

그림 5-98 Highlight 영역 Smooth

8 저장 후 결과 확인한다.

그림 5-99 결과 확인

9 New Layer를 생성한 후 더 밝은 Gray Color를 선택하고 Highlight 영역 중에서도 가장 밝은 영역(입 주둥이. 입 속, 발톱, 목이나 등의 굴곡영역에서 위로 올라온 부분 등)에 덧칠해 준다.

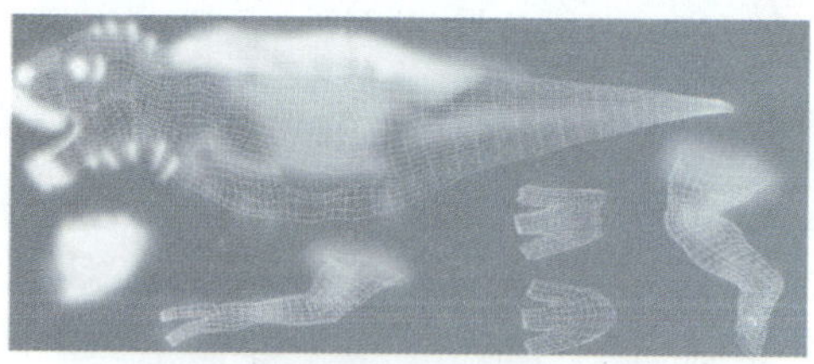

그림 5-100 Highlight 영역 칠하기

10 저장 후 결과 확인한다.

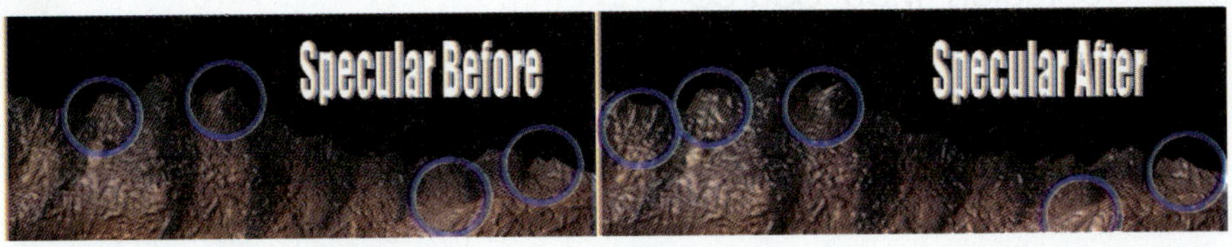

그림 5-101 적용 및 결과 확인

11 복사할 새로운 Layer를 생성하고 Highlight 영역을 복사하고 영역 선택 후 수직 반전하여 대칭 구조를 생성해 준다.

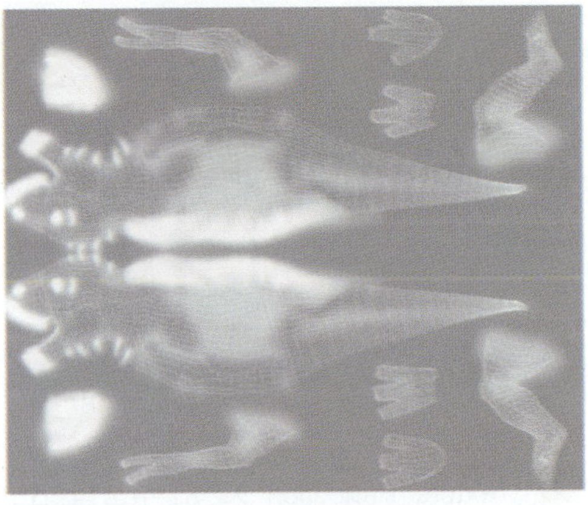

그림 5-102 대칭 구조 복사 및 이동

12 3D 제작환경에서 Light Setting 후 결과 확인한다.

그림 5-103 Specular Map 적용 결과 확인

5-6 Ambient Occlusion Map Source 만들기

1 Render Map 명령 : Property 〉 Render Map

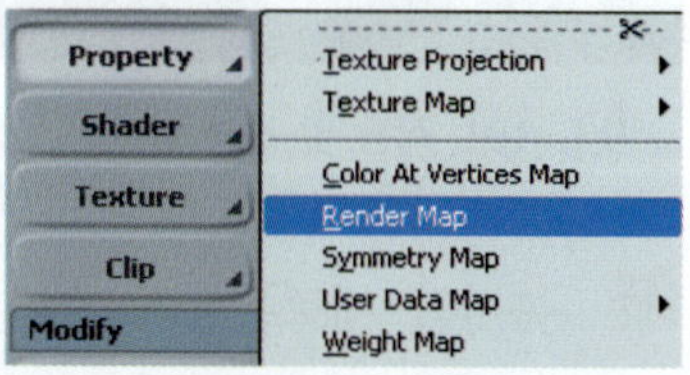

그림 5-104 Render Map

2 해상도 설정 : 추출할 소스의 크기를 X Res와 Y Res에 각각 설정한다.

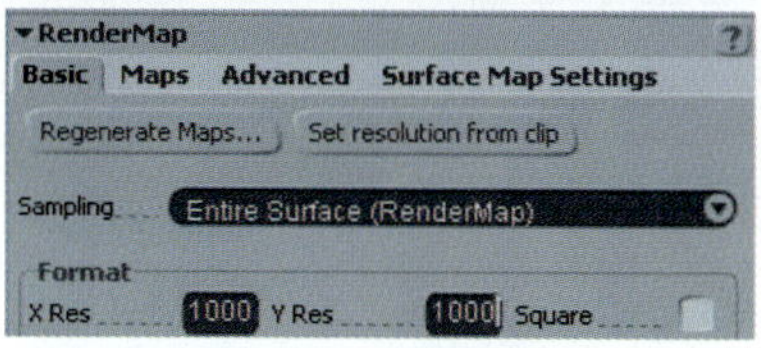

그림 5-105 소스 사이즈 설정

3 Texture Projection 지정 : 추출할 소스의 Texture Projection을 지정한다.

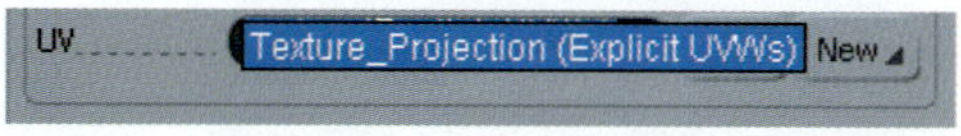

그림 5-106 Texture Projection 지정

4 저장 경로 지정 : 추출할 소스의 저장 경로를 지정한다.

그림 5-107 저장 경로 지정

5 추출할 소스 종류를 지정한다.

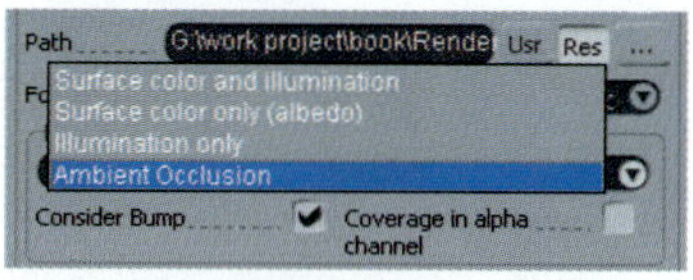

그림 5-108 추출할 소스 종류

6 Render Map 명령 실행

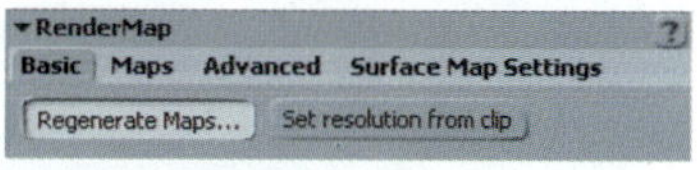

그림 5-109 Render Map

7 결과 확인

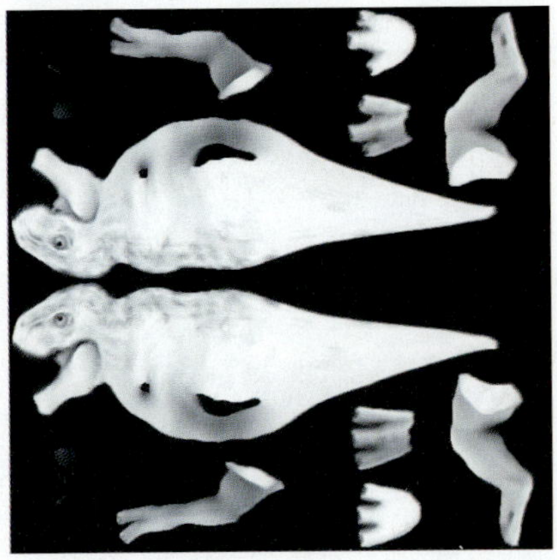

그림 5-110 추출된 Ambient Occlusion Source

5-7 Ambient Occlusion Map Source 적용

Render Tree의 Mixer 기능을 이용하여 좀 더 섬세하게 Ambient Occlusion의 기능을 적용하도록 한다.

1 기존에 연결된 Surface와 Shadow 노드 연결을 끊는다.

2 Render Tree 창에서 Node 〉 Mixers 〉 Mix 2 Color 노드를 Open한다.

3 Blinn shader 노드를 Mix 2 Colors 노드의 Base_Color tab에 연결하고 Ambient Occlusion Map 노드는 Mix 2 Colors 노드의 color 1 tab에 연결한다.

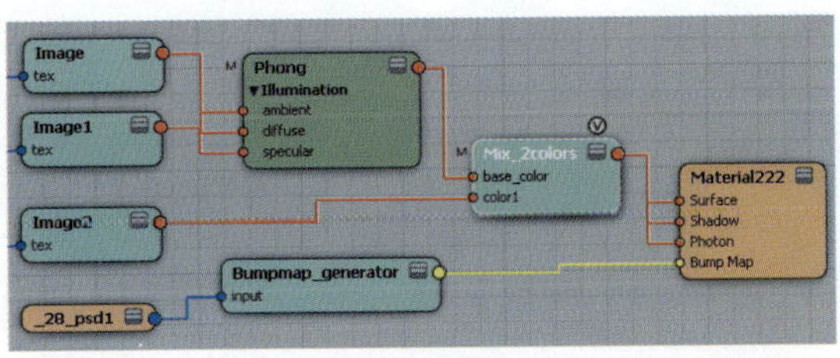

그림 5-111 Render Tree에서 Ambient Occlusion Map

4 Mix 노드의 속성 창에서 Mix Weight 수치를 조절하면서 결과를 확인한다.

그림 5-112 Color Mix Weight 수치를 조절

5 Mixer Mode의 설정에 따라서도 미묘한 느낌의 차이를 얻을 수 있다.

그림 5-113 Mixer Mode(Type)에 따른 결과 비교

6 Ambient Occlusion Map을 Mixer를 사용했을 때와 사용하지 않을 경우를 비교하면서 최대한 원하는 결과를 얻을 수 있도록 한다.

그림 5-114 최종 결과 확인

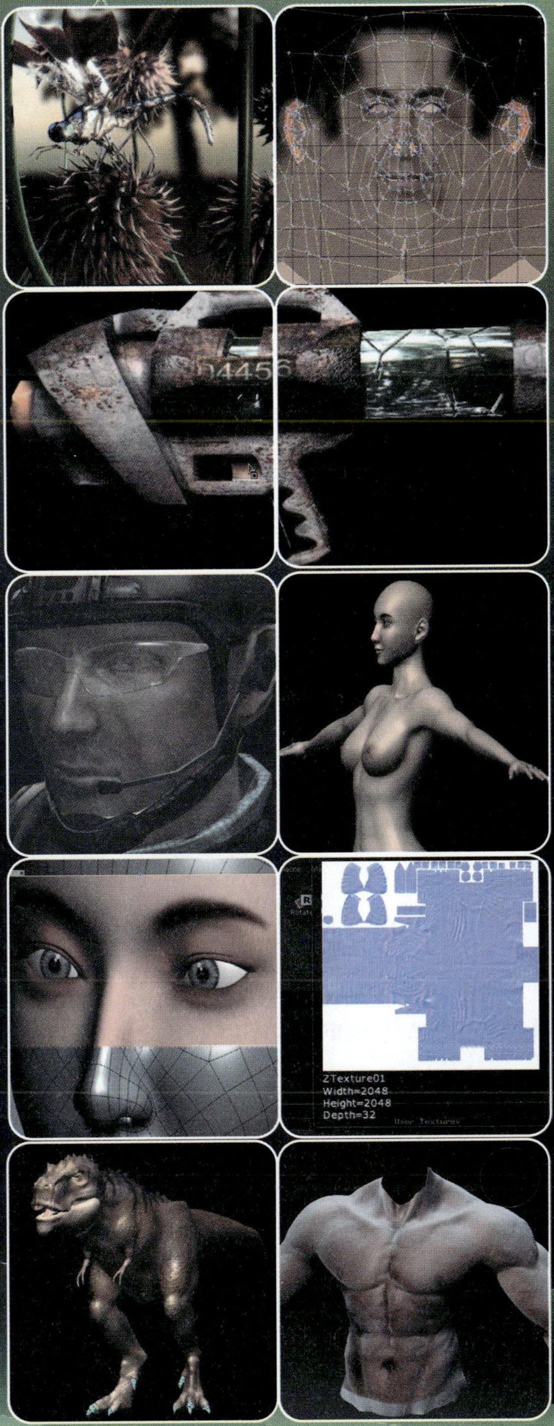

제6장
Military Man Mapping

6-1 Face Mapping

이 장에서는 디지털 캐릭터 중에서 Military 형태의 캐릭터에 대한 Mapping 작업에 대해 다루려고 한다. 기본적인 Color Map의 적용에서부터 Normal Map과 Specular Map 그리고 Ambient Occlusion Map의 적용과정도 소개를 한다. 그리고 캐릭터의 얼굴 Texturing에서는 SSS(Skin Shader)를 활용한 최적의 Mapping 방법도 소개를 한다.

각각의 제작공정별로 구분하여 소개를 하고 있기 때문에 필요한 영역을 집중적으로 학습할 수 있는 특징이 있으며 지금까지 다루어온 각각의 기술적인 제작방법을 총 망라해서 적용을 함으로써 Quality 부분에 대한 최적의 접근을 시도하고 있다.

많은 반복과 반복을 통해 각각의 제작과정에 대한 깊이 있는 이해와 각 공정별 연계과정에 대해 충분히 이해를 할 수 있도록 학습하여 자신의 캐릭터에 있어 최고의 Quality를 표현할 수 있도록 한다.

6-1-1 Face Material and Texture 적용

1. Character Face 제작

Map을 적용할 Middle Polygon 형태의 Face Modeling을 제작한다. 얼굴 모델링 기법은 "제1권 캐릭터 모델링"에서 자세히 소개를 하고 있으므로 참고하도록 한다.

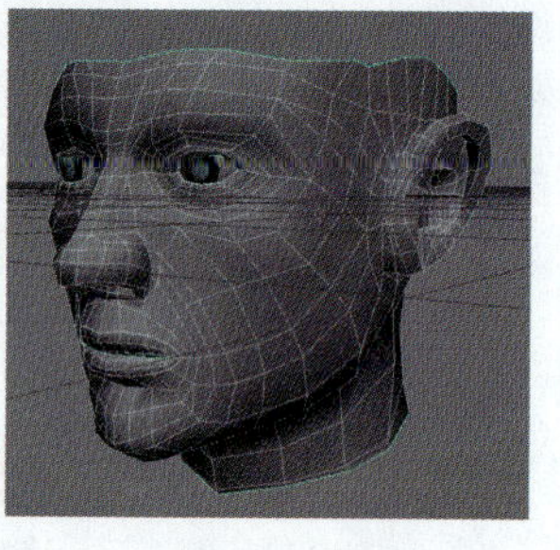

그림 6-1 Face 모델링

2. Map Source 준비

Photoshop에서의 작업과정을 통해 Color Map, Bump Map, Highlight Map을 제작한다. 그리고 Z Brush에서 추출한 Normal Map 소스도 준비를 한다. 마지막으로 SOFTIMAGE에서 Render Map 기능을 활용하여 Ambient Occlusion Map 소스를 추출하여 적용할 소스로 준비한다.

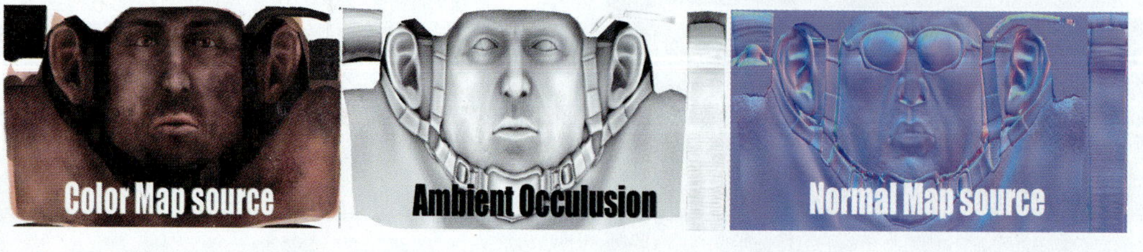

그림 6-2 다양한 Texture Source

3. Material 적용하기

1 먼저 Texture를 적용할 Object 선택한다.

2 Get 〉 Material 〉 Phong shader 적용

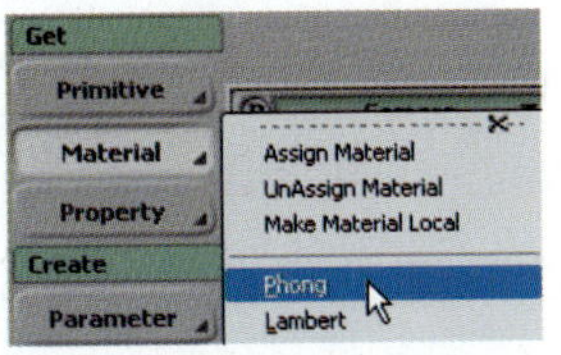

그림 6-3 Material 적용

4. Texturing 적용하기

1 Get 〉 Texture 〉 Texture Image 적용하거나 Phong Shader의 Diffuse Color Connect에서 Image를 연결하도록 한다.

2 Texture Projection은 Cylindrical Projection 적용한다.

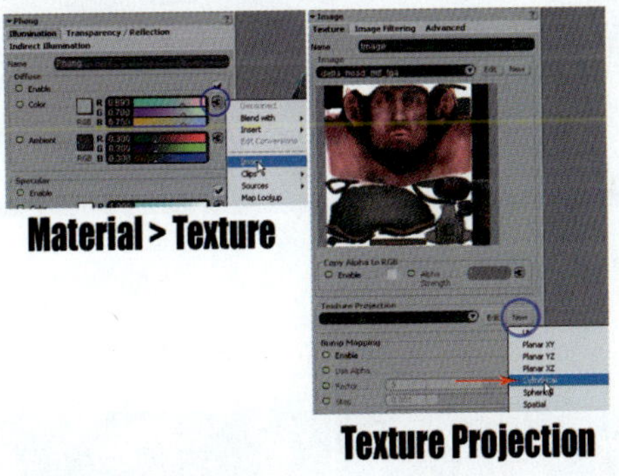

그림 6-4 Texture 적용

6-1-2 Texture Editor 작업

Texture Support를 선택하고 단축키[J]를 선택하면 Texture Support Controller가 생성이 되는데 이를 통해 Scale and Move 작업을 하면서 Source 이미지와 3D Object간의 상호관계를 확인할 수 있다.

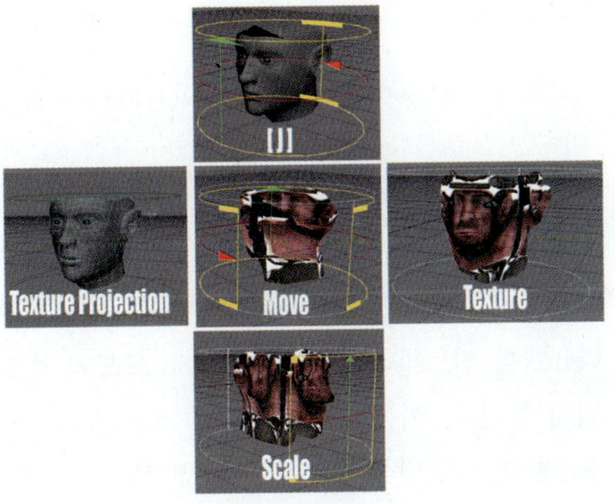

그림 6-5 Texture Support Control

- Texture Editor 창에서 데이터 확인 : 현재는 주어진 이미지에 맞도록 편집 작업을 하지 전 Texture Editor 창에서의 결과 이미지이다.

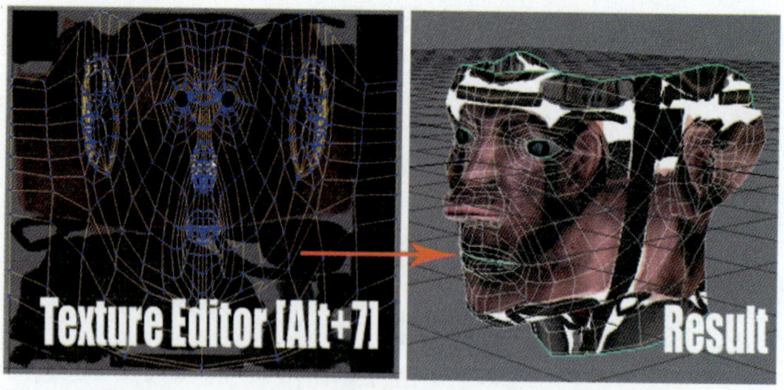

그림 6-6 Texture Editor와 결과 확인

- Source 이미지와 3D Object간의 관계에 대해서는 Texture Projection 속성 창에서 Scale과 Rotation 그리고 Translation 옵션 창에서 수치 변화를 통해서도 가능하다.

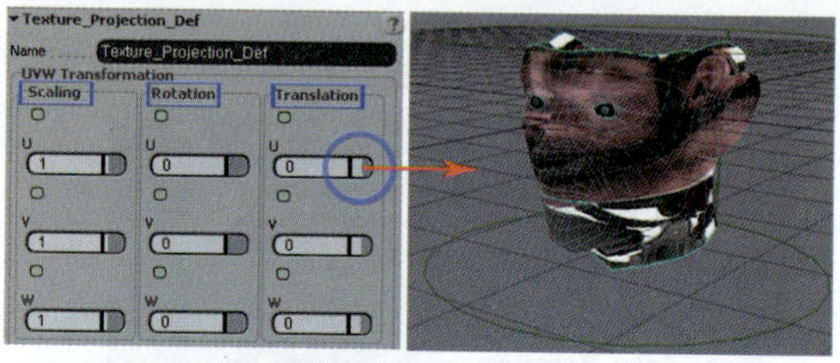

그림 6-7 Texture Repeat

1. 초기상태의 Unwrap

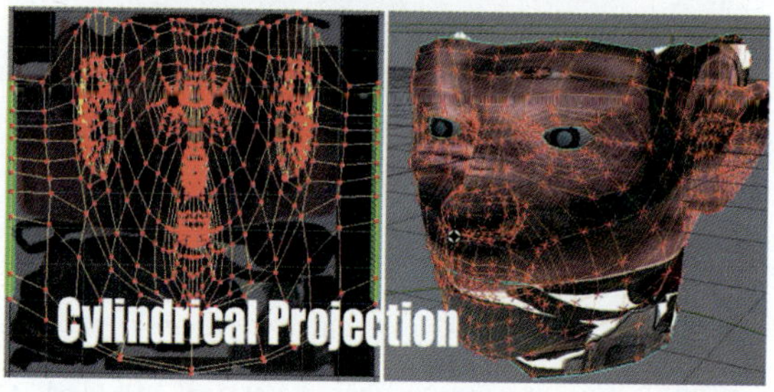

그림 6-8 Cylindrical Projection

2. UV 좌표 전체 이동 및 스케일 작업

하나의 Element 전체를 선택할 경우 ISL 모드를 활성화하면 선택에서 효율적이다. 개별적으로 Vertex를 컨트롤하기 위해서는 ISL 모드가 비활성 되어야 한다. 이동은 마우스를 Texture Editor 위에 올려놓고(중요) 단축키 [M]를 누르면 되고, 스케일은 모델링 작업 모드와 동일한 [X]이다.

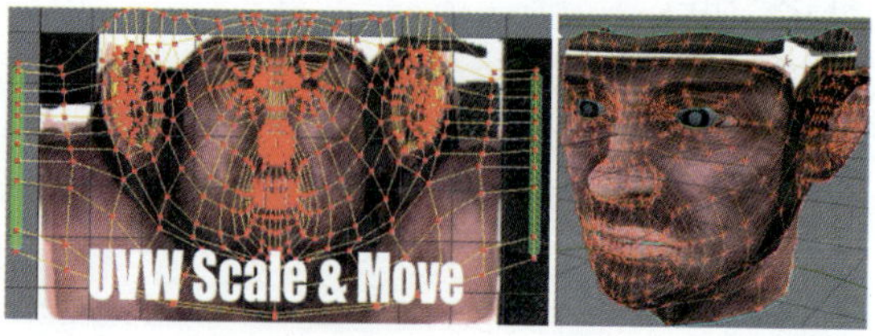

그림 6-9 Move & Scale

3. Proportional 작업 환경 setting

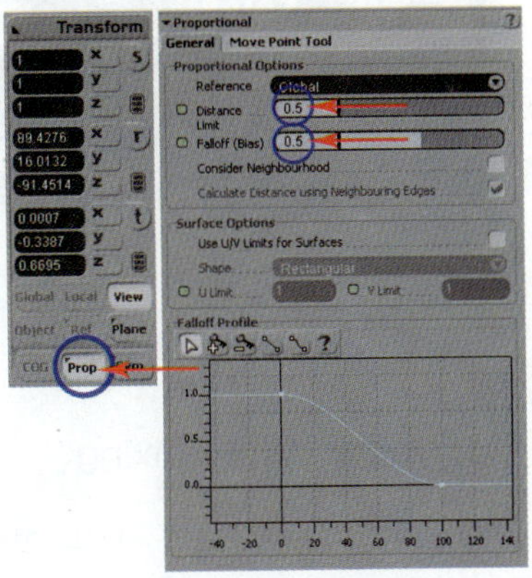

그림 6-10 Proportional 작업 모드

UV Vertex 편집 작업시 많은 Vertex들을 효율적으로 작업하기 위해서는 Vertex를 개별적으로 편집하는 것보다는 일종의 묶음 형식으로 전반적인 컨트롤 작업이 용이하거나 효율적일 경우가 많다. 이때 각각의 Vertex를 덩어리 영역으로 묶을 수 있도록 하는 명령이 Proportional 모드이다. Transform 모드의 선택 모드 중에 제일 아래 부분에 위치해 있으며 Prop 명령을 활성화시키면 된다.

이때 Distance Limit는 덩어리 영역의 범위를 설정할 수 있는 중요한 옵션으로 활용된다. 수치가 낮을수록 영역이 좁아지며, 수치가 높을수록 동일한 범주내의 Vertex의 영역이 늘어난다. Fall off는 설정된 범주 내에서 힘의 전달 영역에 대해 좀 더 세부적으로 설정할 수 있는 모드로 수치가 낮을수록 힘이 큰 영역이 줄어들고, 수치가 높을수록 힘이 큰 영역이 많아진다. 이는 Fall off Profile 그래프에서도 보다 세밀하게 적용할 수 있다.

4. 얼굴 각 부위별 세부 작업하기

눈, 코, 입, 귀 등 얼굴을 구성하고 있는 각 요소에 대해 세부적인 Match 작업에 들어간다. 먼저 전체적인 영역을 Fitting하고 난 후 세부적인 Vertex 작업으로 마무리를 한다.

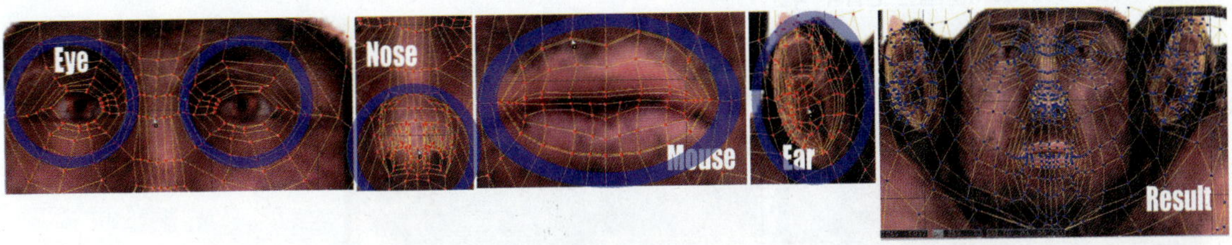

그림 6-11 Texture Editor에서의 작업

5. Collapse Horizontally

이마 영역에 대해 Texture source 이미지 영역 밖으로 삐져나간 Vertex들을 이동을 시키는데 불규칙적으로 되어 있는 Vertex들을 일단 정렬을 할 필요가 있다. 먼저 정렬할 Vertex를 선택하고 Tools 〉 Collapse Horizontally 명령을 사용한다. 단축키는 [Shift + −]이다.

먼저 작업할 영역을 선택한다. 그리고 Tools 〉 Collapse Horizontally 명령을 사용한다. 그 후 Texture source 이미지에 맞도록 Vertex 작업을 한다.

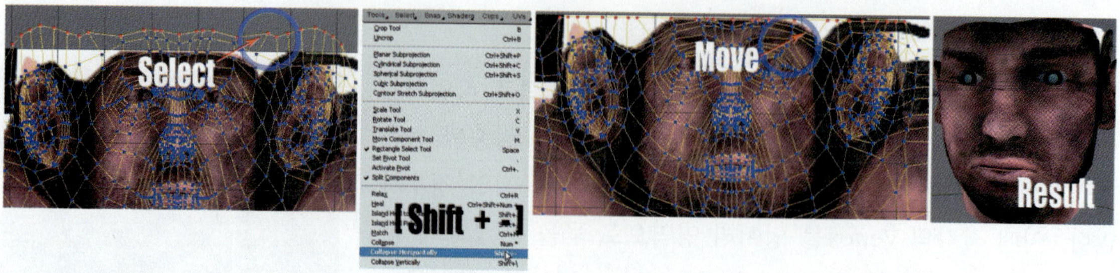

그림 6-12 Move Point를 통한 편집과 그 결과 확인

6. Vertex 이동 – Fixing

전체적으로 Fixing되지 않은 영역들을 찾아다니면서 Vertex 이동을 통해 보다 정확하게 matching 작업을 실시한다. 이것은 컴퓨터나 프로그램의 한계에 대해 제작자가 직접 작업해야 하는 부분이기도 하다. 이러한 경우는 Object에 제작된 Map source를 맞출 때 사용하는 방법이기 때문에 불편하지만 그렇게 작업을 해야 한다. 이 작업의 반대편 작업 역시 동일하게 작업을 하도록 한다.

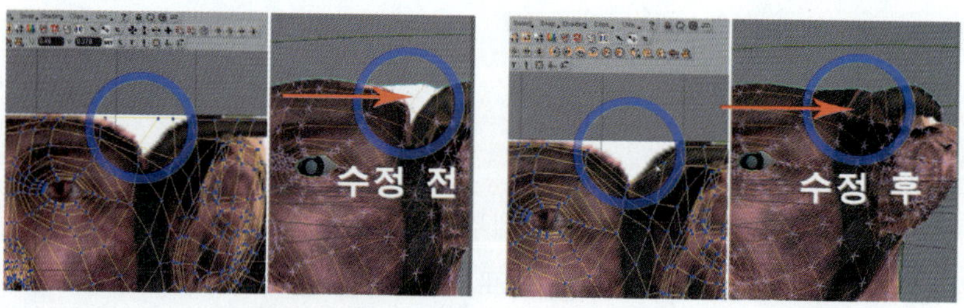

그림 6-13 Move Point를 통한 편집과 확인

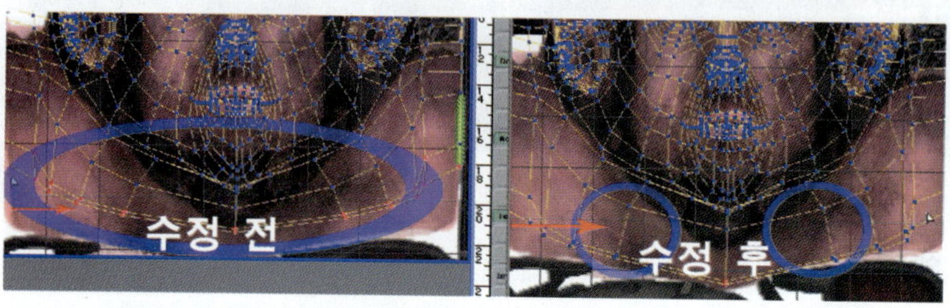

그림 6-14 Move Point를 통한 편집과 그 결과 확인 2

7. Freeze UV

어느 정도 Vertex Matching 작업이 완료가 되면 그동안 작업하면서 쌓였던 History를 정리해 주어야 한다. 수정하면서 생성된 모든 작업관련 Data가 Explorer 창에 남아 있다. 이 Data가 많아지면 작업 자체에 지장을 초래하는 경우도 있다. 그리고 작업 창에서 Object에 적용되었던 Texture Support Controller 역시 Freeze M과 함께 동시에 사라진다.

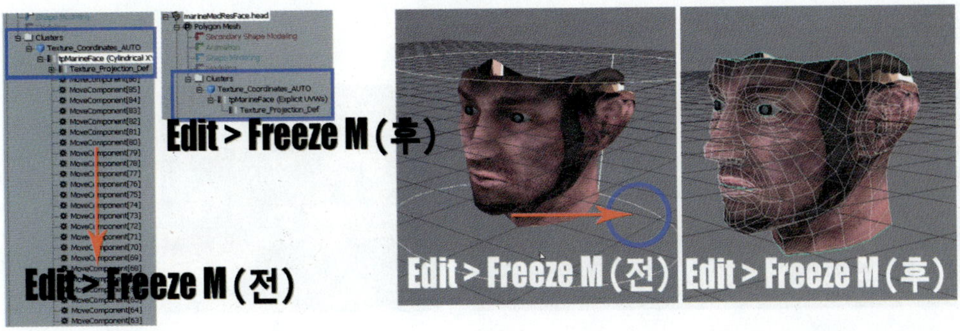

그림 6-15 Freeze M

6-1-3 Tweaking

1. 보다 섬세하고 정밀한 Matching 작업

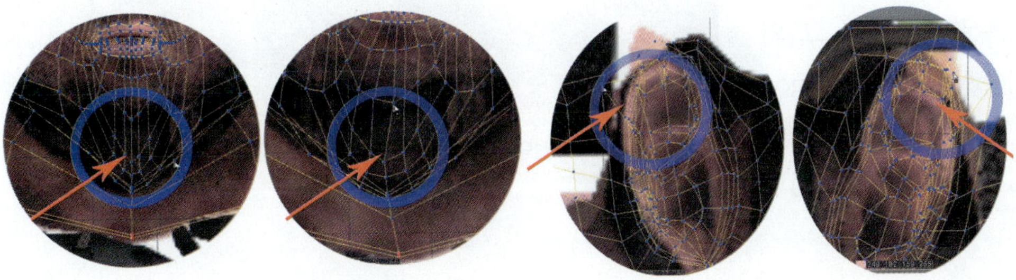

그림 6-16 Move Point를 통한 편집과 그 결과 확인 3

2. Overlap된 영역 작업하기

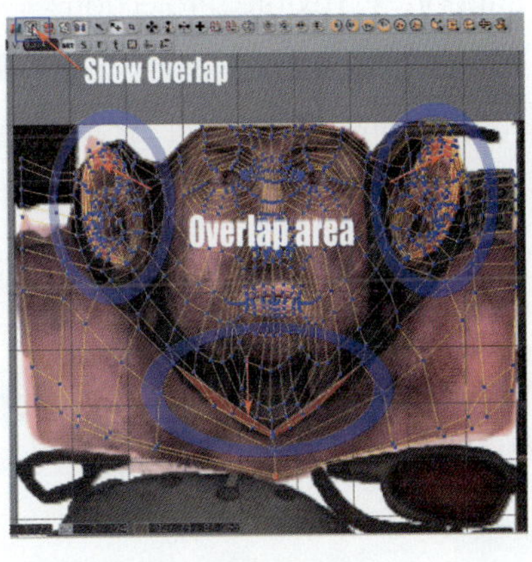

그림 6-17 Overlap 영역 찾기

Texture Editor에서 Vertex를 이동하여 Map Source와 Matching시키는 작업도 중요하지만 Modeling Data에서 서로 겹쳐져 있어서 평면으로 Texture Projection을 비췄을 때 동일한 방향에서 서로 겹쳐지는 경우가 많이 발생한다. 이러한 경우를 "Overlap"이라고 하는데 Texture Editor 작업중에서 이러한 Overlap된 부분을 수정하는 것도 중요한 작업 중 하나이다.

작업중 Overlap된 영역을 확인하고자 할 경우 View > Show Overlap 명령을 실행하거나 Icon 메뉴에서 Show Overlap 아이콘을 선택한다.

작업 화면상에 나타나는 Overlap 영역은 Vertex 이동을 통해 반드시 수정을 해주어야 한다.

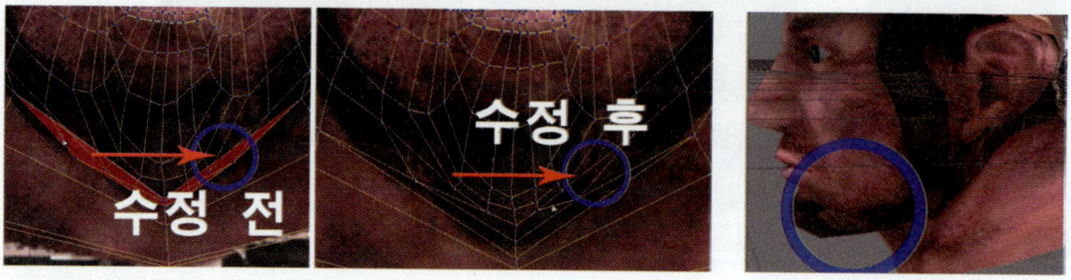

그림 6-18 Overlap 영역 수정

6-1-4 Eye UV

1. Cluster화하기

먼저 눈의 영역을 나눠서 Cluster 화한다. 먼저 눈동자 부분과 그 외 고가 부분의 둘로 나눠진 Polygon Cluster를 만든다. Cluster화하여 Sub projection을 적용해 주는 방법을 사용한다.

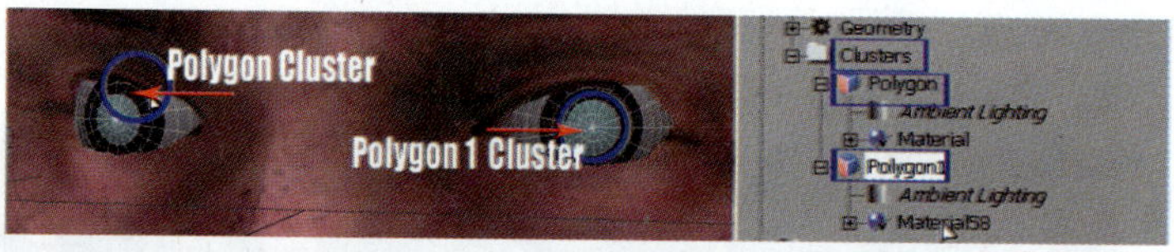

그림 6-19 Eye 선택

2. Material

이 장에서는 이러한 방법보다는 눈 모양의 Sphere를 독립적인 Object로 제작하여 따로 Texture Support와 Texture Projection을 적용해 주도록 한다. 먼저 Object에 Phong Shader를 적용한 후 Planer Projection 적용이 가능 무난할 것이라는 판단 하에 Texture Support와 Projection의 이름을 각각 지정해 주고 설정 창을 닫는다.

먼저 두 눈을 선택하고 Material 〉 Phong shader를 적용한다.

3. Projection 설정

Property 〉 Texture Projection XY 설정 적용

4. Texture Support & Projection 이름 설정

TS_eyes, TP_eyes

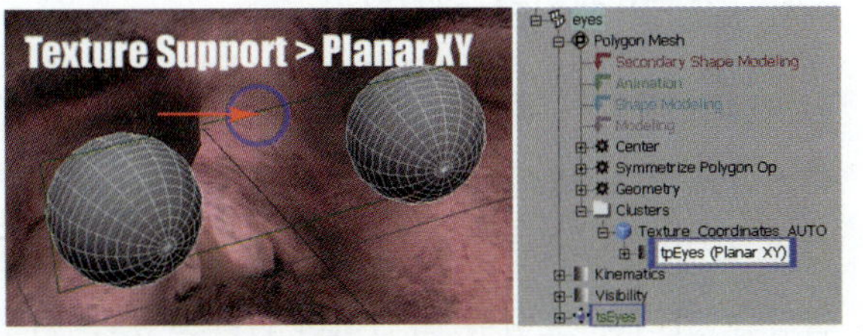

그림 6-20 Material 적용

5. Map 적용

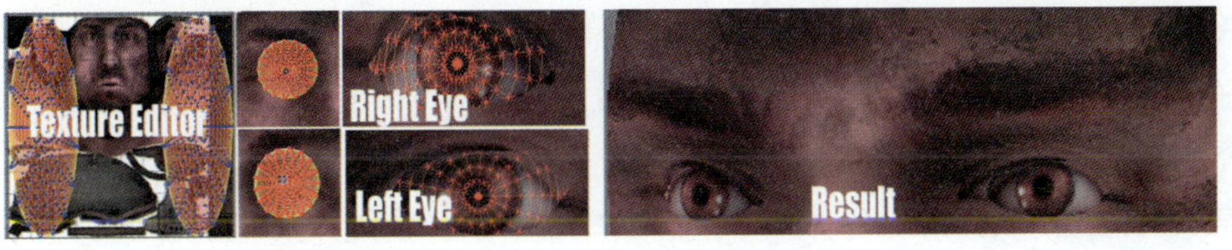

그림 6-21 Eye Texture 적용

6-2 Unwrap Body

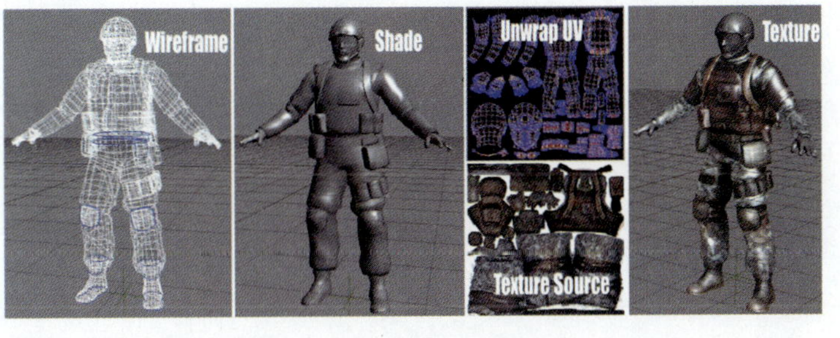

그림 6-22 Unwrap UV와 Texture 적용 후 결과 확인

얼굴의 Map 적용을 마치고 이제부터는 Body에 대한 Texture 작업을 살펴보도록 한다. Body는 캐릭터에 외부에 붙어 있는 장신구를 제외한 Cloth와 Body는 하나의 Object로 구성되어 있으며 Cloth를 기준으로 Map을 제작 및 적용하도록 한다. 먼저 Seam 처리 부분을 나누고 UN Wrap(UV 좌표 펴기) 작업을 한 후 Map 적용하여 최종 작업을 마무리하는 순서로 작업에 임한다.

6-2-1 Seam 영역 나누기

1. 모델링 데이터 제작하기

모델링 작업시 유의할 점은 현재 제작중인 모델링 데이터는 맵핑 작업과 애니메이션 작업에 대한 충분한 고려가 있어야 한다는 것이다. 물론 모델링 Part에서는 보기 좋은, 또는 컨셉과 일치하는 모델링 작업이 우선시 되겠지만, 향후 맵핑과 애니메이션 작업시 곤란을 겪는 경우가 많다. 그렇다면 맵핑을 고려한 모델링 작업이란 UV 좌표를 어떻게 펼칠 것인지에 대한 판단을 미리 함으로써 각 부분에 대한 Edge를 어떻게 분포시키고 연결시킬 것인지를 미리 판단하여 작업하는 것이다.

일반적으로 이를 Seam 라인이라고 하는데 옷의 재봉 라인을 의미한다. 즉 옷의 재봉 라인을 기준으로 펼쳤을 경우 완벽한 옷의 도면이 나오듯이 캐릭터 역시 이러한 완벽한 UV 좌표가 나와야 하기 때문이다. 그래서 우리는 미리 어떻게 효율적인 UV 좌표를 위해 Seam 라인을 만들 것인지에 대해 미리 알아보도록 한다.

상체 : 몸통-앞면과 뒷면을 나눈다. 팔은 위와 아래 면으로 나누는 경우도 있지만 일반적으로 하나의 Edge 라인으로 편다. 손목을 기분으로 손은 손등과 손바닥 면으로 나눈다. 얼굴은 따로 작업하는 경우가 많으므로 따로 작업 환경을 만든다. 하체 경우 다리와 발로 나눠지는데 보통 다리는 하나의 Edge 라인으로 펼치거나 두 개의 라인으로 앞면과 뒷면을 나누기도 한다. 발은 보통 신발을 신고 있는 경우가 많으므로 좌우 대칭되게 나누고 바닥 면을 따로 나누는 경우가 보통이다. 그리고 몸에 붙어 있는 장신구 등은 따로 작업을 한다.

2. Body Seam 영역 나누기-Cluster-Disconnect Edge(Seam Line Edge)

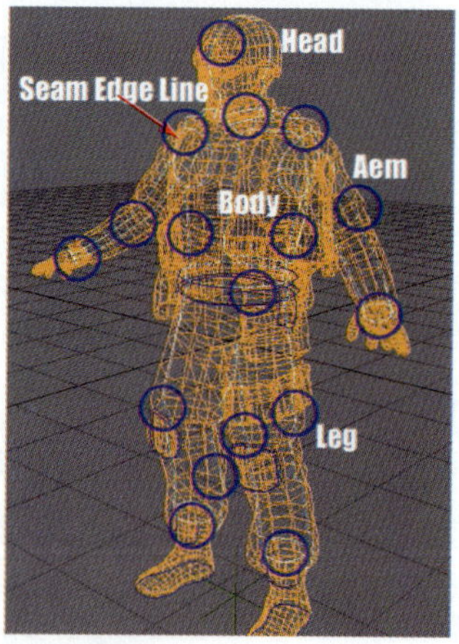

그림 6-23 캐릭터 전체의 Seam Cluster 위치

3. Cluster – 어깨 / 허리 / 목 / 팔 / 손 / 다리 / 발

Edge를 선택할 때 Multi 선택을 할 경우 Select 〉 Expand Component Selection 모드를 활성화하면 Shift 키를 누르면서 작업하지 않아도 선택 / 해제에 있어서 편리하게 작업할 수 있다.

1 양쪽 어깨 Edge를 선택한다.

2 허리 Edge 라인을 선택한다.

3 양쪽 발목 부근의 종아리와 부츠 영역을 가르는 Edge Line을 선택한다.

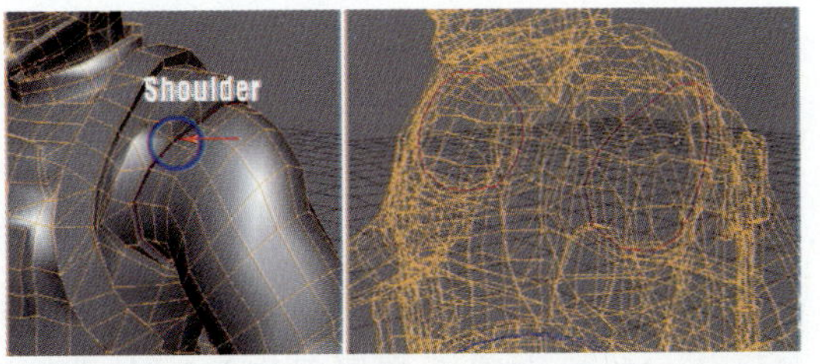

그림 6-24 어깨 Seam Cluster

4 팔과 손을 연결하는 양쪽 손목 Edge Line을 선택한다.

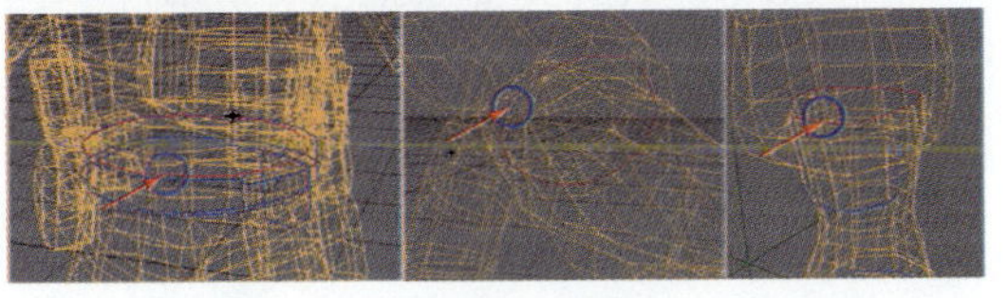

그림 6-25 허리, 팔, 발 Seam Cluster

5 몸통과 목을 연결하는 Edge Line을 선택한다.

6 이렇게 Multi 선택된 Edge 라인을 Edit 〉 Create 〉 Cluster [Ctrl + L] 명령을 이용하여 하나의 Cluster Group화시킨다. 그리고 새로 생성된 Cluster의 이름은 확인하기 편하게 Extract Cluster로 지정해 주도록 한다. Cluster로 지정된 Edge는 흰색을 띠는 Edge 라인으로 나타난다. Explorer 창에서는 Cluster 폴더 창 아래에 Cluster라는 이름을 가진 폴더 형식으로 나타난다.

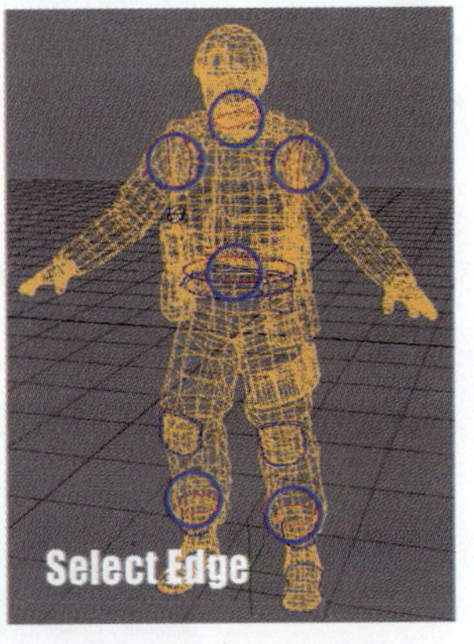

그림 6-26 목 Seam Cluster

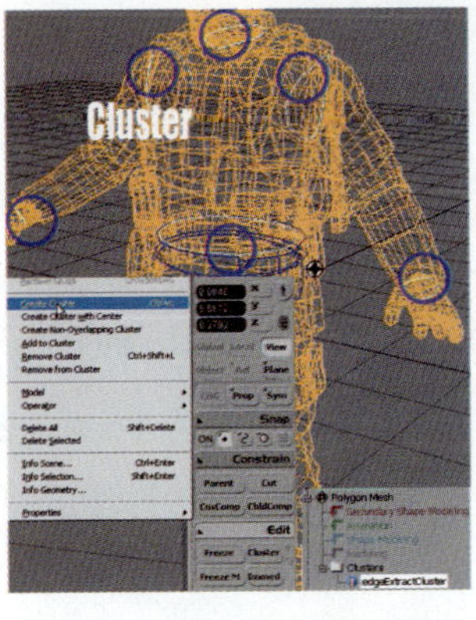

그림 6-27 Cluster Group 설정

7 Add Edge Cluster : 다리 옆 라인/몸통 옆 라인

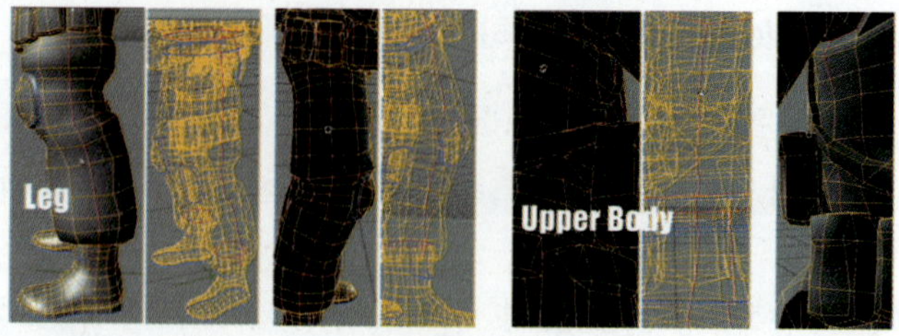

그림 6-28 **다리와 몸통 Seam Cluster**

8 Add Cluster : 이미 지정된 Cluster에 새로운 Component를 추가하고자 할 경우는 기존 Cluster를 선택하고 새로 추가할 Edge를 Multi 선택을 하고 Edit 〉 Add Cluster 버튼을 누르든지 Cluster 명령 버튼 옆에 있는 +(추가), −(삭제) 버튼을 누르면 된다.

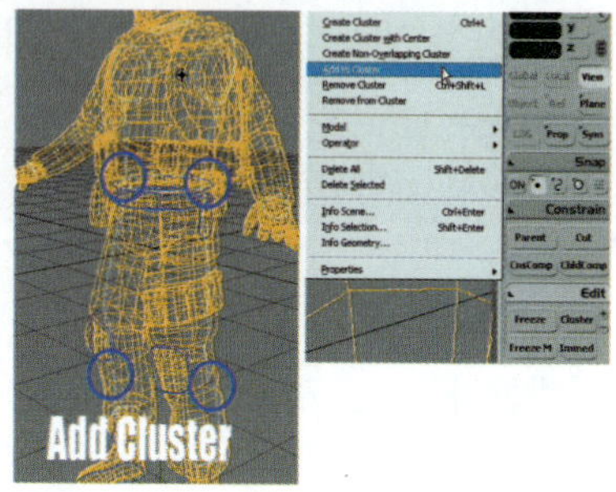

그림 6-29 **Seam Cluster 추가**

9 Interface Customize : 작업시 사용빈도수가 높아서 수시로 작업에 활용되는 Tool 기능은 필요에 따라 Interface에 원하는 명령 Icon을 만들어서 보다 효율적인 작업이 가능하다. 여기서는 Add Cluster 명령이나 Grow Selection, Add Edge Tool 등의 자주 사용하는 Tool을 Button화하여 사용하면 작업시간을 많이 단축시켜 줄 뿐 아니라 단순한 반복 작업에서 오는 힘겨운 작업 공정을 보다 빨리 끝낼 수 있다.

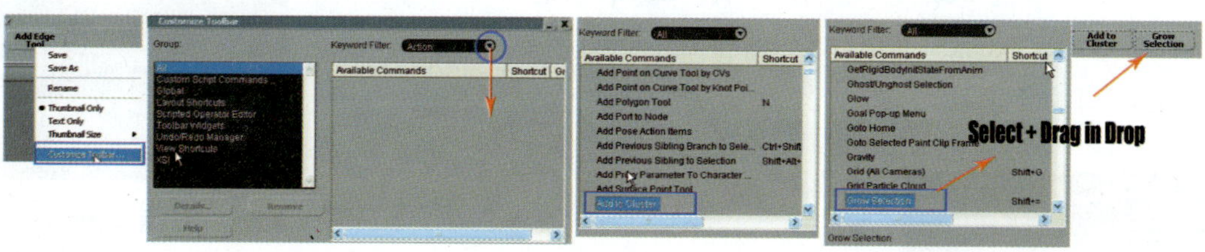

그림 6-30 **Make 명령 Icon 제작**

먼저 Interface 상단 공란에 마우스를 올려놓고 오른 클릭을 한다. 생성된 Pop up 명령 툴 가운데 Create Toolbar 명령을 실행한다. 생성된 Customize Toolbar 속성 창에서 Keyword Filter에서 All을 선택하고 "A"로 시작하는 명령어 중에서 "Add to Cluster" 명령을 찾는다. 찾은 명령어는 Toolbar로 만들려면 선택한 후 Drag in Drop을 한다. 그 결과 "Add to Cluster" 명령 툴 바가 생성이 되었으며 이제 자주 사용하게 될 Add Cluster 기능은 보다 쉽고 편하게 선택할 수 있게 되었다. 다른 기능 툴도 필요에 따라 이러한 환경을 구축할 수 있다.

10 Add Edge Cluster : 어깨 및 얼굴 영역

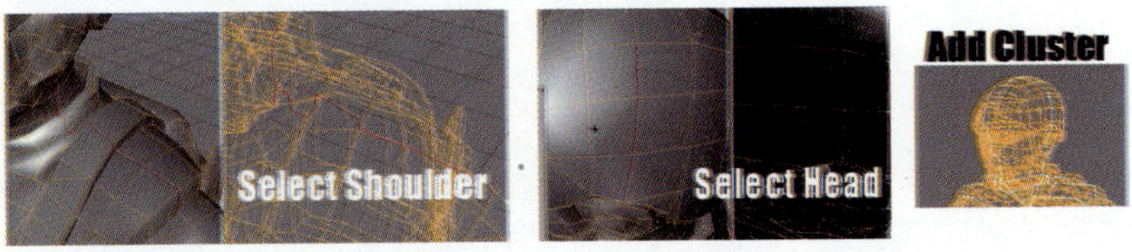

그림 6-31 Seam Cluster 추가

11 Add Edge Cluster : 팔 영역

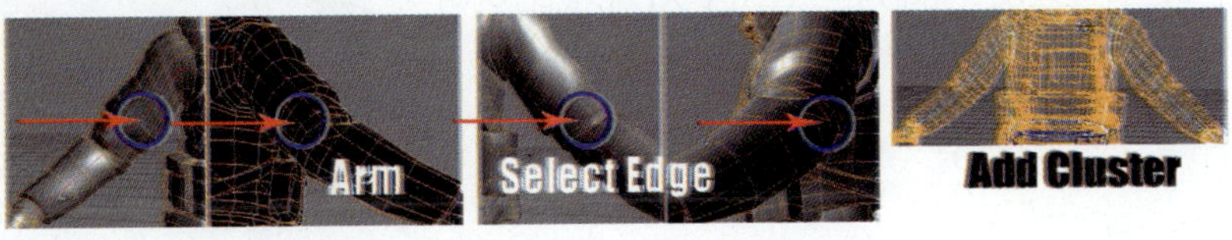

그림 6-32 Seam Cluster 추가

12 Add Edge Cluster : 발(부츠) 부분

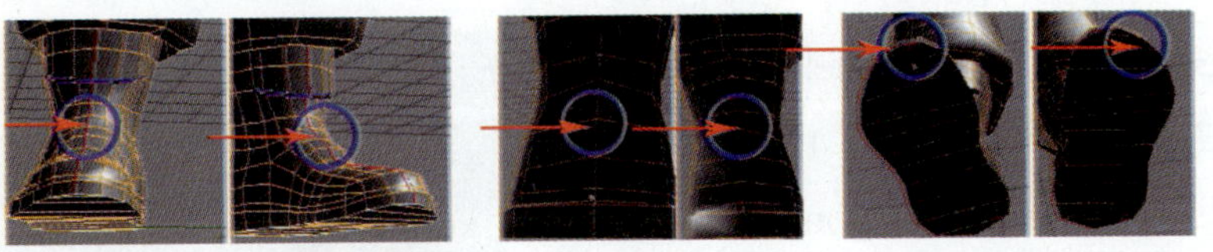

그림 6-33 Seam Cluster 추가

13 Polygon Cluster : 장신구 Object(17)

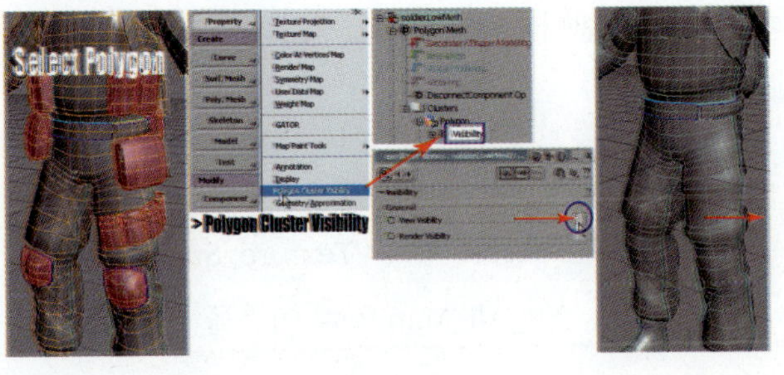

그림 6-34 Polygon Cluster

메인 body에 붙어 있는 여러 다양한 장신구들은 서로 다른 별개의 Object이므로 Mapping 작업 자체를 따로 해야 한다. 그러므로 메인 캐릭터의 작업이 마칠 때까지 작업 화면에서 안보이도록 잠시 숨겨 놓기로 한다.

① Object를 숨기는 방법은 Hide[H]하거나 ② Visibility 옵션에서 View 모드를 비활성하거나 ③ Scene Layer창에서 View 모드를 비활성화시키는 방법 등 다양하다. 하지만 여기서는 Polygon Cluster화하여 View 모드를 통해 잠시 숨겨두도록 한다. 먼저 해당 Object에 대해 Polygon 모드로 전환하여 선택한다.

14 Disconnect : 선택한 Edge Cluster들을 Object에 대해 분리시킨다.

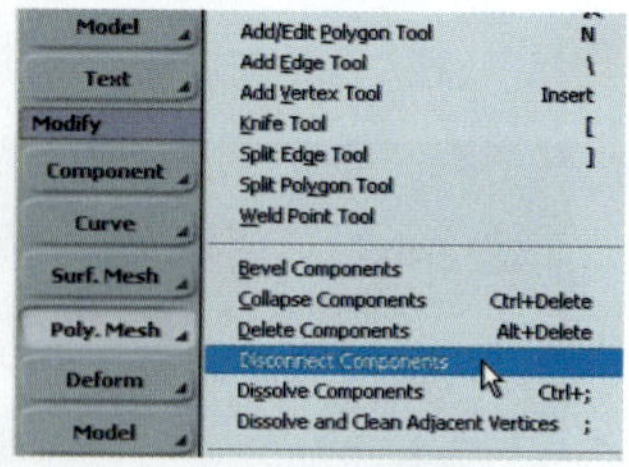

그림 6-35 Disconnect

15 전체적으로 점검하기 : 옷소매나 바지와 신발 연결부분 등 모델링 자체가 말려들어가거나 겹쳐져 있는 부분에 대해서는 좀 더 섬세하게 확인 작업을 해야 한다.

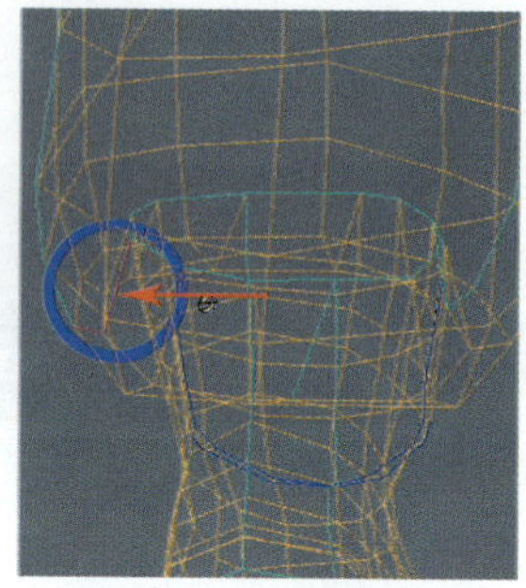

그림 6-36 Seam 확인

16 결과 확인 작업 : Disconnect된 영역은 한 Modeling 데이터이지만 별개의 Element이므로 독립적으로 선택된다. Polygon 선택 모드로 선택을 했을 때 동일 영역 내에 모든 Polygon이 포함 되는지 확인 작업을 해야 한다. Disconnect한 모든 영역에 대해 작업을 실시한다. 이때 Select 〉 Glow Selection 모드로 전환하여 작업을 하도록 한다.

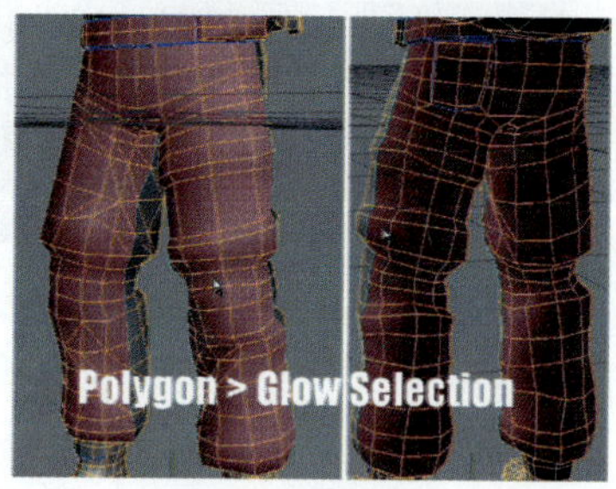

그림 6-37 Grow Selection

6-2-2 Unwrap UV

1 Main Projection 적용 : Texture Support 〉 XY Plan TS_All_Man, TP_All_Man으로 이름을 지정한다.

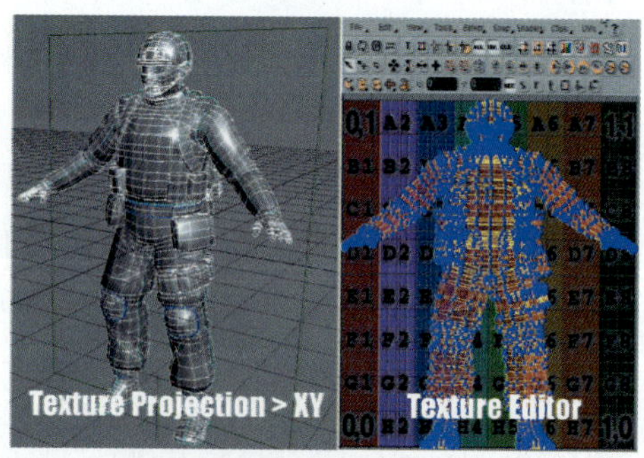

그림 6-38 Body Texture Projection

2 Pants Front Selection

① Selection : Selection 〉 Grow Selection으로 효율적으로 영역 선택 가능하다. 작업 창에서 선택한 영역에 대해 Texture Editor 창에서 그 영역에 해당되는 Vertex가 선택된 것을 확인할 수 있다. 이 부분에 대해 새로운 UV 좌표를 적용해 줌으로써 각 Disconnect된 각 Parts별로 새로운 UV 좌표 면을 가지게 된다. 이렇게 생성된 UV 좌표 면을 연결하여 전체에 해당하는 UV 좌표계가 제작되는 원리이다.

그림 6-39 Select(Grow Selection)

② Sub Projection 설정 : Texture Editor 〉 Sub projection 〉 Plan 〉 Best Fit 명령을 실행하면 선택된 Pants 부분에 새로운 Projection이 설정이 되면서 그 영역에 해당하는 UV 좌표가 Texture Editor 창에 새로 나타나게 된다. 만약 Best Fit 명령을 지정해 주었음에 불구하고 UV 좌표가 원활하게 펴지지 않을 인위적으로 Plane의 방향을 지정해 줄 수 있어야 한다.

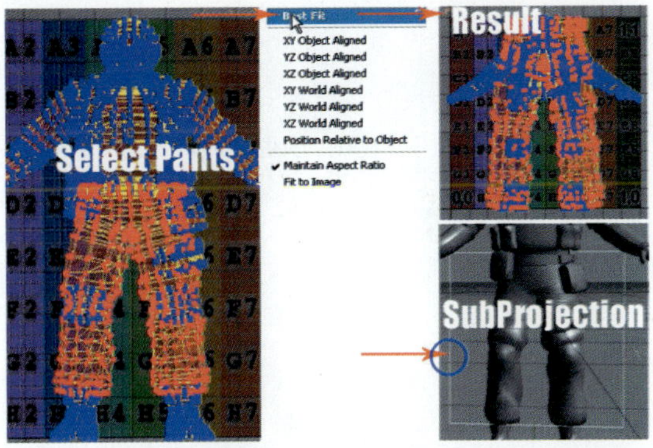

그림 6-40 Sub Projection

Sub Projection은 선택 영역에 대해 새롭게 정의된 완벽한 하나의 새로운 Texture Support로 Main Texture Support와 동일한 성격의 Texture Controller이다. Scale & Rotation & Transition의 명령을 통해 자유자재로 편집이 가능하다.

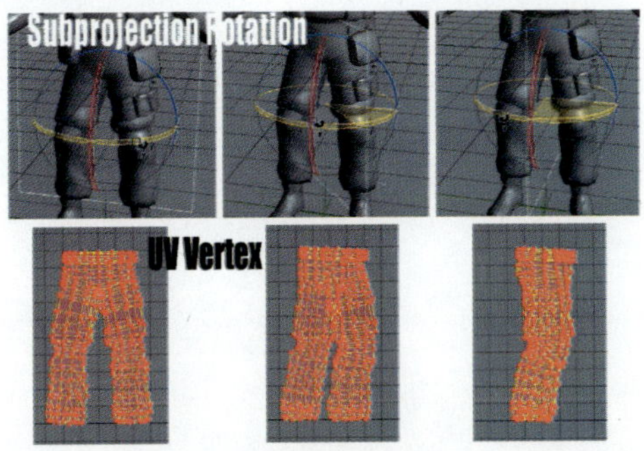

그림 6-41 Sub Projection Editing

③ 위치 이동 : 일단 작업 영역 밖으로 이동을 시켜서 다른 영역의 작업에 방해가 되지 않도록 한다.

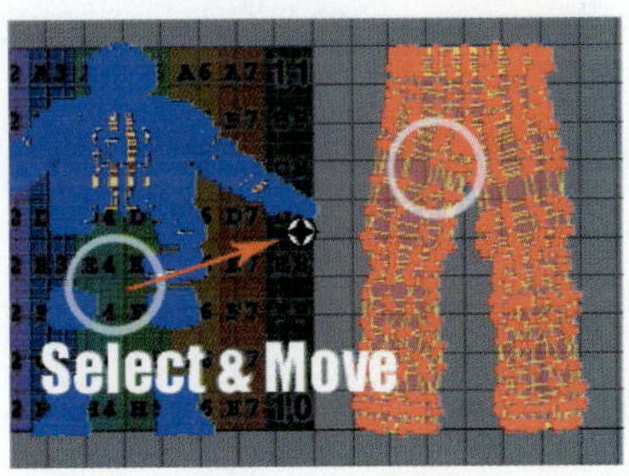

그림 6-42 Move Sub Projection

④ Rename : TS_Pants로 변경

3 Pants Back 〉 From Sub projection 〉 Plan 〉 Best Fit
동일한 방법을 활용하여 제작한다.

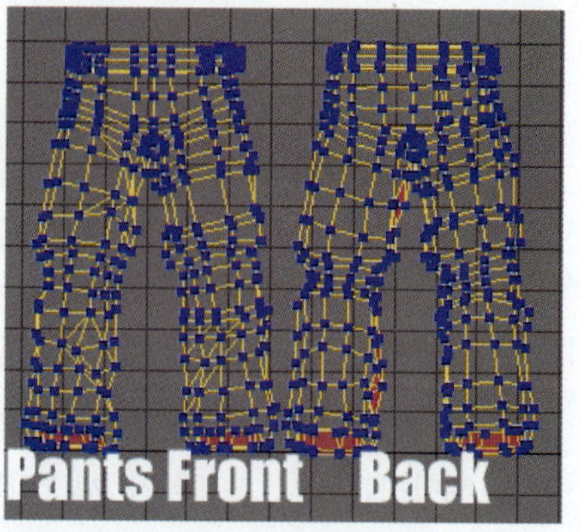

그림 6-43 Pant Editing

4 Shirt Front 〉 From Sub projection 〉 Plan 〉 Best Fit–Rename : TS_Front Shirt로 변경한다.

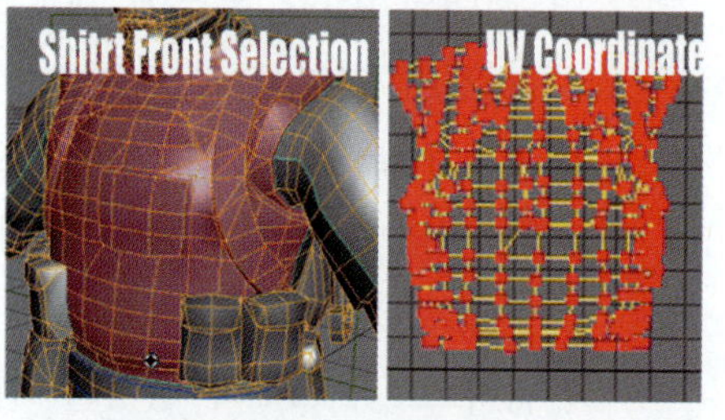

그림 6-44 Shirt Front Editing

5 Shirt Back 〉 From Sub projection 〉 Plan 〉 Best Fit

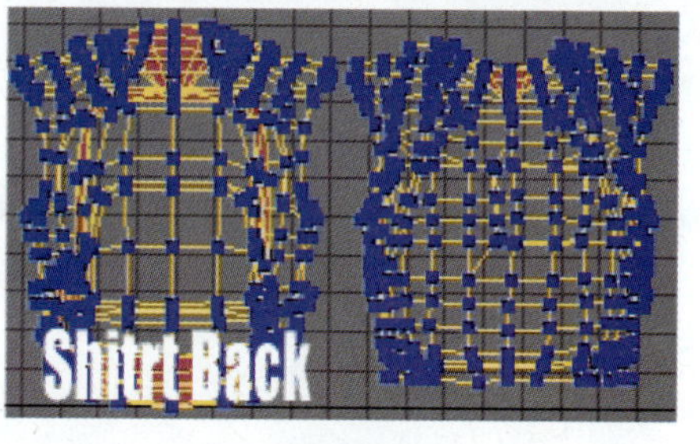

그림 6-45 Shirt Back Editing

6 Face Front 〉 XY–Rename : TS_Sun glass로 변경

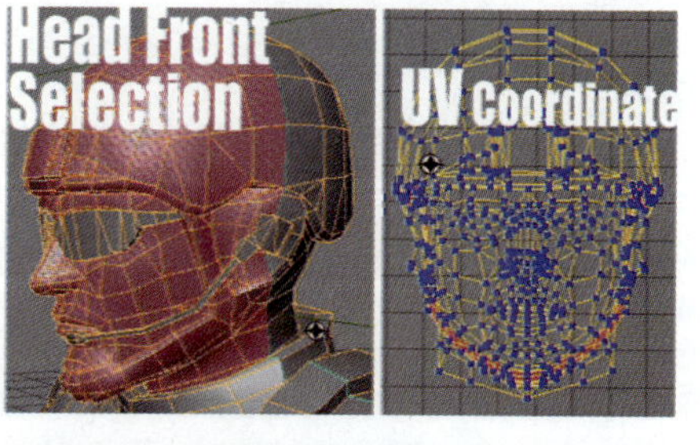

그림 6-46 Face Front Editing

7 Face Back 〉 XY

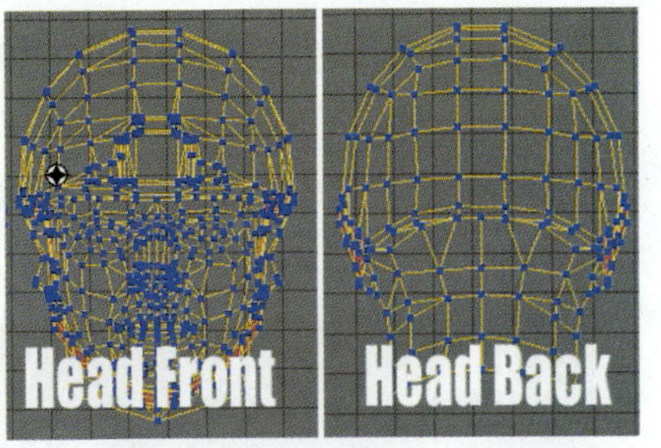

그림 6-47 Face Back Editing

8 Sunglass 〉 Front 〉 XY – Rename : TS_Sun glass로 변경

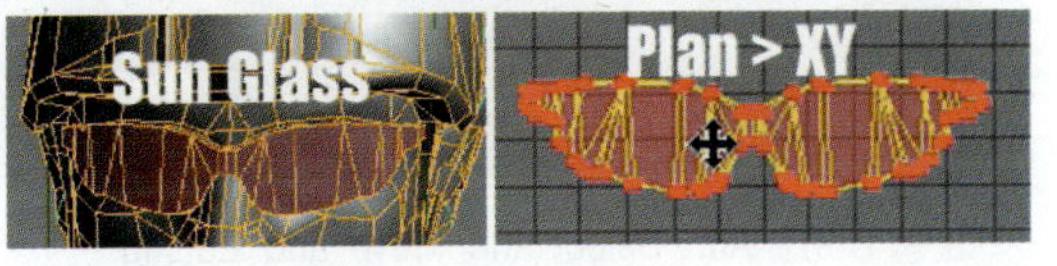

그림 6-48 Glass Editing

9 Head Set Fit 〉 YZ – Rename : TS_Mouse Peace로 변경

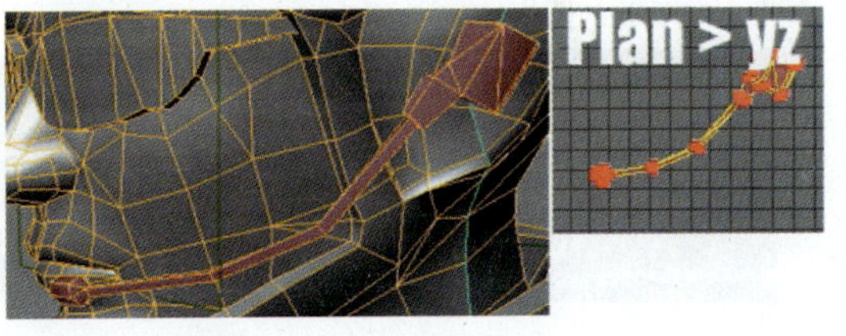

그림 6-49 Head Set Editing

10 Right Arm Top / Bottom – Rename : TS_Right Arm으로 변경 : 팔의 형태나 위치가 정확하게 정면이나 측면을 바라보고 있는 상황이 아니기 때문에 Texture Support의 방향을 회전 및 이동하여 최적의 위치에 오도록 설정해 준다. 그리고 반대편 팔은 Texture Support를 회전하여 방향이 일치할 수 있도록 정렬한다.

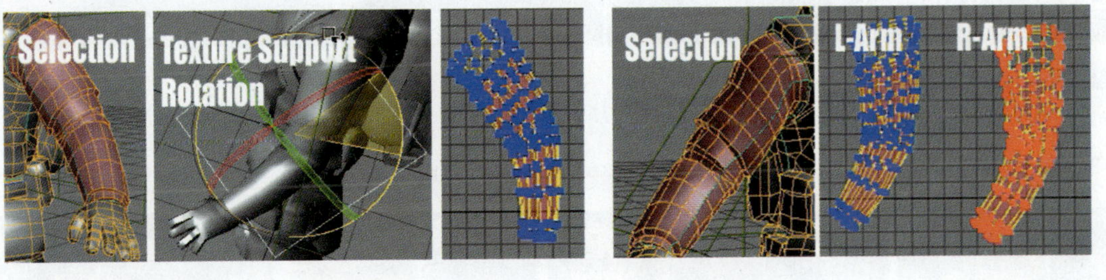

그림 6-50 Arm Editing

11 Left Arm Top / Bottom－Rename : TS_Left Arm으로 변경

양쪽 팔을 정렬했다면 이번에는 UV 좌표를 정렬하도록 한다. 오른팔과 왼팔을 따로 정렬할 수도 있지만 상황이나 컨셉에 따라서는 오른팔과 왼팔의 Top와 Bottom의 영역으로 나눠서 Mapping하도록 한다.

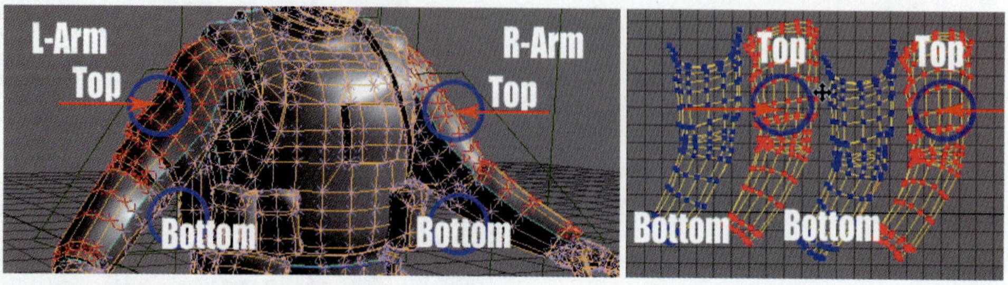

그림 6-51 Arm Select and Move and Editing

12 Boots 〉 Sub-projection 〉 YZ

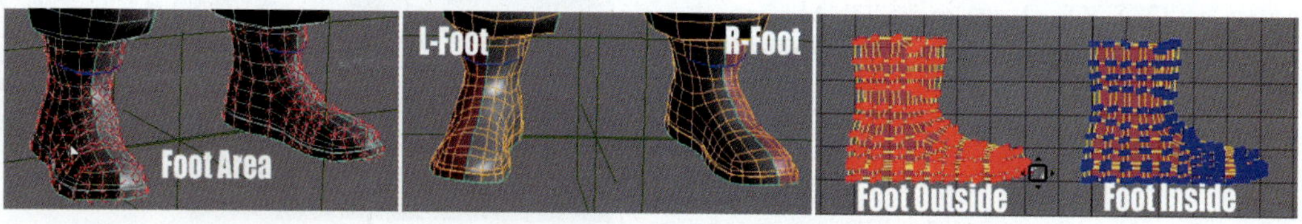

그림 6-52 Boots Editing

13 Right Hand 〉 Best Fit 〉 Top and Bottom

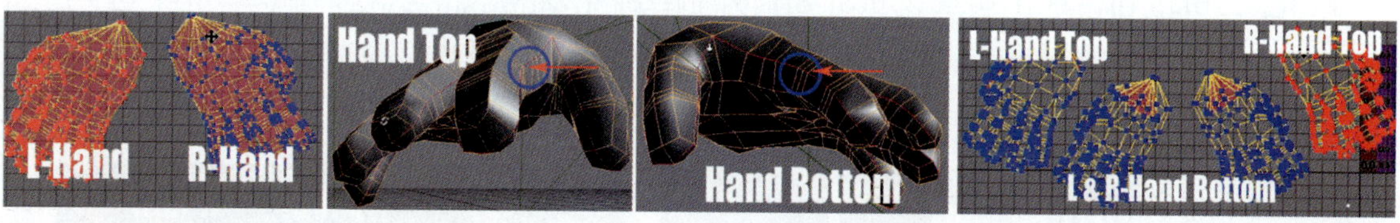

그림 6-53 Hand Editing

14 무릎 보호대 / 삽 / 기타 장신구 / 방독면 / 가방 / 허리가방 / 탄창 / 목

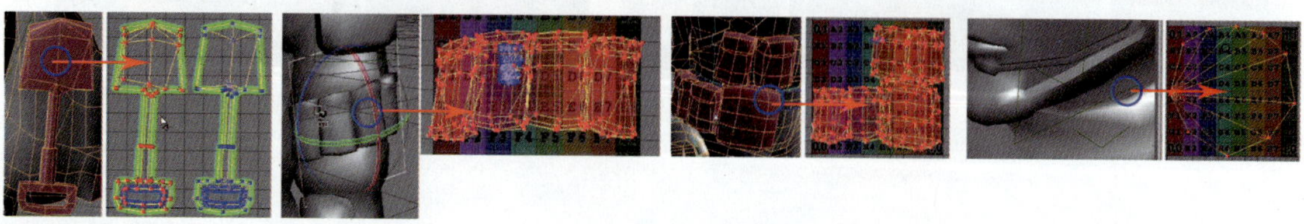

그림 6-54 장신구 Editing

15 UV 좌표 화면 배치

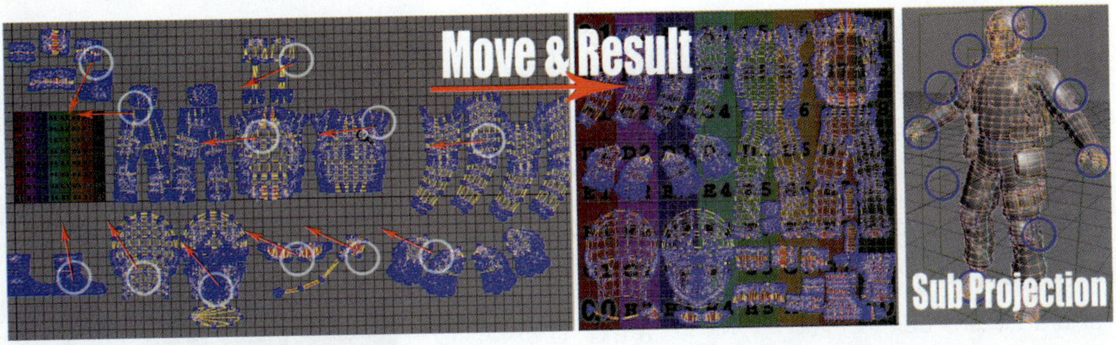

그림 6-55 **전체 UV Coordinate**

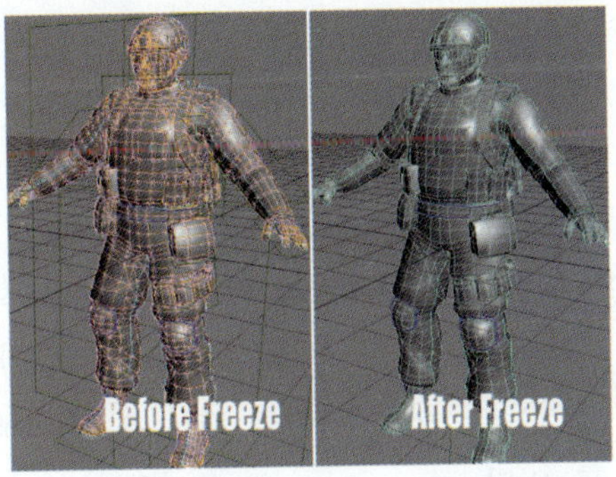

그림 6-56 Freeze

16 Freeze : Unwrap UV작업이 끝나고 최종 확인 작업을 마친 상태에서는 그동안의 작업하면서 쌓아온 공정상의 History를 모두 삭제한다. 이때 사용하는 기능이 Freeze이다. 앞장에서 얼굴 Face Mapping 작업시간에 알려줬지만 Freeze는 반드시 작업공정이 마무리 되었을 때나 중간 중간 작품의 Quality를 평가받은 상태에서는 해주는 편이 낳다. 작업환경상이나 PC System의 환경을 최적화해서 작업을 해야 오류는 줄일 수 있다.
Object가 선택된 상태에서 Texture Editor 창에서 Edit 〉 Freeze 기능을 실행하거나 우측 명령어 아래 부분에 있는 Edit 〉 Freeze의 기능을 활용할 수 있다.

17 Filter Point : Connect 전에 Disconnect된 부분은 사실상 독립된 개체들이다. 서로 분리되며 개별적으로 컨트롤이 가능한 상태이다. 이렇게 분리된 영역의 Edge나 Point를 Filtering을 통해 완벽하게 Matching 작업을 할 수 있다. 전체 Object를 선택한 상태애서 Poly mesh 〉 Filter Edge & Point 기능을 활용한다.

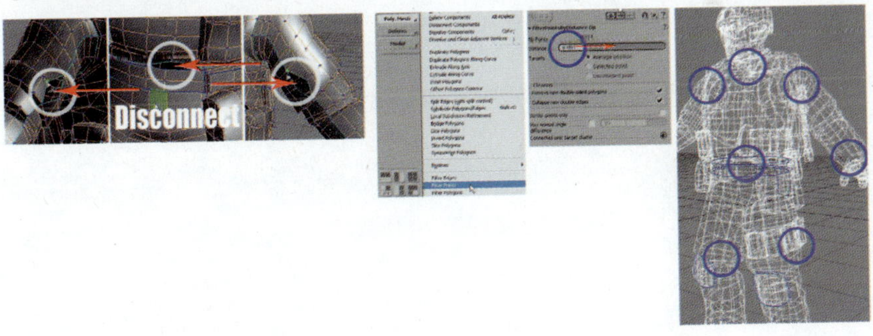

그림 6-57 Filter Point

18 Connect : Filtering 작업은 거리 값에 대한 자유도를 조절할 수 있는 반면 Connect 명령은 이러한 옵션의 설정 없이 동일한 Object 구조내의 Element들을 서로 Match하는 기능이다.

19 Stamp UV Mesh : 최종 완성된 UV 좌표 데이터를 2D 이미지화하여 Mapping 제작환경으로 Export하는 기능이다. 원하는 이미지 사이즈의 파일을 적용하여 다시 Stamp 함으로써 정확한 사이즈의 Map source용 Reference UV 좌표 데이터가 된다.

Texture Editor 〉 Edit 〉 Stamp UV Mesh 명령을 실행하고 원하는 확장자를 선택해서 저장한다.

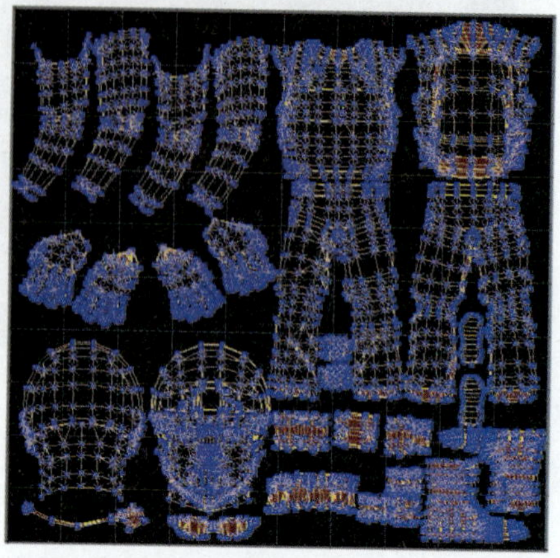

그림 6-58 완성된 UV Coordinate 저장

20 Main Tool bar 〉 Render 〉 Image Clip View[Alt + 6]에서 Image Clip 창을 열고 Clips 〉 저장한 이미지.PSD 파일을 불러온다. 이 이미지를 저장 후 Photoshop 툴로 가져갈 수도 있다.

그림 6-59 Image Clip View

6-3 Map Source 제작

6-3-1 Color Map Source 제작

Photoshop이나 Painter Tool을 활용하여 Military Map source를 제작한다.

그림 6-60 Color Map Source

6-3-2 Specular Map Source 제작

Photoshop이나 Painter Tool을 활용하여 Military Map source를 제작한다.

그림 6-61 Specular Map Source 제작

6-3-3 Bump Map / Normal Map Source 제작 – Ultimapper 기능을 활용

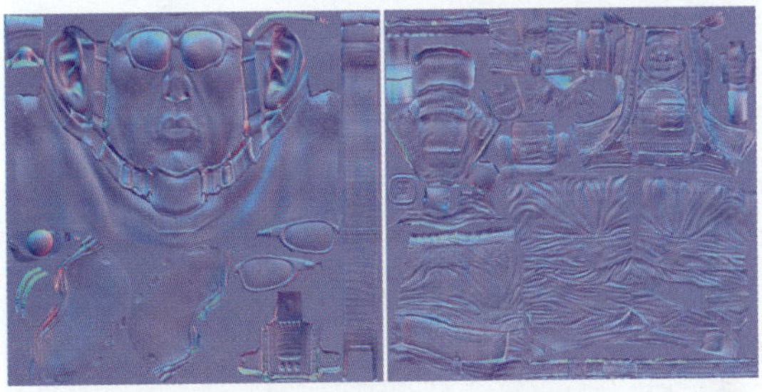

그림 6-62 Normal Map Source 제작 결과

1 Unwrap된 Low Polygon 캐릭터 데이터와 함께 High Polygon 데이터를 준비한다.

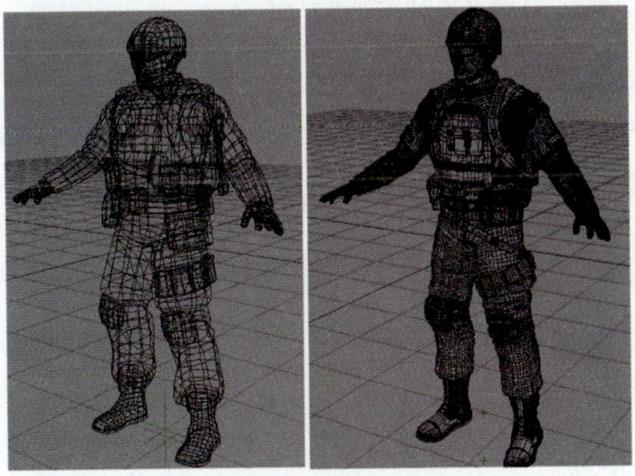

그림 6-63 Low and High Polygon 캐릭터

2 준비된 두 개의 캐릭터 데이터를 매치시킨다.

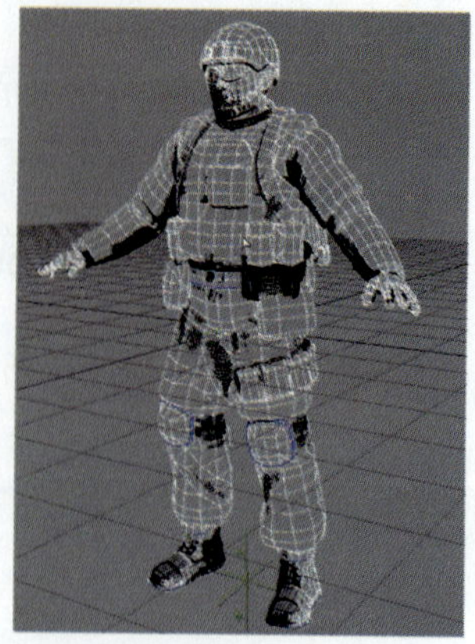

그림 6-64 Match

3 Low Polygon 데이터를 먼저 선택한 상태에서 Property 〉 Ultimapper 기능을 실행한다.

4 Ultimapper 실행 속성 창에서 High resolution source Picking 모드에서 Pick 버튼을 클릭하고 작업 창에 있는 High Polygon 캐릭터 데이터를 선택한다.

5 Maps의 Path에서 데이터를 저장할 경로와 저장 확장자를 설정해 준다.

6 그리고 필요한 Source 제작 항목을 체크한다.

7 Option 항목에서 각 소스들의 사이즈와 해상도를 선택한다.

8 상단의 Generate 명령을 실행한다.

9 저장장소에서 제작된 소스 데이터들을 확인한다.

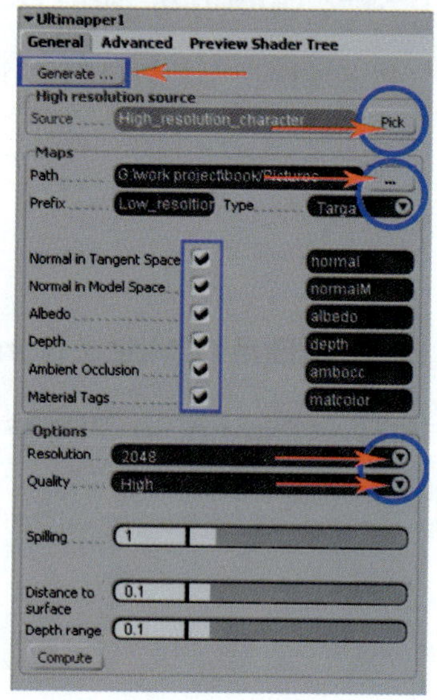

그림 6-65 Ultimapper 기능 창

6-3-4 Ambient Occlusion Map Source 제작 – Render Map 기능을 활용하여 제작

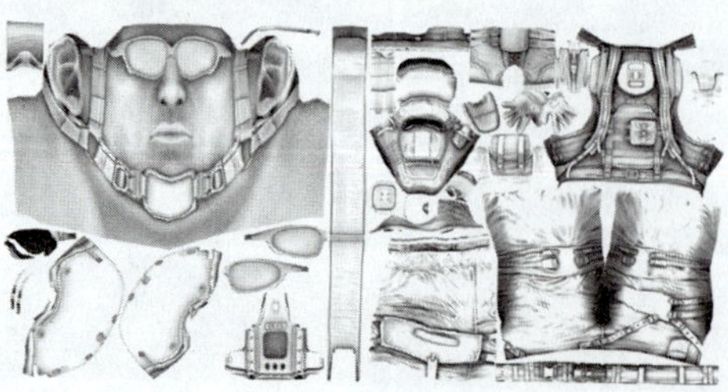

그림 6-66 Ambient Occlusion Map Source 제작

6-4 Body Mapping and Shading

6-4-1 Color Mapping Source 적용

Material - Phong shader 적용 Processing이다.

1 Mapping을 적용할 대상 Object를 선택한 후 Get 〉 Material 〉 Phong shader 명령을 실행한다.

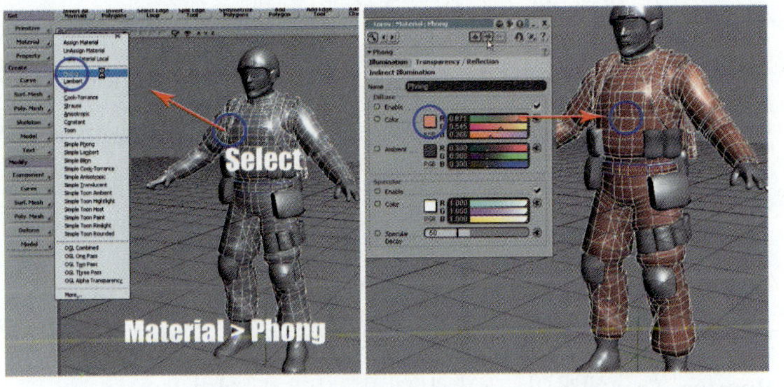

그림 6-67 Material Shader 적용 결과

2 Texture 〉 Image 〉 New From File

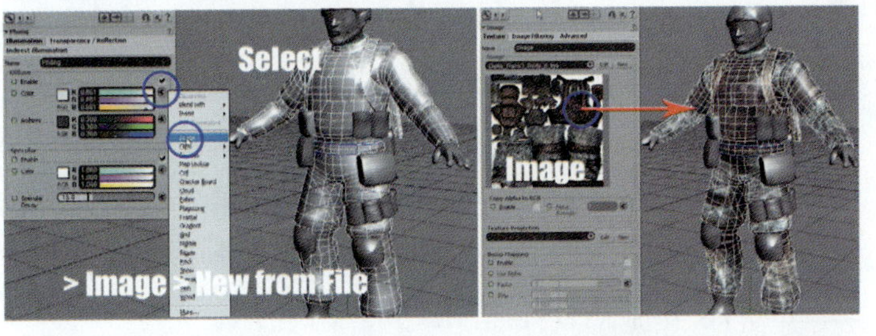

그림 6-68 Texture Shader 적용 결과

3 Texture Projection : 적용된 이미지의 Texture Projection을 지정해 준다.

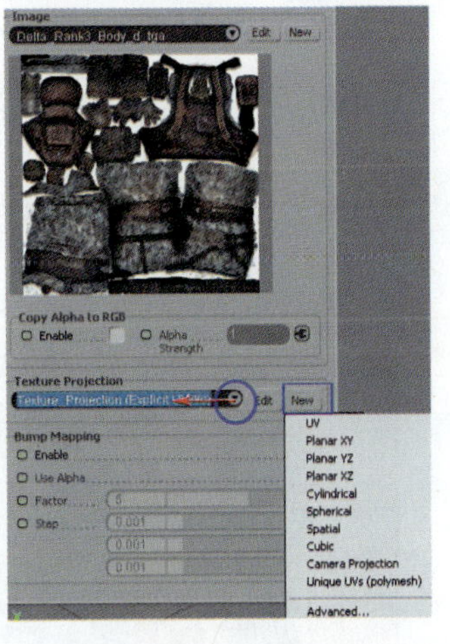

그림 6-69 Texture Projection 지정

4 Render Tree[7] : 적용된 Material shader와 Texture 이미지 등의 정보를 확인할 수 있는 Render Tree 창을 열어서 현재의 작업 경로를 확인한다.

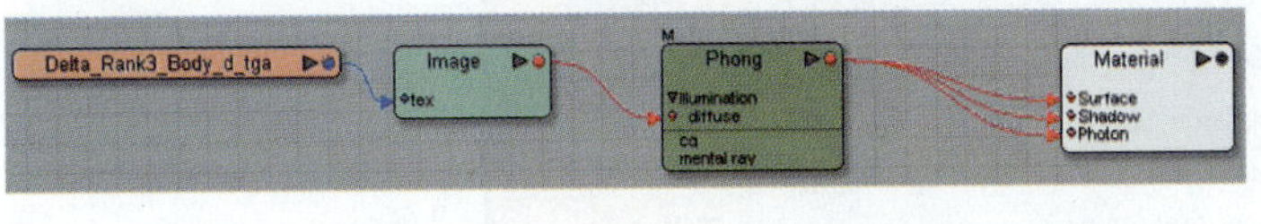

그림 6-70 Render Tree

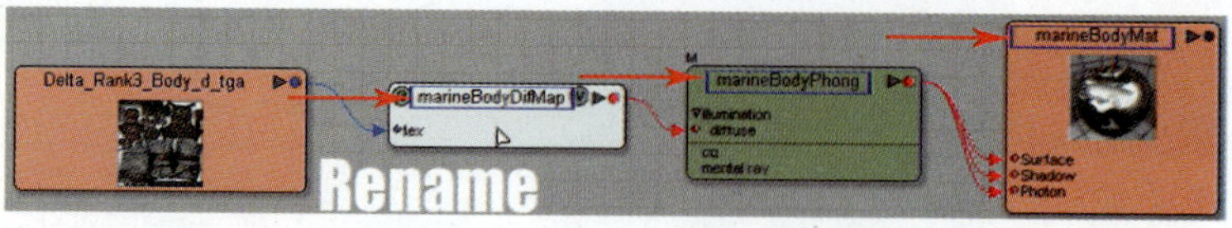

그림 6-71 Rename 노드

5 Rename Node in Render Tree : 작업의 양이 다양해지고 복잡해질수록 데이터의 정리가 필수적인데 Render Tree 창에서 필요한 정보 수정 및 관리가 가능하다 적용된 모든 Node들에 대해 정보 및 소스 관리의 효율성을 높이기 위해 새로운 이름으로 지정해 준다.

6 Node Connection & Collapse Method : Render Tree에서 각 노드들과의 연결은 연결 Connector를 활용한다. 하나의 노드를 중심의 Input Icon이 있고 Out Icon이 있는데 Input는 현재 선택된 노드를 중심으로 다른 노드의 효과를 입력하는 곳이고, Output 노드는 현재 선택된 노들의 영향이 연결하고자 하는 다른 노드에 연결시키고자 데이터를 출력하는 곳이 된다. 연결은 Connect output Icon에서 Connection과 Collapse는 선택한 Connect Line을 클릭한 후 떼어내면 자동으로 Collapse된다. 제1장 SOFTIMAGE Interface 설명에서 Render Tree에 대한 자세한 설명을 참고하면 Render Tree에서의 작업에 대한 이해가 쉽다.

7 Shader ball Set up : Render Tree에서 작업에 대한 결과를 확인하는 방법 중에 Shader Ball Type이 있다. 이는 Rendering 과정을 거치지 않고 보다 직관적으로 Shader 적용 결과를 확인하면서 작업의 시간을 단축은 물론 Tree 연결 결과를 즉각적으로 확인할 수 있기 때문에 다양한 노드의 연결 테스트를 가능하게 만들어 준다.

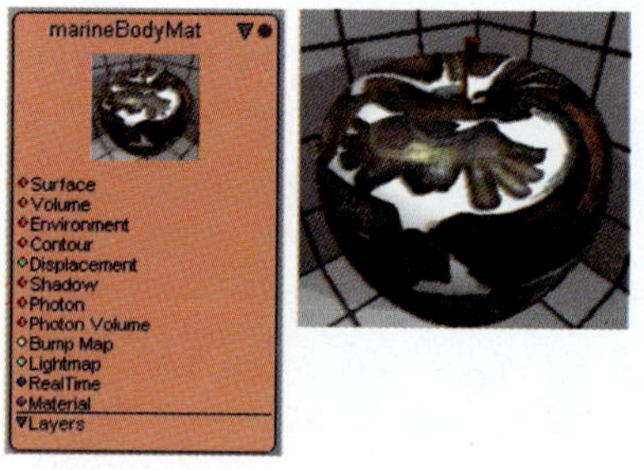

그림 6-72 Shader Ball

6-4-2 기타 Mapping Source 적용

1. Add the specular map

1 이미지 노드를 꺼내서 Specular Map source 이미지를 불러온다.

2 불러온 Specular Map source 이미지를 Marine Body Phong 노드의 Specular tab에 연결시킨다.

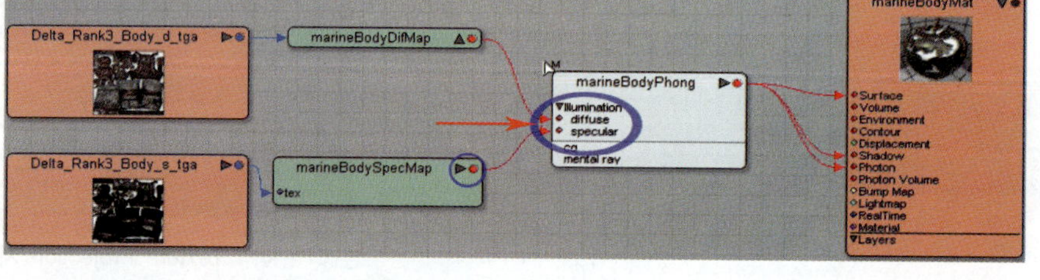

그림 6-73 Specular Map 노드 연결

3 Render Region을 하지 않고 Camera View상에서 Texture 적용 결과를 즉각적으로 확인할 수 있도록 Open GL Display 모드로 전환한다. 이 경우 Material 속성 창에서 옵션 값을 조절하도록 한다.

4 Render Tree에 있는 Material 노드의 Edit 버튼을 클릭하고 나타나는 속성 창에서 Open GL Display tab으로 이동한다.

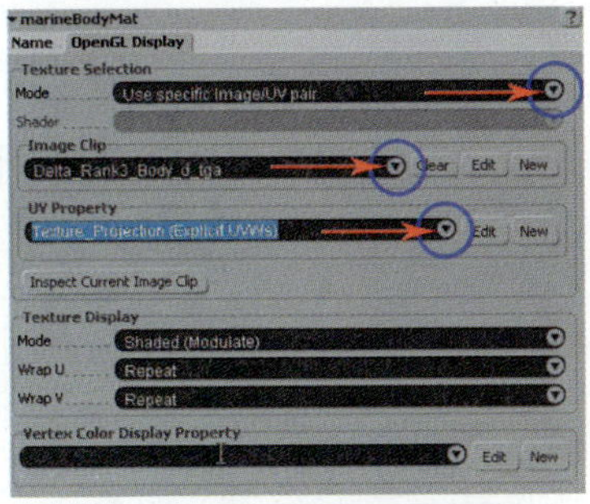

그림 6-74 Open GL Display View

2. Add the Normal Map

1 SOFTIMAGE Shader Preset에서 〉 Tex Bump 〉 XSI Normal Map 노드를 Render Tree에 Open한다. 그리고 Material 노드의 Bump tab에 연결한다.

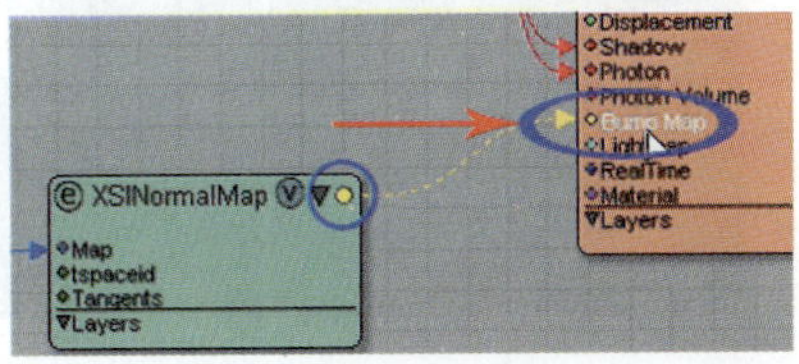

그림 6-75 Normal Map 연결

2 Normal Map 노드 속성 창에서 tspaceid 창에서 현재의 Texture Projection을 설정하고 Tangents 옵션에서 New 버튼을 클릭한 후 Vertex Color 모드를 선택한다. 그리고 New 〉 From File에서 사용한 Normal Map 소스를 불러온다.

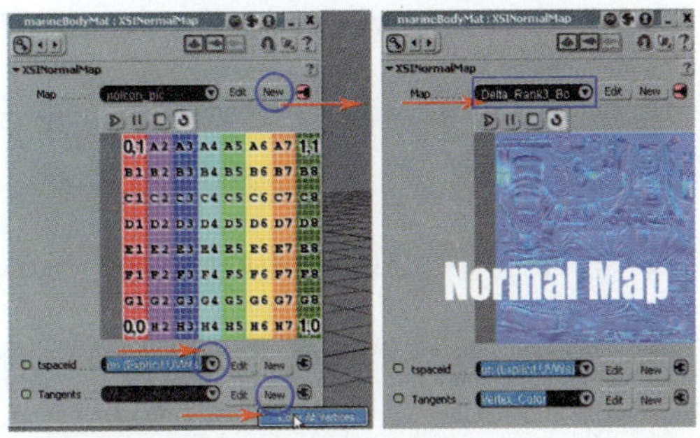

그림 6-76 Texture Projection 설정

3 Rendering을 걸어서 결과 확인을 한다.

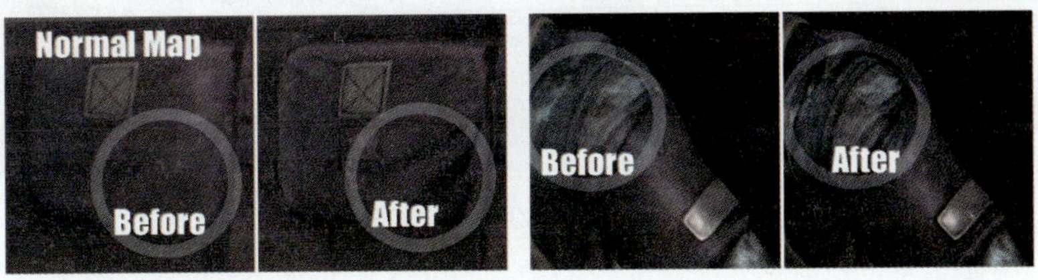

그림 6-77 결과 확인

3. Add Ambient Occlusion Map on Render Tree

1 이미지 노드를 불러온다.

2 불러온 이미지 노드를 Phong shader 노드의 Specular tab에 연결한다.

3 저장된 폴더로부터 Ambient Occlusion 이미지 소스를 불러온다.

4 Texture Projection을 설정해 준다.

5 결과 확인

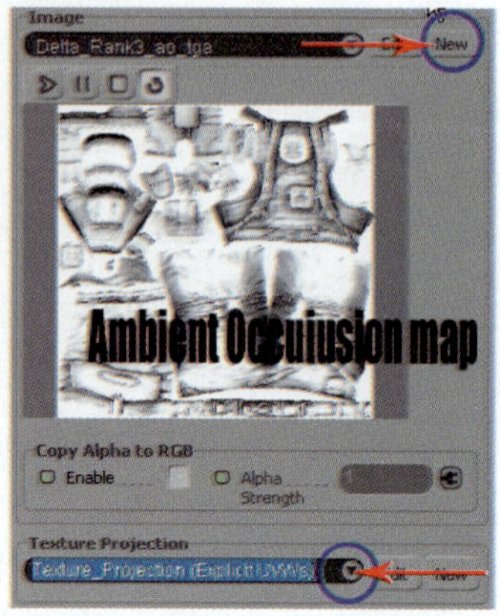

그림 6-78 Ambient Occlusion Map 불러오기

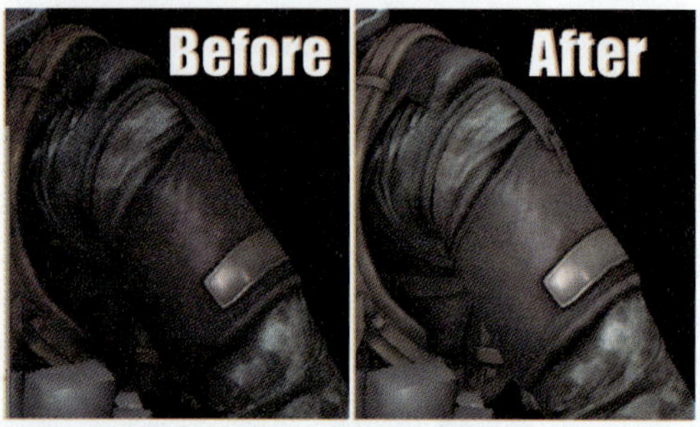

그림 6-79 결과 확인

4. Add Ambient Occlusion Map with Mixer

Render Tree의 Mixer 기능을 이용하여 좀 더 섬세하게 Ambient Occlusion의 기능을 적용하도록 한다.

1 먼저 연결된 Ambient Occlusion Map 노드 연결을 끊는다.

2 Render Tree 창에서 Node > Mixers > Mix 2 Color 노드를 Open한다.

3 Phong shader 노드를 Mix 2 Colors 노드의 Base_Color tab에 연결하고 Ambient Occlusion Map 노드는 Mix 2 Colors 노드의 color 1 tab에 연결한다.

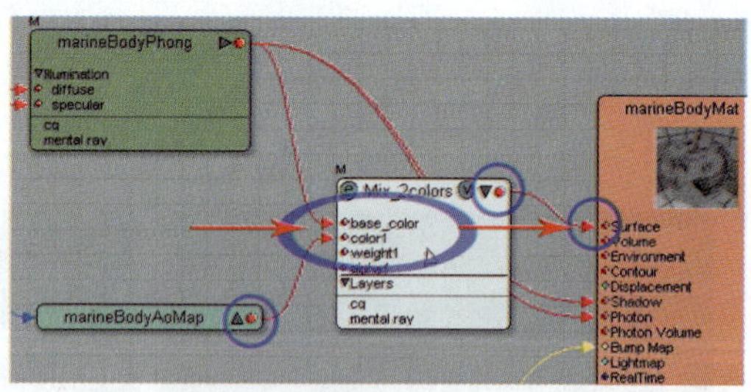

그림 6-80 Ambient Occlusion Map 적용

4 Mix 노드의 속성 창에서 Mix Weight 수치를 조절하면서 결과를 확인한다.

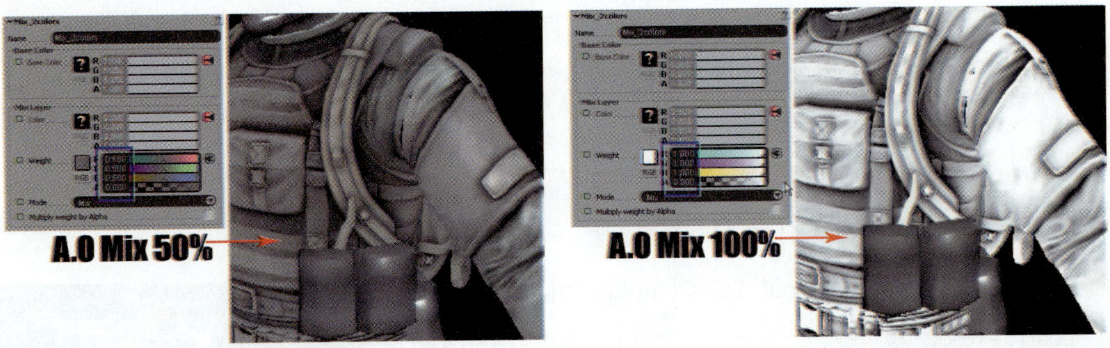

그림 6-81 Color Mixer 속성 창

5 Mixer Mode의 설정에 따라서도 그 결과의 차이가 많이 날 수 있다.

6 Ambient Occlusion Map을 Mixer를 사용했을 때와 사용하지 않을 경우를 비교하면서 최대한 원하는 결과를 얻을 수 있도록 한다.

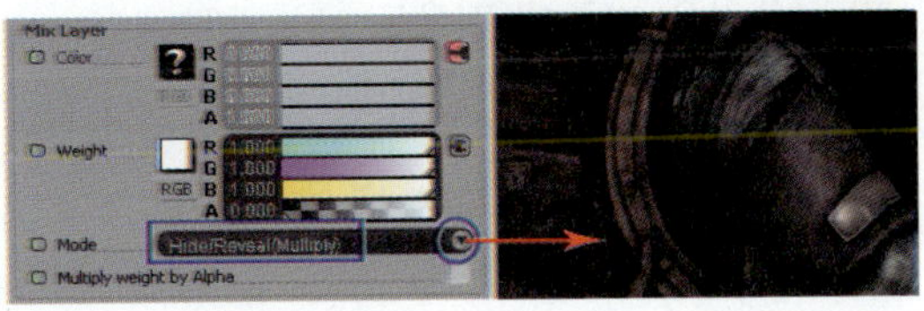

그림 6-82 Mixer Mode 설정

5. Store Preset. Save Preset

캐릭터의 Body 영역의 Texture 작업이 완료가 되었을 때 이러한 Texture 적용 구조를 하나의 Preset 형식으로 저장하여 동일한 효과를 주고자 하는 캐릭터나 Object에 그대로 전이해 줄 수 있다.

1 Render Tree의 마지막 단계인 Material 노드에서 Editor(속성) 창에서 Save Preset 명령을 실행한다.

그림 6-83 Save Preset

2 Preset 저장시 간단한 Thumbnail 형식의 이미지 파일로 저장을 원할 경우 Render Region으로 간단한 Render 이미지를 만든 후 Save Preset 명령을 다시 실행한다. 저장 옵션에서 Use Render Region as Thumbnail 옵션을 체크할 경우 Render Region 이미지와 함께 저장된다.

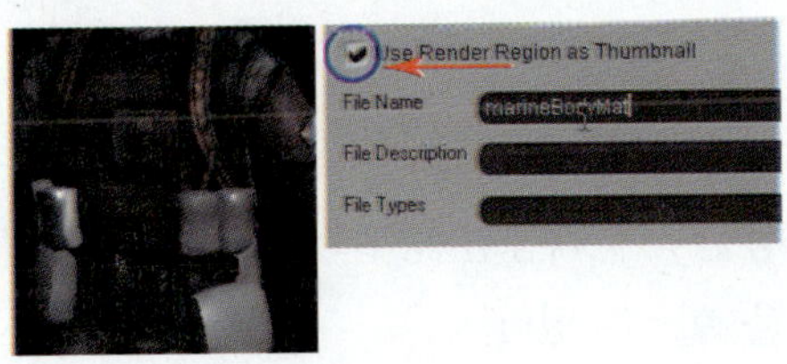

그림 6-84 Thumbnail View

6. Loading Presets Pouches

이제 캐릭터 Body Texture 작업을 마쳤으니 캐릭터가 가지고 있는 장신구에 대한 Mapping 작업을 하도록 한다. 위에서 저장한 캐릭터 Body Preset을 활용하면 간단하고 쉽게 작업을 할 수 있다.

1 먼저 Texture를 적용할 Object를 선택한다.

2 Material 〉 Phong shader를 적용한다.

3 Render Tree에서 Material 노드의 Editor 버튼을 선택하고 Load Preset 명령을 실행한다. 그리고 저장한 Shader Preset 파일을 불러와 적용한다.

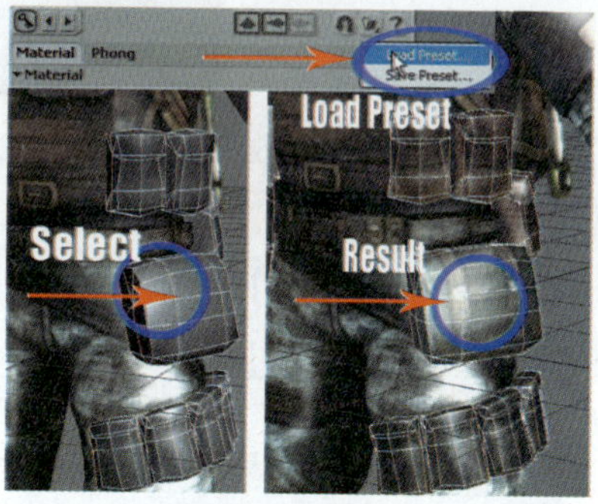

그림 6-85 Load Preset

4 이 경우 기존에 적용된 Normal map color를 새로 지정해 주어야 한다. 즉 Render Tree 창에서 XSI Normal Map 노드의 속성 창을 열고 Tangents 옵션에서 New 〉 Color at Vertex를 지정해 준다.

5 결과를 확인한다.

6 Render Tree 〉 Phong shader 〉 Specular Decay 옵션에서 Decay 값을 조절하면서 보다 Quality를 향상시켜 준다.

그림 6-86 결과 확인

7. Loading Preset Boots

이제 마지막으로 캐릭터가 신고 있는 신발에 대한 Mapping 작업을 하도록 한다.. 위에서 캐릭터의 장신구에 적용한 방법과 동일하게 이미 저장된 캐릭터 Body Preset을 활용하면 간단하고 쉽게 작업을 할 수 있다.

1 먼저 Texture를 적용할 Object(신발)를 선택한다.

2 Material 〉 Phong shader를 적용한다.

3 Render Tree에서 Material 노드의 Editor 버튼을 선택하고 Load Preset 명령을 실행한다. 그리고 저장한 Shader Preset 파일을 불러와 적용한다.

4 이 경우 기존에 적용된 Normal map color를 새로 지정해 주어야 한다. 즉 Render Tree창에서 XSI Normal Map 노드의 속성 창을 열고 Tangents 옵션에서 New 〉 Color at Vertex를 지정해 준다.

5 Render Tree 〉 Phong shader 〉 Specular Decay 옵션에서 Decay 값을 조절하면서 보다 Quality를 향상시켜 준다.

6 결과를 확인한다.

그림 6-87 결과 확인

8. Helmet and Strauss

1 Helmet Object를 선택한다.

2 Material 〉 Strauss shader를 적용한다.

3 Render Tree 창을 연다.

4 Color Image를 적용한다.

5 Normal Map 노드를 불러온다.

6 불러온 Normal Map 노드를 Material 노드의 Bump map 노드에 연결한다.

7 Normal Map 노드의 속성 창을 열고 tspaceid와 Tangents 속성을 지정해 주고 Normal Map 이미지 소스를 불러온다.

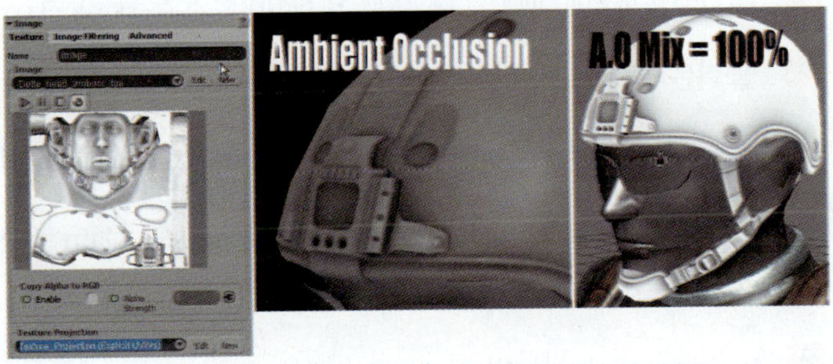

그림 6-88 Helmet Ambient Occlusion Map 적용 결과

8 Mixer 〉 Mixer 2 Color 노드를 열고 Ambient Occlusion Map source를 불러온다. Strauss shader 노드를 Mix 2 Colors 노드의 Base_Color tab에 연결하고 Ambient Occlusion Map 노드는 Mix 2 Colors 노드의 color 1 tab에 연결한다.

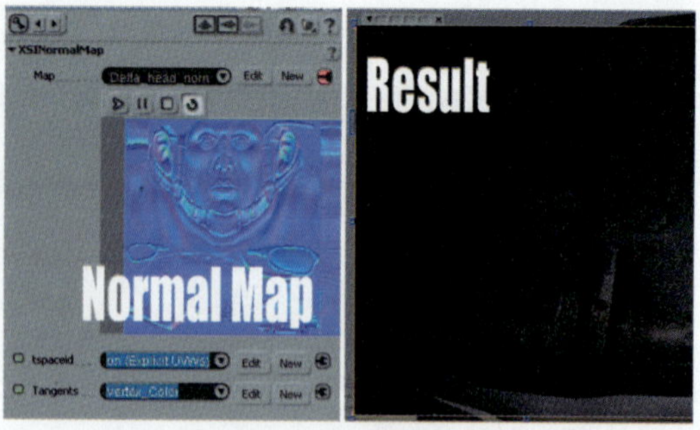

그림 6-89 Helmet Normal Map 적용 결과

9 Strauss shader 옵션 창의 Surface Properties 옵션에서 Smoothness와 Metalness 값을 조절하면서 최적의 Render 결과를 찾는다.

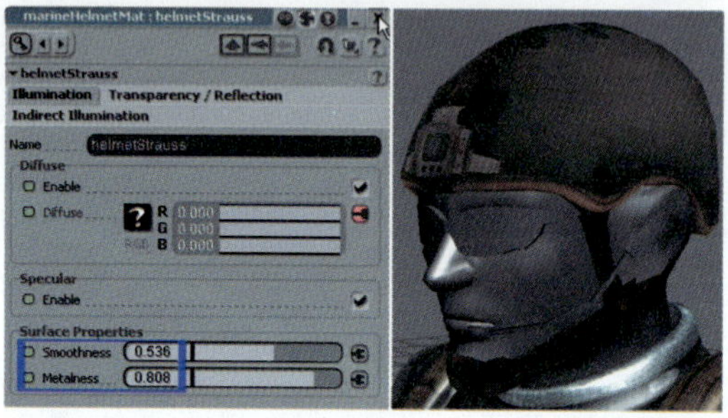

그림 6-90 Shader 속성 창

9. Sun Glass

1 Sun Glass Object를 선택한다.

2 Material 〉 Phong shader를 적용한다. Diffuse color를 지정해 준다.

3 Transparency / Reflection tab로 이동하여 Transparency 수치를 0.7 적용한다.

4 Render Tree 창을 연다.

5 Nodes 〉 Illumination 〉 Incidence shader 노드를 불러온다.

6 불러온 Normal Map 노드를 Material 노드의 Bump map 노드에 연결한다.

7 Incidence Output tab를 Material 〉 Surface Input tab에 연결시킨다.

8 Incidence shader의 Editor 창을 열고 Bias와 Gain 옵션 값을 변화시키면서 수시로 결과를 확인한다. Bias = 0.12, Gain = 0.114의 값을 지정하여 다소 Dark에 가까운 느낌을 준다.

9 Incidence shader의 Output tab을 Phong shader의 Transparency tab로 연결을 변경하고 Phong shader의 Output tab에서 Material shader의 Surface로 연결시켜 준다.

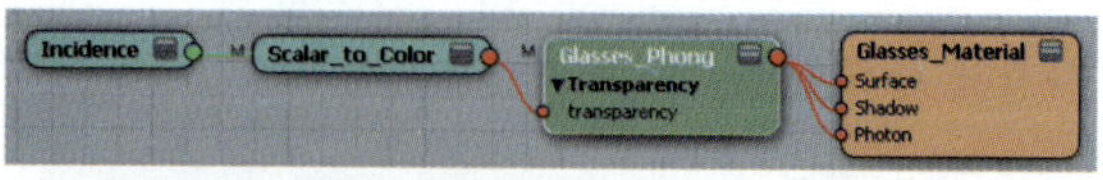

그림 6-91 Render Tree 노드

10 Object의 방향에 따라 투명도가 자동으로 달라진다.

그림 6-92 Camera 각도에 따른 Transparence 효과

11 Diffuse Color와 Specular 등의 옵션 값의 변화를 통해 질적 효과를 극대화시킨다.

10. Micro phone

Material Manager를 열고 Preset에 저장된 Shader 중 가장 적합하다고 판단되는 하나를 선택해서 클릭 + Drag In Drop으로 가능하다. 좀 더 섬세하게 Texture를 적용하고자 할 경우에는 위에서 사용한 방법과 같이 Render Tree 창에서 옵션의 변화를 통해 최적의 결과를 찾도록 한다.

그림 6-93 Head set

11. 캐릭터 전체 Texture 결과 확인

그림 6-94 결과 확인

6-4-3 Face 고급 Mapping

캐릭터 중에서 얼굴은 가장 많은 조명과 카메라를 받는 부분이다. 그러므로 가장 많은 시간을 고객들과 함께 하는 영역이기도 하다. 그러므로 자연스럽게 캐릭터의 얼굴 표현의 Quality가 작품 또는 데이터 전체의 질적 평가의 기준이 되기도 한다. 그러므로 많은 실무 제작자들은 사실적인 얼굴

표현을 위해 많은 시간과 노력을 아끼지 않는다, 그러한 결과로 오늘날 얼굴 모델링과 맵핑 기술은 하루가 다르게 눈부시게 발전한다. 그 중에 하나인 SSS(Scattering Skin Shader) 역시 이러한 노력의 결과 중 하나라 할 수 있다. 얼굴을 구성하는 피부 질감의 섬세함을 더욱 여러 단계의 합성 이미지 모드로 나누고 이러한 합성 이미지 모드를 조화롭게 연결하고 Mixer(Blending)함으로써 보다 사실적이고 실감나는 피부 질감의 제작이 가능하게 되었다. 지금부터 Skin shader에 대해 원리와 적용방법에 대해 알아보도록 한다.

1. Skin Shader 적용

1 Face Object를 선택한다.

2 Render Tree를 연다.

3 Render Tree 〉 Nodes 〉 Illumination 〉 Fast Skin Shader 노드를 불러온다.

4 불러온 Fast Skin shader를 Material의 Material tab에 연결한다.

5 Default로 연결되어 있던 Phong shader의 연결 노드를 모두 Collapse한다.

6 Skin shader 노드를 Double Click하여 속성 창을 연다.

- Diffuse color
- Epidermal Scatter
- Subdermal Scatter
- Back Scatter

그림 6-95 Skin Shader 노드 연결

7 Nodes 〉 Image Node를 불러와서 Image 노드의 연결 라인을 Skin shader 노드의 Diffuse color에 연결한다. 연결 후 Face의 Color map source 이미지를 불러온다. Texture Projection을 설정한다.

8 Skin shader 노드 옵션 창에서 각 옵션들의 수치를 조절한다.

- Overall Color Multiplier 수치를 조절하고(RGB=1.0)
- Diffuse Weight=0.8로 조절
- Epidermal Scatter Weight=0.2, Radius=0.8
- Subdermal Scatter Weight=0.2
- Back Scatter Weight=0.6, Radius=30, Depth=34

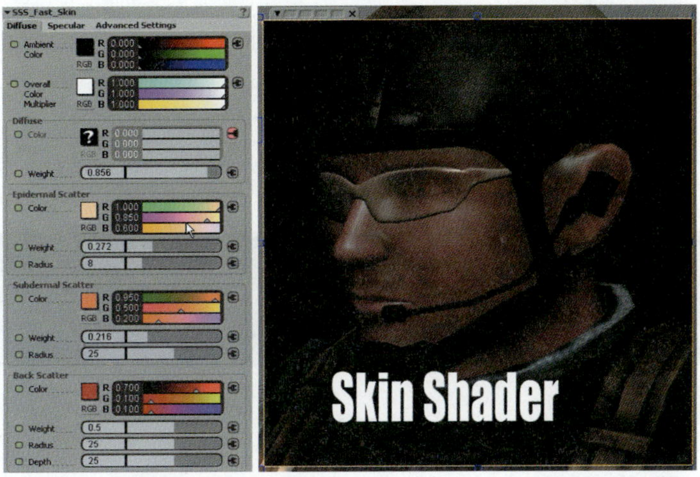

그림 6-96 Skin Shader 속성 창

2. Skin shader With Light

Light 효과를 통해 보다 정밀한 Skin shader 효과를 제작할 수 있다.

1 Light 〉 Infinite Light를 생성한다. 대상 Object(캐릭터 Face)에 영향을 줄 수 있도록 Infinite Light의 각도를 회전한다.

2 Light에 민감하게 반응하는 Back Scatter 옵션을 조절하면서 결과를 확인한다.
Weight = 0.3, Radius = 400, Depth = 44

3 Epidermal / Subdermal Sample Fall off의 수치 조절(0.2)을 통해 변화를 측정한다.

3. Skin shader With Weight map

Back Scatter 효과를 증대시키기 위해 일부 영역에 대해 국지적인 Skin shader 효과를 적용해 보도록 한다. 이때 함께 사용하는 기능이 Weight Map 기능이다.

1 Face Object를 선택한 상태에서 Property 〉 Weight Map을 적용한다.

2 Weight Brush[W]를 활성화하여 Brush Opacity = 15로 조절한다.

그림 6-97 SSS Weight Brush 적용

3 얼굴 영역에 해당하는 작업이기 때문에 보다 편리한 작업을 위해 Object View에서 작업을 진행한다. Back Scatter 영역의 대표적인 부분이 귓불이다. 그래서 Weight Brush를 사용하여 귓불에 Weight 효과를 적용한다.

4 다음 영역을 기준으로 Weight를 적용해 준다.

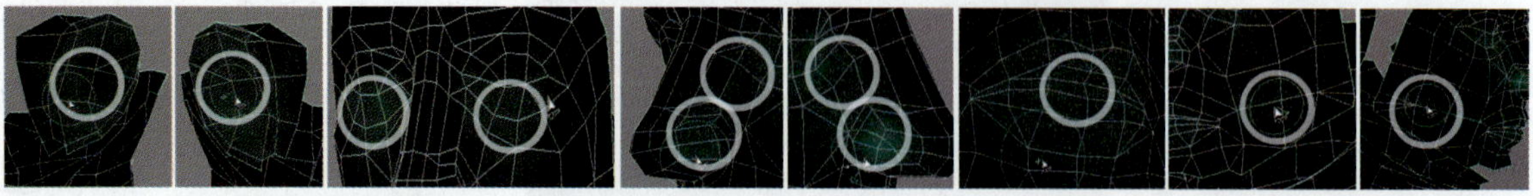

그림 6-98 각 영역별 Weight Brush

5 Weight Brush 사용시 [Alt]를 누른 상태에서 사용하면 Weight 효과를 준 영역의 가장 자리가 Smooth화되면서 부드럽게 된다. 즉 Weight의 효과가 감소되면서 부드럽게 표현되는 것이다. 각 영역의 가장자리를 부드럽게 표현해 주도록 한다.

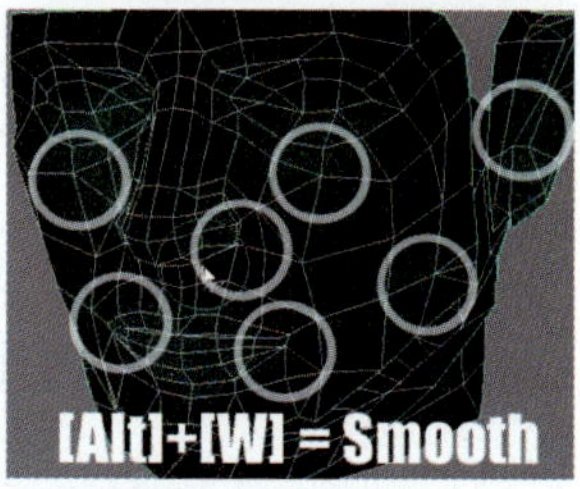

그림 6-99 Smooth Brush

4. Back Scattering 효과 증대시키기

1 Skin shader 속성 창에서 Back Scatter Color connect icon을 선택하여 Map Look up 노드를 선택한다. 또는 Render Tree 창에서 Nodes > Map Scatters > Scalar 노드를 Open한다. Map Look up의 속성 창에서 Map tab에서 Back Scatter Control(Weight Map)을 지정해 준다. Map tab의 Factor 값을 1일 경우와 10으로 올렸을 때 변화되는 현상을 확인한다.

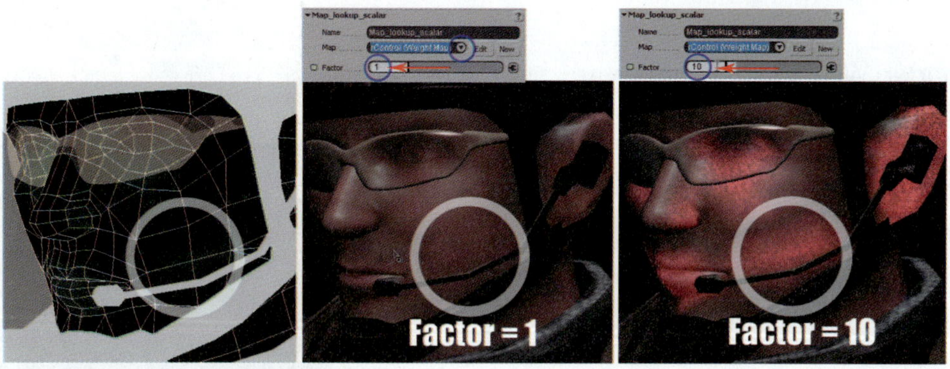

그림 6-100 Scatter 효과 증대

2 Map tab의 Factor 값을 2, 3, 4로 올리면서 Weight 효과를 적용한 영역의 변화를 측정한다. (Map tab의 Factor=2, 2.5를 기준값으로 한다.)

3 Skin shader 속성 창에서 Advanced Setting tab에서 Miscellaneous 〉 Scale 수치는 Back Scatter 효과를 부드럽게 처리해 주는 역할을 한다. Scale 수치를 올릴수록 부드러움의 강도는 커진다.

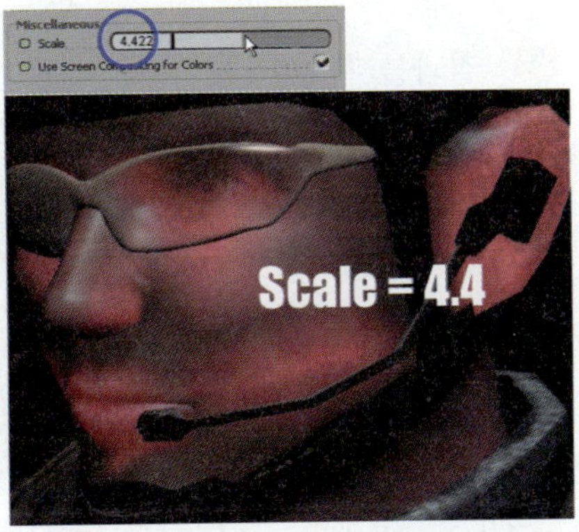

그림 6-101 Scatter Scale 효과 조절

4 최적의 옵션 값을 찾을 수 있도록 많은 테스트를 해봐야 한다.

5 Specular 옵션 : Skin shader의 옵션 tab 중에 가운데 있는 Specular 옵션에 대해 알아보도록 한다. Object 중에서 빛을 가장 많이 흡수하여 반사하는 영역에 대한 표현으로 아무 미세하고 섬세한 변화를 줘야 한다.

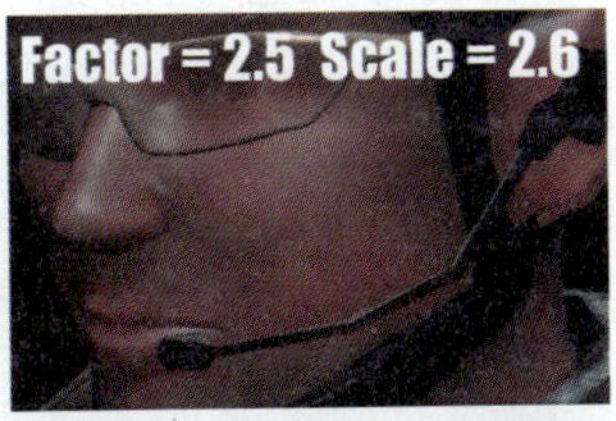

그림 6-102 다양한 수치 조절

- Primary
- Secondary
- Reflection

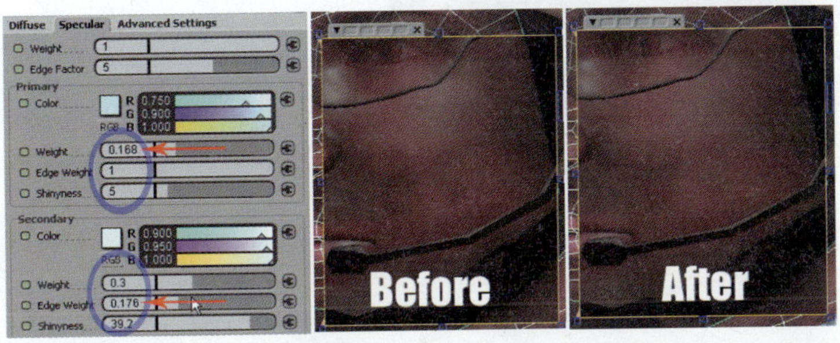

그림 6-103 Specular 속성 변경에 따른 결과 확인

5. Skin Shader with Normal Map

1 Render Tree 작업 창에서 Nodes 〉 Bump 〉 Normal Map 노드를 Open한다.

2 Normal Map 속성 창에서 tspaceid에는 Texture Projection을 설정하고 Tangents에는 New 〉 Color at Vertex 옵션을 지정해 준다.

3 New 〉 Form File 명령을 실행해서 Normal Map source를 불러온다.

4 불러온 Normal Map 이미지 노드를 Skin Shader의 Bump 노드에 연결한다.

5 결과를 확인한다.

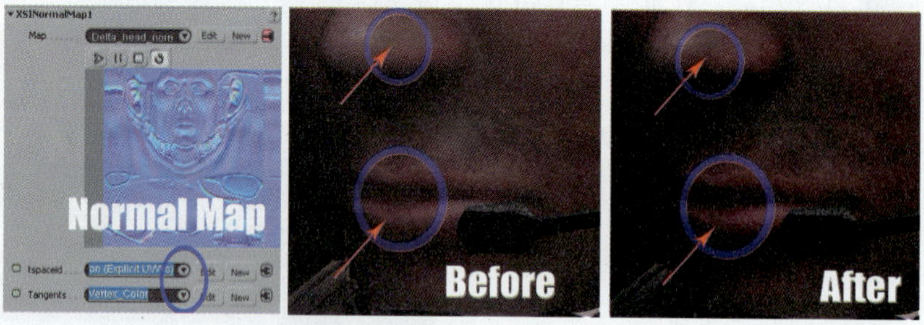

그림 6-104 Normal Map Source 적용 결과 이미지

6. 전체 완성 이미지

그림 6-105 최종 완성

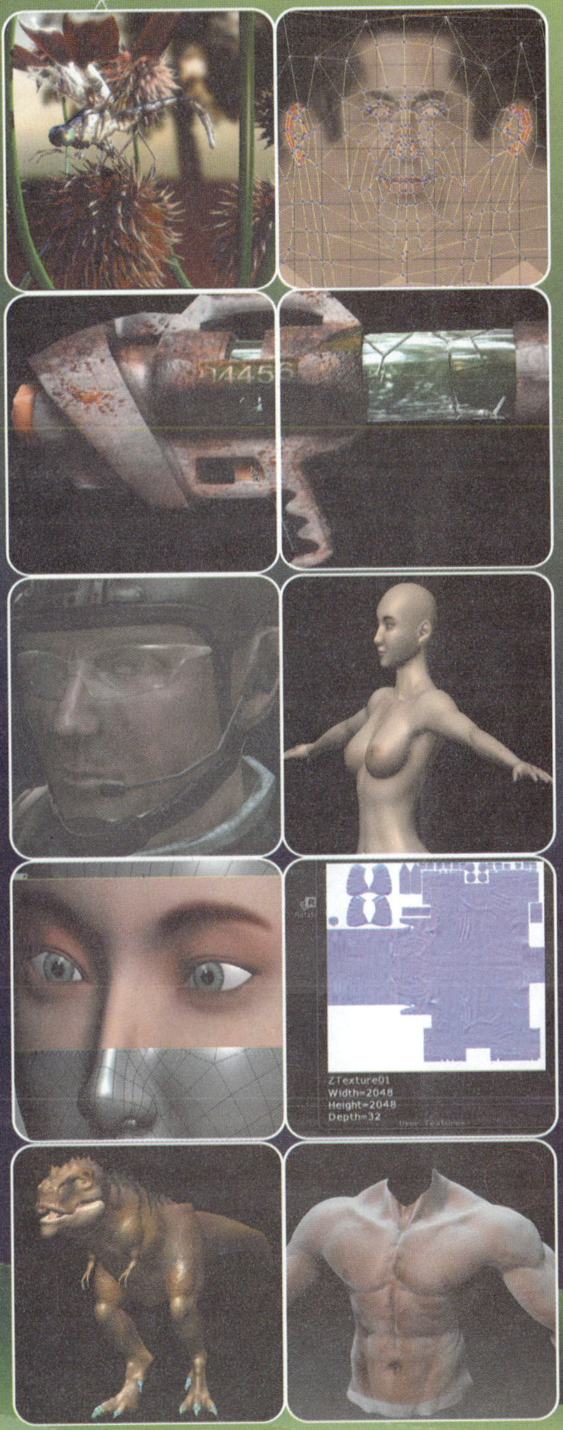

제7장
Z Brush를 활용한 기초 Mapping 작업

최근 Z Brush라는 도구를 활용하여 섬세한 Sculpting 작업을 통해 Normal Map이나 Displacement Map 등을 추출하여 Low polygon을 High quality로 변화시키는 작업 외에도 3D data에 직관적으로 Mapping을 할 수 있는 훌륭한 도구로 사용되고 있다. 이 장에서는 이러한 기능들을 어떻게 적용하는지에 대해 자세히 알아보고 향후 본격적으로 Upgrade된 실사 이미지 Map 적용 방식인 Image Plane의 기초에 대해서 다루어 보도록 한다.

여기서 사용할 기본 data는 코끼리라는 캐릭터를 활용하였다. 모델링 보다는 Mapping에 관련된 제작과정에 대한 소개를 위주로 하기 때문에 모델링 제작과정이나 공정은 생략한다. 만약 모델링에 대한 기본적인 이해와 제작과정을 이해하고자 할 경우는 "제1권 캐릭터 모델링 편"을 참고하기 바란다. 그리고 코끼리의 애니메이션 제작에 관련된 전반적인 제작 Processing에 대한 이해는 "제3권 캐릭터 애니메이션 편"을 참고하면 충분히 이해되리라 본다. 그리고 Z Brush에 대한 기본적인 인터페이스나 Sculpting에 대한 소개와 제작과정은 역시 "제1권 캐릭터 모델링 편"을 참고하기 바란다.

7-1 Elephant Sculpting

1 코끼리 이미지 : 외형이나 Color 제작에 필요한 Reference로 사용할 이미지를 준비한다.

그림 7-1 참조 이미지

2 Basic Concept & 3D Modeling : 모델링 데이터는 SOFTIMAGE에서 제공하는 모델링 데이터를 활용한다. 먼저 Model 〉 Get 〉 Primitive 〉 Character 〉 Elephant 데이터를 불러온다.
데이터를 확인한 후 *.Obj 파일로 저장하여 내보낸다. File 〉 Export 명령을 실행하고 Elephant.obj라는 이름으로 저장한다.

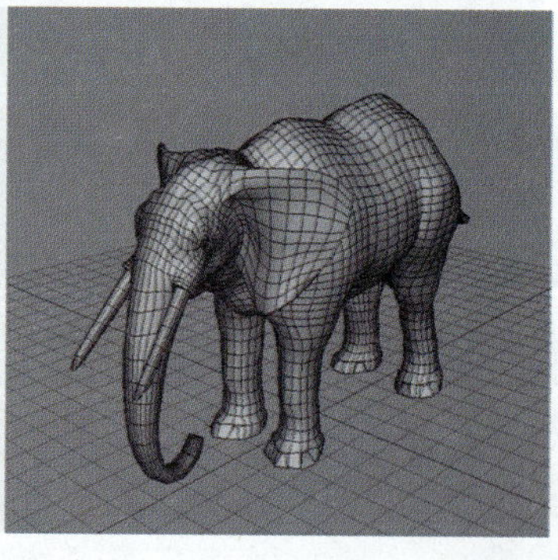

그림 7-2 Concept and Modeling

3 Z Brush Subdivision 1단계 – 형태 잡기 : 먼저 Z Brush Canvas에 Tool 〉 Import 〉 Elephant.obj 파일을 불러온다. 불러온 elephant 파일을 지정된 컨셉에 맞도록 Subdivision Level=1 단계에서 실시한다. 외부 형태를 잡기에는 단계가 낮을수록 편리하다.

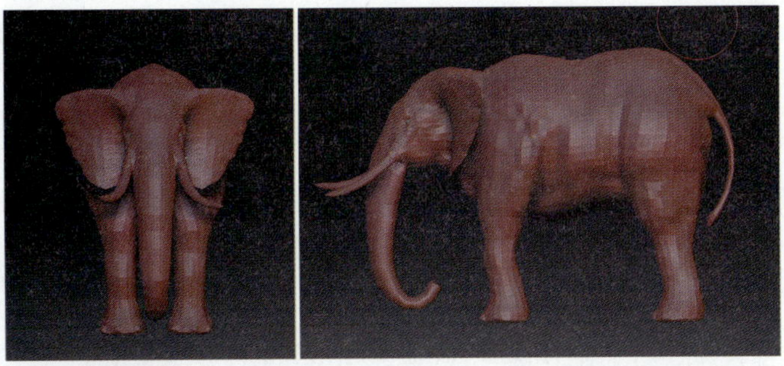

그림 7-3 Sculpting

4 Level 6단계에서 외피의 형태를 잡아주는 작업을 한다. 들어갈 부분과 나올 부분, 파인부분과 돌출한 부분에 대한 기본적인 윤곽 작업을 한다.

그림 7-4 Alpha와 Brush 기능 적용 1

5 섬세한 Sculpting : 보다 정교하고 섬세한 작업을 실시한다. 주름과 살의 처짐, 살의 겹침과 갈라짐 등의 작업 범주와 영역에 대해 보다 자세하고 섬세한 작업을 실시한다.

그림 7-5 Alpha와 Brush 기능 적용 2

6 Alpha Brush를 활용한 외피 질감 표현하기 : 코끼리의 종류와 사는 지역마다 각기 다른 특성들을 가지고 있다. 그러므로 작업자 본인이 잡은 실제 컨셉이나 순수한 가장 컨셉의 형태를 누구보다도 제작자 본인이 확실하게 120% 이상 꿰뚫고 있어야 한다. 다양한 Alpha Brush와 Intensity, Focal shift 등의 기능 툴들을 활용하여 거칠고 둔탁한 느낌의 코끼리 표면 질감을 만들도록 한다.

그림 7-6 Alpha와 Brush 기능 적용 3

7 Alpha-표면 느낌 살리기 : 좀 더 섬세한 주름과 근육의 흐름을 제작한다. 이 경우에는 참고할 만한 정확한 컨셉이나 Reference 이미지를 참고하면서 작업을 하도록 한다. 이때 여러 가지 다른 종류의 코끼리를 참고하서 제작하는 것 보다는 하나의 종류를 다양한 각도에서 참고할 만한 데이터를 사용한다.

그림 7-7 Alpha와 Brush 기능 적용 4

8 완성 : 컨셉과 일치하는 데이터를 완성한다. 코끼리의 종류에 따라 그 형태가 다르기 때문에 그 표면의 Color도 많이 차이가 난다. 이 역시 참고 이미지의 표면 Color 값을 충분히 활용하도록 한다.

그림 7-8 Sculpting 결과

7-2 Elephant Coloring

1 Material 적용 : Z Brush 3D 데이터의 기본 Material은 Red wax이다. 여기서 Colro Mapping 작업을 해야 하기 때문에 Red Color 값보다는 White 값이 다양한 Color를 적용하기에 적합하므로 Material 〉 Map Cap White01 Material을 적용한다.

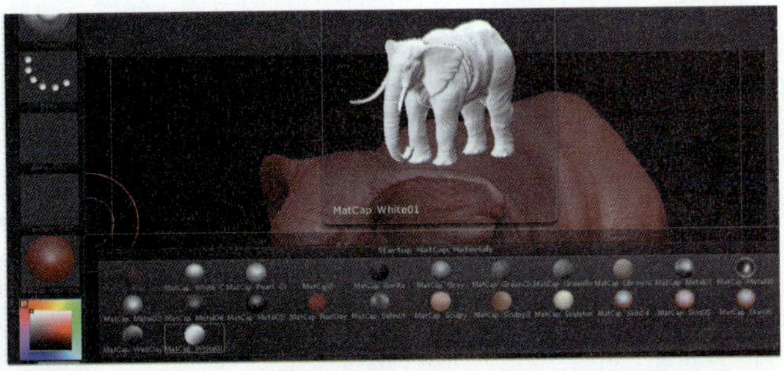

그림 7-9 Map Cap White Material

2 결과 : Map Cap White01 Material을 적용한 결과를 확인한다.

그림 7-10 White Material 적용 결과

3 Color 모드 : Z Brush에서의 Color 적용원리는 일반적인 3D 제작환경에서의 원리와 동일한 Vertex Color 적용 방식이다. 그러므로 Vertex의 수가 많은, 다시 말해 Subdivision의 횟수가 높은 상태에서 Color를 적용하는 것이 Low Polygon 상태에서 작업하는 것보다 훨씬 높은 결과를 제공한다. 그러므로 Color 작업은 최대한 Subdivision을 적용한 상태에서 작업을 하는 것이 바람직하다.

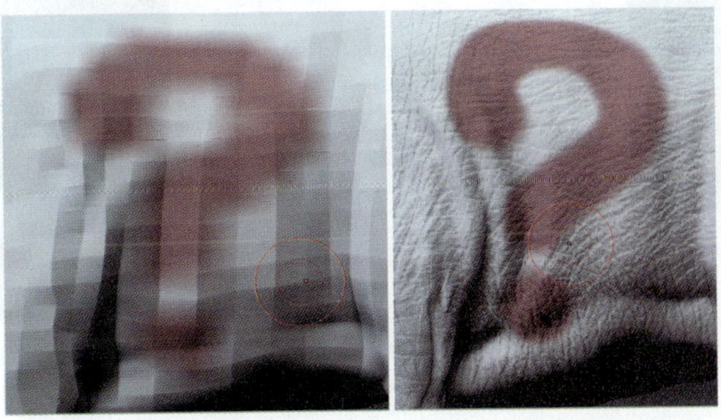

그림 7-11 Low와 High Resolution에서의 Color Brush 적용 비교

4 2D Reference Image Import : Main color를 적용하는 방식으로 실제 코끼리가 가지는 Color tone의 RGB 값을 Catch하여 적용하는 방식으로 사용할 2D 이미지를 불러와서 Z Brush의 Pick color 기능을 활용하여 Main color를 지정해 준다.

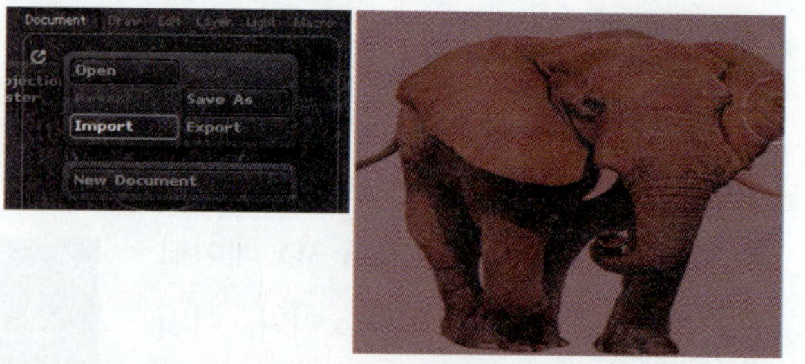

그림 7-12 2D 이미지 불러오기

5 Pick Color 기능 : Color Palette 아래 Pick Color 모드에 마우스를 Click 상태에서 Drag하여 원하는 이미지의 Color 값을 체크한다. 그 결과 선택한 Color 값은 Color Panel에 나타나게 된다.

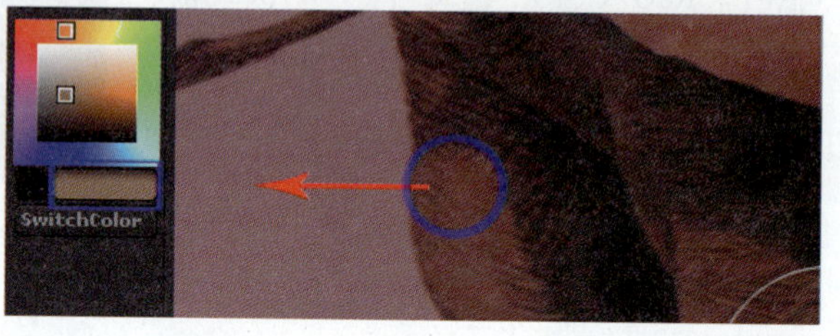

그림 7-13 Pick Color

6 Color Tool box를 불러와서 Tray에 옮겨 놓는다. Color Tool box의 왼쪽 상단에 있는 이동 아이콘을 Click + Drag하여 원하는 Tray에 이동을 한다.

그림 7-14 Tray에 옮겨 놓은 Color Tool box

7 Main color가 적용된 코끼리의 표면 Color

그림 7-15 Main Color가 적용된 결과

8 일반적으로 코끼리는 코뿔소나 하마의 경우와 마찬가지로 눈과 귀 주위가 많이 어두운 Color를 가지는 특징이 있다. 일단 전체적으로 특이하게 나타나는 이러한 특징들에 대해 먼저 작업을 해주도록 한다. 이러한 부분이 코끼리답게 만들어주는 사실성을 부각시키는 중요한 요소가 된다.

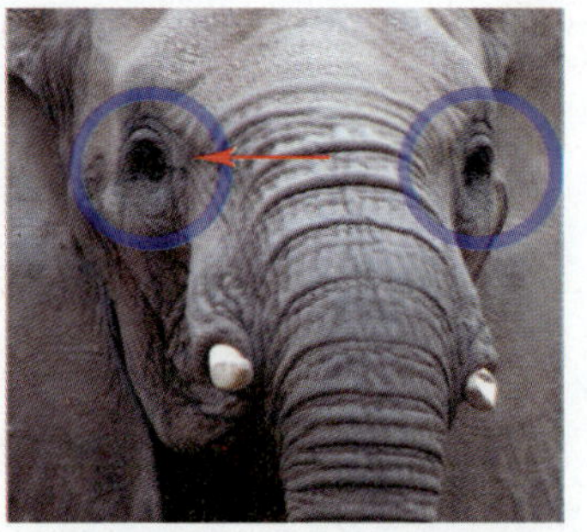
그림 7-16 특징적인 영역의 Color

9 눈 : 눈 주위에 적용된 Black tone의 Color : Color Tool Box에서 Color selection box에서 Black color 값을 지정한 후 RGB Intensity를 100%에서 낮춰서(100%를 유지할 경우 너무 진한 Black이 적용되기 때문에) 채도를 낮춘 Black color를 적용한다.

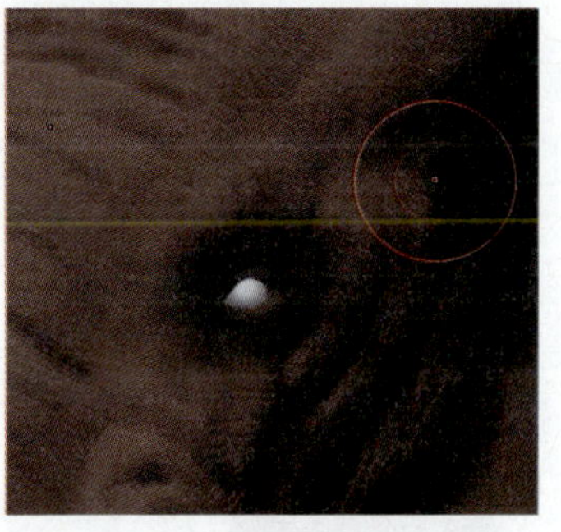
그림 7-17 눈 주위의 Color

10 코 : 코 주름 사이에 나타나는 어두운 Color tone의 특징적인 부분에 적용 : 눈에 적용한 방식대로 채도를 조절해 가면서 Color를 적용해 준다.

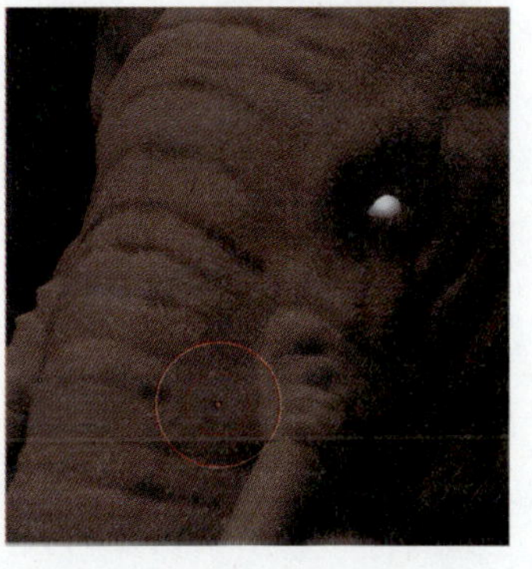
그림 7-18 코의 영역으로 확대

11 코의 전체적인 이미지

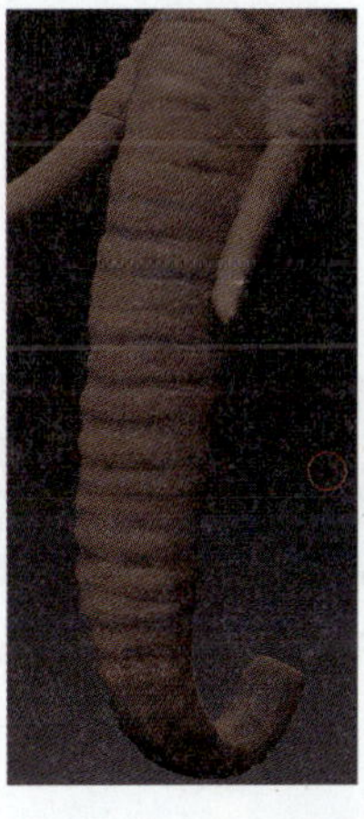
그림 7-19 코에 적용된 결과 이미지

12 귀 : 코끼리에서 귀의 영역은 매우 넓은 부분이라 할 수 있다. 귀의 안쪽은 가장 어두운 영역이므로 가장 어두운 Tone으로 적용되어져야하며 밖으로 나올수록 명도를 높여서 자연스럽게 Gradation되도록 하는 테크닉이 필요하다. 그리고 귀에는 주름을 이루는 특징적인 힘줄들이 있는데 이러한 부분에 대해 Dark와 Specular 영역의 구분을 지어주는 것이 훨씬 사실적이다.

그림 7-20 귀에 적용된 Color tone의 변화

13 Basic Color에서 변경 : RGB 수치를 각각 110 94 76으로 변경한 후

그림 7-21 RGB 변경

14 Stroke 변경 : Color Spray 모드로 전환한다.
Spray 모드에서 Displacement 수치를 1.0으로 Setting해야 Spray 패턴이 부드럽게 적용이 된다.

그림 7-22 Stroke 변경

15 Hand Panting : 전체적으로 지정된 Color를 Spray 뿌리듯이 골고루 뿌려준다. 이때 Intensity와 Brush Size는 제작자의 상황에 맞춰서 작업을 해주도록 한다.

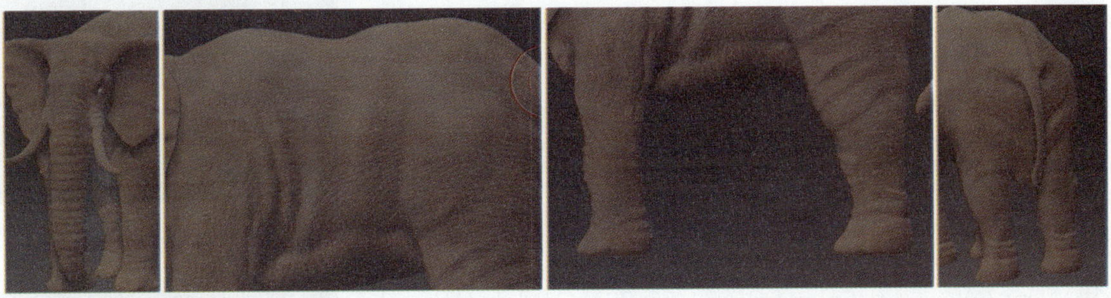

그림 7-23 Hand Panting

16 Change Color RGB 68 68 68 : 이번에는 좀 더 어두운 컬러 색상을 선택해서 다시 전체적으로 골고루 뿌려준다.

그림 7-24 Change Panel

17 Hand Panting : Intensity 10 이하, Draw size는 영역에 따라 조절하면서 작업한다. Two tone의 Real한 Color balance를 제공하는 특징이 있다.

그림 7-25 Hand Panting

18 Alpha23 Brush 시용 / Color RGB 68 68 68로 그대로 사용 : 이번에는 Spray brush와 함께 Alpha Brush를 동시에 사용하여 보도록 한다. 이 경우 Brush 효과가 Alpha 효과에 더불어 좀 더 정확하게 뿌려지는 것을 확인할 수 있다. Intensity는 상황에 맞도록 조절한다.

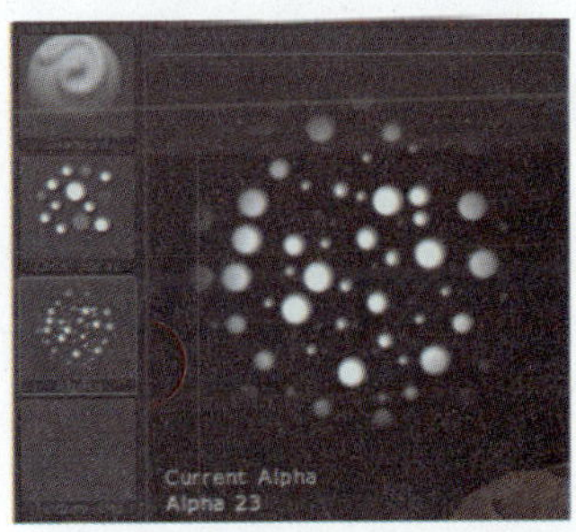

그림 7-26 Alpha

19 Intensity 20-30, Draw size는 영역에 따라 조절하면서 작업한다. 이때의 특징은 점박이 Color Spray 효과가 적용된다. 자연스러운 피부 질감 톤을 제작하는데 탁월한 효과를 제공한다.

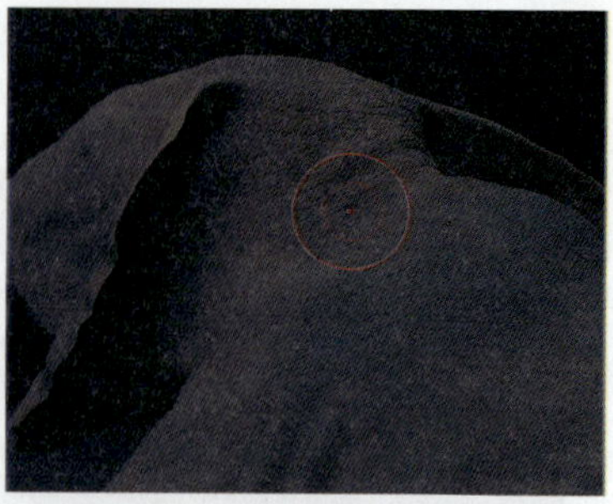

그림 7-27 Hand Panting

20 New Color 지정 Color RGB 71 56 38로 그대로 사용 : 진흙 느낌의 Color Tone을 찾아서 Painting한다.

그림 7-28 Color Change

21 Alpha15 Brush 선택 : 이번에는 끝이 흐트러지는 Alpha를 선택하여 Spray의 끝부분의 효과를 보다 부드럽게 퍼지도록 한다. 여러 가지 color가 중첩도기 때문에 경계부분에 Feather 효과를 적용하여 보다 중첩효과를 증대시킬 수 있도록 한다. 이렇게 Alpha15 뿐만 아니라 필요에 따라 Alpha 소스를 직접 제작하거나 free set되어 있는 Alpha brush 중에서 제작자의 의도에 따라 보다 유효한 Alpha를 찾아서 적용시켜 주도록 한다.

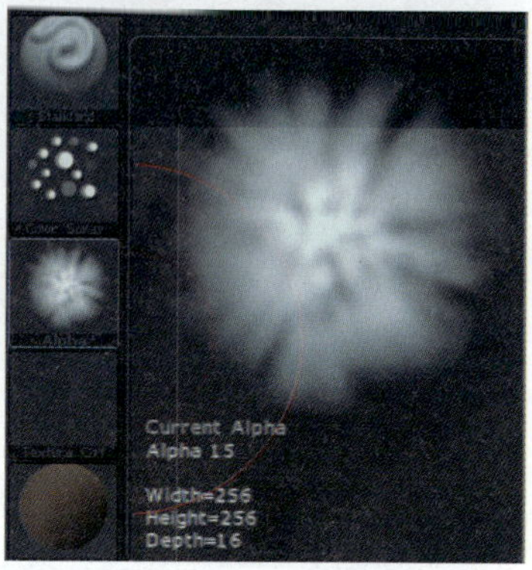

그림 7-29 Alpha

22 Hand Panting : 지정한 Alpha brush를 Spray 패턴으로 뿌려주면서 진흙의 두껍고 둔탁한 느낌으로 Painting한다.

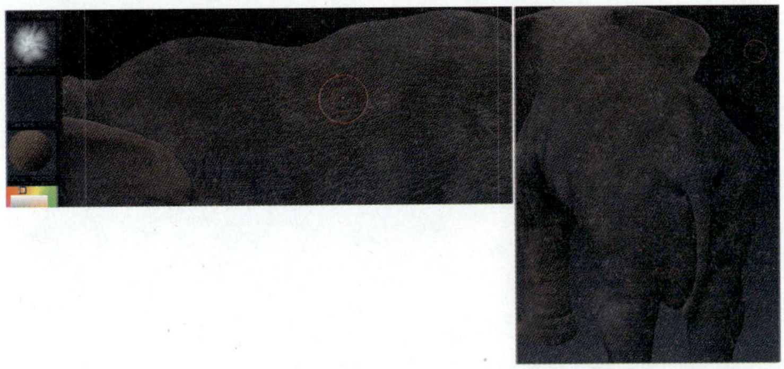

그림 7-30 Hand Panting

23 Alpha23 Brush 선택 : 이번에는 Alpha23을 선택하여 Color값이 점점이 중첩 적용되는 효과를 적용한다.

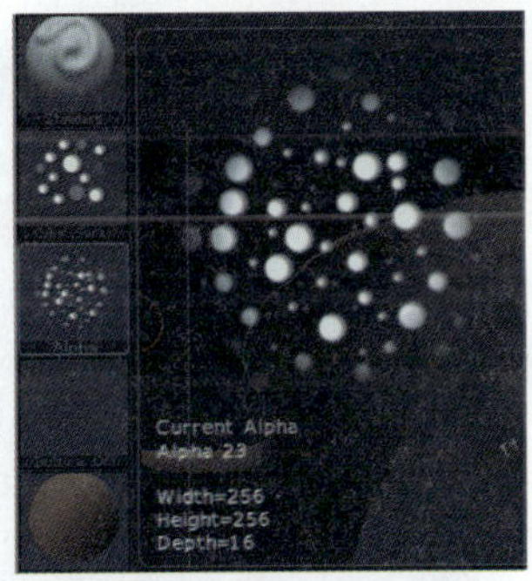

그림 7-31 Alpha

24 Hand Panting : 다리 부분에 대해 무릎이나 그 뒷부분과 함께 뒷꿈치에도 동일한 효과를 적용한다. 그래서 보다 주름의 효과를 극대화하는 Color를 적용한다.

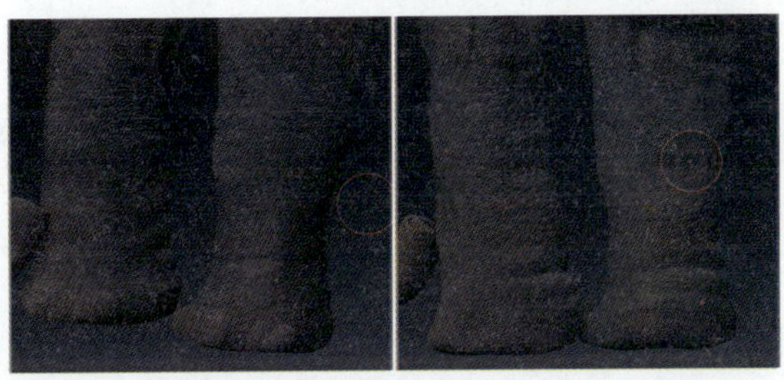

그림 7-32 Hand Panting

25 New Color 지정 Color RGB 50 37 17 사용 : 더욱 진한 진흙 느낌의 Color Tone을 찾아서 다리나 하체 위주로 Painting 작업을 한다. 여기서는 Alpha Brush는 15번을 사용한다.

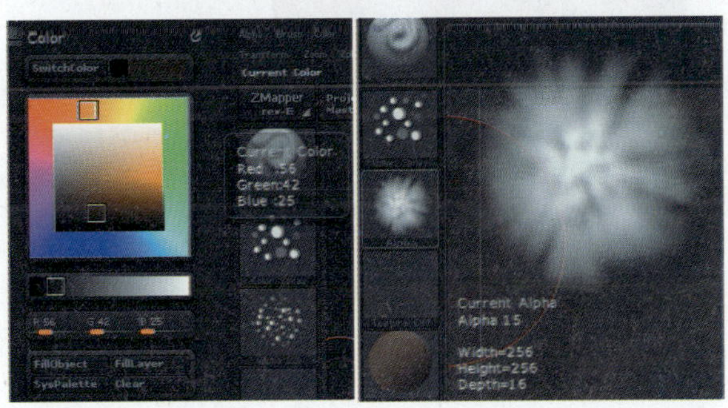

그림 7-33 Color & Alpha

26 중첩되는 Color 효과를 수시로 확인하면서 작업한다.

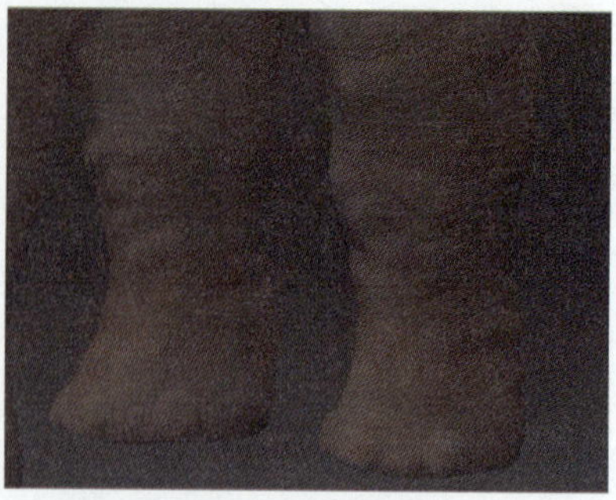

그림 7-34 Hand Panting

27 현재까지의 작업이 어떻게 되는지에 대한 중간 작업을 확인해 보도록 한다.

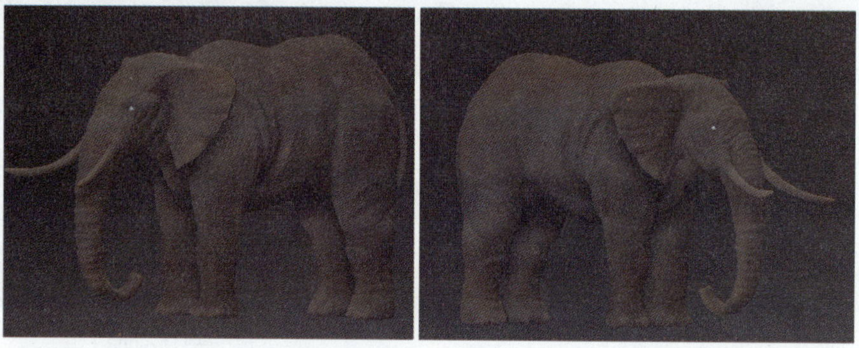

그림 7-35 결과 확인

28 상아 Painting 작업 : Stroke 방식을 Dots 방식으로 변경하고 Color tone 역시 White 계열 Color를 지정한다.

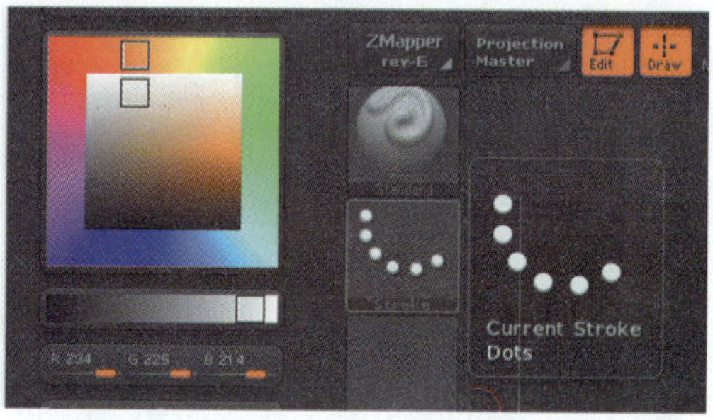

그림 7-36 Color Setting

29 상아 Color 적용

그림 7-37 결과 확인

30 확인 : 작업 결과를 확인한다.

그림 7-38 작업 결과

31 Skin Detail Material : Flat Color mode로 전환하여 현재 적용된 Color의 Flat 이미지를 확인한다.

그림 7-39 Flat Material

32 Flat color 적용 결과 : Highlight shadow와 100% Flat Material 효과를 통해 정확하게 어디에 어떤 Color가 적용되었는지를 확인할 수 있다.

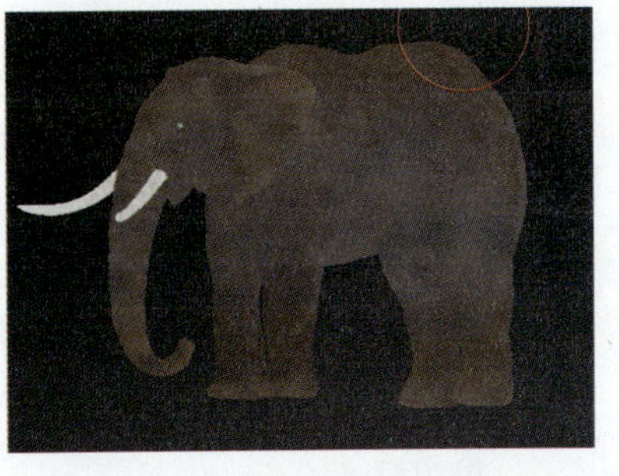

그림 7-40 Flat Material 적용 모드

33 Cavity Masking

① Main basic color보다 어두운 Color 값 지정 : Color RGB 78 64 51 사용한다.

그림 7-41 Color 변경

② Masking by Cavity : 중첩된 Color 소스들을 보다 입체감 있는 효과가 될 수 있도록 한다.

③ 결과를 확인한다.

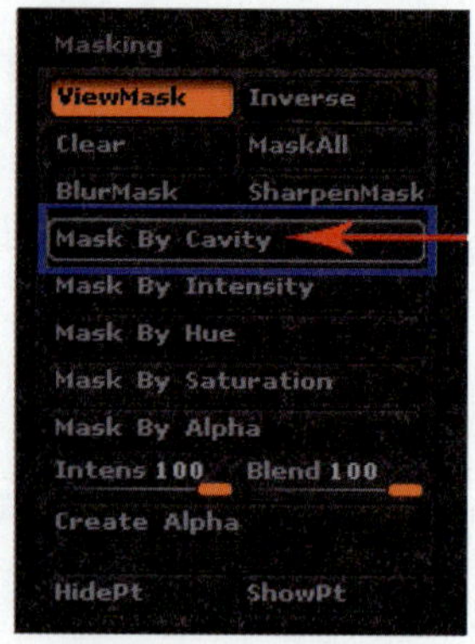

그림 7-42 Tool 〉 Mask by Cavity

그림 7-43 결과 확인

④ Deep paint : Z Add와 Z Sub 모드를 비활성화하고 Intensity값을 10 이하로 낮추고 Dots stroke와 Alpha 01을 선택한 뒤 일부 영역을 칠한다.

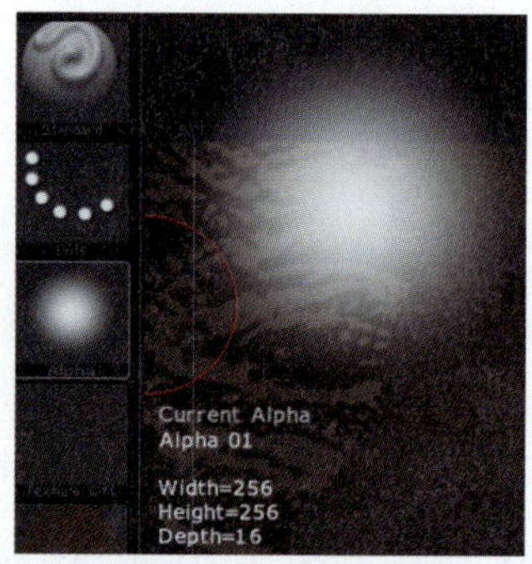

그림 7-44 Deep paint

㉤ 적용 후 결과 확인 : 결과 확인은 White material로 다시 전환하여 확인한다.

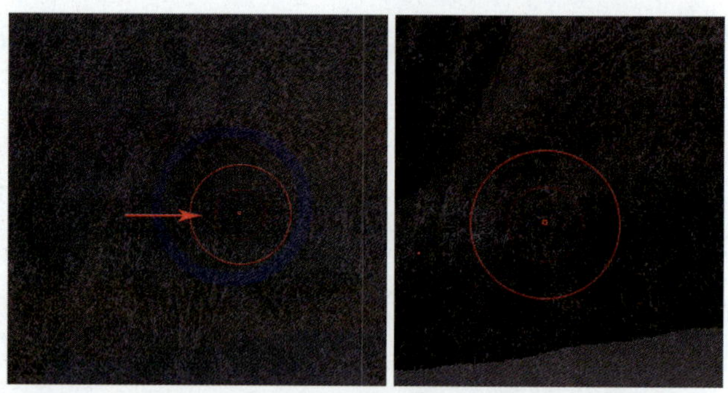

그림 7-45 Mask 효과 일부 적용 - 테스트

⑤ Brush Size 키워서 전체 영역에 적용한다.

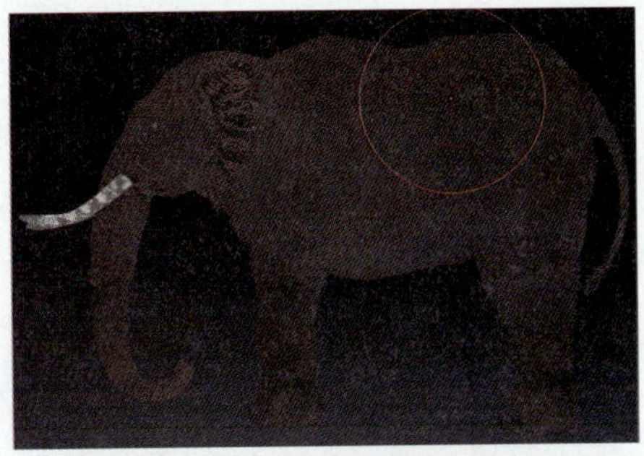

그림 7-46 Mask 효과 전체 적용

⑥ 좀 더 어두운 Color 값을 지정한 후 다시 전체적으로 Making by Cavity 기능 활성 후 전체적으로 적용해 준다.

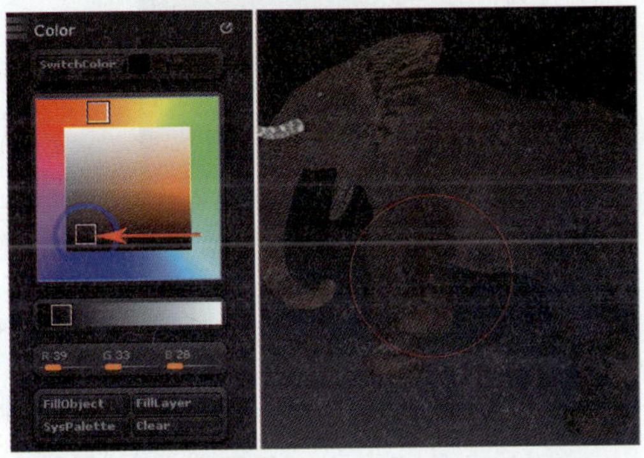

그림 7-47 Color 변경

⑦ 결과 확인

그림 7-48 결과 확인

34 Color Map 추출

① 추출할 Map의 크기 지정 : Texture 〉 Width and Height를 Low 1004 이하(High : 3000 이상) * 1004(Low 1004 이하(High : 3000 이상)로 지정해 준다.

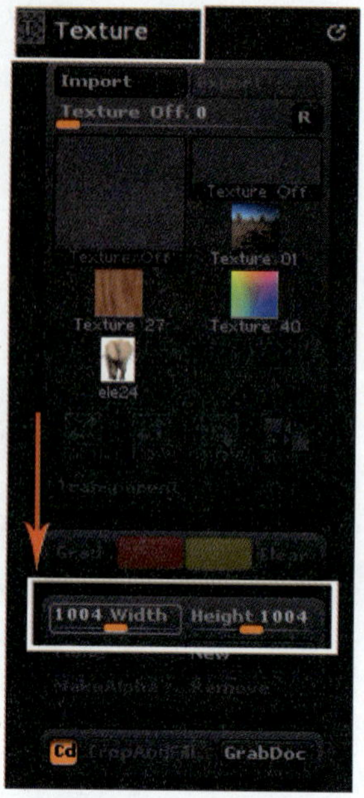

그림 7-49 Color Map 추출

② Main Color를 White(RGB 255, 255, 255)로 지정하여 Background Map 소스 데이터를 먼저 추출한다.

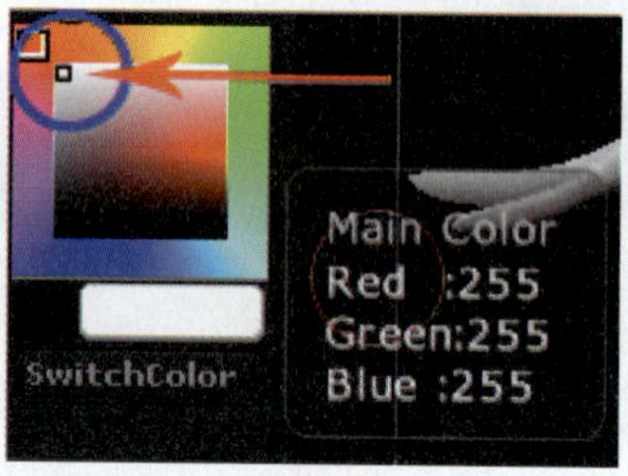

그림 7-50 초기화

③ Texture 〉 New 명령을 실행하여 Background Texture를 제작한다. 자동으로 Texture 모드에서 확인할 수 있다.

④ Map 추출 : 이번에는 실제로 사용된 Map 소스를 추출해보도록 한다. 먼저 RGB Intensity를 100% 올리고(중요), Tool 〉 Texture 〉 Col 〉 Tex 모드를 선택한다. 이 경우도 자동으로 Map이 추출되어 Texture 모드에 자동으로 생성이 된다. Map 추출시 Intensity를 100% 적용하지 않을 경우 현재 설정된 강도 값에 해당되는 해상도로만 추출이 된다.

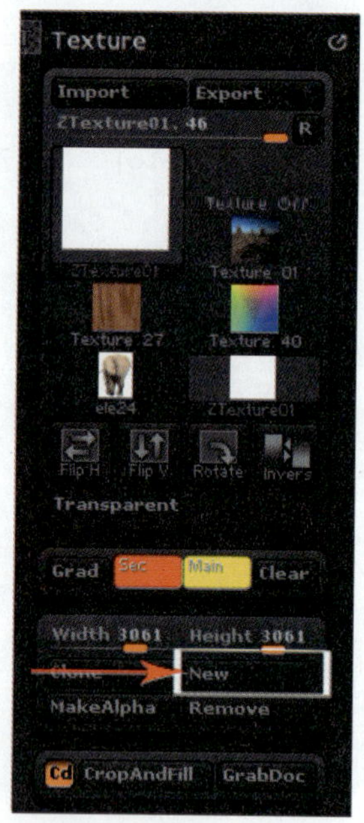

그림 7-51 New 〉 Texture

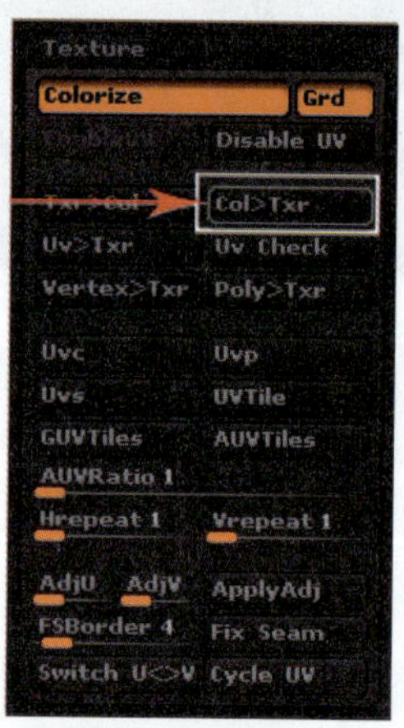

그림 7-52 Col 〉 Tex

⑤ Texture 추출 결과 확인

⑥ Texture Image Flip V : Softimage나 max의 경우에 대해 Z Brush의 추출된 Color map과 상하 이미지가 반대로 추출되어 있기 때문에 Z Brush에서 Vertex의 방향을 반대로 바꿔주어야 한다. 또는 Softimage나 max의 Tool 환경에서 적용하면서 바꿔주어야 한다. 저장함과 동시에 Z Brush에서 방향을 바꿔주도록 한다.

그림 7-53 Texture 추출 확인

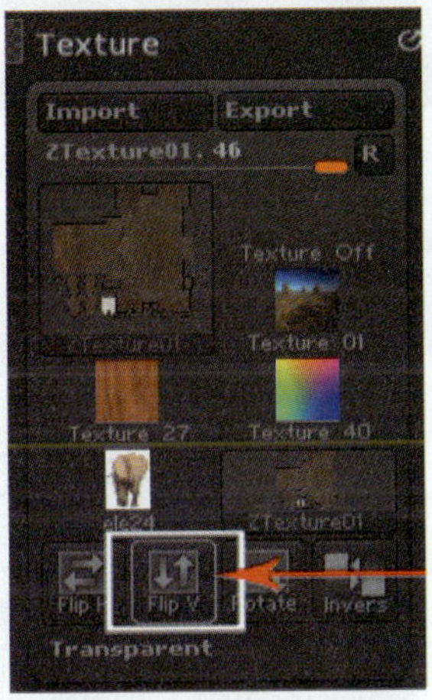

그림 7-54 Flip V

⑦ Texture 이미지 저장 : 완성된 Map 소스를 저장하도록 한다. Texture 모드에서 선택된 현재의 Map 소스를 Export하여 제작자의 Project 폴더에 저장한다.

그림 7-55 Export

35 추출한 Color Texture 적용하기 : 제작된 Color 소스를 Softimage의 Material과 Texture 적용 방법을 활용하여 적용해준 뒤 그 결과를 확인한다.

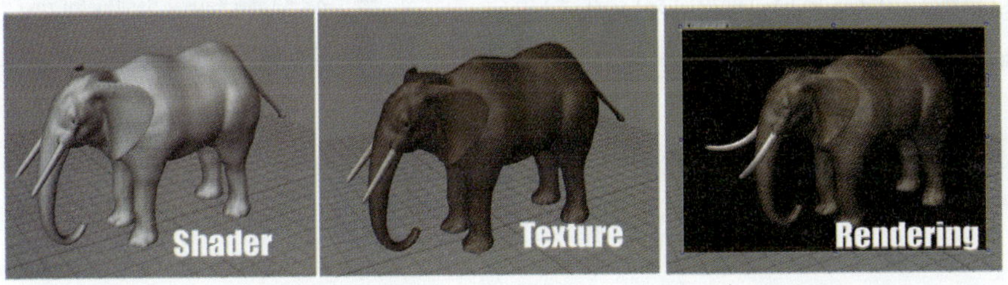

그림 7-56 Shader 적용 및 Rendering

36 Normal Map 추출하기

① Subdivision을 1Level로 낮추도록 한다.(중요) : 제작된 Object의 Subdivision Level을 1단계로 낮추도록 한다. 그렇지 않을 경우 Z Brush에서 Z Mapper 명령을 실행할 경우 그 명령어는 실행되지 않는다.

그림 7-57 Subdivision 1단계

② Z Mapper 기능 실행 : 왼쪽 상단에 위치한 Z Mapper 기능을 선택하여 아래 Tray에 Z Mapper 컨트롤 옵션 창이 나타나도록 한다.

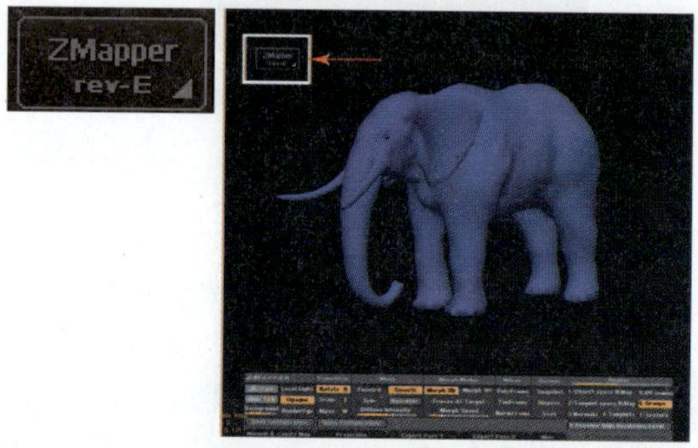

그림 7-58 Z Mapper 실행

③ Configuration 실행 : 처음 작업할 경우에는 Save 또는 기존에 Configuration 데이터가 있는 경우 Open Configuration 명령을 실행한다.

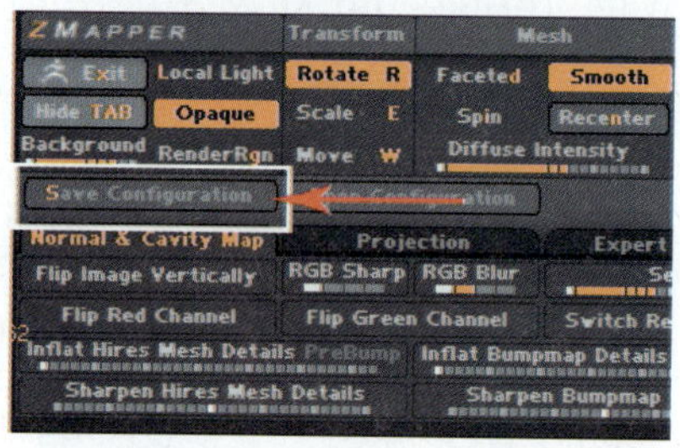

그림 7-59 Save or Open Configuration

④ Save or Open Configuration 모드에서 Default TangentSpace_BestQuality.zmp 파일을 선택한다.

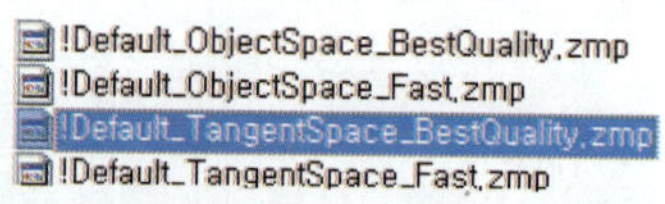

그림 7-60 Quality 설정

⑤ Create Normal Map : 왼쪽 하단에 있는 Create Normal Map 기능을 실행한다.

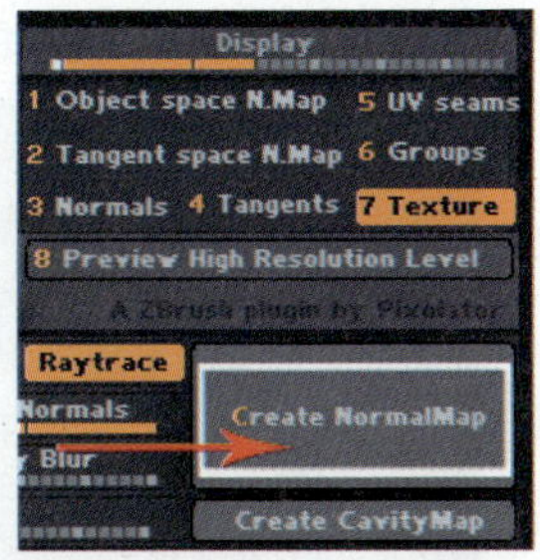

그림 7-61 Create

⑥ Normal Map 추출 중 : Create Normal Map 기능을 실행하면 Normal Map data를 추출하는 Processing 작업이 진행이 된다.

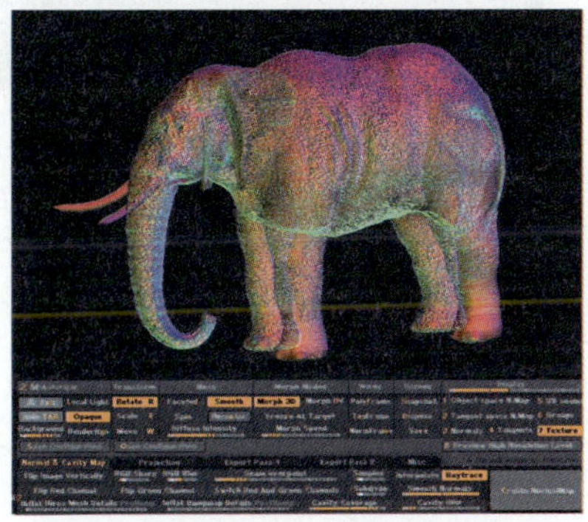

그림 7-62 Normal Map 추출 과정

⑦ Normal Map 추출 결과 : 화면상에 추출될 Normal M메의 표면 결과를 보여준다. 이때 추출될 data에 문제가 발생할 경우 그 결과를 보여주지 않는다.

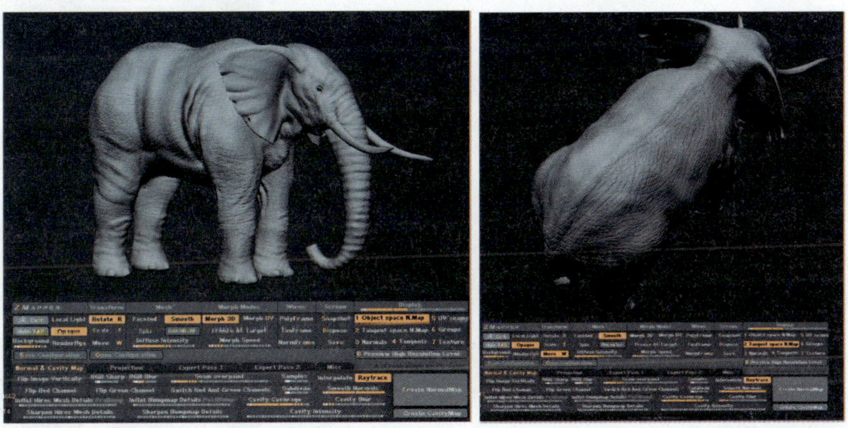

그림 7-63 Normal Map 추출 결과 이미지

⑧ 결과 확인 : Texture 모드에서 추출된 Normal map 소스를 확인할 수 있다.

그림 7-64 추출된 Normal Map

⑨ Flip V : Texture 소스와 마찬가지로 V의 방향을 Flip한다.

그림 7-65 Flip V

⑩ Normal Map 저장하기 : Texture 모드에서 생성된 Normal Map을 Export 명령을 통해 저장한다.

그림 7-66 Export

37 Normal Map 적용하기

① 3D DATA 불러오기

그림 7-67 3D 모델링 DATA

② 기본 Material을 적용한 후 Render Tree 창 [Alt + 7]을 연다. Render Tree 창에서 Node 〉 Bump 〉 Bump map Generator 노드를 꺼낸다.

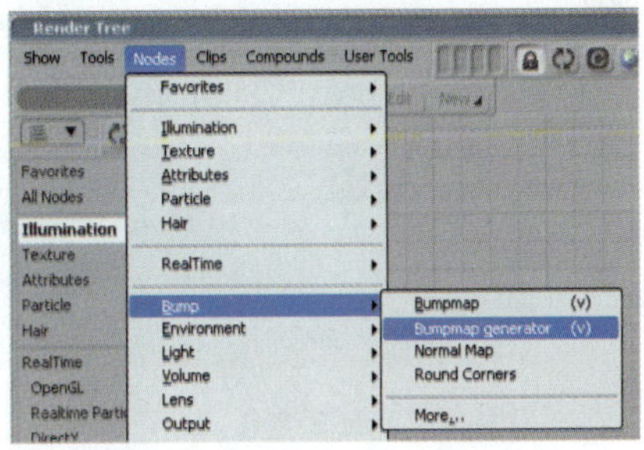

그림 7-68 Bump map generator

③ 꺼내진 Bump Generator 노드에서 Bump 노드를 더블클릭하여 Z Brush에서 제작한 Bump Map 소스를 불러온다.

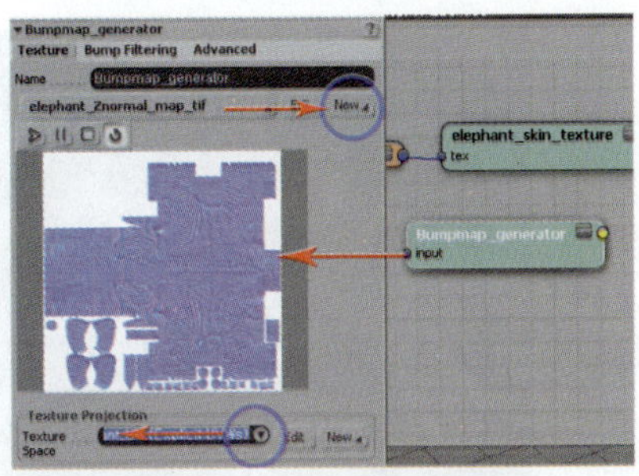

그림 7-69 Bump 소스 불러오기

④ Bump 소스로 사용할 Normal Map 소스를 불러온 후 Bump Generator의 Connecter를 Material의 Bump에 연결한다.

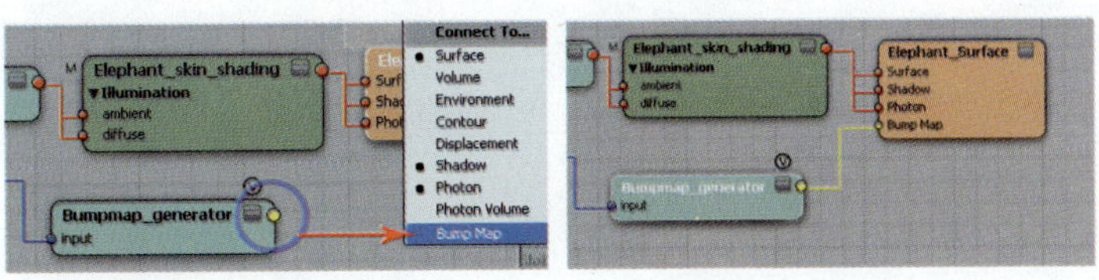

그림 7-70 노드 연결

⑤ 결과 확인 : 적용 후 Bump노드의 속성 창에서 Bump의 수치를 조절하여 최적의 적용효과를 찾아낸다.

그림 7-71 Bump 효과 결과 확인

38 Z Brush에서 추출한 Color Map과 Normal Map 적용하기

① Render Tree : Color map과 Normal Map을 Render Tree에서 서로 연결/적용한다.

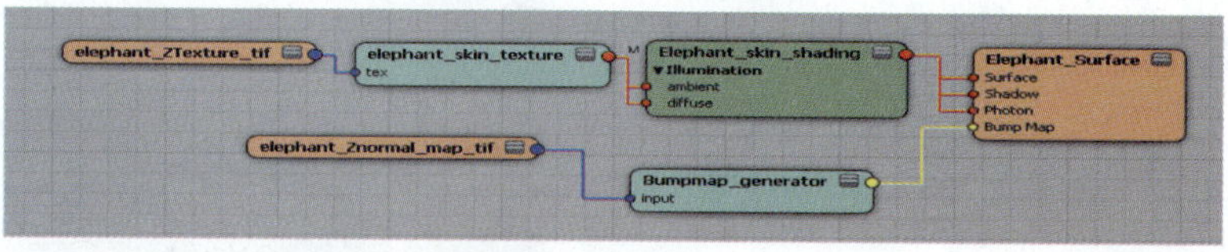

그림 7-72 노드 연결

② Render : 결과를 확인한다.

그림 7-73 Render 결과

③ Final Gathering 적용결과

그림 7-74 Final Gathering 적용

7-3 Ambient Occlusion Map Source 만들기

1 Render Map 명령 : Property 〉 Render Map

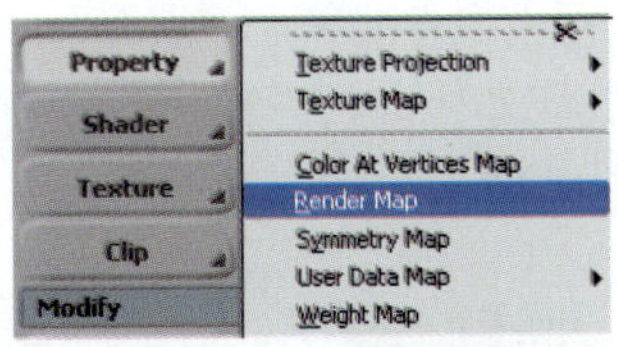

그림 7-75 Render Map

2 해상도 설정 : 추출할 소스의 크기를 X Res와 Y Res에 각각 설정한다.

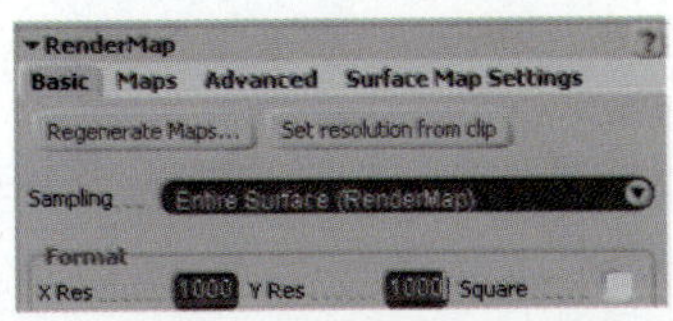

그림 7-76 소스 사이즈 설정

3 Texture Projection 지정 : 추출할 소스의 Texture Projection을 지정한다.

그림 7-77 Texture Projection 지정

4 저장 경로 지정 : 추출할 소스의 저장 경로를 지정한다.

그림 7-78 저장 경로 지정

5 추출할 소스 종류를 지정한다.

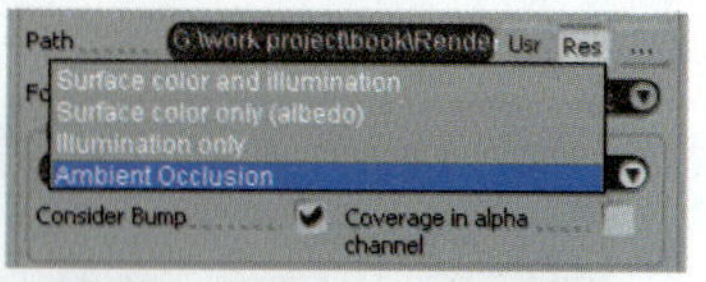

그림 7-79 추출할 소스 종류

6 Render Map 명령 실행

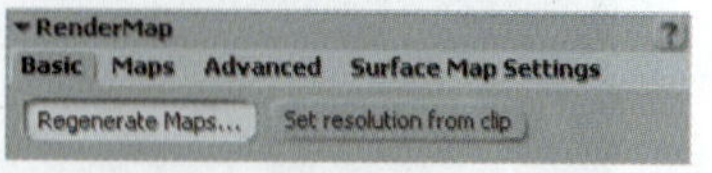

그림 7-80 Render Map

7 결과 확인

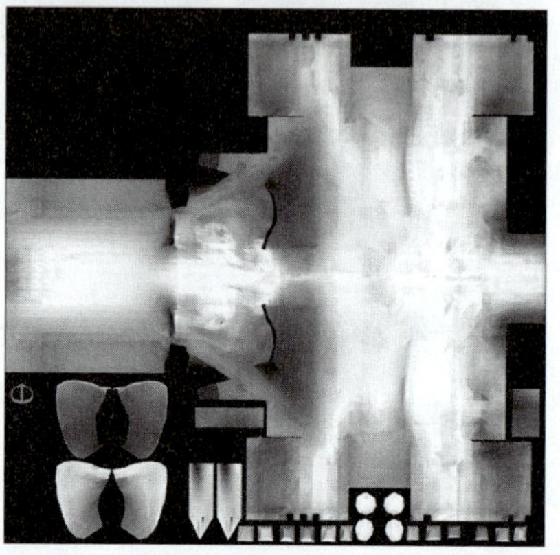

그림 7-81 추출된 Ambient Occlusion ource

7-4 Ambient Occlusion Map Source 적용

Render Tree의 Mixer 기능을 이용하여 좀 더 섬세하게 Ambient Occlusion의 기능을 적용하도록 한다.

1 기존에 연결된 Surface와 Shadow 노드 연결을 끊는다.

2 Render Tree 창에서 Node 〉 Mixers 〉 Mix 2 Color 노드를 Open한다.

3 Blinn shader 노드를 Mix 2 Colors 노드의 Base_Color tab에 연결하고 Ambient Occlusion Map 노드는 Mix 2 Colors 노드의 color 1 tab에 연결한다.

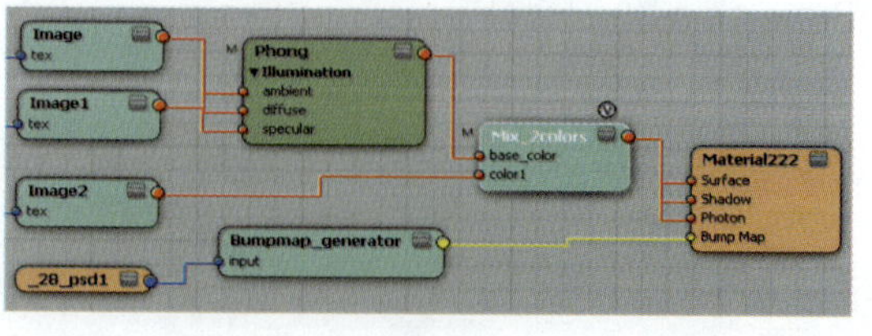

그림 7-82 Render Tree에서 Ambient Occlusion Map

4 Mix 노드의 속성 창에서 Mix Weight 수치를 조절하면서 결과를 확인한다.

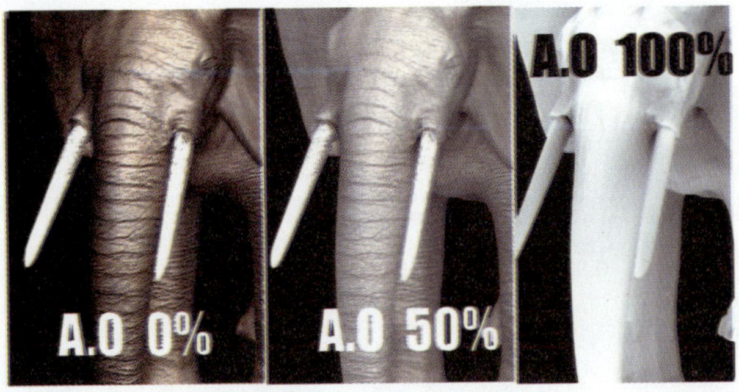

그림 7-83 Color Mix Weight 수치를 조절

5 Mixer Mode의 설정에 따라서도 미묘한 느낌의 차이를 얻을 수 있다.

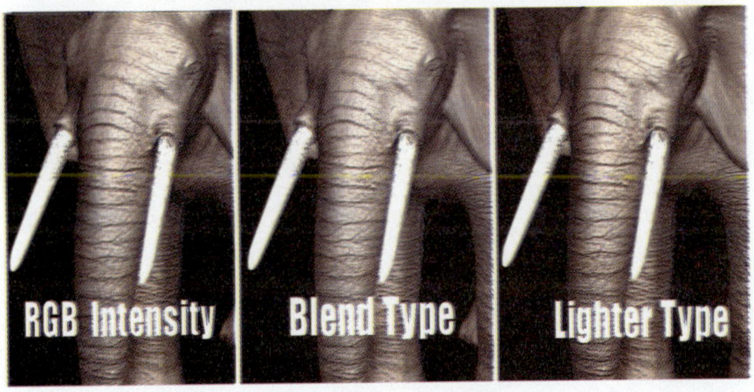

그림 7-84 Mixer Mode(Type)에 따른 결과 비교

6 Ambient Occlusion Map을 Mixer를 사용했을 때와 사용하지 않을 경우를 비교하면서 최대한 원하는 결과를 얻을 수 있도록 한다.

그림 7-85 최종 결과 확인

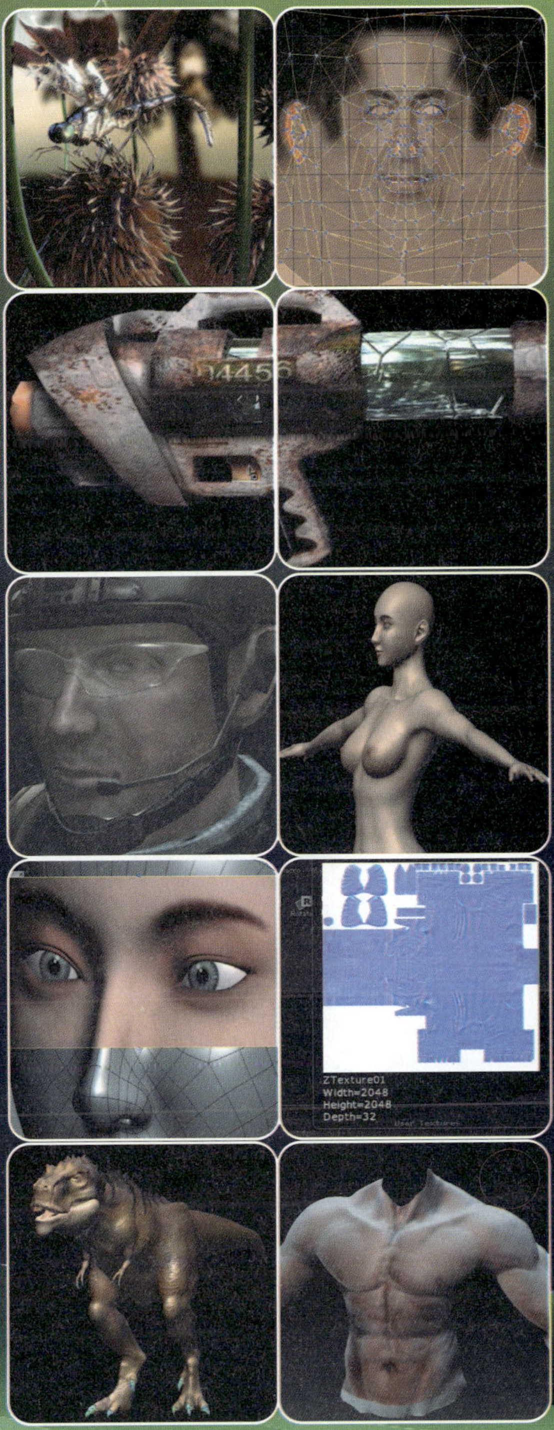

제8장 Z Brush를 활용한 고급 Texturing 작업

이번 장에서는 실사 Photo 소스를 가지고 Photoshop과 Z Brush를 사용하여 보다 직관적이고 직접적인 Mapping 방법을 소개함으로써 보다 다양한 Mapping 적용 기술을 익힐 수 있도록 하였다. 특히 Z Brush의 Image Plane 기술을 사용함으로써 Z Brush라는 새로운 환경에서 실사 Map 소스를 사용할 수 있는 방법을 소대하였다.

8-1 Modeling and Sculpting

8-1-1 3D 모델링

먼저 3D 제작환경에서 캐릭터를 모델링한다. 캐릭터 모델링의 제작 Processing 대한 자세한 소개는 〈제1권 캐릭터 모델링〉 편에서 자세히 소개되어 있으므로 참고하기 바란다.

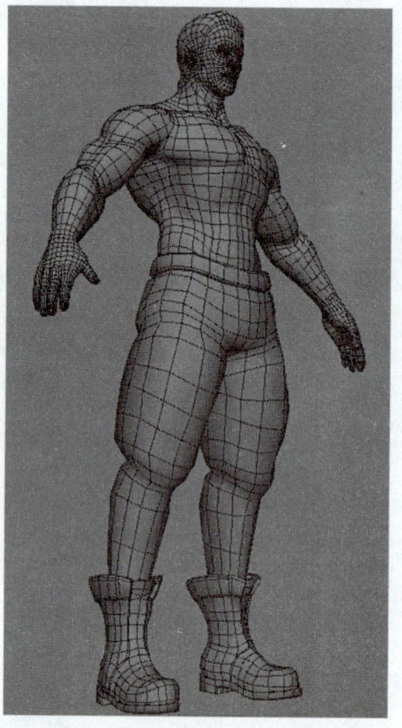

그림 8-1 3D Modeling 데이터

8-1-2 Z Brush Sculpting

3D 제작환경에서 제작된 캐릭터 모델링 데이터를 Z Brush에 불러오도록 한다. 이때 불러오는 방법과 Sculpting에 대한 소개 역시 〈제1권 캐릭터 모델링〉 편에서 자세히 소개되어 있으므로 참고하기 바란다.

이때 제작자의 의도나 Concept에 따라 다양하게 제작될 수 있기 때문에 반드시 참고 이미지일 필요는 없다. 다만 정확인 이미지 소스나 참고 Concept가 준비되어 있다면 앞으로 진행할 작업에 많은 도움이 되기 때문에 모델링에 대한 이미지소스 또는 Concept은 미리 준비를 해놓도록 한다.

그림 8-2 Z Brush Sculpting

8-2 Real Map 적용

8-2-1 모델링 & UV Coordinate

UV Coordinate는 Texture 작업에 있어서 반드시 해야 하는 중요하고 필수적인 작업 공정 중 하나이다. 여기서 한 가지 주의 할 부분은 모델링의 해상도에 따라 영역을 나눠야 한다는 것이다. 일반적으로 Z Brush 작업을 할 경우 3D 모델링의 해상도에 따라 Subdivision의 적용상태가 차이가 나기 때문에 작업에 어려움을 겪을 수 있다. 이때 해상도별로 모델링의 UV를 나눠서 Z Brush로 가면 이러한 부분에 대한 어려움을 해결할 수 있다. 제작자의 캐릭터는 얼굴과 손 부분의 해상도가 몸통 부분의 해상도에 비해 높기 때문에 따로 UV 작업을 하여 분리하였다.

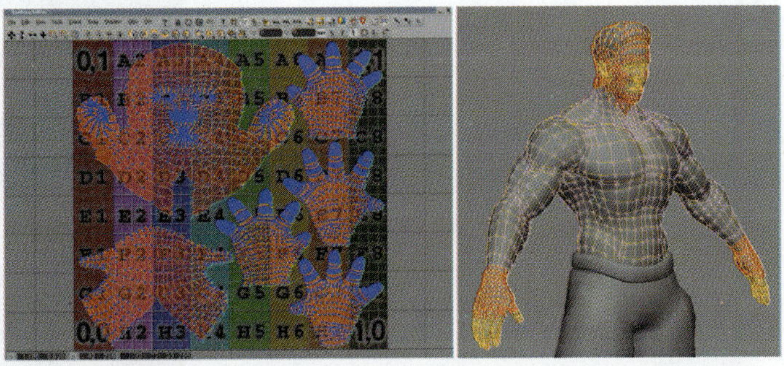

그림 8-3 얼굴 영역 나누기

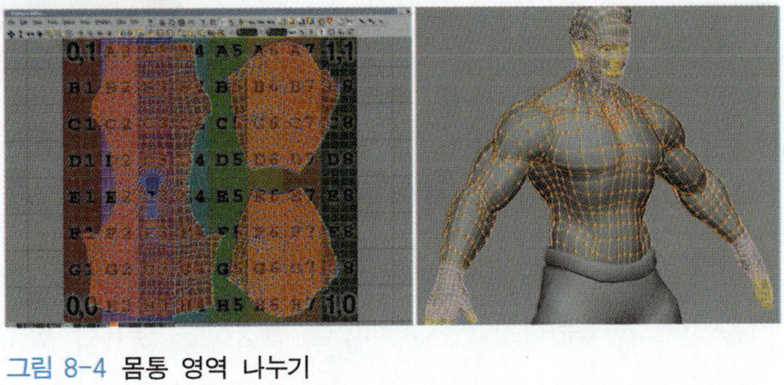

그림 8-4 몸통 영역 나누기

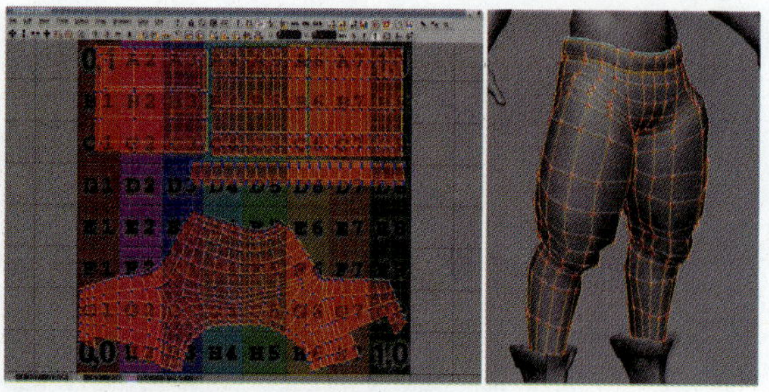

그림 8-5 바지 영역 나누기

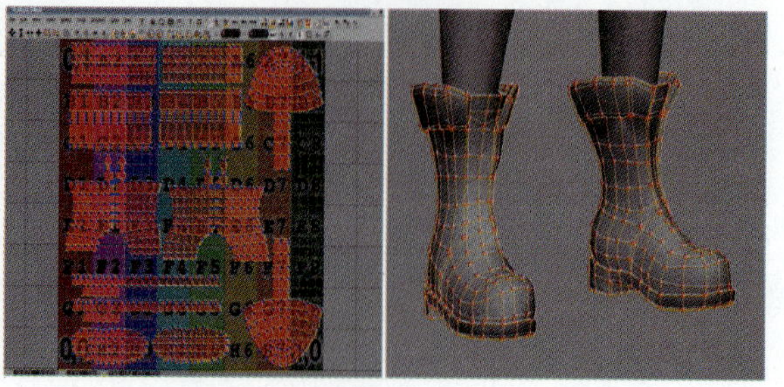

그림 8-6 신발 영역 나누기

8-3 Z Brush를 활용한 Sculpting

8-3-1 Z Brush에서 파일 불러오기

3D Tool에서 obj 파일로 변환한 후 Z Brush에서 Import 〉 *.obj 파일을 불어온다.

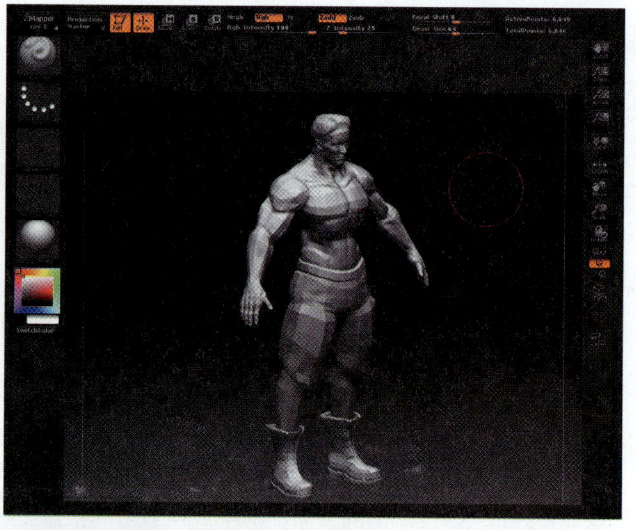

그림 8-7 Z Brush에서 데이터 Open

8-3-2 구조분석 및 Concept

1 구조분석 : 보다 정확한 Sculpting 작업을 위해서는 대상에 대한 정확한 구조를 이해하는 것이 기본이다. 구조분석은 곧 Quality를 결정짓는 중요한 변수가 된다.

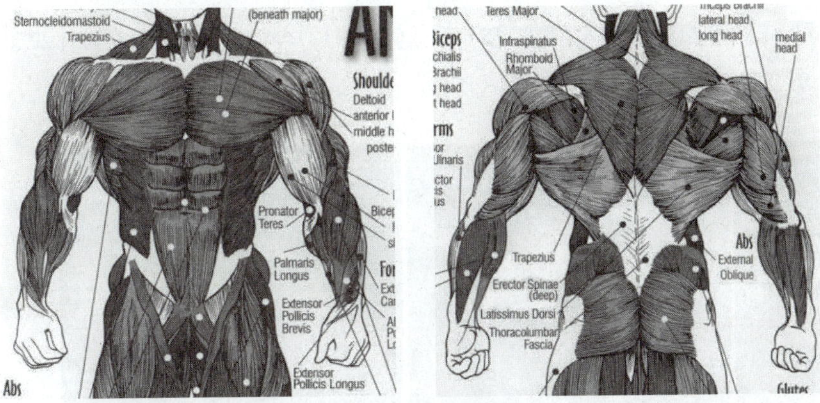

그림 8-8 Man 근육 앞/뒤

2 Concept Drawing : 구조 분석을 마치면 Concept가 제작된다. Concept는 작품의 방향을 지시하는 중요한 바로미터이기 때문에 구조분석 못지않게 중요한 공정이다. 제작자가 캐릭터나 대상에 대해 얼마나 잘 표현할 수 있을지에 대한 결과가 여기서 판가름 난다고 해도 과언은 아니다.

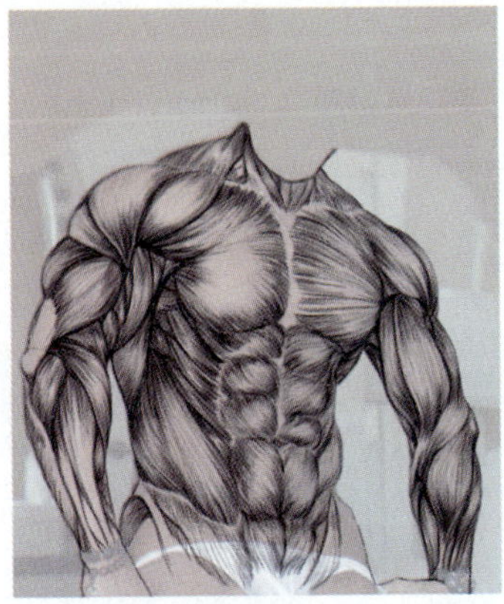

그림 8-9 Concept

3 Z Brush Masking : 지금부터 설명하는 Z Brush에서의 Sculpting 작업은 〈제1권 캐릭터 모델링〉편에서 자세히 소개되어 있으므로 참고하여 작업을 한다. 그리고 본 장에서는 캐릭터의 Body 부분만 집중적으로 소개를 하기로 한다. 모든 영역에 대한 작업은 동일한 Processing이 적용되기 때문에 충분히 응용이 가능하리라 본다. 상체 작업을 하기 위해 바지부분 Mask 작업 후 Man body 부분만 Sculpting 1차 작업에 들어간다.

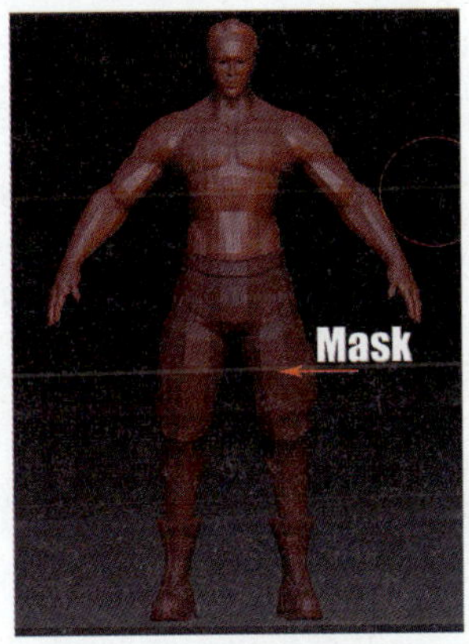

그림 8-10 Mask 후 작업

4 상체 부분 Level 수치 3단계까지 올리면서 기초 형태 만들어 주기 : 작업은 〈제2권 캐릭터 모델링〉 편에서 자세히 소개되어 있으므로 참고하여 작업을 한다.

그림 8-11 Sculpting

5 4단계 : Subdivision Level 4–섬세한 근육의 흐름을 다듬어 나가도록 한다. 작업은 〈제1권 캐릭터 모델링〉 편에서 자세히 소개되어 있으므로 참고하여 작업을 한다.

그림 8-12 Color

6 어깨 근육의 갈림과 등 근육의 펴짐을 수정한다. 작업은 〈제1권 캐릭터 모델링〉 편에서 자세히 소개되어 있으므로 참고하여 작업을 한다.

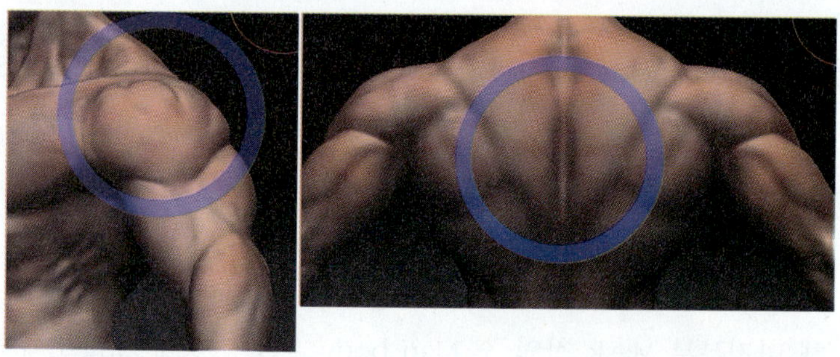

그림 8-13 Detail

7 가슴 근육의 불규칙성을 좀 더 부드럽고 규칙적인 선을 따라 흐를 수 있도록 한다. 작업은 〈제 1권 캐릭터 모델링〉 편에서 자세히 소개되어 있으므로 참고하여 작업을 한다.

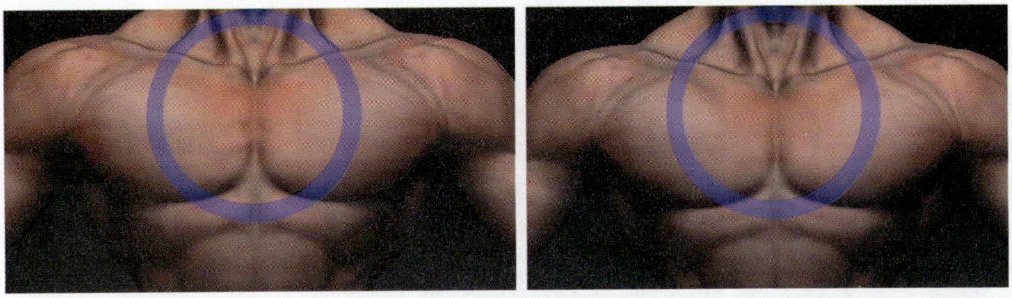

그림 8-14 Detail 작업

8 어때 근육의 부자연스러운 갈림을 제거하고 가슴 근육의 불규칙한 면처리를 하도록 한다.

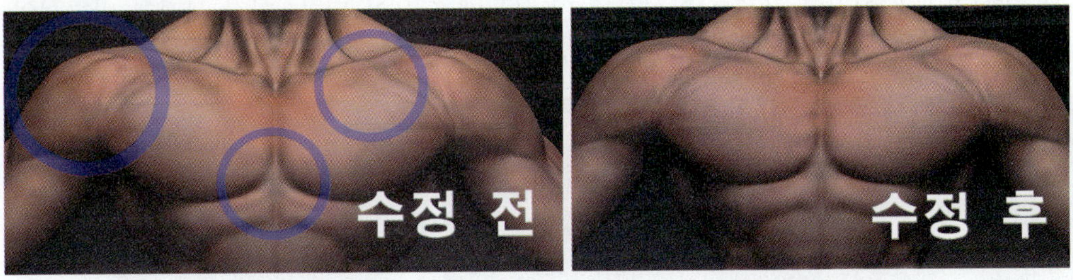

그림 8-15 Detail 작업

9 등근육의 쏠림 현상을 피하고 존 더 디테일한 근육의 잔상을 남기도록 한다.

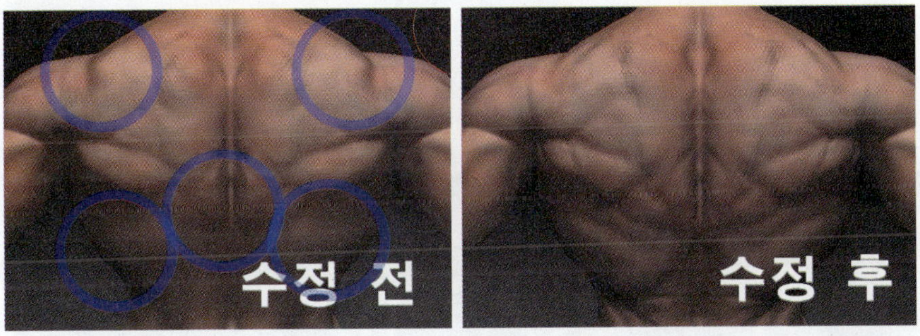

그림 8-16 Detail 작업

10 복근의 디테일을 살리도록 한다. 이때 Z Brush에서의 Normal Map 추출시 Normal 방향에 따라 높이 값에 차이가 있을 수 있기 때문에 다소 과장하게 작업을 해주어도 된다. 그렇다고 기본 형태에서 벗어날 정도의 과장은 피하도록 한다.

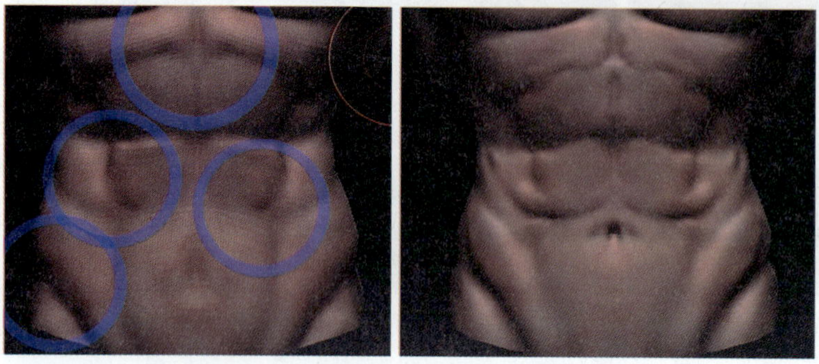

그림 8-17 Detail 작업

11 복근의 이어짐과 끊어짐의 구조를 확실히 하면 운동에 도움이 된다. 가장 복잡한 방향성의 근육을 가진 유기체들이라 어떠한 반응이 보일지는 아무도 모른다.

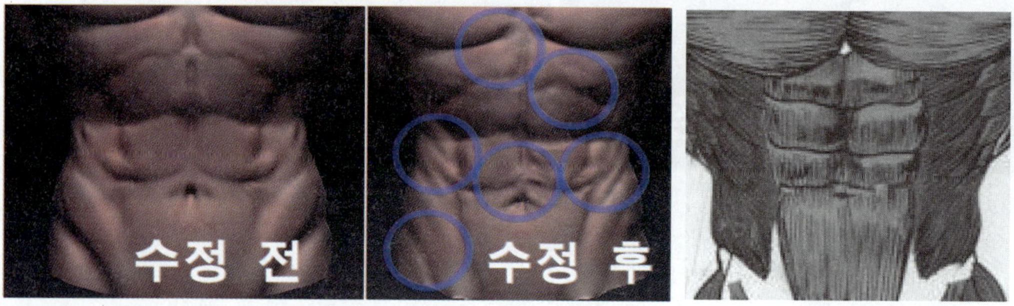

그림 8-18 Detail 작업

12 복근은 다소 비대칭으로 만드는 것이 자연스럽다. 완전 대칭형은 왠지 다소 인위적인 느낌이 많이 배어나오는 대신 약간의 비대칭의 잔 흐름은 실제의 근육 패턴처럼 느껴질 때가 있다.

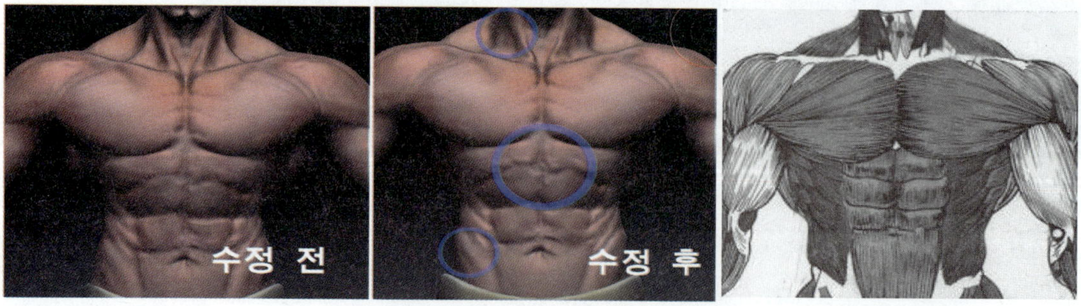

그림 8-19 Detail 작업

13 등배근육의 모양을 비례적으로 만들도록 한다. 무조건 크게 다듬는 것이 좋은 것은 아니다. 전체적이 비례와 균형이 우선시되어야 한다.

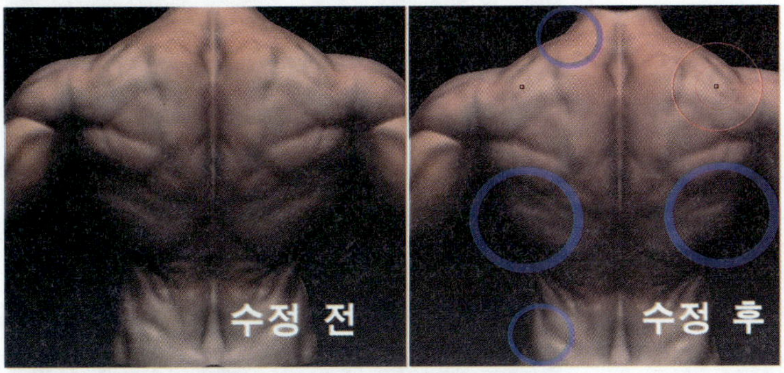

그림 8-20 Detail 작업

14 Subdivision 5 단계에서 지속적으로 모양 다듬기를 하도록 한다. 좀 더 디테일한 근육의 잔잔한 흐름 등을 파악하여 그려 넣는다.

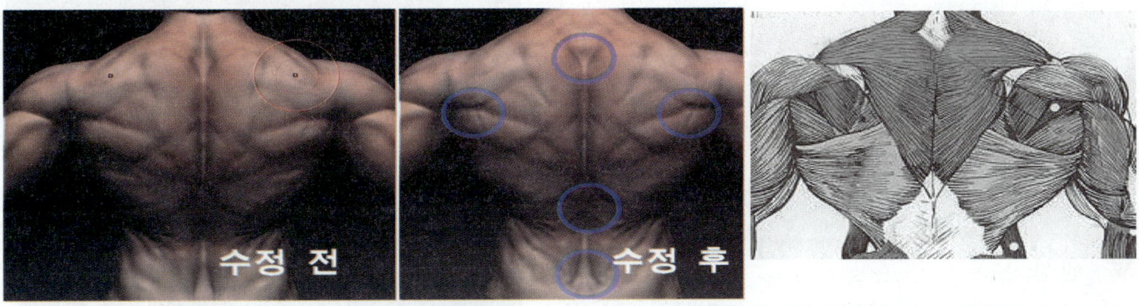

그림 8-21 Detail 작업

15 어깨 근과 목 힘줄 표현에 대해 시작하도록 한다.

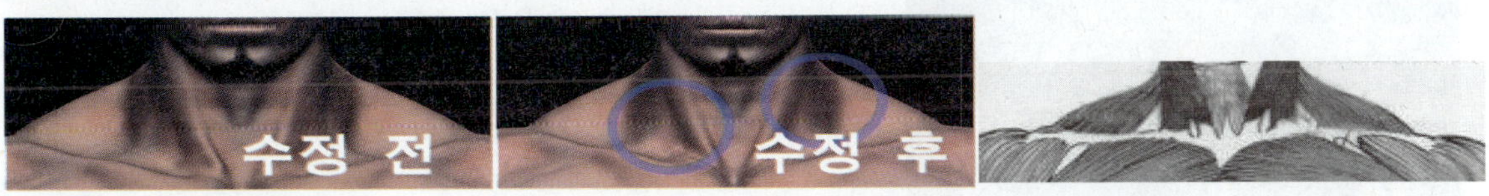

그림 8-22 Detail 작업

16 모양 수정 후 피부에 돌출된 핏줄을 그려준다. 이때 Alpha brush를 사용하는 것보다는 Standard brush를 힘의 강약을 조절하여 돌출시키도록 한다. 흐름이 불규칙적이고 굵기 또한 규칙적이지 않음을 명심하고 비슷한 체형의 데이터를 샘플로 두고 작업해도 된다.

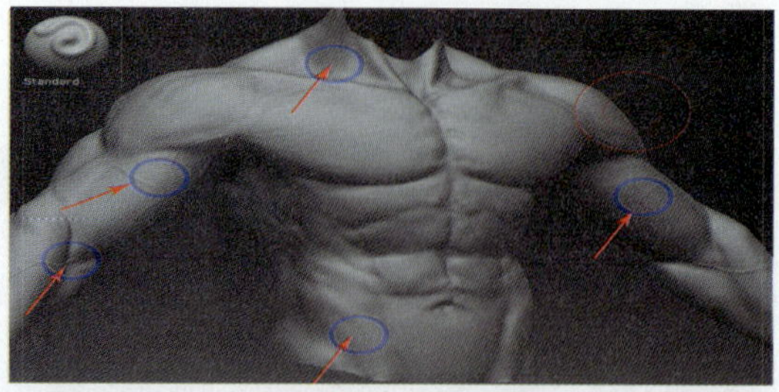

그림 8-23 Detail 작업 1

17 Detail 작업

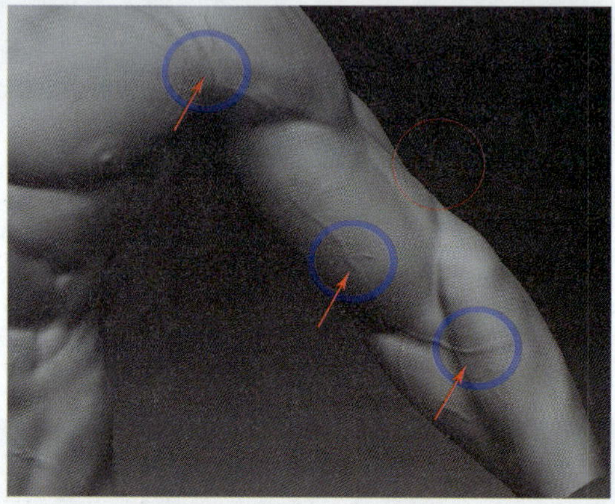

그림 8-24 Detail 작업 2

18 좀 더 자세한 핏줄의 모양을 그려준다.

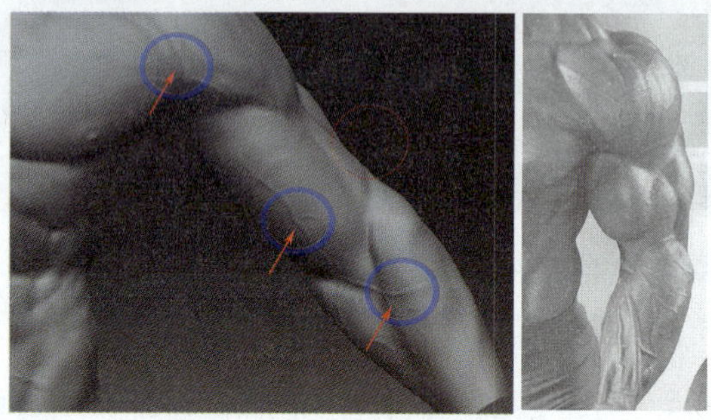

그림 8-25 Detail 작업

19 완성

그림 8-26 결과확인

8-3-3 Normal Map 추출 및 적용

1 Sub Tool 〉 Eye Icon : 작업이 끝난 상태에서 Body 부분을 분리하기 위해 Sub Tool에서 필요한 작업 영역만 남겨두고 Eye Icon을 선택하여 나머지 부분은 작업영역에서 제외를 하거나 Delete를 하여 삭제를 하도록 한다.

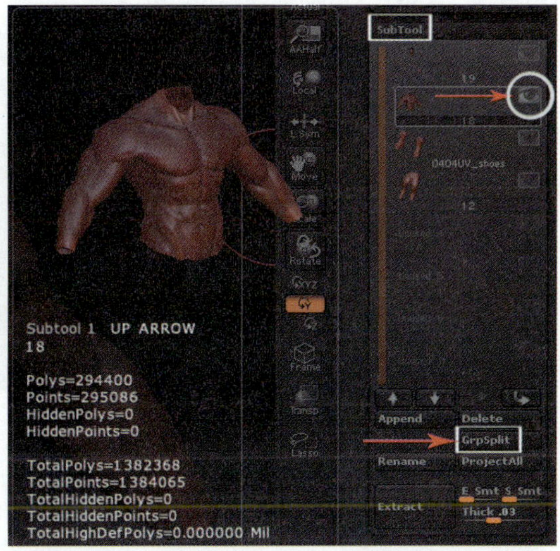

그림 8-27 Sub Tool

2 Sub Tool 〉 Grp Spilt : 얼굴과 몸통이 연결되어 있지만 위에서 설명한 대로 해상도에 따라 몸과 얼굴 + 손으로 UV를 따로 제작하였기 때문에 이 영역을 분리하도록 한다. 이때 사용하면 할 기능은 Tool 〉 Sub Tool 〉 Grip Spilt 기능이다. 이 기능을 실행하면 분리된 UV 영역별로 분리되어 작업을 할 수 있다.

그림 8-28 Grip Spilt

3 Tools 〉 UV Check : 작업할 영역의 UV를 먼저 체크하도록 한다.

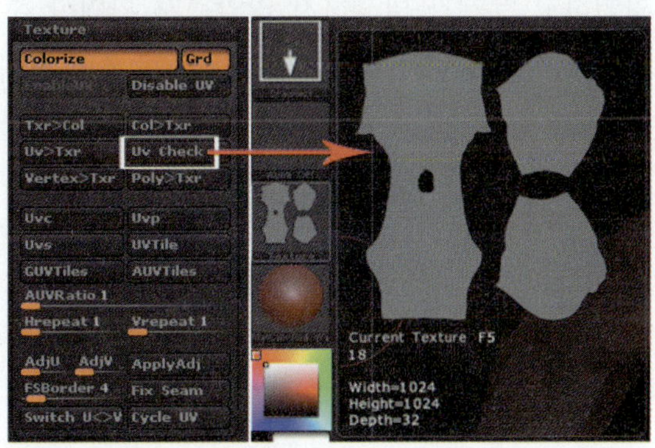

그림 8-29 UV Check

4 Geometry 〉 Subdivision Level 1단계 : Normal Map을 추출하기 위해서는 반드시 Subdivision Level의 수치를 1단계로 낮춰야 한다.

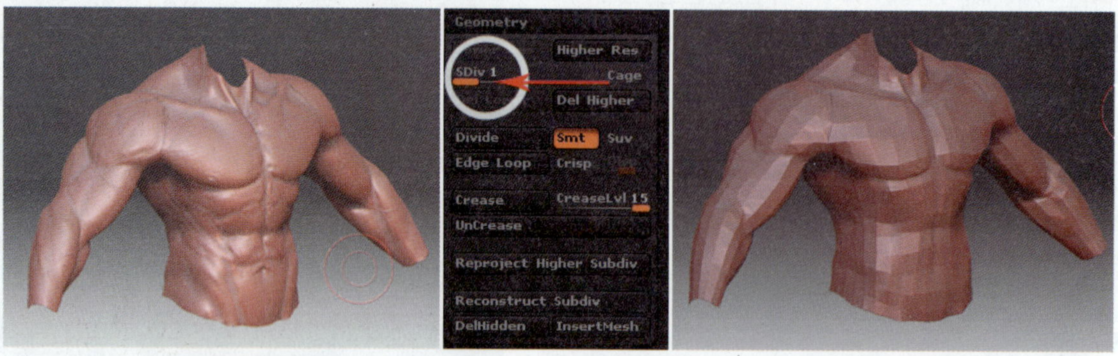

그림 8-30 Subdivision Level 1

5 G-mapper 실행 [Ctrl + G] : G Mapper 창에서 Create Normal Map 기능을 실행하여 추출한다. Z Brush에서 Normal Map 추출하는 방법은 앞 장에서 많이 다루었기 때문에 따로 언급은 하지 않았다.

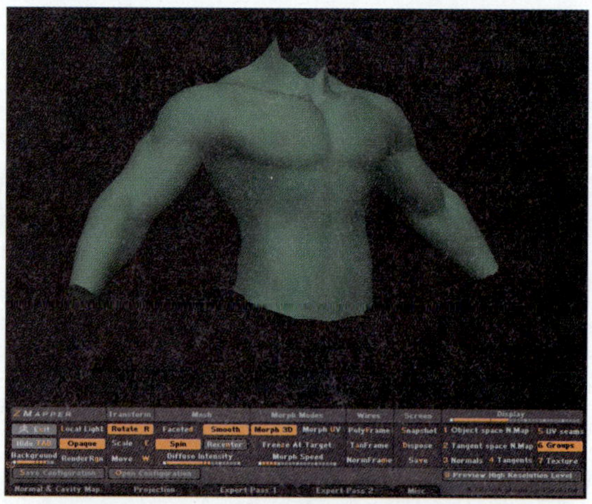

그림 8-31 G Mapper 기능 창

6 추출 결과 : 추출된 결과 이미지이다. 결과를 확인하고 문제가 발생하지 않았는지 확인한 후 G Mapper 기능 창을 닫고 작업 창으로 이동한다.

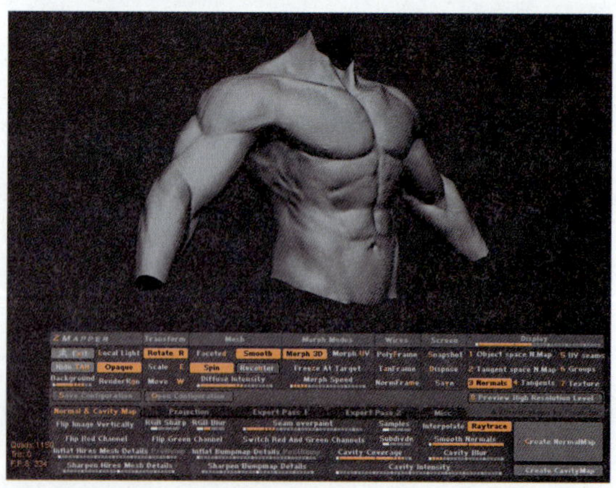

그림 8-32 Normal Map 추출

7 추출된 Normal Map 소스 이미지 확인 : 이미지 추출 결과를 확인하고 추출된 Normal Map의 상태를 확하고 문제가 발생했거나 크기를 변경하고자 할 경우 발생한 문제를 해결하거나 Texture 모드에서 사이즈 크기를 재지정한 후 다시 G Mapper를 실행하여 Normal Map을 추출하도록 한다.

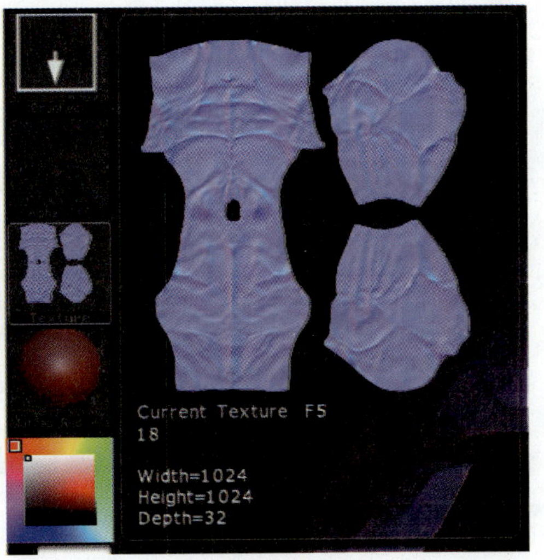

그림 8-33 Normal 추출 결과확인

8 Normal Map Texture Flip V : 3D 제작환경에서 Normal Map을 적용하고자 할 경우 Normal Map을 저장할 경우 Flip V를 적용한다. UV의 Defaut의 기본 방향이 180도 바뀌어 있기 때문이다.

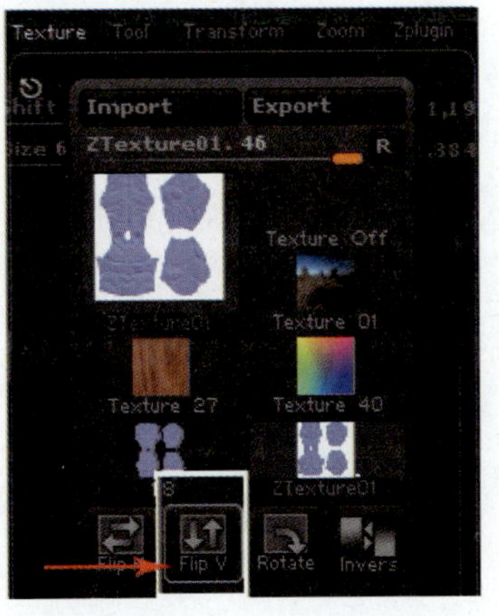

그림 8-34 Flip V

9 Normal Map Export : 추출된 Normal Map을 Texture 모드에 나타난다. 확인 후 이상이 없다면 따로 저장하여 3D 캐릭터에 적용한다. 그러므로 먼저 추출된 Normal Map 소스를 Export하여 데이터를 저장한다.

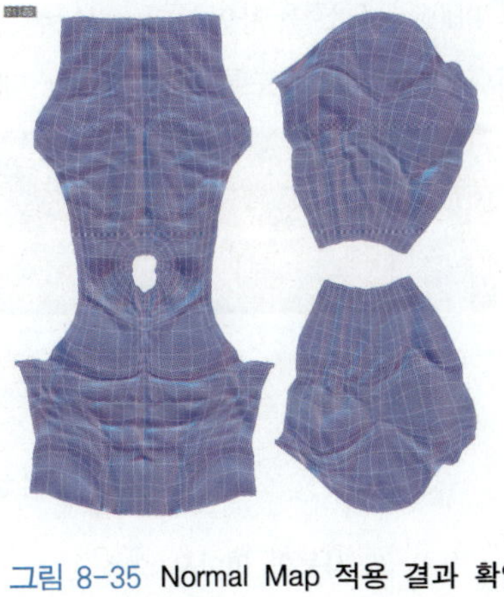

그림 8-35 Normal Map 적용 결과 확인

10 SOFTIMAGE에서 Normal Map 적용 후 결과 확인 : SOFTIMAGE에서 Render Tree 창을 열고 Normal Map을 적용한다. Object에 Normal Map을 적용하는 방법은 앞 장에서 설명을 충분히 했기 때문에 참고하면 좋을 듯하다.

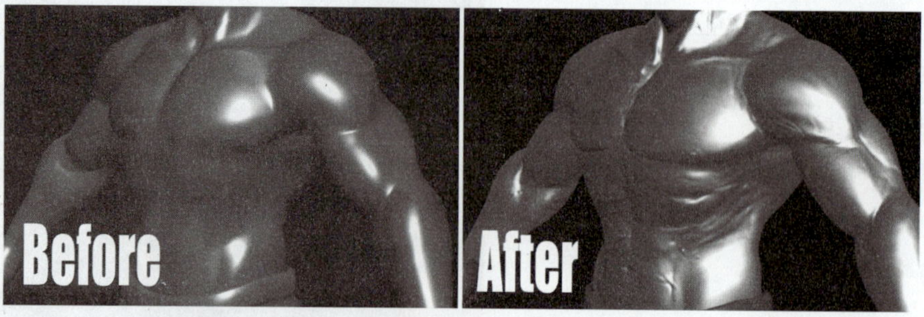

그림 8-36 Normal Map 적용 결과 확인

8-3-4 Photo Real Map Source 만들기

1 Stamp UV Mesh : Texture Editor 창에서 제작된 UV Coordinate를 확인하고 이를 저장하여 Map 소스를 제작하는 데 좋은 소스 자료로 사용한다.

2 Ambient Occlusion Map 추출 : Map을 적용할 경우 빛의 방향에 따른 밝고 어두움을 적용하여 보다 사실적인 표현을 위해서는 Ambient Occlusion 소스를 만들어서 적용해 주도록 한다. Ambient Occlusion 소스를 만드는 방법에 대해서도 앞 장에서 많이 다루었다.

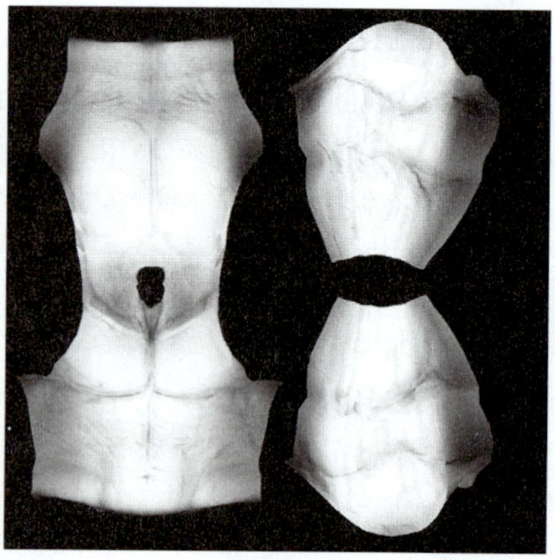

그림 8-37 Ambient Occlusion

3 다양한 실사(Real Map Source) 이미지를 준비 : 준비된 실사 Photo 소스를 확인한다. 가능한 많은 소스를 다양한 각도에서 적용할 수 있도록 많은 소스 데이터를 준비하도록 한다.

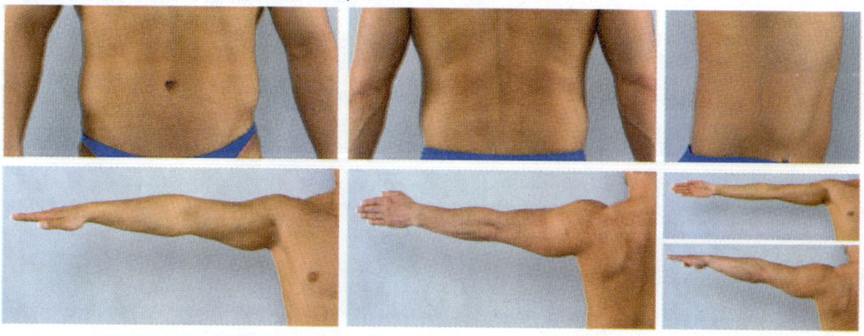

그림 8-38 사용할 이미지 소스

4 Photoshop에서 Color Map 만들기 : 실사 Map 이지를 영역별로 Cut하여 Photoshop에 불러온 다음 다양한 방법으로 편집하여 소스로 제작한다. 실사 이미지를 Map Source로 만드는 과정도 앞 장에서 충분히 소개를 하였다.

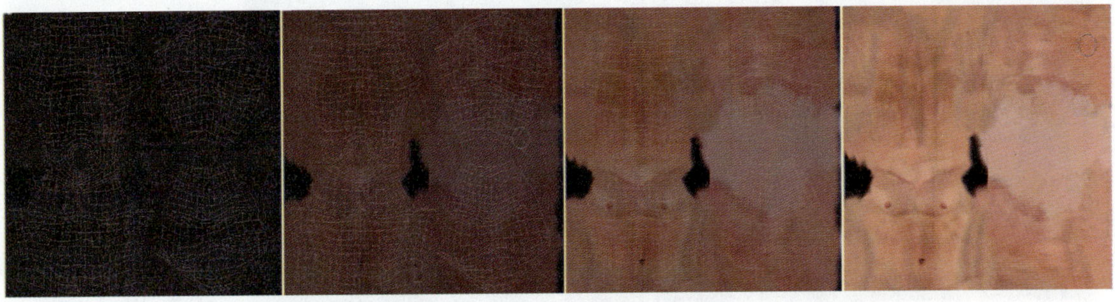

그림 8-39 Texture 소스 만들기

5 최종 결과 확인 : Color 이미지 소스 + Normal Map Source 적용 결과

그림 8-40 결과 확인

8-4 Z Brush의 Image Plane 기능을 활용한 실사 Map 적용

이번 장에서는 Z Brush에서 Map을 적용하는 방법 중에서 실사 Map Source를 적용하는 방법이다. Photo의 사실감을 그대로 활용할 수 있는 장점이 있으며 실사 Map을 적용한 후 UV Texture 이미지를 추출하여 다시 Photoshop이나 기타 이미지 편집 툴에서 가공 및 추가 작업을 통해 보다 높은 Quality 작업을 할 수 있는 특징이 있다.

지금부터 Z Brush 기능을 통해 실사 Map을 적용하는 방법을 알아보도록 한다.

8-4-1 모델링 & UV Coordinate

3D 데이터의 UV 좌표를 편다.

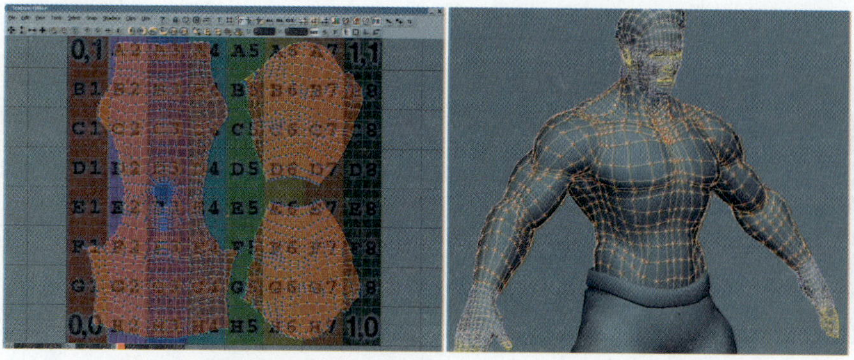

그림 8-41 UV Coordinate

8-4-2 Z Brush를 활용한 Sculpting

Z Brush에서 Sculpting 작업을 마치도록 한다.

그림 8-42 Sculpting 작업완료

8-4-3 Image Plane 기능을 활용한 Photo Real Map Source 적용

Z Brush에서는 실사 Map을 적용하기 위해서는 Image Plane이라는 기능을 활용하는데 기본적으로 설치되어 있는 기능이 아니기 때문에 Plug in 형식으로 설치를 한다. Z Brush 메인 홈페이지에서 다운로드받을 수 있으며 누구나 쉽게 설치하여 활용할 수 있다.

1 Image Plane Plug In 설치 : Pixologic.com 〉 Download 〉 Plug IN 〉 Image Plane에서 다운받은 데이터를 C:\Program Files\Pixologic\ZBrush3\ZStartup\ZPlugs에 넣고 압축을 푼다.

그림 8-43 Image Plane Plug In 설치

2 Z Brush 실행 : 설치된 Image Plane은 Texture 명령 창에 들어온다.

3 사용할 이미지 준비 : 실사 map 소스로 사용할 이미지를 준비한다. 이때 사용할 이미지의 해상도는 높을수록 좋다.

그림 8-45 사용할 이미지 소스

4 Material 적용 : 먼저 제작된 Object에 Z Brush에서 Material을 적용한다.

그림 8-46 Material 적용

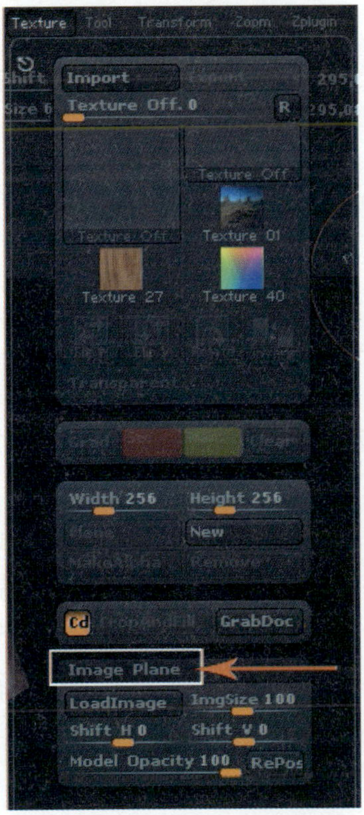

그림 8-44 Image Plane 명령 창

그림 8-47 Projection Master 〉 Drop Now

5 Projection Master 설정 〉 Drop Now를 실행하여 2D BASE 환경을 만든다.

6 적용할 이미지 불러오기 : Image Plane 〉 Load Image

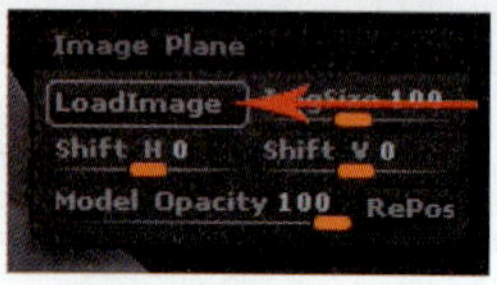

그림 8-48 Loading Image

7 불러온 이미지 확인 : Object에 적용된 실사 Map을 확인한다.

그림 8-49 적용 확인

8 기준이 되는 지점으로 이동 : 적용된 Image 소스는 회전/이동/크기 조절이 가능하기 때문에 자유롭게 이동하거나 크기 조절을 할 수 있다. 먼저 기준이 되는 지점을 설정하고 데이터와 이미지를 Match시킨다. 그 기준점을 기준으로 하여 이미지의 크기 조절을 하거나 회전을 한다. 이때 마우스를 Z Brush Canvas에 위치시킨 후 작업을 하에 되면 이미지 전체의 크기나 회전 또는 이동이 가능하다.

그림 8-50 이미지 소스 전체이동

9 부분 이동을 통한 편집 : 어느 정도 Match 작업을 마쳤으면 이번에는 부분 편집을 하도록 한다. 부분 편집은 마우스를 Canvas에 두지 말고 자신이 편집하고자 하는 이미지 위치에 올려 놓아야 한다. 이때 Focal Shift나 Draw Size의 크기 조절을 통해 부분 영역에 대한 범위 및 세기를 설정할 수 있다.

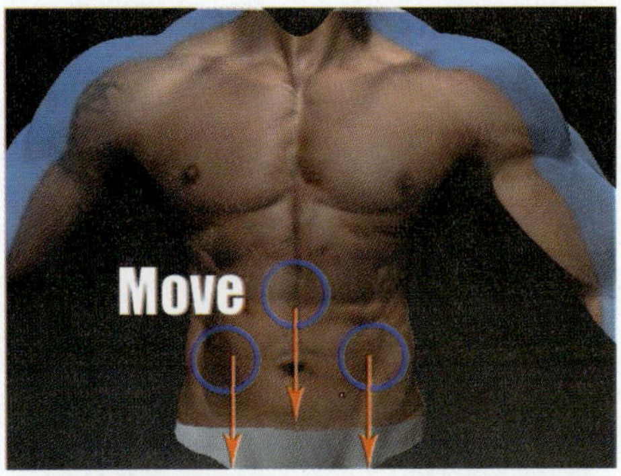

그림 8-51 이미지 소스 부분 이동

10 이미지 부분 영역 편집

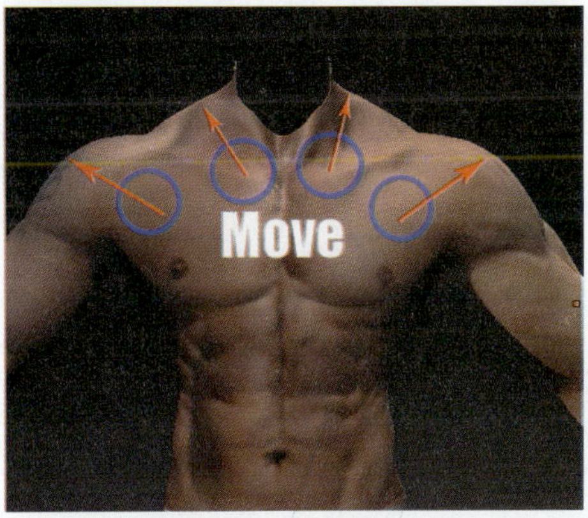

그림 8-52 이미지 소스 부분 이동

11 최종 결과 확인 : 작업을 마쳤거나 중간 작업 결과를 확인하고 싶을 경우 Projection Master 〉 Pick Up Now하여 3D 모드로 전환한 후 확인한다.

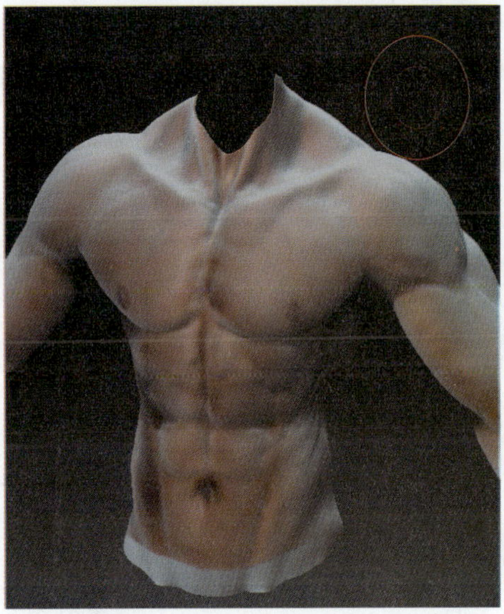

그림 8-53 결과 확인

12 옆모습이나 뒷모습도 앞모습과 동일하게 적용하도록 한다. 다소 이미지가 겹치는 부분이 발생하더라도 추출된 이미지 소스를 편집하여 완성을 하게 되면 놀라운 Texture Map 소스를 제작할 수 있다.

■ 저자약력 ■

■ 김 용 관

- SOSOFTIMAGE|XSI 국제공인강사 인증
- (주)한빛소프트-게임/애니메이션 개발 및 교육
- (주)애니플-영상/애니메이션 제작 총괄
- 배재대학교 게임공학과 겸임교수
- 유한대학 애니메이션학과 겸임교수
- 인천전문대학 컴퓨터 애니메이션학과 출강
- 숭실대학교 미디어학과 출강
- SOFTIMAGE|XSI ATC 출강
- 인천정보산업진흥원 객원교수 출강
- 대전문화산업진흥원 객원교수 출강
- 네오위즈 아카데미 전임교수 출강

〈저 서〉

- SOFTIMAGE|XSI 마스터하기 I (Manual 편), 2005
- SOFTIMAGE|XSI 마스터하기 II (Tutorial 편), 2008
- 캐릭터 애니메이션, 2009
- 캐릭터 모델링, 2009

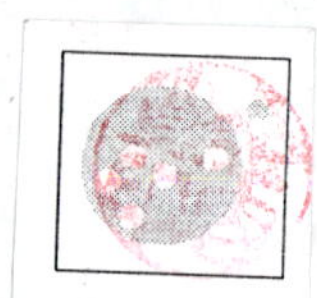

캐릭터 텍스쳐링

2010년 5월 1일 1판 1쇄 발행

저 자 김 용 관
발행인 남 승 우

발행처 도서출판 상尙 학學 당堂

서울시 동작구 조흥1길 4(사당3동 220-43)
TEL : 02) 595-1692~4
FAX : 02) 595-1394
E-mail : namdoo6@unitel.co.kr
신고 : 2-155호 (1968. 11. 29)

정가 38,000원

ISBN 978-89-93383-75-1 93000